MODERNISM

现代主义

从波德莱尔到贝克特之后

[美国] 彼得·盖伊 著　骆守怡 杜冬 译

译林出版社

图书在版编目（CIP）数据

现代主义：从波德莱尔到贝克特之后／（美）盖伊（Gay, P.）著；骆守怡，杜冬译.
—南京：译林出版社，2017.2（2022.7重印）
书名原文：Modernism: The Lure of Heresy From Baudelaire to Beckett and Beyond
ISBN 978-7-5447-5263-3

Ⅰ.①现… Ⅱ.①盖… ②骆… ③杜… Ⅲ.①现代主义－研究 Ⅳ.①B089

中国版本图书馆 CIP 数据核字（2015）第 010787 号

现代主义：从波德莱尔到贝克特之后［美国］彼得·盖伊／著 骆守怡 杜 冬／译

出版统筹 陈 叶
责任编辑 王玉强
责任印制 单 莉

原文出版 W. W. Norton & Company, Inc., 2008
出版发行 译林出版社
地 址 南京市湖南路 1 号 A 楼
邮 箱 yilin@yilin.com
网 址 www.yilin.com
市场热线 025-86633278
排 版 南京展望文化发展有限公司
印 刷 南京爱德印刷有限公司
开 本 718 毫米 × 1000 毫米 1/16
印 张 31.25
插 页 12
版 次 2017 年 2 月第 1 版
印 次 2022 年 7 月第 6 次印刷
书 号 ISBN 978-7-5447-5263-3
定 价 89.00 元

献给米米和多伦

文人是世界的敌人。

——夏尔·波德莱尔

为了描画出当代事物那最重要的特质，画家使用了最现代的表现手段——震惊。

——纪尧姆·阿波利奈尔

目 录

第三部分　尾声

前　言

本书的研究对象是现代主义，包括其兴起、繁荣和衰落。读者们不难发现，本书乃是一本历史书；虽然在必要的时候，我会忽略年代，但是主导方向还是从过去到现在按年代顺序一章一章地讲述，并且每章之内也都是按照这样的顺序。说本书是历史书还有一个原因，那就是，我并没有拘泥于对小说、雕塑和建筑等进行刻板的分析，而是将现代主义大师们的作品放到他们生活的时代中去。

然而本书并非现代主义的通史，因为将现存的浩如烟海的资料囊括于一本书中几乎是不可思议的，否则就只能被缩减成一堆粗略的梗概。为何在现代主义小说家中我没有讨论威廉·福克纳和索尔·贝娄？为何在现代主义诗人中我没有讨论威廉·巴特勒·叶芝和华莱士·史蒂文斯？为何在现代主义画家中我没有讨论弗朗西斯·培根和威廉·德·库宁？我又为何对作为画家的马蒂斯只字不提，而只把他归为雕刻家？我可以跳过作曲家阿隆·科普兰和弗朗西斯·普朗克或者建筑师理查德·诺伊特拉和埃利尔·沙里宁吗？在那么多划时代的电影导演中，难道我只讨论其中四位就指望把他们全都涵盖了吗？我为何没有讨论戏剧和摄影这两个领域呢？如果是写一本通史，我就应该讨论所有这些内容。但是，正如我在绪论篇“现代主义氛围”中所说的，我关注的是现代主义者们所共同拥有的东西，以及培养或压制他们的社会条件。

因此，我将画家和剧作家、建筑师和小说家、作曲家和雕刻家看作现代主义时期不可或缺的元素之范本。但是，我又对这些内容进行筛选，从而得出对现代主义的可行性定义，包括其范畴、界限和最具特征性的表达方式。首先我必须声明，在筛选的过程中，我没有被自己的政治观点所左右，即使有也是无意识的。毕竟，我对诸如法西斯主义者克努特·汉姆生、顽固不化的高圣公会教徒T. S. 艾略特以及歇斯底里的反女性主义者奥古斯特·斯特林堡等重要的现代主义者都进行了细致的研究。虽然我反对他们的意识形态，但我认为他们都是举足轻重的见证者。然而，正如我之前所说，这项研究的目的不是要将现代主义的所有流派和代表人物编写成一本庞大的目录册，而是要考察它们在文化中的存在，从而尽可能地探求它们是否共同组成一个一致的文化实体。我借用开国元勋们的口号：合众为一（E pluribus unum）。

但是弗洛伊德应该放在哪里呢？难道他终究还是不属于最引人注目的现代主义者中的一员？如果评估一下弗洛伊德的品位，我们当然不会给他安上这样的头衔。在绘画、音乐和文学方面，他是个十足的中产阶级保守派。他欣赏易卜生，却对斯特林堡三缄其口；在健在的小说家中，他喜爱技巧娴熟、敏感有余但先锋派精神不足的约翰·高尔斯华绥，却仿佛对弗吉尼亚·伍尔夫的作品闻所未闻，尽管伍尔夫夫妇是他的英国出版商；从他墙上挂的画中看不到一丝对奥地利现代主义画家克里姆特或者席勒的呼应，而他的家具摆设也显示出他丝毫不为维也纳现代主义者的实验性设计所动。他与他的阶级普遍认可的社会文化立场之间的原则性对立则反映在别处。

确实，当我们谈到整个20世纪对于弗洛伊德观点（特别是对性的观点）的勉强而且常常是矛盾的接受时，他被视为离经叛道者的不屈形象很快变得鲜明起来。如果说弗洛伊德对于人类这种动物的现在和过去的大部分观点在今天看来平淡无奇的话，那是因为整整一个世纪中，高尚的社会已经向他逐渐靠拢，而且已经采
xx 纳了精神分析词典中的短语——同胞争宠（sibling rivalry）、防守策略（defensive maneuver）、消极攻击（passive-aggressive）——虽然并没有明确予以承认。因此，把从1902年开始，每周聚集在弗洛伊德维也纳寓所里的第一批志同道合的同行们形容为先锋派心理治疗师的说法并不牵强，特别是在周三讨论会渐渐演变成维也纳精神分析协会之后。在一个信心十足的创新者的坚定领导之下，它总是与传统的医学和精神病学不断地斗争。我们可以看到，第一次世界大战时期的未来主义领袖人物F. T. 马里内蒂和20世纪20年代的超现实主义代表人物安德烈·布勒东，也占据着相似的位置。他们是各自流派中的弗洛伊德。

弗洛伊德精神分析学说对于现代西方文化的影响并未彻底显现出来。尽管这种影响并非直截了当，但肯定可以说是巨大的，特别是对于中产阶级知识分子而言，

他们的艺术品位也不可避免地与现代主义的产生和发展紧密地交织在一起。父母与孩子们对诸如婴儿从何而来之类的敏感话题畅所欲言；家庭的含义变得松散，未婚男女同居一室的现象不再像以前那样惊世骇俗；一度被视为性变态的男女同性恋们也越来越多地得到了社会的认可；虽然对于人类攻击欲可以造成的破坏程度的认识与日俱增，但是近来的苦难历史告诉我们，这种认识还不足以影响国家政策；还有其他一些类似的文化习惯的变化。不过不可否认，在一些领域里，弗洛伊德式的思维方式仍和一个世纪前一样难以被接受。

但是必须声明的是，对我来说并非如此。我知道在心理分析思维中还存在一些备受争议的临床和理论上的问题，比如梦的产生、女性性成熟、谈话治疗法的治愈功能等，它们都是与传统医学疗法相左的。不过这些问题无论最终怎么解决，都无损
弗洛伊德（及其追随者）关于精神、精神正常与失常的观点的意义。他对于人性的看 xxi
法，简单地概括，就是将精神置于其自然世界，也就是说在这种条件下，精神受到的影响来自于生理或者心理的因果法则，迂回的、未被充分认识的动态无意识活动，性欲和攻击欲之间无法避免的永恒斗争。他在病人脑中催生自由联想的精神分析技法就好比印象派画家带上画架出门，或是现代主义作曲家抛弃传统调号一样正常。弗洛伊德这个自称精神科学家的人，和大多数人一起，把相互对立的感情，即矛盾心理，放在了他心目中的世界的中心。这种悲剧性的图景使得充满矛盾的人生成为历史的一个不可或缺的要素——包括现代主义的历史。

这就是我在下面的章节中看待人类存在的方式。每当必要时，我都非常直接地采用这种弗洛伊德式的视角。即使有时候它没有明显地反映出来，也还是处于论述的核心地位——我将从历史学家的角度来揭示19和20世纪社会文化生活的方方面面，现代主义在其形成过程中起了重要作用。

我并没有试图对现代主义进行精神分析。在这一关键点上，我是弗洛伊德的忠实追随者。在谈到艺术天才根源的问题时，他的主张是，精神分析对此根本无能为力。1928年，在一篇关于陀思妥耶夫斯基的文章中，他公开承认："在小说家和诗人面前，精神分析必须缴械投降。"但这一承认没有受到应有的重视。在后文的论述中，我并无意胜过弗洛伊德。但是，不管读者认为弗洛伊德对于理解本书内容有什么样的帮助，我们都应该清醒地认识到，任凭现代主义者多么才华横溢，多么坚定地仇

视他们时代的美学体制，他们也都是人，有着精神分析思想会归于他们的所有成就与矛盾。

彼得·盖伊

康涅狄格州哈姆登镇及纽约市

xxii 2007年1月

现代主义氛围

给现代主义下定义要比给它举实例困难得多。这种复杂的现象本身就说明了现代主义的丰富多样性。它是如此地包罗万象——绘画和雕塑、散文和诗歌、音乐和舞蹈、建筑和设计、戏剧和电影——以至于让人很难想象还有什么不属于它的范畴。若干年前，美国最高法院的法官波特·斯图尔特宣布，虽然他无法界定什么是色情文化，但是只要看到，他便能判别出来。引人注目的现代主义作品，不论属于什么风格或者怎样吸引公众的注意，都恰恰给人以这样的印象。

难怪对现代主义进行综合评价的尝试往往都被评论家、艺术爱好者和贪婪的文化商人搅得迷雾重重。贴在个人艺术和文学作品上的方便标签也存在同样的不确定性：实际上，从19世纪中期一直到20世纪，“现代主义”这个名词被广泛应用于各个领域内的创新，以及任何可夸耀一丁点创新元素的事物。尽管文化历史学家们一直试图维持秩序，但他们仍然对混乱无序而又稳步发展的世界深感恐惧，为了应对这一切，他们不出意外地抛出了一个经过深思熟虑的复数名词：“现代主义”（modernisms）。

这是对弥漫于现代艺术、文学及其他领域的骚动的一种赞赏，表达了对富于想象力的个性的尊重。近两个世纪以来，这种个性在艺术品位及其表现、道德观、经济、政治和它们的心理或社会起源和内涵等方面引发了激烈的讨论。但是要否定显然不够准确却又包罗万象的单数“现代主义”却又绝非明智之举。因为在某些书籍、作品、建筑或者戏剧中，有一些东西是我们能理直气壮地归为“现代主义”的。阿尔蒂尔·兰波的一首诗歌、弗朗茨·卡夫卡的一部小说、埃里克·萨蒂的一支钢琴曲、萨缪尔·贝克特的一出戏、巴勃罗·毕加索的一幅画——任何一幅画，这些都给我们要界定的东西提供了可靠的证据。对着所有这些经典沉思着的是西格蒙德·弗洛伊德那张阴沉忧郁、胡子齐整的脸。每一个经典都有自己的资格证书。我们说，**这，就是现代主义**。

但是对于文化历史学家来说，仅仅认识上的震撼是不够的。我写出这些文字的目的就是为了使视角变得更广阔、更具体。据我所知，从来没有学者试图将现代主义的所有表现形式详细地罗列出来，使之成为一个独立的历史时期。其实我也已经暗示了这种尝试失败的原因：用G. K. 切斯特顿曾经评价基督教的话来说，并非人们在努力界定现代主义之后发现界定之难，而是认识到界定之难后就彻底放弃了。不论我们研究的是什么现代主义文化现象，个别总是会压倒一般。

诚然，比起中庸路线，现代主义者们总体来说更加热衷于政治或教义极端。就以詹姆斯·乔伊斯或者亨利·马蒂斯为核心人物的自由主义而言，节制适度在很多现代主义者眼中是相当地中产阶级和无聊乏味——这两个名词往往被他们视为同义词。但是这一点并不让人感到惊讶：他们就像上了瘾的冒险家，只有在美学安全区域的边缘甚至以外的地方才是最得心应手的。所有的现代主义者都毋庸置疑地达成了一个共识，那就是，不同寻常、标新立异和实验性强的东西显然比那些耳熟能详、司空见惯和按部就班的东西更加魅力无穷。因此，也许我们在探寻更大共性的过程中可以使用的最贴切的比喻就是，现代主义就像一个富有情趣又分布广泛的大家庭，虽然各个成员的表现千差万别，却在根本上与所有的家庭一样联系在一起。

2 因此，我写下这些内容的目的就是为了说明，在高雅文化的所有领域收集到的大量确凿证据显现出变化中的统一，一种特定的审美思维模式和一种富有个性的风格——现代主义风格。现代主义像和弦，不仅仅是随意的一串前卫主张；它的整体并不是个体的简单叠加。它提供了一种全新的看待社会和艺术家角色的方式，和全新的评价文化作品及其作者的方式。总的来说，我认为现代主义风格就是思想、情感和观点的一种氛围。

氛围，即使是情感的氛围，也会发生变化。就是说现代主义具有其独特的历史——和所有历史一样，既有内部史，也有外部史。在接下来的几章中，我将会详细解释其内部史的最生动细节——某些艺术家与其他艺术家，与他们自己，或与直接影响其命运的制度之间的交流。至于现代主义的外部史，它使之与社会环境相适应，也一样与我的论述紧密相关，因为现代主义运动同时表达和改变了它的文化。因此在这章的后半部分，我对形成或者阻碍先锋派思想体系的经济、社会和智力（不排除宗教）背景进行了一番考察。没有了舞台布景和服装，现代主义的成功和失败就很令人费解，因为这些舞台装饰并非总在被动地接受。外部世界既是紧迫的现代主义日程的动力，也是其目标。杰出的俄罗斯现代芭蕾舞团组建者佳吉列夫一定跟他的舞蹈设计师们说过“给我惊喜”这样的话，这真是一个很贴切的现代主义口号。

“推陈出新！”

一

尽管各个派别的现代主义者存在显著的差别，但他们都拥有两个共同的定义属性，我将在接下来的章节中对此进行探讨。第一，在遭遇传统鉴赏品位时促使他们行动的异端的诱惑；第二，对原则性自我审查的使命感。其他可能的归类标准，不论看 3
似多么恰当，都流于失败：政治意识形态这一说法虽然很吸引人，却不能用来界定现代主义，因为它实际上适用于所有的信条，从保守主义到法西斯主义，从无神论到天主教。历史表明，现代主义者彼此之间为了信仰或者不信仰的基本问题进行过激烈的斗争。

我所说的这些定义属性的第一点，异端的诱惑，并不是一个秘密。把猥亵的内容强加到传统韵律中去的现代主义诗人，从设计中剔除所有装饰的现代主义建筑师，故意违背和声和对位传统法则的现代主义作曲家，将快速素描当作已完工作品展示的现代主义画家——他们和他们的支持者得到的满足感不仅来自于尝试一条无人尝试过的革命性的新道路，还来自于对主流权威的成功反抗。这种情感是不可能量化的，但可以想见的是，在创作激进的画作、建筑或者交响乐的过程中得到的乐趣有大约一半来自创作者击败对手的满足感。第一次世界大战前埃兹拉·庞德向与他并肩作战的反叛者们提出的时髦口号：“推陈出新！”精辟地概括了不止一代现代主义者的渴望。

佐证之例不胜枚举。20世纪50年代弗兰克·劳埃德·赖特在设计纽约古根海姆博物馆时，称其将成为世界历史上第一个像样的艺术博物馆。1940年——这里再给出一个例证——相对谦逊的马蒂斯为世人对其创造性天赋的极度怀疑所困扰。“我被传统惯例的某些元素困住了，”他在给同为画家的朋友皮埃尔·博纳尔的信中写道，

“它让我不能自如地在绘画中表达自己。”[1]尽管他很快战胜了自己的焦虑，但是这
里重要的是他对完全的艺术自由的专注与渴望，即所有的灵感都单纯来自于内心而
不是外在。随着时间的推移和现代主义艺术的发展，这种强调个人主宰的主张逐渐像
4 感染了文化创造者一样感染了文化消费者。艺术家们想要自由大胆地“从心底里”说
话、绘画和歌唱的意愿，与公众想要欣赏和捕捉他们的这种自我流露的意愿一拍
即合。

现代主义的第二重标准，即对原则性自我审查的使命感，需要不断进行自我的探索，比前面所说的打破权威有着更加深厚的渊源。多少世纪以来，从柏拉图到圣奥古斯丁，从蒙田到莎士比亚，从帕斯卡尔到卢梭，谨于自省的思想家们一直在搜寻着人性的奥秘。纵观他们积极倡导人性自立的著述，启蒙运动成熟阶段的狄德罗和康德堪称第一批现代主义者。

那么可以说，现代主义者的先辈们是杰出的。对他们而言，审查自己或自己的研究对象对他们的反传统事业是至关重要的。从19世纪40年代前后开始，诗人在尝试各种语言表达的可能性时，在蔑视传统诗体或高雅主题的过程中，实现了深刻的转变，并在随后的几十年中越发勇往直前——在所有的异端分子中，我首推夏尔·波德莱尔为现代主义的第一位英雄。小说家史无前例地开始研究人物的思想和感情；剧作家开始将最微妙的心理冲突呈现于舞台之上；画家开始拒绝“自然”这一古老艺术的惯用手法，转而去探寻自己内心的本性；对于普通听众而言，音乐以其现代主义姿态变得比以往更含蓄内敛，不易参透。

一旦启动，这些自由发展的潮流就汇集了法国大革命及其后浪漫主义时期现代主义风格的大部分基本元素。有口皆碑（或是臭名昭著）的浪漫主义者们为桀骜不驯的反传统者定下了基调。不论是拜伦和雪莱，还是夏多布里昂和司汤达，都在他们的私生活中展现了一种叛逆与不羁；弗里德里希·施莱格尔嘲弄中产阶级的婚姻虚假；而几十年后，马克思和恩格斯则控诉这种婚姻纯粹是肮脏的商业交易，是一种高级的卖淫。

这种中产阶级自我审查群体的毫无顾忌的马克思主义批评是1848年欧洲革命氛
5 围的一部分——我借用同年出版的《共产党宣言》中的说法——在当时也仅受到了有

1 Henri Matisse to Pierre Bonnard, in Elizabeth Cowling et al., *Matisse/Picasso* (MOMA, 2003), p. 292.

马里奥·西罗尼，《打倒中产阶级》（1920）。一个先锋派憎恶中产阶级的有趣例子

限的关注。当然，至少现代主义者们这段早期的批判还不太具有煽动性，尽管伟大的现代主义小说家居斯塔夫·福楼拜盛怒之下写出的第一部小说《包法利夫人》在程度上已经很接近。

福楼拜对中产阶级的恶意讽刺值得特别注意，因为它成了现代主义派别中的一个典型。反中产阶级的这股愤怒像挥之不去的噩梦一般充斥于他的大量信件和已出版的作品中。他笔下的中产阶级愚蠢、贪婪、庸俗、自鸣得意但又无所不能。在一封著名信件中，他把自己称作"中产阶级畏惧者"（bourgeoisophobus）[1]，这个称谓在使用中越来越具有精神病学术语的性质。他对中产阶级的憎恶变成了一种恐惧症，这种恐惧症使得他失去理性，难以真实地看待他所处的社会。

简言之，他把中产阶级描述得面目可憎是一种不分青红皂白的毁谤，缺少应有

1　Gustave Flaubert to Louis Bouilhet, December 26, 1852, in *Correspondance,* ed. Jean Bruneau, 5 vols (1973—　), II, p. 217.

的社会学特征以及可靠的事实支撑。福楼拜的讽刺画中聚集的是工人、农民、银行家、商人、政客，还有无所不在的杂货商，而他们的原型其实只是他精选出的一小撮作家和画家——他的朋友。不加鉴别地拿这些作为证据已经严重扭曲了现代主义的社会历史，几乎无法挽救。

这个致命的缺点并没有阻止一代又一代心怀崇拜的读者们对其趋之若鹜。虽然只有一小部分反中产阶级者，比如爱弥尔·左拉，与福楼拜一样充满狭隘的怨恨，但是福楼拜的论调在19世纪的现代主义者中已经是不足为奇，他们随时准备为自己创作的失败去声讨整个社会阶级。比起19世纪的谩骂，20世纪现代主义者的水准也没什么提高。1920年，很快成为忠实的法西斯艺术代言人的意大利现代主义画家马里奥·西罗尼，描绘了这样一幅阴郁的都市图景：三个阴险的人潜伏在角落里，一人拿枪，还有一人拿刀，显然是在伺机袭击一个正派人（即中产阶级）——他正朝他们走来，对埋伏还全然不知。这幅阶级意识分明的画面配上了简洁的标题："打倒中产阶
6 级"。[1]西罗尼很显然没有对伺机行凶的刺客怀有丝毫的批评态度。

这种敌意延续了下来。值得注意的是，几十年中，现代主义者对于普通中产阶级的痛恨几乎没有改变。有一个例子足以证明这一点。颇具创造力的波普雕刻家克拉斯·奥尔登堡因在传送履带上竖了个硕大的唇膏而出名（现放置在耶鲁大学一所寄宿学院的庭院内），当然他还做出了其他一些大快人心的惊人之举。他在1960年宣称，中产阶级把玩着想象力的创新，而且仅仅是把玩。"中产阶级的阴谋就是希望不时地受到侵扰，他们就喜欢这样，但是接着他们就围攻你，等把你解决了，他们又瞄准下一个目标。" 奥尔登堡认为，我们需要的是"将鉴赏品位提升于中产阶级价值观之上"，这种提升将会"恢复世界万物固有的魅力"。[2]这是一种明确的谴责：
7 奥尔登堡赞同早于他一个半世纪的浪漫主义者们的看法——不论是世俗的还是虔诚的——认为中庸的秩序已经夺走了世界的魔力，因此富有创造力的人的至高职责就是将它恢复。是的，自封的现代派代言人坚称：中产阶级确实有创新的意图，但是又不敢太过激进。

现代主义者最初大肆用来驳斥对手的咄咄逼人的言语并没有很快反映在作品

1 Emily Braun, *Mario Sironi and Italian Modernism: Art and Politics Under Fascism* (2000), p. 50.

2 Oldenburg in Dore Ashton, "Monuments for Nowhere and Anywhere," *L'Art vivant* （July 1970）, repr, in *Idea Art*, ed. Gregory Battcock (1973), p. 12.

中。但是文化异端者们也制造了一些让中产阶级高度紧张的丑闻：马奈著名的裸体画《奥林匹亚》（作于1863年，但是两年后才展出）；阿尔加侬·查尔斯·斯温伯恩的《诗歌与民谣》（1866），因其关于性虐及其他性话题的色情暗示而颇受勒令退学的英国男生的喜爱；法国文人波德莱尔、福楼拜、龚古尔兄弟，以及后来的左拉，广为散布对中产阶级的无情抨击，认为他们无知得不可救药，是市侩的杂货商世界里的主打元素。直到19世纪80年代，现代主义者们才开始在以后的四十多年中以旺盛的精力创作出一批批具有影响力的作品。到了20世纪20年代末30年代初，在极权统治和全球范围的大萧条面前，这种惊人的能量走向衰败（但并非一蹶不振），这一阶段将在后面讨论。

二

因此，20世纪之初的几十年对于现代主义的发展来说是至关重要的；本书也会将大部分的笔墨都花在这几十年上。这一阶段的艺术发展之路绝非风平浪静：引人瞩目而极度躁动的文体实验遭到了第一次世界大战的破坏，那是一场决定了现代社会发展的灾难。它的爆发、它的残忍和漫长——从1914年8月一直到1918年11月，长期对峙致使死伤无数，特别是在西方战场——甚至都超出了奥地利和德国这些强国们的意料，而他们又是这场杀戮的主犯。与军事斗争导致的灾难相比，激发所有艺术发展的文化战争当然并非那样扣人心弦，但也足以让人惊叹：表现主义诗歌、抽象派绘 8
画、高深莫测的乐曲、没有情节的小说，凡此种种，对人们的鉴赏力进行了一场革命。战争结束以后，现代主义者们继续他们的创作。

但是战争势必会带来影响。大多数现代主义者都参了军，有些人精神崩溃，有些人战死前线。但是总体来说，一旦恢复了和平，他们又都继续战前的工作。马塞尔·普鲁斯特虽然在战争时期的创作中维持了原先的风格，但是在《追忆似水年华》的最后一卷中加入了战争题材。马克斯·贝克曼的画作展示了一种新的对于恐惧和死亡的意识。瓦尔特·格罗皮乌斯的政治意识是在战争中形成的。因此战后的艺术家们从战争中得到的几乎和战争从他们身上夺走的一样多。

历史学家注意到这次世界大战所产生的极为不均衡的影响。这是一次国际和谐的骇人崩塌，在政治、经济关系、文化态度和帝国灭亡等方面都是无可挽回的。就现代野蛮主义的出现而言，战争在画作和书籍中体现得相对不那么明显。20世纪20年代的先锋派们，尽管看似颇具创造力，主要也只是收获战前时期，即美学创新层出不穷的阶段播下的种子。不管是在1880年还是在1920年，每一次现代主义行为都让当代人或欣赏或厌恶——它们有的文雅大方，有的粗糙原始，有的真实可信，有的虚伪欺瞒，有的高深莫测，有的则故弄玄虚。每部现代主义风格的短篇小说或者弦乐四重奏都是一次机会，一次进攻，一种对被易卜生轻蔑地称为“密集的多数人”的反击。

追溯过去，连年战争对高雅文化领域造成的震荡一直没有变得清晰起来，而它也并非让现代主义历史学家们感到困惑的唯一因素。先锋派代表作的地位逐渐改变；有的甚至已经融入到它们的作者所公开鄙视和强力质疑的标准中去。随着时间的
9 推移，剧院、博物馆和音乐厅里讨厌的（即使不讨厌起码也是惊人的）创新也失去了激怒公众的力量。1913年，愤怒的芭蕾舞观众曾一哄而上打断尼金斯基和斯特拉文斯基《春之祭》的首演，而后来的观众反倒觉得这种由激进配乐和激进舞蹈组成的强有力的混合不但不令人费解，而且还着实很赏心悦目。旨在营造异端氛围的现代主义作品却最终被称为经典，这很明显是自相矛盾的，却又是实实在在的事实。

毕竟，人们都看见、读到或者听说过某些具有显著现代主义风格的作品——例如阿道夫·路斯设计的位于维也纳的斯坦纳住宅、奥古斯特·斯特林堡的《梦剧》、伊戈尔·斯特拉文斯基的《火鸟》、巴勃罗·毕加索的《亚威农少女》，它们那经久不衰的生命力引起了当今高雅文化消费者们的注意。尽管都问世于第一次世界大战前，但是它们都和弗兰克·盖瑞几年前刚刚在毕尔巴鄂缔造的古根海姆博物馆一样充满现代气息，令人叹为观止。这些作品虽然都较为古老，不过它们都是活生生的文化记录，并将生命赋予了那段历史以及和它相关的各种困惑。

误读现代主义

一

在误读现代主义的各种原因之中，有一个尤为显著，那就是，从一开始，咄咄逼人的对手之间就故意误会对方，使得斗争的阵地遭到了破坏。关于现代主义者生

活方式的各种说法更进一步混淆了社会现实：19世纪中期亨利·米尔热的小说把现代主义者描绘成吊儿郎当、放荡不羁的波希米亚贫民（半个世纪后，这部小说因为贾科莫·普契尼关于追求艺术的欢乐与痛苦的歌剧而获得广泛的发行量和威望），这其实是无稽之谈。到20世纪中期，已经很少有画家或者作曲家还在没有电梯的五层阁楼里竭力维持那种别具一格、一贫如洗的生活，享受单身的快乐。事实上，这样的人从来都不多，大多数先锋派艺术家们都过着舒适的生活，有些人甚至可以称得上富裕。有的激进分子靠吃利息过活。总体来说，19世纪的先锋派作家或作曲家们，不论他们怎 10
么样开始自己的人生，最终都成为可信赖的公民。现代主义者们不遗余力想要推翻的文化体系的吸收能力着实让人佩服。

因此，除了一些令人愉快的例外，对手们在艺术领域为了讨好公众而展开的辩论其实都是自说自话。所有人都将注意力投向了这种作战双方普遍采取的手法：绝对的简单化，以及同样绝对地夸大他们和“敌人”之间的差别。两边的狂热分子都以揭露对方的恶劣行径为乐，凭借自己编故事的本领发起攻击并自圆其说。最激情澎湃的现代主义代言人以专业的局外人姿态出现，而现有体制则认为他们是聒噪又偏执的外行，因此他们的戏剧不配上演，他们的绘画不配参展，他们的小说也不配出版。现代主义者们欣然认可了这样一种贱民身份，享受着受难者的快乐。

对这些激动战斗口号就事论事的历史学家，对珍爱的童话必定记录在案而非予以揭露。对于传统的艺术家、批评家和观众来说，有一点非常明白：现代主义者们像一群团结的叛逆者，集体对抗历史悠久的上流文化中岿然不动的真理（常常是基督教信仰）。这种文化的权威代言人，从君主到掌权的贵族，都公然抨击这些不同的声音，说它们幼稚，甚至骂他们伤风败俗，是一群搅得天下大乱的疯子。

在这紧张的氛围中，反现代主义者们言辞偏激，顽固地拒绝欣赏反传统者们能够达到的任何成就。但是，创新者中几乎没有谁只单纯地怀着哗众取宠的目的。当然有些人致力于惹人生厌，而公众也确确实实讨厌他们，这倒让他们如愿以偿。然而更多的时候，现存体制的反应很明显远远超出了它受到的刺激本身。1891年易卜生的《鬼魂》在伦敦首度公演之时，评论家们大肆谩骂、口诛笔伐，好不痛快。原因就 11
是，这部剧大胆提及了不正当性行为，剧中的一个主要角色还患上了梅毒导致的精神错乱。但它也绝不至于被指为“恶心的表演”，或是“敞开的下水道，拆下绷带令人作呕的溃疡，众目睽睽下的下流剧”；它也不是“恶心到几乎腐烂的低级趣味”，它的作者也不是一个“彻头彻尾的肮脏而又极其无聊”的“疯狂的怪胎”。[1]在这些倾泻而出的谩骂之词中，后来的读者会惊讶地发现其中毫无节制的歇斯底里，会看到正直的公民无端受到夸张的攻击，他们的生活真相至今仍被掩盖。

简言之，现代主义者有理由认为自己应该说出“体面的”艺术家不愿或者不能说的话。克努特·汉姆生创作了《饥饿》（1890）以及另外几部小说，旨在谴责其他小说家的肤浅心理。瓦西里·康定斯基在画布上逐渐抹去了所有对自然的暗示，到1910至1911年，这种暗示全部消失，因为在他看来，其他所有的画家都没能捕捉到存在的神秘性。斯特林堡创作了他的早期自然主义戏剧《父亲》（1887）和《朱莉小姐》（1888），以此作为对当时统治戏剧舞台的制作精致、谈性色变的戏剧的批判性回应；十年后，他又以诸如《梦剧》之类的表现主义案头剧扭转了现代主义抗争的方向。T. S. 艾略特发表了颇具争议的诗歌——1917年发表的《普鲁弗洛克和其他诗作》和1922年发表的当之无愧的现代主义经典《荒原》——这个时期，用他自己的话来说，就是“1909到1910年诗歌创作的萧条程度是任何年轻诗人都难以想象的”。[2]这些现代主义者要攻破防守严密的文化堡垒，还要进行激烈的战斗。尽管他们看起来嘻嘻哈哈，但他们知道自己在和什么做斗争；尽管他们有时夸大其词，但实际上他们是严肃认真的。

性一直是个敏感话题。在现代主义时期，人们仍旧顽固地对它讳莫如深，不过对于性的直言不讳并非引发公开谴责的唯一原因。1905年，在巴黎的“秋季沙龙”上，亨利·马蒂斯、安德烈·德兰、莫里斯·德·弗拉芒克和其他志同道合的艺术家们展出了他们最新的绘画作品，评论家们公然抨击他们鲜明丰富的画布上画的是由“混乱
12 色彩”导致的“图形变异”；他们让某评论家想到的是“一个小孩子用圣诞节收到的彩色颜料盒玩的幼稚游戏”。[3]这些艺术家很快被冷冰冰地戏称为Les Fauves，即“野兽派”，他们的自动退出成为关于上流文化的论战中的一个比喻。说到童年，与探索自己内心世界的其他现代主义者一样，保罗·克利发现自己生动顽皮的画作被人傲慢地评价为连七岁小孩也能画得出的涂鸦。创新者们的死对头认为，怀有各种宗教信仰的现代主义者们其实是一个无差别的野蛮人群体，既没有专业技能，也没有聪明才智。

---

1 这些引用和概括的评论请参见G. Bernard Shaw, *The Quintessence of Ibsenism* (1891; ed. 1912), pp. 3—4。

2 T. S. Eliot, Introduction, *Literary Essays of Ezra Pound* (1954), p. xiii.

3 Werner Hofmann, *Turning Points in Twentieth-Century Art 1890—1917*, trans. Charles Kessler (1969), p. 18.

二

先锋派尖锐犀利的言辞证明他们确实遭受了许多抨击。回顾很多现代主义者运用娴熟的修辞，人们不难从中发现能和保守派的极端主义言辞相匹敌的语句。一句最受欢迎的现代主义惯用语就是，亟须摧毁那些反动港口——博物馆。早在19世纪50年代，法国现实主义批评家兼小说家埃德蒙・杜兰蒂就曾建议将卢浮宫这个“地下墓穴”彻底烧毁，这个想法在二十年后得到了印象派画家卡米尔・毕沙罗的热情支持。他认为，摧毁这片“艺术的墓地”[1]将极大地推动绘画艺术的发展。确实，在现代主义者们最斗志昂扬的时期，他们拒绝与被高更暗讽为“美术学院的堕落之吻”[2]的东西有任何瓜葛。

摈弃正典的急切愿望在激进的文化圈内得到了广泛而持久的响应。第一次世界大战以前，好战的意大利未来主义者把它融入到反对当代文化的极端运动中去，这也在情理之中。“我们要摧毁博物馆和图书馆，”未来派创始人F. T. 马里内蒂在其1909年发表的《未来主义宣言》中呼吁，“打倒道德主义、女权主义以及所有机会主义和功利主义的怯懦之举。”[3]可见彼此的对抗已经达到了无以复加的程度，只差没有短兵相接了。

这股汹涌的力量一直持续到第一次世界大战结束后。美国摄影师曼・雷1921年 13
到达巴黎时，对自己经常光顾的艺术家咖啡店里煽动性的讲话感到颇为震惊:“不幸的是，我刚来到这里，就被先锋派运动吸引住了，他们蔑视博物馆，还要将其摧毁。”但奇怪的是，现代主义艺术家尽管看起来态度强硬，却也会幻想在他们意欲烧掉的博物馆里找到自己的一席之地。

所以，现代主义者同他们的对手们一样，既是热情洋溢的，也是有失公允的。
他们的头号敌人当然是中产阶级，而他们中最富威望的战斗者依然是福楼拜。罗伯 14

1　Camille Pissarro to Lucien Pissarro, in Theodore Reff, “Copyists in the Louvre, 1850—1870,” *Art Bulletin*, XLVI (December 1964), p. 553n.

2　Paul Gauguin to Emil Schuffenecker, October 8, 1888, in Paul Gauguin, *The Writings of a Savage* , ed. Daniel Guérin, trans. Eleanor Levieux (1996), p. 24.

3　F. T. Marinetti, *Manifeste initiale du Futurisme*, *Le Figaro*, Februrary 20, 1909, in Jean-Pierre de Villiers, ed., *Le premier manifeste du futurisme* (1986), p. 51.

J. 勒莫（1847—1909），《居斯塔夫·福楼拜肢解包法利夫人》，出自《戏仿》（1869）。伟大的分析小说家被讽刺为破碎的自我

特·路易斯·斯蒂文森称中产阶级为“冒汗的庸人”[1]，这种叫法或是出于娱乐，或是出于恫吓，听起来似乎荒唐，或又让人为之一震。现代主义者认为他们非常缺乏欣赏新事物的能力。大量的反面证据表明，维多利亚时代的文人以及后来的现代主义者们对可信赖的中产阶级市民的讽刺无处不在，反映在戏剧、小说、诗歌、连环画和绘画等诸方面，还呼吁读者和观众一起嘲笑他们。

战争的硝烟中看起来极为轮廓分明的部分——大多数历史书称之为新旧之战——实际上是一系列错综复杂的小规模冲突，当中有停战和解，也有阵线的变

1 Robert Louis Stevenson, “Walking Tours,” *Essays by Robert Louis Stevenson*, ed. William Lyon Phelps (1918), p. 32.

化。现代主义者最喜爱的战斗口号“敌人来了！”听起来似乎要比实际情况更切实。因此，将现代主义者和传统爱好者看作不共戴天的宿敌是很有道理的。但是，和所有与文化史有关的笼统说法一样，这种说法也应该给例外的情况留下足够的余地。至少它是需要做出细微修改的。心理分析学家们所谓的对细微差异的自我陶醉促使很多现代主义者诽谤他们的同伴，其言辞激烈程度毫不逊色于他们对最愚昧无知的庸人的批判。

其后果是出人意料的：现代主义者对敌人不亦乐乎地进行攻击恰恰让人们忽视了一点，那就是，他们自己的阵营很难说比他们所攻击的体制更为坚固。大量证据表明这种表面上的和谐一致，即忠实同伴们的自我陈述，从来都不是绝对的。高更指责印象派完全受制于视觉可能性；斯特林堡嫌恶易卜生的问题戏剧；彼埃·蒙德里安对毕加索无法从立体派“进步到”[1]抽象派深感失望；弗吉尼亚·伍尔夫对乔伊斯的淫秽之词持保留意见；库尔特·魏尔对同为现代主义作曲家的埃里希·科恩戈尔德的作品予以严厉的批判；因《正方形礼赞》系列作品而闻名的专业抽象派画家约瑟夫·亚伯斯对罗伯特·劳申伯格的通俗滑稽之作大为恼火，尽管他在北卡罗来纳州黑山学院任教期间曾是劳申伯格的老师，却始终坚称从来没有听说过此人。 15

先锋派和谐氛围的最坚持不懈、最蠢蠢欲动的破坏者可能当属西班牙画家萨尔瓦多·达利。他急于一鸣惊人，用自己古怪得令人反胃的超现实主义画布，向所有现代主义者示威。他告诉整个世界，自己注定要“把绘画艺术从现代艺术的空虚中解救出来”[2]。如果现代主义者们用高人一等的态度对待中产阶级，他们也可以用同样的态度对待其他现代主义者，或者至少觉得他们缺乏艺术胆识和鉴赏力。

更令人吃惊的是，从一开始，正是在波德莱尔的带领下，一些现代主义者曾试图与传统品位的卫道者真诚言和。这些努力虽然不像之前提到的双方对抗那样引人注目，但也同样耐人寻味。回顾1846年的巴黎沙龙，波德莱尔对中产阶级给予了很高的关注。他写道，中产阶级处于法国文化的最高地位，画家、诗人和作曲家层出不穷，他们也是珍贵艺术品收藏、博物馆和交响乐队的创始人。因此，当代中产阶级

1　Piet Mondrian, “Toward the True Vision of Reality” (1941), in *Plastic Art and Pure Plastic Art and Other Essays*, ed. Robert Motherwell (1951), p. 10.

2　Salvador Dali, *The Secret Life of Salvador Dalí*, in Francine Prose, “Gala Dalí,” *The Lives of the Muses: Nine Women and the Artists They Inspired* (2002), p. 198.

“天生就是艺术的朋友”。[1]波德莱尔之后的半个世纪，抒情诗人兼当时先锋派的友人纪尧姆·阿波利奈尔继承了波德莱尔的精神，可怜兮兮地请求中产阶级读者们的支持。他恳求他们看清楚，先锋派作家对中产阶级读者是充满善意的，他们只是想让读者领略迄今还深不可测的美丽与深刻：“我们不是你的敌人。/我们只想向你展示广阔而陌生的世界/ 在那里，神秘之花为那些愿意将它采摘的人绽放。”[2]而且，相当出人意料的是，他还想得到中产阶级的怜悯。

后来，经过深思熟虑的先锋派们认识到，他们所提倡的个人主义，那个似乎让他们摆脱了历史的重担、时代的粗俗和强权的压制的思想主张，常常因为渴望友谊和安慰而受到损害。回顾最近的历史，在20世纪60年代，坚定地投身现代主义革命的杰出的美国批评家哈罗德·罗森堡毫不留情地嘲笑当时的文化异端者为“一拨思想独立
16 的人”。《纽约客》中的一幅漫画将这种自我批判呈现给了知识大众：在一间堆砌着

“为什么你一定要赶反传统这个时髦？”《纽约客》漫画，1958年6月28日

1 Charles Baudelaire, “Salon de 1846,” *Oeuvres complètes,* ed. Y.-G. Le Dantec, rev. Claude Pichois (1961), pp. 874—875.

2 Guillaume Apollinaire, “La Jolie Rousse,” in *Calligrammes, poèmes de la paix et de la guerre* (*1913—1916*) (1966), p. 184.

毫无章法的抽象画的画室里，一位女士正在冲画家发火："为什么你一定要赶反传统这个时髦？"很显然，这些卖不出去的滞销品都是后者的杰作。

一组先决条件

一

如果说现代主义的内部矛盾为先锋派诗人和画家制造了大量的问题，那么现代主义者与他们必须生存于其中的社会力量之间的斗争也同样棘手。社会作为现代主 17
义的生命之源对它产生了各个方面的影响。在此重申一下：现代主义想要发扬光大就需要社会和文化前提。因此，这里举一个例子，显而易见，现代主义者需要相对自由的状态和社会环境才能正常发展。严格刻板的图文审查制度针对的就是所谓大逆不道、伤风败俗和颠覆政府的内容，从而制造了一种对现代主义创新极为不利的压制氛围。他们的作品再一次表明，只有在西方文明的先进舞台上，在某些社会习惯和态度对其有利的情况下，现代主义才能兴起，即便这些有利条件的产生是迟疑的、不规律的和无意的。不过，一个有利的发展环境本身未必能保证现代主义的兴起和长久，其发展壮大的先决条件中的任何有力障碍都可能葬送现代主义者最积极的努力。换句话说，如果现代主义没有大量富裕的支持者和观众，如果这些人不够开明或者支持的立场不够坚定，那么现代主义的未来是很难想象的。

尽管不承认经济决定论，我还是首先简述一下当时的经济背景。现代主义起源于工业化和城市化国家的一些繁华区域，分布广阔。工厂体系——最早于18世纪末出现于英格兰，在那里迅速发展，并于维多利亚时代扩展至比利时、德国、法国和美国——是大规模生产的前提，随之而来的是大规模消费，包括高雅艺术的消费。铁路，这个起初被惊讶不已的观察者视为现代奇迹的东西，创造了一种运输旅客和货物的奇妙手段；19世纪20年代末到60年代，工业化国家之间形成了紧密交织的铁路网络，从此人口分布和商业机遇经历了彻底的改变。新型的金融工具和庞大的银行帝国为一个前所未有的财富市场提供了资本。因此，我们可以看到，现代主义在这种大背景下也一同发展起来。

艺术史学家一般认为现代主义主要是一种城市现象。急速发展的维多利亚都市 18

催生了大批剧院和音乐厅，吸引消费者光顾，还成立了各种艺术学院和管弦乐队，招收大量学员来此表演。整个19世纪，正是在城市里，热心公益的市民创立了高等文化机构：文学艺术的庇护之地法兰克福博物馆建于1808年，纽约爱乐乐团成立于1842年，哈特福德博物馆建于1844年，阿姆斯特丹国立博物馆建于1885年。这是中产阶级精英分子最出色的状态，也是不为马克思所知的。相比之下，一小撮现代主义者却躲在偏远的村落里，避开城市生活的节奏和喧嚣，他们消极地认为这些东西让人心神不宁：德国诗人和画家跑到沃尔普斯韦德修身养性，法国画家则躲到了布列塔尼。像耶拿那样有着深厚文化底蕴的小镇成了艺术活动的前沿阵地。不过，要是没有了伦敦和阿姆斯特丹，没有了纽约和芝加哥，或者没有了慕尼黑和柏林，现代主义是无法实现的。实际上，当时所有人都一致认为，巴黎作为文化首都的辐射范围要比整个法国领土广阔得多。尼采这位坚定的欧洲人，在他的自传《瞧，这个人》中下了这样一条定论："巴黎是艺术家在欧洲唯一的归属地。"[1]他当时心目中的巴黎是19世纪50年代以后飞速现代化的巴黎。

现代主义者对开明中产阶级的依赖远不像他们所说的那样简单，这也凸现了他们的文化革命只有在晚近的时代才能繁荣昌盛起来。在更早的时期，资助艺术事业是特权阶级的专利：君主、贵族、教会长老、荷兰等贸易中心的少数商业巨头，只有他们才能制定艺术品位的标准。从中世纪和早期现代社会保存至今的艺术品，不论是豪华的古庄园还是博物馆里珍贵的藏品，都表明很多贵族艺术爱好者慷慨大方而且品位不俗地完成了美化教堂和宫殿的义务，不论他们是出于虔诚、炫耀、对美

克劳德·莫奈（1840—1926），《圣拉扎尔火车站》（1877）。印象派画家关于城市生活和现代主义的一个范本

1 Friedrich Nietzsche, *Ecce Homo* (1908), *Werke*, ed. Karl Schlechta, 3 vols. in 5 (6th rev. ed. 1969), II, p. 1090.

的热爱抑或是兼而有之。

这种情况必定会发生改变。到了19世纪，文学艺术资助者米西纳斯的现代继承人开始抢占历史悠久的文化慈善家的位置，而无名的追随者，绝大多数都是中产阶 19

级，向作曲家和剧作家提供了掌控甚至是破坏主流品位的发挥空间。敏锐的维多利亚时代的文化人马上注意到了这场变革。在维多利亚女王执政中期，伦敦国家美术馆馆长查尔斯·伊斯特莱克爵士的妻子伊丽莎白·伊斯特莱克夫人一直对英国文化市场给予密切关注。作为馆长的妻子，她掌握着最新的文化信息。她写道：“艺术资助曾经是几乎专属于名门贵族的特权，而现在，一个主要通过商业贸易聚集财富的文明阶层已经分享了（而且随后几乎要独占）这种权力。”[1]在现代主义的推进过程中，这种变化愈发明显：先锋派艺术、文学和音乐的发展超越了文化贵族的小圈子，吸引了大批观众。“中产阶级”这个名词的含义变得更为灵活一些，特别是对于该群体中相对低层的人群。

20 大部分的公共机构都在19世纪成立或者得到快速发展，它们成了各种审美品
位走向的宣传媒介。从19世纪中期开始的维多利亚时代的几十年中，出现了租赁书
21 店、免费博物馆、方便实惠的精美展品宣传册、剧院和音乐厅的优惠门票等，文化商业急速扩张，诸如平版印刷术和摄影技术等低成本的复制手段大行其道。这是显而易见的；现代主义审美品位的激增在这个过程中起到了核心作用。但是也必须认识到，以不断扩大的受众为对象的文化内容的新繁荣大力推动了多样化的发展。

现代财富有很多积累渠道，这就使得各地的先锋派运动各不相同。日益成熟的资本主义在操控资源方面显现出了超凡的独创性：使用大量的职员来推进商业、机械制造、政府以及服务业中的科层化工作；创造诸如公司之类的新法律实体从而获得资本供应；通过劳动力分工、标准化生产和开发高效率机械来改革商品的大规模生产；随着邮政、道路和水运系统得到了突破性的改善，运输和通信的速度也在加快。如果说现代主义时代开始腾飞，那么机械化则开始掌控一切。人们称赞动力机车为新世界的缔造者，确实一语中的。

这充满各种变化的几十年见证了曾对经济发展起决定性作用的重商主义国家干预制度的逐渐（一直没有彻底的）解体。虽然脱离家长式的监管体制也滋生了被极其委婉地称作“社会问题”的骇人事物，比如脏乱差的贫民窟和对劳动者的无情剥削，但是，它也前所未有地释放了创业能量。紧张愤怒的社会批评家谴责资本家调动这些能量的方式，认为那是自私卑鄙的，这也不无道理。但是像打字机、大西洋海底

1 此为查尔斯·伊斯特莱克爵士的回忆，见Charles Locke Eastlake, *Contributions to the Literature of the Fine Arts*, 2nd ser. (1870), p. 147。

电缆以及电话等发明在创造财富的资本主义机器中起着原动力的作用，极大地扩展了欧洲以及美洲日益兴旺的中产阶级圈子。不计其数的中产阶级商人凭借口袋里丰厚的美元、英镑和法郎，对艺术展览趋之若鹜。

对于这些身处高雅文化氛围之中的成年学生来说，时间是非常宝贵的。他们在
19世纪中期争相追捧弗朗茨·李斯特和珍妮·林德等名家；手里拿着导游手册到意大 22
利度蜜月，为的就是学习绘画和建筑。这个时期的家庭文娱活动也是以业余女高音歌唱家或钢琴家为主要兼职表演者，演奏者也许并无过人天赋，却演绎得真诚感人。中产阶级对于音乐的真心喜好也深受不依不饶的敌意偏见之害：在愤世嫉俗的逸事中，年轻女孩为宾客弹奏音乐十有八九都被说成是为寻找合适结婚对象而设下的圈套。

二

很显然，中产阶级喜欢花费大量钱财在哪些娱乐活动上很大程度上取决于时间、地点、机遇、政治自由度、家族习惯和许多个人动机。人身自由并不能保证良好的品位，充裕的资金也同样不能；但是，正如现代极权主义所证实的，人身自由的缺失对于精神自由来说是致命的；而没有了精神的自由，一个富有创新意识的人只是呆板的政府机器上的一个齿轮。如果强加于中产阶级文化之上的骂名是对维多利亚时代的人及其子嗣的真实描述，那么就不会有现代主义的出现。

通观整个现代主义时代，人们一直争论不休的问题依旧是，中产阶级或者说越来越多接受高等教育的人能否超越对纯粹娱乐的原始欲望（文化预言家们认为这是他们最大的渴望），又能超越多少。文化悲观主义者，通常就是指那些高档次月刊的记者，或者那些能写会道、自以为是又渴望出名的专业学者，他们坚信平庸之辈不可避免地将得到最终的胜利。他们大都认为，即将到来的大众社会对文化艺术来说将是一场灾难。那样的社会使得每一个蠢人都可以宣称自己不懂艺术，只懂娱乐。于是，原
本意在文化人中推广名著佳作的教育运动，到头来非但没有达到提升庸俗品位的效 23
果，反而使高雅品位庸俗化了。在这样一个时代，当越来越多的男性参与到活跃的政治群体中去，当文化教育的普及产生了大量被自封的“高等人”称为半受教育者的人，当工会把话语权交给迄今为止一直没有发言权的人，那么大家共同的担心可能是

有一定道理的。但是这种担心同时也是一种自满和自大的表现，有失公允。我们不得不承认，现代主义者对显然无法领会其思想的公众的迎合是一种趋炎附势，这种负面影响不容忽视。有一点是肯定的：一部分现代主义者是民主主义者，但是现代主义并非一场民主运动。

三

民主主义文化的前景对于现代主义者来说有着特别的意义。从托克维尔到马克斯·韦伯，文化批评家们用社会学的传统工具着手分析社会现状。这种非正式的社科文献的典型代表是一篇鲜为人知的文章，其作者也是一位同样名不见经传的德国文化官员阿尔弗雷德·利希特瓦尔克。1881年他发表了一篇题为《论大众》的文章，五年后他被任命为当地最大的美术馆——汉堡市立美术馆的馆长。在那篇文章中，利希特瓦尔克把艺术的受众分为三类：广大民众、一部分受过良好教育的人和少数精英分子。他认为，第一种人在德国和其他所有国家都占绝大多数，他们对经典艺术几乎毫无概念，最多也只是在看过两三幅拉斐尔的圣母画像后勉强识得一些蚀刻版画。第二类指的是具备少量艺术历史知识的受教育人群；他们往往将某些历史阶段概念化，对现代艺术缺乏全面的兴趣，和无知的普通大众差别不大。第三类是“特别优秀”的少数人。“他们是最不可多得的、最稳定的人群。和他们相处犹如醍醐灌顶，因为他们拥有的与生俱来的天赋——优雅的品位和敏锐的判断力——不是通过教育就可以培养出来的。”[1]然而，利希特瓦尔克悲观地补充道，他们在德国人的艺术生活中所起的作用只是杯水车薪。

这种非常的言论是值得细究的。它所传达出的文化悲观主义与一种主导观念不
24 谋而合，即只有一小部分人才能运用渊博的学识和必要的心理变通能力超越稀松平常和微不足道的东西，探求和欣赏事物的真谛。大多数人都只会将绘画、戏剧和小说定
25 性为纯粹的娱乐或者说教的工具。不过利希特瓦尔克指出他所欣赏的第三类人可能来自“形形色色的社会阶层”，“有着各不相同的教育背景”，[2]从而在一定程度上颠覆了这个主导观念。但是和大多数同时代的文化批评家一样，利希特瓦尔克认为大部分

---

1 Alfred Lichtwark, “Publikum,” *Erziehung des Auges: ausgewählte Schriften*, ed. Eckhard Schaar (1991), p. 25.

2 Ibid., p. 26.

利奥波德·冯·卡尔克罗伊特（1855—1928），《阿尔弗雷德·利希特瓦尔克肖像》（1912），汉堡市立美术馆馆长，他因秘密地逐渐购入尚未成名的法国印象派画家的作品而成为争议人物

文化中产阶级难以舍弃物质利益。正是基于这种想法，他与先锋派中的反中产阶级思想家结成了松散的合作伙伴关系。不过值得注意的是，怀着对无疑包括他本人在内的杰出个人的直觉上的信赖，他认为，是不是真正的艺术爱好者，不是由社会等级或者财富所决定的。对他们中有些人来说，教育仍需继续；而对其他人来说，教育则并非

必需。他一直坚信，有比金钱更值得欣赏的东西，这个观点发人深省。

在这些反庸俗主义宣言的背后是越来越被社会所承认的艺术家群体。现代主义之所以能顺利发展起来，就是因为有了艺术大师们充满激情的领导，他们自信绝不比他们的顾客低一等。对于反文化权威者来说，谦卑不是一种可取的个性特征。并非所有艺术家对其所从事职业的荣耀感都是完全符合实际的，虽然这种感觉在19世纪非常普遍，但是至少在一开始并不是这样。雪莱曾说诗人是这个世界不被承认的立法者，这个说法经常被人引用；它其实只是表达了一种虚无缥缈的空想，而不是对社会现实的分析。限定词“不被承认”确实给这番自夸抹上了一丝合理的色彩。而艺术家们依旧不被承认；不过他们有把握捍卫自己的尊严。

早期著名的、几乎是传奇式的人物都用自己的实际行动证实了这一点。拥有“超凡”天才的米开朗琪罗有底气拒绝大主教；翻译了《荷马史诗》并以募捐的形式将其出售的亚历山大·蒲柏没有为了得到上流社会的承认和经济资助而到处溜须拍马，在序言里写出阿谀逢迎的献词；萨缪尔·约翰逊在1755年写的那封拒绝切斯特菲尔德伯爵资助的信件可称得上百世流芳，完全可以用作中产阶级的盾徽，假如他们真的有过盾徽的话；莫扎特1781年摆脱了萨尔茨堡大主教法庭的卑屈职位，定居维也
26 纳，在生命的最后十年中做了一位自由作曲家和独奏家。到了维多利亚时代，一些或者说很多早期的艺术资助人让富于想象的小说家、建筑家和雕刻家获得了一定的社会地位，富人们邀请他们做客，支持他们的事业，爱和他们交朋友。在作家们可以自视为想象力之王的时代，他们可以——而且经常——高高在上地鄙视中产阶级，而其实，后者的先辈们也曾对前者的先辈们同样不屑一顾。正是日益提高的社会地位使得许多现代主义者任凭自己沉浸在自恋中。现代主义可以说既与他们的斗志有关，也与金钱和自由有关。

这种丰富而复杂的环境为现代主义的来临提供了便利条件，但是另一场划时代的变革也起到了推波助澜的作用，它使得现代主义发展成为一场意义重大的运动，而非仅为无聊的唯美主义者的消遣。早在1900年之前，西方文明就似乎进入一个后基督教时期，现代主义者与这些新动向关系密切。正如我们所见，文化上的变革是剧烈的、普遍的、不可抗拒的，其中当然也包括对于宗教的态度。正如霍尔布鲁克·杰克

逊1913年在《十九世纪九十年代》这本世纪回顾中所论述的，“新”这个字眼近几十年来大量出现在各种名称中——新戏剧、新女性、新现实主义以及其他——保守派谴责其为轻率的冒险主义的遮掩之词，而更多崇尚自由的人则热情地称之为新时代的鲜明标志。[1]

对此，历史学家必须慎之又慎；因为在宗教的问题上，社会内部和社会之间的不均衡发展规律实际上战胜了所有的普遍化法则。首先，既有的宗派信仰吸收了大量的中产阶级信徒，而世俗论者也从这个阶级里吸纳大部分成员。伏尔泰为了呼吁切实行动而发出的“踩死败类”的呼声， 这份18世纪的遗产作为一种口号流传了下来，得到了反教权和反基督教者的热情拥护。败类指的就是流传于虔诚的信徒中间、陈旧刻板的教会所倡导的那些因循守旧的观点，不过它的生命力似乎比有九条命的猫还顽强。

神圣真理和神秘宗教仪式的捍卫者们，即清教徒、天主教徒以及犹太人，可能 27
会为19世纪世俗主义的不断发展而唏嘘不已，但是他们也可以怀着一丝慰藉看待那些仍岿然不动，仍拥有大批信徒并且得天独厚的朝圣之地。宗教团体对教育的影响可能日渐衰微，但它们仍是一股不可忽略的文化政治力量。而且大多数国家中享有特权的宗教教派统揽国家权力；虽然美国的1787年宪法改变了主流教派的统治地位，但也只是一个特例。即使法国这样一个革命的摇篮和世俗思想的发源地，也是在经过了一个多世纪的争吵之后，直到1905年才颁布法令实行政教分离的。

当然，“后基督教”并非无神论的同义词。恰恰相反，19世纪是新教义形成的黄金时期，或者说是借助了同时代物理学、化学和生物学的威望步入新时代的旧信仰的黄金时期。连怀疑论者都不得不承认，这些学科确实澄清了人们曾经认为不能诉诸理性解释的谜团。正是出于这个原因，众所周知的布拉瓦茨基女士宣传她的“神智学”是神学、哲学和科学的综合体。同样，巧舌如簧的教派推销员玛丽·贝克·艾迪把她的发明称为“基督教科学派”，就这样，便把最可能虏获维多利亚时代人心的教义概括成了一个名词。

确实，科学阐释的发展所产生的影响是各种各样的，甚至常常是极端的；各种形式的神秘主义前所未有地兴盛起来。它的种种唯心论教义让西方文明应接不暇：从

---

1 Holbrook Jackson, *The Eighteen Nineties* (1913), p. 22.

简单的轻信到复杂的逻辑割裂，从专注于塔罗牌和移动桌子的降神会到半科学的对难以解释的心理现象的研究。那么，从唯心主义的各种教派中找出合适的信条便受到了千万人的欢迎——受过教育和没受过教育的都一样，因为他们无法再信服基督教关于神圣的救世主及其在人间短暂现身的传说——只要仔细想想就知道这个故事是极为不
28 合常理的，但是他们又实在难以接受呆板冰冷的自然科学唯物主义。

现代主义者高调地参加到这场激烈的论战中去。实际上，在为了信仰而加入拥挤的角逐者行列的同时，先锋派艺术家们也发展了他们自己的艺术宗教，逐步壮大被他们称为“为艺术而艺术”的教派。正如一些现代主义者所论证的，如果牧师的时代已经成为过去，那么也许艺术家的时代正蓄势待发。然而，大众对于这个专业的宗教体系的回应并不热情，这也在情理之中。它太抽象，和大多数教派通常所解决的问题相差太大，因而很难吸引大批的信奉者。也因此，大多数现代主义者就更为积极地站到这场论战的对立面，努力去消灭宗教而不是建立新的教派。那个聪明绝顶又乖张任性的男生阿尔蒂尔·兰波，以短短五年的狂热创作便完成了一套完整的异端诗歌作品；1873年他在《地狱的一季》中写道：“必须完全走现代主义路线。”1903年，行将就木的高更在抨击天主教时简洁地解释了什么叫作完全走现代主义路线：“必须杀死上帝，让他永远无法重生。”

这在19世纪末仍然是一个大逆不道的观点，但也不再是什么新鲜事物。最能言善辩的颠覆者尼采早在十几年前就已经宣告了上帝之死和普遍道德败坏的观点。大约在同一时间，萧伯纳，这位剧作家中的尼采，把自己的工作形容为让舒服的人不舒服，而这正是尼采着手去做的事。1889年初，尼采患上了无法治愈的精神崩溃，之后便沉寂下去。但是十一年后在他去世时，他那睥睨一切的无政府主义惊人思想已经开始影响甚至征服了一大批热情的支持者。

在警惕虚妄之词和文化伪善的过程中，尼采认为没有什么欺骗比自我欺骗更加顽固而难以改正。上帝也许死了，但当时只有一小部分人能接受这个人类存在的重要事实。他认为，大多数人还在被那个陈旧的犹太教与基督教的狡猾阴谋所迷惑，这阴谋致使主人反倒屈从于奴隶。为了让这场巨大的骗局看似可信，狡诈的胜利者以高尚的道德和宗教信仰为幌子蒙骗了比他们更有才智的人。在一个尚未完全准备好迎接真
29 相的世纪，如果说有人可以称得上为异教徒之首的话，那个人一定是尼采。他为他所生存的时代营造了一种现代主义氛围，在这方面其贡献无人能及。

这种氛围是现代主义革命的重要前提。在这种氛围中，不论社会大众有多么地不情愿，他们还是可以接受对传统艺术习惯的严重背离，认可非主流的审美观以及各种艺术风格之间的冲突。一个多世纪以来，勇于实验的剧作家、诗人、建筑师和画家发现自己在遭到拒绝的同时也赢得了赞赏，并在这一过程中决定性地改变了一种既想抗拒又期望见证这场变革的文化。不过，受第一次世界大战影响，现代主义革命进程发展减缓，甚至在后来20世纪20和30年代的极权主义国家实际上已经销声匿迹。1945年，这种文化终于重获新生，活力四射，并且推陈出新。随后，20世纪60年代，它和所有的历史时期一样不可避免地走向终结。果真结束了吗？这个问题我将在合适的时候提起。

并非所有的艺术创新都应该获得成功或者哪怕流传下来；从现代主义的丰富成果中涌现出的作品不一定都是出色的。我的观点依旧是，现代主义对于艺术消费者和艺术创造者双方而言都是一种心理解放。它使得艺术家们终于可以严肃地看待他们桀骜不驯的幻想，可以正视那些千百年来左右他们创作主题和技巧的正典，可以掌握是否要修改（或者更激进地说是推翻）主导准则的决定权，并下定决心完成革命。

艺术家们从这种氛围中所得到的收获远远超过了公众对他们超凡创造力的欣赏。大多数人都无法容忍太多的真相，这是T. S. 艾略特很著名的警醒。它也适用于现代主义者。他们自认为已经战胜了所有的幻觉，可能这就是为他们所珍视的最大的幻觉。然而，不论未来将会对他们有怎样的评判，他们在鼎盛时期留下的著作将流传于他们身后，也将经历我们的时代，永远流传下去。 30

第一部分　创始人

FOUNDERS

爱德华·马奈（1832—1883），《夏尔·波德莱尔》（1869）。由印象派极为欣赏的一位艺术家所画的先锋派现代主义者肖像画之一

1 专业的反传统者

现代生活的英雄主义

一

没有哪位诗人、画家或者作曲家能有十足的把握自称为现代主义的“唯一创始人”，但夏尔·波德莱尔似乎是这个称号的最合适人选。在现代主义的历史中，他与其他少数精英分子如马塞尔·杜尚或弗吉尼亚·伍尔夫、伊戈尔·斯特拉文斯基或奥森·韦尔斯一样不可或缺。他的艺术批评独树一帜、发人深省；他的自传体沉思录开诚布公、毫无矫饰；他为法国读者翻译的埃德加·爱伦·坡的恐怖小说影响深远；他的诗歌深沉隐秘，挑战公认的禁忌。这一切的一切，尤其是诗歌，都让他具备了创始人的特质。

和他之后的现代主义者一样，他是一位与众不同的现实主义者：他鄙视传统诗歌和绘画中单纯的复制世界，认为它们只会麻痹人的心灵，同时，与大多数成熟的浪漫主义艺术家一样，他难以忍受没有根据的主观性。他问道：“就现代观念来说，什么是纯粹的艺术？”然后，又自己回答道：“纯粹的艺术就是创造一种让人浮想联翩的魅力，同时包含客体和主体，即艺术家的外在世界和艺术家自身。”[1]主观反应对他来说总是处在最重要的位置。在回顾1859年的巴黎沙龙时，他用直白的语言写道：“如果树木、山峦、河流和房屋的集合，即我们所说的风景，是美丽的，那么它

1 Charles Baudelaire, “Salon de 1859,” *Oeuvres complètes*, ed. Y.-G. Le Dantec, rev. Claude Pichois (1961), p. 1099.

的美不是靠它自己，而是通过我、我个人的修养和我对它所寄予的思想和感情实现的。”[1]可以说，一件艺术品只有在观赏者与之配合时才是完整的。

1821年波德莱尔出生于一个富裕的上流社会之家。在当时的法国，年纪尚轻的他不是光靠油头粉面、放荡不羁和语出惊人的诗人形象就能声名远扬的。早在三十岁以前，他就和其他国民一样经历了两个王朝。1815年拿破仑被彻底打败，波旁王朝在法国复辟。它使出浑身解数力图恢复以往的“旧政权”，好像要把法国大革命从历史中抹去。这种努力显然失败了；1830年，社会不满又导致了一场新的革命，路易—菲利普即位。拿“中产阶级国王”这个名号形容这位奥尔良家族成员实在具有欺骗性，因为实际上他的想法并不那么的中产阶级。他的纲领看似以温和的政策为主导，并自称是“法国人的国王”而不是“法国国王”。他废除了审查制度，确保媒体自由，但是在他在位的十八年中，这些政策只维持了还不到五年。在另一场政权的更迭即1848年二月革命之后，法国经历了短暂的第二共和国阶段。同年12月，这位伟大叔叔精明狡诈的侄子路易·波拿巴掌权。他对曾信誓旦旦地要维护的政治体制的背叛也只是迟早的事。

除了外部环境的动荡不安外，波德莱尔的家庭内部也经历了一场革命。他与母
34 亲感情深厚，父亲去世后，他独享母亲的宠爱。但是不久他就不得不面对一个强有力的竞争对手——雅克·欧皮克中校。这个有身份、有地位的男人在波德莱尔八岁时娶了他母亲。虽然波德莱尔起初与继父相处融洽，但其实他一直未能走出被逐出天堂的痛苦。他在学校麻烦不断，不过所幸他很快发现了自己创作诗歌的天赋。几年中，对于“恰当的措辞”的追求并没有让他置身政治之外。在1848年革命中，他以共和党人的身份走上街垒，参加战斗。不过紧接着，1851年12月2日，路易·波拿巴发动政变，粗暴地结束了共和党人的斗争插曲，并于一年后自封拿破仑三世。这一连串事件对波德莱尔打击极大，让他对政治激进主义永远失去了信心。

虽然他的艺术才华大抵与政治无关，但他还是不能免受公众的争议。他的创作生涯以一种极端的形式记录了政治与现代主义之间的相互影响，以及诗歌内容与国家事件之间的紧密联系。1857年，他被告上法庭，起因就是那本奠定了他在文学史上

1 Charles Baudelaire, “Salon de 1859,” *Oeuvres complètes*, ed. Y.-G. Le Dantec, rev. Claude Pichois (1961), p. 1076.

永恒地位的诗集《恶之花》。帝国政府勃然大怒，认为这本书伤风败俗，故而控告作者亵渎神明、伤风败俗。此时是第二帝国的第六年，最高统治集团的腐败令人发指，因此这项控告看起来几乎像是先发制人的一击，目的是掩饰世人对放荡统治集团的抨击。不论是波德莱尔还是他的出版社都无意挑战权威，但是实际上他的诗歌起到了试探安全区域边界的作用，当然国家才是整幅地图的绘制者。后来的判决表明，大多数体面的法国人，不论男女，都愿意将《恶之花》试图拆毁的道德管制围栏保持原样。

这桩案子的起诉人欧内斯特·比纳虽然恪尽职守地提醒法庭对文学著作发难的风险，但是他坚称这本书中的部分诗歌内容淫秽，应该被禁。遏止当代法国文明中日益猖獗的腐败势力乃当务之急！在比纳激烈言辞的影响下，法庭虽然驳回亵渎神明罪的指控，但是认为有六首诗内容淫秽，对波德莱尔施以300法郎的罚款，并且严令将这六首诗歌从以后的版本中删除。这个决定，包括整个案件的审理过程，说明一个进 35
步却又担惊受怕的社会正在逐渐接纳与主流社会观念存在根本分歧的思想。不仅起诉人特意表达了对文学这个领域的敬仰，就连法庭也孜孜不倦地列举波德莱尔的逾矩之处，好使判决有案可稽。此后的几十年中，法国和其他国家的现代主义历史大都记录了政府允许或者禁止大众接触先锋派文学的政策变化。

当然，被法庭下禁令的确实是波德莱尔最为色情的六首诗歌，其中不止一首描绘了其情人生动诱人的裸体。他也毫无顾忌地利用直白的性幻想来为诗歌的主题服务，例如《致一位太快活的女郎》[1]，这可能是禁诗中最出名的一首了。在这首爱恨交织、惊世骇俗的宣言里——“我爱你，又恨你！”——诗人通过可怕惊人的意象捕捉到一种惩罚情人“快活的肉体”的可靠方式。他会弄伤她的腰部，并把他的“毒液”，即含有梅毒的血液，[2]注入她“清新的双唇”[3]，让她感受“无比的甘美”。这里不难看出为什么波德莱尔长久以来一直置身正统的法国社会之外：

刺穿你那仁慈的胸房，
惩罚你那快活的肌肤，

1 此处参考钱春绮的译文。——译注

2 问题就出在最后一句上，当时法官将其中的“毒液”解释为梅毒，而波德莱尔（他的确患有梅毒）则坚决否认，声称这是指“忧郁”。——译注

3 *Oeuvres complètes,* ed. Y.-G. Le Dantec, rev. Claude Pichois (1961), *Les Fleurs du mal* (1857), p. 140.

给你惊慌不安的腰部
造成巨大深陷的创伤，

然后，真是无比的甘美！
再通过你那分外清新，
分外鲜艳的醇美双唇，
向你倾注毒液，我的姐妹！

他很清楚自己的文字极端大胆，并希望至少可以获得一些读者的共鸣，即便他们可能并不敢承认他的诗歌天赋。在删除了六篇禁诗的1861年版《恶之花》的著名序
36 言中，波德莱尔用顿呼法称“虚伪的读者”为自己的亲密兄弟：虚伪的读者——我的同胞——我的兄弟！[1]然而他的兄弟寥寥无几。不过，他会拥有众多出色的儿子。那么现在看来，波德莱尔站在了一批突出的文化叛逆者的最前端，带领他们逐渐淡化，并部分地抹去淫秽和猥亵的犯罪含义，竭力消除公共生活和私生活之间的差别。

1863年末，波德莱尔为被他称赞具有“强大创造力”的法国天才插画家康斯坦丁·盖斯撰写了一系列文章，文中他对“现代生活的英雄主义”[2]这一铿锵有力的短语进行了解释。在波德莱尔眼中，盖斯的独特之处在于他对所处时代的美的追求。他写道，传统艺术家总是关注遥远的过去，为了“笼统的美”而忽略“具体的美”和“周遭环境的美”。波德莱尔所青睐的美不是政治和战争的光环，而是“时尚生活的精彩场面”，像别致的四轮马车、精明能干的车夫、身手灵活的侍者、可爱玲珑的女人，还有漂亮懂事的孩子。我之前提到现代主义主要在大城市里发展起来，这是一个重要的佐证。

那么，波德莱尔的现代主义主要包括那些“昙花一现、稍纵即逝、偶然的事物”，漫步在都市热闹的大街上，你最能发现它。只有习惯了漂泊、目光敏锐的浪子，只有“在民众心中造间房”的“充满激情的观察者”，才能充分感受它的存在。既然巴黎和伦敦一样，是个“巨大的画廊”，那么现代艺术家——亦即处于现代

1 *Oeuvres complètes,* ed. Y.-G. Le Dantec, rev. Claude Pichois (1961), *Les Fleurs du mal* (1857), p. 6.

2 Charles Baudelaire, “The Painter of Modern Life,” ibid., p. 1155.

时期的艺术家——大概就是在这个氛围中研读“现代生活的巨大辞典”的吧。

波德莱尔这些无懈可击的反传统崇拜主义观点，代表的是一群人数虽少但正在不断壮大的艺术家队伍，他们正逐步摆脱由经典文化和基督教占主导地位的历史。举世无双的艺术家奥诺雷·杜米埃敢于讥笑荷马时代的英雄，同样才华横溢的作曲家雅克·奥芬巴赫也对尽人皆知的希腊神仙如特洛伊故事中的海伦或尤利西斯冷嘲热讽。这些都标志着自由思想的兴起，艺术家们开始质疑并想推翻古老的艺术等级制 37
度。他们响应美学革命者波德莱尔的号召，发动了一场以诙谐幽默制胜的自我解放运动，反抗约定俗成的祖先崇拜。在杜米埃精彩的石版画中，当时的法国政府，不论是奥尔良皇室、共和国或者是第二帝国都成了他的超群智慧和无敌画功的讽刺对象；奥芬巴赫精彩的轻歌剧，如《地狱中的俄耳甫斯》和《美丽的海伦》，将古希腊文学中华而不实的神仙和凡人赋予了普通人的性格。这些作品为旨在摆脱传统崇拜的现代主义的发展贡献了自己的力量。

这个过程不是一蹴而就的。1867年波德莱尔与世长辞，时年四十六岁。在这之后的几十年中，这位《恶之花》的创作者渐渐拥有了一大批支持者。1935年，翻译了他的部分诗歌并曾一度备受褒扬的美国诗人埃德娜·文森特·米莱坚定地称波德莱尔为“当今法国最广为阅读的诗人”[1]。她也可以加上这样一句：他不仅赢得了众多读者的青睐，也备受专业评论家的推崇，而且，他的读者没有国界。

简言之，波德莱尔跻身规范文学的行列完全是在他死后才发生的。他生前被法国公众对其作品的漠不关心甚至无情敌视折磨得心灰意冷，而且债务缠身。1865年12月，自我放逐至比利时的他以深知自己孤独处境的弃儿的口吻写道：“没有什么东西比孤独更让我喜欢的了。”他也别无选择。诚然，他在诗人、音乐家和画家圈中交际甚广，他与成熟老练的专家和前途光明的新手都探讨过文学，也参加过各种沙龙和聚会。波德莱尔并不消极遁世；他的朋友有充分的理由相信，他对这个世界是忠诚、慷慨和坦诚的。但是在他的有生之年，那广阔的世界并没有以同样的态度来回应他。

赋予了波德莱尔反传统精神的特质也让他孤立无援。1857年7月，因《包法利夫人》而同样被指控犯有淫秽罪和猥亵罪的福楼拜被判无罪。作为一个习惯了批评而非褒奖别人的小说家，他在给感谢波德莱尔送给他一本《恶之花》的信中的措辞

1 Edna St. Vincent Millay, Preface to *Baudelaire, Flowers of Evil*, trans. and ed. Millay and George Dillon (1936; ed. 1962), p. xxx.

是很少见的："您找到了使浪漫主义恢复青春的方法。您独一无二（这是您最大的特
38 点）。"[1]这是来自被波德莱尔视为知己的权威作家的一种极大的肯定。"您独一无二"——对于一个现代主义者来说，没有什么赞许比这更真诚的了！他的诗歌和散文的确颇为出名，但是总的来说他的名声并不光彩：放荡不羁，喜欢结交妓女和风流妇人，经常流连于被他称作"人造天堂"之地，并生动地描写充斥着大麻和鸦片的极乐而腐败的幻境。他视自己为"恶之诗人"并非没有道理。

因此，福楼拜的热情支持难能可贵。早在1855年，福楼拜就在著名的《两个世界评论》上发表了一组诗歌——它们也会重现在《恶之花》中——并招来了一些措辞极端的恶意批评。《恶之花》甫一出版，居斯塔夫·布尔登就在《费加罗报》上发表评论，拉大横亘于大众读者和先锋派艺术家之间的距离。布尔登痛斥波德莱尔的诗歌让人怀疑他是不是神志失常，并称那些诗句是诗人滥用宝贵才华的恶果。诗歌中露骨的性描写尤其让他怒不可遏。"我从没在区区几页纸上看到过这么多被啃咬的乳房——不，是被咀嚼！——我从没见到过这么一长串恶棍、胎儿、魔鬼、猫和坏人的集合。"[2]这些刻板的谴责表现了传统社会观念与现代主义最初几十年中处于最锋芒毕露时期的先锋派之间的特有矛盾。

奠定《恶之花》现代主义开创之作地位的，不只是它的露骨描写，更在于波德莱尔将清晰的形式和淫乱的主题、格律严谨的十四行诗和粗俗的比喻有机融合的能力。值得注意的是，福楼拜高度评价波德莱尔"粗鲁中语言的精准"[3]。实际上，关于波德莱尔本质上是浪漫主义者还是古典主义者这个问题，总有很多的争论从未停止过，这本身就是对他将严格的文学法则与丰富的情爱想象糅合能力的嘉奖。传统诗人
39 擅长把握韵脚，不羁浪子擅长品味自由；波德莱尔用娴熟的技巧表达丰富深邃的情感，正是这样的天赋使他成为现代主义诗人中的突出典范。勤勉的后继者深深信服他对想象力的极力推崇，特别是他能够运用熟练的语言发挥这种能力，因为他的诗歌证明了他在创作中所付诸实践的就是自己所公开推崇的东西。

几十年中，波德莱尔的崇拜者常常不厌其烦地论证他的诗歌就是至真至纯的诗

---

1 Flaubert to Baudelaire, July 13 (1857), in Flaubert, *Correspondance*, ed. Jean Bruneau, 5 vols. (1973—), II, p. 744.

2 Gustave Bourdin, *Le Figaro*, July 5, 1857, in Enid Starkie, *Baudelaire* (1957; ed. 1971), pp. 364—365.

3 Flaubert to Baudelaire, July 13 (1857), in Flaubert, *Correspondance*, II, p. 74.

歌——不掺杂任何政治、伦理和宗教的因素；不靠空洞华丽的辞藻来吸引读者的注意力；是情感的流露而非观点的强加。对于波德莱尔来说，形式就像一个容器，把接收到的内容铸造成合适的形状。他为他想要（或者更恰当地说是需要）表达的任何东西都找到了一种“客观关联物”（借用他最忠实的崇拜者T. S. 艾略特之语）。于是，诗歌的道德和不道德并非取决于它的主题，而是它的表现手法；这个标准专门适用于波德莱尔（艾略特一语中的）。[1]

波德莱尔让他的读者去领会甚至去分享他的心情和体验。他所描摹的某些场面是波澜不惊的——如镜的海面、抵港的轮船、金衣护体的天使——但是，在他表达自己的存在主义绝望、忧郁地歌颂与黑白混血儿情妇让娜·杜瓦尔的情事时，这些熟悉的意象所达到的效果却非同凡响。杜瓦尔是个演技平平的女演员，与他相爱多年。虽然争吵不断，但是这份感情经常出现在他的诗歌中。他颂扬她的美丽，时而激情洋溢，时而冷峻淡漠。不论她让他经受了怎样的苦楚，她都可以说是《恶之花》的女主角。在他眼里，她神秘莫测、魅力无穷： 40

你的眼睛丝毫不露
甜蜜或苦涩，
如两件冰冷的饰物，
混合铁与金。[2]

这几行诗罕见地使用了传统的明喻。

其他的暗喻都是他自己的独创。在《忧郁》（当低垂的天空如大盖般压住）这首最为广泛引用的诗歌当中，他描画道：低矮沉郁的穹顶像盖子一般笼罩灵魂深处备受凌辱的呻吟，希望像蝙蝠一样扇动着胆小的翅翼撞向围壁——在这样一番想象

1 波德莱尔称赞福楼拜的《包法利夫人》：“所有主题的好与坏都取决于它们的表现方式。” Baudelaire, “M. Gustave Flaubert, Madame Bovary—La Tentation de Saint Antoine” (1857), *Oeuvres complètes*, p. 652. 正如C. K. 斯特德所指出的，艾略特“写关于波德莱尔的文章，或者又如他对福特·马多·福特《惜为风尘女》的评论表明，他认为诗歌的道德性不在于它是否谈论或描述了某些‘不道德’的内容。相反，只有‘完整的’、合理的、‘原原本本’地展现事物的真实面貌，并表达与‘事物本质’相协调的个人情感的诗歌，才是‘道德’的”。［C. K. Stead, *The New Poetry: Yeats to Eliot* (1964; ed. 1967), p. 145.］

2 此处参考郭宏安的译文。——译注

中，希望节节败退，凶残暴戾的绝望获胜。在《致一位太快活的女郎》中（前面已经引用过），他用新颖的方式表达了挥之不去的痛苦。显然，即使男欢女爱也不能让波德莱尔感受到纯粹的快乐。他总是为人类的痛苦——不仅仅是他自己的苦楚——而心事重重。正如这本诗集的名字所指，他选择面对罪和罪之代价，恶与恶之花。一天，他与朋友们讨论爱情能够给予人的最大快乐，他们给出了一系列答案——比如可以获得爱慕、能满足自尊心，或者为国家添新丁——但是轮到他发表意见时，他却主张，爱情的真正快乐在于“恶的确定性”，在于“男人和女人生来就都知道只有在恶中才能获得满足感”。波德莱尔这个风流公子和社会弃儿无论是对待他作为诗人的使命，还是对待向世界坦诚的自我解剖，都是诚实无欺的。他的复杂情感都是真真切切的体会，记录在日记体诗歌《我袒露的心》中；他说，他要给心灵除下一切虚饰。没有任何一个忏悔者，即便是让—雅克·卢梭，也不能够像这位革命诗人一样如此赤裸裸地剖析自己。没有悲戚的呜咽，只有兴奋的震颤，现代主义就这样拉开了序幕。

41 随着20世纪文学市场影响力的不断扩大，波德莱尔及其作品成了宝贵的财产，思想家们争相拉拢他暗暗为自己撑腰，T. S. 艾略特堪为典范。他写道：“波德莱尔作品的包罗万象使问题变得复杂，因为即使是现在”——已经是1930年——“它都在诱使各执己见的评论家用波德莱尔来为自己的观点辩护。”有趣的是，艾略特自己也难抵挪用他人名声来为自己服务的诱惑。他认为波德莱尔是宗教信徒，尽管持的是异端思想。他写道：“他的事业不是推行基督教，而是强调基督教的必要性，这才是对他的时代更为重要的事情。”[1]

试图拉拢波德莱尔为传统信仰服务的人不止艾略特一个。几十年来，法国罗马天主教宣传家和历史学家，如艾蒂安·吉尔松和弗朗索瓦·莫里亚克，用波德莱尔关于天谴——他自己受天谴——的满腹歉疚的思考来证明他想暗地里加入基督教。但是这种胁迫波德莱尔为基督教事业服务的非正式运动从开始就注定要失败，因为他的《恶之花》及其他作品与虔诚的基督教教义根本就水火不容。不过，这种崇高的宗教努力虽然屡战屡败，但它还是间接地证明了波德莱尔对于现代主义准则的重大意义。只要有机会，人们就会利用他来为自己的观点撑腰。

---

1 T. S. Eliot, “Baudelaire” (1930), Eliot in *Selected Prose*, ed. John Hayward (1953), p. 187.

二

虽然波德莱尔的社交生活丰富多彩，但他其实是现代主义中的一个隐居者。孤独的先锋派艺术家的浪漫之处在于：诗人在漫长又未知的旅途中与灵感相互交融；作曲家在偏僻的村落里对着一般人闻所未闻的乐曲与和弦曲打开心门；小说家在拥挤的咖啡店里修改手稿，毫不在意周遭客人的高谈阔论与喷云吐雾。周围的环境越是拥挤嘈杂，那擅于创造的孤独者越是紧紧地将自己包裹在与世隔绝的创作中。

以上对伟大文化作品的非凡创造者工作景象的描述表明，真正的独创性从来就不是集体的——因此它完全属于现代时期，因为具有创造性的个人（只在文艺复兴时 42
出现一部分）直到启蒙运动时期才得到重视。在那之前，实际上人们都认为古人或教会或《圣经》已经想得和说得面面俱到了，至多只给某些高深的理论留下了一定的空间。即使到了18世纪，诗人亚历山大·蒲柏和许多作家、思想家都还在称赞人们经常能想到却无法很好表达的东西。在哲学家伏尔泰及其支持者看来，西塞罗仍旧是伦理学和治国术方面无可替代的权威。与之反差鲜明的是，宣称领域内第一和唯一的人则成为竞争激烈的现代主义运动的关键特色，这当中出现的富有创新精神的人物既不想要也不需要任何先辈或者同伴，当然，除了灵感。在这个理想化的速写群生相中，先锋派艺术家组成了一个个只有一名成员的团体。

如果说独创性是浪漫主义的一个元素的话，司汤达和本杰明·康斯坦特就是其鲜明代表，更不用说拜伦和贝多芬了。但是它最深处的根基可以追溯到启蒙运动时期。我还记得孟德斯鸠夸赞自己的作品没有因袭任何先例，百科全书派拒绝除理性和科学之外的一切权威；也记得康德把启蒙开化定义为一种真正的成年人摆脱一切不成熟依赖的状态。怀着自主的理想，这些敢于冒险的知识分子将人类的注意力从过去转移到未来。他们的想象力，不论是艺术的还是科学的，都表现了恋母情结最具决定性的胜利；这种想象力让父亲的指导变得多余，或者更极端地说杀死父亲——弑亲让创造性得以释放出来。不过并非所有的现代主义者都如此不孝。我们会发现，他们当中的很多人即使确信自己已经超越了过去的成就，对待先人的态度依然是毕恭毕敬的。

但是——文化历史学家总会有个“但是”——和所有的概括一样，这个突兀而不切实际的身影，这个不为其过去或者其世界所动的新事物的创造者，常常是一种过于简单的理想化。我们知道，诸如伟大的反传统艺术家马塞尔·杜尚之类的一些现代主义者，对周围同行无法接受他们坚决的反传统批判深感失望，因此集体行动甚至哪怕是集体意识形态对他们来说都已经失去了意义。不过，大多数现代主义者——尤
43 以抽象派先驱瓦西里·康定斯基为鲜明代表——或参加或建立了反传统主义艺术团体，与志同道合之士一起叛逆、创新、经受挫折。诚然，也由少数独行其是者公开与正统平庸的当代社会分道扬镳，独自追求自己的绘画事业，并因此也与具有创新精神的同行艺术家断绝了联系。例如，保罗·高更在南太平洋岛的原住民、陌生人以及灵感之源中度过了生命的最后时光，而埃米尔·诺尔德则将自己封闭在德国北部的一个渔村里专心聆听自己内心最深处的冲动。但是，这些与世隔绝的非凡之举和这些最执着的反正统主义艺术家只是个别例子，不是群体现象。19世纪以及20世纪早期的大多数艺术叛逆者都通过我们称之为先锋派的联盟寻求心理安全感。

叛逆者们，比如现代主义的缔造者，虽然从反传统主义者的身份中获得了心理安慰，但几乎都为他们的卓越成就付出了代价。他们在非议中深感自豪——这正是19世纪末期慕尼黑和巴黎放荡不羁的文化圈，反对第一次世界大战的达达主义者和萨尔瓦多·达利等自我推销的超现实主义者的真实写照。他们把各种骂名——背德者、爱好丑陋事物的人，甚至疯子——看成是自己作品与众不同的证明：本章后面会提到的奥斯卡·王尔德就是一个例证。但是对普遍艺术常规的抵制和与众不同的思维方式使他们面临茕茕孑立、形影相吊的危险。1888年晚期文森特·梵高与保罗·高更在阿尔的和睦相处以失败而告终，不过这是他试图冲破孤独的疯狂努力的证明。他和其他现代主义者一样，喜欢在人群中保持自己的一份孤独。19世纪文化圈中拥挤的先锋派们大都努力保持集体状态下的自我个性。

这些寻找友人支持和鼓励的过程因为共同的仇恨（当然也有相互的欣赏）而变得容易很多：很少有现代主义团体比那些与共同的敌人——比如学院派、审查员、批评家和中产阶级——作战的联盟更为坚固。纵观现代主义历史，这种以便利和好恶为
44 基础的联盟是促进整个事业发展的强大推动力。19世纪晚期，一场旷日持久的论战在上流期刊中盛行起来，论题是传统艺术家和新兴艺术家各自的优势比较，先锋派们主动担当新思想的代言人。

“先锋派”这个名称带有某种特别贴切的东西，因此早在19世纪中期以前，艺

术家、作家和哲学家中的好事者就开始拿这个名号称呼自己。在一个变化层出不穷的时代，艺术先锋派为引领文化往正确的方向发展而颇感自豪。确实，这个称谓再合适不过，因为很显然它原本是个军事词汇，激励了一批批志在颠覆传统观念的画家和诗人同心协力积极投入战斗。它让人联想到吹着小号、挥着旗帜的先头部队雄赳赳气昂昂地走向战场的画面。文化先锋队其实就是一群好斗之士，他们坚决强调自己原则的优越性、强调自己孤立无援的困境，并毫不留情地指出胆敢唱反调——或者比他们更有市场——的权威派的致命缺陷。在富裕的中产阶级不断壮大的时代，艺术资助真正意义上越发成为中产阶级的热衷之举，艺术家便获得了施展文化和政治才能的前所未有的广阔空间。总之，我们必须在这个时代中探寻现代主义的渊源。

因此，雪莱早在1821年把诗人形容为这个世界不被承认的立法者的说法意味深远；十八年以后，正是爱德华·布尔沃—利顿这样一位曾经受到追捧的英国二流多产小说家兼剧作家首创了这样的说法“文字的力量胜于武力”，也许此举更加意义重大。虽然这句话现在听来未免老生常谈，却足以表明当时这种观念已经渐渐深入人心。

不论先锋派们给自己冠以什么样的称谓，他们的敌人无疑就是主流的、“官方的”思想和行为模式。特立独行的德国剧作家兼短篇小说家海因里希·冯·克莱斯特在19世纪初称他的高温戏剧（high-temperature dramas）为“极端戏剧”，就是出于这个用意。同样，在这一时期，公认的观点也受到了来自激进好斗的少数派的挑战；奥 45
诺雷·德·巴尔扎克于1846年指出，这些少数派包括像“共产主义者、人道主义者和慈善家”之类不满于社会现状的狂热分子。现代主义活动家们所持的就是他们这样的立场。1890年，法国作家皮埃尔·洛蒂在一篇代表性的文章中热情洋溢地赞颂自己的先锋派信仰“与先人逆来顺受的思想截然不同”。卑躬屈膝的默认——被动接受、殷勤讨好、服从权威——是要遭到先锋派的坚决唾弃的。

不过，“先锋派”这个称号所谓的贴切似乎只在于它的关联意义，某种程度上脱离了这个词的本意。先头部队一马当先，冒着猛烈的炮火向敌人进军，而实验派画家及其他人却把枪口对准了他们自己的后卫。敌人大都来自内部。威廉·莫里斯及其他鼓励变革的开明人士指责“现代社会的庸俗”，这种让现代主义者备受煎熬的文化现状亟须受到强烈批判。1900年左右，在紧锣密鼓地准备了几十年之后，在很多国家的选举制度进一步发展（暂不讨论女性选举权）之后，羽翼丰满的现代主义者以更加坚定的决心投入到这场文化内战中去。埃兹拉·庞德那句耳熟能详的口号“推陈出新”是所有革新计划的指导思想，不论这些计划具体如何进行，口号的主旨都是摆脱历史的负担。这个时代有很多东西令人惋惜，也有很多东西（特别存在于高雅品位中）应该彻底摈弃。但是，现代主义者认为，解决问题的方法近在眼前——革命思想就是武器。

三

波德莱尔即使在创立与时俱进的先锋派原则方面也是一位先驱者。他早就说过：必须紧跟时代步伐。不论是他的作品还是他的行为都集中体现了这样一个观念，即敢于创新的艺术家必定不会专注于传统古籍、中世纪的骑士精神和愉快恬静的乡村生活。相反，他必须重视现代生活的英雄主义——这是波德莱尔提出的一个有些出人意料的名词，指的就是热闹的都市、时髦的自我享受，甚至当时中产阶级谨慎低
46 调的统一服装——黑色双排扣长礼服。

伟大的法国现代主义者爱德华·马奈也曾说过同样的话：“事实上，我们唯一的职责就是从我们的时代中提取它所给予我们的东西，同时并不忘记欣赏过去的时代所取得的成就。”他与波德莱尔交情颇深，也当之无愧地受到开明画家的极度崇拜。他在作品中捕捉到各种中产阶级的生活画面，既有布洛涅森林中的轻松惬意，也有歌剧院里的衣冠楚楚。他创作的肖像画中有爱弥尔·左拉和斯特凡·马拉美等一批同情或者参与现代主义运动的当代小说家和诗人，因此也进一步凸显了他自身的时代性。可以毫不夸张地说，他的油画就是对波德莱尔思想体系的诠释。

这一点特别可以从马奈的那幅备受褒奖和争议的作品《奥林匹亚》中得到证明。这幅裸体画作于1863年，两年后在沙龙画展中展出。喜欢这种繁琐之精确的历史学家称此作品为第一幅现代主义绘画，虽然这种偏爱可能意义不大——其他一些画作似乎也有理由当选这个称号，包括马奈自己的《草地上的午餐》（1863）——人们也可以理解。作品公然藐视当代美学和道德观念，大胆出位。马奈既没有美化他的模特，也没有依照模特与画家之间公认的标准距离作画——至少在她摆姿势的时候没有，更没有从罗马历史、希腊神话或者自然现象中给她找个名字，因为任何名字都会像一片大大的树叶，遮挡住她华丽的裸体。让观众更为吃惊的是，他将历史与现实融

合在一起：年轻诱人的胴体舒适地躺在雪白的靠枕上，从容自信，毫无羞愧之色，令人赏心悦目；这既是对提香《乌尔宾诺的维纳斯》的自由发挥，也是对年轻巴黎女人的真实刻画。

不过，评论家对《奥林匹亚》褒贬不一。当时还是年轻激进记者的左拉潜心于道德说教，对画上模特生气勃勃的裸露非常反感，于是写了一份特殊的免责声明，在沙龙为这幅大胆之作辩护。他对它进行了一番纯形式上的剖析，认为《奥林匹亚》所谓的主题其实根本不那么重要，重要的是，这是一幅将不同色块和谐组合的上佳之 47
作。真正的艺术大师能够紧跟时代的步伐而又不陷入污秽和猥亵的泥沼中去。这一番论述说服力虽不算强，但是马奈对此由衷感激，特意在为左拉作的画像背景中放上《奥林匹亚》以表谢意。下面将用更多的例证说明进步艺术家和作家们真正实践了“必须紧跟时代步伐”的口号。

四

在发展较为顺利的阶段，即从19世纪中期开始（回到波德莱尔的诗歌领域中来），先锋派诗人以超乎寻常的活力表现了对现代性的需要。他们的诗歌以及他们越来越多使用的散文诗这种中间体裁要求诗歌具有强烈的情感、大胆的主题和新颖的表达，诗人把这些元素糅合在一起，形成强烈的心理穿透力。他们的时代责任感要求他们在仔细观察外在世界的同时，更要以一种坦率甚至痛苦的诚实态度对自己的内心世界进行更为深入的探究。1871年8月，刚满十七岁、少年老成且放荡不羁的阿尔蒂尔·兰波在致保罗·德梅尼的著名书信中明白地写道：“若想成为诗人，首先需要研究关于自我的全部知识。”预言家不是天生的，而是后天努力的结果；他必须为将来的事业做好准备，“必须要使各种感觉经历长期的、广泛的、理性的错轨，各种形式的情爱、痛苦和疯狂，诗人才能成为一个通灵者；他寻求自我”。这是一种“难以言喻的折磨，他需要集结自己所有的信仰和所有的超人力量去变成所有人：伟大的病人、伟大的罪犯、被诅咒的人——至高无上的学者”！[1]想写出富有生命力的诗歌，就必须付出艰苦卓绝的努力。只要不是庸俗之辈，谁会反对这些观点呢？

---

1 *I Promise to Be Good: The Letters of Arthur Rimbaud*, trans. and ed. Wyatt Mason (2003), p. 33.

不仅在法国，其他国家的诗人对于很多当代诗歌中的无病呻吟和虚伪的英雄主义也颇为反感，并相继加入了诗歌革命的行列。其实几乎从一开始，现代主义就是一种国际性的现象。它不是从某个明确的源头蔓延开来的野火，而是主要取决于各个艺
48 术家、文化偏见以及严格的政府管制力量。易卜生早在征服英国观众很多年以前就是德国人心目中公认的剧作家；年轻的艾略特发现法国象征主义诗人是比任何英语诗人都更为鼓舞人心的楷模；斯特拉文斯基在法国成名几十年后，他的俄国同胞才听到那些美妙的芭蕾舞曲。巴黎虽然频频成为创新潮流蔓延的发源地，但实际上并非像法国人特别是巴黎人宣称的那样频繁。

现代主义历史上发生过一些重要的国际会晤，下面将会提到这些真实的事件。1881年，奥斯卡·王尔德在美国举办巡回讲座期间拜访了沃尔特·惠特曼，于是这次拜访成了一个反传统者对另一个反传统者的专访。他们讨论了诗歌。惠特曼问王尔德他与他的诗友们会不会否定丁尼生以及其他早前的重要诗人，王尔德说他们也许真会这么做。他说，丁尼生毋庸置疑是具有“无法估量之价值”的，但是很遗憾，这位偶像诗人与他的时代脱节了。“他生活在虚幻的梦境之中。而我们，则紧紧地把握住时代的脉搏。”[1]这是典型的现代主义话语。

惠特曼没有理由不同意这位英国访客的观点。他在《草叶集》的序言中曾写道，诗人是“预言家……他是个体的……他自身是完整的”。而且他自己也极具时代意识，“当今时代如同浩瀚的海洋潮汐一般”淹没了他。其结果是：惊人卓绝的剖白得到了贴切的表达。不过，惠特曼审慎的含蓄使他与同时代的现代主义者相比显得有些与众不同，实际上他受法规及惯例的限制而不得不措辞谨慎。因此，惠特曼与在诗歌中坦言自己性取向的保罗·魏尔伦不同；他伪装成一个坚定的异性恋者，实际上却激发读者体会他的言外之意。《草叶集》中很多语言描述的都是男人的、同志间的爱，但是没有“混蛋的十四行诗”；这是兰波和魏尔伦的合创；从1871到1873年，他们两人在一起做的事情远不止共同创作十四行诗。还有英国的法派现代主义诗歌代表人物阿尔加侬·查尔斯·斯温伯恩，他告诉世人（纵然带着一些拐弯抹角），在公立学校学会为爱付出代价是他最大的快乐。

49 这种叛逆文学有一个特别引人注目的特点：很多时候作家把他们的创作激情纳

---

1 Wilde, quoted in Richard Ellmann, *Oscar Wilde* (1988), p. 169.

入传统的载体，一如将醉人的烈酒倒入生锈的旧瓶中。即使是玩世不恭又富有创意的兰波，也写出了一些中规中矩的十四行诗。但也正是兰波积极拥护形式的创新："让我们向诗人要点新的东西——思想与形式。"这些新形式包括排版上的尝试、污秽的意象、全新的格律、复杂的比喻和古怪晦涩的构思。

19世纪的现代主义诗人中没有谁比斯特凡·马拉美更为刻意地追求古怪晦涩，用他的话说，他的目标是"赋予人类文字一种更为纯净的意义"。这位大诗人的好友王尔德以其一贯的风格对他的高深莫测大加赞赏——至少法文是这样。他特别强调，马拉美的诗歌是在被翻译成英文之后才变得浅显易懂的。马拉美认为，19世纪后期既是文学危机的时代，也是"伟大的新自由"的时代。第一次"在我们国家的文学史上，在这场释放所有现实存在的和能通过意识实现的万物的终极本质（即灵魂）的努力中，在这为了揭示事物本质而对每个象征进行忠实表现的过程中，背负了太多重担的文学终于可以获得自由和真正的语言"。这份象征主义的蓝图尽管语气有所克制，却满载着希望。1871年普法战争结束，法国彻底战败，西方世界获得了和平，并有望维持下去。随着国际贸易的日益发展，越来越多的商业、银行业、工业甚至军事界的名人要员统统反对战争，呼吁和平。这其中不仅有经济方面的原因，也有文化的因素。

在马拉美的文字中能找到所有现代主义的关键词，如"灵魂""象征"，最重要的当属"意识"和"自由"，它们或直白或含蓄，字字都是对学术权威的挑衅，也为所有的现代主义者（当然也包括诗人）制定了任务。他们必须有力地穿透欢乐与悲伤的肤浅面具，直达自身灵魂深处生命的本质；而且作为刚刚摆脱约束的艺术家，他们必须立刻付诸行动。 50

为艺术而艺术

一

到1867年波德莱尔离世为止——维多利亚女王已在位三十年，而"维多利亚人"已经开始成为被讽刺的对象——剧作家、建筑师、作曲家、诗人、小说家等一批渴望得到社会承认的文化人大都已经得到了他们的先辈一直以来为之奋斗的东西。虽然在某些地方，特别是欧洲中东部，艺术家还没有完全摆脱仆人的身份，但是在西欧和美国，他们可以与中上层阶级交友或通婚，然后广为宣传他们职业的自由与高贵。

只有在拜伦或者夏多布里昂等贵族青年的眼中，艺术家的事业才是前途光明的，此二人不仅没有鄙视写诗和写小说这样的事，还以此为生，甚至德国的一些州也遮遮掩掩地加入了这场身份的革命：歌德和席勒跻身社会名流之列。歌德曾是魏玛公国一位勤勉的公务员，席勒曾是耶拿大学的历史学教授，这些身份并没有妨碍他们社会地位的提高。不过社会地位提高的主要原因也不是他们严肃的职业，而是他们的文学声望。

踌躇满志的先锋派艺术家所需要的发展天地和其他更为保守的同行一样，不仅仅是名望。他们所渴望的是一种意识形态，是对他们高尚的现代地位的坚实巩固。1835年，法国七月王朝的辉煌时代即将结束时，刚满二十三岁的戈蒂耶那本离经叛道的《莫班小姐》成为文学的独立宣言，备受瞩目。小说的长篇序言可以说就是一份惊世骇俗的宣言，提出了简短的“为艺术而艺术”的主张。鉴于这个主张的历史意义和
51 它在现代主义发展历程中的地位，它其实更应该改为“为艺术家而艺术”，因为它既代表了对美丽事物本身的欣赏，也是一份为美丽事物创造者的激情辩词。它反对长久以来将艺术和艺术家分隔开来的传统观念：前者备受关注，后者却遭到社会的轻视。

根据这个现代主义信条，艺术的服务对象只是它本身——不是财富、上帝和国家，也不是中产阶级的自我歌颂，当然更不是道德进步。它有着自己独特的技巧和标准、目标和成就感。戈蒂耶曾说过：“我不知道文学艺术影响道德观念这个说法出自何人之口。但是我知道，此人必定愚蠢至极。”艺术所创造的都是美的东西，而“任何美的东西都绝非生活的必需”。女人的漂亮和音乐绘画的魅力之所以宝贵，是因为它们毫无用处。“任何东西如果不是完全没有实用价值，都不是真正的美。有用的东西都是丑陋的，因为它是某种需求的表达，而人类的需求和人自身软弱无力的本性一样，都是下流肮脏的。家庭中最有用的地方就是厕所。”[1]这一番论述明晰透彻。

1 Théophile Gautier, *Mademoiselle de Maupin* (1835—1836), ed. Geneviève van den Bogaert (1966), p. 45.

泰奥菲尔·戈蒂耶（1811—1872）肖像，诗人，小说家，评论家，最令人津津乐道的“为艺术而艺术”主张的倡导者

为艺术而艺术的主张实际上对于很多先进作家和画家来说显得太过直白，因此难以得到他们的全力支持。不过，反中产阶级和反传统学术的艺术家在还没有完全接受这个原则的情况下便欣喜地着手去发挥它的引申义，这也就解释了为何这个原则比原本直白的口号具有更为广泛的影响力。不远万里回归柏拉图的文化悲观者认为，错误的诗歌和音乐会对道德规范产生恶劣的影响；走上另一极端的人性本善论者始终坚守正确的诗歌或音乐能够净化人类行为的希望。很多难以完全认同现代主义的人还怀有某种老式的信念，他们认为绘画、戏剧和小说都背负了某种道德任务，不论艺术家站在哪一边——有一个为自我而创作的乔伊斯或勋伯格，就有一个在社会宗教信念的强大压力下工作的斯特林堡或艾略特。实际上，为艺术而艺术这个激进主张既代表了19世纪的艺术作品，也代表了它们的创作者对自主权的声明：艺术家除了可能对其他
53 艺术家负责之外，只对自己一个人负责。

焦虑的保守派痛斥这种自我标榜是典型的现代派狂妄自大的表现。[1]然而这就是英国最具影响力的美学家沃尔特·佩特（他于19世纪晚期任教于牛津大学，是奥斯卡·王尔德非常敬重的前辈）著名宣言的基本含义，“所有的艺术总是在追求音乐的状态”；[2]或者更坦率地说，艺术的目的就是艺术本身。这同样也是年轻的斯温伯恩在为自己的第一部诗集辩护时所持的主要观点。当时的他还是一位桀骜不驯的现代法国诗歌爱好者，面对世人对其诗集的百般非议，他坚称他将《诗歌与民谣》定位为具有自身纯洁性的“成人艺术”。“书中所有的东西都是美好的。”至于他的诗歌是否适合让“妈妈读给女儿听”[3]则另当别论。简言之，对艺术的崇拜发展为对艺术家的崇拜是顺理成章的事情。这种崇拜，或者说自我崇拜，在詹姆斯·惠斯勒这位最尖锐犀利、最才华横溢的美学运动代言人身上得到了真实的体现。

我们可以从现代主义的各种宣言中探寻这个发展过程。最一目了然的例子就是自成一派的比利时画家的表态：他们在密切合作长达五年之久后，于1871年晚期创办了《自由艺术》杂志，并随之附有一份“信仰的表白”，向世界宣告他们是比利时的

---

1 1895年，在一份十分权威并严重偏向保守派的德国期刊*Die Grenzboten*中，一位匿名作者抨击道，“现代派的主张”就是让“创新艺术家完全凌驾于理论艺术批评的领域之上。艺术家继续他的创新，并将成果摆在我们面前；即使公众不能理解，即使他所创造的东西与评论家的美学思维格格不入，他必定还是我行我素”。（“Spiritual Contents in Painting”, *Die Grenzboten*.）

2 Walter Pater, “The School of Giorgione,” *Studies in the History of the Renaissance* (1873), p. 111.

3 A. C. Swinburne, *Notes on Poems and Ballads* (1866; with *Atalanta in Calydon*, ed. Morse Peckham, 1970), p. 338.

文化先锋派，代表的是“新艺术”，并“完全脱离了主导趋势，具有现代特色”。怀着对比利时相对文化自由的信心，他们严阵以待，为确保“现代艺术”的胜利与企图打压、动摇或者妨碍他们的“反动同盟”做斗争。“我们需要自由艺术。谁要约束它的发展，我们就誓死与之斗争到底。”紧随这份斗志昂扬的战斗宣言之后，《自由艺术》第二期又提出了一个严肃的议题：“今天，艺术家一如既往地分为两大阵营：不惜一切代价故步自封的保守派和认为艺术只有通过自身的变革才能生存的改革派。第 54
一类阵营以绝对尊崇传统的名义谴责第二类阵营。”这应该算是鉴别心怀崇高艺术事业的现代艺术家最精确的标准。

至此，虽然实际上艺术家的状况已渐渐得到改变，但其与贫穷和冷眼做斗争的凄惨形象依然常常出现在小说中。在19世纪中期的文学想象中，他是万劫不复的叛逆者，是当代庸俗社会的牺牲品，也是先知，预见一个不为商业利益所驱使的未来。1831年问世的巴尔扎克《无名的杰作》就是此类作品的代表，故事中那个绝望的老人没能完成他的杰作。之后产生了许多同类作品，其中最著名的就是1867年的《玛奈特·萨洛蒙》，它是龚古尔兄弟对这类文学的一大贡献。埃德蒙和朱尔两兄弟一直是亲密的合作伙伴，直到1870年朱尔去世；他们兢兢业业地记录了巴黎上流社会的真实历史，是现实主义小说家。《玛奈特·萨洛蒙》以艺术家的命运为主线，两位主人公一心想要追寻现代主义的真谛，但他们的失败在所难免：社会的强大与粗俗将他们的理想吞噬——其中一位主人公无法保持如宗教禁欲主义般严格的绝对的艺术信仰，最终一败涂地；另一位则迷上了诱人凶悍的模特，对她自私贪婪家庭的忠诚远远超过了对艺术的忠诚，更不用说对艺术家了。

龚古尔兄弟把这个模特写成了犹太女人，在一定程度上给真正的现代主义带来了新的危机，19世纪的反犹太主义者对此大做文章。现代主义运动中犹太人的角色值得进一步探讨。不过，从已知的研究可以清楚地看到现代主义关键时期犹太人的状况：从开始出现到成为合法公民，犹太人的经济实力逐步增强，社会机会开始出现，虽然不太频繁，却得以让犹太人与同时代的其他中产阶级一样，成为现代主义的重要资助人和支持者。他们是一支特殊的力量，虽然并非势不可挡，但是也起到了艺术中间商的作用，比如艺术品经销商、出版商、评论家、记者、学者、戏剧制片、展览承办商以及其他先锋派文化不可或缺的推动者。然而，尽管犹太人对现代主义事业 55
的突出贡献得到了广泛的肯定，犹太风格的现代主义审美品位却从未真正出现过。原因很简单：犹太人购买的绘画既有沙龙里展出的正统，也有毕加索一类的；对勋伯格的音乐，他们难以欣赏，更多的是抗拒；有设计需求的话，他们也情愿聘请传统的建筑师而不会雇用包豪斯学院的学生。

龚古尔兄弟对于中产阶级这个首要敌人的一刀切与他们对犹太人的诋毁一样，都不可信。我们知道，处于社会中间部位的各个阶层之间是有着明显差别的，而且他们往往都获得了一个世纪前难以想象的社会和法律地位。但是龚氏兄弟自行将文化历史简单化了。他们认为中产阶级都是一丘之貉。于是，真正的现代艺术家发现“传统和古人就是压在我们腹部的沉重的历史石块”。既然意识到这一点，他就必须采取措施摆脱这些负担——把自己的矛头指向一个将虚华之作与真正艺术品混为一谈的阶级。因此，《玛奈特·萨洛蒙》记录了当时的中产阶级群体不断用华而不实的东西冒充真正艺术品的作为。但它只是一部平庸而有失公允的小说，算不上可靠的分析。其实那个时代很多社会批评家自身就应该遭到批判。

随着文学、绘画和音乐领域的经典作品的理想化，为艺术而艺术原则的种子早在现代主义出现的几十年前就已经被撒下。尽管对艺术家的颂扬不是什么新鲜事——人们首先就会想到瓦萨利为文艺复兴时期画家所著的传记，那是最早的记录——但在浪漫主义时期，至少对于像歌德和贝多芬这些超重量级的名人，这股颂扬的热情可谓空前高涨。他们二人巍然屹立于一般的艺术家和凡夫俗子之中，被尊为尘世的圣人；他们的财产被崇拜者视为珍贵的文物。这种虔诚的现象值得注意。

贝多芬的形象是由后人造就的，而歌德则恰恰相反：如果说他是一代传奇人
56 物，那么这个神话在很大程度上是他自己创造的。他德高望重而且长寿，1832年去世时已是八十二岁高龄。在漫长的一生中，歌德笔耕不辍，留下了大量颇具见地的信件，并在自传体著作中仔细阐述自己的思想；他浩繁的诗歌和散文使得（更准确地说是引发）读者从中得出关于他生平的各种推断；对于忠实记录他警句箴言的来访者，他总是热情相待。这些人中最忠诚的当属卡尔·爱克尔曼。他是歌德的挚友兼传记作者，1836年和1847年分别出版了他与大师的对话录；有趣的是，这两本书一直都很畅销。

这种虔诚的态度虽然并非毫无争议，但它在整个19世纪乃至更长的时间里一直存在，成为一种思维定式。当然这种崇拜也有不光彩的一面，比如对尼科罗·帕格

尼尼等耀眼偶像的谄媚和过分好奇，就升级为高级八卦的性质。但是关于天才文学家和音乐家的精神意义上的公允评价则更为严肃，也更影响深远。像罗伯特·舒曼这样一位绝顶聪明的专业音乐家也毫不犹豫地称赞贝多芬是一位在“崇高的艺术圣坛”主持仪式的“伟大神父”。理查德·瓦格纳的评价略胜一筹：在散文《贝多芬朝圣之旅》中，他说贝多芬的音乐让他确信“救世主尚在人间”，而且明确地指出那活着的救世主就是贝多芬。在艺术家被神圣化过程的前期，在被夸张到几乎幼稚的朴素中，这种崇拜增强了现代主义者的自信，成功之路因此变得更加平坦。只是崇拜的语言在变化，变得越来越微妙含蓄，但对信仰的执着依然体现在字里行间。信仰，是一种无法抗拒的力量。

以客观冷峻著称的爱德华·汉斯立克在成为维也纳音乐评论界的“沙皇”之前，于1855年专程到魏玛拜访歌德与席勒的故居。后者“基本上全部向大众开放”，“成千上万人在这里都像在教堂一样受到感化与启迪”。而在歌德故居只有陈列其手稿和石膏塑像的屋子是开放的。汉斯立克虽然对这种“无礼的贵族特殊化”感到不满，但他还是颇为认可这种保存大师“珍贵遗迹”的谨慎方式。[1] 57

二

对艺术的崇拜之所以如此轻易地转变成对艺术家的崇拜，是因为那种唯心主义词汇——“伟大神父”甚至是“救世主”——在19世纪艺术家和他们的崇拜者当中变得司空见惯。在这个越来越后基督教的时代，为崇高信仰无私奉献的荣耀感还没有消失殆尽。18世纪末，威廉·布莱克曾经说过“基督教就是艺术”，与拜金主义针锋相对。半个世纪以后，阿图尔·叔本华赋予这个观点理性的崇高；19世纪90年代，著名德国诗人兼剧作家理查德·德默尔（这里只举一个例子）直率地告诉一位朋友“我的艺术就是我的信仰”，一语道出了一批新式信徒的心声。这个时期，法国批评家卡米耶·莫克莱尔写了一本名为《音乐的宗教》的书。1906年，萧伯纳在《医生的窘境》中写道，无视道德标准的艺术家路易·迪贝达在临终时说出了亵渎上帝的信仰：“我崇拜米开朗琪罗、维拉斯奎兹和伦勃朗；我崇拜设计的力量，崇拜色彩的神

---

1 Eduard Hanslick, *Aus meinem Leben*, 2 vols. (1894; 4th ed. 1911), pp. 265—266.

秘，崇拜永恒的美丽对所有事物的救赎，也崇拜保佑他们成功的艺术主旨。阿门。阿门。”[1]萧伯纳和半个世纪前的福楼拜一样，小心翼翼地大写了“Beauty”和“Art”这两个单词。无疑，至少对一部分人来说，艺术已经成为一种新的宗教信仰，取代了日渐衰微的基督教崇拜。

但是艺术的宗教还称不上非常成功；相关辞令很明显非常空洞和牵强。不过直到第一次世界大战以后，它都还吸引着众多坚定的支持者。1920年，颇具名声的意大利艺术批评家和文化评论家（也是墨索里尼多年的情妇）玛格丽塔·萨尔法季回归到从前的浪漫幻想。她在法西斯报纸《意大利人民》上写道：“生活模仿艺术……艺术家是在不知不觉中决定大众未来主张的精神向导。”[2]关于艺术家万能的幻想不会顷刻间烟消云散。

三

支持为艺术而艺术主张的先进文化团体虽然规模不大，但是都激情澎湃而且能
58 言善辩。到了19世纪下半叶，这个说法已成为美学家们最喜爱的口号，已与他们的观点和他们的衣着一样个性鲜明。其中最出类拔萃的代表，特别是戈蒂耶、斯温伯恩、于斯曼、惠斯勒——当然还有波德莱尔和王尔德——常常几乎痴狂到把唯美主义理想写在袖子上。但是如果仅仅拿这个自我炫耀的举动来定性王尔德等几乎可以说是最为彻底的唯美主义者，就贬低了他作为文化偶像的深度。我们知道，他虽然自由不羁，却最终成为艺术宗教的殉道者，是现代主义渐入佳境过程中一个极其重要的领军人物。

王尔德没有创立任何学派，他也不可能这么做；世上不会再有第二个王尔德。他曾经说过：“唯一值得创立的学派，就是没有信徒的学派。”他的独创性是双向的：既超越了古人，也胜过了来者。在传统戏剧框架中创作时，他最终从束缚中解脱出来，写出一部只有他自己才能写出来的作品——《贵在真诚》。在宣扬和实践“为艺术而艺术”的口号时，他所做的引申让此口号的发起人都觉得太过夸张；在他的创新艺术家等级中，他把批评家放在比自己的批评对象更高的位置。威廉·B.叶芝

---

1 George Bernard Shaw, *The Doctor's Dilemma: A Tragedy* (1906)第四幕中路易·迪贝达的最后一段台词。

2 Emily Braun, *Mario Sironi and Italian Modernism: Art and Politics Under Fascism* (2000), p. 92.

于19世纪80年代后期与王尔德相识，称他为“一个行动派，为了达到立竿见影的效果，把从前辈那学到的每一个技巧都夸大了”。[1]这个评价似乎有点刺耳，但是事实就是，为了紧跟时代的潮流，一向激进的王尔德对先锋派信仰的发展超越了戈蒂耶和波德莱尔的想象。

奥斯卡·王尔德1854年出生于都柏林的一个贵族清教徒家庭。父亲是一位优秀的眼科医生，母亲是一位健谈的诗人，两人都对爱尔兰怀着炽热的情感。王尔德在牛津大学莫德林学院风光无限，不仅学习成绩名列前茅，而且他在公共休息室里的妙语连珠和他房间里的精美瓷器也为他赢得了不小的名气。那时的他已经是一个唯美主义者，而且一直未曾改变。就连他的政治思想——一种特殊的无政府体系下的社会主义
制度——都是唯美主义的产物。他认为，废除私有财产和家庭就会创造出一种“真 59
实、美丽和健康的个人主义”。他关于装饰艺术和家庭实用小窍门的精彩讲座在英国和美国吸引了大批的听众。他说，他的人生职责就是让世界爱美。可以说，现代主义运动中没有谁的演讲比奥斯卡·王尔德的更幽默风趣了。

他的个人生活也丝毫无愧于他所获得的掌声——1882年，他娶到了一位聪明美丽、博学忠诚的妻子。他的机智谈吐和妙语连珠常常语惊四座，在后来的几年中，他以机敏有力的书评和深刻尖锐的文学评论成为公认的辩论高手。尽管有些心存疑虑的读者在《道林·格雷的画像》中发现了一些病态的表征，他们还是十分重视这本阴沉忧郁广受关注的小说。而即使1895年他极其不幸地以原告与被告的双重身份在法庭上出现（后面会再提到此事），即使他最终以C. 3. 3. 的囚徒号被投进监狱，他还有不多的几个同情他的朋友可以依靠。1900年，王尔德死于巴黎，在人生的最后一次谢幕之际，他依旧是一位唯美主义者，尖刻的幽默感丝毫没有改变。临终前他告诉一位来探望的朋友：“我的墙纸和我在决一死战，不是它死就是我亡。”[2]可以想见，这是一场必输的较量，但是他也是一位历尽艰辛的胜利者，为了艺术，他将珍爱的美学理想融入生活，让它变得更加美好。

王尔德的一生就是不断与保守势力做斗争的一生，他的才华备受青睐，这就是

---

1 William Butler Yeats, *The Trembling of the Veil* (1922), in *Autobiography* (1965), p. 93.

2 Ellmann, *Oscar Wilde* (1987), p. 581.

他极具号召力的证明。他的才华远不止是用“流利的悖论”（这里引用詹姆斯·乔伊斯的夸赞之辞）吸引公众眼球，而在于他独特的表达方式——绝大多数同时代人眼中深刻真实的东西其实都是肤浅和虚假的。王尔德的文采难以模仿却易于分析，他总是一次次地向老生常谈的公认观点发出挑战。王尔德的警句中最为世人所津津乐道的一句足以证明这一点，这句话是由他受审几个月中最坚定的支持者埃达·莱弗森记录
60 下来的。在谈到狄更斯对《老古玩店》中小耐儿之死的处理方式时，王尔德对她说：“如果有谁读到小耐儿的死时不会笑出来，那这个人肯定是铁石心肠。”[1]这句话既嘲弄了所有准备好眼泪的狄更斯迷们普遍认同之理，也提供了另一种审美视角。[2]

无疑，王尔德的警句可能太简单易懂或者太佶屈聱牙，从而使得他的批评不能产生实际的效果。但是关于小耐儿之死的俏皮话并不只是为了娱乐；这短短一句话就对审美品位的社会学和历史学，以及作家与这二者之间的关系问题提出了耐人寻味的疑问。难怪萧伯纳称王尔德为“尼采哲学研究家”——尼采的句子也同样光彩夺目，而且他也和王尔德一样，对任何真实的表现方式持怀疑态度。二人一个是哲学家，一个是剧作家，都以自己独特的方式分担着现代主义环境中固有的风险，于是作为充满活力的背德者，他们在危险的环境中大胆地生存下去。

有时候，王尔德对于自己所处的敌对环境要比其他现代主义者更为警惕，他的行动就表现出他已经意识到自己所担负的风险。1886年，也就是在他被告上法庭近十年前，他打了一个著名的比方，把艺术家的生命比作“漫长而美好的自杀”[3]，并声称对此毫无遗憾。这个亦悲亦喜、既随意又严肃的短语，现在读来才知是极具先见之明的。而从表面看来，至少直到1895年春天，王尔德的人生即使不算完全的平静恬淡，也似乎是在冥冥之中得到了某种保护。他作为高级编辑和新派剧作家的事业获得

---

1 见埃达·莱弗森记录的王尔德著名语录，在Ellmann, *Oscar Wilde*（1987）中大量提及。此语见该书第469页。

2 在歌颂想象力的一段意味深长的文章中，王尔德通过一系列大胆的悖论逐步展开分析：“很多年轻人在人生的最初阶段都有着与生俱来的想象力，如果这种天分能从和谐适宜的环境中汲取营养，或者通过对优秀典范的模仿得到提升，是可以创作出非常精彩的东西来的。但是，一般说来，他终将一事无成。”王尔德给出的原因是，因为“他要么稍一大意就掉入事事要求精确这个习惯的陷阱中，要么就喜欢和见多识广的长者往来频繁。这两点对于他的想象力来说都是灾难，实际上这两点对于任何人的想象力来说都是致命的；因为很快他就会养成一种病态的实话实说的能力，对自己遇到的所有观点都要进行一番考证，并毫不犹豫地反驳比自己年轻的人，最终，他写出来的小说与现实生活如此相像，以至于没有人能够相信它们的真实性”。［Wilde, “The Decay of Living,” in *Intentions* (1891), quoted in *The Artist as Critic: Critical Writings of Oscar Wilde*, ed. Richard Ellmann (1969), p. 294.］

3 Wilde to H. C. Marillier (December 12, 1885), in *The Complete Letters of Oscar Wilde*, ed. Merlin Holland and Rupert Hart-Davis (1962; ed. 2000), p. 272.

了一连串的成功，几乎没有遇到任何挫折。早在1881年，吉尔伯特和沙利文就在轻歌剧《耐心》中对他进行嘲讽，扮演他的男主角一个还不够，而是两个。这种温和的关 61
注在一段时间内起到了保护他的作用。

到此时，王尔德已经渐渐成为漫画家们一个特色鲜明的描绘对象，不仅仅在英国，连美国成千上万的报纸和杂志读者也都领略了他古怪的服装、夸张的领结和懒散的姿势——不是紧握着百合就是斜倚着向日葵。在个人形象、言谈举止、给理发师的指示以及私人和公共场合下的自我表述等问题上，他都会花上大把的宝贵时间和精力。“活着的目标，”他曾经写道，“就是成为一件艺术品”，[1]而且他毫不怀疑自己一直在为达到这个目标而不懈努力。某年的圣诞节，王尔德和家人住在切尔西的一处小房子里，他们邀请了叶芝共进晚餐。叶芝后来回忆道：“我记得当时想到的是，他与美丽的妻子和两个孩子和谐完美的生活画面，简直就是一件刻意布置的艺术品。”[2]难怪王尔德是完美的榜样，这榜样比其他一本正经的先锋派作家更为经久不衰。而且除了人生的最后阶段，他并不反对媒体关注，因为这让他成了新闻人物。毫无疑问，这件为艺术家而艺术的艺术品、这位时髦公子就是为新闻而生的。

四

但是好景不长，在接受审讯的几个月中，他一直追求的知名度给他带来了无尽的痛苦。王尔德的所有审判都被详细调查，不过它们在现代主义发展过程中的地位值得进一步探讨。用叶芝的话来说，他拥有一个和谐完美的家庭，因此他显然是一个幸福的居家男人。但是1886年，他和他的学生罗伯特·罗斯发生了私情，从那以后，同性恋这个话题就一直充斥于王尔德的社会生活、游记，甚至以更加微妙的形式出现在他的著作中。似乎王尔德在信奉了为艺术而艺术这条危险教义之后，又承担了另一种压力：难以启齿的同性爱情。1891年，已经坚定地走上这条被大多数正常人视作犯罪之路的王尔德，邂逅了阿尔弗莱德·道格拉斯，后者于一年后想出了同性迷恋的著名定义。

王尔德既是道格拉斯的情人，也是牺牲品。道格拉斯别名“波西”，比王尔德 62

1 Wilde, “Note” (New York Public Library, Berg Collection), in Ellmann, *Oscar Wilde*, p. 310.

2 Yeats, *Trembling of the Veil*, p. 90.

年轻十六岁，是位非常普通的诗人。他皮肤白皙、面露病态、弱不禁风，而且情绪变化多端，极难满足。兴致来的时候，他也可以迷人可爱。然而，在王尔德面前，他大部分时候并不迷人，而是急躁、恶毒、自私而难以捉摸，并且毫无顾忌地从他大名鼎鼎的爱人那里索要钱财。王尔德虽然有时也忍受不了"波西"的骄纵任性，但是他已经爱得无法自拔；他带着道格拉斯四处旅行，经济上和情感上都在不断地付出。

尽管在那个年代，这种难以启齿的爱情隐藏在"希腊式爱情"等委婉表达方式之下——"同性恋"这个专有名词直到1869年才问世——近百年来它还是受到了广泛的关注。对于其起源和性质的科学研究或者冒充科学研究的诡辩成了人们共同的爱
63 好。直到像安德烈·纪德这样的真相狂人出现，同性恋情一直在暗中进行，而宗教信徒则利用它或者说关于它的谣言作为打击先锋派的工具，好像新音乐、新诗歌和新戏剧都因此沾上了阴柔的色彩。新建的帝国——1870年的意大利和1871年的德国——在

奥斯卡·王尔德与"波西"的合影，1890年代早期。"波西"是王尔德最热情崇拜和最邪恶自私的爱人

其他国家修改旧律之时也引进了新规。有的国家规定在成人双方自愿前提下的同性恋行为不算违法；有的国家，例如大革命期间把它从刑法中删除的法国，再也没有反悔这个进步之举。然而，有一个重要的国家独立于这次废除反同性恋法规运动之外，对王尔德产生了直接的影响，这个国家就是英国。1885年，《刑事法修正案》中增加的《雷波切尔修正案》规定，禁止男性间的"严重不当行为"，如果触犯此法，将被判处两年的监禁加苦役。亨利·雷波切尔后来说道，他是因为读到一篇关于男性卖淫活动的骇人报道后才提出这项修正案的，他还谈到政府在全国范围内处理此类事件的各种不当方式。于是，王尔德成为一个即便残忍，却完全合理又合法的意图的牺牲品。他也差点因此送了命。

虽然道格拉斯和他的知名爱人常常激烈地争吵，但是王尔德始终舍不得赶走这个"金发天使"。他心甘情愿地让道格拉斯带着自己过上荒淫放荡的生活。二人自由自在地寻欢作乐，身边聚集了一群为金钱出卖肉体的年轻人。虽然多一个新欢就多了一份被敲诈的危险，但王尔德还是不能抗拒唾手可得的美少年的吸引力，不论是在伦敦还是在阿尔及尔。道格拉斯的父亲昆斯伯里侯爵与儿子关系紧张，强烈反对他和王尔德来往。1895年2月，他在王尔德的俱乐部留下了一张字迹潦草的便条："致奥斯卡·王尔德，你这个装腔作势的鸡奸者。"王尔德没有被侯爵的笔误[1]逗乐，也没注意到"装腔作势"会让这位暴跳如雷的贵族得以金蝉脱壳，一气之下便以诽谤罪起诉对方。

不过，他的败诉是必然的；急于将儿子从罪恶之手中解救出来的尽职父亲的形
象加上王尔德沉溺于淫乱私生活的证据，都保证了昆斯伯里的胜利。而且，既然政界 64
要员被牵扯到这桩案件中来，当局觉得有必要反过来对王尔德提起诉讼。在第一次审
判中，因陪审团没有达成一致意见，王尔德被判无罪；但是在5月下旬的第二次审判 65
中，他被处以同等级罪行中最重的刑罚——入狱并服苦役两年。[2]短短的四个月间，王尔德一落千丈，从伦敦炙手可热的剧作家沦为千夫所指的阶下囚。当时正在上演的

1 这里的笔误指昆斯伯里把sodomite一词错拼成somdomite。——译注

2 在成为著名音乐评论家和传记作者之前，年轻的欧内斯特·纽曼曾写道，韦尔斯法官对被告的公开谴责体现了"庸俗之辈的愚笨的愤怒"。［Ernest Newman, "Oscar Wilde: A Literary Appreciation," *Free Review*, June 1, 1895, in *Oscar Wilde: The Critical Heritage*, ed. Karl Beckson (1970), p. 90.］

他的两部热门剧也突然停止了演出，王尔德也很快被送进了监狱。我之前提到过，艺术的宗教也有殉道者。对于这一点，蔑视虚伪上流社会的现代主义者没有理由感到惊讶。

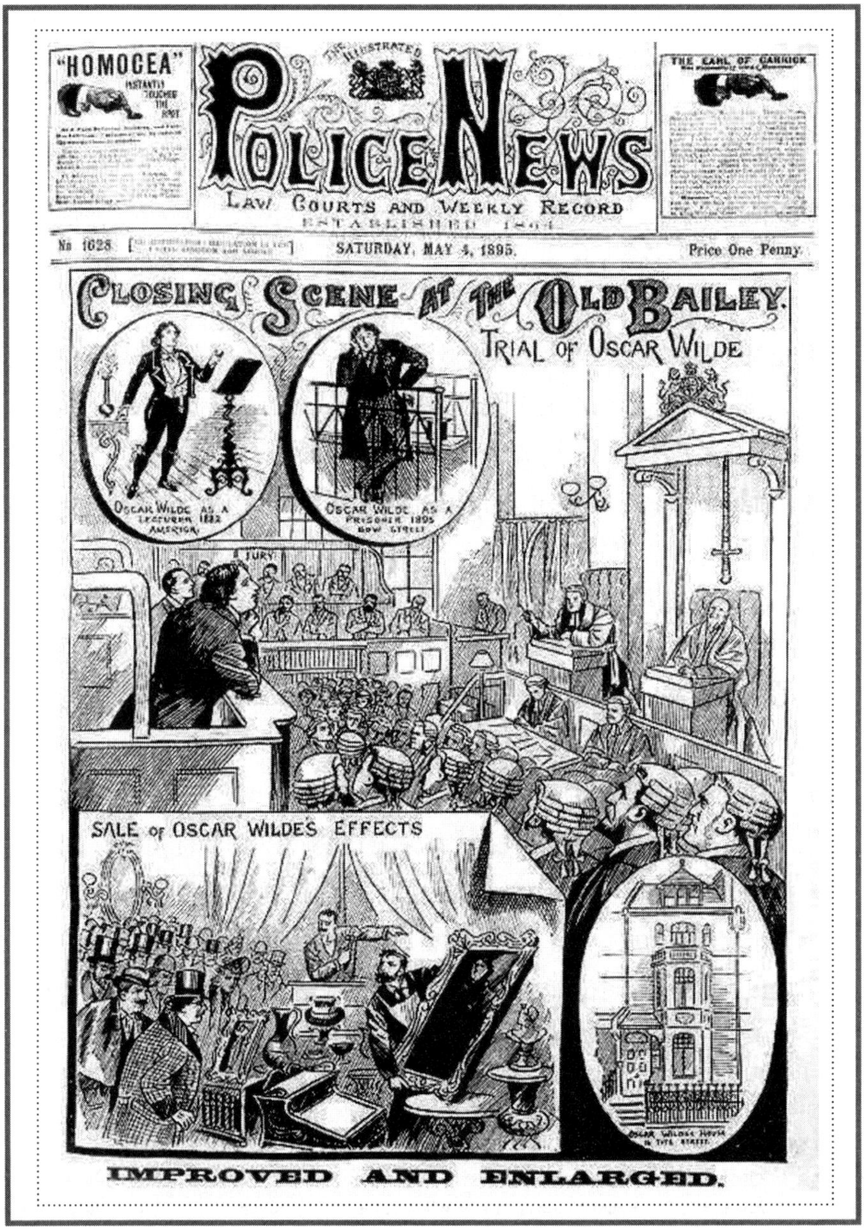

《警察新闻》（*Police News*），伦敦（1895）。知名报纸上刊登的“庭审中的王尔德”

其实王尔德在第一次审判后有充分的机会逃到国外，可他为什么没有逃呢？一个世纪以来文学历史学家和传记作者都在对这个问题感到纳闷。很多支持他的人，包括萧伯纳、莱弗森夫妇以及他的妻子，都曾敦促他到国外避难。他落寞又有些愤怒地拒绝了这些好意。这一行动，或者说不行动的原因是复杂的。“波西”不会同意他出逃，因为他一心要公开打击他的父亲，并随时准备牺牲王尔德来发泄自己的恋母情结。王尔德的母亲也不会答应，因为她还在盲目地为儿子感到骄傲。而且似乎他本人也被一种几乎无意识的对惩罚的渴望驱使着，寻求一种漫长而绝非美好的自杀。不过还有另一种可能的解释：王尔德视自己为先锋派文化精英的英勇代表，他们永远无法为庸俗之人所理解，却总是受到他们的迫害。这里我要着重强调的是，现代主义不是一场民主运动。

那么，王尔德案在更广层面上的意义就在于它与现代主义发展史的关联。几次审判对王尔德造成的打击要比福楼拜和波德莱尔所经受的打击大得多，而且这些审判与纳粹集团1937年出于政治意图在德国进行的“堕落艺术展”相比，性质上也有着天壤之别。那一刻的痛苦终究是刻骨铭心的。绝大多数评论家们都坚定地认为，王尔德被判刑的头号煽动者和受益者就是那群古板拘谨、了无生趣又忿忿不平的中产阶级大 66
众，他们急不可耐地宣泄心中的怒火，对象就是这位自以为是地嘲笑普通大众道德观和品位的自称文化英雄的人。在权威的王尔德传记中，作者理查德·埃尔曼在描述审判开始之前就用一句话暗示了法庭最终的一致裁决：“维多利亚主义随时准备向他扑去。”[1]

原因何在？王尔德当然不是安分守己的人；他四处树敌，其犀利尖刻的评论尤其触怒了一些文人。他自信十足地大放厥词，热衷于悖论的研究，还公开炫耀别人只在私下里偷偷进行的事，这些都让他成为一些人的眼中钉。很多关注王尔德的人心中都怀着一种深深的莫名的焦虑；王尔德这个享乐主义者对他们的品性提出了质疑；而现在，既然他获罪下狱，也就证明了他们是清白的。

但是原因还不止这些。王尔德视艺术为宗教的理念让很多人都十分反感，从英国媒体的反应就可见一斑。大多数权威报纸如《曼彻斯特卫报》只对审判进行了非常

---

1 Ellmann, *Oscar Wilde* (1987), p. 431.

有限的报道。其他高层次的日报比如《蓓尔美街报》和《泰晤士报》认为这个案子具有报道价值，可以吸引读者；它们引用了律师的发言、被告的证词和法官的评论，但是为了拒绝满足读者以正人君子自居的心理，故意没有采用说教的口吻。

值得注意的是，那些喜欢说教的报纸（绝不占大多数）从道德和文化层面上讨论了王尔德的悲惨下场。赞同对“性变态罪犯”施以严惩的《圣詹姆斯报》认为，这是对王尔德的道德相对论，是对一直在荼毒“我们的艺术、文学、社会和世界观”的“新的宽容”的必要谴责。[1]这份报纸认为各种风格的小说、绘画和表现手法（即现代主义）的涌现都是王尔德放荡行为的直接产物。他之所以危险，与其说是因为他那些不堪的情事，不如说是因为他将色欲和为艺术而艺术的“宗教”主张混在了一起。分析继续道，也许更加骇人听闻的是，两种“变态”的共存和勾结成为王尔德趾
67 高气昂、我行我素的资本，他因此而藐视所有普通人。

当时，他获罪的主要原因是，陪审团认为王尔德以最为大胆、最放肆的形式坚定地奉行为艺术而艺术的原则，纵然他对此矢口否认。他在《道林·格雷的画像》序言中语出惊人：“书没有道德与不道德之分，只有写得好与坏之分。”[2]在控告波西父亲诽谤案中，他就在公共记录里表明了这个观点。与王尔德悲惨下场密切相关的是他对他所实践和推崇的文学艺术中被《威斯敏斯特公报》称为“心术不端”之物的热衷。除了凭借自由论者的冲动在私生活上自由放任之外，先锋派艺术家在什么是合理的性行为问题上没有达成统一的观点。同性恋也不是主要的气候。兰波、魏尔伦、普鲁斯特和纪德这一串名字虽然让人记忆犹新，但是他们的性取向并不是他们文化时代的标志。王尔德案中最重要的就是，他坚称生活和文学是互不相干的两回事，这个观点与自古以来创新者们一直认同的观点背道而驰。王尔德认为，通过小说、戏剧和诗歌来改变公众道德观的做法毫无艺术品位，完全是浪费时间。于是，他惹起了周围一片焦虑不安的反应，而出于焦虑不安进行打击报复也是自然而然的结果。

为艺术而艺术的主张源于法国，但不幸的是，生于法国的人并没有因此而开明地接受它。但是最终，重要的是，叶芝这位强大的现代主义诗人希望王尔德能留下来面对原告。他认为这种自我牺牲很大程度上挽救了王尔德的名声：“他一半的声誉都

1 *St. James's Gazette*, editorial, May 27, 1895.

2 Wilde, *The Picture of Dorian Gray* (1891), p. vii.

归功于那个留下来的决定。”[1]这种说法难以让人心悦诚服。王尔德之所以不朽是因为他的著作散发着永恒的魅力，而绝不是因为他主动接受了原本可以逃脱的灾难。但是叶芝有一点说得很对：在王尔德的时代，先锋派思想承担了相当大的风险。的确，与很多殉难者一样，王尔德的牺牲总体来说是徒劳无益的，艺术的自由度和艺术家的自主权并未因此得到进一步提升。但是王尔德至死不渝的唯美主义精神、遭人诟病却依然故我的勇气为后继的精英人物树立了榜样，他们将以大无畏的姿态将现代主义的个人主义引领入20世纪。 68

1 Yeats, *Trembling of the Veil*, p. 192.

2 不妥协者与剧团经理人

1900

1900年，在巴黎一个简陋的旅馆里，在这个几十年来一直处于现代主义运动心脏地位的城市，奥斯卡·王尔德永远地闭上了双眼。到世纪之交，印象派画家的作品已经展出了二十多年，他们每一个都是沙龙艺术的反对者，而且渐渐被一些更具反叛精神的画家超越。乔治·梅里爱正在对电影艺术进行大胆尝试；奥古斯特·罗丹正以飞快的速度创作半身人物雕像和备受争议的雕塑作品，以期大展鸿图，并且就在这个时期开始尝到了出名的甜头；在不久前的1896年，阿尔弗雷德·雅里以一部惊世之作《愚比王》开创了荒诞派戏剧之先河；而仅八年以前，爱德华·杜雅尔丹的《月桂树折》史无前例地运用了内心独白的表达方式，掀开了小说创作的新纪元；为1889年巴黎世界博览会而建的埃菲尔铁塔成为现代工程学上的奇迹，高高耸立于城市上空，乔 69
治·修拉在其修建过程中为之作画，而在罗伯特·德劳内顽皮夸张的立体笔法中，铁塔被赋予了灵动的色彩。

这些和其他发生在巴黎的令人侧目（或至少令人尴尬）的文化事件一起，对正统艺术的堡垒构成了沉重的打击。克劳德·德彪西这位无可指摘的现代主义者利用这个时机再一次对庸俗的中产阶级群体心理发起攻击，并提出“艺术对民众而言毫无用处”[1]的观点。这样看来，王尔德退出历史舞台之时也是一个文化大混乱的时期，而这个时期的到来正是他不遗余力为之奋斗的结果。

---

1 Claude Debussy, *Monsieur Croche the Dilettante Hater* (1927), trans. B. N. Langdon Davies (1928), p. 66.

当时的法国，德莱弗斯案正如火如荼地上演。阿尔弗雷德·德莱弗斯上尉是一名犹太军官，1894年末以向法国的宿敌德国出售军事机密的罪名而被判刑。整个案件将法国搞得四分五裂，其杀伤力已经远远超越了一桩简单的间谍案。它将以下这些势力聚结在一起：依然不愿接受自1870年以来成为法国最新代表的第三共和国的君主制

主义者，把对犹太人的憎恨发展为一场政治运动的现代反犹太主义者，和极力促成德莱弗斯获罪的法国军方的坚定支持者。

鼎力支持德莱弗斯的力量主要来自共和国的支持者，他们也得到了画家、作家和知识分子的慷慨相助。法国现实主义流派的代表人物爱弥尔·左拉毫无疑问是德莱弗斯的忠实盟友，他给共和国总统写了一封著名的公开信，要求法庭撤回判决。他在信中指出，德莱弗斯遭人陷害，判处他有罪的证据都是伪证。这确实就是事实的真相。然而，多少家庭因为这个案件四分五裂，多少朋友也因它分道扬镳，就连共同与沙龙艺术作战的现代主义者们也分裂成针锋相对的两大阵营：埃德加·德加满腔怒火地指责德莱弗斯，而克劳德·莫奈则同样义愤填膺地力挺德莱弗斯。但是，处在分崩离析边缘的第三共和国终于延续了下来。1906年，德莱弗斯沉冤昭雪，官复原职，并得到了提拔。

不过，这个时期并非只有矛盾冲突。同样在1900年，已多次主办过世
界博览会的巴黎又举行了一次规模空前的博览会，展示了西方社会重大的 70
艺术和科技成就。这次“万国博览会”的一个非常有趣的特色就是“十年成就展”，展出由参与评选各省的评审委员会选拔出的、1890至1900年之间创作的绘画和雕塑作品。这个特色展成为兼收并蓄之典范。德高望重的印象派大师卡米尔·毕沙罗——塞尚骄傲地自称是他的学生——曾愤怒地对同为画家的儿子卢西恩预言说，世博会将成为一个令人作呕的“怪异的庞然大物——小商品市场、杂耍戏院”[1]。但是，尽管展览会拥挤不堪，审美信息也鱼龙混杂，这个包罗了近十年雕塑和绘画艺术成果的彻底大汇总为一批国际反传统艺术家提供了施展空间：首先是罗丹、马蒂斯、马约尔等，其次是雷诺阿、德加、科林特、蒙克、巴拉、弗拉芒克、恩索尔、维亚尔、诺尔德等。铺天盖地的展品虽然引来了艺术和政治领域的批评，但

居斯塔夫·卡耶博特，《自画像》（1892）。这位极富天赋的半印象派画家罕见的自画像

1 Camille Pissarro to Lucien Pissarro （April 21, 1900）, in Camille Pissarro, *Letters to His Son Lucien*, ed. John Rewald (1944; 3rd rev. ed. 1972), p. 340.

是至少现代主义阵营的艺术家们因此得到了一个尽管很有限，但依旧可以显露才华的机会。即便是高更、塞尚和年轻的毕加索等极端的反传统主义画家的观点，也在一些画作中得到了表达。

然而，“十年成就展”与其说是现代主义者与传统势力达成稳固和平的表现，不如说是一次休战，或者说是作品选拔者们的品位共同作用导致的偶然结果。19世纪90年代中期在巴黎突发的“卡耶博特事件”表明，一直在暗中进行的较量被公然放到了大众视野中去。居斯塔夫·卡耶博特的家族从事纺织和房地产生意，家境富裕，他本人是一位著名的具有印象主义风格的现实主义画家，一生结交和资助了很多印象派画家，收购他们的画作。1894年去世时，卡耶博特把一生收藏的极为宝贵的作品全部捐给了国家。他清楚地知道敌对势力会有什么样的反应，因此在拟定遗嘱时考虑周详，明令禁止其遗赠流落到某些偏僻的博物院或者不为人知的储藏室里。他也特别要求，这些作品必须首先在专门展出在世画家作品的巴黎卢森堡博物馆集体展出，然后再转运至卢浮宫。卡耶博特收藏的67件油画和粉笔画中包括5幅塞尚作品、4幅马奈作品、8幅雷诺阿作品、7幅德加作品、16幅莫奈作品、9幅西斯莱作品和18幅毕沙罗作品。

学院派代表人物对此反应激烈。在接下来的两年中，随着与卢森堡博物馆谈判
71 的逐渐深入，他们群起围护学院派艺术。严谨的学院派画家让·莱昂·热罗姆此时已年逾七旬，他的画作在沙龙获过最高荣誉，深受鉴赏家的青睐。他认为卡耶博特收藏的那些画意味着“国家的灭亡”。他说，这种“粪便”是“道德极度腐化”[1]的标志，其制造者是无法无天的疯子。1897年，卢森堡博物馆终于在妥协之后接受并展出了卡耶博特遗赠中的40幅画作，保守派议员荷夫·德·塞西在参议院中对此发表谴责声明。他抗议道，这些不三不四、堕落颓废的绘画[2]玷污了卢森堡博物馆中其他的珍贵藏品。从现在的角度回顾历史，在印象主义不可抗拒的前进洪流中，这些谴责似乎只是百般阻挠的反动势力发出的徒劳无功的微弱呼声。但是历史并非只是胜利者欢欣鼓舞的新闻报道。在那个年代，现代主义的胜利还远远未成定局，对热爱艺术、购买艺术品的大众来说，现代主义所带来的内心自由感还远远不够明晰。

---

1 Jean-Léon Gérôme in Kirk Varnedoe, *Gustave Caillebotte* (1987), pp. 198, 201.

2 Hervey de Saisy in ibid., p. 209.

看世界的新方式

一

想真正体会印象主义的凝聚力，最好还是从它的开山鼻祖谈起。1874年4月，克
劳德·莫奈对收藏家来说还是一个完全陌生的名字，那时的他在巴黎与29位志同道合
的反学院主义年轻画家一起，举办了一场大规模的画展。公众对此褒贬不一，不过
负面评论更引人注意，因为在后人眼里，它们已经迟钝和麻木到了可笑的程度。评论 72
称，这些参展画家资质庸常，并违反了绘画的基本法则，那些幼稚的涂鸦如果是小孩
子画出来的，确实值得表扬，但若出自成人之手，着实就是令人作呕的低级趣味之
作。而其中一幅莫奈绘于两年前的《印象·日出》之所以成为流芳百世之作，多少带
有某些人为因素，因为后来高度关注此画的艺术史学家和批评家用它的名字来指代这 73
次19世纪先锋派画家们最重要的集会。随着印象主义绘画的发展，它们占据了现代主
义殿堂的最显眼位置，那些美好动人的画作在当今社会也已成为价值连城的瑰宝。

实际上，“印象主义者”和“印象主义”从一开始就是一种集体称谓，不仅仅指
莫奈的作品，也包括了莫奈著名画友们的作品，比如毕沙罗、西斯莱、雷诺阿、德 74
加、贝尔特·莫里索、年轻的塞尚和年纪稍长的著名画家马奈（尽管马奈拒绝参加展
览，但是年轻画家们都对其作品倾慕不已）。这种基于实事求是原则上的纠正要求
同时代的批评家们必须从这次画展开始认识到，他们从此面对的是一股破旧立新的
画风。1876年，埃德蒙·杜兰蒂（那个曾经要烧毁卢浮宫的作家）称它为“新式绘
画”，既是一种画风又不仅仅是一种画风：它是一种看世界的新方式。

当然，新式绘画也不能算作全新。逐渐得到法国画家欣赏的英国著名画家约翰·康斯特布尔和J. M. W. 透纳早在19世纪初就进行了户外写生，并且出色地捕捉到雨水、云海和阳光下的景色对感官造成的冲击。同样，年轻的莫奈极为推崇以康斯坦·特鲁瓦永、西奥多·卢梭和夏尔·弗朗索瓦·杜比尼为著名代表的巴比松画派的风景画家们，盛赞他们是大自然真正的学生，并对让·巴蒂斯特·卡米耶·柯罗也做出了同样评价。

75 其他画家也对印象派产生过不小的影响，例如居斯塔夫·库尔贝，他追求坚韧有力的现实主义风格；又如荷兰画家约翰·巴托尔·琼康，他擅长描画明亮的港口，但是酗酒的恶习严重妨害了他的印象主义创作之路。印象主义者从不否认这些渊源关系；但是他们也明白，他们已经把这些画家的非传统尝试提升到全新的水平，并以运动的形式不断巩固自己，为绘画事业打开了新局面。随着讨论的深入，我们可以看出，现代主义的新发展多半都是对未知区域的一个循序渐进的征服过程，而不是生硬唐突、完全不可预知的创造发明。

发起1874年这次历史性画展的画家们一定能模糊地感觉到它可能产生的影响。他们正式组成“无名艺术家、油画家、雕塑家及版画家协会”，共同负担开销，分享盈利。最终，5月15日展览结束之后，开销远远超过了收益，出于经济因素考虑，协会自行解散。莫奈给《印象·日出》定的价格是1000法郎，没有卖出去也并不奇怪。莫奈笔下的港湾景色和他大多数画友的作品一样，所传递的信息与常规审美观念落差太大，即使见多识广的鉴赏家也难以参透，因此不易找到买家。举个例子就可以说明问题：第一批正式收藏塞尚作品的人都不是专业艺术人士，而是穷困落魄的艺术品供应商、略懂绘画的乡村医生和海关中层官员。还要再过二三十年才会有富人开始发掘这些画家和他们的作品，而这样的将来也是画展开始之初人们所始料未及的。

莫奈的《印象·日出》描绘的是拂晓时分晨雾笼罩中的勒阿弗尔港。灰白色的水面，泛着些许灰色和黑色的涟漪；两条乌黑的小船占据了画面的中心；画面中间远处的建筑和若隐若现的吊车轮廓在渐渐褪去的夜色中清晰起来；冉冉升起的太阳在水平面上方宛若一个橘红色的圆盘，倒映在水中，留下一道道蜿蜒模糊的波光，而天空随着晨光一步步击退暗夜而变得斑驳起来。这幅作品完全只是一个印象，一个极度成
76 功的印象，其实际意义比它表面上的轻松随意要深刻得多。它是一幅新式绘画的典型范例，没有任何故事情节，不带任何说教色彩；它无意教育观众变得更虔诚、更注意品行、更爱国，或者起到激起性欲等作用。莫奈和其他印象主义画家一样，在户外完成了这幅作品，捕捉到转瞬即逝的一刹那。

他当然是密切跟随时代脚步的。印象主义画家这个称谓的本意几乎就意味着他们一定遵循波德莱尔提出的重要原则，把注意力全部倾注于当下生活的世界，并对它做出反应。这些反传统画家对沙龙中地位极高并容易获奖的历史题材绘画丝毫不感兴

趣。1868年，莫奈的良师益友、印象派的先驱欧仁·布丹在写给友人的信中说，艺术家与时代稳步契合的时代已经到来。以周围实实在在的人物为对象的创作手法“正在慢慢发展，一些年轻画家（我认为莫奈是他们的领头羊）发现，这个主题到目前为止被大大忽略了”[1]。布丹喜爱创作小型沙滩风景画，虽然他常常怀疑自己，却一直坚持不懈；这里他宣告了印象主义这种先锋派思想的未来发展道路，其日后的繁荣程度是大多数现代主义者当时所无法想象的。

不可否认，印象主义者的自省视角是具备了客观关联物的：他们的创作主题——山水风景、城市风光和人物肖像——都清晰可辨，但是场面既不蔚为壮观，也不生动秀丽，而且几乎是千篇一律。这些画风格遒劲有力、鲜明突出，画笔痕迹明显，色彩使用上亦大胆鲜明，而且它们只是画，其他什么也没有，只依靠绘画本身去吸引观赏者的注意力。从外表看来，这些作品像是匆忙之中草草涂就的；所以当时印象派招致的普遍批评就是，画家没有一丝不苟地将作品完成。虽然这种批评可以理解，但是一种严重的误读；因为事实就是：印象主义绘画反映的是内心对世界的感受。在被问及是用头脑作画还是用心作画时，雷诺阿的回答非常大胆，“都不是，是用我的睾丸”。要是将艺术的起源归结于性的弗洛伊德听到这话，一定会备感欣慰。

印象主义者们我行我素，创作颇丰，彻底背弃了学院派的绘画原则，当时的很
多艺术爱好者都因此产生了不安和受欺骗的感觉。他们习惯了画家一丝不苟地完成作 77
品：军官制服的每一个纽扣都要像极为贵重的热罗姆作品一样，经过仔细地雕琢；他
们喜欢情欲的快感：每一幅描绘古老历史或东方世界的裸体画都要性感妖娆，让人浮
想联翩——正如也同样价格不菲的卡巴奈尔的画所表现的一样。他们想挂在墙上的是
强壮的农民、好笑的趣闻故事、宏大的战争场面以及荡涤心灵的耶稣和圣母马利亚的
尊贵画像。但是，印象主义画家呈现的只是简单的素描，因此一些权威的画展评论者 78
认为它们不值一提。1877年，哈珀兄弟公司出版了由S. G. W. 本杰明编著的插图详尽
的《欧洲当代艺术》一书，书中用了大幅章节介绍法国艺术，却只字未提莫奈和他
的画友。

这样的沉默即便并非有意，也明确地表明了官方对于印象派为时代所带来的革

---

1 Eugène Boudin, in François Mathey, *The Impressionists* (1961), trans. Jean Steinberg (1961), p. 237.

命性影响的态度；鉴于当今社会抽象艺术是多么令人熟悉甚至厌倦，想要领会当时的这种影响，就需要发挥历史想象力。[1]值得注意的是，世人给这些艺术家涂上了政治色彩，把他们与刚刚习惯了第三共和国的法国人挥之不去的焦虑联系在一起，而没有太多考虑印象主义者互相之间意识形态上的共识。回顾那段历史，从1868年莫奈和
79 雷诺阿的印象主义风格发展成熟，到1874年第一次“独立”展览（到1886年还有七次）举办之间，法国遭受了一系列屈辱血腥的打击：1870年秋，在普法战争中法国惨败；1871年春，冷酷无情的政府军对“煽动叛乱的武装力量”进行残忍暴虐的镇压，因为后者拒绝屈服于洋洋得意的胜利者强加在法国身上的和平条约，巴黎成为内乱的中心。

在很长一段时间里，这个国家危机四伏。1874年，法国不再是帝国，但共和国体系还没有完全稳固。那个时期，几乎所有的东西都可以被理解为包含某种政治目的，就这样，印象主义者也被动地参与到这场将法国分裂为势不两立的两大阵营的血腥运动中去。比起“印象主义者”，有些评论家认为“不合作者”这个名字更加合适，因为他们认为这些组织松散的画家就是极端分子。“艺术不合作者与政治不合作者共进退，”一位不知名的记者1876年在《总汇通报》中攻击道，“这是再自然不过的了。”如此一类的保守派认为，艺术革命与政治革命就是一对密不可分的双胞胎，或者起码也是近亲关系。现代主义在敌对势力看来，只意味着一个词——危险。

实际上，印象主义者的政治信念各不相同，有无政府主义，有自由主义，也有极端保守主义。不过，他们都努力以一种客观的方式在作品中表达主观的感受，而历史悠久的学院派观念却强调画家的内心世界与绘画本身无关，这就造成了两者之间不可调和的矛盾。前者当然可以称得上是真正的现代主义者。西奥多·迪雷可能是评论家中印象派的最鼎力支持者。1878年，他在《印象派画家》这本册子中客观地将他们的本质定义为意义最为深远的个人主义的体现。不论是风景画、静物画还是风俗画，都记录了他们对外界刺激的反应，这是对学院和画室里千篇一律传授的传统原则

1 在对先锋派的权威研究中，雷纳托·波吉奥利的论述切实中肯，“尽管印象主义的灵感来源于安详平和的事物，作品也具有宁静的完整性，但是它绝对是一次真正的先锋派运动，或许它可以称得上是现代艺术史上第一次有组织、有条理和有意识的先锋派运动”。［Renato Poggioli, *The Theory of the Avant-Garde* (1962), p. 132.］

的大胆反抗。[1]

虽然印象主义者大都解释不清自己的动机和目标，[2]但是从他们的信件和访谈中收集到的一些观点充分证明，他们已经意识到自己是怀着极具个性的新式理想的画 80
家。于是，1868年9月初，布丹为自己不拘一格的户外自然写生画法辩护，并决定，不论其他人怎么强烈反对，“我会一直坚持走自己的路，不论前方有多么艰险，只希望脚步更加踏实和坚定”。就在同一天，布丹的画友、事业陷入低谷而且经济拮据到差点饿死的莫奈也表达了同样的决心。他当时特意避开充斥着各种干扰的巴黎，搬到乡间居住；在给同为印象派的画友弗雷德里克·巴齐耶的信中，他反问道：“难道你不觉得亲近自然才能更好地创作吗？在巴黎，画家必须完全沉浸于周围的环境才能保持作品的力量；我在这里作的画，起码不会和任何人的作品雷同，因为我的画就是我亲身经历的表达。”[3]“我在这里作的画，起码不会和任何人的作品雷同”——这是追求艺术自由和个性的独立宣言；前文曾提到，福楼拜告诉波德莱尔，这是所有艺术素养中的第一点。

二

这个“所有艺术素养中的第一点”并不只限于法国。1896年，英国最著名的画家约翰·埃弗里特·米莱爵士在去世前不久，凭借其在半个世纪的绘画生涯中所积累的智慧对此进行了深刻的思索。1848年，还是普通人的米莱结识了好友但丁·加布里埃尔·罗塞蒂和威廉·霍尔曼·亨特，还有其他四位同为伦敦皇家艺术学院学生的年轻画家，成立了前拉斐尔派兄弟会。这个画派起初颇为神秘地以缩写的P. R. B. 命名，立志重塑英国绘画的纯洁与活力，使其从学院教学僵死的单调中解脱出来。不论是在伦敦、维也纳还是在杜塞尔多夫，对艺术学院的深恶痛绝是纵贯现代主义绘画发展史的永恒不变的主题。反传统者谴责它们戕害了天资禀赋和真情实感。前拉斐尔派 81
所追求的就是艺术真实感，整幅画面的着色要忠实于自然，而且，有点自相矛盾的

---

1 Stephen F. Eisenman, “The Intransigent Artist or How the Impressionists Got Their Name,” in Charles S. Moffett with Ruth Berson et al., eds., *The New Painting: Impressionism 1874—1886* (1986), p. 53.

2 为了客观起见，这里有必要说明，有一些印象派画家根本没有兴趣谈论这个问题。雷诺阿曾说过，“别问我绘画应该是主观还是客观，我才懒得在乎这个”。[Phoebe Pool, *Impressionism* (1967), p. 52.]

3 Monet to Frédéric Bazille, in Kermit Swiler Champa, *Studies in Early Impressionism* (1973), p. 23.

82 是，他们主张回归15世纪的真实绘画，借此为他们自己的时代注入活力；借用拉斯金的生动描述，那些真实的绘画已经受到“枯燥的华丽”[1]的严重干扰，他还称这“枯燥的华丽”是对拉斐尔作品明确而乏味的毒害。

当时，米莱对颇受褒扬的现代英国艺术提出了严肃的警告：“但是，当我们环顾四周，看到许多才华横溢的年轻人坚守承诺要将英国画派发扬光大因而感到振奋时，我们不能忘记，他们只有坚持观念和表现上的鲜明个性才能晋升为一流的画家。”[2]这是米莱重点强调的。跟后继的先锋派团体（实际上也就是印象派）一样，前拉斐尔派成员团结的基础与其说是他们共同提倡的东西，不如说是他们共同反对的东西。尽管他们的画作产生了相当大的集体影响力，尽管众多的前拉斐尔派代表作在英国博物馆占有极其重要的地位，但是该派的核心成员很快便渐行渐远，分别追求各自不同的绘画理念。而米莱这位曾经旗帜鲜明的叛逆者，最终和其他一些现代主义者一样，厌倦了反传统主义者的身份：他成为社会的一件摆设，被封为男爵，最终当选为皇家艺术学院主席。这是现代中产阶级社会同化能力的表现。

疲倦并不是叛逆者们改变阵线的唯一原因。资助者和买家对新流派越来越多的接受也慢慢消耗了叛逆的能量；欣然接受和百般阻挠以及审查制度一样，也会对现代主义者起到遏制作用，但这并不适用于坚持到20世纪的印象主义画家。莫奈这位典型的印象派画家于1926年去世，享年八十六岁，在人生的最后岁月里，他越发大胆，而他的视力问题并非促使他不断尝试的原因。他晚期创作的风景画——吉维尼花园的睡莲、柳树和日本桥——在对比鲜明的画风中，在与画家眼前杂乱无章的景象达到强烈统一的过程中，几乎变成抽象的了。不过，与自然的联系是必然的；这些画是莫奈厚积薄发而饱含激情的洞察力的体现，展现了动人的户外美景。

83 随着时间的推移，文化大众脑海中印象派激进主义那原本清晰的轮廓变得逐渐模糊起来，印象派这个称谓也慢慢变成了松散的泛指。新兴画家之间的分歧和争吵依然主要只为专家们所关注；马奈对印象派画展的一再拒绝，德加别具一格的古典主义，修拉的色彩理论研究，塞尚对自然几乎自闭的重新解读，这些都逐渐混合成一个

---

1 John Ruskin, *Modern Painters*, 5 vols. (ed. 1897), III, p. 59.

2 Sir John Everett Millais, Bart., in *The Life and Letters of Sir John Everett Millais* by his son John Guille Millais, 2 vols. (1899), I, p. 380.

大派系，所有艺术家们都在其中，创作出艳丽怡人的作品；人们观赏时心情愉悦，但要想加以区分却非常困难。1892年，英国批评家查尔斯·W. 弗斯提醒读者，他们“大都对印象主义这个名词的用法并不陌生。它是当今最常见的艺术术语之一；对大多数人来说，它纯粹就是一个词语，极其清晰易懂，因此使人联想到高雅文化，这就是它自身奇怪的优势”[1]。他无疑夸大了艺术话语的欠严密性，但是也没有太离谱。

随着各种现代交流方式的发展，印象主义绘画越来越为大众所接受。随着色彩越发忠实于真迹的廉价复制品的大量出现，许多希望用名画装饰墙壁的人们可以轻松实现这个愿望；这些买家中有一些人，常常是年轻人，渐渐发展为买得起真迹的收藏家。更糟的是，一群紧跟时尚且颇具影响力的画家，即“中庸派”，既享有了印象主义的威望，同时也弱化了印象主义的大胆创新。无怪感情色彩丰富的形容词如“漂亮”或者“迷人”等大量出现，削减了印象主义者个性中的犀利锋芒，淡化了他们顽强真实的主观主义。[2]

同时，经济上的机会也向印象主义者频频招手。不过，被印象主义同行视作莫奈第二的西斯莱却一直无人赏识：直到1899年去世为止，他一直都生活在沉重的经济负担之下，常常不得不以1000法郎甚至更低廉的价格卖掉他最出色的风景画。毕沙罗也是一样，多年来靠卖画勉强维持生计。而莫奈的作品却一年一年增值得非常迅 84
速。莫奈年轻时和很多画友一样潦倒落魄，常常连那些过着穷困却开心的浪荡日子的敏感作家都不如——他甚至称自己1868年曾经有过自杀的念头。但是这般凄凉的光景很快就结束了。就在这一年，他以800法郎的价格卖掉了一幅画；1879年，他挣了1.2万多法郎，这个数目对于专职人员、医生、律师和高层政府官员来说都是极为可观的。到了19世纪80年代早期，他的收入已经翻了三番；1895年，他的年收入是20多万法郎，达到了社会最高收入水平。[3]正是被欧洲人贬低为唯利是图、没有教养的野蛮人的美国人，成就了莫奈这位百万富翁。

但是以上印象主义繁荣时期的简要介绍忽略了强大与顽固的保守力量。对经 85

---

1 Charles W. Furse (1892), in Robert Jensen, *Marketing Modernism in Fin-de-Siècle Europe* (1944), p. 140.

2 印象派的现代主义竞争对手认为印象主义绘画枯燥乏味，对其表示了极度的轻蔑。保罗·西涅克是继修拉之后最著名（政治上也最为激进）的新印象派画家，他于1887年对西斯莱作品拍卖会如此评价道：“公众和买家显然是在抢购二三流画家的画。西斯莱是谁？一个被美化了的中产阶级版的莫奈，人们争相购买他的画，只为装饰奥斯曼大道上用4800法郎租来的公寓的起居室……”［*Alfred Sisley*, ed. Mary Anne Stevens (1992), p. 272.］

3 Paul Hayes Tucker, *Claude Monet: Lift and Art* (1995), pp. 103, 134, 158.

典画作和当时学院派作品的市场需求并没有因为印象派绘画的大量涌入而减弱。如果玛丽·卡萨特的朋友路易斯·哈夫迈耶收藏了马奈和莫奈的画，那么她垄断
86 了美国蔗糖市场的丈夫亨利就会购买伦勃朗的画，而且有一些甚至是伦勃朗的真迹。詹姆士·西蒙和爱德华·阿恩霍尔德这两位德意志帝国的富豪——二人被称作“kaiserjuden”，意指与威廉二世关系比较密切的犹太人——都是非常重要的收藏家，阿诺德抛弃了更保守传统的绘画之后开始收藏雷诺阿和塞尚的作品，而西蒙则专攻意大利文艺复兴时期的绘画。

一些19世纪晚期艺术的忠实爱好者们将他们可支配的收入全部用来购买著名沙龙画家的作品。在巴尔的摩其他百万富翁的支持下，威廉·T. 沃特的藏品颇具兼收并蓄之风——虽然他也收藏了巴比松画派的画，却以热罗姆和其他严谨的学院派画家之作为主。他所开出的最高价达12.8万法郎，购买的是梅索尼埃的《1814年出征法国》，这幅画展现的是跨在白色骏马上神情严峻的拿破仑。一些文雅敏感的艺术爱好者对印象主义者身上那种漫不经心的自然随性依旧持保留意见。亨利·詹姆斯虽然认为他们“绝对值得关注”，但却提醒人们提防“印象主义实践的潜在危险”，并批判印象派为“不妥协者”。[1]对很多人来说，这些现代主义运动的推动者一直都是不妥协的人。

中间商的教育者角色

一

虽然大部分孤立于主流社会之外的现代主义者都为自己的叛逆精神感到自豪，但是，不论是不是不妥协者，他们从来都不是孤军奋战。他们无疑拥有其他同伴的支持，但是同样值得注意的是，特别是从19世纪开始，他们周围聚集了一批为其才华大做宣传并从中获利的文化中间商。剧团经理带领着小提琴手和女高音歌手奔走于各个剧院之间；画商说服贪婪的买家，如果他们的藏品里缺了他仓库里的某件珍品就会档次骤降；话剧和歌剧制片人用精彩壮观的演出吸引观众的眼球；文学和美术批评家

---

1 Viola Hopkins Winner, *Henry James and the Visual Arts* (1970), p. 50.

拿出尽可能权威的口吻声援或者抨击革新者。他们和其他文化中间商一起，带领很多刚刚接触文化市场的绘画、音乐和文学爱好者超越简单的娱乐需求，开始学会欣赏高 87
雅、深邃和非传统的艺术，从而影响了审美潮流的走向。

当然，这样的中间人已经存在了几百年：16世纪出现了艺术品拍卖会，17世纪出现了艺术品中间商，18世纪出现了为作曲家和演员安排音乐会的经理人，以及图书、独奏会和画展评论家。而在维多利亚时代，随着社会中间阶层的兴起和繁荣，所有这一切发展为一种产业。公共艺术品市场已经与贵族统治阶级留下的传统截然不同，变得几乎面目全非了。

到了19世纪中叶，也就是现代主义的初始阶段，这些商人已经积累了足够的影响力来引导和创造市场需求。1870年前后，仅巴黎一地就有百位以上的艺术商人。既然收藏这个行业意味着要求随时抽取流动资金，它的发展史就不可避免地与日渐成熟的资本主义交织在一起。一旦私营个体正式开始从事文化交易，艺术品就成为真正的商品。[1]这种商业活动在19世纪常常是一种带有教育性质的经营方式。如果亚当・斯密著名的“资本主义看不见的手”理论——唯利是图的商人在畅通无阻（而且合法）的经营活动中无意识地为社会带来好处——需要任何例证的话，这就是一个典型的例子。文化商人提供并出售戏剧、绘画和诗集等艺术品，也同样在无意中提高了买方大众的审美修养。

如果没有这些因素的促进，现代主义可能还只属于一小部分富有而古怪的外行人的兴趣范围，不会壮大成为一股不可抗拒的力量，导致审美标准的根本转变。现代主义者带来的文化剧变在某种程度上是一个数量的问题：虽然庸俗审美观依然主导着 88
大多数有钱人的购买习惯，但是，支持现代主义者的少数人，如果具备足够经济实力来满足其惊人欲望的话（这一点常常都能实现），可以在某一个文化领域进行变革。

不可否认，很多时候文化贸易中那只看不见的手并没有提升整体的审美水平，而仅仅只是维持原状。艺术品商、书商和剧团经理迫于压力，对市场只能投其所好，而不会苦口婆心地教导市场去看透继而鄙视那些通俗浅薄的感官享受。高雅文化的推销商很快就发现，轻松有趣的东西比复杂深奥、煞费心思的作品畅销得多。因

---

1 这里我想声明一点，现在那个难听的流行词汇“商品化”完全不能表达这种画商和买主之间交易的复杂性。这个词严重忽视了后者完全不带任何商业色彩的审美热情。况且，至少从某种程度上说，艺术在两千年来一直都是商品。

此，太多的艺术商把矫揉造作渲染成真情实感，把粗劣的工艺品吹捧成每个人天生的最爱。他们几乎不用怀疑他们的潜在客户存在某种审美懒惰，因为在音乐和文学方面造诣不深又疲于研究它们的人群完全有理由产生这样的懒惰。

但是，音乐会主办人、画廊老板和博物馆馆长提供展品时做出的果断选择并不总是基于对有钱暴发户的强烈的愤世嫉俗。这些处在创作者和客户群之间的中间商本身并不一定具有先锋派思想。不过他们只是一方面，另一方面，在现代主义主张开始逐渐稳固的社会里，越来越多的潜在受众在艺术中寻找进步灵感，即使这种灵感与伴随他们长大的惯常想法相左。因此文化商人是可以成为公众的教师的，至少有些时候他们起到了积极的作用。中产阶级常常被人忘记的一个角色就是教育者。

两位重要画商，纽约的诺德勒和巴黎的迪朗—吕埃尔，记录了他们在现代主义
89 发展史中复杂的参与过程。一向风格谨慎的诺德勒家族美术馆始建于1846年，规模逐年扩大，曾不止一次从曼哈顿市区迁往更为豪华的宅邸。到1895年，诺德勒美术馆已经在巴黎和伦敦开设了分部，以此表示对大部分藏品来历的肯定。它不为任何潮流所动，始终保持一贯的风格；美国的富豪约翰·雅各布·阿斯特、柯林斯·P. 亨廷顿、J. P. 摩根和H. O. 哈夫迈耶等都是它的老主顾，这些巨头们始终支持它的保守风格。几十年中，美术馆将其资金主要投向了经典作品，它们是诺德勒的特色所在。如果说1870年诺德勒将一幅梅索尼埃的画卖给威廉·亨利·范德比尔时的要价是1.6万美元
90 的话，那么将拉斐尔的圣母像卖给安德鲁·梅隆的要价则超过100万美元。诺德勒家族并非全然拒绝当代画派——他们展出的也有巴比松画派朴实又漂亮的风景画，以及一些在世美国画家的作品。但是若想买到马奈甚至塞尚的画，恐怕美国收藏家们就要去别处寻觅了。

他们得去保罗·迪朗—吕埃尔的美术馆。从19世纪70年代早期初创开始，这个美术馆就经营印象派画家的画，以每幅140到500法郎不等的低价买入，再加上合适的利润售出。这位商业冒险家常常一次性买下几屋子的画，或者买下某位中意画家的全部作品。1873年，他“洗劫”了马奈的画室，以3.5万法郎的价格买下了23幅画，后来以每幅4000到2万法郎不等的价格把这些珍宝售出，从中获取了巨额利润。另一份包揽了毕沙罗1881年以后所有作品的合同让迪朗—吕埃尔得以完全垄断这位现代主义者的作品，当时售价仅为300法郎的一幅画，后来再转手时的价格翻了十倍以上。

保罗·迪朗—吕埃尔（1831—1922），几十年来对于印象派画家最具胆识、最坚持初衷的画商

因此，迪朗—吕埃尔是一个有着长远眼光的投资商。他说，他所看好的画派——印象派——“当属最完美的收藏品”[1]。在传统审美观遭遇强大对手但依然不乏支持者的时代，画商们各自持有不同的立场。值得注意的是，尽管迪朗—吕埃尔是美学上的进步主义者，在宗教和政治方面却是一个不折不扣的极端保守分子、虔诚的天主教徒和君主制主义者——这是对现代主义者坚定不移走左翼路线说法的另一个反证。

有一段时期，特别是19世纪70年代后期，迪朗—吕埃尔曾一度陷入经济困境，暂时无力再支持法国印象派画家。但是最终情况又峰回路转，印象主义者也跟着一同回转过来。1883年，他精选了一批包括印象画在内的珍贵藏品送至波士顿。过去是富

1 Paul Durand-Ruel, letter in *L'Evènement*, November 5, 1885, in Anne Distel, *Impressionism: The First Collectors*, trans. Barbara Perroud-Benson (1990), p. 23.

裕的美国人光顾迪朗—吕埃尔在巴黎的美术馆，如今则是他自己主动把展品送到他们的面前。到1886年，他已经在纽约开了分馆，这个精明之举意味着更多的利润。虽然美国评论家和欧洲人一样对新画派依旧持怀疑态度，但是已有相当一批美国人变成了
91 印象主义的忠实爱好者。画商在促成这种重大转变的过程中起到了关键性的作用。

另一股强大的艺术教育力量来自评论家。他们的对象不是艺术创造者，而是艺术消费者；他们与艺术之间的关系比画商和经理人等与艺术之间的关系要模棱两可得多。“有一部分阅读大众，”1889年伦敦的《音乐时代》杂志谈道，“是如此缺乏主见，以至于他们要么是不乐意，要么是没能力形成自己的观点。对他们来说，任何一个具有权威性出处的观点都具备说服力。”[1]不幸的是，太多看似权威的观点并没有它们自称的那样权威。

特别是在19世纪中期的法国，当报纸这个具备较大发行量的新的宣传媒介获得了广大的读者群时，文学新闻这个领域就充斥着腐败的庸才，专作别人的宣传喉舌。他们遵照编辑或者贿赂他们的画家的指示写作。巴尔扎克在《幻灭》中把他们描写成19世纪40年代巴黎一群鱼龙混杂、寡廉鲜耻的三流文人。虽然不无夸张，但他们的真实面目可见一斑。这些职业庸才相互附和，并产生出更多的同类，而先锋派艺术家既没有钱也没打算拉拢他们。

但是比起评论家不可救药的无知和不尽人意的修养而言，腐败之风只是对先锋派艺术家相对次要的威胁。1891年，亨利·詹姆斯对铺天盖地的文学评论的泛滥深感失望，其背后煽动者就是一群毫无资格谈论当代小说、诗歌、音乐和绘画等神圣主题的写手。詹姆斯用他那最能引起共鸣的口吻写道，维多利亚时代印成铅字的观点的不断增多就是一场“灾难”，导致了“个性的缺失、风格的沦丧、知识的匮乏和思想的堕落”[2]。这样的评价不免有些过于严重。毕竟，从威廉·赫兹里特到萧伯纳，19
92 世纪从来都不缺具有真知灼见的评论家，更不用说詹姆斯本人了，而法国批评家泰奥菲勒·托雷最大的贡献则是在17世纪最伟大的荷兰画家中发现了扬·维梅尔。这些新闻撰稿人都是卓越的专业团体的一分子——他们既是名作的创造者，也是见多识广的批评家：作家特奥多尔·冯塔纳和奥斯卡·王尔德，作曲家赫克托·柏辽兹和罗伯

1 “The Ethics of Art,” *Musical Times and Singing Class Circular*, XXX, May 1, 1889, p. 265.

2 Henry James, “Criticism” (1891), *Selected Literary Criticism*, ed. Morris Shapira (1963), pp. 167—168.

特·舒曼，诗人夏尔·波德莱尔和泰奥菲尔·戈蒂耶，画家詹姆斯·惠斯勒和马克斯·利伯曼。他们不仅没有墨守成规、否定变革，而且奋笔疾书，为新思想摇旗呐喊。

但是，不论批评家多么见多识广、多么积极支持变革，都不能保证他们能够完全接受现代主义的各种新尝试。他们毕竟是人，再完美也难免在某个音区上是音盲。也许连被所有法国读者奉为导师的德高望重的文学批评家夏尔—奥古斯丁·圣伯夫都忽略了后来被称为第一批现代主义者的新式文人。1857年福楼拜的《包法利夫人》一经出版就马上受到了他的鼎力称赞，这显示了他敏锐的洞察力和对创新型当代作家的宽容。但是后来圣伯夫的批评家（最著名的当属马塞尔·普鲁斯特）认为他作为历史和传记评判家的味道太浓，因此难以真正认识他所处时代的革命者。圣伯夫确实对波德莱尔给予了高度评价，但似乎还不够高，而且他对其他反传统者的态度也不算热情。总之，这些批评家的善意受到现代主义者的重视，他们的各种评判也让后人颇费思量；现代主义者在某种程度上不得不通过与他们进行斗争来开辟自己的道路。

二

19世纪也见证了其他强大力量的崛起——艺术馆管理者。他们的帮助受到了很多现代主义艺术家的感激（除了要烧掉艺术馆的人），他们的敌视也对现代主义事业造成了极大的破坏。维多利亚时代，艺术馆如雨后春笋般兴起，被任命为馆长的人占 93
据着重要的战略岗位。这个岗位责任重大又容易招惹麻烦：一边是董事会或者好管闲事的当权者，另一边是爱好艺术的公众，他们必须周旋于二者之间。于是一套要求灵活度和原则性高度结合的复杂行为规范对他们来说就有着特殊的重要性，甚至比学术成就还要重要。馆长们是占据棘手岗位的文化活动家，也是用公众的钱款为公众服务的艺术收藏家。这就意味着，他们必须学会投其所好而又不过分屈从。所有19世纪晚期的艺术馆长中，最具备这种能力的非阿尔弗雷德·利希特瓦尔克莫属，他从1886年开始担任汉堡市立美术馆的馆长。我曾经从他身上学到过很多东西；而他身上的东西是永远也学不完的。

1891年，利希特瓦尔克委托马克斯·利伯曼为当时的汉堡市长卡尔·彼得森创作一幅标准尺寸、真人大小的肖像画，开创了前所未有的“汉堡肖像画集”。这是一次风险很大的尝试：彼得森头发花白、相貌英俊，年事已高的他一直维持着庄严尊贵的公众形象，属于当地老一辈的上层集团人士，并非什么艺术实验的爱好者。利伯曼是柏林本地人，以机智著称，当时已是德国最负盛名的画家之一，以攻击传统观念为鲜明特色：很多人都有些不太确切地称他为印象主义者，纵然他只是相对温和的现代主义者。他的犹太人身份也没有为他赢得更多支持。但是，更重要的是，诋毁他的人怒斥他为丑陋艺术之王。

利伯曼热情庞大的顾客群，包括利希特瓦尔克在内，对此则不以为然。在绘画主题的选择上，利伯曼最擅长表现拥挤的社会生活场景，比如冷静客观地描绘阿姆斯特丹孤儿院里的孩子，以及肖像画，主要对象是地位显赫的名士。他之所以形成这样的风格，是因为受到了同代法国画家和17世纪荷兰画家的影响——首先是西奥多·卢梭，其次是弗兰斯·哈尔斯——每年他都会特意去荷兰和法国研读他们的画作。利伯曼当时住在慕尼黑，早在被委托创作彼得森肖像画的二十多年前，他就已经两次名声大噪，轰动全国。他以写实主义手法画了一幅圣殿里十二岁的耶稣，画里的
94 牧师就是普通人，耶稣也不是带着光环的圣者，而是普通的男孩——这幅堪称丑闻的作品引起了巨大反响，连巴伐利亚立法机构也展开了唇枪舌剑的辩论。他还以3000马克的高价卖出了大幅油画《拔鹅毛》，画上展现的是一群妇女蹲在肮脏阴暗的仓库里，从活蹦乱跳的鹅身上使劲扯下鹅毛的场景；3000马克并非小数目，大约相当于熟练工匠两年的工钱。从那时开始，他的调色板开始透亮起来，他越来越多地以法国现代主义的眼光看世界。

尽管如此，利希特瓦尔克还是打算冒险支持利伯曼。他与利伯曼一见如故，并一直保持联系，两年前还为汉堡美术馆购买了利伯曼的一幅作品。利希特瓦尔克作为知识渊博的艺术史学家，有着独到的美学观，他勤勉周到地将理事会的要求和公众的品位完美地结合起来，是美术馆馆长和公务员的典范。他的继任古斯塔夫·保利评价他“是才华横溢的良师益友，既直率又审慎的行事风格非常难得，让人由衷地叹服”。保利又像评价奥斯卡·王尔德一样，说利希特瓦尔克把自己的一生“变成了一件艺术品”[1]。

1 Gustav Pauli, Introduction to Alfred Lichtwark, *Briefe an die Kommission für die Verwaltung der Kunsthalle* (1924), I, p. 13.

这是一种夸张的赞美。但是，平心而论，利希特瓦尔克通过把汉堡美术馆打造成一座艺术消费者学校，从而将自己的才华充分运用到为新艺术服务上来。1903年，在关于"艺术馆作为教育机构的作用"的演讲中，他的观点直叫现代主义者们拍案叫绝："如果艺术馆不想陷入发展瓶颈，它们就要不断改变自己。每一个时代都会向它们布置新的任务，并要求它们取得新的建树。"[1]任何艺术革命家从一位馆长口中听到如此含义深刻的话，都会庆幸自己完整地保持了激进主义思想。

利希特瓦尔克能够积累如此强大的力量就说明，虽然德国社会（当然包括汉堡在内）等级制度森严，但它并非密不透风，个别生活在底层的人仍旧得以进入上流社会。利希特瓦尔克1852年出生于汉堡偏远乡间一个贫穷的磨坊主之家，在城市里度过大部分童年时光的他饱受穷困之苦，并极度渴望脱离这样的境地。于是凭着坚忍不拔的决心和聪明才智，他最终成为一名教师；后来，在结束了大学美术专业课程的学习 95
和柏林美术馆的实习生涯之后，三十岁不到的他成功迈进了上层行政部门。三十四岁时，他被任命为汉堡美术馆馆长，从而完成了人生的最高目标——从社会边缘人变成了主流阶层的一员。尽管遭受过各种争议，他一直担任该职，直至1914年逝世为止。

如果说有谁能说服汉堡的上流人士接受利伯曼的话，那个人一定就是利希特瓦尔克。但是他在彼得森肖像画这件事上遇到的阻力比想象中要大得多。彼得森本人非常鄙视这幅画，认为它俗不可耐、不成体统，简直就是一幅可笑的漫画。如果说这是一次实验的话，那么这次实验不太成功。市长的贵族亲信们没有人敢反驳他的意见，这让利希特瓦尔克这个活动家着实费了一番脑筋。为了在不丢弃画作的条件下平息各种非议，他先将画藏在窗帘后面，直到1894年。到了1905年，他才敢光明正大地把它完全展现在公众面前，就这样，他为汉堡美术馆挽救了一件利伯曼的珍贵作品。

他或许也大力挽救了自己的事业。曾经的普通教师如今拥有整座城市乃至整个国家做自己的学生，这对他有着非比寻常的意义。他笔耕不辍，并抓住一切机会将所写的东西付诸出版。他几乎对什么都感兴趣，因此他也什么都写——室内装修、园艺、原始艺术、无名的当地画家、摄影、家具、艺术教育乃至绘画。他坚信，高雅的

---

1 Alfred Lichtwark, "Museen als Bildungsstätte" (1903), *Erziehung des Auges*, p. 47.

品位远远不只限于诗歌和绘画，它是一种无处不在的气质，从一个人建造的房屋、设计的花园和摆设的餐桌等细节中散发出来。

这些关于“品位”这一冷僻领域的讨论似乎偏离其职责，却是他教师角色的一个重要组成部分。作为一个严肃而敏锐的审时度势之人，他认为当时的德国缺乏更高层次的美学悟性。美术馆也没有使这一现象得到改观，它们展出的作品只是展示画，“没有归属感，没有共鸣，仅仅为了瞬间的效果”[1]。总的来说，利希特瓦尔克是一个带有传统意识的现代主义者，在某种程度上是先锋派可以企及的最得力的帮手，因为他可以用自己人的口吻和保守派对话。他写道，不仅仅是汉堡，整个国家都必须
96 以艺术领域的某些文化习惯为基础；如果缺乏这些习惯，就必须努力培养它们。“否则，我们永远不会成为文化之邦。”[2]

利希特瓦尔克认为，这些都是明摆着的现实，但绝非绝望怠惰的理由，而是奋起直追的号角。临渊羡鱼，不如退而结网。一味追求消失殆尽的绝对的高等文化纯粹是浪费时间和精力；只有切实认识到谁需要受教育、他们需要受教育的迫切程度，以及要受哪些方面的教育，才能取得进步。因此，利希特瓦尔克花费了大量宝贵时间来观察和思考艺术消费群体及其消费方式。其实前面已经谈到过他对这个群体的看法：真正的艺术爱好者寥寥无几，势单力孤。这份遗憾是从1898年开始的。

日复一日，他都不曾乐观起来；实际上，德国的中产阶级更令他寒心。1898年，他写道：“任何以艺术和艺术家的立场看待中产阶级的人都不会对它产生好感。这个沾满恶劣秉性的暴发户群体，被成功冲昏了头脑，顽固不化、不可一世。他们是艺术解放运动不共戴天的仇人，专门资助和庇护那些吹捧其虚荣心和狭窄见识的人。”[3]他们对艺术没有发自肺腑的喜爱之情，可悲的是，他们将建筑、装饰艺术和绘画通通拉低到他们自己的低水平上。世纪之交与德国消费大众面对面的睥睨传统的现代主义者一定认同利希特瓦尔克如此尖锐的批判。

作为汉堡这个城市的首席艺术教师，利希特瓦尔克很自然地将他的美术馆视为最佳教学平台。他常常遭遇各种对抗势力，因此必须尽可能大胆而又尽可能谨慎地前行。他的审美品位常常是多样化的：他一心一意地热爱汉堡，热爱德国，同时也是

1 Lichtwark, *Briefe an die Kommission*, June 24, 1897 (from Brussels), I, p. 271.

2 Ibid., June 26, 1892 (from Paris), I, p. 97.

3 Ibid., June 16, 1898 (from Paris), I, pp. 322—323.

具有广博视野的现代主义者。正是因为这种勤勉的兼收并蓄之风，他成功组织了已经被世人遗忘的当地画家的画展（他自己最为执着的学术事业就是两大卷汉堡肖像画家研究），重新发现了原本无人问津，如今备受重视的菲利普·奥托·朗格和卡斯帕·大卫·弗里德里希等德国浪漫派画家，还介绍当时的新生代法国画家到德国美术
馆参观，这在当时是极为罕见的。他也是第一个将库尔贝、马奈、莫奈、西斯莱和雷 97
诺阿的作品引进汉堡美术馆的馆长。当时发生的“卡耶博特事件”表明了法国对现代派绘画的强烈抵制，相比之下，德国的状况也是大同小异。

但是，利希特瓦尔克是个有分寸的人，虽然现实中有很多个像利伯曼这样的先锋派叛逆者，他也只能支持其中的一两个，而且利伯曼虽然被揶揄为印象派，但至少是一个德国印象派。利希特瓦尔克为现代主义者们打开了一条门缝，巧妙地避免将他们的作品布满自己的展厅，特别是他为美术馆购买的大部分现代派作品都来自法国——这就更危险了。尽管如此，他的心却是和反抗沙龙艺术的改革者们在一起的。

实际上，每次出门为美术馆搜集展品时，没有什么比看到印象派的画更让他心神愉悦的了。1899年，他来到印象派画商迪朗—吕埃尔的美术馆，再次充满热忱地欣赏了那里展出的西斯莱、雷诺阿和毕沙罗的作品。后来他向汉堡美术馆的监管机构汇报说，这是“世界上最美妙的展览之一”。可是尽管完全免费，参观者依然寥寥无几。迪朗—吕埃尔告诉他，如果再收门票的话，就不会有人来了。“公众反对一切美的艺术。”显然法国人也同样需要学习如何发现美的真谛，但是利希特瓦尔克早已明白这个道理。他称赞莫奈“总是在不变中求变化，虽然始终坚持一种原则，却总是保持着卓越的水平，而且不断进步”。社会舆论可能对他和他支持的画家们嗤之以鼻，但是印象派“必将经久不衰”[1]。他会尽全力让这个预言变成现实。

利希特瓦尔克得到了一些高级别同行的支持，这更加坚定了他对新画派的喜爱之情，不论它是否来自国外。柏林国家美术馆馆长雨果·冯·楚迪就是支持者之一，他与保守派的斗争让利希特瓦尔克拍手称快的同时又捏了一把汗。“柏林有这样一群人，”利希特瓦尔克1897年写道，“他们最大的兴趣就是把国家美术馆门前著名的题辞‘致德国艺术’看成购置藏品的指导思想，拒绝任何国外的东西。”他又
写道，楚迪的对手振振有词地摆出两大论点：“爱国主义和对所谓的现代主义—— 98

1 Lichtwark, *Briefe an die Kommission*, June 24, 1897 (from Brussels), I, p. 323.

das sogenannte moderne的痛根。”这二者的无理结合就是以年长的卡尔·舒赫和安东·冯·维尔纳为首的保守势力的本质。卡尔·舒赫擅长风景画和静物画，他的一些作品被利希特瓦尔克的美术馆收藏；安东·冯·维尔纳是德国的热罗姆，最重要的当然也是酬劳最高的学院派画家，擅长描绘布局紧凑的爱国主义场景——一场胜利的战斗，1871年1月德意志帝国在凡尔赛宫宣告成立的情景等——画面上的每个人物都经过了精心雕琢，一眼就能认出。利希特瓦尔克告诉监管机构：“这场斗争对我们来说有着直接的利害关系，因为维尔纳与舒赫正试图利用汉堡的保守势力在我们的市民中宣扬他们的思想。维尔纳与舒赫的宣传册正成百上千地在汉堡散布。”[1]在那个时期，不是只有激进的先锋派艺术家才会使用武器。

文字并非唯一的武器，金钱也同样有效，而且常常更胜一筹。在利希特瓦尔克担任汉堡美术馆馆长的近三十年间，常常让管理层感到无可奈何的是，那些来此一掷千金、如饥似渴的美国买家不仅抬高了伦勃朗等经典大师作品的价格，对现代派作品也同样青睐有加。也许美国人确实如此，但其实欧洲美术馆的馆长们在一流作品面前也跟美国人一样贪婪。不错，他们无权为了得到某一幅非常理想（当然也非常昂贵）的画作而随意超支年度预算，但是他们可以改动政府补贴的配比方案，或者以购置特殊资产的名义申请特别经济援助。同样，如果没有私人资助，利希特瓦尔克是没有足够的经济实力委托利伯曼为汉堡市长彼得森作肖像画的。

那么，说到提高颇具争议的现代派的知名度（以及作品价格），欧洲的美术馆
99 长们是美国人最坚持不懈的竞争对手。1912年，利希特瓦尔克在巴黎（他时常造访巴黎）以9万马克的价格买下了一幅栩栩如生的雷诺阿作品；这幅画在雷诺阿的作品中非常少见，画的是一位骑在马背上的法国姑娘，她年轻优雅，妩媚动人，身旁是一位骑在小马驹上的男孩。四十年前，利伯曼以3000马克的高价卖出了《拔鹅毛》——而且那时通货膨胀的幅度很小——现在看来也算是非常便宜了。

这就是1900年前后的状态，现代主义日臻成熟，印象派也随之取得了最初的胜利。但是，下面的章节将深入到现代主义的核心，对各门艺术进行单独探讨。我们会发现，无论是对现代主义诗人、画家、剧作家还是建筑家来说，胜利从不是万无一失
100 的，即便开始的成功也可能沦为失败。

---

1 Lichtwark, *Briefe an die Kommission*, April 24, 1897 (from Paris), I, pp. 250—252.

第二部分　经典

C L A S S I C S

爱德华·蒙克，《呐喊》（1893），蒙克最著名的描写内心状态——他的内心状态——的一幅画

马塞尔·杜尚，《下楼的裸女2号》（1912）

奥古斯特·雷诺阿，《秋千》（1876）

阿尔弗莱德·西斯莱，《鲁弗申的雪》（1878）

贝尔特·莫里索，《在阳台上》（1871—1872）

克劳德·莫奈，《印象·日出》（1872）

翁贝托·波丘尼，《一个瓶子的空间延展》（1912）

保罗·塞尚，《圣维克多山》（1885—1887）

巴勃罗·毕加索，《梳妆》（1906）

3 绘画与雕塑：突如其来的疯狂

早在1890年之前，艺术上的创新已是风生水起，步伐显著加快，影响范围主要在欧洲。音乐会、朗诵会和剧院的观众几乎每年都要惊讶地面对一些新事物，有时难免产生不满。满怀文学抱负的小说家对读者的要求越发苛刻；严肃的诗人要求读者通晓神秘的传说；创新型的作曲家对通俗音乐不屑一顾；壮志踌躇的建筑师厌倦了复制课本上的历史模型，大胆地尝试全新的材料和空间构架。所有高等文化领域的现代主义者们似乎都坐上了通往未来的高速列车，但那时最大放异彩的美学改革者当属画家们。

从这个角度而言，19世纪末在德国和奥地利画家中爆发的分离主义的小型革命意味着一种对美学传统与日俱增的不满——很多反学院主义画派你方唱罢我登场，而且常常自视甚高。他们是一群艺术叛逆者，反对存在于柏林、杜塞尔多夫、慕尼黑和维也纳的强大古板的学院派艺术；尽管对传统主义者表达了诸多不满，他们依然算是温和的改革派。他们保留了模仿的传统，不过放开了画笔，有时增强色彩，并在确定的主题中加入诸如劳作者家庭或农民等普通人形象。分离主义者的作品很有市场，但是最终看来，他们介于传统主义和冒险主义之间的绘画风格还不够进步，算不得20世纪的新艺术。

敏感的世人注意到，一代代画家之间的变化从未像第一次世界大战之前那样迅速和突兀。进步画家虽然以现代主义为共同的旗帜向前迈进，但是他们之间的差别比基本的艺术差别要细微得多。印象主义、后印象主义、新印象主义、象征主义、表现主义、俄耳甫斯主义、立体主义、未来主义、至上主义、新造型主义、超现实主义，加上先知派和野兽派，凡此种种，于新式画展中粉墨登场，开始占据20世纪之交及以后的艺术历史舞台。

这些大放异彩的名称（其中最著名的当然非印象主义和表现主义莫属）对现代主义的研究者来说至关重要，因为不论命名者们持的是全力支持还是半信半疑的态度，这些名称都高度精辟地概括了它们艺术核心的精神推动力。这些画家撇开了历史、流派、古代神话，当然也摒弃了对外在现实的专一模仿；在追寻客观美学关联物的过程中，他们首先要听从的是自己内心的反应。他们的画作是含蓄而强大的自白。不可否认，其中一些命名方法（或者说叫法）是带有偏见的。例如，“野兽派”这个名字对于1905年用烈性果敢、浓墨重彩的画作首次震惊公众的安德烈·德兰、亨利·马蒂斯和莫里斯·德·弗拉芒克来说，绝非夸赞之辞，而是言过其实：他们的风景画是对世界热情洋溢的解读。

正如之前提到的，这些五花八门的称号突出强调了画家们对摆脱传统标准之个性的一种难以抑制的渴望。他们热切期望成立或者加入某个目标明确的画派，并希望
104 这个画派能够认可他们的独特才华，带领他们参与到反抗平庸之作的大革命中去。不论是与人共处还是独处，他们都是孤独者，并且自视甚高。1919年，战后意大利形而上学画派的公认代言人乔治·德·基里科以其一贯大气的口吻说道：“我们这个时代的欧洲，承载着无穷文明的巨大能量和许多精神发展重要阶段的成熟，于是产生出一种在某些方面类似神话的躁动的艺术。这种艺术的出现归功于一些生来心如明镜、敏感犀利之人的努力。”[1]虽然其他艺术领域也出现了类似的躁动，但是作曲家、剧作家和舞蹈家都不像画家那样，能如此迅速地找到新的定位。

他们大胆质疑所有艺术形式中根深蒂固的规则，嘲弄享受高薪的艺术名家，摈弃深得青睐的固定模式、过时的宗教法规、虚伪的一本正经和不合实际的矫揉造作，这些陈规陋习千百年来一直支配着文化的发展动向。但是新事物的胜利并非已是万无一失。现代主义者们都沮丧地发现，盲目迷信传统的消费者人数甚众，而且顽固不化；比起能带来永恒美学享受的呕心沥血之作，他们更喜欢通俗肤浅的大路货。1901年12月，自诩通晓包括艺术在内的几乎所有领域的德意志帝国皇帝威廉二世在柏林发表庆祝讲话，后来他的话被略加引申，于是世人皆知他称横扫西方文化的现代绘

1 Giorgio de Chirico, *Valori Plastici* (April—May 1919), in *Metaphysical Art*, ed. Carlo Carra et. al. (1971), p. 91.

画为“粗俗艺术”[1]。其实他并没有说得这么直白，但是大意基本如此。响应他的人不仅包括很多与帝国朝堂无关的德国文化人，也有其他国家的人。 105

大多数现代主义者视皇帝的侮辱为前进的动力。他们知道——或者至少彼此互相鼓励——不论皇帝说什么，他们始终追随心中那颗闪亮的红星，走在通往艺术真谛的道路上。大胆的主观性看似让他们蒙受了屈辱，其实对他们来说则是一种收获：模仿的精确度——这个一直以来用来判定绘画和雕塑、小说和戏剧是否高雅的标准——在他们看来纯属迂腐陈旧之物。总之，现代主义者将埃兹拉·庞德的著名号召“推陈出新”奉为一种专业的、几乎神圣的职责。而先锋派画家正是第一批也是旗帜最为鲜明的文化革命者。

如果说在历史的进程中，先锋派艺术家坐上了通往未来的高速列车，那么有少部分人（绝对数量并不少）则在某些关键点上下了车。这样的分别让亲密的朋友疏远起来。玛丽·卡萨特就是一例。她于1874年欣然离开美国，定居巴黎，生活得相当惬意；她经济上自给自足，与德加建立了深厚的友谊，并成为与印象派画家共同参展的唯一的美国画家。她是现代主义发展过程中最具说服力的教育者，引导来自祖国的富人们将视线转移到新式绘画上。为了让美国人接受乃至欣赏马奈等现代主义者的作品，她无疑付出了比最殷勤的画商还要多的努力。然而，后来的创作走势让她热情大减，甚至产生了敌意。她曾一度力劝密友路易斯·哈夫迈耶收藏包括库尔贝和马奈在内的很多法国现代派画家的优秀作品，1912年，她却敦促后者卖掉塞尚的画，因为她确信，塞尚“不会流行很久”，塞尚“热”纯粹是“疯狂之举，必定不得长久”。

次年早期，她又担心路易斯对马蒂斯太过入迷，因为马蒂斯在她心目中不过是一个“farceur”，即骗子。她对马蒂斯作品中鲜明大胆的色彩运用自有一套解释。“你真该看看他早期的画作！真是平淡无奇。创作手法如此苍白无力，连他本人也

1　这是对威廉二世庆祝胜利大道完工时所发表演说的解释。“胜利大道”是依照其指令建造的一条宏伟壮观的大道，道路两旁是32座普鲁士王室的纪念雕像。这次演说之所以触怒了国际社会，是因为他对所有国家的艺术都横加指责，当然，唯一没有受他诋毁的只有庸俗堕落的德国文化。他没有亲口说出Rinnsteinkunst即“粗俗艺术”这个词。他说的是，只有当艺术思想洞穿社会最底层，然后“艺术插上腾飞之翅而非堕入粗俗之中时”，一个国家才可以修炼成别国的榜样。但是人所共知或者说臭名昭著的不是他的原话，而是正文引号内对原话的解释，即“粗俗艺术”。［John C. G. Röhl, *Wilhelm II. Der Aufbau der Persön-lichen Monarchie* (2001), p. 1025.］

很清楚自己出名无望，所以他闭关多年，形成现在这种风格，招来无数骂名。亲爱
106 的路易莎，”她大胆地得出结论，“无政府主义当道的情况并不只出现在政治上。”[1]
卡萨特以一种简单的方式排斥她不能或者说不愿理解的艺术异端者：她称马蒂斯为骗子，把他作品里的自由理解为放纵。但是，现代主义探索中也不乏坚定的支持者——显然哈夫迈耶就是其中之一，因为她不仅喜爱库尔贝的画，还对已不再年少轻狂、激进的马蒂斯也显示出不小的兴趣。但是要做到这一点需要一种少有的杂技演员般的敏捷。似乎现代主义者检验的不仅仅是文化保守派，更是许多其他现代主义者的审美灵活度。

路易斯·哈夫迈耶并非唯一遭到密友反对的现代主义的坚定支持者。有些人，比如阿图尔·施尼茨勒，甚至会自己否定自己曾经的看法。他是奥匈帝国晚期最才华横溢的剧作家、小说家和短篇故事作家，比其他维也纳现代派反应更灵敏、更具冒险精神——关于性的大胆讨论使他显得与众不同。他将智慧、勇敢和精准恰当地结合起来，展现了独特视角，甚至让弗洛伊德都心生敬佩。虽然他能够主动欣赏新事物，但即便如此，激进的创新之举有时也会令他难以清醒积极地应对。1913年早期，施尼茨勒在慕尼黑参观了毕加索的画展。一直以来，他都对毕加索反学院派写实主义的有力风格褒奖有加，但这次却批评其新作完全莫名其妙。“他的早期作品卓越非凡，”施尼茨勒在日记中写道，“而现在的立体主义则完全不能与之同日而语。”[2]现代主义者们与守旧派、与革命同伴的冲突以及他们的自相矛盾使得这段历史显得有些杂乱，但
107 是这样的历史从来都不单调沉闷，而是充满振奋人心的细节。

---

1 Mary Cassatt to Louisine Havemeyer, September 6 and October 2, 1912, and March 1913, in Frances Weitzenhoffer, *The Havemeyers: Impressionism Comes to America* (1986), pp. 207, 208, 210.

2 见1913年2月8日阿图尔·施尼茨勒日记。可以说他曾经一度离开过通往未来的列车。1908年12月，他听到了罗斯四重奏团演奏的勋伯格《第二弦乐四重奏》10号作品——第一首基本无调的重要乐曲；与其他听众一样，他犹豫了。在1908年12月21日的日记中，他坦言道：“我不赞赏勋伯格。我一下就能听明白布鲁克纳和马勒，难道现在还不如当年了吗？”到此时为止，这位灵活圆滑的听众把自己无法听懂现代派音乐最新、最惊人的进步之窘迫归咎于作曲家本人，并像卡萨特指责马蒂斯一样指责勋伯格为骗子——见其1912年4月4日的日记。［Arthur Schnitzler, *Tagebücher*, ed. Peter Michael Braunwarth et al., 10 vols. (1987—2000), Tagebuch, V, p. 17 (February 8, 1913); Tagebuch, III, p. 375 (December 21, 1908); Tagebuch IV, p. 321 (April 4, 1912).］

自我陶醉：富于表现力的内心探索

一

在现代主义画家展现内心世界的所有方式中，清楚明晰的自画像最能够拉近它们与观众之间的距离。这些投向镜子的目光是主观想法的印记，虽然一般说来不至于病态到自恋症的程度，但是也足够自信到作为画家自我陶醉的证据。它们总体来说都表现了一种对自我的强烈迷恋，让画家得以在画纸上永生，同时也是画家声望的证明。受人鄙视和排斥的人很少创作自画像。不可否认，这种画不是现代主义者的发明：因为大部分自画像主要都是过去的作品。一些最著名、最具表现力的自画像至少要追溯到四个世纪以前，例如阿尔布雷希特·丢勒就摆出了各种各样的姿势，甚至还模仿耶稣的神态。伦勃朗一系列著名的自画像涵盖了从学徒到老年的各个时期——至少有75幅——为后世瞻仰的对象。现代主义者们虽然知道并且羡慕前人的自画像，但是他们就是不愿意走传统的老路。虽然他们对杰出的前辈多有溢美之词，但同时也被问题重重的自我紧紧攫住了心灵。

现代主义者的自画像并非那么生气勃勃。他们的画大都不乏压抑的一面；似乎全神贯注地展示痛苦就是对专业水准的一种极大的肯定。神经官能症并不是艺术天赋的先决条件，这种偶然的联系并没有得到临床上的证明；但是在现代主义发展的几十年中，二者之间所谓的关联成了最受心理学家和文化人喜爱的老生常谈的话题。现代主义经典时期一个个人物的生平似乎都证明了，疯癫和天才是密不可分的统一体。

19世纪晚期德国文化批评家马克斯·诺尔道和意大利犯罪学家切萨雷·隆布罗 108
索的专著备受欢迎，这两位教条主义者将天才和疯癫之间没有根据的（甚至可以说错误的）联系牢牢地植入大众的意识当中。确实，最伟大当然也是最重要的现代主义画家文森特·梵高和保罗·高更二人的表现完全能印证这一说法：前者在一连串可怕的精神崩溃之后开枪自杀；后者则抛弃妻子、孩子和蒸蒸日上的股票经纪事业，远离喧嚣的都市，在穷困潦倒中奋力挥动画笔。

这两位大师专注于内心世界的探索，他们的作品证实了：在决心将经典印象派开创的美学革命进行到底的现代派画家的绘画事业中，自画像的分量举足轻重。随着对收藏市场较为迅速地征服，莫奈和同伴们强行为非传统艺术打开了大门，心存感激同时又坚持己见的后继者们奔涌而入，势如破竹。我还记得高更批判印象派绘画“没有自由，总是受到视觉可能性的束缚”[1]。这是他和一群志同道合的画友决心突破的疆界。他们笔下的马可以是蓝色，耶稣可以是黄色，脸可以是绿色的，他们还密切观察诸如鞋和椅子之类“毫无艺术感”的图案。作为最伟大的象征主义者（这个综合性的称谓是从法国现代主义诗歌里借用来的，源自马拉美的语言尝试），他们努力捕捉自己对外在世界最深切的感触，而不是以掌控者的姿态精确地复制世界。

总之，尽管高更和梵高都对印象派画家反抗沙龙艺术的斗争充满敬佩之情，但其实他们自己的作品已经与主流传统观念决裂得如此彻底，以至于只有在死后才能为大众所接受。梵高在1890年自杀之前曾经展出过一些作品，当时还无人问津；殊不知后来他的画享誉世界，1901年在巴黎贝珂尼姆·尤恩画廊举行的画展上，售价达到了天文数字。1906年，同样在巴黎举行的秋季沙龙让高更名声大振，而三年前他已在马克萨斯岛黯然离世，除了仅有的几个支持者之外，无人知晓。二人的绘画生涯开始得
109 并不算早，但是一旦拿起画笔，他们就像着了魔一样虔诚痴狂地追求心中的完美。不论是画自画像，还是为彼此作画，他们也都处于这样的状态。

梵高1853年出生于荷兰，一度在英国当过教师兼牧师，直到快三十岁时才正式开始学画；1886年以前他从未到过巴黎。他在这座四处涌动着艺术革命热潮的城市中眼界大开，并很快领略了最新的艺术潮流；他从印象派绘画中汲取营养，也结识了一批新派画家，其中就包括高更。但是，直到他人生那疯狂的最后两年，也就是从1888年2月开始，他才在阳光普照的阿尔最终形成自己举世无双的绘画风格。也正是在那里，同年秋天，他打算组建一个乌托邦式的画家团体“南方画室”，并力荐高更为画室主人，因为他对高更的评价胜于自己。然而，大抵因为高更的敏感易怒和梵高的偏执乖僻——梵高在圣诞节将至之时割掉自己左耳的一幕人尽皆知——这个计划终成泡影，于是二人分道扬镳，在孤独中创作出各自的名作。

很少有现代主义画家会像梵高那样迫切地解释自己在画作上倾注了怎样的心血。不论是给弟弟画商提奥（他是梵高精神和经济上的全力支持者）还是妹妹威尔的信中，他都用毫无矫饰、清楚明白的语言来解释自己的作品，读来宛如美术馆里全

---

1 Gauguin, *Intimate Journals*, in Robert Goldwater, *Gauguin* (n.d.), p. 92.

面翔实的介绍。事实上，他的自画像以及其他一些作品——室内画、静物画、风景画、城市掠影和肖像画——在不知不觉中形成了一个揭示自我的完整体系。他画每件东西就像画他自己一样，同样狂放不羁的力量感、同样的紧迫感、同样厚涂的颜料和明晰的笔画。不论是鸢尾花还是内景画，不论是低垂天空下的麦地还是割下耳朵后缠着绷带的脸，这些画都是某种自我坦白。但是在对作品进行阐述的信中，他认为它们所表达的并不是他本意。[1] 110

他那些直白的自画像确实包含了很多信息。梵高总共画了大约41幅自画像，越到晚期画得越是出色。第一批十几幅自画像是在巴黎画的，从中依旧看得出一位即将大展宏图的新手的痕迹，但是到了1888年早期，他完全有理由为他在巴黎最后的创作而感到自豪了。他在那年夏天从阿尔寄出的信中写道："不管怎么说，给自己作画都不是一件容易的事情，如果想让它有别于照片的话。"他悲观地承认，他那看上去比早期画像更为方正、瘦得几乎皮包骨的头颅，修得密而短的红胡子，高耸的颧骨，这些面部特征都会让人联想到死亡。这并不奇怪。毕竟，他所掌握的印象主义技巧的优势在于捕捉内心的真实状态："画像内涵丰富，追求一种摄影师无法达到的深层次的真实。"[2]梵高鄙视对万物一视同仁的镜头，在他看来，镜头注定只能记录最表面的东西。

在确立了自己的风格以后，梵高就可以向他所推崇的那种更为微妙的真实靠近了。诚实到偏执的他拒绝美化自己的面容：自画像上的他总是面色苍白甚至发绿，两颊深陷，有的画像上还能看出精神崩溃的痕迹。不仅仅是他的脸，他的典型笔法——紧张状态下抹出的断断续续的平行线和令人眩晕的旋涡——描绘出的衣服和背景也同样具有揭示自我的力量。而梵高最清晰有力的自我表达不是什么写实的自画像，而是一幅反复再创作、本身极度不安又让人感到不安的描绘圣雷米夜晚的画作。小镇被笼罩在星星和明亮到失真的月亮之下，所有的一切都被焦虑的光轮所环

1　或许最出名的解说出自介绍其1888年作品《夜间咖啡店》的信，梵高拿这幅内景画充当付给阿尔房东的租金。"我想用红色和绿色来表达人性可怕的激情，"他在2月写给弟弟提奥的信中说道，"房间是血红色和深黄色的混合，一张绿色的台球桌放在中央；四盏柠檬黄色的灯散发出橙色和绿色的光晕……可以说，我要描绘的就是一间暗淡的酒馆里的黑暗之神，而所有这一切就像被浸泡在充满灰白硫磺的魔鬼的熔炉中——表面上却显示出日式的欢乐和达达兰（达达兰是都德的三部曲中胆小如鼠的'英雄'）式的善良。"［见Van Gogh, *Dear Theo: The Autobiography of Vincent van Gogh,* ed. Irving Stone with Jean Irving Stone (1937; ed. 1995), pp. 383—384。］

2　Van Gogh to his sister Wilhelmina J. van Gogh, in *Complete Letters of Vincent van Gogh* (1958; 1978 ed.), III, p. 437.

绕，似乎画家已经难以控制精神上的痛苦，只能以绘画的形式把它表现出来。而梵高生命最后阶段的作品似乎表明，他已经无法阻挡焦虑一步步侵吞其整个生命。不论是否被归为自画像，这些画作都是画家内心世界的真实写照。

高更的自画像虽然与梵高的截然不同，但也同样摄人心魄。二者尤为适合进行
111 直接对比，因为在1888年初秋，梵高力邀高更搬到阿尔和他一起作画，并提议他们
各作一幅自画像送给对方。梵高把自己画成一个日本和尚，因为东方思想中天人合一的境界深深吸引着他。在中性的绿色背景下，他的神情严肃而庄重，整个人憔悴瘦削，凝视着远方。而高更的自画像则恰恰相反，更像是对传统权威的抗议，是古怪而坚定的叛逆者向庸常世界发出的挑战。他的忠实朋友、画家夏尔·莫里斯一语中的地评价高更有着“多产的自我主义者合理的凶猛”[1]。在送给梵高的自画像中，高更把自己描绘成身陷囹圄的自由灵魂，通过大胆地扭曲头颅轮廓和夸大突兀的鹰钩鼻来表现个性和内心冲突，并用反写实主义的着色方法将独特的自我展现得淋漓尽致。

即使我们不知道高更惊心动魄的人生故事，这幅自画像也足以让他成为冒险家，为他给自己创造的角色深感自豪：为了描画和寻求灵魂的救赎，他踏上了漫长的海上旅途，到过淳朴的布列塔尼，还有最遥远的大溪地。1883年的自画像描绘的是画架边年轻的高更，此作风格相对比较温和中庸。但是到了1888年，在送给梵高的自画像中，他追求的便是更具震撼力的效果。值得注意的是，他在给画家朋友埃米尔·舒芬尼克尔的信中评价此作为“我最得意的作品之一，完全无法参透，是彻底的抽象之作（我敢保证）”[2]。他说，整幅作品，加上“背离自然常理”的色彩，达到了一种艺术境界——我们不如说这是他展现自我的典型的现代主义境界。看来他和梵高都自称“象征主义者”是不无道理的。想读懂他们非凡卓绝的艺术创新，就需要透过表象追寻更深层次的内涵。

高更后来的自画像证实了他强烈的自负心理。就在创作送给梵高的自画像一年
之后，他又把自己画成一个格调优雅的恶魔，手指间像夹香烟一样夹着一条蠕动的
小蛇，头顶光环——他似乎在告诉观众，如果他是魔鬼的话，他一定是那个堕落的天
112 使。其他的自画像则更加大胆出位。在他的画笔下，他既是在客西马尼园备受煎熬

1 Debora Silverman, *Van Gogh and Gauguin: The Search for Sacred Art* (2000), p. 5, and chap. 12.

2 Gauguin to Emile Schuffenecker, in ibid., p. 262.

的耶稣，也是去受难地迎接死亡的耶稣；他还将自己脸部的扭曲碎片偷偷融入静物画、小雕像和陶罐中。最引人注目的一幅自画像作于1893年，画上的高更拿着调色板，整个画面好似弥漫着强烈的人造光：主体的砖红色背景似乎溢到了脸上，加上斜睨着的半睁半闭的眼睛和突兀的服饰搭配——羔羊皮帽配上罩在深灰色上衣外面的蓝色外套——让他当之无愧地成为庄重得体的中产阶级的大敌。这些坦率的艺术画面俨然超越了精神病院内大胆的自我表现。

如果说梵高和高更在自画像中坚定地表达了他们内心深处最隐秘的自我，毫无中产阶级的含蓄的话，那么另一位伟大的现代主义画家保罗·塞尚则志在于不露声色中达到同样的效果，方式则更加巧妙迂回。几乎所有的塞尚研究者都会注意到他在大量自画像中故意渲染出的客观与冷静，于是这些画自然而然地形成了极具个性与活力并且注重构造的现代古典主义风格，这是他成熟时期作品的主要特征。19世纪60年代，作为一位苦练技艺的年轻画家（他于1839年出生于普罗旺斯），塞尚专门描画残忍野蛮的虚构场景：强奸、纵欲、谋杀。在其于1861年左右创作的，以照片为范本的第一幅自画像中，塞尚也没有克制表露情感的欲望。他把自己普通的圆脸画成了一张严肃阴沉的瘦脸；两条黑色的眉毛聚拢一处，它们的主人似乎皱着眉头陷入了沉思；小胡子往下耷拉着，给人绷着脸的感觉。画像看起来比照片更加忠实于他的内心世界——他脑海中的自己就是一个忧心忡忡，或许还带着几分怨气的年轻人。

但是到了19世纪70年代初，在经过毕沙罗的一番非正式训练之后——虽然一直很有主见，塞尚还是接受了印象派的色彩，并不止一次加入他们的画展——他的潜意识变得越发敏锐了。塞尚作品从表现手法上的自我表露到自我克制的巨大转变是艺 113
术升华的一个生动例子。他放弃了极端大胆暴力的画面，将创作冲动投入到冷静、客观和构思缜密的风景画、室内画、肖像画和那些引人注目的晚期作品——大型浴女画。随着塞尚逐渐发展成为20世纪绘画的奠基人——立体派时期的毕加索和布拉克也只是他众多追随者当中最杰出的——他能够展现出精心摆放在凌乱桌布上的成熟美味的圆苹果，描画面对面打牌的两个人，也可以一次次重绘他心爱的圣维克多山。虽然这些视角奇特、别具匠心的作品打破了正常比例，拉伸了实际形状，但它们都是受到强烈抑制的感官的无声见证。难怪直到1907年，也就是他去世一年后，他才在秋季沙龙轰动一时的回顾作品展上名声鹊起。

塞尚最重要的自画像大部分创作于19世纪70年代中期到90年代中期这20年间，它们往往更加有意识地内敛，几乎到了极端的程度。他让一切——形状、颜色、他的秃顶和宽肩——都服从于整体画面设计。他大胆勾勒出反光的头顶，使之与背景中强有力的钻石形墙纸图案形成强烈的反差，端着调色板的姿势让人觉得调色板似乎是他右胳膊的延伸。画像上的他心事重重、不修边幅，又总是心不在焉。他着色时使用的是短促清晰的平行笔法，为的是强调画的存在，而不是人的存在。他把自古以来就被称为“心灵之窗”的眼睛画成密不透光的实心体。尽管如此，塞尚投向观众的空洞注视却加剧了他无法摆脱的表达冲动。他的自画像恰恰泄露了心底的秘密：他这一生都在努力制服那个难以驾驭，甚至可以说是混乱不堪的自我。

塞尚给自己画了20多幅素描，它们没有经过特别精心的设计，因此，更加自然地记录了画家的真实样貌。在某几幅素描当中，他不是鼻梁部位显现出一道愁纹，就是双唇紧闭，整个人看起来消极悲观、饱经忧患。总之，塞尚对其混乱的内心世界的
114 艺术反应证实了弗洛伊德的主张——人即便再怎么努力，也难以保守秘密。内心的矛盾冲突渴望得到发泄，与主观隐瞒做斗争；不论处理得怎样得体，它们都会一路留下痕迹。这一点特别符合挣脱了太多自我表达限制的现代主义世界。出于某些原因，晚年时期深感困惑和孤独的塞尚彻底停止了自画像创作，似乎在告诉人们，表达的冲动可以表现为很多形式，沉默是其中一种。

二

到现在为止，我们所谈到的所有这些现代主义自画像中没有一张笑脸，他们大都神情凝重。我一再重复，他们的作品与其说源于愉悦，不如说源于痛苦，也许痛苦所占比重更大。但是至少有一位不愿安分守己的画家，也就是并不比塞尚快乐多少的詹姆斯·恩索尔，却以现代主义者中少见的方式来应对神经官能症带来的困扰：怪诞的幽默。他虽不像高更或塞尚那样蜚声世界，却可称得上比利时最负盛名的现代派画家，也是最喋喋不休又让人心神不宁的自画像画家。他1860年出生于游泳胜地奥斯坦德，父母开了一家纪念品商店，主要经营廉价瓷器，每逢狂欢节也会经营便宜的面具。他们总是争吵不休，佛兰德裔母亲独断专横，其无处不在的强势影响了儿子一生，而无能的英裔父亲只会借酒浇愁；正是这种童年记忆的碎片和心

灵上的创伤让恩索尔建立了自己的艺术世界。认识他的人总能回想起他那让人毛骨悚然的说话方式。

他那些彻底反学院主义的作品也是如此，其毛骨悚然的象征主义的大胆程度显而易见。他最终触怒了“二十人”艺术小组，该小组是一个由比利时象征主义激进画家组成的团体，集结了一群沙龙艺术的犀利批评家，恩索尔是其多年的成员之一。他在作品中采用的主要表现手法是骷髅面具，有时一张画上出现若干个骷髅形象。它们忙着执行颇为滑稽而且常常是在室内完成的任务，在恩索尔的丰富想象中自得其乐。一个骷髅舒适地躺在豪华的安乐椅上瞥着一旁的中式物品；另一个骷髅在作素描画，还有一个正在吹竖笛。身着奇装异服的骷髅们围着火炉取暖；食人肉的骷髅与扫 115
帚大战，拿刷子刷一个被吊死的人，画面写有“炖”（Stew）字样；一群会飞的骷髅中最大的那个挥着巨大的镰刀，吓唬一群企图逃跑的骷髅。恩索尔最著名的大幅作品《耶稣进入布鲁塞尔》绘于1888年：拥挤的人群簇拥着救世主骑着毛驴进入城市，而占据画面前端显要位置的则是一个戴着大礼帽的骷髅面具。

恩索尔显然不愿意相信观众能够领会他的创作意图，因此他常常在画中加入自己的解释。在可怖的自画像《危险的厨师》中，一个身穿白大褂的侍者把恩索尔的头放在盘子里，准备给一群作呕的食客上菜，一根写有他名字的显眼的标签直接插入头顶。到1900年其天马行空的创作灵感开始逐渐衰退之前，恩索尔已经创作了20多幅油画或者蚀刻画自画像。那一大批自画像如今看来就像一个个没有谜语的斯芬克斯。它们都是荒诞怪异的挑衅，矛头直指画家所藐视的那些喜好传统绘画的公众。恩索尔的目标就是激怒观众，而且他成功了。1887年的蚀刻画《撒尿的人》就是一个典型。画面上，一个男人对着画满儿童涂鸦的墙壁撒尿，墙上还写着：“恩索尔是疯子。”作为遗世独立的浪漫主义者，一位当代的E. T. A. 霍夫曼，他始终坚持自己的信念，认为只有失去理智的人才拥有真理，中产阶级当然没这个资格。

恩索尔的自画像是一连串的袭击，不仅是对公众，也是对他自己。高大英俊、五官端正的他留着上翘的小胡子和整齐的络腮胡，却在作品中野蛮地糟践自己的相貌。1879年，未及二十岁的恩索尔在这个时期的自画像中使用明朗的色块积极地表现自己的形象，风格比较保守得体。后来的一些画作和1880年的自画像也仍然没有超出高素质的画廊观众的接受范围。但是在他所有的自画像中，这些流于传统的失误只是特例。他最负盛名也更具个性的自画像作于1883年，画中的他戴着女式的绣花帽，斜

116 视观众，帽檐上还垂着几绺羽毛。

尽管一生郁郁寡欢，恩索尔明白如何有效利用自己内心的痛苦。他的煎熬无疑是真实而深刻的。他画了两幅名为《折磨我的恶魔》的自画像，画上的他被依稀可辨的魔鬼包围住，它们四肢缠绕，长着无数双眼睛，用锯齿状的翅膀逼向他。另一幅中画了刻着“J. 恩索尔，1895”的墓碑。他如此出位的举动既是为了赢得公众关注，也是为了报复。作品中大量怪诞离奇的狂欢节面具具有双重含义。它们一方面是他在纪念品商店度过的童年时代的记忆碎片，另一方面也是他固执思想的表达方式，他认为人人都戴着面具——像他父母那样地位卑微的中产阶级尤为可恨——而追求真理的艺术家必须将它们撕下。他告诉一位朋友，他喜欢这些面具是因为“它们伤害了对我如此不客气的公众的感情”。看来恩索尔的愤怒和沮丧并非一直都是无意识的。

让事情变得更为复杂的是，他的画作表明他对于自己中下层阶级出身的态度颇为矛盾。他认为这样的出身既让人压抑又令人向往。作于1881年的《奥斯坦德的下午》和《中产阶级沙龙》都是安静祥和、光线昏暗的内景画，反映的不是鄙视情绪而是舒适与安逸。当然，恩索尔想逃离他厌恶却又离不开的世界的努力充其量只能说是部分地成功了：他虽然在画中表达反抗，但是他的大半生都受到家庭环境的困扰。在1886年的粉笔画《自画像，悲伤而奢华的画家》中，他从豪华的衣橱内露出一张阴沉的脸，仿佛被关在硕大家具中的他渴望获得自由。

从这幅作品开始，恩索尔的自画像表现出他勇敢接受不讨喜的自我形象的努力。在《奇怪的昆虫》（1888）中，他把自己的头安在特大号蟑螂身上，从而在卡夫卡之前上演了“变形记”。被禁锢在这样的生活中，死亡一定是更好的选择；这似乎就是他在1888年以独创性的骇人手法完成的蚀刻画《我的骷髅自画像》中所要传达的讯息。这幅画只画到膝盖位置，他穿着紧身外套，五官尽显骷髅的面部特征。恩索尔
117 的想象力在这种阴森的自我认识中慢慢发展，于是他画了一幅上身斜倚着靠枕的骷髅蚀刻画，并将它命名为《1960年我的自画像》。1896年前后，他将满腔的愤懑融入绘画。画中的他穿着时髦衣服站在画架边，脸却是象征死亡的骷髅；另一具骷髅栖身画架的顶端，不怀好意地往下看，其他四处的骷髅也对着他笑。恩索尔的自画像都是噩梦的生动重现，现代主义文化不仅给予他痛苦，也给予他表达痛苦的途径。

在某些揭示内心世界的作品中，恩索尔把饱经折磨的自己比作历史上最著名的受难者——耶稣。和高更一样，他把救世主的苦难看成自己的苦难。他常常描绘深受

撒旦及其手下折磨的耶稣。在主题鲜明的画作《戴荆冕的耶稣》（又叫《耶稣与责难者》）中，恩索尔自己变成了耶稣，蓬头垢面、衣衫褴褛，被两个面无表情的中产阶级责难者挟持。这就沾上了尘世的味道，而非宗教的妄自尊大：在恩索尔这个无神论者的心目中，耶稣是伟人，而不是上帝。在《天使看护的耶稣》中，他故意使用了天真的笔法，画了三个天使在死去的耶稣身边祈祷，耶稣光着身子，五官像极了恩索尔。

这种把自己等同于耶稣的亵渎上帝之举在1886年彩画《耶稣受难像》（又称《十字架上的恩索尔》）中达到了高潮，后人对此作进行了大量仿制。这幅画立刻让人联想到高更。[1]一群身着现代服装的人或站或跪在三座十字架旁，恩索尔被吊在中间，在圣环和阳光的照耀下灿烂夺目，而一个戴大礼帽的显眼人物用飘着名为“Fétis”（他是恩索尔最强势的批评家之一）旗帜的旗杆刺进了这个伪耶稣的身体。恩索尔把耶稣头上的四个字母“INRI”改成了他自己的名字“ENSOR”，从而使得这幅原本主题明确的画作更加直白清晰。

作为一贯讲究原则的现代主义者，恩索尔沉醉于自己的主观世界中。“我的画纯属个人作品，”他于1899年写道，“我认为正是这种个人想象力让我达到更高的境界。”在同一篇文章中，他自称是“一位特立独行的画家”[2]。他无疑是独特的；但是他观察自我和表达自我的时代也是一个画家可以与世界分享他最私密感觉的时代，他无法做到自己所想象的那样与世隔绝；不过他一直拥有小范围的欣赏者。1949年恩索尔去世之时，他的才华早已消失殆尽。1929年，他被比利时政府册封为男爵，在一辈 118
子受尽冷眼之后，他大概会把这份迟来的认可看作是一种侮辱吧！

三

梵高、高更、塞尚和恩索尔在自画像中都是与时代格格不入的孤独画家。挪威画家爱德华·蒙克（1863—1944）也是最杰出的现代主义者之一，生卒年份与恩索尔几乎重合，但要相对严肃冷静得多；他是焦虑画家、孤独画家的孪生兄弟。他一方面不断探索自己心目中的外在世界，另一方面也悉心挖掘内心感受。众所周知，蒙克在

1　这里指高更的《黄色基督》（*The Yellow Christ*），一幅具有象征主义特征的基督教绘画。——译注

2　Ensor to Jules Du Jardin (October 6, 1899), *Lettres*, ed. Xavier Tricot (1999), p. 272.

进行这些工作时并不缺少志同道合的朋友。波德莱尔和马奈几十年前就说过，一位艺术家——当然他们特指的是我们现在所讨论的现代主义艺术家——必须与自己的时代作战，而蒙克，与其他革命者一样，正是这样一位画家。他付出了对现代主义者而言常见的代价：遭到误解、忽视和拒绝，但是偶尔也会受到赏识。不善言辞的塞尚也认为自己是当代先锋派的一员，并说过优秀的画家所传达的是时代最进步的东西。既然只有有限的几个自由灵魂是“进步”的，那么趋于保守的同代人必定认为这些自画像的现代主义作者毫无艺术感可言，一心只想表现丑陋之物，唯恐天下不乱。

蒙克的自画像也没有逃脱这样的命运。他出生于挪威的一个农场，童年生活十分凄惨。五岁时母亲去世，当医生的父亲虽然乐于帮助穷人，却长期精神抑郁，对子女管教极其严厉，脾气暴躁，而且常常陷入几乎神经质的宗教恐惧之中。“疾病、疯癫和死亡是眷顾我摇篮的天使”[1]，蒙克后来这样回忆童年不是没有原因的。他一生痴迷克尔凯郭尔、陀思妥耶夫斯基和尼采等迄今仍被普遍视作非主流文化的作家，这更坚定了他的叛逆性世界观。学生时代的他一直信奉传统艺术原则；直到二十岁出
119 头，他才找到了激励自己人生的内心自由，这成了他从未放弃过的痛苦却重要的灵感源泉。1889年，蒙克去了巴黎，接触到马奈、梵高和其他艺术叛逆者的作品，这为他后来进行象征主义与表现主义的独特融合以及审视乃至透彻表现自己的内心煎熬提供了必要的艺术参照。[2]

蒙克一些作品的题目似乎证实了他的煎熬：《病中的孩子》和《嫉妒》，《死亡与少女》和《病室里的死亡》。不过，他的绘画主题远不止于此。不断扩充的鸿篇巨制组画“生命的饰带”是蒙克多年呕心沥血之作，意在表现“生命的完整、丰富、欢乐与痛苦”。但是痛苦要远远大于欢乐——他的作品也许不像梵高那样极端，但也不加掩饰地表达出精神崩溃的情绪。难怪蒙克作品中永恒的性爱主题不是幸福洋溢，而是紧张压抑，让人深感内疚与羞耻。如果说在《吻》中他展现了一对激情相拥的赤裸情侣彼此融入对方的身体，那么在稍早一些的《第二天》中，他则刻画了一个半裸上身躺在床上的年轻女子，经过一整夜的翻云覆雨，她显然已经筋疲力尽。而同一年的油画《灰烬》表现的却是另一个悲惨的第二天早上：一个濒临发狂的女子面对观众站立，双手揪着蓬乱的头发，一个男人扭头蜷缩在画面一角。蒙克的

1 J. P. Hodin, *Edvard Munch* (1972), p. 11.

2 Gerd Woll, “Angst findet man bei ihm überall,” in *Munch, Liebe, Angst, Tod*, ed. Ulrich Weisner (1980), p. 315.

《吸血鬼》——这是他多次描画的对象——展现了长发女子咬着毫无反抗之力的男人的脖子，而另一幅姊妹作展现的则是男人咬着女人裸露的乳房。

蒙克的代表作《呐喊》被普遍认为是表现现代紧张焦虑的典范，从1893年开始几经修改，共有四个版本。画面上一个难以界定性别的抽象人形双手捂耳，双目圆睁，嘴巴大张，站在一座长桥上，身后四处扭动着不祥的云团。蒙克自己透露，这幅作品是在他遭受了难以忍受的焦虑折磨后构思而成的。但是广大观众对他噩梦般的幻想进行了总结，把《呐喊》视为表现紧张不安的艺术典型，敏锐的世人认为这种紧张 120
不安的情绪时刻笼罩着19世纪90年代拥挤忙碌的城市生活。蒙克既不是预言家也不是社会学家；他用强大的精准所表达出来的纷乱烦扰其实是一种自我表露。1932年，在给德国艺评家埃伯哈·格里斯巴赫的信中，他坦白了自己的想法："我的画其实就是一种自我表达——Selbstbekundung——清楚地表达我对世界的看法。总之，它就是一种自我主义……"[1]但是艺术爱好者们对蒙克的卓越才华充满敬畏，将其作品的含义上升到更广阔的现实范畴。我们知道现代主义者多么渴望紧握时代的脉搏，而公众对蒙克作品的接受表明，与时俱进的方式之一就是成为陷入危机的文化的症候。

由于蒙克故意混淆一些画作中模特的性别，因此其自画像的数量也就无从知晓。但是它们数目众多，紧张压抑；其中表现的孤独与死亡一样，生硬扎眼。在1906年的一幅作品中，画家独自坐在餐馆饭桌旁的显眼位置，桌上放了一瓶酒，面前是空了的酒杯和碟子。1915年的另一幅画中，他裸身站立，一只手亲密地搭在一个骷髅身上。他又一次把自己画成了斯芬克斯，拥有肥硕的胸膛。后来，1930年，他则把自己描画成躺在他的医生K. E. 施赖纳面前的尸体。最早的自画像之一，即1895年蒙克三十二岁时的作品，可能是被后世复制最频繁的一幅。画上的他直视观众——即他直视镜中的自己——一只骷髅支架的胳膊横卧于画面底部，为的是防止掺进太多的轻松。不论大众如何接受他的作品，蒙克一直最重视的就是在自我陶醉中达到自我袒露。

1 Munch to Eberhard Griesebach (1932), Richard Heller, "Edvard Munch, Die Liebe und die Kunst," ibid., p. 297.

自我陶醉：德国人

一

我们当然不能忘记德国文化，它以其注重灵魂的深刻而久已蜚声世界。19世纪
121 中叶，现代主义还处在摸索阶段，海因里希·海涅就曾揶揄道，法国人拥有陆地，英国人占有海洋，德国人却执掌了天空。也许蒙克的第一次国际亮相发生在柏林并非偶然。1892年，他第一次大规模地展出了55幅作品。但是这次由柏林艺术家协会组织的画展引起了公愤：艺术协会会员之间意见分歧严重，媒体也进行了一番唇枪舌剑，最终画展于一周后被迫终止。怪诞的波兰小说家普日贝谢夫斯基是蒙克最热情的支持者之一，他挑明了公众拒绝蒙克的深层缘由：蒙克的画不加掩饰地表达了画家的潜意识和他“赤裸的个性”[1]，这是对中产阶级行为规范的攻击。内心世界的展露程度似乎也会过犹不及。直率地说，蒙克的象征主义对大多数观众要求太高。在学院派的卫护者眼中，他的画根本就不是艺术。

说起自画像，德国人为自己是16世纪画家阿尔布雷希特·丢勒的同胞和后代而深感自豪，丢勒是第一位，也可称得上是最伟大的一位现代派自画像画家。唯一能与他相媲美的只有伦勃朗，而在德国艺术史学家看来，后者也是一位标准的德国人。不论伦勃朗的自我迷恋出于什么样的动机（他与丢勒颇为相似，也没有为史学家们留下太多珍贵的生平资料），19世纪末的德国文化政治民族主义者利用他的名声鼓吹自己的观点，试图证明德国优越于其他内在文化修养（Innerlichkeit）逊色的国家。为了达到政治目的之便，荷兰人伦勃朗还被授予了德国国籍。

这样回顾历史——德国人遵循现代主义者的宗旨，没有厚今薄古——对爱国主义者来说是大有裨益的，因为他们需要调集一切能够调集的资源。日渐壮大的现代主义体系以巴黎为中心向四周辐射推动力，德国传统艺术因此增强了对抗力量。然而成
122 熟的德国文化绝没有对新式绘画抱着坚决抵制的态度。[2]在柏林、汉堡，甚至是保守

1 Stanislaw Przybyszewski quoted in Wolfdietrich Rasch, “Edvard Munch und das literarische Berlin der neunziger Jahre,” in *Edvard Munch: Probleme, Forschungen, Thesen*, ed. Henning Bock and Günter Busch (1973), p. 200.

2 这里我要简单声明一点，在现代主义之前的时代，画家为自己作画并不是什么稀奇事。维拉斯奎兹、鲁本斯、普桑、雷诺兹都画过自画像。18世纪中叶，德国最重要的画家安东·拉斐尔·门格斯画了至少15幅自画像。把绘画事业进行到19世纪的安东·格拉夫算是破了纪录，一共画了80多幅自画像，甚至超过了伦勃朗。

的慕尼黑，新画派的支持者与传统势力展开了遗嘱与金钱的斗争，结果不得而知。

德国艺术家和批评家深受浪漫主义和形而上学理论的熏陶，为了达到深刻厚重的艺术效果，比其他国家的同行付出了更为坚定和系统的努力：他们不但没有为海涅关于德国人注重内心的俏皮话感到尴尬，相反，他们喜欢将自己的深刻心性与英国人和法国人（尤其是法国人）的肤浅进行对比。19世纪的德国画家早在现代主义思潮浸入他们国家的几十年前已经开始着力表现生存与死亡（主要是死亡）的深度了，这也就解释了他们为什么如此洋洋自得。通晓德语的瑞士画家阿诺德·波克林是德国艺术爱好者心目中的英雄，其代表作是以法螺和美人鱼为主题的神话。他于1872年创作了一幅著名的自画像，画面上强健有力的他手持调色板和画笔站立，仔细聆听身后骷髅弹奏的幽灵小提琴曲。三年后，声名显赫的德国画家汉斯·托马效法波克林的创意，也画了一幅聆听死亡之曲的自画像。他非常喜爱这样的生死对峙，于是后来又画了两幅同样主题的自画像。同样，他们的接班人纷纷将骷髅作为自己作品的支撑，德国评论家颇为自夸地说道，所有这些画家都是“拿着画笔的诗人”。1896年，洛维斯·科林特对这一套路进行了改变，画了一幅阳光透亮的画室里的半身自画像：身强体壮的他穿着长袖衬衫，身边的铁环上吊着一个骷髅。

科林特推动了德国现代主义的发展进程。尽管他不同于法国人，画的大都是遒劲有力的历史题材画，但是他和马克斯·利伯曼一样，都是德国最杰出的半印象主义者。他的自画像包括素描和蚀刻画在内多达几十幅：从1900年四十二岁时开始，他至少每年过生日时都要画一幅自画像。但是1911年，他中风了，身体十分虚弱，受此打 123
击之后他的自画像都是画家真实自然的写照，突出一张痛苦受伤的脸。科林特以肉感的裸体画和雄浑有力的画风著称。在1910年的自画像中，他身穿武士的甲胄，怀里抱着微笑的妻子夏洛特，她赤裸上身，露出丰满的曲线。画的标题是《胜利者》。一年后，科林特罹患中风。他依旧可以画画，但是画风变得仓促草率，甚至有些颤抖，似乎他的病体作用于画笔，使之呈现出夸张的表现主义色彩。

或许可以说科林特最栩栩如生的现代主义油画自画像问世于1913年8月3日这一天。当时他在蒂罗尔度假，画中的他身穿漂亮的当地服装，头戴时髦的猎人帽子，上面还装饰着羽毛；但是他的表情却与着装极不相称——皱着眉头满面愁容地看着观众。在帽檐旁边简洁地写着“自我”这个词。这里他尽可能真实地用悲怆的力量感染观众。[1]后来，他的遗孀郑重地说，他画上所写的就是他的心声。她写道，丈夫的自画像“非常严肃认真，是他直面自我的重要作品”。居斯塔夫·库尔贝半个世纪之前曾经把自画像称作自传，科林特对自己相貌永不停歇的探索又一次证明了这一点。德国人孜孜不倦地努力表现自我，为想了解他们的人提供了珍贵的线索。

二

这种自我表现的深度在恩斯特·路德维希·凯尔希纳的作品中十分明显，他凭借坦诚直率的风格堪称德国的蒙克。凯尔希纳的画里到处充斥着暴露无遗又痛苦不堪
124 的焦灼情绪。紧张粗糙的线条和表现主义的色彩是他的典型技法。尽管凯尔希纳总是说自己的独特风格得益于蒙克、梵高和高更等大师级前辈的帮助，有了他们才有了他今天的成就，但是经过一段时间兼收并蓄的实验与磨砺之后，他的作品具备了很高的辨识度。虽然是一位孤独的现代主义者，但是到了1905年，他却在德累斯顿参与创建了一个年轻的德国表现主义者群体“桥社”，并不久成为其领导人之一。这样的情节似曾相识：即使像梵高这样消极遁世的画家——当然还有凯尔希纳——也渴望得到朋友的支持。

想到通向未来的桥梁，就会发现“桥社”这个名字选得非常贴切。毕竟，作为坚持原则的革命者，不论是通向过去的桥还是通往胆怯的现在的桥，“桥社”画家都立志摧毁。法国野兽派作品也于该年首次展出，这二者之间的差别值得细究。尽管野兽派浓烈狂放的风景画引来了嘘声一片，马蒂斯、弗拉芒克和德兰等代表人物依旧我行我素，试图融新旧于一体；艾利·福尔在展品的引言部分中写道，“今天的革命者就是明天的经典大师”[2]。回顾他们首次参展的那些艳丽得晃眼的作品就会发现，野兽派其实就是相对比较温和的创新者的集结。只有马蒂斯不断进行着绘画革命；作为执着毕生的现代派画家，他一直走在那群坚称已经摆脱了中产阶级沙龙艺术束缚的画家的最前列。

野兽派带来的震动强烈却短暂。马蒂斯独自追寻室内布景上的新灵感；弗拉芒

1 在科林特之前，画了无数自画像的毕加索就做过这样的标注。1900年，十九岁的毕加索作为创新型的艺匠在巴塞罗那名声渐起，他画了一幅美化自己的精致水彩素描，并刻上了“我”（Yo）字样。

2 Elie Faure, Preface to exhibition catalog, in James D. Herbert, *Fauve Painting: The Making of Cultural Politics* (1992), p. 9.

克偏向传统一些的画风；只有德兰忠于“野蛮”的纯色，他和他的画友也因此成为巴黎人的谈资。1906年和1907年，眼光独到的经纪人安布鲁瓦兹·沃拉尔让德兰带着泰晤士风景画到伦敦去，意在复制莫奈的成功。虽然成就了莫奈的伦敦城没有给予德兰同样的厚爱，但是他带回巴黎的素描和油画却都是真正的野兽派作品；伦敦的天空、河流、船只和建筑在他最喜爱的蓝色和红色的烘托下充满了摄人心魄的力量。这些作品不论过去还是现在都魅力无穷，不过它们没能自成一派，因为先锋派画家又在别处找到了灵感。

与野兽派同时代的桥社画家则有所不同，他们只对过去寥寥几个反传统者持肯 125
定态度，也没有兴趣共享什么伟大传统。他们比大多数同时代人都要大胆；在同一个画室里画画、做木刻或者平版印刷；举办联合画展、出版宣言，并邀请志同道合的艺术爱好者参加。他们的目标是推进德国绘画现代化的进程。柏林、慕尼黑以及其他各地的反传统主义作品，不论自称与学院派多么势不两立，在他们眼里都太过懦弱、太过妥协，完全无法满足那个时代骚动的大都市所带来的各种艺术可能性。

相比之下，凯尔希纳是一位才华横溢的现代城市画家。德累斯顿和柏林是他的实验室，不过在瑞士休养时期的作品说明了他紧张焦灼的画法也一样可以使风景画充满震撼力。然而，城市生活才是他的主要天地，画室里摆放着毫无愧色的裸体画，那显然是城市的产物；还有穿着暴露衣衫在街头招摇过市的妓女和柏林人行道上拥挤的人群。但是他不只是单纯地模仿事物的表面；他的画是对内心深层感受的揭示。他这样评价自己的绘画：“形式和比例的改变并非随心所欲，而是为强有力地表现内心世界服务。”因此——这是一个重要的否定句——“用色也一样不单纯模仿自然，而是取决于画家的设计意图”。他又断言，这种色彩“与画面上的其他色彩一起，产生某种共鸣，表达出画家的个人经历”。[1]他一再重申，画家是创造而不是描述世界，他从来都不是平淡现实的低级摄影师。

即使是凯尔希纳的自画像也不能被简单地归为现实主义风格。它们都是表现主义符号，记录更多的是他在战争世界中的迷失，他的性欲和他缺乏安全感的精神状态，而不是瞬时的相貌。他显然对自己的脸和身体颇为着迷，用油画、素描和蚀刻的方式一共画了80多幅自画像，至少在数量上可与伦勃朗相比。特别是在战争即将爆发

1　Louis de Marsalle (pseud. for E. L. Kirchner), “Über die Schweizer Arbeiten von E. L. Kirchner” (1921), in *E. L. Kirchners Davoser Tagebuch*, ed. Lothar Griesebach (1968), pp. 196, 195.

前和战争期间，陷入长期精神危机的凯尔希纳充满激情地创作自画像，以此寻求解
126 脱。这些作于1914至1918年间的自画像神态各异：有的吸食吗啡飘飘欲仙，有的喝得烂醉如泥，还有的身穿制服右手被截肢，身后站着裸体模特。最后这一幅尤为惊悚，人们对它有着各种各样的理解方式，但大都趋于牵强。其实他既非发表反战宣言，也不是要描画被阉割的自己。[1]他只是个摆脱不了神经官能症折磨的病人。

1937年，纳粹将凯尔希纳的画打入“堕落艺术”一类禁画中，他因此更加心灰意冷。任何20世纪的政府都不像纳粹这样对现代主义艺术施以如此无情的打压，把凯尔希纳这个原本就情绪失控的画家推向了绝望的边缘。他于翌年自杀，终年五十八岁，这也非出人意料之事。想必没有哪个德国现代派画家能够超越凯尔希纳对自我的研究和挖掘程度，只有一个人除外，他就是马克斯·贝克曼。

三

贝克曼极具个性，是一位手执画笔的哲学家。他虽然没有认同叔本华的学说，也没有接纳被他称为“胡言乱语”的神智学，但是他对二者都颇有研究。他终日遨游在智慧的海洋中，深深地思索人生的真谛和自我的意义。经过这样的努力，贝克曼的自画像虽然未成体系，却表达了真情实感，它们是意义重大的作品，而非艰苦工作之余的随意消遣。它们也称得上贝克曼最强大最引人瞩目的作品，着重表现了方形的头部，突出的下巴和渐渐变秃的前额——这些都出自自信的画笔和出色的色彩调度。从20世纪初直到1950年贝克曼去世，他的画作中总是不时地出现一两幅自画像，有铜版画、木刻画、平版画、素描和油画。在战后开始创作的大型三联画中，他曾不止一次
127 悄悄地把自己画入其中。

贝克曼最早的自画像作于1901年，那时他十七岁。这幅张大嘴尖叫的蚀刻画是他绘画技巧的一次惊人展现。但其实他心里真正想要表现的是存在的实质，而不是这种哗众取宠的技巧。自画像上的他要么穿着普通的衣服，右手拿着一支烟；要么穿着晚礼服，左手拿烟。他也把自己画成画家，破天荒地戴着帽子，手执画笔和调色

1　对于凯尔希纳这幅身穿制服右手被截肢的自画像意义的探究可以作为对牵强附会的警示。他没有在前线战场遭受过身心的创伤，对于战争的政治立场也是错综复杂，所以把这幅画看作对阉割象征性的表现或者表达反战情绪的宣言都未免过于简单化。

板。自画像中，他是乡巴佬，或是拥挤城市街头的行人，是拿着硕大夸张的萨克斯管的音乐家，或是丈夫，分别与两任妻子在一起；画中的他或与三个朋友一起在战时逃到阿姆斯特丹，或是独身一人，硕大的头颅挤出背景之外。在1948年一幅色彩鲜亮的半身自画像中（这也是他最著名的自画像作品之一），他身穿红黑相间的条纹衫，手执号角（这是他最钟爱的道具）。他的情绪和他的装扮一样纷繁多变：有时咄咄逼人，有时惊恐万状，有时则桀骜不驯。在画中，他无处不在。

贝克曼清楚自己的变化过程，于是他忠实地记录镜中的自己，成就了一部脸的历史。第一次世界大战时他是一名医疗护理工，战争的残忍让他难以忍受，直至崩溃。与很多现代主义者一样，他的内心从此烙下了难以弥合的创伤。暴力、暗杀和暴死越来越多地主宰了他的绘画主题；为了捕捉和表达无尽的苦闷，贝克曼在人物和色彩上使用了十足的表现主义扭曲手法。这些都标志着对德国反传统者各种创新的大胆超越，尽管他年轻时与他们是如此地志趣相投。也许1920年那幅最著名的木刻像是对战后贝克曼最好的描绘。画上的他五官鲜明：半睁半闭的眼睛用黑色条纹展现，目无神采，嘴角耷拉着，没有一丝笑意。这幅画表明，如果说战后的现代主义艺术大都依赖于1914年之前产生的思想和技巧的话，那么这份依赖则带上了一种全新的、更愤世嫉俗甚至更为绝望的色彩。

奇怪的是，直到纳粹将其作品归入“堕落艺术”后的1938年，贝克曼才在伦敦罕有地谈到其画作背后隐含的各种意图，这也是对引导现代主义绘画的主观影响力 128
的承认。他谨慎地避开政治话题，不过在解释为何常以自己的脸和身体为作画对象时则带着几分自如。他说：“所有注重客观的人都为追求自我表现（Selbstdarstellung）而努力。我毕生都在画中追寻这种自我。”真正的客观必不能摆脱主观。在贝克曼心中，追寻自我是每个艺术家最迫切、最艰巨的任务。“既然我们都不清楚这个你我都以各自不同的方式给予表现的自我到底是什么，那么我们必须更加深入地对它进行发掘，因为它是存在之伟大而神秘的谜。”他形容自己“沉浸在关于个人的问题中”，并且试图“用各种方式使之表现出来。你是谁？我又是谁？”他如此问道。“这些问题不停地纠缠和折磨着我，也许它们对我的艺术创作也起到了某种作用。”[1]他其实不用保守地说“也许”，因为这些问题在他的画中到处可见。

---

1 Gotthard Jedlicka, “Max Beckmann in seinen Selbstbildnissen,” in *Blick auf Beckmann: Dokumente und Vorträge*, ed. Hans Martin Frhr. von Erffa and Erhard Göpel (1962), p. 112.

以上以自画像为主线对现代主义画家进行的概述清楚地表明，作为不断追寻自己内心世界的大胆先驱者，他们所有的作品，不论是不是清楚地展现了画家的脸，至少都在某些方面属于自画像的范畴。仔细敏锐地观察这些画作就会发现，它们是伟大自白的一部分，甚至（确切地说是尤其）对于全然拒绝肖像画的重要现代主义者，也是如此。

神秘的现代主义

一

在慕尼黑一个暮色即将降临的傍晚时分，年份也许是1909年或者1910年——故事的讲述人瓦西里·康定斯基极少在传记中使用日期这样乏味又精确的标记。画了一天素描的他正走在返回画室的路上，并且正漫不经心地琢磨着抽象艺术。“突然，”
129 他回忆道，“我看见一幅美得无法言表的画，浸泡在内心的光亮之中。”他急忙向着这幅神秘的画跑去，却只能看见画的结构和色彩。于是他恍然大悟：“我敢肯定是画的对象破坏了我的画。”如今，忠实地还原现实在某种程度上成了艺术的最大障碍。他的结论极为笼统：“自然和艺术的目标（当然还有手段）从本质、结构和普遍法则上来说都是不同的。”[1]他还画了一个与外部世界彻底撇清界限的图形表。

不论康定斯基的回忆是对其深刻敏锐洞察力的可靠记录（这个可能性更大）还是对从模仿现实的理念中长久隐退的一种生动缩写，如此将艺术和自然对立之举在现代主义历史上具有划时代的意义。后面将会提到，大多数在那激荡的年代切断与外界现实之间联系的画家都是在经过了多年努力之后才形成了这样的风格，后来名声大振。他们认为，整个修炼过程就是对处于现代主义核心地位的个人主义风格的阐述和颂扬，现代主义对惊心动魄之作情有独钟，对刻板的传统则不屑一顾。显然，实现艺术的自我揭示之路远不止一条。

康定斯基是三位伟大的现代主义画家之一——其他两位分别是蒙德里安和马列

---

1 Vasili Kandinsky, *Sturm Album* (1913), p. xv.

维奇——他们成功地卸下了内心的伪装（这里借用波德莱尔的措辞），服从神秘的现实意识。无疑，康定斯基的神秘主义证明了人的渴望可以超越他的专业背景。他于1866年生于莫斯科，所学专业是法律和经济，成绩优异。但是他放弃了“真实世界”里的工作，于1896年移居慕尼黑专心学画，成为一名熟练的画匠，专攻色彩鲜艳、时而带有故事情节的风景画。尽管他有意识地与世隔绝，但还是本性难移，成为非传统艺术群体的创立者和活跃分子。不过他对自己频繁的艺术活动怎么也无法满意。如果他需要寻找一种艺术语言来表达最私密的情感的话，那么它一定是一种新式的国际化的语言。1910年左右，就在他于模糊的光线下依稀看见那幅画前后，他发觉自己达到目标了。与绘画对象无关的非表现艺术就要诞生了。 130

就在康定斯基向抽象主义突破之前不久，这种独特的主观性已在德国美学家威廉·沃林格的一篇犀利激进的专著中得到了有力的学术声援，这篇专著就是其于1908年完成的博士论文《抽象与移情》。这篇论文的着重点为主观思想，沃林格称此文是“对艺术的心理学贡献”；在文中沃林格认为现代美学“已经踏出了从美学客观主义到美学主观主义的关键一步”。艺术最讲究的，或者说最应该讲究的，是它所能激发的各种情感。他坚信，如果“艺术需求心理学”被写成书的话，它“一定会是一部对世界的感受的历史，并且完全有资格与宗教的历史平起平坐”。现代主义者当然欢迎这样一个立场坚定的拥护者。“艺术品的价值，也就是我们所说的美，”沃林格写道，“总的说来在于它带来快乐的能力。”[1]因此所有的艺术品，不论是原始的还是高级的，具象的还是抽象的，模仿的还是原创的，都可以摆脱传统美学等级制度或者道德规范的约束，自成一体。沃林格似乎在说，康定斯基完全有理由按自己的喜好进行创作。

康定斯基那种将艺术与自然剥离开来的激进观点不论是不是从一而终，[2]都不完全是一种美学观念。它是其自创的摇摇欲坠的神秘体系的表达，混合了俄国民间传说，布拉瓦茨基夫人的神智学信条，对视觉和音乐刺激的独特敏感性，和把精神从当代“物质主义”的腐蚀中拯救出来的使命感。康定斯基认为，尽管一个世纪前的德国

---

1 Wilhelm Worringer, *Abstraction and Empathy* (1908), trans. Michael Bullock (3rd. ed. 1910), p. 13.

2 康定斯基这位非专业的形而上学者有时甚至在最基本的观点上都难免自相矛盾，这一点也不奇怪。他在1921年写道：“抽象艺术非但不排除与自然之间的联系，恰恰相反，它与自然之间的关联变得前所未有地紧密。”［Hans K. Roethel with Jean K. Benjamin, *Kandinsky* (1977; ed. 1979), p. 138.］

浪漫主义者已经付出许多努力，可现代社会依然丢失了灵魂，极度需要再一次被迷
131 醉，而单凭艺术就可以做到这一点。

总的来说，康定斯基的“哲学”可称得上一种浓重的对浪漫主义的循环再利用，他很喜欢使用浪漫主义这个模糊而包罗万象的名词。“如果今天存在一种新的

瓦西里·康定斯基（1866—1944），抽象蚀刻版画（ca.1925）。对于康定斯基时代的抽象派画家来说，这类艺术也许完全不是写实的，但在艺术家们看来，它们都与精神冲动紧密相连

客观性的话——neue Sachlichkeit——就让新的浪漫主义也随之一同出现吧，”[1]他于1925年如此写道，并且还说，“艺术的含义和内容就是浪漫主义。”浪漫主义对他而 132
言是一种充满创造力并且高度反传统的信条，它没有严酷地排斥客观思维能力，并把画家和观众的感受放在审美体验的核心地位。很多现代主义者以及其他人都对他难以苟同，他对此也心知肚明，这些都从他充满希望甚至渴望的构想“就让新的浪漫主义也随之一同出现吧”中显露出来。其前景总的来说是暗淡的；但是康定斯基的祈愿又一次证明了现代主义驱动力的极其多样性。

这种颇为站不住脚的浪漫主义复兴在第一次世界大战前后获得了一定的支持，半个世纪之后尤其得到新式信仰和适应了现代审美品位的旧式信仰的包容。我们之前曾经提到，不论是神智学、人智学、基督教科学派，还是简单原始地相信来世的教派，抑或是英国心灵研究协会深入而执着的研究，都志在找到比唯物主义思想更加具有安抚人心作用的人生哲学。人们渴望获得“死亡不是一切之终结”的精神安慰，而对以法律为准则的冷漠社会的恐惧却使得这样的渴望无法得到满足。于是，各种各样的唯心主义思想成为知识分子和文化人的迷信安慰。如果所有的正规教派都土崩瓦解，如果《圣经》失去了威信，那么神圣之物的真正核心——这些准信徒说服自己——一定要得到保持，并能够从过时的宗派主义中发展成熟。正是在这种混乱的氛围中，一批以先锋派画家为代表的现代主义者将他们对传统思维习惯的不屑——如亵渎神灵的实证主义——表现为宗教形式。康定斯基就是其中杰出的一员。

他也毫不犹豫地承认这一点。在广为流传的代表作《论艺术的精神》（1912）中，他说道，纵观古今各种思想，过去的简单时代与当今时代之间“内在的根本的”相似性揭示了“未来的种子”。[2]这种目的论对于任何充满科学意识的人来说完 133
全是过时的一套，但是在现代主义的全盛时期，即使对现代派来说，这也是一种再正常不过的思想。

继康定斯基之后的一小群执着的现代主义者很快开始尝试抽象画艺术，这让批

1 Kandinsky to Will Grohmann, November 21, 1925, in Hans K. Roethel with Jean K. Benjamin, *Kandinsky* (1977; ed. 1979), p.116.

2 Kandinsky, *On the Spiritual in Art* (1912), trans. Michael T. Sadler (1913), p. 2.

评家们面临前所未有的难题：对这些作品的解读方式似乎不止一种。康定斯基曾说，解读他作品的方式越多越好。如果他真这么想（他显然就是这样想的），那么就一定会觉得自己的作品获得了极大的成功。康定斯基最尊敬的批评家之一汉斯·K. 勒特尔沮丧地写道："他对自己作品的评价没有一句能揭示它们的内涵；他的话非但没有指点迷津的效果，反而更加让人觉得迷雾重重。"[1]直到1944年他在巴黎去世为止，康定斯基的作品表现形式一直变幻莫测；一旦发现了抽象主义，他就再也不会将它丢弃。

康定斯基在早期反传统主义阶段住在慕尼黑附近，他将色彩对比强烈的不规则色块与向背景渗透的鲜亮色点并置，并且常常加上一条穿越整幅画面的黑线。他所选择的色彩虽然有些来自于神智学的感悟，但都是内心深处莫可名状的压力的表达。康定斯基于1916至1921年间住在莫斯科，他支持十月革命，积极参与新政府的教育和管理工作，却最终发现自己的现代主义抽象风格并不受欢迎，于是在这个阶段，他设计画面的方式开始变得拘谨起来。作品轮廓变得更加清晰鲜明，圆圈、直线和半月形在一定程度上成为其主要的表现手段，但是他也没有放弃相互重叠、相互触及的神秘
134 图案。[2]

康定斯基时常使用的小型图案组成了一支幽默的交响曲，有一些与自然界中的某些物体结构达到某种模糊的相似，但绝不是纯粹的模仿。他画出来的有趣形状可以被解读为教堂的入口或者是马背上的骑手，但这只会让他的作品更加深奥难懂。就连他的情绪——或者说他想表达的情绪——也是模棱两可的。从他走抽象主义道路开始，他的作品就几乎可以说是无法描述的。他以旺盛的精力完成每一幅作品，常常带着让人费解的不确定性，观众除了细心感受，别无他法。总而言之，这种"异端的诱惑"无论是对于抽象艺术创造者还是对于抽象艺术欣赏者而言，都会使人产生躁动不安的感觉。只是康定斯基的画作都大同小异。

二

到第一次世界大战结束为止，抽象派画家已经发展成为一群人数不多但是颇

1 Roethel, *Kandinsky*, p. 82.

2 这不单纯是内心世界的产物。康定斯基也是借此来回应俄国现代派同胞的抽象画，比如至上主义者卡西米尔·马列维奇和以著名设计师利西斯基为代表的构成派。

为狂热的审美极端主义者。并非所有这些人都把自己的作品视为一种崇拜形式；例如，机智的法国画家罗伯特·德劳内那生动绚丽的色圈不是为了表达某种宗教信息，而是为了向世人展示一种色彩理论。然而在非具象主义阵营中至少有一位领导人，即俄国画家卡西米尔·马列维奇，值得特别关注，因为他从20世纪10年代晚期到20年代早期的至上主义时期（这个名词是他的自创）的作品是最具概括性的现代非客观主义艺术的典型。与康定斯基一样，他也深受俄国民间宗教的熏陶，而与之不同的是，他有时将画家——也就是他自己——看作上帝，把绘画简化成比蒙德里安的画风还要远离自然的各种元素。1913年，他展出了一幅绘于白色长方形背景内的黑色正方形，五年后，一幅倾斜的白色正方形内接于几乎相同色系的另一白色正方形的作品更令世人哗然。想要读懂《白色上的白色》不仅需要宽阔的艺术胸襟，也需要敏锐的艺术眼光。这幅单色画之外只是空空如也的画布。

在马列维奇看来，这些看似简单的作品实际上是精神思想体系的化身。他想把无变成有，用艺术的敏感来代替资本主义的贪婪。他写道，“我所说的至上主义就是 135
指绘画艺术中纯粹感觉的至高无上。”说到自己的觉醒，他正是在“1913年拼命想要把艺术从客观世界的沉重中解放出来”时“逃向了正方形”。他坚称，这里的正方形绝非空无一物，而是一种“零目标的体验”[1]。这种思想把作品（当然还有画家）置于相当重要的位置。马列维奇说新宗教产生的时机已经成熟，指的就是一种全新的审美原则的来临。

三

尽管俄国画家为现代主义革命做出了举足轻重的贡献，但是展览馆里的参观者们一眼就能认出的还当属荷兰画家皮埃特·蒙德里安的作品。年轻时的蒙德里安曾经创作过精美的自然风景画，但是他终究与这种传统主题决裂。与许多现代主义者一样，蒙德里安从来不安于现状，他对中产阶级的审美品位总是不屑一顾，并一直怀有超越其上自成一家的强烈渴望。在与朋友随意谈论自己的心理状态和作品意义时，他会着重解释自己的创作欲望。他向日后使之驰名的坐标网格逐步迈进的过程在某种程

---

1 Vladimir Malevich, *Die gegendstandlose Welt* (1927)，多次提及。

度上让他既痛苦又痴迷。在一些深层方面，他从未停止与父亲刻板的加尔文主义之间的较量，而他在排斥加尔文主义的同时也吸收了它的思想。不论是阿姆斯特丹、巴黎还是纽约的画室和公寓，都印证了他的执着，以及一贯的苦行主义：所有的东西都摆放整齐，没有任何多余的装饰。

这种内在的驱动力意味着，一旦明确了自己的使命，那么蒙德里安再接受其他画家作品的目的就是为了有所超越。1911年末，三十九岁的蒙德里安移居巴黎继续学习美术。不过他决意不依赖任何流派。虽然被毕加索的画深深吸引，但是不再畏首畏尾的他还是对著名立体派画家的创造力心存疑虑。他承认自己欣赏印象派、后印象派
136 和野兽派，但是——这里反映出很大的保留——“我必须独立追寻真实之路。”这虔诚的构想——“真实之路”——相当发人深省。

这条真实之路就是通往被蒙德里安称为“纯粹真实”的道路。尽管单凭早期卓越的风景画作，他就可以名声大振，但是这些作品逐渐被色彩鲜亮的图案所取代，略似出自酩酊大醉的点彩画家之手——画面上依旧是风车和沙丘，但是越发与众不同。从1908年开始，蒙德里安一点一点地向非具象主义迈进。他的树木和沙丘虽然还是树木和沙丘，却越来越不像了。他描画姜黄色水壶的两幅著名静物画（1911—1912）在灵感上属于立体主义风格，而这一阶段所画的树木则被简化成光秃秃的树干和树枝，好似被一场暴风雪扫落了所有的叶子。他开始用“构图”这个词来命名自己的画，以此把对模仿自然的成分减到最小。后来，在阐述对“新造型主义”的理解时，他特别提到“非自然化”是“人类最基本的进步之一，在新造型艺术中占有极其重要的地位”。1914年，蒙德里安创作了《码头与海洋》，这是他最重要的过渡性作品之一，如果没有名字，这幅画看起来就是一个颇为拥挤的直线和拉长的十字的混合。1917年，他开始尝试使用彩色矩形充实整幅画面；不久，他便发展到把黑色直线和彩色矩形融为一体的境界。这个关键时刻来临于1920年左右；对于蒙德里安来说，矩形方块一旦摆好位置，就变得几乎神圣不可侵犯了。

这是一个漫长的旅程。早在1915年，蒙德里安与朋友在荷兰艺术家之村拉伦一边散步一边谈论月光对风景的影响时，他突然发作道：“得了，总的来说，自然就是个该死的讨厌鬼，简直让我受不了。”他和康定斯基一样，一直在寻寻觅觅。二人的神秘观念都主要来自神智学，而且，最重要的是，他们认为画不仅仅是画，更是一种祈祷。二人都毅然决然地背弃自然，并在艺术中为宗教上的困惑找到了答案。

蒙德里安的一生确实都是这样度过的。1939年，他从巴黎逃到了伦敦，1940年 137
又移居美国，他如今著名的抽象矩形作品主要都被美国一些高端收藏家收藏。蒙德里安于1944年辞世，在生命的最后岁月中给予他支持的是抽象派画家罗伯特·马瑟韦尔，马瑟韦尔很乐意请这位荷兰画友吃饭。二人经常光顾绿野餐厅，这是一家面朝中央公园的古老餐厅。据马瑟韦尔回忆，天气晴朗的时候，他们会选择在户外的餐位上用餐，而蒙德里安则坚持背对着郁郁葱葱的花草。[1]

这样的举动不是一个垂垂老者脾性的突变，也并不单单是审美品位的问题，而是反映了他深信不疑的观点，即人类越能摆脱自然的控制就越朝着文明的方向迈进。在大都市的建设过程中，在科学技术的不断突破中，人类已经远远地超越了自然；现在正是绘画艺术迎头赶上的时候。因为人的内心——蒙德里安在这一点上毫不含糊——具有广阔的创造空间，而且他的作品越来越多地表明，至少他本人是不需要借助任何外在力量获得灵感的。在蒙德里安的作品里，康定斯基抽象理论的基本概念被一种纯粹简单的结构代替了；在追求永恒艺术形式的过程中，蒙德里安完全依靠自己的直觉，这一点所有亲眼见到他作画的人都可以作证。作为忠实或者说极端的现代主义者，主观性就是蒙德里安的全部。

虽然在艺术目标和宗教灵感上不谋而合，蒙德里安和康定斯基的外在气质以及社会形象却截然不同。康定斯基随和健谈、善于交际，蒙德里安则不苟言笑，虽然不乏朋友，却是一个孤独的探索者。康定斯基身边总少不了红颜知己的陪伴；而蒙德里安却是个地地道道的单身汉，尽管某些小道消息曾提到过一些不欢而散的情事。了解
他的人说，他只喜欢跳查尔斯顿舞，因为舞伴间没有任何的身体接触。康定斯基是天 138
生的教育家，在德国现代主义的化身包豪斯设计学院当了十一年教授直到该学院1933年关闭为止；他满怀激情地教授素描和壁画，一直颇受学生的拥戴。蒙德里安也同样在杂志上奋笔书写着自己的个人信条——“新造型主义”。康定斯基在虔诚的探索中不断创造出新的绘画形式；而蒙德里安在选定了著名的网格路线之后，只在需要精密校准时才会做出改动。

虽然在艺术道路上独自前行，蒙德里安也集结了一些同伴，共同为现代主义目

1 马瑟韦尔于1968年12月如此告诉本书作者。

139 标而奋斗；他不仅在画室里投入地创作，也同样热衷社会工作。1917年，他参与先锋派杂志《风格》的创办工作，与特奥·范·杜斯伯格等志同道合的荷兰画友建立了“艺术家精神联盟”，其成员将共同创造一种“集体风格”。在一篇宣言当中，蒙德里安和他的同伴坚称，“造型”现代艺术，即，使得科技和艺术达到和谐统一并同样激励建筑和绘画的艺术，“绝非源自外在的景象而是源自内在的精神，不是源自模仿而是源自表现”。这种审美思想体系（蒙德里安的刻板成为一种新的正统观念）局限于“水平—垂直”框架之内，因而将“斜线和弧线”排除在外。这个体系既笼统又具体，严肃至极，不容许任何的例外。1924年，杜斯伯格出尔反尔，画中出现了斜线，公然与《风格》的原则背道而驰。蒙德里安认为这种行为是赤裸裸的背叛，于是与杜斯伯格及其群体决裂。新造型主义绝非儿戏。

真正纯粹的新造型主义始自1919年，此时蒙德里安的作品中出现了标志性的纯直线且无固定排列规则的作品。在巴黎的六年中，他不得不靠画花来勉强维持生计；直到1926年，凯瑟琳·S. 德雷尔等美国收藏家才发现了他，他因而得以以其真正（我很想用“虔诚”这个词）的作品为生。但是任何困难都动摇不了他执着的信念，贫穷当然不在话下；也没有什么能改变他作画手法的简单原则：标准的水平线组和垂直线组在画面上相交，构成矩形，用红、蓝和黄色填充，再配上黑、白、灰三种“中性”色调。他的画越发简化，到了20世纪20年代末，画作仅由几条直线组成（有时只有两条），一条严格水平，另一条也同样严格地垂直，只靠一块色带作点缀。直到20世纪30年代，他才又将画面稍微复杂化一些，时而增加黑色线条的数量，时而旋转画面角度，形成菱形。但是基本的网格造型依旧保持不变。

正因为这种始终如一的严谨画风，蒙德里安最后阶段的作品，如《纽约》和
140 《纽约市（I）》，《百老汇摇摆舞》以及《胜利摇摆舞》让人颇为意外，整体风格生动欢快，鲜艳明亮的彩色线条取代了沉郁冷静的黑线。我个人认为，这些绚烂华丽的作品意味着蒙德里安心中某种世俗热情的出现（或者说再现），因此他得以摆脱一直以来被其奉若神明的用来抵制感官影响的矩形原则；随着对纽约（对他来说也就是曼哈顿）认识的不断深入，这种原则已经不能再完整地表达他的全部思想。纽约在他眼中是一种文明的胜利，是钢筋与玻璃砌成的矩形的壮观集合，其喧闹的活力正与大自然的静谧相得益彰。如果他一直活着，并还在纽约生活的话，他甚至可能会重温自己的某些情欲冲动（那是他曾经用冷静的网格巧妙而又急切地予以拒绝的），尽管他

曾坚决抵制弧线张力和色彩变换这些性爱主题不可或缺的元素。

作为一位忠实的现代主义者，蒙德里安的现代性还体现在，他认为真正的艺术家必定属于他的时代。1941年，即在纽约离世的三年前，他自信地认为自己的创作始终“与现代精神相吻合”[1]。他把这种精神理解为从循规蹈矩、学院主义和商业利益中解脱出来的对自由的追求。他强调，他所实践的现代艺术“摆脱了历史的压制”[2]，这是他毕生的原则。蒙德里安去世后，他所创作的图案逐渐被纳入商业文化中去，这也在意料之中。对网格图案的复制和模仿出现在商店橱窗、广告画、皮书套甚至是女式服装上。异端的魅力减弱了；随着另类效果逐渐淡化，人们越发渴望能够得到一幅蒙德里安的现代主义作品。难怪内行买家一眼就能认出他的画。但是历史不会忘记他的作品曾一度多么特立独行。

毕加索曾经把现代艺术定义为破坏物的集合。但是抽象派画家的不懈努力恰恰证明了这个定义的欠完善性，尽管它很贴切。我上文重点介绍的三位抽象主义画家——康定斯基、马列维奇和蒙德里安——执着于构建和展示一种虔诚的世界观，
这种世界观有利于修复他们无法回避的物质主义文化所带来的精神损失。我一再强 141
调，艺术的现代主义革命源头来自于政治、智力和情感世界的各个方面。它们之间的共同之处就在于对物质世界的强有力的反抗意识，以及对精神的渴望。

无政府主义者与独裁者

一

在第一次世界大战的铁蹄依然横行无忌之时，现代主义者们已经对统治他们生活和残害他们同胞的军事政治手腕忍无可忍，于是他们用一个词来形容整个局势，那就是“荒唐”。确实，有些英国人由衷赞同这样一句话：“仅仅爱国主义是不够的。

---

1 Piet Mondrian, “Toward the True Vision of Reality” (1941), in *The New Art—The New Life: The Collected Writings of Piet Mondrian,* ed. and trans. Harry Holtzman and Martin S. James (1986), p. 338.

2 Piet Mondrian, “Plastic Art and Pure Plastic Art” (1936), in *Plastic Art and Pure Plastic Art and Other Essays*, ed. Robert Motherwell (1951), p. 42.

我对任何人都不该有憎恨和恶意。”这是刻在因在敌后战场援助英国士兵于1915年被德国人杀害的英国护士艾迪丝·卡维尔的纪念雕像上的话语。另一方面，也有德国人鄙视“上帝惩罚英国！”这样的流行口号，反而通过中立国与他们的老“对头”朋友保持联系。但是这群深明大义的少数人并不能对大政方针产生任何影响。两国的官方政策都是沙文主义，督察员打着“神圣任务”和“上帝支持”之类的幌子鼓励甚至强制执行这种政策。在这场狂暴的战乱过去之后，弗洛伊德讥讽道，协约国和轴心国都请上帝来为自己帮忙，而这种水火不容的局面却只能让他老人家感到丢脸。

达达主义这个桀骜不驯的反艺术团体正是在这样一种乌烟瘴气的氛围中出现并兴盛一时的。到底是谁发明了“达达主义”这个滑稽的名字？该问题至今还没有得到完满的解答，这本身就是迷惘的一种表现，而达达主义就存在于这种迷惘之中。达达主义虽然是一种革新，但并非没有先行者。最著名的原始达达派包括乔治·德·基里科以及比之激进得多的马塞尔·杜尚等重要艺术家。杜尚仅凭一人之力，就以各种实
142 例展现出一个反艺术者可以抹杀艺术的尺度。[1]

如果说达达主义有所谓的纲领的话，那么这纲领很简单，就是彻底的消极。罗马尼亚多语诗人兼积极活动家特里斯坦·查拉可能算得上达达派创始人中最活跃最顽强的一员，他简明扼要地说道：“达达主义的开端并非艺术的开端，而是厌恶的开端。”[2]达达主义的追随者们越发坚信，所有的艺术家，包括立场最为坚定的反传统权威流派们，都已经与中产阶级剥削者和市侩庸人沆瀣一气，背弃了他们的真正使命。1920年，另一位达达派创始人、柏林诗人理查德·许尔森贝克在回顾战争年代时写道：“达达主义者自认为必须站出来反对艺术，因为他们已经认清其道貌岸然的虚伪本质。”[3]艺术是达达派的主题；艺术所受到的戕害已经如此致命，以至于已经没有对其进行净化、发展和复兴的可能。毁灭是唯一的出路。

这当然是一个自相矛盾的目标；正是旨在废除艺术的努力不可避免地导致了艺术的产生，有些努力甚至还为现代主义革命做出了令人瞩目的贡献。达达派的那些充满想象力的作品是对他们狂放不羁的幻想的歌颂，但是他们很快分裂成互不相容的派别：以善于创新的西班牙画家弗朗西斯·毕卡比亚为代表的绝对主义者坚称，达达

---

1 鉴于此，下文将专门辟出一部分介绍杜尚。

2 Tristan Tzara in William S. Rubin, *Dada, Surrealism, and Their Heritage* (1968), p. 12.

3 Richard Huelsenbeck in ibid., p. 15.

主义者所负责的“每一页”，“不论是通过严肃、深奥、混乱还是恶心，都必须打破新事物、永恒之物、毁灭性的谬论、对原则的热衷及其表现形式。艺术必须毫无美感可言，没有必要也不可能证明其合理性”。[1]与之针锋相对的是反资本主义宣传的发起者乔治·格罗兹以及其他一些政治活动家，他们坚持走左翼达达派路线。当20世纪20年代中期这种分歧随着超现实主义一起又发展起来时，其解决办法基本上尽可能地采用了超现实主义艺术方式：诗人兼批评家安德烈·布勒东，即定下了整个超现实主义运动基调的宣言起草者，判定有这样一种东西存在，并假定它来自于非理性的精神根源——梦境、催眠状态、幻觉和自由联想。

达达主义开始于中立国瑞士的苏黎世。这并非巧合：这座城市相对来说没有像参战国一样对公共言论施以强制干涉。1916年2月2日，德国作家胡戈·巴尔向苏黎 143
世公众发出邀请，请他们三天后来参加刚刚建成的伏尔泰酒馆的开业仪式。公开邀请函中写道，酒馆的目标是“为了创建艺术性的娱乐中心”。“伏尔泰酒馆”这个名字对于一个专门展现稀奇古怪的达达主义的地方来说实在是有失贴切；作为启蒙运动的领袖人物，伏尔泰是理性的拥护者，正与达达主义精心发展起来的荒诞艺术针锋相对。巴尔起先允诺的娱乐节目其实都是些黑色幽默，个个都旨在揭露被嘲讽对象的虚伪做作、肮脏卑鄙和陈腐平庸——似乎所有的艺术都是可以拿来开涮的。“达达主义，”查拉宣称，“就是不遗余力地建立白痴的世界。”[2]不论达达主义的表演有多么白痴，在其制作者的心目中，它们与只会滥杀无辜的战争相比都是思维的精华。

纵然达达主义没有能够在伏尔泰酒馆或者其他什么地方建立白痴状态，但是它也着实铆足了劲在公众舞台上随兴所至地排演了一番，有时还有一些非常滑稽的固定节目。不久，达达派就在柏林、巴黎和纽约等地产生了分支，主要由愤世嫉俗的喜爱自我表现者负责，服从苏黎世发起者的领导。达达派大声朗读荒谬的诗作，自编自唱稀奇古怪的歌谣，身穿可笑的戏服上台演出，脸戴他们深以为荣的面具。有一个名叫《同步诗》的节目特别精彩，必定得到观众的热烈掌声，就是由三位“演员”同时朗读三首不同的诗歌。这种有组织的混乱场面当然是一种愤怒的思考——伏尔泰酒馆墙外的混乱更加残忍和致命。

---

1 Francis Picabia, in Hans Richter, *Dada: Art and Anti-Art* (1965), p. 76.

2 Tzara, ibid., p. 67.

苏黎世的达达主义运动中最引人注目的事件也是它的谢幕之作。1919年4月9日，翘首期待的拥护者们挤满了大厅，演员们一如既往地在台上侮辱观众。他们读着尚未完成的稿子，背诵着荒谬可笑的诗节，笨拙地跳着现代芭蕾舞，而同步诗歌的朗诵成员不是三人而是二十人，这个节目成为整个演出的高潮。不出所料，这群朗诵
144 者并不能一直保持整齐的节奏。但是，无论如何，达达主义者们再也不能超越这个晚上，而且，和平突然降临了。从20世纪中叶回顾过去，像克莱门特·格林伯格和哈罗德·罗森堡等重要现代主义艺术批评家并没有太过重视达达主义，只是罗森堡把20世纪60年代的波普艺术视为达达主义的复兴。[1]如果说波普艺术是第二个创新时代，那么达达主义和其后的超现实主义这一对奇怪混杂的组合就是第一个，探究的是大多数现代主义者所热衷的内心世界。如果说这些颇为独立的非常规流派给予了艺术某种承认的话，它们给予艺术家的则是获得新发现的最广阔的空间。

二

达达主义和超现实主义是在组织策略问题上分道扬镳的。达达派代表的是有组织的无政府主义，而超现实主义却主张一人独裁，其领袖安德烈·布勒东独揽招纳成员的大权，并决定整体的思维导向。他认为，超现实主义不是一种艺术原则，而是一种被明显化了的无意识的概念。1924年，时年二十八岁的他发表了第一篇《超现实主义宣言》，在其中赞扬毕加索的一段话当中，布勒东轻蔑地谈到“绘画那种可悲的权宜之计”[2]。对他来说，弗洛伊德比毕加索更有价值。确实，在整个现代主义历史中，唯有超现实主义这一个先锋流派坦白地承认精神分析学说对它的巨大裨益。如果不是布勒东对弗氏观点的认识仅仅流于表面的话，这种裨益本来还可以更大；不过这并没有影响弗洛伊德的名字及其部分观点出现在布勒东那份短小的现代主义权威人士名录上。

在布勒东不断推敲、修改和实验了五年的著名宣言中，他大力论证超现实主义艺术的前景。这是一份与众不同的文书，比通常目的明确的宣言更长、更具亲和

1 Harold Rosenberg, “Pro-Art Dada: Jean Arp,” *The De-Definition of Art: Action Art to Pop to Earthworks* (1972), p. 80.

2 André Breton, *Surrealism and Painting* (1965), ed. and trans. Simon Watson Taylor (1972), p. 6.

力。其中列出了忠实拥护者的名字，评论了作者的思想发展过程，并且阐述了包括莎士比亚、斯威夫特、萨德、波德莱尔、兰波等人在内的丰富多变的历史背景——这些名字只会让中产阶级眉头紧锁。但是这份透着含蓄敌意的宣言——是因为萨德？还是兰波？——对布勒东及其拥护者来说则是相当自然的：将近一个世纪以来，他们一直 145
拥护现代主义者，而中产阶级则一直是他们攻击的对象。

布勒东的宣言中也包含了他对超现实主义的正式定义：“纯粹的精神无意识行为，个人意在通过这种无意识行为，以书面或者其他方式用文字表达思维的真正运行过程。它是思想的笔录，完全不受理性的控制，超越了任何美学或道德偏见。”因此，“梦境的万能”和“思想的自由发挥”[1]成为超现实主义的核心原则。他在这个定义中坦率地断言，真正的画家或诗人的创造力决不能依靠规划和预测，而19世纪的理性主义哲学严重歪曲了这一基本事实。因而，超现实主义唯一可以接受的绘画只有产生于无意识的作品以及坦诚宣扬其非理性思想来源的作品。如果说达达主义画家给子孙后代留下了什么耐人寻味的艺术作品的话，那么这作品主要是指他们所创办的某个昙花一现的报刊头版的另类排印方式；但是超现实主义阵营中有一些画家，他们首先忠实于自己内心的创作冲动，画出了极具震撼力的作品；他们的相似之处在于，他们将外部世界的一角，哪怕是很小的一块，用作作品的主题。

三

超现实主义画家当中最具文学气质的当数比利时人勒内·马格里特，他毕生的专长就是制造作品题目（或者说明文字）与作品本身之间的逆反，或者作品主题和严肃现实之间的冲突。其中最出名的《形象的叛逆》（1928—1929）是人们经常仿制和讨论的画作。画上画的是一只轮廓清晰的烟斗，下方是一行手写的否定句：“这不是一只烟斗。”多年后，在回想自己在第一次世界大战期间选择画家这一职业时，他很清楚地陈述了自己当时逐渐清晰的对抗意识：“我的兴趣完全在于激起一种情感冲击。”[2]在自传中，他特意提到了最煽情的真实一刻：有人向他展示了德·基里科的 146
大胆作品《恋歌》（1914）的仿品，画中阿波罗的头像与一只巨大的橡胶手套并列于

1　Breton, *Surrealist Manifesto* (1924), in William S. Rubin, *Dada, Surrealism, and Their Heritage* (1968), p. 64.

2　James Thrall Soby, *René Magritte* (1965), p. 9.

勒内·马格里特著名的《形象的逆反》（这不是一只烟斗）（1928—1929）

城墙之上。马格里特深受感动，未来的道路在他面前豁然开朗起来，即强有力地利用表面现实的矛盾达到令人震撼的和谐。

也许对于马格里特给观众出的谜题，最好的解答方式就是把它们看成视觉双关语。它们比诸如达利等画家那些拥挤而古怪的作品明白易懂得多。马格里特的《红色模特儿》（1935）上画着一双短靴，靴的脚趾部位却是裸露的双脚；《卧房里的哲学》（1947）描画的是一件挂在衣架上的睡衣，胸的部位突呈两只坚挺性感的乳房。在一幅备受赞叹的作品中，他表现了这样的场景：一幅风景画斜靠在一扇窗上，窗外的风景和画上的风景一模一样。在《集体发明物》（1934）中，在以海浪为强大背景的空旷海岸边，一条鱼躺在那里，鱼身上长着一双女人的长腿。

147 他对著名画作的见解也是一样怪异。在《透视画法：大卫的雷卡米埃夫人》中，他把大卫那原本香艳的画像换成了一具酷似坐着的人像的棺材。类似的发明还有很多，它们都有令人毛骨悚然的特点，这也是几十年中他的作品与众不同之所在。一旦形成了自己的风格，马格里特就未曾有过偏离，虽然这种可预见性使他的作品缺乏了一定的新意，但是它们大都机智巧妙，即使不算渊博深邃，也不失为一种有趣的审美体验。

布勒东对马格里特推崇备至，称赞他“极佳的创造力”和“他的介入所起到的关键性作用”。[1]他还写道，超现实主义要归功于一大批画家，首屈一指的就是马克斯·恩斯特。与很多其他现代主义者一样，恩斯特并非巴黎本地人（他于1898年出生在德国），后来为了在艺术世界中找到自己的人生定位而移居巴黎。他从孩提时代就热衷于幻想，这种想象力在现代主义艺术的核心氛围中获得了广阔的发挥空间。他作为绘图员和地图标记员的功底无人能及，反映出超现实主义原则的十足吸引力。

四

在作为超现实主义流派掌门人的漫长一生中，布勒东认为有十几个艺术家应当被列为该类艺术的代表人物。在这些人之中，有两人值得我们特别注意，即胡安·米罗和萨尔瓦多·达利。他们分别站在现代主义的两个对立面：米罗是纯粹的艺术家，而达利则酷爱哗众取宠。很少有现代主义者能像米罗这样给艺术爱好者们带来如此纯正的愉悦之感。在家乡巴塞罗那，他的好友、著名的约瑟夫·路易斯·塞特教授负责设计了米罗作品展览馆，其本身就是一座现代主义艺术的典范。馆中陈列品展示了他在艺术道路上不断发展的轨迹，全面而详尽；在不断创作油画、素描、雕塑和为地毯、芭蕾舞服以及餐具等设计图样的过程中，他几乎从没停止过与自己的辩论。直到20世纪20年代中期（他出生于1893年），他才形成了超现实主义绘画的大胆新颖的彩色风格，为日后名扬天下奠定了基础。最终，他成为一个醉心于动人色彩和 148
神秘图案的画家，却也一直保持着对外在世界的清晰记忆。

《人投鸟一石子》是米罗早期的一幅娴熟画作：一个简化至极的人形——头部近似圆形，脸上只有一只眼睛；身体由曲线构成，底部是一只硕大的脚；扔石头的手臂是一条细直线，把身体一分为二——站在沙滩上，大海和天空构成平静的背景。他在那段时期曾说过要“暗杀绘画”[2]，但这只是历史学家要努力抵制的众多言论之一。米罗不是达达主义者：他想要通过改变（或者说征服）绘画来满足自己想

1 Breton, “René Magritte,” *Surrealism and Painting*, p. 270.

2 Fundacio Joan Miró, *Guidebook*, ed. Rosa Maria Malet (1999), p. 55.

象力的需求。即使是他的超现实主义也更具个人主义色彩，非布勒东所好。布勒东曾经盛赞米罗为最名副其实的超现实主义画家，但是当米罗忍不住将艺术天赋用在为俄国芭蕾舞团设计演出服时，布勒东对此则不以为然：此种举动不够革命性。但这种批评并没有影响米罗追求自己作为艺术家的生命意义——他只受自己想象力的支配。

达利作为艺术家的地位却远不够稳固。乔治·奥威尔早期的评价一语中的：“达利毫无疑问具备的两项素质就是作画的天赋和残忍的利己主义。”[1]没有了前者他就无法具备后者。他是一个禀赋极高又训练有素的巧匠，从一开始就显现出才华和造诣。他大声宣布对现代艺术的不屑，这已是众所周知，而他对功成名就的学院派画家梅索尼埃的崇拜也毫不出人意料。基于对精神病学的广泛兴趣，达利将自己的艺术方法定义为“偏执狂批判法”，也就是“基于对谵妄症候（delirious phenomena）的批判解释性联想所得到的非理性知识的本能方法”[2]。

布勒东也许并不喜欢“批判”方法的含蓄的理性主义，不论该方法有多么偏
149 执；但是这位新成员——达利1928年造访巴黎并结交了一群超现实主义者——的有趣社会形象及其独特的“弗洛伊德分析法”式的绘画还是让布勒东对这位极度活跃的西班牙年轻人颇为赞赏。达利是现代主义时期最出色的自我推销能手，轻而易举地吸引住了大批艺术爱好者和报纸读者的眼球。他目不斜视的眼睛——弗洛伊德第一次见他就说他的眼睛充满了“坦率”和“狂热”——和高高上翘的招牌式小胡子让他顺理成章地成为摄影师争相捕捉的对象。

而且，他有时仅仅用一个标题就暗示了让庸俗之辈精神为之一振的不雅色情故事。他画过一幅重要的早期超现实主义油画，展现的是一个受害虫侵扰的男人的头和一个年轻女人为一个残疾男人口交的情景，标题为《伟大的自慰》（1929）。但是真正让他家喻户晓的画作则是《记忆的永恒》（1931），画上正在融化（但犹可辨
150 认）的钟表软绵绵地覆盖在贫瘠景象的四处。总之，达利以一种迂回曲折的方式尝试着三十年后波普艺术家们直截了当地去做的事：将高雅文化和庸俗文化糅为一体。而这个综合体尽管层次不高，却让千千万万的观众大饱眼福。

---

1 Orwell in Hilton Kramer, “Dalí” (1970), in *The Age of the Avant-garde: An Art Chronicle of 1956—1972* (1973), p. 251.

2 Breton, “Salvator Dalí: The Dalí Case,” *Surrealism and Painting*, pp. 133—134.

萨尔瓦多·达利（1904—1989），《伟大的自慰》（1929）。这位善于自我推销的西班牙超现实主义者的一幅典型之作

毕加索：单人乐队

一

毕加索样样在行，而且样样都相当出色。他可以抽时间和慕名而来的拜访者海阔天空，特别是和西班牙同乡，也可以去看斗牛或者追逐声色之娱；不过，这些并不妨碍他成为一位画作等身的艺术家。他的创作稳定、快速、巧妙。这里只举一个例子：在1930至1937年为他最重要的经纪人之一安布鲁瓦兹·沃拉尔所作的百幅蚀刻版画中，有40幅组图都是他凭借一股狂热的创作冲动在1933年3月至5月初的两个月内完成的。[1]他的谈话和娱乐，当然还有最重要的猎艳经历都在作品中得到永生。在忙碌、丰富和漫长的一生中（他于1973年去世，享年九十二岁），毕加索作品涵盖领域

1　*Picasso for Vollard*, intro. Hans Bollinger, trans. Norbert Guterman (1957), p. xi.

之广令人称奇，涉及油画、素描、雕塑、制图和陶艺等。从威猛少年到垂垂老者，他使用了所有可以想到的手法和可以想象的角色创作了难以计数的自画像：花花公子、情人、艺术家、狂欢的酒客、小丑、朋友甚至是猴子，还有偷看别人交欢的老年偷窥狂。他以长盛不衰的创造力开创、改进和嘲弄各种绘画风格，直到暮年。简言之，他就是现代主义者队伍中的单人乐队。

毕加索于1881年出生于马拉加，父亲是个三流画家，一辈子教授自己没能熟练掌握的美术。早在不停涂鸦的孩提时代，毕加索就宣布，自己要在父亲如此一败涂地的技艺上获得成功。无论家里发生什么矛盾，他的母亲都是他的坚定支持者，而毕加
151 索也在开始独自闯荡后不久就用了母亲的娘家姓作为签名。我们有理由相信，母亲这种无私的爱成了一种榜样，成年后的毕加索认为他完全有权利要求许多赋予他激情的女人都给他带来同样的感受。1895年，毕加索一家迁往巴塞罗那，那里被他亲切地视为故乡。1900年，他第一次来到巴黎，不过直到1903年他才永远地定居于这座艺术之都。从此他离开了父亲，但他从未和西班牙说过再见。在后来的日子里，很多人会把毕加索看成法国画家，但是他的内心永远属于西班牙。

他曾明确提示未来的传记作者，想给后人留下尽可能完整的人生记录。[1]实际上，他并没有记录早期作品的创作时间，包括立体主义时期，尽管这种细节对研究他的作品大有帮助。但是，与其他大多数画家相比，生活和艺术对毕加索而言交缠得更为紧密。他的作品，从最崇高的意义上说，称得上“二手作品”。因此，每次画风的改变都可能意味着——这也并非绝对——又一个女人占领了他的床笫。但是除却情欲和满足感之外的冲动也能激起他的创作热情，其中最重要的就是需要美学解答的美学难题。他常常为艺术而创造艺术。

人们一向不重视由掌控欲引起的行为动机，即使精神分析学家也是如此；这种掌控欲即画家的热情，比如（以成年毕加索最喜爱的游戏为例），从其他画家难以想象的各种角度描绘女人的裸体。但是绕着模特踱步只是毕加索喜爱的众多游戏之一。他渴望解决那些对同行们来说甚至还不是问题的技术问题。无论如何，不论是蚀刻还是油画，经过他的双手就都成了艺术品，成为对现实的一种自由转译和对他本人

---

1 毕加索：“你知道我为什么做每件事情都记下日期吗？因为仅仅知道一个艺术家的作品是不够的——必须要了解他是在何时、为何、如何以及在什么情形下完成这些作品的。”［Brassaï（pseud. Gyula Halsz）, *Picasso and Company* (1964), trans. Francis Price (1966), p. 100.］

非凡天才的礼赞。

他作品中一致公认的轨迹，也就是毕加索画风中备受讨论的延续性，总是变化莫测。每个创新都来自内心的告诫，来自一种对尝试的迫切需要。他不会受到某种 152 特定风格的羁绊，哪怕这种风格是他自己开创的。在漫长的艺术生涯中，毕加索无拘无束的玩的能力——弗里德里希·席勒早在毕加索之前一个多世纪就说过，玩是真正展露人性的人类活动——不断为观众带来惊喜。对他自己更是如此。"绘画比我强大，"他晚年时说道，"它让我遵从它的意愿。"[1]正是这种在艺术要求面前非常宝贵的被动性，加上他作为一代画匠的自我修养，把毕加索塑造成一位多才多艺的现代主义者。

多才多艺而且举世无双：1900年以后的蓝色时期和玫瑰时期；从1906年开始酝酿，四年多后达到全盛的立体主义时期；20世纪20年代初期占主导地位的新古典主义时期；十年后天马行空的蚀刻画系列；20世纪30年代后期开始的左翼政治时期；第二次世界大战结束后对历史巨作绚烂夺目的滑稽模仿，凡此种种都是我们现在公认的毕加索的主要风格。实际上，1906年开始动笔并于次年完成的《亚威农少女》也许可以算得上是他最激进的作品，单单这一幅画就揭示了他风格上的一次演变。右边的两个妓女比左边的其他三人画得稍晚一些，她们的脸让人联想到古伊比利亚和非洲面具，这说明毕加索对这种艺术产生了兴趣，致使这两张脸与其他三张截然不同。被某种内在创新冲动驱使着，他是一刻也等待不得的。绘画确实比他还要强大。

每个时期的大量作品本来都可以确保毕加索在现代主义艺术最前沿的杰出声望。[2]但是其中的立体主义时期值得特别关注，与其他时期不同的是，它是关于艺术 153 自主的重要现代主义表率。新印象主义者以恣意的色彩藐视自然；而抽象派画家旨在与自然撇清关系。在这些表现方式中，立体主义者专注于前者，而不需要采纳后者。带给他们灵感的是1907年举办的塞尚作品回顾展，那些静物画让在场的画家同行们叹为观止；画中的桌椅和果盘违反了他们一贯遵守的直线法则和视觉效果。毕加索

1　Pierre Daix, *Picasso* (1965), p. 250.

2　这并不是说毕加索的各种风格都是互不相干的。1906年，在已经开始酝酿其划时代作品《亚威农少女》那史无前例的扭曲的人脸和身体时，他也完成了他最动人的油画之一《梳妆》。此作以现实主义手法描绘了一个貌美如花的裸体少女，正对着镜子梳头，镜子由一个穿戴整齐的仆人双手端着。同年，他又画了一些身形壮实的裸体画，这也是他为在第一次世界大战后开始研究近似新古典主义风格的人像做准备。

毫不吝啬对塞尚的诸多溢美之辞——这是一个现代主义者对另一个现代主义者的欣然感恩。

几个世纪以来，画家一直承担着用二维手段表现三维效果的任务。尽管这项工作很复杂，但是画家们一直都在稳妥地处理着形状和色彩的微妙变化。而今，首批立体主义画家（毫无疑问也是最伟大的）毕加索与乔治·布拉克摈弃了这些历史悠久的操作手法：他们一心要创作出被观众视为人类作品之典范的艺术品。他们打破原本属于一个整体的表面，然后重新组合这些碎裂的元素，把诸如女人的乳房或者男人的脸之类的曲面物体改变成某种几何形状，最后这个形状什么也不像，既不像乳房也不像脸。总之，立体主义者故意歪曲客观事物，让观众自己动脑筋把碎片拼接成一个可以辨认的实际形状。弧线在立体主义艺术中幸存下来，但是它们风光不再，取而代之的是直线、矩形以及正如世人略带俏皮地提到的，立方体。美似乎远非立体主义者的意图，但是他们的某些作品，例如皆绘于1909至1910年间的布拉克的《小提琴与水壶》和毕加索为安布罗瓦·沃拉德所作的画像，都给观众带来了极大的审美快感。现代主义画家并不以美为唯一目标，但是他们当中有一些人就做到了这一点。

立体主义风格历时长久，经历了令人瞩目的不同阶段。立体主义的早期发展阶段和分析立体主义阶段追求的是简朴单纯的风格，而后来的综合立体主义阶段则倾向更为明艳的色彩，画面的钢印效果以及画上随意粘贴的报纸和壁纸更加剧了立体主
155 义与自然的疏离。不久，毕加索和布拉克得到了更多人的响应，一支旗帜鲜明的立体
主义派别就此产生。但是立体主义的意义远不止这刚刚形成的先锋派团体的几个成
员。所有的现代主义绘画都从立体主义画家赋予作品主题的支离破碎中受益匪浅：它
156 就像让画家以极其丰富的方式重申自己高贵地位的许可。这也是毕加索一生扮演的最
重要的角色。他比任何一个现代主义者都更强有力地维护了画家至高无上的权威。

二

毕加索对人脸和身体的夸张（有时颇为过分）扭曲很容易让人忘记他是20世纪艺术史上最注重细致精巧的画匠之一。他在1911年为沃拉尔画了一幅石墨肖像，1916年为他的朋友——诗人纪尧姆·阿波利奈尔画了一幅铅笔素描，1923年为儿子保罗画了一幅油画，每幅作品都昭示着摄人心魄的美，他那自信而富于表现力的线条让学院

派画家都向往不已。它们让欣喜的观众想到了一代宫廷画匠鲁本斯。其他一些作品也同样富含传统韵味，同样无与伦比。毕加索了解自己的天资所在：在谈到画家的训练过程时，他认为，素描是一切的基础，并指出在他那个年代这项能力没有得到充分的重视。他在传统素描技艺方面的文章有力证明了，现代主义画家中最强硬的反传统者也可以通过老式的技巧成功达到艺术效果。

毕加索对绘画专业工具的技术驾驭能力是如此完备，以至于他能胸有成竹地将任何态度、姿势和情感都演绎于画纸之上。我们可以把他留给世界的灿若星辰的财富——那一幅幅男女人像（更不用说牛头人身怪兽米诺陶）——解读为不经意中展现出的壮观的人性全貌，特别是极度兴奋之时的本能冲动。之所以说不经意是因为，没有证据显示毕加索曾经读过弗洛伊德或者其他心理学家的只言片语。但他能够把这种冲动及其兴衰变化有力地展现出来。当然，对于任何有名和无名的画家（或者诗人和剧作家）来说，性和攻击欲显然是必不可少的原材料。毕加索的杰出之处在于他在画布上诠释爱与恨时的那种热烈并时而野蛮的风格，还有他以举世无双的表现力和视觉冲击力为它们寻找审美对等物时的神秘技巧。这就是为什么作为画匠的超凡天赋对他的成就来说如此重要：他什么都能画，而且真的都画了。高雅品位的约束力让学院派 157
画家无法开诚布公，却阻挡不了毕加索的画笔——也许他根本就没有受到过这种品位的困扰。

于是，在描绘性爱的过程中，他常常摒弃委婉粉饰的伪装。他的字典里从来就没有窘迫这个词：性欲在他的画作中涌动着，自画像也是如此。有时，他衣不蔽体地躺在床上，享受着一个黑发裸体女子为他口交；有时他又在为另一个裸体女子提供同样的服务，后者显然陶醉其中。即使不是画面的主人公，他也同样毫不避讳。难怪保守派批评家谴责其作品为色情画。

在1968年8月29日到9月9日期间，已经八十六岁的毕加索画了一套极端露骨的版画，共25张，描绘的是拉斐尔和他的女友兼模特弗尔娜丽娜交欢的场景。拉斐尔是 158
毕加索的完美陪衬：即使到了19世纪他依然是最理想化的画家（可能在德国是个例外，因为有丢勒），公众盛传他三十七岁时因与弗尔娜丽娜纵欲过度而死。毕加索总是对外生殖器特别是女性生殖器情有独钟，喜欢用夸张甚至骇人的比例突出表现这一部位。而且他还将一个偷窥者放到画面中，从而使得这对情人的翻云覆雨显得更为撩人，而这个偷窥者常以教皇尤利乌斯二世的形象出现，看着两位主人公用力地交缠在一起。确实，当爱情之火炽烈燃烧时，毕加索为情人们创作的画像表达的是纯粹的愉悦感和对姣好容貌的爱慕之情，这些画像就成了真正的爱情宣言。费尔南德·奥利维耶、多拉·马尔、弗朗索瓦·吉洛、杰奎琳·洛克——不论毕加索的画笔把她们描绘得多么不同，这些禀具稀世姿容的女子都是令人赏心悦目的画上尤物。即使是拉斐尔

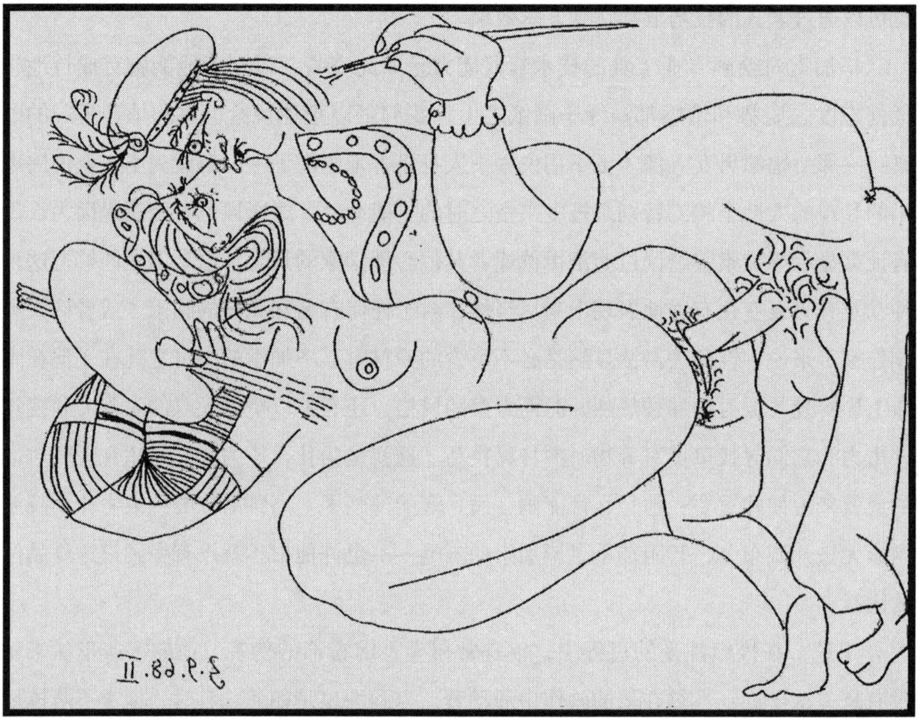

巴勃罗·毕加索，《拉斐尔与弗尔娜丽娜》（1968），毕加索八十六岁时所画的25幅版画中的一幅，真实地描绘了拉斐尔与弗尔娜丽娜发挥至极限的性爱图景

系列中一些较新的版画也显露出爱人之间特有的温存。不过毕加索的传统西班牙人做派太浓，也太过以自我为中心仇视女人，因此他不可能总是专注于爱情的柔情蜜意，但是这些情感真实地跃然纸上，让人心醉神迷。

三

一些毕加索最强有力地描绘攻击欲的作品展现了残暴和精巧的各种混合。有时

他着重表现战争中的难民，比如《格尔尼卡》（1937）；有时他将自己不可抑制的敌意永久定格在画布上。对女人的不满是最能使他愤怒的因素。他把一些女模特画成贪婪残忍的恶妇或者奇怪丑陋的干瘦女妖，她们的脸虽面目全非，却一律露出凶残的牙齿。如果把这些画像看成毕加索与某个情人之间矛盾的直接表现未免太过呆板；他的想象力远不止于此。[1]不过，既然拥有如此多的表达方式，他也就不假思索地把由爱 159
生出的恨——最强烈的一种恨——记录下来，并对憎恨的对象毫不留情。

不仅如此，他还想出恶毒的画面故事，理直气壮地展现对女人的不羁敌意：生动的例子并不难找——有一幅画上，强壮的裸男毒打一个畏畏缩缩的裸女，另一幅则是一个女人被掐死的画面。他的作品很多都是对反复奸淫的想象，几乎达到一种病态欣赏的程度。就像爱可以变成恨，强奸也是一种情感的转换，性欲转换成侵犯。这些画面中较为温和一些的则展现了半人半马怪抢走反抗的裸女的场景，但毕加索更多的是于这些举动本身耗费了自己的精湛技巧。这些强大与脆弱的碰撞中最为露骨的当属他刻画的米诺陶强奸女人的画面。米诺陶在1930年代毕加索的蚀刻版画中常常出现，他是毕加索笔下一个极为模棱两可的形象，因而更为神秘莫测。在希腊传说中，他是皇后和献祭公牛的儿子，人身牛头，集野蛮与高尚于一体。

因此，毕加索在1933年的一幅著名版画中描绘了一个亲切友好的米诺陶。画中的米诺陶与一个画家举杯痛饮，两个裸体模特秀色可餐地围绕身旁。但是同年，他又表现了另两幅残酷的场景，画中的米诺陶粗暴地侵犯一个毫无反抗之力的女人。然而仍在这一年，他笔下的米诺陶则又俯下身子看着酣睡的女孩，右手爱怜地抚摸着女孩的脸颊。毕加索似乎在说，内心世界既不是简单的也不是理性的，任何认为其简单或者理性的人都没有真正把它看清楚。有人可能会说，这种见解与其说意味深长，不如说陈旧老套。但是，不论是新颖独特还是显而易见，毕加索的视界都将它全部捕捉。

《L. H. O. O. Q.》

在任何权威的现代主义论著中，巴勃罗·毕加索一定处于最重要的位置。但

1　罗兰特·潘罗斯证实了我的观点，他明确谈道：“认为他爱意正浓时把情人画成美女，双方产生矛盾时就把她们画成怪物的观点是粗浅和有悖于现实的。”［Richard Penrose, “Beauty and the Monster,” in Daniel Kahnweiler et al., *Picasso 1881—1973* (1973), p. 181.］

160 是，马塞尔·杜尚也同样当之无愧地成为现代主义史上举足轻重的人物。其他反传统主义者都在努力改革、重塑以及振兴他们学会运用并加以质疑的技艺，但是杜尚的作品让人不禁怀疑他是否一心要废止艺术。尽管他有着随和（但也并非盲目）的开放胸襟，其作品主题还是让人难以进行透彻的解释；为了让作品晦涩难懂，他练就了一种狡猾的幽默感，这和恩索尔颇为相似。他对双关语和文字游戏的青睐众所周知；崇拜者认为他的讽刺虽然目标明确，却很少伤人——这是一种典型的法国式天赋。因此历史学家在发表意见时必须慎之又慎。

不过至少有一点是毋庸置疑的：杜尚全然脱离了公认的审美传统，对创新情有独钟。他于1887年出生于诺曼底一个颇具声望的中产阶级之家，两个兄弟都是艺术家。第一次世界大战以后，当别人问他为什么不再作画时，他回答说自己的灵感之源已经枯竭，这听起来颇为坦诚。当然，不断地自我重复对杜尚来说如同噩梦。用他自己独一无二的方式来说，他对“突如其来的疯狂”情有独钟。

这也是显而易见的：他最坚决地予以猛烈嘲笑的是被其贬斥为“视网膜艺术”的东西，指的就是那些只能吸引眼球的绘画和雕塑。而他情有独钟的那种艺术是颇为聪明和机警的；他认为作品的灵感比完成了的作品更重要。总之，唯一合理的描述似乎就是，杜尚所热衷的并非发现新的艺术原则，而是发表艺术的悼词。近年来宣告艺术之死的艺术史学家通常把这归结为杜尚杀死艺术的功劳——或者说罪过。凭借他的“现成品”（readymades）（我们还会再回到这个话题上来），也就是他自己的独创作品，杜尚一直是最前途无量的疑犯，全副武装地站在犯罪现场，直到几十年后，安迪·沃霍尔之类的疑犯才降临人间。

尽管在现代主义者中声名显赫，头号反艺术主义者杜尚显然不是在新艺术的舞台上表演独角戏。我们知道，1900年以后的艺术氛围中充满了表达旧情感的新方
161 式，以及对长久以来公认原则的质疑。守旧的现实主义者珍视口口相传的关于技艺纯熟的古希腊画家画的葡萄招来鸟儿的古老故事。但是如今一切都已改变，稀奇古怪的颜色和故意夸张的形状得到的不是批评而是喝彩；画家对于自己内心和外在世界的反应比他对模特的忠实度更为重要；拍照般准确记录事实的画作成为进步思想时常攻击的对象。我已经引用过毕加索的话，称现代艺术为“破坏物的集合”（a sum of destructions）——这个定义恰如其分。

杜尚第一次为摧毁传统艺术做出显著贡献的地点不是在巴黎，而是在纽约，显示了现代主义不断发展的国际影响力。1913年2月，划时代的国际现代美术展在帕克大道67和68街之间的军械库举行，这是一次规模隆重的现代主义画展，将最新的国内外艺术动态呈现在美国的艺术爱好者眼前。这次展览让很多人流连忘返，也激怒了不少人，更让一些艺术爱好者的品位从此改变。杜尚共有四幅作品参展，其中最著名的是《下楼的裸女》。这幅画原本在法国国内反响不太好，1912年，独立者沙龙拒绝将其展出，因此，不服输的杜尚决定到国外碰碰运气。

他玩味立体主义结构已经有两年时间了，这幅画集中体现了当时的他正专注于通过静止手段表现运动过程的方法。他的《下楼的裸女》是一个性别模糊类似人形的轮廓——虽不太清晰，但大约是女性——正处于连续运动中。这幅画在军械库看展览的参观者中引起了轰动。他们挤在这幅不同寻常的结构的组合前，迷惑又不安。一家期刊社为寻找对此画最贴切的描述开展了一场诗歌比赛，而漫画家则用漫画来表现他们心目中油画的禁忌。因为某些不明原因，在很多描述词中，“木瓦工厂里的爆炸”成了最佳选择。

但是为杜尚在先锋派最前沿位置获取一席之地的当属他的“现成品”。“现成品”
的创作从他于1913年把一个自行车轮固定在一张凳子上开始。这只是个玩笑，不带 162
任何功利色彩，更别提什么审美目的了。这个做法成为现代主义进程中历史性的一
刻。《自行车轮》即使在城市里表面上思想解放的画家之中也产生了惊恐情绪——杜
尚用他们想也不敢想的事物如愿以偿地刺激了他们的神经。这车轮是恶意的玩笑，是 163
失之偏颇的嗜好，还是对艺术的故意羞辱？

事实上，杜尚花了三年时间才创作出奇特的《自行车轮》。他选择的战场是纽约，在那里，杜尚是另一场盛大的当代艺术展览的组织者之一。他买了一个真实尺寸大小的瓷尿壶，将壶底朝下摆放，在上面画上“签名”R. MUTT（此名来自于生产这个器皿的水暖制造商，J. L. Mott）以及时间“1917”，并为其取名《泉》。杜尚一些最亲密的现代派朋友对此大为震惊，认为这简直就是下流污秽，毫无艺术感可言。在一系列激烈的争论之后，理事会（杜尚是成员之一）以非艺术品之类为由拒绝了这个装置，这是对艺术有别于其他物体这一观点的急切表达——在杜尚的时代！杜尚当即辞职，公众再也看不到《泉》了，这反倒让这件“雕塑”更加声名卓著。

这是杜尚的朋友兼现代主义事业的盟友对他的第二次拒绝（1912年独立者沙龙

拒绝展出《下楼的裸女》为第一次），它所造成的伤害比他自己所承认的大得多。在后来的一次采访中，杜尚说独立者沙龙的行为“为我提供了一个转机”。实际上他从中受益:“这件事让我完全摆脱了过去的束缚。”[1]但是他为年轻的自己设定并保持终身的公众形象则是完全忽略外在世界的那种人。他退隐到自己的私密世界并创造了反艺术。

不论公众对他的探索产生什么样的反应，杜尚从来都不缺乏想象力。1919年，
他创作了《L.H.O.O.Q.》，这张明信片大小的作品是对莱奥纳多·达·芬奇《蒙娜丽
莎》的“改进”——加上了两撇军人式的八字胡和一小撮山羊胡子。图片下方的首字
164 母缩写是法语“Elle a chaud au cul”[2]的谐音，意思是“她的屁股很性感”。这是一个
小小的玩笑，但是看到它或听说过它的人都把这种行为看作是肆意的涂鸦。杜尚作为
艺术坏男孩的形象就此确立，而他的每一个举动只会让这一形象更加深入人心。

这是文字游戏和被丑化的名作令人瞠目的结合，其暗藏的后果是毁灭性的：如
165 果法令可以让任何事物成为艺术，如果仅仅称某物为艺术品或者在上面签字就可以
让它成为艺术品，那就没有什么是真正的艺术品了。主观性一定会一发而不可收。
至少，所有已确立的评判绘画或者雕塑的标准（当然也就包括所有的现代主义标
准）——构图、色彩、信息、工艺、逼真度、触感——就会失去依据。杜尚在第一
次世界大战以后的作品也同样没有放缓追求自由个性的脚步，独特怪诞之风一如既
往。其中，著名作品《被单身汉剥光了的新娘》（即《大玻璃》）花费了杜尚八年
的时间（1915—1923），也大大满足了分析家们的胃口；晚期的《给予》（1944—
1966）精心设计了一对可以看见性感裸女的窥视孔，此造型于1969年杜尚去世后首次
展出。这些都表明了，杜尚不愿妥协。

166 但是，忠于自我的杜尚甚至颠覆了他自己。他为佩吉·古根海姆等资金有限只
能专攻绘画的赞助商提出了建议，后者深怀感激地说，是杜尚教她如何领会现代艺术
最新流派之间的区别。然而，尽管与一些收藏家和画家交情甚笃，尽管向他们提供了
全面中肯的建议，杜尚还是拒绝加入任何派别，包括在极端主义方面与之颇为相似的

1 Duchamp in Pierre Cabanne, *Dialogues with Pierre Cabanne* (1964), trans. Ron Padgett (1971), p. 31.

2 尽管杜尚这幅稍作修改的《蒙娜丽莎》不论是以前还是现在看来都是那样地引人注目，我们还是要注意到，他并非拿名画打趣的第一人。报纸漫画家长年以来都在做这样的事（参见前面福楼拜的外科医生的卡通形象）。1887年，科奎林·卡代为《笑》杂志画了一幅名为《吸烟斗的蒙娜丽莎》的浮雕效果插画，画上那位神秘的女士正在吸烟斗，还吐着烟圈。

马塞尔·杜尚，《L. H. O. O. Q.》（1919），《蒙娜丽莎》改进版，杜尚最臭名昭著的“现成品”之一

达达派这种最新式的流派。1967年在讷伊去世前不久，杜尚在回顾他所欣赏的超现实主义者时简单明了地说：“我自己从未参与过任何这种对未知领域的集体探索，因为我个性中有些成分阻止我与任何人交换我内心最私密的东西。”[1]在先锋派集体主义时代，杜尚始终保持着不拘一格的形象。

不过，杜尚并非偏执自大狂。他是偶像的强有力冲击者。罗伯特·马瑟韦尔称他为“破坏王”[2]。但是，从他为保持现代艺术的生命力所做的贡献看来，他不可能自认为单枪匹马或者与盟友一起就能摧毁艺术。如果他曾不经意间有过这种力士参孙式的奇想，他只需审视自己的事业就能发现这样鲁莽行事必将招致失败，特别是在美

1 Calvin Tomkins, *Duchamp: A Biography* (1996), p. 267.

2 Robert Motherwell, Introduction to *Dialogues with Pierre Cabanne*, p. 12.

国：他那些富有的美国朋友和客户，尤其是沃尔特·阿伦斯伯格和路易丝·阿伦斯伯格夫妇，都会为他指点迷津。

阿伦斯伯格夫妇可以算得上是最理想的现代主义艺术收藏家。沃尔特·阿伦斯伯格家境富裕，受过良好的教育（他毕业于哈佛大学并致力于意大利语的学习以翻译但丁的著作，这应该算是受过良好教育的可靠标志），年纪轻轻就娶了比自己更富有的同学之妹，因此具备了成为一个艺术收藏家的所有物质条件。他对父亲的钢材生意不感兴趣，其实他对其他任何东西都不感兴趣；他所需要的只是那颗点燃对收藏无穷欲望的火花。这火花随着军械库展览的举行突然出现。阿伦斯伯格对当代艺术品收藏的渴望觉醒了，这份渴望在他一生中都未曾削减过。

167 阿伦斯伯格夫妇——在路易丝·阿伦斯伯格也被她丈夫的热情感染之后——不仅购买一流的现代主义者如毕加索、布拉克、克利和布朗库西的作品，也积极地收藏杜尚的作品。他们或从杜尚本人那里直接购买，并与他保持着亲密的友谊，或从其他不如他们那样热衷杜尚的收藏家手中转购。他们是民主派的收藏家。随着这对膝下无子的夫妻年纪渐长，身体越发不如从前，他们变成了全国各博物馆馆长竞相争取的目标（他们有时觉得“受害者”这个词更为贴切）。经过漫长、紧张甚至痛苦的矛盾斗争，他们最终把自己的重要藏品捐献给了费城艺术博物馆，其中包括杜尚的庞然大作《大玻璃》，还有《给予》。

这当中的讽刺意义是显而易见的，因为博物馆的敌人最终还是被放在博物馆展出。费城展出的都是阿伦斯伯格夫妇所能收集到的所有杜尚作品。杜尚本人自称为艺术的克星，却积极努力地把自己的作品安置到全国最大的“陵墓”——那些激进派们早就想烧毁的死去艺术家的安息地——中去，供艺术爱好者参观，好似它们都是传统经典之作。我们之前就讨论道：低估中产阶级的同化能力是个错误，特别是当它既有雄厚的资金又有敏锐的眼光时。

反模仿

一

现代主义为雕塑家提供了一个理想的舞台。与先锋派画家一样，他们一旦从新古典主义的条条框框中解放出来，便逐渐形成了最难以预测的行动纲领。他们与画家的相似并非只是巧合；雕塑家的现代主义运动与其说是对19世纪先辈们的反抗，不如说是对当代先锋派绘画一个扩展性的脚注。奥古斯特·罗丹是当之无愧的雕塑艺术集大成者，他介于反对纯模仿（特别是模仿人体）的革新者与保守的历史任务实践者之 168
间。罗丹出生于1840年，从未脱离过精确表现这个广泛的自然主义基础（据马蒂斯回忆，罗丹曾郑重地提出“模仿自然”[1]的口号），但同时他的探索又让很多（并非全部）艺术爱好者吃惊甚至愤怒。他1897年完成的那幅著名的真人大小雕塑作品《巴尔扎克》大胆展现了一个裹在色彩暗淡的外套里的粗壮小说家，引来了如潮的抗议声。1906年，年轻的马蒂斯拜访了罗丹，并向他展示了自己的一些画作。这是一次颇受艺术史学家关注的会面，没有产生什么结果，只是让马蒂斯明白了，罗丹大师雕塑人体的零散方式——即这里塑造一只手，那里塑造一条腿——让他兴趣索然。“我只能想象出我作品的总体结构，”他写道，“是用一种生动的引发联想的综合代替那些解释性的细节。”[2]罗丹虽然被保守派视为眼中钉，却也并非现代主义雕塑的先驱。

相反，正是激进派画家的努力使雕塑开始了20世纪的各种探索。这些都是主观性方面的探索。艺术家的双重身份使得这两种不同艺术类型的结合变得更为容易：

亨利·马蒂斯，《斜躺的裸女Ⅲ》（1929）。马蒂斯，尽管更多地是位画家，也常常创作一些雕塑作品，比如裸女

1 Matisse quoting Rodin, in Matisse, “Notes of a Painter, 1908,” *Matisse on Art*, ed. Jack D. Flam (1973), p. 39.

2 Raymond Escholier, *Matisse from Life* (1956), trans. Geraldine and H. M. Colville (1960), p. 138.

169 最重要的现代主义雕塑家同时也是画家，而且常常作为画家的名声比雕塑家更为响亮。德加、马蒂斯和毕加索只是其中最著名的；其他人也同样将针、铅笔和画笔作为最普通的创作工具来使用。在推翻了表现自然的理想之后一旦地位稳固，这些进步画家便向雕塑家们展示如何用实例而非规则来摆脱模仿的思维。

他们的追随者们对此也心领神会。最杰出的美国金属焊接雕刻家大卫·史密斯1952年写道："我技术上的解放得益于毕加索的朋友兼同乡冈萨雷斯，我的美学观念更多地受到了康定斯基、蒙德里安和立体派的影响。"他应该也提到了毕加索本人，因为毕加索除了画家身份以外也是一位重要的雕塑家。史密斯不容置疑地谈道，"从世纪之交开始，画家就不论从数量上还是从观念上都占据了美学的前沿阵地。"[1]三年后他在密西西比大学的一次讲座上重申了自己的判断："立体主义把雕塑从独块巨石的庞大形式中解放出来，就像印象主义把绘画从明暗对比法中解放出来一样。"[2]解放了史密斯思想的西班牙雕塑家朱利奥·冈萨雷斯在雕塑中使用了焊接技术，从而促使史密斯尝试钢铁类的材质。史密斯也走上了现代主义道路：他出生于1876年，1900年移居巴黎，与毕加索相交。不过最重要的是，画家颠覆了复制自然的古老观念；这种解放给雕塑家带来了几乎无穷无尽的可能性，而现代主义雕塑的历史也证明，他们充分发掘了这些可能性。

一些著名的早期现代主义雕塑作品实际上就是三维立体作品。毕加索的铜塑《女子头像》（1909—1910）将脸部各个平面表现为不规则矩形的集合，但模特的脸还是可以辨认的。未来主义艺术家翁贝托·波丘尼的雕塑作品《一个瓶子的空间延展》将瓶子的外形分解开来，其碎片组合成一个复杂的整体——但它还是一个瓶子。雅克·利普希茨的《吉他手》（1918）基本上保留了人体形态，其中一只可以辨
170 认的手摸着一个似吉他的四角形物体，给人一种音乐家在演奏乐器的真实感。现代主义雕塑家在作品中保留了与客观世界的某些共同点，这当然在一定程度上安抚了公众的质疑。似乎观赏者极其渴望在作品中找到与他们生活经历相关的痕迹，在辨认出熟悉的形状之后，他们便满怀感激地发出回应。这些作品对想象力的要求不如纯粹的抽象派作品。

---

1 David Smith, in a symposium on "The New Sculpture" (1952), quoted in *David Smith,* ed. Garrett McCoy (1973), p. 82.

2 Smith, "The Artist and Nature" (1955) in ibid., p. 119.

翁贝托·波丘尼，《一个瓶子的空间延展》（1912）。与其他意大利未来主义者一样，波丘尼强调“动态”是包括雕塑在内的艺术，必须体现的最主要的现代表现手段

或许最出色地实现了现代主义事业的“自然主义”形式的雕塑家是亨利·摩尔。他于1898年出生于约克郡的卡索福德。在英国高等文化中，雕塑领域的伟大艺术家可谓凤毛麟角，他就是难得的一位。在漫长的雕塑生涯中，他最常表现的是一种斜靠着的人物形象，第一次世界大战前他经常使用的材质是石头，后来更多地使用铜。在纪念像作品中，精心设计摆放的胳膊或腿构成了浑圆的不规则空白，使之变得 171
耐人寻味。他的心从未远离自然：他提醒人们，观赏其作品的最佳地点是户外，与自然景色形成和谐的对称。

摩尔常常通过紧密排列两大块雕塑而将观众置于试图理解整个作品的危险快乐中；这会促使观众努力填补中间的空白，以期在心中建立一个整体的形象。有时，他也会用一对母子的形象来歌颂母爱，但是激发强烈情感的是他所谓的“结构—经历”，即他对心中各种形状的反应；它们给人一种稳固可靠的感觉，冷静而厚重地扎根于坚实的土地。摩尔与同来自约克郡的雕塑家芭芭拉·赫普沃斯（她在纯粹的抽象道路上比他走得更远）都支持直接雕刻，不论塑造品是什么材质。这种对于雕塑材质的尊重使得他们总是真诚地对待自然，至少作品的自然背景反映了这一点。

但是雕塑的独立依旧是他们的理想。摩尔充满魅力的光滑平面给观众带来了极大的享受，也是对模仿的一种傲然而平静的拒绝。美国艺术史学家兼博物馆馆长威

廉·R. 瓦伦丁纳是摩尔的忠实崇拜者，他说摩尔“比任何雕塑家都更为透彻地表达了我们想与原始的沙漠、山川和丛林这些自然力量更为亲近的一种深切渴望，我们渴望远离尘嚣，远离受智力而非情感控制的人造生活”[1]。这份见解不算很清晰，却意义深刻，非传统雕塑家所能表达。摩尔成功地把自己走向内心的旅程转化为充满表现力的意象，直到1986年去世。

二

摩尔与赫普沃斯的作品证明，紧扣自然的雕塑家，不论这种紧扣多么含蓄曲
172 折，都给自己提供了宽阔的维度。但是显然，那些把任何故意模仿都视为向过时的新古典主义卑躬屈膝因而将之彻底抛弃的人，则享受了更多的自由。他们的想象大多是私密的，在一定程度上是无意识的，但却无所不能。一些抽象派雕塑家，如亚历山大·考尔德，用自创的逻辑决定作品的构造：在著名的动态雕塑中，考尔德通过加入各种变化不断赋予作品新的面貌，使得一系列铁丝、木头、颜色喜气的铝质椭圆或者薄片的形状达到一种飘浮的平衡，让每个元素都各得其所。这些创新作品静静地运动，在空气流动的作用下达到平衡。1949年，考尔德向马塞尔·杜尚第一次展示这些作品并请教杜尚该如何将它们命名，杜尚毫不犹豫地提出“动态雕塑”这个名词，这是现代主义者通力合作的一个生动例子。

考尔德的动态雕塑有欠庄重，但是它们所蕴含的智慧——我们都知道这是现代主义者普遍缺乏的一种素质——在弥合先锋派艺术和普通知识分子之间的鸿沟方面起了不小的作用。现代主义雕塑家中另一位耀眼的幽默大师就是毕加索，他的雕塑作品有时严肃，但更多时候则令人忍俊不禁。对毕加索来说，创作的关键就是见别人所不能见：在他机敏的眼光看来，雕塑家可以把自行车的坐垫和把手融入公牛的头，也可以用汽车模型来充当《母猴和它的孩子》中母猴的头部。在用客观对象服务艺术效果的过程中（当然这些效果都不是刻意追求的），毕加索又一次证明了艺术家之别人无法企及的至高无上的地位。

那么，在这样一个一切皆有可能的氛围中，主观性对艺术发展的贡献是巨大

---

1 Valentiner quoted in Andrew Causey, *Sculpture Since 1945* (1998), p. 27.

的，对于现代主义雕塑家和现代主义画家来说皆是如此。没有谁公然反对艺术家的选择。他可以将自己的创作与公共事件联系起来。俄国艺术家在十月革命最初的自由主义阶段便努力将自己参与建立的新世界表现得淋漓尽致。他们并没有完全指望1917年的那场大革命；早在1914年，俄国雕塑家弗拉基米尔·塔特林就远赴巴黎，想向毕 173 加索拜师学艺，毕加索却无动于衷。但是塔特林对立体主义已经了如指掌，回到莫斯科后他便开始创作一系列抽象雕塑，并称之为“反浮雕”。这些雕塑作品充满了想象，与传统的现实主义有着天壤之别。让塔特林一举成名的是纪念塔模型《第三国际纪念碑》，1919年由艺术部委托设计。苏联的政府机构当时并不排斥现代主义的独立状态，但是好景不长。

塔特林的纪念碑最终没有建成。它几乎可以说是无法付诸实践的。按照设计，它比帝国大厦还要高出很多，由钢质螺旋结构和玻璃矩形复杂地交织于一体，三根核心支柱中的一根倾斜着支撑起内部空间，这些巨大的空间可以用作办公室和会议中心等等。更引人注目的是，以三种不同的精心设置的速度旋转该模型的三根轴，它就可以处于不停地运动中。这是被革命热情高涨的俄国人称为“构成主义”的一个绝佳典范，这种风格的作品不考虑外在现实世界，它重点考虑的是使用什么样的材料才最合适。

这并不是说抽象派雕塑家从不敢尝试进入相反的领域。毕加索在20世纪20年代的野蛮油画中虽然毫不留情地夸张表现了他的情妇们，但是这些女性形象不论如何扭曲，依旧可以辨认。同样，构成主义雕塑家有时也表达现实，即使他们的艺术作品（即绝对自由的产物）很可能会沦为无法辨认的形状。例如，大卫·史密斯作品中有与其他作品风格一致的巨型金属雕塑，也有桌子般大小的依稀犹如人体形状的“画像”。冈萨雷斯于1936年完成的铸铁雕塑《梳头的女人》可以代表抽象派艺术家的一些“具象主义”尝试。尽管其标题意味着一种象征性的相似，《梳头的女人》看上去却像是对标题的牵强拙劣的诠释，用电线和弯曲金属碎片的集合来表现女人的头部——说它是头部仅仅因为雕塑者本人这样说而已。 174

事实上，至少在一开始，雕塑家作为某件作品含义的唯一权威解释人就是学术性解读的原则。罗马尼亚雕塑家康斯坦丁·布朗库西是此权威的杰出受益者之一。他生于1876年，1957年逝世，毕生声名斐然，备受敬仰。大卫·史密斯曾说他是“当下

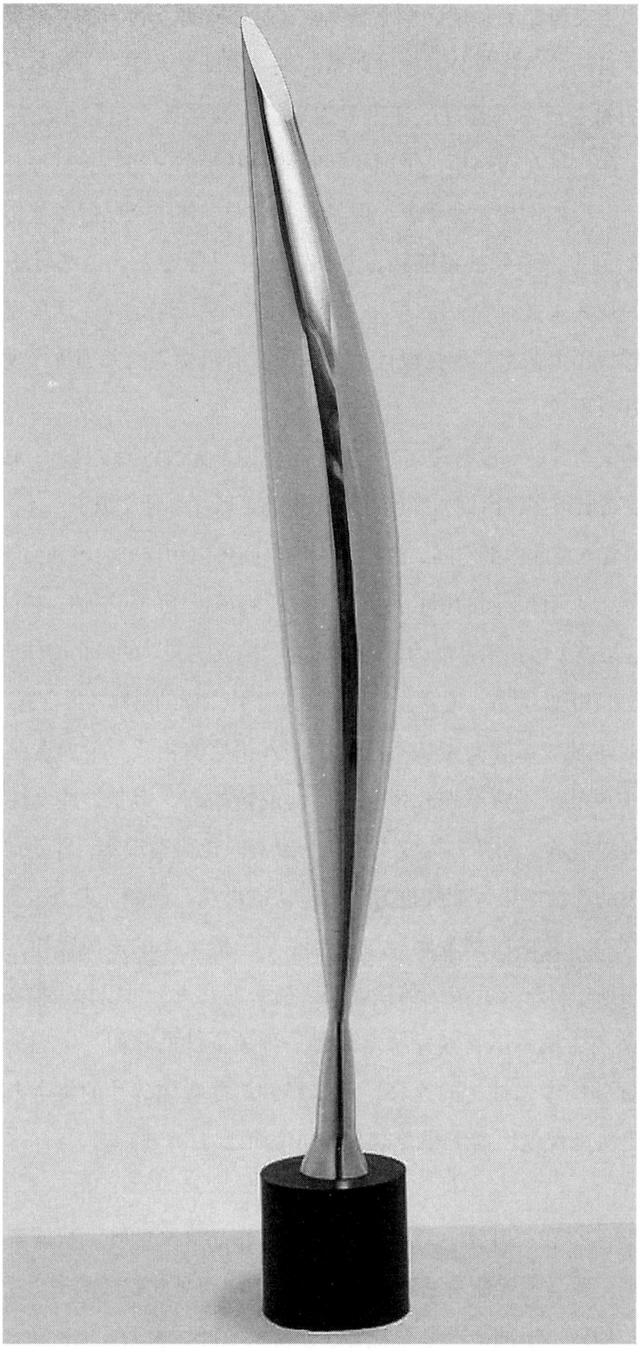

康斯坦丁·布朗库西，《空中之鸟》（1923）。布朗库西在以后的创作中都会回归到这幅现代主义抽象作品中最纯正的风格中来。《空中之鸟》拥有非常广泛的影响力，无论是铜质雕塑还是大理石雕塑

健在的最伟大的雕塑家”[1]，其他艺术创作者也在创作过程中推崇布朗库西的理念。他简单的风格和对所使用的所有材质的忠实成为公认的标语。[2]

布朗库西最著名的单件雕塑作品是《空中之鸟》，1923年用高抛光大理石完成，次年又使用了铜这一最适合的材质将其再次呈现。《空中之鸟》堪称最著名的现代主义雕塑，整件作品纤细瘦长，中间略宽，竖直挺立。与布朗库西的大部分作品一样，《空中之鸟》成为简单化雕塑的一个经典范例；他的一些著名雕塑作品甚至只是屈折的卵形，“表现”的是沉睡的孩子或者（据他而言）普罗米修斯。布朗库西用“鸟”来命名这件抽象微妙又极其美观的作品，意在引导观众将它看成鸟的翅膀。这样，一旦雕塑家摒弃了模仿的理念，他的地位就像《圣经》中给动物命名的亚当一样，变得至高无上，而这种地位是大多数现代主义者都可望而不可即的。

三

一些雕塑家增加了现代主义的智慧储备，而另一些雕塑家则丰富了它的色情文化。最有趣的例子还是来自布朗库西：他于1916年创作的雕塑《X公主》即使在巴黎 175
这块开放的现代主义圣地也不可避免地变成了一桩丑闻。不用说什么色情狂，即使是一般人也能看出这件光滑的铜雕描绘的是有些勃起的阴茎和睾丸，底下的两个球形也可看成乳房。连先锋派们都为之如坐针毡：1920年的独立者沙龙上，这件作品刚一展出立即被撤掉，因为对这些先进人士来说它太让人浮想联翩了。正如杜尚1917年的作品《泉》被其他现代主义者贬为低级趣味一样，布朗库西把人的身体简化为某些器官——特别是这种器官——也似乎有失体面。先锋派们在意识形态上很少达到统一，一个人的敢为天下先在别人看来却是冒天下之大不韪。

四

以上简要介绍的作品中有一些是第一次世界大战时期的，例如布朗库西的《X公

1　Smith, “The Artist and Nature,” in *David Smith*, ed., McCoy, p. 118.

2　值得注意的是，布朗库西对于简单的追求绝不简单。赫伯特·里德爵士一语中的：“简单不是一个目标，而是一个人在向事物真谛不断靠近的过程中，在忘我的状态下才达到的境界。”［Sir Herbert Read, *Modern Sculpture: A Concise History* (1964), p. 187.］

主》和杜尚的《泉》。它们表明，雕塑家一旦从模仿的框架中挣脱出来，便毫不犹豫地充分利用这份新发现的自由。1945年以后，先锋派雕塑虽然涉及范围极其广泛，但是没有明显持续性发展，这种自由便延续下来。雕塑家开始使用电线、现代塑料和玻璃丝来塑造带照明装置的作品，制作内部由氖灯泡照亮的回旋的线形结构，堆起完全按照原型着色的布里洛洗衣粉盒子，以及制作以真人为模型的白石膏尸首。

不是所有这些现代主义作品都光鲜亮丽或者意在达到光鲜的效果。有些作品是对20世纪暴行的痛定思痛，有些则是对法国抵抗组织（French Resistance）斗士的慷

安东尼·卡洛，《一个早晨》（1962）。卡洛，英国著名雕塑家，其智慧而强有力的结构影响了其他现代主义者

慨赞扬。但是他们当中的一些人，比如英国雕塑家安东尼·卡洛的一些焊接着色作品就没有背负那么沉重的主题。可能卡洛最著名的抽象雕塑当属1962年的《一个早晨》。作品是一个长而空的集合，一端的大直角钢板延伸至另一端倾斜的十字架，二者之间夹杂着若干钢质元素，整个作品被绘上闪亮的红色。它的魅力难以言喻，却非

177 常令人震撼。

战后卡洛等一批艺术家声名鹊起，给予其他同行极大的鼓舞。但是他们大多以自己的不拘一格为傲。在这个创作理念和手法层出不穷的时期，个性已经司空见惯，几乎每个人都是现代主义者，“现代主义”称谓对这个时期的雕塑家来说已经失去了实质意义——这个奇怪的转折是我们的讨论中一个少见的逆转。也就是说，新古典主义雕塑市场已经基本瓦解，还没有什么特别整齐明朗的风格来取代它的位置。

关于布朗库西的一段掌故强烈地表明，现代主义雕塑的未来可能不会像它的过去那样轰轰烈烈。1926年，他把自己精心雕琢了三年之久的精美佳作《飞鸟》送到美国进行个人作品展。但是海关检查员拒绝将它视为艺术品使之免费入境，而是将 178
它视为“制造品”，征收了40%的关税。布朗库西百口莫辩，在满怀愤懑地付款之后将海关告上了法庭。如果这次海关的征税要求被判合法的话，布朗库西以及其他现代主义作品的销售市场将会大受影响。不过法庭还是倾向了布朗库西这一边，这是“中产阶级”接纳现代主义的一段佳话。这样令人欣慰的结局虽然并不多见，但也不至于少见到像有些教条的现代主义者所断言的那样。传统的中产阶级社会也可以接纳新事物。 179

4 小说与诗歌：心脏搏动之间歇

新小说

如果说先锋派绘画的买家大都只限于既有购买实力，又不乏展示空间的富裕中产阶级的话，那么被大多数人视作离经叛道的现代主义文学则呈现在更为广阔的大众面前。这里的关键标准是销售数字。但是现代主义画家和现代主义小说家有一个显著的共同点：二者都创作出经久不衰的作品，成为高雅文化历史长河中的不朽丰碑。

但是新小说的接受绝非易事。对于大多数维多利亚时代后期的小说读者来说，现代主义小说家开始尝试的游戏似乎是对作者与读者之间原本久经考验的友善关系的逐步破坏。先锋派小说家要求读者必须对作品投以百分之百的注意力，而这是以前殷勤讨喜的传统小说家不会惹的麻烦。商业出版商再清楚不过，新兴小说的读者群注定要遇到瓶颈；几乎可以预见的是，现代主义小说中的经典在出版和分销上将会阻力重重，而且要比被先锋派称为庸常之作的小说的销量小得多。

艺术批评家对绘画消费的评价也适用于文学批评家对小说消费的评价。他们将阅读人群分为三类：到目前为止最大的读者群由“未开化”大众组成，他们没有提高阅读水平的意识，自然也就满足于肤浅之物；第二类群体相对较小，但是绝对人数并不少，他们经常接触高等文化，自身素质较高，却不愿意花费时间和精力来研读现代主义小说；最后一类是一小部分精英人物，他们是小说读者中的优秀分子，欢迎各种创新和实验。现代主义文学批评家认为这些阅读群体中的大部分人，也就是第一类人，完全是朽木不可雕。批评家们偶尔也会猛烈抨击现代民主的可怕，认为在这种民主制度下，老百姓连读一读现代主义小说都是不可思议的事，就更别提买了。他们更鄙视那些自视渊博实则浅薄之人，这些人毕竟享受了受教育的权利，生活也较为悠闲。这谴责即使在现代主义小说为更多的人熟悉之后也没有变得缓和。

这种对读者群体居高临下的审视即使算不上令人赞叹，至少也是完全合情合理的。与最具创造力的现代主义画家一样，现代主义小说家除了给读者带来复杂的满足感之外，也以他们的极度不可捉摸性让读者感到某种焦虑——即对小说根本意图的不安甚至怀疑。下面会发生什么？在19世纪经典小说的时代，读者很少会问这样的问题。扉页上的作者名字所激起的期待是相当明确的：萨克雷与特罗洛普风格迥异，屠格涅夫与托尔斯泰也是各有千秋。但是这些小说所带来的愉悦感相对来说比较直接；读者可以把注意力集中于故事本身，而不是讲故事的人。

182 这就是传统小说家与现代主义小说家最明显的区别。传统小说家并没有刻意要唤起读者对他们写作技巧的注意，而反传统小说家却恰恰如此。他们就像专业魔术师一样，用让人眼花缭乱的烟雾道具不断地提醒观众他们的存在。这并不是说现代主义作家（例如罗伯特·穆齐尔或者伊塔洛·斯维沃）的崇拜者们就一定不能完全沉浸在小说当中。他们可以而且也确实全神贯注了，但还是会对那双不断设计新花样的操纵之手保留了一份关注。

可以想见，传统小说中的人物会遇到各种复杂状况，情节悬念迭起，读者忍不住猜测最终的结局。这些小说也会出其不意，主人翁命运的转折就像精明的作者设计的许多路障布满人物前进的道路。但这些悬念终归会得到解决。最终，一切都毫不含糊地明朗化，每个人物都各得其所，这是读者和作者之间默契的一个不可或缺的要素——也正是读者想要阅读的内容。

19世纪后半期，一些敢于冒险的小说家受现代主义主观性的吸引，宣称他们不满于当时占主导地位的现实主义小说。埃米尔·左拉的成功来之不易，在到处充斥着圆滑的含糊其词的小说时代，很多人视其为进步的标志。不过左拉很快受到来自左翼分子的攻击。1891年，托马斯·哈代在严厉批判粗鲁无礼、口无遮拦又追逐潮流的现实主义者的同时，提倡一种比对事物表象的科学探索更为透彻的文学活动。“发现事物更优秀品质的眼睛和倾听‘静谧哀伤的人性音乐’的耳朵，”他借用华兹华斯的诗句写道，“不是光靠外部感官获得的，比如摄影技术。眼睛和耳朵所不能洞悉的，只能为内心感知所理解，这种内心感知来自对生活的所有表现形式的共鸣性的欣赏力。具备这项天赋的人所刻画出的人性，要比在技术和外在观察手段上较强但是缺乏此共鸣的人精确得多。”[1]他坚信有些内心深处的东西是小说家们一直忽略的。 183

不久之后的1899年，英国诗人兼批评家阿瑟·西蒙斯在他深刻而富有前瞻性又颇具争议的文章《象征主义文学运动》（T. S. 艾略特的文学自主教育理论深受其影响）中指出，哈代提倡的含蓄理论正在为越来越多的人们所认识。他欣喜地谈到正在发展中的“对注重外表、堆砌词藻和唯物主义传统的反抗”和“为解放任何存在的和可以被意识到的事物之根本特性（即其灵魂）的努力”。西蒙斯谈道，正是通过象征，“事物的灵魂才得以明晰；不胜重负的文学最终将会获得自由和它真正的语言”[2]。象征就是事实本身，与小说人物的收入和他所居住的房子一样真实，在某些重要方面甚至更加真实。早期现代主义者批判注重外表、堆砌词藻和唯物主义为令人遗憾的特性，认为它们腐化了当代小说，正像学院派艺术腐化了绘画一样。西蒙斯在对小说富有灵魂之未来的大胆设想中提出了语气、表达技巧、遣词造句和洞察力等方面的问题。现代主义者对于当代小说的探讨，即寻找穿透迷雾直达人物内心深处的表达方式，使小说变得扑朔迷离、引人入胜。

首先，现代主义小说家大胆地颠覆惯常的文本配置传统，要么用大段篇幅来描述某一个动作，要么仅用只字片语来描述一个主要人物。在《追忆似水年华》第一卷中，马塞尔·普鲁斯特用了整整两页的篇幅来精细描画斯万与后来成为其妻子的交际花奥黛特的初吻；《向灯塔去》（1927）和《达洛维夫人》（1924）并称为弗吉尼亚·伍尔夫的两部经典绝唱。在《向灯塔去》中，读者仅在不经意间从括号的内容中获知了拉姆齐夫人的死，而她却是小说的真正主角。这些小说是现代主义的顶点，我将在后面详细讨论。其次，情节——即事件发生的逻辑顺序——这一维多利亚时代小说必不可少的元素在现代主义小说中黯然失色。在狄更斯、托尔斯泰、冯塔纳甚至福楼拜的作品中，人物一直做出各种行为。现代主义小说则并非如此。1918年，英国小说家梅·辛克莱在评论多萝西·理查德森的现代主义著作《朝圣之旅》的第一卷 184
时不无惊讶地谈道:“这套书中没有情节，没有情境，没有立体布景。什么事都没有发

---

1 Thomas Hardy, “The Science of Fiction,” *New Review* (April 1891), p. 318.

2 Arthur Symons, Introduction, *The Symbolist Movement in Literature* (1899), p. 10.

生。”[1]对内心世界的痴迷，对主观性的称颂以及一次次对小说写作传统的挑战——也就是一种固有的不妥协精神——使得现代主义小说为庸常之辈所不齿。

为庸常之辈所不齿的一部分原因当然来自现代主义者——至少是有些现代主义者——对于性描写的直白。传统小说家往往模糊委婉一笔带过的东西现在却堂而皇之地呈现于世人眼前。潜台词变成了明白的语言，尽管在很长一段时间内还有所保留。保护了维多利亚时代人们私人空间的传统禁忌（这种保护不一定羞怯腼腆，但肯定是毅然决然）开始瓦解，现代主义作家为此更是不遗余力。法国作家一马当先，而其他保守文化自身也在发生变化，尽管英国和德国读者贪婪地购买从巴黎引进的妙趣横生的小说，并且最终在安全距离内对其持续关注。福楼拜、龚古尔兄弟、左拉及其支持者对文学价值进行了重新定义。此后，至少对于解放了思想的人来说，文学价值并非体现在小说人物的社会地位或者他们的行为是否高尚，而是在于小说作者的文学素养。

不过，与在读者中掀起的其他波澜相比，现代主义小说大胆放肆的性描写只是次要的，尽管低俗小报对此总是津津乐道。在认为生命之力体现于性暗示与性行为（不一定是异性恋）的小说家D. H. 劳伦斯看来，把性爱置于其作品的核心地位是自然而然，当然也就是完全健康的事情。但是其代表作《查泰莱夫人的情人》（1928）甚至对他自己来说都是一个挑战极限，在经历了多年的兴衰沉浮后，这部小说才得以公开出版。负面评价并不只来自于保守主义卫道者：包括弗吉尼亚·伍尔夫在内的其他现代主义者都严肃批评劳伦斯的粗鄙与意识形态的僵化。

简言之，现代主义小说打破了判定文学作品的公认标准——前后连贯、时间顺序、完整结局，当然还有含蓄——转而关注内心世界，令人震撼。现代主义作品主要
185 反映的是作者。安德烈·纪德最杰出的小说《伪币制造者》（1926）就是一个经典的现代主义例子。主人公爱德华打算写一部名为《伪币制造者》的小说（当然是这个名字！），小说的大部分内容都来自爱德华的日记，日记也被人物的创作者纪德详细引用。那么，这部叫作《伪币制造者》的小说讲述的就是一部叫作《伪币制造者》的小说的故事。它生动地折射出现代主义者对传统小说写作手法的反抗。次要的客观事实被甩在了后面，追得气喘吁吁。

---

1 May Sinclair, “The Novels of Dorothy Richardson,” a review of Dorothy Richardson’s *Pilgrimage* (1915—1938), *The Egoist* (April 1918), p. 58.

反抗贝内特先生

一

在这个紧张的氛围中，现代主义文学批评家通常都把普通小说的肤浅作为他们集中攻击的目标。这种批评没有被第一次世界大战的漩涡吞噬，这表明它还是有其利用价值的。弗吉尼亚·伍尔夫于1924年在剑桥大学对思想开明的学生们发表了名为“贝内特先生和布朗太太”的演讲，这是她最振奋人心的演讲之一。其中她将自己反抗文学权威的努力做了一个总结。她演讲的主题就是小说中的人物，或许有些门户之见，有点夸大叙述，但是她的结论依旧铿锵有力。伍尔夫在回顾过去的二十多年时提出了非常著名的观点，即“人性在1910年12月前后发生了改变”[1]。她又谈到，可惜的是，最负盛名的英国小说家H. G. 韦尔斯、约翰·高尔斯华绥以及阿诺德·贝内特这些被她称为“爱德华七世时代的人”都没能认识到这个剧变，更谈不上成为其中的一员了。伍尔夫亦称这三人为唯物主义三人组，并认为已受到西蒙斯批判的唯物主义只是对人物太过狭隘和粗浅的描画，因而不能创造永久性的文学作品。

伍尔夫狡黠地从阿诺德·贝内特的人物里取证。说她狡黠是因为，虽然她与贝内特在这个问题上看法一致，却还是要将他视为首要攻击目标，因为贝内特在写作实践中违背了他的原则。“‘优秀小说的根本就是人物塑造，除此之外别无他物，’”她引用他的原话，“‘文体重要，情节重要，视角的新颖也重要。但是所有这些都不如人物的真实性来得重要。如果人物是真实的，小说就有希望，如果人物不真实，那 186
么作品就一定会被湮没。’”她只得这样表示赞同：“我认为所有的小说……都要处理人物问题，而且是表达人物——不是说教、唱歌或者歌颂大英帝国的伟大。”[2]这就指出了贝内特是怎样错误地将原则运用于创作。

对此，伍尔夫又回忆到最近一次在火车上偶遇的一个大娘，她假设其名为“布朗太太”，并想象布朗太太的一些人生经历。伍尔夫问道，爱德华七世时代的小说家会怎样描述布朗夫人？韦尔斯会为她设计一段完美主义的未来；高尔斯华绥会把她

---

1 Woolf, “Mr. Bennett and Mrs. Brown,” 1924 lecture repr. in *The Captain's Death Bed and Other Essays* (1950), p. 91.

2 Ibid., p. 97.

刻画成工业资本主义的牺牲品，而伍尔夫的真正批判对象贝内特的文字则会一直流于表面。她以贝内特对希尔达·莱斯韦斯在同名小说《希尔达·莱斯韦斯》中的描写为例。小说交代了希尔达所看见的窗外的情景，她居住的房子，房子周围的社会环境等，一切都描述得很详细。然后贝内特告诉读者，希尔达听见了母亲的声音，这成了伍尔夫的攻击对象："但是我们听不见希尔达母亲的声音或者她自己的声音；我们只能听见贝内特先生的声音，告诉我们房租、不动产和罚金等等事情。"布朗太太就坐在那里，"爱德华七世时代的作家连看也不看她一眼"。显然，他们的老套手法，他们的写作工具是"不适合我们使用的"[1]。

这个时期的伍尔夫正在创作《达洛维夫人》，这部小说与贝内特的《希尔达·莱斯韦斯》有着天壤之别；了解了这一点，我们就可以更好地理解伍尔夫的批判。伍尔夫又谈到，传统小说的维护者为他们处理人物的方式开脱。她列举了温顺的英国读者们的观点："老大娘们有房子住。她们的父亲还健在。她们有收入来源。她们有仆人。她们有热水瓶。"难道这些关于她们生活的实际细节还不足以让老妇人们在贝内特及其文友丰富的文本里栩栩如生吗？伍尔夫冷冷地将这种论调视为畅销书作家自私自利的宣传。"如果你认为小说首先是关于人，然后才是关于他们所居住的房
187 子的话，就陷入了小说解读的误区。"[2]批判持续下来。

二

弗里德里希·尼采在19世纪80年代曾希望心理学可以成为与自然科学并驾齐驱的主要学科。现代主义小说家似乎与他心有灵犀，他们的作品成为深入透彻的心理探索，从而让尼采如愿以偿。如果一定要用某个具体的日期来标识这种转变的诞生的话，最合理的年份就是1887年——这一年爱德华·杜雅尔丹的短篇小说《月桂树折》出版。杜雅尔丹是编辑兼小说家，在法国作家对现实主义和实证主义等枯燥的文学哲学流派的抵制运动中表现活跃。他遵从七十多年前由浪漫主义者建立的传统，想加入再次改变世界的行列；在他看来，世界已经因为18世纪的启蒙运动而变成无聊乏味的唯物主义。1885年，他成为《华格纳杂志》的创刊者之一，次年又开办了《独立

1 Woolf, "Mr. Bennett and Mrs. Brown," 1924 lecture repr. in *The Captain's Death Bed and Other Essays* (1950), p. 106.

2 Ibid., pp. 106—107.

者杂志》。这两份杂志都是象征主义者的宣传专刊。当时的象征主义者是一群人数虽少但影响力颇大的先锋派作家团体，左拉的现实主义对他们来说还不够前卫。

在杜雅尔丹这部对现代主义贡献卓著的小说中，几乎什么情节也没有，也就是说所有的事情都是间接发生的。小说由一些人物的普通对白构成—— 一个意乱情迷的年轻人，即叙述者；他那呆板又愤世嫉俗的朋友，也是他倾诉情爱幻想的对象；还有一位可爱的年轻女演员，可能会也可能不会和他展开恋情。这两个可能成为恋人的人一起边走边聊；她约他几天以后再见面，他决定不去赴约。这就是全部的情节。

但是杜雅尔丹有潜台词：男主角的沉思、自省，以及他对于外在和内在刺激的反应；总之就是他与自己的对话。杜雅尔丹把这种写作方式称为内心独白，即私密的无声的话语。这是纯意识流释放出的自由联想的较为条理清楚的形式，其中的联系常常是声音以及突现记忆片段的相似。二者都将叙述主观体验的任务放在了人物自己身 188
上，就像演员通过旁白来将自己未表达出的思想传达给观众一样。

内心独白是将心理学与自然科学并举的重要一步。文学史上名不见经传的杜雅尔丹后来透露，他的小说只售出了几百本，而且很快被人们抛在脑后。但詹姆斯·乔伊斯就是这为数不多的读者中的一个，而且从没把它遗忘。后来，他满怀感激地寄给杜雅尔丹一本《尤利西斯》，签名落款为“一个不知悔改的小偷”。后文很快就会讨论乔伊斯通过这不知悔改的偷盗造就了怎样的辉煌。

三

不经意间引领了新式小说发展潮流的杜雅尔丹强调，现代主义小说是主观性的实践。但仅凭这一点还不能把它与维多利亚风格的小说区别开来；小说家的心理探究并不少见。几乎从其诞生之日也就是18世纪中叶开始，现代小说就将心理活动作为其内容的重心。在《汤姆·琼斯》的“序言”部分，亨利·菲尔丁直接表明了这一点：“我们这里所探讨的没有别的，只有人性。”他又着重谈到，人性这个“笼统名词”对作家来说实在是包罗万象，因此完全无法“穷尽这个广博的论题”[1]。不论是以书信体形式——直到法国大革命时代，这一直都是小说读者所喜爱的形式——还是加入

1 Henry Fielding, *Tom Jones* (1749), Bk I, Chap. 1.

作者对人物情感和动机的全知全觉的插入式评论，小说都履行着充当人类行为可靠向导的义务。真正的小说必须塑造超越老套形象演绎合理角色的真实可信的男女主人翁。对从事文学写作的小说家来说，小说人物必须是带着可能的动机在可能的环境中面对可能发生的矛盾的可能的人。

那么，现代主义小说的独创性与其说在于发现精神活动的范畴，不如说在于对
189 这一范畴的重新界定；其目的在于通过实验性的技巧进行更深入的挖掘——比传统小说家曾经尝试过的要深入得多。现代主义小说越来越多地成为意识的小说，这种写作手法让很多读者感到不悦，却恰恰就是小说要达到的效果。甚至时常超越意识：在《梵蒂冈的地窖》（1914）中，安德烈·纪德安排主人公拉夫卡迪奥犯了一桩“动机不明”的罪——也就是说，这个举动当然由人物自己做出，但它的动机如此安全地隐藏在罪犯的无意识中，以至于无法对其做出合理解释。弗洛伊德的精神分析理论在这种心理谜题面前并不显得特别遥远和陌生。

但绝非所有倾听静谧哀伤的人性音乐的新式小说家都要借助非传统手段，他们也能利用传统技巧为反传统目的服务。多产小说家兼坚定的先锋派编辑福特·马多·福特称这些谨慎的创新者为“印象主义者”，即他们更关注自己对作品的主观反应，而非客观事实。[1]不论是谨慎还是大胆，现代小说家努力捕捉的都是在工作、梦境、沉思、犹豫、许愿以及矛盾中的心理状态。其中有一些人，比如讽刺大师托马斯·曼，不断钻研精神分析文学。但即便是没有读过弗洛伊德著作的小说家——比如马塞尔·普鲁斯特——问的都是弗洛伊德式的问题。他们坚持不懈、敏感而又善于体察人意，以各种各样的方式证实了现代主义文学的包罗万象。

回顾久远的历史，似乎小说的现代主义革命是在经历了一系列自然而然的过程之后，最终达到文学激进主义的顶峰的。但这未免把其发展过程过于简单化了。读一读杜雅尔丹，我们知道一些小说家早在乔伊斯之前就已经开始了对本质的探索。他们
190 与19世纪的现实主义者一样对真理热情而执着，不过他们对现实的定义增加了新的维度。这些先驱者是现代主义小说史上的巨匠，其中有两个人尤为光芒璀璨，他们分别是挪威作家克努特·汉姆生和奥地利作家阿图尔·施尼茨勒。

1　福特在《好兵》（1915）中展现了他精湛的文学技巧，小说那捉摸不定的叙述者是一个绝妙的虚构，整部作品杰出地展示了什么是现代主义小说日益重要的元素。

汉姆生古怪至极，是严肃而孤僻的小说家，也是最激进的现代主义者。他基本上没有受过正规教育，主要依靠自学。在广大读者看来，汉姆生一直都徘徊在主流作家之外，尽管他是1920年的诺贝尔文学奖得主。其成名作《饥饿》到今天读来都令人惊叹。虽然在这之前他也进行过一些写作尝试，但是都归于失败。汉姆生于1859年出生在挪威的偏远农村地区。他身强体壮，精力充沛，一直在家务农，二十岁时独自离家来到奥斯陆谋生，从此踏上了文学之路。那时的汉姆生过着食不果腹的艰辛生活，后来他又分别于1883年和1888年两度到美国谋发展，在那里除了从事各种服务性的工作之外（农场工人、电车售票员、理发员等等），他没有放弃写作。他当时的主要成就是一部口无遮拦的短篇小说，模仿居高临下的游记口吻写成，抨击美国为一个没有礼仪、文学和文化的国家。

之后的1890年，回到奥斯陆的汉姆生迎来了事业上的转折点。《饥饿》奇妙地把作者的自身经历转化成了文学艺术。小说的主人公是一个穷困潦倒、经常饿肚子的作家，因为付不起房租四处流浪、露宿街头，偶尔投稿得中赚的钱也只够勉强度日。尽管过着粗鄙不堪的生活，他却不忘记录下自己心灵深处最真实最细腻的活动。在小说的结尾，这位无名作家作为雇工登上了一艘即将离开挪威的船。在乔伊斯的作品出现之前，汉姆生的意识流写作技巧无人能及。

汉姆生成功的表达手法既非突如其来的灵感，也非偶然随意的冒险：他在后来的小说中不断使用这种手法，也是他十年磨一剑的成果。1890年，也就是《饥饿》问世的同年，他发表了一篇开创性的文章，概述了捕捉心理活动最微妙瞬间的重要性：“它们只持续一秒钟、一分钟，它们来去匆匆，稍纵即逝；但是在消失之前，它们会
留下深深的印记和某种特殊的感觉。”它们是“心灵深处不易察觉的神秘波澜，是捉 191
摸不定的印象的混沌，是被放大了的微妙的想象，是思想和感觉的自由发展，是大脑和心脏天马行空的旅行，是神经的奇异活动、血液的窃窃私语和骨骼的迫切恳求，即心灵的无意识活动”。[1]用放大镜细观自我，捕捉最易消逝的印象，认识心灵和身体间的互动，体察思想非理性的轨迹，所有这些与汉姆生的形容词——“微妙”“自由”“天马行空”“无意识”——构成了现代主义小说的纲要。这是不用借助于治疗室沙发的文学心理分析。

1 出自汉姆生的文章标题，*From the Unconscious Life of the Mind* (1890)。

在十年以后的1901年，当时奥地利最前卫的剧作家兼小说家阿图尔·施尼茨勒以精湛的技巧将内心独白运用于著名中篇小说《古斯特尔少尉》中。施尼茨勒通篇没有任何评论性文字；古斯特尔的心理活动就是小说的全部。似乎福楼拜理想中的那种作者完全遁形的小说被翻译成了德语。施尼茨勒笔下的少尉是一位在奥匈帝国军队中服役的贵族，他傲慢、浅薄、自私又相当愚蠢，正担心着第二天一早将要进行的一场决斗，对手是一个胖胖的上了年纪的平民。原来，二人在一次音乐会散场后在拥挤的衣帽间里为一点小事发生了争执，还是由古斯特尔先挑起的。古斯特尔整个晚上都在维也纳四处游荡，为可能等待他的命运之箭备受煎熬。他想干脆开枪自杀。他想如何给父母和姐姐写遗书，虽然写信并不是他的强项。他又带着顾影自怜的悔恨想起痴情的阿黛尔——自己先占有了她，腻烦了以后又绝情地将她抛弃。(“我从没见过一个

阿图尔·施尼茨勒，奥地利最著名的戏剧家、小说家和诗人，一位心理学家大师

女人哭得那样伤心……其实那是我一生中最为之感动的事情。”[1]）他想知道自己的朋友和现在的情人斯戴菲在他突然死亡后（这是最坏的打算）会怎样悼念他。谁知他的决斗对手突然中风，性命难保，古斯特尔如释重负的程度几乎令人恶心。

《古斯特尔上尉》视角新颖，但是作者施尼茨勒激进的讽刺手法则更为抢眼。
作为一个政治自由主义者，他讨厌趋炎附势（他认为这是当时社会的首要罪恶）、决 192
斗（他强烈反对这种贵族作为）和厌恶女人情绪（在这一点上他自己的行为也并非无懈可击）。这部约1.2万字的《古斯特尔少尉》是对奥匈帝国君主制的尖锐控诉，证明了现代主义者没有一直坚守为艺术而艺术的原则。不过，即使在这样的半政治化文本中，小说家的主权依旧保持完整。我们将不止一次地发现，一些最成功的先锋派小
说、戏剧，甚至乐曲和设计，都带上了针砭时弊的味道。但这并不代表它们的现代主 193
义光芒没有中立派作品来得耀眼，或者它们与学院派对抗的力量不如中立派作品来得强大。

四位现代主义大师

一

亨利·詹姆斯、詹姆斯·乔伊斯、弗吉尼亚·伍尔夫以及马塞尔·普鲁斯特——这是四位魅力四射、无与伦比的小说家。这串名字还可以扩充：托马斯·曼、约瑟夫·康拉德、D. H. 劳伦斯，或者威廉·福克纳？抑或在西方世界鲜为人知的印度或韩国诺贝尔奖得主？我在这章里只列出了这四人，并加上了弗兰兹·卡夫卡，首先因为他们当之无愧；其次，尽管他们摈弃传统写作技巧的需求基本一致，但是他们背离传统原则和深入小说人物心灵深处的方式却极具鲜明个性。

乍一看，亨利·詹姆斯在现代主义者中的地位似乎还有待商榷。他的十几部长篇小说以及几十部短篇小说遵守的都是传统原则：情节稳步向前发展，结局也像传统小说一样在最后揭晓——有些小说中詹姆斯用最后一段话甚至最后一个词来解开之前精心设计的悬念。人物对白朴实自然，虽然有时较为夸张；叙述者对发生的一切全

1 Arthur Schnitzler, “Leutnant Gustl” (1900), *Die erzählenden Schriften*, 2 vols. (1961), I, p. 357.

知全觉；语言虽然精致文雅，也不至于让高层次读者求助于字典。尽管具有这些传统文学的特征，詹姆斯的作品特别是晚期作品中有些前所未有的东西，令人大开眼界。他对意识活动进行了深入复杂的探究。在人物繁杂的对话和作者的介入（通常是对动机、情感和反应的微妙细致的描述）之间，詹姆斯编织了一张逐渐展开的错综复杂的网，直达人物内心最隐秘之处。值得注意的是，到1916年詹姆斯七十三岁去世为
194 止，虽然他已经为大西洋畔英语国家的读者所熟知，却还算不上最受欢迎的作家。在一代博学而雄辩的支持者的努力下，他最终跻身世界顶尖小说家之列——一位看似循规蹈矩却又最具现代精神的现代主义者。

詹姆斯获得如此地位的原因是他以外科医生式的精准去描画人类思想行为中极其微妙的差别。他在众多著作中最爱展现的主题有：面对都市化、堕落的欧洲的单纯的美国人；与自我及公众抗争的艺术家；耸人听闻的恶魔入侵——詹姆斯的恐怖故事让人不寒而栗。他从1902到1904年一连发表了三部小说《鸽翼》《使节》以及《金碗》，创作速度极快。每部小说都是鸿篇巨著，成熟厚重，展现了他那颤动着无以复加的精致的触角。正如书店或者地铁书摊的销售员所说，这些小说不太好懂，所以过了很久广大读者才战战兢兢地购买它们并努力享受个中乐趣。但是，除了供大学研究之用和对文学新闻产生影响之外，这三部佳作都未能吸引大批追随者。我们对此感到惋惜，但同时也能领会为何詹姆斯的先锋派小说一直都是文化精英分子最钟爱的佳肴。

二

亨利·詹姆斯和詹姆斯·乔伊斯这两位小说家有着天壤之别，因此，只欣赏法国现代主义作家的T. S. 艾略特对这二人都潜心研究实在是件很有趣的事。这种将崇拜的范围扩展至如此风格迥异的作品的能力证明了，现代主义是一股强大的联合的力量。詹姆斯符合艾略特理想中的文学家的所有条件：他是主动离乡背井移居欧洲的美国人，1876年三十七岁时在英国定居——艾略特也做了同样的事。詹姆斯是最持之以
195 恒最全情投入的作家，他勇敢地宣称文学与当代批评家中泛滥的粗俗格格不入，与所谓的高层次大众也渐行渐远。他的文章犀利而又忧郁，试图把文学创作从民主政治中挽救出来，艾略特也同样努力地挽救他的诗歌创作。

艾略特喜爱乔伊斯的理由并不如此明显，但这种喜爱是最明确最迫切的。他四

处向朋友和读者歌颂《尤利西斯》的伟大。“我认为这部小说是当今时代最重要的作品，”他于1923年写道，“这本书使所有人受益匪浅，我们无不受之影响。”[1]简练精辟的风格大师欧内斯特·海明威也表达了同样的赞美。“乔伊斯，”他评价道，“写了一部最精彩的小说。”[2]这是来自两位现代主义巨匠的由衷赞叹；艾略特认为这部小说符合“当今时代”[3]的评价是中肯的。他正带着一份难得的宽容声援一个与时俱进（此处借用波德莱尔之语）的作家。

乔伊斯大半生都在异乡漂泊。在《尤利西斯》的结尾，他列出了小说创作的地点：“的里雅斯特—苏黎世—巴黎。”但是从某种意义上说，他从未离开过家乡。1882年，乔伊斯出生于都柏林并在那里读书，二十岁时他逃离了充斥着迷信与沙文主义的爱尔兰，从此常住欧洲大陆。但是1914年出版的一本薄薄的精彩短篇小说集《都柏林人》标题本身就毫不含糊地指明了他的出生地。其于1916年出版的《青年艺术家的画像》也是如此，这部小说是《尤利西斯》的重要预演，也是最著名的现代主义小说，其中的两个虚构人物几乎踏遍了都柏林的每个角落。而都柏林也是《芬尼根守灵夜》的背景——如果用“背景”二字来描述梦幻般丰富多彩的双关语和乐此不疲的文字游戏算得上合适的话。这部小说从专业角度来说堪称乔伊斯最现代主义的小说，但与普通语言疏离得太远，以至于成为一本无人能懂的天书。

乔伊斯小说具备了最颠覆传统的现代主义的所有特征：丰富多变的思路，博大
精深的隐喻，游刃有余的外语表达，变幻莫测的想象，以及打破根深蒂固写作规范的 196
决心。他是异端中的异端。《尤利西斯》的诞生是一个缓慢的过程。其中一些章节从1918年开始在一份先锋派刊物上发表，并很快引起了激烈反响。早在小说完整出版之前，被这些零碎章节弄得如坐针毡的批评家已经无法否定它的冲击力。1921年，英国著名意象主义诗人兼编辑理查德·奥尔丁顿发表文章预言，这部小说必将对乔伊斯的拥护者们产生毁灭性的影响。

奥尔丁顿是一个地地道道的现代主义者；1914年和1915年，他冲破了重重阻力促成乔伊斯的前一部小说在《自我主义者》杂志上连载。“诚然，《青年艺术家的

---

1 Eliot, “Ulysses, Order and Myth,” *The Dial* (November 1923), p. 480.

2 Ernest Hemingway to Sherwood Anderson, March 9, 1922, in Richard Ellmann, *James Joyce* (1959; rev. ed. 1982), p. 529.

3 Eliot, “Ulysses, Order and Myth,” p. 480.

画像》有失文雅，但其中不乏上佳片段；迪达勒斯（主人公名，以乔伊斯本人为原型）的‘理想主义’与愚钝丑陋的现实世界之间的争斗是非常令人为之动容的。”奥尔丁顿坦承，这部小说激起了他内心的无限期待；“作者给人一种灵气十足、才华横溢的感觉。”但是接下来的《尤利西斯》让他大失所望。奥尔丁顿写道，这部小说“比乔伊斯先生写过的任何作品都刻薄、污秽、言辞辛辣”。他认为它是“对人性的巨大污蔑”，虽然写得聪明机智，但总体太过压抑。“《青年艺术家的画像》中虽然有笑声，却是刺耳的嘲笑”，与拉伯雷的健康的幽默相去甚远。接下来的《尤利西斯》也是一样。它的确值得人们广泛关注。“从艺术的角度来看，”奥尔丁顿承认，“乔伊斯先生有可圈可点之处；他的作品确实卓越不凡，”不过，他又坚称，“从人性的角度看，我想他一定错了。”[1]

奥尔丁顿仔细研究了乔伊斯的一系列文本技巧，认为它们绚烂耀眼，魅力无穷，尽管小说本身并非正面教材。“乔伊斯先生在人物性格分析上比我所知道的任何作家都进行得更透彻更深入。”总之，这部小说是“一份惊世的心理记录”。确实，“在几乎所有的章节中他都达到了他所要求达到的‘效果’。他用语言塑造的东西虽大胆不羁却精彩绝伦。他可以审慎理智，可以冷嘲热讽，可以污秽不堪，可以陈词滥
197 调，也可以尖酸刻薄，一切都随兴而至”。但是奥尔丁顿在对文学作品的评判中加入了道德的维度，从而在无意中触到了文学批评的顽疾，这是至少包括奥斯卡·王尔德在内的一些现代主义者努力祛除的问题。但即使是弗吉尼亚·伍尔夫这样一个坚定的现代主义者也部分地认同了奥尔丁顿的观点。

三

弗吉尼亚·伍尔夫与乔伊斯的文学革命斗争了很久。在她心目中，他是与自己心有灵犀的不多的几个作家之一（其他两个是萨缪尔·巴特勒和萧伯纳），因为他们也关注到甚至预见到1910年12月人性的剧变——这是伍尔夫的著名观点。但是乔伊斯对她来说太过复杂。在评价乔伊斯时，伍尔夫对他把思想转化成文字的尝试流露出欣赏之意。这当然也代表了她自己的理想。但是在“贝内特先生和布朗太太”的演讲

1 Richard Aldington, “Mr. James Joyce’s *Ulysses,*” *Literary Studies and Reviews* (1924), p. 201.

中，她提出《尤利西斯》“在我看来就是一个为了呼吸而不得不打碎窗玻璃的绝望者故意的做作的猥亵。窗户打破之后，他便神清气爽。但这多么费劲！”[1]这是对乔伊斯一种形象的评价，虽然不免吹毛求疵；她又认为《尤利西斯》在某种程度上粗鄙低俗又了无生趣。这又一次证明了现代主义者在本质问题上如何难以达成共识。

让奥尔丁顿和伍尔夫感到难以接受的那些文字只是《尤利西斯》被禁多年的原因之一。首先，本书的出版商、莎士比亚书店的创始人西尔维娅·比奇是没有能力大批量销售这本书的。它第一次的印刷量总共只有一千册，第二次和第三次印刷的大部分都被英国和美国邮政部门以涉嫌淫秽的理由没收。官方版本的《尤利西斯》直到1934年上半年才由总部设在纽约的兰登书屋出版公司出版。这最终归功于美国地方法官约翰·沃尔西，他在辛苦地将小说通读一遍之后做出了历史性的决定——这是文学著作，不是色情小说。从初次只有小出版商愿意接收，到一系列曲折复杂的法律纠 198
纷，到最终获得公正的司法支持。还有什么比这更令现代主义者欣慰的呢？

乔伊斯写《尤利西斯》时从《青年艺术家的画像》借用了同样的背景，甚至同样的人物——斯蒂芬·迪达勒斯。迪达勒斯与另一个主人公利奥波德·布卢姆在都柏林到处游荡，他们到过小酒馆、报社、妇产医院、国立图书馆、公墓、书店和妓院。乔伊斯坚决主张描写自己最了解的东西，虽然远离爱尔兰，他依然保持敏锐的方向感，这让小说透射出强烈的社会真实性。

不过小说的文学多样性则更加引人注目。叶芝以审慎的口吻赞美乔伊斯“残忍而戏谑的心就像一只柔软的大虎猫”[2]。用他精湛语言技巧的一个例子就能说明问题——例如在妇产医院的章节。该章中布卢姆前去看望即将临盆的普里福伊太太。乔伊斯用极为丰富的文字将她腹中胎儿的发展阶段与英语语言的有趣历史对应起来，模仿了盎格鲁—撒克逊时代、伊丽莎白一世时代、弥尔顿时代、班扬时代以及维多利亚时代的英语，最后，用他跟画家朋友弗兰克·勃金描述的话来说，以“洋泾浜英语、黑人英语、伦敦腔、爱尔兰腔、鲍威利区俚语和蹩脚打油诗的可怕混杂”[3]结束。很多人都与奥尔丁顿一样，叹服乔伊斯对文字无所不能的驾驭能力。无怪著名的

1 Woolf, “Mr. Bennett and Mrs. Brown,” *The Captain's Death Bed*, p. 109.

2 W. B. Yeats in Ellmann, *James Joyce*, p. 531.

3 James Joyce to Frank Budgen, March 20, 1920, in *Selected Letters,* ed. Richard Ellmann (1975), p. 250.

英国文学评论家兼编辑约翰·米德通·默里称他为“几近发狂的天才”[1]。似乎对乔伊斯最为痴迷的读者——当然T. S. 艾略特除外——必须字斟句酌才能够如实赞美这位世纪最伟大小说的作者。

即使对于文学革命者来说，乔伊斯都太过激进。然而他并非将天赋用于显示自己的聪明才智和广博学识，而是要让自己所描画的肖像作品比之前任何小说家所描画的都更加真实，更加血肉丰满、栩栩如生。他说，一旦确定了某个段落的表达方式，接下来还要合理地安排内容，完美地排列文字。这就解释了为什么《尤利
199 西斯》中一些词藻华美的段落比大部分散文更富有节奏感和“诗意”。但是读者印象最深的当属贯穿人物思想的意识流。意识流存在于所有章节中，并在最后一章莫莉·布卢姆（利奥波德·布卢姆的妻子）的内心独白部分达到顶峰，这一章堪称现代文学史上最负盛名的内心独白。

这章长达25页的独白没有一个标点符号，莫莉的各种思绪和想象一口气倾泻而出；强调式的结尾好似一种释放。乔伊斯是在写到两位主人公正式相遇（这是他通篇一直要实现的）之后才进行到结尾这个现代版帕涅罗佩的内心独白的。当时夜已深沉。布卢姆在都柏林著名的红灯区夜市遇到了酩酊大醉、不省人事的斯蒂芬·迪达勒斯，并且出于一种父爱的关怀把他带回了家。一天中好几次擦肩而过的两个人的生命轨迹注定产生交集，他们虽截然不同却又如此合拍，上演了一出父子间深情厚谊的古老故事。莫莉·布卢姆醒来，展现了另一种爱，即对现代主义来说更容易挖掘的性爱。

莫莉·布卢姆的独白炽烈而又低俗，贯穿了她的整个精神世界；她不断仔细重复的主要话题就是她与不同男人的性爱场面，现在的和过去的，真实的和想象的。她对此从不委婉避讳，因为在乔伊斯的象征体系中，她是尘俗之声，与纯洁神圣无关；“真的我觉得他那么样地嘬奶 把奶头都嘬得硬一些了 他嘬了那么老半天 弄得我都口渴了 他把它叫作奶子 我忍不住要笑 至少这一边的硬些 这奶头有一点什么就发硬”[2]。她最渴望的东西是丈夫利奥波德·布卢姆所不能完全给予的，即肉欲的满足感。

---

1 Middleton Murry in Ellmann, *James Joyce*, pp. 531—532.

2 莫莉·布卢姆的内心独白，摘自Joyce, *Ulysses* (1922), corrected text, ed. Hans Walter Gabler et al. (1986), p. 620。［小说译文均参见《尤利西斯》（金缇译），人民文学出版社，1994年。——译注］

尽管莫莉是一个肉欲主义者，但是她既非恶毒刻薄，也非忘恩负义。在重温了与情人的销魂片段之后，她的思绪最终转回到利奥波德身上，想起了他在直布罗陀向她求婚时的场景。这段独白以乔伊斯明确选择的字眼结束；他后来告诉勃金，那是英语语言中最具肯定意义的词汇——“Yes”。她近乎痴迷地重复这个词： 200

> 还有海洋 深红的海洋 有时候真像火一样红 夕阳西下 太壮观了 还有阿拉梅达那些花园里的无花果 真的 那些别致的小街还有一幢幢桃红的蓝的黄的房子 还有一座座玫瑰花园 还有茉莉花 天竺葵 仙人掌 少女时代的直布罗陀 我在那儿确是山间的花朵 真的我常像安达卢西亚姑娘们那样在头上插一朵玫瑰花 要不我佩戴一朵红的吧 好的还想到他在摩尔城墙下吻我的情形 我想 好吧 他比别人也不差呀 于是我用目光叫他再求 真的 于是他又一次问我愿意不愿意 真的 你就说愿意吧 我的花朵 我呢 先伸出两手搂住了他 真的 我把他搂得紧紧的让他的胸膛感受到我的乳房的芳香 真的 他的心在狂跳 然后 真的 我才开口答应 愿意 我愿意真的。[1]

难怪《尤利西斯》的现代主义坚定支持者对这段爱的宣言仰慕备至；难怪持反对意见、无视小说力主呈现的丰富情感的人认为它亟须审查。但是，这就是我们司空见惯的现代主义的冲击力：它震撼的是能够被震撼的人群。

乔伊斯的《尤利西斯》是最自由不羁同时也是最中规中矩的小说。在华美不羁的文字中，自由与控制之间的有效张力让它成为一部只有凌驾于经典文学之上同时深蒙经典文学之恩荫的现代主义者才能写出的小说。乔伊斯绝非无视文学传统之人，他的作品中到处可见但丁、莎士比亚，当然尤其是荷马的痕迹。他用这些经典为自己的创作目标服务。他的语言资质如此惊人，他的想象力如此丰富，以至于作品似乎随时会像一匹脱缰的野马般失去控制。因此乔伊斯创作了一部现代版的《奥德赛》，一部经典作品的对应反讽版；史诗《奥德赛》的严密结构模式为《尤利西斯》提供了一个稳定的框架，使小说不致分崩瓦解。T. S. 艾略特的评价敏锐又稍显消极——乔伊斯

---

1 莫莉·布卢姆的内心独白，摘自Joyce, *Ulysses* (1922), corrected text, ed. Hans Walter Gabler et al. (1986), pp. 643—644。

201 选择希腊神话“就是要对现代历史空虚凌乱的广阔图景进行控制、安排、表达和揭示”[1]。乔伊斯可能不赞同艾略特对他生活的时代如此否定，但是他应该会承认，正是利用尤利西斯的神话让他得以掌控自己浩繁庞杂的思想素材。

乔伊斯还利用其他方式来安排这些丰富的内容，这意念中的都柏林。他把词语、意象、主题放至精心安排的位置，在合适的时间又回转过来，以看似不经意的前后呼应达到一种延续和连贯，一种风格的统一，将人物的心理活动刻画得入木三分。另外，用他告诉勃金的话来说，“我的小说是人类身体的史诗”[2]，每个器官就像每个章节一样，各得其所。毋庸置疑，乔伊斯的理想读者首先应该是高度专注的。

在这样一个读者眼中，《尤利西斯》很快就显现出讽刺小说的绚烂光彩：在20世纪初单调乏味的都柏林，朴实随和的中产阶级小市民布卢姆于一天之内（时间是1904年6月16日）重新体验了高尚英雄奥德修斯的冒险，但是背景地都柏林在某一层面上远远不如奥德修斯传奇故事的发生地希腊那样神圣。这个高尚与卑微、神话与现世之间不同寻常的对应产生了两种可能的解读方式。乍一看，毫无疑问，在荷马的尤利西斯和乔伊斯的尤利西斯之间进行任何对比，都会导致对套用古代神话的现代故事的全盘否定。不过，相反的解读方式虽然不会如此生硬，却一定是乔伊斯想要的。他赋予布卢姆一种正直和庄重的性格，使他能够在遭受挫折的情况下直面生活。布卢姆正是一位波德莱尔式的现代生活的英雄。

他可能只是一个普通的广告推销员，有个生活不检点的妻子，但是他具备一点才学——这当然得到了妻子的欣赏——以及勇气和好奇心。这些特质让他成为斯蒂芬·迪达勒斯道德和情感上的父亲，因为这个年轻人也和他新找到的精神父亲一样，已经成为凌驾于狭隘世界（即天主教盛行的都柏林）之上的自由主义者。斯蒂芬无法忍受自己身边比比皆是的嘲笑犹太人的低级笑话，而他的精神父亲布卢姆是犹太
202 人也并非偶然。但是对乔伊斯来说，尤利西斯不止于此：他是文学化了的真真正正的人，不论是向魔鬼出卖灵魂的浮士德，还是在地狱中上下求索的但丁，都不如他来得真实；他是儿子、父亲、情人、朋友、战士、伴侣、智者，也是一个好人。追求公正的主观性的乔伊斯向读者展示的是现代主义文学中一个最卓越的人物。他的布卢

1 Eliot, “Ulysses, Order and Myth,” p. 483.

2 Joyce to Budgen, in Ellmann, *James Joyce*, p. 436.

姆，正如他曾不经意间提到的，代表了每一个人——每一个剥除了文化所强加的所有社会表象和虚饰的人。

四

詹姆斯·乔伊斯和弗吉尼亚·伍尔夫显然处于现代主义文学敏感性的两个极端：他重感官，她偏冷静；他洋洋洒洒，她惜字如金；他笔下的世界宽大、拥挤而又丰富，而她的则高度浓缩。乔伊斯的《尤利西斯》和伍尔夫的《达洛维夫人》讲述的都是一天之内发生的故事，但是前者宛如机关枪扫射般击中目标，而后者则像狙击手的子弹，一粒一粒射出。1918年4月，弗吉尼亚·伍尔夫与丈夫伦纳德创建的霍加斯出版社曾有机会出版乔伊斯正在创作的小说的前几章，但是她拒绝将其出版；除了现实因素外，更重要的是她不喜欢这些文字。“我认为他所谓炉火纯青的创作手法，”她在给友人利顿·斯特雷奇的信中写道，“不过是删去解释，然后在破折号中间插入思维活动。”[1]这是一个非常贴切的评价，高度概括了她与乔伊斯的不同：她用破折号代替他插入的思维活动。

实际上，弗吉尼亚·伍尔夫并不像布鲁姆斯伯里学派所想的那样拘谨或者生硬。她坦诚甚至激动地谈论爱与恨——夫妻间的恩怨，亲子间的争斗——好像她已经剥除了重重礼貌遁词直达原始精神意愿的隐秘范畴。即便是不懂弗洛伊德理论的人也不难发现她小说中无处不在的恋母情结。在《到灯塔去》中，拉姆齐家八个孩子中的詹姆斯·拉姆齐暗自怨恨威严的父亲：“如果有把能用的斧子、棍子，或者任何可以 203
劈进他父亲胸膛并置他于死地的武器，詹姆斯都会毫不犹豫地将它拿起。”[2]伍尔夫如此描述男孩的愤怒。

性爱当然也在她的范畴之内。不过，似乎不论在生活中还是在小说中，这都不是她特别热衷的话题——她婚后不久就告诉朋友，性高潮其实并没有那么令人向往。但是至少在她剖析人物的过程中，性爱是一个必不可少的元素；作为小说家，她 204
效仿莎士比亚笔下的波洛涅斯，用含糊其词激发读者寻找真相。1941年出版的《幕

---

1 Woolf to Lytton Strachey, April 23, 1918, in *The Letters of Virginia Woolf*, 6 vols. (1975—1980), Vol. Ⅱ (1912—1922), ed. Nigel Nicolson and Joanne Trautman (1976), p. 234.

2 Virginia Woolf, *To the Lighthouse* (1927; ed. 1937), pp. 273—274.

间》是伍尔夫最后一部小说，她于同年投河自尽。在这部小说的最后，她描写了一
205 对夫妇在主持了村里长达一整天的历史剧表演之后，彼此针锋相对：“那天第一次独处时，他们都沉默以对。恨意渐渐蔓延，爱意也同样蔓延。睡觉之前，他们必须大吵一架；吵完以后，他们又相拥而眠。这一个拥抱可能就意味着另一个新生命的开始。但是他们必须先争斗，就像雄狐狸与雌狐狸争斗一样，在黑暗深处，在寂静的夜里。”[1]她并不总是使用破折号。

弗吉尼亚·伍尔夫。“可以这么说，菲尔丁和简·奥斯汀虽然写作机遇不如我们好，但用他们简单的工具和原始的材料，菲尔丁写得很好，简·奥斯汀做得更棒！”伍尔夫写道。她自己在创作小说的时候也巧妙地利用了这些机遇

1 Virginia Woolf, *Between the Acts* (1941), ed. Stella McNicol, intro. Gillian Beer (1992), p. 129.

传记、配图文章、专著、讨论会、关于布鲁姆斯伯里学派的一系列真实的回忆录，甚至还有电影，这一切让弗吉尼亚·伍尔夫举世闻名，因此她的生平无需赘述。她于1882年出生，原名为弗吉尼亚·斯蒂芬，父亲莱斯利·斯蒂芬爵士是学识丰富的历史学家、著名的编辑和登山爱好者，也是一位神经官能症患者。《到灯塔去》中的拉姆齐先生显然是以她父亲为原型的，拉姆齐身上有着她父亲所有的不凡资质和鲜明缺点，而小说真正的主人公，即漂亮而强大的拉姆齐太太，则是她母亲的化身。父母以不健康的方式困扰着敏感的女儿，这种困扰一直持续到中年，那时的她已差不多可以自如地用文字表达自我了。伍尔夫的性格善变、敏感，情绪容易极端化，常常犯病，有时甚至精神崩溃。不幸的是，她早年曾遭受两个同母异父哥哥的性侵犯（这是传记作家喜欢挖掘的话题，但常常也只是捕风捉影），这让人们无法不去探寻她的内心世界，哪怕只得到一丁点线索。无疑，惹人遐想的故事总会留下点蛛丝马迹，但是很多细节都完全只是推测，神秘又有些模糊。弗吉尼亚·伍尔夫本人应该可以成为她某部小说主人公的最佳人选。

她对书籍总是如饥似渴；她也笔耕不辍——信件、日记、随笔、评论、散文、女性主义论证，样样都透射出聪慧与机智；到后来，她开始创作小说。她成熟阶段的小说是之前种种历练的结果，也是对她随身携带的私人日记（private theatre）的思考，以及她作为一个生活在以男性占主导地位的世界里的女性的沉思。她以专业的态度读书、写作，她渴望成熟，渴望取得与众不同的成就，被大家认可。她的第一部小说《远航》发表于1915年，在创作过程中伍尔夫饱受精神折磨；然而尽管投入了许多 206
心血，这部小说在基调和手法上还是属于传统小说的范畴。直到中年时期她才准确找到了前进的方向。“毫无疑问，”她1922年7月26日的日记充满了自我发现的惊喜，“我已经知道如何开始（四十岁时）用我自己的语言来表达事物。”[1]做最真实的自己，不受任何人影响，不论别人有多么完美——这是现代主义者的典型话语。大半个世纪之前，福楼拜称赞波德莱尔开创了现代主义诗歌之先河。这是他的最高评价，也是伍尔夫的最高目标。因此她每完成一部小说，在等待尚未揭晓的公众反应时，常常面临精神崩溃。

---

1 Woolf, July 26, 1922, *The Diary of Virginia Woolf*, ed. Anne Olivier Bell and Andrew MacNeillie, 5 vols. (1977—1984), Ⅱ, p. 186.

为了不断完善自己不拘一格的文风，她聆听自己的文学语言，不断地试验、积极地修改，进行新的语言尝试。她的晚期小说之一《岁月》（1937）讲述了六个朋友的人生故事，发表于她成名之后，得到了公众的普遍认可。这部小说在伍尔夫研究者中一直颇具争议。有些人认为这是她最出色的作品，而有些人（包括我在内）则认为它僵硬做作。但是，有意思的是，她本人对最终定稿的反应跟很多读者一样，也是惊讶不已。她原本打算写一部以自己为唯一主角的小说，但随着写作的展开，又将自己融入了其他人物中。新事物的吸引力不仅让读者也让现代主义者们措手不及。

伍尔夫用以理解和交流的语言是极为灵活多变的。她就像一位老练的驯兽师，只要在文章上抽一鞭子，那么最凶猛的野兽也会俯首听命。她在杂乱的语篇和文雅的词句之间穿梭自如。只要需要，她绝不拘泥于规则和传统——“ghostlily”这个词就是一个典型的发明创造。她以内涵丰富的隐喻来调度熟悉的大自然中的事物。花鸟、园林、水——特别是波浪的起伏流动——所有这位英国知识女性脑海中的熟悉画面都为其创作目标服务，她还时常探访并也曾买下过某间农舍。她的文字可以阴柔婉
207 约，也可以气势恢宏，战争、暴政、毁灭，所有这一切就像突如其来的闪电般触目惊心，在人物内心以及人物与人物之间产生强大张力。对于伍尔夫来说，有一个问题总是一成不变：“那么我想问的是，‘我是谁？’”这也是萧伯纳的疑问，重复了伍尔夫在私人日记中不止一次扪心自问的问题。萧伯纳说自己不知道答案。不过，小说家伍尔夫尽可能地用自己最出色的作品对这个谜题给予了文学表达和解答。

五

1922年，正是弗吉尼亚·伍尔夫认为自己成为一名真正作家的那一年，她怀着激动不已的心情发现了普鲁斯特，这种激动是她所不常有的。普鲁斯特也正在这一年去世；当时，虽然他的代表作仅出版了五卷——剩下的三卷在后来的五年中陆续出版——但是他在现代主义者中的顶尖地位已是毋庸置疑。“普鲁斯特是如此地激发了我的表达欲望，以至于我都不知道该如何下笔了，”伍尔夫告诉她的批评家朋友罗杰·弗莱，“喔，我想要是我能写出那样的文字就好了！此刻，他所追求的震撼力、饱和度和强化效果——当中有性感的味道——是这么令人惊叹，以至于我觉得我也

应该这样写，但是拿起笔，我却写不出来。”[1]从没有任何一个当代作家能让她产生如此香艳诱人的联想——我们知道，生活中的性爱并不如文学中的性爱那样令她兴奋——但是与这位法国文学大师面对面时，她的心不禁为之一颤。

与伍尔夫一样，成熟阶段的普鲁斯特活着的目标就是写作。他于1871年出生于巴黎的一个中上层阶级之家，父亲是一位颇具名望的内科医生，其挚爱的母亲来自富有的犹太家族。经过若干年的摸索，普鲁斯特才发现写作是活着的至高意义。但即便

马塞尔·普鲁斯特，摄于作曲家、普鲁斯特早期女友之一雷纳尔多·哈恩的家中（1905）

1　Virginia Woolf to Roger Fry, May 6, 1992, in *Letters*, II, p. 525.

在年少轻狂之时，他也在不知不觉中为写作这一人生使命做准备，贪婪地吮吸着后来
208 遭到他尖锐剖析的社会所给予的各种养分。小说叙述者与小说作者的发展轨迹绝非同
步，但是他们的结局惊人地相似。

毫无疑问，普鲁斯特是个天才，但是我们也绝不能忽视他的勤勉。三十岁左
右时，他已经博览群书，积累了十年后写作《追忆似水年华》所需要的丰富社会素
材；他深受拉斯金主观美学思想的影响，将艺术（包括建筑在内）视为社会的反
209 映，特别是社会道德状况的反映；他创作了小品文、短篇小说和一部未完成的长篇
小说，[1]这些都没能在他有生之年出版。他的爱情体验，那一段段认真投入的同性恋情——从他母亲1906年去世以后就不那么认真了——作为文学原始素材大放异彩。所有这一切水到渠成，构成了《追忆似水年华》最终体现出来的现代主义风格。标题点明了著作的主题思想：生活就是对我们所失去的过往的追寻。我们回忆往昔时重新体验一切，我们回忆并不是因为我们想要回忆，而是因为某些鲜明具体的经历将我们深深吸引：普鲁斯特的叙述者的顿悟之源来自于脚下不规则的铺路石、唇边浆硬的餐巾以及最特别的蘸了茶水的玛德琳蛋糕的味道。

他的小说中到处可见回忆的片段，但也服从一种总体性的构思。叙述者一生经常出入上流社交场合，感受过种种暧昧的情爱之欢，他与艺术家们为友，曾游历威尼斯等繁华都市，拓展了心胸和视野，并且一直想要正式开始文学创作——尽管他后来很少提起。最后一卷《昔日再现》结束了带着幽默印记的漫长人生记忆，结束了对思想的形成与消失的精彩探究，结束了对性行为偷窥性的观察和对社交圈中同性恋之普遍的惊人发现，还有太多的徒劳无功与沮丧失意。在疗养院度过几年之后，叙述者又回到巴黎参加一次高雅聚会，到场的人都是和他一样上了年纪的老朋友和同事。

但是马塞尔已经清楚了自己的使命：他将通过描写自己来描写周围的世界，将
叙述者定位为一位穿梭在时光河流里的老者。并不是每个人都注定能成为艺术家，这
种由于某些内在冲动最终成为真正的自己的人实在太少。叙述者是个特殊的人：他将
会写出一部伟大的小说——读者所读到的就是叙述者将要写出的小说。人生教给他很
多东西：追寻逝去的真实就必须为此付出昂贵的代价，但却不枉此生。艺术可以弥合
210 心脏搏动之间歇。“真实的人生，即最终被还之以本来面目并且唯一真实存在过的人

1 指普鲁斯特1896至1899年创作的自传体小说《让·桑德伊》，未完成，直到1952年由后人根据手稿整理发表。——译注

生，就是艺术家的人生。”[1]艺术也可以经得住冷漠无情的时间的蹂躏。有时，现代主义小说与浪漫主义作家对艺术的颂扬之间隐秘的相似变得显而易见。

值得一提的是，在《到灯塔去》中，弗吉尼亚·伍尔夫也设置了一个完满的结局，即一个期待已久的目标最终得以实现。而且，重要的是，这个将要实现的目标是一件艺术品。小说的第一部分以拉姆齐一家在赫布里底群岛的避暑别墅为背景，第二部分“时光流逝”篇幅较短，几乎是在不经意间过渡到第三部分，这部分与第一部分一样，也发生在拉姆齐家的避暑别墅。客人们经历了时光流逝，也经历了第一次世界大战。拉姆齐夫人虽然早早去世，却是小说的主人公，作者曾轻描淡写地提到她突然死去的细节。拉姆齐家的朋友莉莉·布里斯柯一直没能完成自己十年前就已经动笔的一幅画，于是她又一次背上画架出门，勇敢地努力解决这个问题。终于，莉莉·布里斯柯找到了多年来萦绕心头的那关键一笔：“在突如其来的激情之下，仿佛她刹那间清楚地看到了它，她在画布的中央画上了一道线。画完了；结束了。是的，她在极度疲乏中放下画笔，心想，我已看到了最美好的景象。”[2]意境不同，却有着同样的穿透力——普鲁斯特与伍尔夫可以在写作的道路上携手同行。

二人的不谋而合也体现在更加意味深长的场景中，也与莉莉·布里斯柯有关。在《追忆似水年华》的第四部《索多姆和戈摩尔》（于普鲁斯特去世前不久出版）中有一段令人难忘的短小段落，名为“心脏搏动之间歇”。他时常考虑用这个短语作为《追忆似水年华》的书名。这样做不无道理，因为这个短语高度概括了普鲁斯特对于人世沧桑的最悲观消极却最让人无从反驳的结论之一：在最需要忍耐力和判断力的时候，人的心脏却走向衰竭。确实，人生包括了很多东西，但有一点显而易见，它就是一长串错误、错配、违背现实的观点和与情感脱节的体验的集合。我们难以正视各种体验；谁都不能。普鲁斯特在“间歇”的开场中有些乏味地写到一个出生在国外的饶 211
舌的旅馆经理，他一张嘴便漏洞百出。这个例子折射出的是人类的普遍错误。

然而普鲁斯特不会在这种细枝末节上浪费笔墨。他阐述了自己认为十分常见的现象：我们要么爱得太早，要么爱得太晚，而且常常爱错了对象；我们对自己所熟悉的人的了解几乎从不符合我们的第一甚至第二印象。爱变成恨，变成冷漠，走向极端，却毫无逻辑道理：心脏，正如我所说的一样，走向衰竭。总之，它有自身的搏动

---

1 Marcel Proust, *A la recherche du temps perdu* (1913—1927; 3 vols. Pléîade ed. 1966), “Le Temps retrouvé,” III, p. 895.

2 小说译文均参见《到灯塔去》（王家湘译），译林出版社，2001年。——译注

间歇。因此，人生就是永远在修改和纠正我们自认为了解的东西；它是一场醒悟。只有极少数极其珍贵的例外，比如母亲或者外祖母对自己孩子永恒不变的爱。

这是普鲁斯特在“心脏搏动之间歇”中探究的重要问题。一年多以前，与叙述者感情笃深的外祖母去世了，失去亲人虽然让他伤心难过，但这种难过也谈不上痛彻心扉。如今，他来到巴尔贝克这个自己如此熟悉的地方，期待邂逅美貌女子，不料记忆突然重重向他袭来：“第一夜，便累得心脏病发作，我极力忍住疼痛，小心地慢慢弯腰去脱鞋。可刚一碰到高帮皮鞋的第一个扣子，我的胸膛便猛地鼓胀起来，一个神圣、陌生的人出现并充满了我的心田。我浑身一震，啜泣开来，眼泪像溪水一般夺眶而出。”[1]那是他外祖母的形象，“慈祥，专注”，多年前她也曾为他脱过靴子。自从数月前外祖母过世后，他曾在不经意间偶然想起她，而此刻，这形象又重新出现在他的脑海中，是那样的高大。那时那刻，他对外祖母的需要被再次唤醒，“我知道我可以几小时又几小时地永久等下去，也知道她再也不可能依偎在我的身旁，而我只不过发现了这一需要，因为我平生第一次感觉到活生生的、真实的外祖母，她把我的心都要胀裂了，我终于又见到了她，然而，却在这时，我得知自己已经永远失去了她”。[2]

212 弗吉尼亚·伍尔夫也以自己的方式制造心脏搏动之间歇。对她而言，这些间歇也是不知疲倦的心理考古学家在挖掘了隐蔽晦涩的角落之后得到的战利品。在她的作品中，男人和女人常常对交错时空甚至同一时空里的同一个人亦爱亦恨。也有罕见的女人之间的爱情（伍尔夫对此兴趣浓厚）。最美好的婚姻也并非没有瑕疵；爱的过程从来都不是一帆风顺，莎士比亚三百年前已如此断言。总之，每个人都会体验爱恨交织这种矛盾心理。在世人眼中，克拉丽莎·达洛维的婚姻幸福美满；然而她在为准备晚上的聚会四处采购时，想起了自己年轻时的追求者彼得·沃尔士。她常常寻思，沃尔士要比自己老实木讷的丈夫有情趣得多。

可以说，这样怀着既欢喜又害怕的心情重温往昔点滴的夫妻一直存在于伍尔夫的所有小说中。我之前已经引用了《幕间》尾声中的一段话。“睡觉之前，他们必须大吵一架；吵完以后，他们又相拥而眠。”传统小说也离不开三角关系，但正是认识到其反复无常特性的现代主义小说的奇特力量，以及水火不容的情感的共存，才令三

---

1 小说中译文均参见《追忆似水年华》（李恒基、徐继曾等合译），译林出版社，1984年。——译注

2 Marcel Proust, *A la recherche du temps perdu* (1913—1927; 3 vols. Pléiade ed. 1966), “Sodome et Gomorrhe,” II, p. 756.

角关系如此错综复杂。大约在弗吉尼亚·伍尔夫的小说创作达到巅峰的时期，弗洛伊德提出，恋母情结几乎从来都不是一种简单明了的体验。

伍尔夫《到灯塔去》中有一页读来就像普鲁斯特笔下因思念外祖母而泪流满面的主人公的回忆录。在第三部中，莉莉·布里斯柯坐在户外，纠结于那幅没有完成的画。拉姆齐夫人在她心头盘旋。“啊，拉姆齐夫人！她默默地呼喊着，向着那个坐在船旁的存在，那个由她而生的抽象的形体，那个穿灰色衣服的女人，呼喊，似乎在责怪她的离去，责怪她离去之后又重新归来。她原觉得思念她似乎是很安全的。”但是突然间这思念并不安全。莉莉·布里斯柯感到强烈的愤怒，“（正当她觉得永远不要再为拉姆齐夫人感到悲哀的时候，却又被召唤起了这份感情。早餐时面对着那些咖啡杯她想念拉姆齐夫人了吗？一点也没有）。”她喊着拉姆齐夫人的名字。“痛苦加剧了。”这究竟是什么意思？“‘拉姆齐夫人！’她说出了声来，‘拉姆齐夫人！’眼泪流下了她的脸。”[1]我认为，这就是以现代主义方式对回忆的力量最真实最耀眼的 213
重构，当然也是激进的20世纪小说最感人的篇章。它代表着两位现代主义巨匠之间相互的问候和友好的挥手。

卡夫卡

弗兰兹·卡夫卡无论从哪方面而言都称得上重量级小说家。但是我之所以把他单列出来，是因为他在现代主义作家中的地位虽然稳固，却非常与众不同；他并没有参加现代主义革命或者其他任何运动，只是单纯地醉心于能给他带来无上快乐的文学写作。他曾在笔记本中写下这样的话：“别的任何东西都不能给我带来一丝满足感。”可以说，他是在无意中成为了一名现代主义者，完全受创作欲望的支配进行写作，并在此过程中推翻根深蒂固的小说写作方式。从不为自己解释什么，更不对谁表示歉意。

卡夫卡小说的流传历史世人皆知。他于1924年四十一周岁未满时死于肺结核，在有生之年并未尝到过功成名就的滋味。当时，在家乡布拉格，他已凭借一些怪诞但是评价颇高的小说以及一部短篇小说集《饥饿艺术家》（出版于他去世之年）而获得

1 Woolf, *To the Lighthouse*, pp. 268—269.

关注。他留下了几百页的笔记、草稿和箴言以及三部大致已经完成的小说，并在遗嘱中要求挚友马克斯·布罗德将它们统统付之一炬。所幸，布罗德在百般纠结后最终决定违背卡夫卡的遗言，将它们整理出版，为子孙后代留下了这些无与伦比的著作和深不可测的谜题。

卡夫卡的《审判》（1925）和《城堡》（1926）由布罗德悉心编辑后出版，眼花缭乱的评论者们只能用形容词最高级来表达他们的崇拜之情——“近几年中最神奇最强大的书”“唯一的真实的故事家”“一位神秘大师和德语巨擘”。确实，这两部小说——还有一部《美国》虽然稍逊一筹，但也不失妙趣横生——以它们自身的独特方式成为不朽之作。但是卡夫卡的神秘技巧和文学造诣引发了旷日持久的争议：对卡夫
214 卡的研究一直比对其他任何现代小说家的研究都更为透彻深入，而且，在争论了几十年之后，他依旧是20世纪最具争议的小说家，这一点毋庸置疑。

关于卡夫卡遗作的体裁问题一直是众说纷纭。讽刺小说？但是卡夫卡讽刺的是什么？——国家权力机构，商业官僚主义，还是司法体制？他无疑是一位杰出的讽刺作家，他的立场使得他能够公正客观地看待小说中受苦受难的人物，以及他们的窘境和灾难。但是他的讽刺对象比任何体制都要全面复杂得多，包括了人性的各个方面。那么，他又会不会在内心深处是一个彻底的虚无主义者，留下无人能解的谜题？不论是不是，他的文字效应明显，是以荒诞幽默为特色的冷静叙述的产物，这一点得到了他的听众们的欣然证实：在听他读稿子时，他们都会由衷地笑出声来。或者他是一个种族自我憎恨情绪的受害者，从不提及“犹太人”这个词，以此来逃避他无法抗拒的“种族”背景。可是，他对方兴未艾的犹太复国主义运动和到布拉格访问的意第绪巡回表演剧团的善意关注否定了这种可能性。后现代主义读者也不可避免地加入到这场讨论中来，他们认为卡夫卡作品的主题就是写作，从而避重就轻地（也是荒谬地）绕开作品内容本身。

分析者们试图将卡夫卡的小说视为关于人类生存状态的神学寓言，一种对上帝的追寻，这个观点更加虔诚，也更受欢迎。《审判》的“主人公”，倒霉的约瑟夫·K.被指控犯有某项不明之罪。他在经历了一系列上诉的挫折之后，最终“像条狗一样”被秘密处决。约瑟夫·K.以及卡夫卡其他的主人公所经历的骇人听闻的厄运故事，影射了神圣的正义与可鄙的人类判断力之间不可逾越的鸿沟。这样一种宗教视角成为布罗德解读卡夫卡作品的主导视角；他愤怒地批判一切试图把这些文字看成通

俗小说的理解方式。恰似认为上帝与人类之间的沟壑无法填平的犹太哲学家帕斯卡尔，布罗德解读下的卡夫卡对人类的罪行和无能感到惊愕万分。卡夫卡的神学知识更直接导致了更为夸张的解读方式的产生，即把他视作纳粹主义与大屠杀的预见者。 215

相比之下，卡夫卡读者中的少数非宗教群体就没有抛出如此引人注目的观点，不过，他们的解读则明智合理得多。实际上，尽管卡夫卡在小说中构建的世界以其残酷无情让人深感不安，它们却不存在超自然的维度。而且，卡夫卡的小说中看不到描述神灵所常见的那种心醉神迷的激情。他的文字总是平静而精确，每个研读卡夫卡的人都赞美其语调精准得无懈可击。他的一些最著名的小说语气平淡，展现的却是最令人毛骨悚然的细节——在《变形记》中，主人公某天早晨醒来，变成了一只大甲虫，而《在流放地》的主人公则是一架机器，用尖细的针头把犯人的罪行刻在他身上，并最终将其杀死。卡夫卡似乎并没有因为自己创作的这些恐怖场景和悲惨人物而感到心绪不宁；我之前提到过，他是以一个公正客观、训练有素的叙述者的身份进行写作的。

因此，卡夫卡的作品中到处是令人惶恐不安的形象。他并不是谨小慎微的人。但奇怪的是，现代主义的一个基本要素，即对心理活动的深层挖掘，在他的作品中似乎不知所终，或者说是被毫不含糊地排除在外。他笔下的主人公与被不可抗力操纵的木偶几无二致。他们会反抗，也会竭力扭转不可扭转的命运，但是他们几乎毫无内心活动。其实，每次卡夫卡有机会评论关于精神世界的研究时，他都表示了不屑的态度。“对主观世界的观察从来都比不上对客观世界的观察。”他在笔记中写道。这是卡夫卡时常重复的观点。他说他了解自己所住的房间更胜于了解自己的内心。“内心活动只可意会，不能言传。”他如此说道。[1]他还用一句话坦承此观点：“心理学就是焦躁。”[2]这句话乍一听无关痛痒，其实不然；卡夫卡是在进行严肃的批判，因为对他来说焦躁就是最大的甚至是唯一的罪过。“工作并快乐着，”他写道，“这是心理学家难以理解的。”[3]在这些笔记中，他两次发出这样简短的（抑或是焦躁的？）评论：“省省吧，心理学！” 216

1　Kafka, *Hochzeitsvorbereitungen auf dem Lande und andere Prosa aus dem Nachlass* (1953), 3rd Octavheft, p. 72.

2　Ibid.

3　Ibid., 8th Octavheft, p. 153.

但是我们不能完全这样概括卡夫卡对于精神世界的感受。至少有一次，在关键时刻，卡夫卡展露了他心理学方面的扎实功底：就是那封他写给他父亲的著名信件。这封信表明，他在需要时可以巧妙地利用别人以及他自己的动机。1919年11月，三十六岁的卡夫卡写下了这封一万字的控诉状——需要若干节心理分析课程才能将其一一尽述——那时的他已不再年轻。他从未寄出过这封信，但奇怪的是，正因为这封信包含了宝贵的生平资料，卡夫卡的研究者反而对它讳莫如深，因为他们害怕被视作天真，害怕仅仅通过这样一封私人信件就企图洞悉这个时代最杰出的作家。其实这是一个误区：这封信是卡夫卡敢于表达的最真实的自我，也是研究其作品的一条难能可贵的线索。正如埃德加·爱伦·坡的被窃之信，卡夫卡写给父亲的信之所以提供了珍贵无比的信息，正因为它是如此清楚直白。他的敏锐判断力正与他的不屑之辞“省省吧，心理学”相左。

这封信表面上的动机——用“表面”一词是因为其深层动机是报复——是回答父亲赫尔曼·卡夫卡近期问他的一个问题：儿子弗兰兹为什么惧怕他？弗兰兹用自己最擅长的方式进行了回答，列举了各种各样具体的例子。赫尔曼·卡夫卡代表了餐桌上的家庭暴君。他的儿子这样概括：“你高高在上，掌控一切。”[1]他对待孩子方式粗暴，而弗兰兹这个所有存活孩子中的长子是他最喜欢欺凌的对象；他藐视儿子的相貌、学业和性格；他用最粗鄙的语言诋毁弗兰兹的朋友，即使和他们从未谋面；他严厉禁止吃饭时说话；他威胁说要用鞭子毒打孩子们。他从不表扬他们。

卡夫卡意识到，他对父亲习惯性的害怕实际上源自于一个孩子强烈的焦虑，因为他面对的是一个自私冷酷、自以为是、冷嘲热讽又独断专行的家长。他心里清
217 楚，赫尔曼·卡夫卡从未将鞭打孩子的威胁付诸实践，所以他其实是个纸老虎。因此卡夫卡没有将自己那份挥之不去的焦虑全部归咎到父亲身上。但是他也知道，是父亲养成了他既不信任自己也不信任他人的性格。虽然不能说赫尔曼·卡夫卡要对儿子神经质、优柔寡断和自我厌恶的性格全权负责，但是他在造成弗兰兹·卡夫卡的悲剧人生上负有不可推卸的责任。难怪一些卡夫卡的研究者把这种阴郁的父子关系比作恋母情结的纠葛。但这是一个不完整的奇怪三角关系，因为卡夫卡很少提及他的母亲，那个在所有饭桌对峙场合始终忠于丈夫的出色和事佬。

---

1 Kafka, “Brief an den Vater,” *Hochzeitsvorbereitungen auf dem Lande und andere Prosa aus dem Nachlass* (1953), 3rd Octavheft, p. 169.

这封信是对导致神经官能症的教育过程的叙述，加上卡夫卡使用的是极其理智的语言，因此阅读这封信，就能体会托马斯·曼一句随意评价的精辟。他说卡夫卡一生都在书写着同样的故事，即他的自传。[1]卡夫卡在信中所描述的就是他不断在小说中表现的普遍人生模式：胆小怯弱的孩子面对喜怒无常的父亲不知所措，把自己的焦虑都投射到一个巨大的屏幕上，把父亲想象成一股无形而邪恶的巨大力量。在卡夫卡的格言中有一条简短的语录，让他的重要经历变得生动起来："Ich habe niemals die Regel erfahren"[2]——从没有人教我什么是原则。他所渴望的原则是在家中从未学到过的：什么可以做，什么不可以做，什么是可以接受的，什么不是。餐桌主位上那个咆哮着的怪物会真的爱他吗？我们知道，卡夫卡是个优柔寡断、饱受精神折磨的人，曾与两位年轻姑娘订婚（与其中一人订婚两次），但是他根本不适合婚姻生活，因为只有在文学中他才能得到真正的快乐。因此他通过虚构强大的权力机构来放大和扭曲父亲的压制力量。正是这个不可撼动的权力机构指控约瑟夫·K. 犯有某项莫须有的罪行，并躲在大雾和小雇员背后破坏K.（《城堡》中的主人公）进入城堡的通路；这个权力机构可以把人变成害虫，也可以把人投进卡夫卡其他所有的恐怖囚室。 218

尽管对写作情有独钟，但写作还是不能帮他实现自我的救赎。弗吉尼亚·伍尔夫很大程度上凭借文学创作摆脱了父母阴影的笼罩，但是卡夫卡心灵上遭受的创伤却无法以同样的方式得到安抚。他不得不一次又一次地诉说着同样的故事，而且很高明地掩盖真情流露的痕迹。卡夫卡被这种强迫性复现症牢牢控制。这一点，再加上他的惊世才华，共同创造出将他推向现代主义作家最前沿的作品。1914年8月，在他所痛恨的第一次世界大战刚刚爆发时，卡夫卡就强烈地表达了自己的爱好："我醉心于描画我梦幻般的内心世界，其他的一切都已经无关紧要。"[3]有时，心理学这个他所不屑的元素也会出现在他的意识中，使其得以更好地描绘这梦幻般的内心世界。

从这个角度来看，或许我们可以想象一下卡夫卡与弗洛伊德之间的对话。没有迹象表明弗洛伊德读过卡夫卡的小说，但是无疑卡夫卡读过弗洛伊德的著作，这主要是由于布罗德的敦促。弗洛伊德对于人类动物的判定是严肃的；根据他的论证，心理冲突是每个人成长历程的有机组成部分。但是弗洛伊德这个坚定的悲观主义者认为，心理分析

---

1 Thomas Mann, "Homage," in Kafka, *The Castle*, trans. Edwin and Willa Muir (2nd ed. 1941), p. xi.

2 Kafka, "Fragmente," *Hochzeitsvorbereitungen*, p. 232.

3 Kafka, August 6, 1914, *Tagebücher, 1910—1923* (1951), p. 261.

学者或许可以缓解某些固结心理，扩大理性的范围。“有本我的地方就会有自我。”他胸有成竹地如此写道。卡夫卡可能会将这种坚定的唯实论看作又一个人类自欺欺人的例子。他在虚无主义的绝望边缘挣扎徘徊，将生命本身视为痛苦之源。卡夫卡毅然决然的绝望与其他现代主义作家的观点产生了激烈碰撞。我想起了《尤利西斯》的最后一句话，那最能表达肯定意味的字眼，是乔伊斯给予莫莉·布卢姆的——“Yes”；而卡夫卡的最后一句话，无论形式如何，表达的意义只有一个——“No”。

诗人中的诗人

一

1948年，T. S. 艾略特荣获诺贝尔文学奖。这是一项重大荣誉，也意味着评选委
219 员会终于对现代主义伸出了橄榄枝。半个世纪以来——第一届诺贝尔文学奖于1901年颁发——评委们都给人以顽固保守的印象。实际上，他们在艾略特之前评选的诗人，除了1923年的叶芝这个伟大的例外，大都已成为过眼云烟。而且我在之前的章节列出并详细介绍的小说家没有一人获得过诺贝尔奖。[1]而1948年的文学奖则大胆认可了艾略特的国际声誉——早在1922年，那部深奥难懂、集五首反传统诗歌于一体的诗集《荒原》就已经让艾略特蜚声世界。

1922年以前的艾略特也并非默默无闻。他的两首诗歌《普鲁弗洛克的情歌》和《诗集》短小精练，阴沉忧郁，具备大胆的实验性，已经在诗歌读者群中引起了反
220 响。这些表达幻灭情绪的古怪诗句中有一些已经颇具知名度：

> 我老啦……我老啦……
> 我要穿裤腿卷上翻边的裤子。
>
> 要不要把我的头发在后脑分开？我敢吃下一只桃子吗？
> 我要穿上白法兰绒长裤，在海滨散步。

1　卡夫卡的作品在他1924年去世时基本上是没有公开发表过的。但是本书提到的其他重要小说家按理说都可以成为候选人：毕竟，詹姆斯1916年才去世，普鲁斯特1922年去世，而乔伊斯和伍尔夫都活到了1941年。

T. S. 艾略特在费伯—费伯出版社的办公桌旁

我听到美人鱼在歌唱，一个对着一个唱。

我可不想她们会对我歌唱。[1]

艾略特绝不会掉进乐观主义的陷阱。美人鱼不会对他歌唱。但正是与前作一样阴郁的《荒原》，成就了艾略特这样一位享誉国际的文豪。

二

如果说残酷恐怖的世界大战和那一长串不断增加的遇难者名单还不足以营造《荒原》中到处弥漫的绝望气氛的话，艾略特又从自己青年时代的经历中挖掘与他生长其中的顽固的中产阶级文化相对立的东西。他认为这种文化麻木不仁又不可一世，与真正的诗歌格格不入，因此应该受到最无情的嘲讽——基于这些认识，艾略特在不知不觉中成为现代主义革命者的一员。他于1888年出生于圣路易斯，家境富

1　此处参见汤永宽的译文。——译注

裕，父母都是虔诚的一神论基督教徒，因为生意原因搬到密苏里州。他从小就把自己看成是“外来者”[1]——这是他最喜欢使用的描述语之一。从校园时代开始，他就渴望成为一名诗人，但是谁可以成为现实的典范呢？他数年后回忆道：“我所需要的那种诗歌，那种可以教我如何表达自己声音的诗歌，根本不存在英语语言当中；只有法语里才有。”[2]他谈道，美国探索者们能够读到的诗歌刻板呆滞，了无生趣：“1909至
221 1910年诗歌创作的萧条程度是任何年轻诗人都难以想象的。”他特别提到的这两个年份对他来说意义重大——那时的艾略特刚刚从哈佛大学毕业。在校期间他是一名不知疲倦、刻苦努力的学生，为了追寻诗歌几乎不顾一切。

不过到1909年，他已经开始迈出了自我解放的第一步；1908年晚期他偶然发现了阿瑟·西蒙斯十年前发表的那篇令人振奋又颇具争议的文章《象征主义文学运动》，从中获益匪浅。西蒙斯的文章尽述了对法国现代主义诗人的赞赏，比如魏尔伦、兰波和马拉美。这些文人用诗句表达的主题在美国或者英国的出版物中是找不到的：对散文诗的尝试，规划完美世界的努力，以全新方式表达的私密主题，猥亵的爱情诗句，在情感中领悟的想法；总之，就是用一种崭新的方式探索诗人的内心世界，并掌控主观性这个现代主义不可或缺的元素。他们的创新也是震撼人心的，这一点不言而喻。最直接的例子就是，西蒙斯推荐艾略特尝试象征主义者拉弗格的作品，虽然不太出名，但是拉弗格奔放的情感和犀利的智慧让艾略特觉得他简直就是另一个自己——那个他渴望成为的自己。

拉弗格1887年死于肺结核，年仅二十七岁，他留下的作品虽然不多却耐人寻味。拉弗格诗歌中的女人就像马奈的《奥林匹亚》，不是某些脸孔模糊的女神或传奇女侠，而是个性十足的巴黎妇人，有着方正的下巴、大胆的身体和睥睨一切的眼神。拉弗格说，我们可能曾真心真意地爱过像狩猎女神戴安娜那样的女性，却“对某个上班族女孩或者沙龙里的某位年轻女子一往情深”“我们为她流泪，被她深深打动”[3]。他醉心于捕捉真实的体验，并用各种技巧将其表达得淋漓尽致——别出心裁的新词，收放自如的自由诗体，借耶稣和圣母马利亚之口说出的不敬之语，对人生

1 Peter Ackroyd, *T. S. Eliot: A Life* (1984), p. 24.

2 T. S. Eliot, “Yeats,” in *On Poetry and Poets* (1957), p. 252.

3 Jules Laforgue, *Oeuvres complètes*, 8 vols, III：*Mélanges posthumes*, in *Selected Poems*, ed. Graham Dunstan Martin (1998), Introduction, p. xxiii.

的讽刺态度以及对死亡毫不掩饰的渴望。“我不用去教堂”，他在晚期的一首诗歌中坚称。“我就是心理分析的大法官。”[1]这就是将两位德国哲学家大胆的悲观主义翻译成 222
不朽诗歌的完美姿态——拉弗格是叔本华和爱德华·冯·哈特曼的信徒。

拉弗格知道自己的观点可能看起来有些自相矛盾。“诚然，生活是粗俗的，但是（上帝啊！）如果就诗歌而言，”他在1883年写给姐姐的信中说道，“让我们说出一切的一切（首先就是关于生活的污秽，它让我们的诗句夹杂了一丝幽默的阴郁），不过还是让我们以一种微妙的方式去说吧。”[2]艾略特热爱的就是英语诗歌闻所未闻的拉弗格式的幽默的阴郁，其中的俚语与哲文、直白与高雅相得益彰。下面是拉弗格晚期优秀作品中的一首四行诗《月之独唱》，表达了对一段失败感情的惋惜之情：

相爱时，我们不顾一切，
分手时，我们相对无言，
绝望啊，放逐我的心，
从四面八方将我包围。喔，好吧。[3]

诗句深刻有力又不拘小节，成为艾略特学习的典范。

艾略特毫不掩饰拉弗格对他的影响。这种影响明显地体现在艾略特的第一部诗集《普鲁弗洛克和其他诗作》中“优雅的谈话”（Conversation Galante）的开头部分——注意诗名中的法语。

我说：“月亮啊，我们伤感的朋友！
“又或许（它美极了，我承认）
“它是祭司王约翰的气球
“或是一只挂在空中的破旧灯笼
“照亮可怜旅人的悲苦之路”

1 Laforgue, “Sundays” (dernier vers), *Oeuvres complètes*, 8 vols, III: *Mélanges posthumes*, in *Selected Poems*, ed. Graham Dunstan Martin (1998), p. 229.

2 Laforgue to his sister, May 1883, in ibid., V, p. 21.

3 原文为“Nous nous aimions comme deux foux / On s’est quitté sans en parler. / Un spleen me tenait exile / Et ce spleen venait de tout. Bon” — Laforgue, *Selected Poems*, p. 240。

她说："东拉西扯！"[1]

诗句直接表现出艾略特对拉弗格的推崇；显然，拉弗格"以一种微妙的方式"
223 表达对于自然和人类世界的不满，成为艾略特眼中的典范。寻找自己声音的艾略特比拉弗格更广泛地使用讽刺手法，但后来在更确定了自己的作家身份后，又放弃了这一手法。他早期的讽刺对象包括：故作高雅的波士顿传统——也是他自己的传统，他的未婚姑妈海伦，他敬而远之的表妹南茜和哈里特，二人是中产阶级指向标《波士顿晚报》的忠实读者。他的另一个讽刺对象是犹太人，或者说某些犹太人，这让艾略特的仰慕者觉得难以解释，毕竟纳粹统治了中欧十二年：

曾经在大市场
老鼠盘踞在大厦底
犹太人占领了停车场
穿着皮衣的暴发户[2]

其中"犹太人"这个单词"jew"被小写了，却并不是印刷错误。艾略特不论在什么年龄阶段都会发现周围有很多东西令他蔑视，不仅仅是犹太人。

在模糊却不断增强的对于庸俗社会的疏离感的激发下，一部《荒原》让艾略特得以把新近学会的技巧修炼到炉火纯青的境界。确实，艾略特曾把诗歌初稿拿给庞德修改，这位挚友兼重量级活动家、诗人、流亡者、翻译家和法西斯支持者对《荒原》进行了大刀阔斧的整理和毫不留情的删节，并基本上说服了艾略特接受他的修改意见。但是，艾略特本身就拥有不凡的资质，这份用词精准的天赋让读者久久难以忘怀。《荒原》见证了他在语言上的大胆尝试。诗句或押韵或自由，或长或短；话语有时出自市井女工，有时出自优雅绅士；语种可以是法语、德语、意大利语或者通俗的英语，当然更有很多来自典故的引用语和转述语。其中包括一句引自现代主义之

---

1 T. S. Eliot, "Conversation Galante," *Prufrock and Other Observations* (1917), in *The Complete Poems and Plays of T. S. Eliot* (1952), p. 19.

2 Eliot, "Burbank with a Baedeker: Bleistein with a Cigar," in *Poems* (1920), ibid., p. 24.

父、也是深受艾略特仰慕的波德莱尔的句子："你们！虚伪的读者！——"艾略特借 224
他之口来表达自己，"我的同胞，——我的兄弟！"

即使是那些对《荒原》中变化多端的句法赞赏有加的人也很难读出五个独立章节之间暗含的联系。他的诗行萦绕在读者心头，阴冷、沉郁，令人回味："我要给你看恐惧在一把尘土里"[1]和"这些片断我用来支撑我的残垣断壁"，更不用提开篇的第一句诗，"四月是最残忍的一个月"。诗歌四处点缀着深奥的典故与身份不明的说话人，还有东方文字（诗歌的最后一个单词"shantih"被重复了两遍，艾略特在注解中告诉读者，这是《奥义书》中的祝福语，是梵语），以及德语和法语句子。《荒原》中一些突然出现、显然没有意义的插入语，比如"请快点儿，时间到啦"更加剧了读者的困惑。[2]这篇诗文在很多人看来简直就是现代主义的噩梦。

一些评论者干脆因为看不懂而放弃。但有些人则因为自己的困惑反而对其大加赞赏。小说家兼诗人康拉德·艾肯虽然是艾略特多年的好友，却保持着客观公正的看法，他认为"这首诗之所以成功——后来事实证明它确实光芒四射——正因为它杂乱无章，而非井井有条；因为它含糊不清，而非头头是道"[3]。这不愧为一种机智巧妙又发人深省的解读方式。

一些批评家把《荒原》的碎片组合成一个更大的整体。著名的美国书评家伯顿·拉斯科认为，《荒原》是一份对当代文化了不起的（而且是条理分明的）控诉；"它表达了战后精神上与经济上的变化所带来的普遍的绝望与幻灭、现代文明的各种误解与分歧、科学与哲学似乎都无从逃脱的死胡同，以及给生命带来喜悦与激情的所
有伟大目标的崩溃。它是一种博学的绝望。"[4]也许最简洁有力的解读来自弗莱：这 225
首诗"是第一次世界大战后的欧洲特别是伦敦的写照，也是艾略特'地狱'视野的顶峰"[5]。弗莱用"地狱"这个词切中肯綮，因为艾略特描绘的就是在地狱中煎熬的现代文明，而且冷静地希望读者也能够严肃看待他的地狱视野。连心有共鸣的读者也都

1　这句诗暗含的典故出自古希腊神话中太阳神阿波罗和女巫的故事。在这段短暂的欢爱结束时，女巫向太阳神讨要了永生的愿望，却忘记了青春永驻的条款，于是身体不断干瘪和缩小，最后可以塞进小瓶子了。以下诗歌译文均参见赵萝蕤的译文。——译注

2　英国读者不会觉得"请快点儿，时间到啦"这类句子特别难以理解，因为他们认为这是酒吧侍者常常用来提醒顾客打烊时间的话语。不过对美国人而言，它们则传达了一种紧迫感。

3　Ackroyd, *T. S. Eliot*, p. 127.

4　Lawrence Rainey, *Revisiting the Waste Land* (2005), p. 110.

5　Northrop Frye, *T. S. Eliot* (1963; rev. ed. 1968), p. 72.

注意到，诗歌中的诅咒远远多于救赎。艾略特的性情与经历让他成为一名现代主义者——弗莱对艾略特的解读必须加上这个主观因素——他早在第一次世界大战以前就表达了对现代世界的鄙夷。不论读者从《荒原》中读出了什么，艾略特的激进主义是毫无疑问的。他很快成为现代主义诗人中的诗人。

三

艾略特是一位重量级的诗人，同时也是一位重量级的诗歌批评家，他在进行创作实践的同时也在阐述着自己的理论。很少有现代主义者愿意像艾略特一样承担评论者的角色。他最著名的提纲挈领的观点之一早在1920年就发表于《传统与个人才能》一文中，他认为，历史感对于一个诗人的素养来说是至关重要的。“历史感牵涉到一种认识，不仅认识到过去的过去性，还认识到过去的现在性。”[1]他仿佛看见，在那个工作不息的诗人的脑海中，所有的先辈，从荷马到他自己，都林立于当代人的祠堂之上。这位新诗人似乎正对着这些光辉人物背诵自己的诗句，不仅表达了对自己所蒙受恩荫的感激之情，而且，如果他足够强大的话，还改变着祠堂中人物们彼此之间以及与新成员之间的关系。

换句话说，艾略特认为，过去塑造了现在，而更重要的是，现在也可以重塑过去。他曾说过，靠老祖宗吃饭并不是什么可耻的事。他还有这样一句名言：“不成熟
226 的诗人模仿，成熟的诗人偷窃；糟糕的诗人将拿来之物弄得面目全非，优秀的诗人却能锦上添花，或者至少有所创新。”[2]艾略特自如地享受他的文学盛宴，比其他现代主义者都热情得多，并从自己仰慕的先辈们那里（尤其是法国象征派诗人和英国玄学派诗人）随意“偷窃”，来为自己的作品服务。

同时，他研究出了诗人的客观视角理论。作为一个坚决的反浪漫主义者，他讨厌自白式的文学。“诗歌，”他写道，“不是让情感尽情宣泄，而是跳出情感的束缚；它不是要表达性格，而是要摆脱性格的影响。”他认为现代诗人必须做到而只有极少数诗人能够真正做到的，就是“‘重要’情感的表达，它只存在于诗歌本身，与诗人

1 T. S. Eliot, “Tradition and the Individual Talent,” *The Sacred Wood: Essays on Poetry and Criticism* (1920; 7th ed. 1950), p. 52.

2 Eliot, “Philip Massinger,” ibid., p. 125.

的个人经历无关”[1]。在艾略特的想象中，诗人飘浮于他的世界之上，看清一切，掌控一切，发出声音，却不沾带一丝他所描述和激发的情感。然而，正如最透彻的艾略特评论家所言，这种极端客观的创作技法从心理学角度而言是无法实现的，而且就艾略特本人的作品来看显然也是站不住脚的。这其实是一种自我保护性策略，让诗人得以表达最放肆的颠覆传统之语，使用令人反胃的隐喻——“一只老鼠轻轻穿过草地/在岸上拖着它那黏滑的肚皮”——而不用将自己牵扯其中。

艾略特是否喜欢这种令人反胃的语言也许并不重要。但是对于现代主义的研究者来说，这不单纯是一个技法性问题。如果艾略特把所有诗人视为一体并把他们与诗歌的关系描述为不带任何感情色彩是正确的话，那么，对于之前我所论证的现代主义者在主观性方面的成功和部分地受社会环境决定（只是部分地）的观点而言，他就是一个特别的例外。而尽管措辞拿捏得恰到好处，他还是错了。情感上的参与和不满存在于所有现代主义者心中，即使对于很多人来说最后也只是变成了对自己专业水准的不满。不管怎样，在艾略特于1927年正式成为英国国教教徒以后，这些思想就从他的作品中消失了。但是他后来的作品也吸引着我们深究下去。 227

四

这些文学家、小说家和诗人共同在文学领域掀起了一场革命。“革命”一词虽然平淡无奇，却最到位地概括了这些独自埋头创作又共同发挥影响的人们的成就。传统中庸的散文和诗歌依旧故我，似乎这些大师从未留下只言片语，但是对于敏锐的读者而言，他们的世界因此而彻底改变，而对于文学先锋派更是如此。这些现代主义者对于自己作品所迫切需要的影响力颇具自知之明。特别是弗吉尼亚·伍尔夫与T. S. 艾略特，他们在各种散文、讲座、介绍与评论中为自己的作品摇旗呐喊。亨利·詹姆斯也一丝不苟地对自己的小说逐一进行点评，尤其是在洋洋洒洒、千锤百炼的纽约版本作品（1907—1919）的“前言”中。年轻时代的普鲁斯特曾经对现代法国与英国文学情有独钟，并撰文评论，但是后来他再也没有在评论上耗费时间。随着健康状况每况愈下，他与死神赛跑，顽强地拖着病体完成了那部千古绝唱。詹姆斯·乔伊斯也选择

1　Eliot, “Tradition and the Individual Talent,” *The Sacred Wood: Essays on Poetry and Criticism* (1920; 7th ed. 1950), p. 59.

了小说写作而不是小说评论，并于1939年，也就是他去世的两年前，发表了《芬尼根守灵夜》这部含混晦涩的登峰造极之作，超越了其他现代主义者，更超越了他自己的《尤利西斯》。

与《尤利西斯》一样，乔伊斯这部最后的作品也描述了一天之中发生的事，同样以都柏林为背景，同样以女性的独白形式结束。但是乔伊斯一再强调，《芬尼根守灵夜》与《尤利西斯》没有可比性，也不是它的补充。《尤利西斯》讲述的是白天发生的事，而《芬尼根守灵夜》讲述的则是夜晚。整部书都笼罩在梦境中，无论是主要情节还是细枝末节都以隐晦的表达方式呈现在读者面前。因此人物的行为远不如他们的心理活动和作者布满双关语的叙述显得重要。酒馆老板伊厄威克、妻子翁安娜·丽维雅·普拉贝尔和他们的三个孩子是故事的主要线索，但是他们在乔伊斯层出不穷的文字游戏——独创性的新词新语，接二连三的双关语以及对其他小说的影
228 射——面前黯然失色。《芬尼根守灵夜》的创作想法多年来一直盘桓在乔伊斯的心头；对他来说，小说已经比现实更加真实了。他那大胆自信、绝无仅有的文字让读者不得不费尽心思破译其真实意思，这中间还穿插了一些洋溢着巧妙幽默与优美文字的简单易懂的段落。乔伊斯几乎打破了《尤利西斯》中小说创作的所有法则，似乎他决意要通过这最后一部小说建立一座即使最勇于冒险的现代主义者也无法超越的丰碑。

而即便没有《芬尼根守灵夜》，现代主义作家也已经尽其所能地摧毁读者们几百年来习以为常的传统。我已简单列出了他们的反传统之举：对情节的淡化，对处理具体情境的方式的颠覆，最重要的是对内心世界的强烈关注。这些小说家和诗人都是现实主义者；只是被他们重新定义的现实主要存在于思想与情感之中，这是传统作家没有重视或者无法捕捉与表达的层面。因此现代主义小说与诗歌中的破碎句子，含蓄曲折的插入语，对悬念的轻描淡写（只有亨利·詹姆斯采用了传统的布置悬念的方式），对故事发展关键内容的颠倒，以及深奥难懂的外来词汇（这在艾略特的《荒原》中比比皆是）使得这些作品如此高深莫测。高深莫测却功劳卓著。因为现代主义充满想象力的文字要求读者必须投入百分之百的注意力，这是旨在娱乐大众的温和作家们所无意强求的。

因此，现代主义文学作品无论对于作家本人还是对于读者来说，都是一项艰巨的任务。并非所有的作家和读者都一直留在我之前所提到的通往未来的高速列车

上。一些人接受不了对传统的过分挑战，于是离开。鉴于有些现代主义者的极端主义，这也情有可原。毕竟，没有人比他们更有力地冲击了传统惯例的极限——除了现代主义作曲家。 229

5 音乐与舞蹈：自由之声

序　言

在现代主义所涉及的领域中，音乐是最令人难以理解的。毫无疑问的是，阿诺德·勋伯格是20世纪音乐改革的领袖人物——正如他一直以来的所愿——他从来没有过众多的听众，哪怕在过世长达半个多世纪之后，依然以其独特的风格而闻名。先锋派绘画，或者小说，或者建筑，经历一番磨炼之后，会融入主流风格，但大量先锋派音乐如今依然曲高和寡。毋庸置疑，画家和小说家在各自的领域开创了百花齐放般的现代主义表现手法，音乐领域亦复如此；但是其他艺术门类能够在更广阔的人群中获得追随者；相比之下，作曲家们则只能落得这样的命运：他们的激情只有一小批社会精英可以理解。那些阳春白雪的音乐界事件总离不开那些进步的音乐学校，其门徒和忠实的朋友，就像是各种风格糅合的大杂烩；而鼓吹新音乐的人不但满怀激情地同固守成规的音乐保守者们进行斗争，他们彼此之间的争斗也毫不逊色。 231

音乐这种显然回天乏力的曲高和寡状况，在过去的数十年间都势头不减。在1958年末的一篇经常被引用的文章《谁在乎你是否会听呢？》中，经验丰富的现代主义艺术家弥尔顿·巴比特精确地总结了当时的情况。他沉稳地表达了自己的绝望说，一位严肃的现代作曲家，“实际上，就是一个‘徒有虚名的’作曲家。大众在很大程度上都无法理解他的音乐，并且对他的音乐也不感兴趣。大部分的表演者都对音乐采取一种躲避和憎恶的态度。因此，音乐就很少有机会得到演绎，并且仅有的音乐表演也是听众寥寥，大部分还是业内人士。就最乐观的一面来看，音乐这门艺术也只是服务于音乐家、属于音乐家和来自音乐家”[1]。尽管这听起来有些言过其实，但是巴比特的悲哀却真实地反映了当时高水准的音乐文化。只有两位现代主义大师，勋伯格和斯特拉文斯基，被大众广泛接受，后者又远超前者。巴比特尖刻地评论其他作曲家都是“‘徒有虚名的’作曲家”；毫无疑问，这种评论有点极端。现在只提及一些首先映入脑海的现代主义音乐家——迪米特里·肖斯塔科维奇、弗朗西斯·普朗克、本杰明·布里顿、谢尔盖·普罗科菲耶夫——他们的作品在很多国家得以演奏，虽然这些音乐创新者在文明国度的大型音乐厅里表演时，最多也不过是得到象征性的认可而已。

阻挠音乐革新的势力并非一直如此强劲。在勋伯格之前很久，19世纪的音乐界就曾见证过固执己见的观众和善辩的音乐评论家之间的争议——音乐评论家这个现代职业，被许多新日报的撰稿人捧上了天。当时最负盛名的作曲家理查德·瓦格纳是一个强势且自负的人——他的理论研究者都声称他的音乐就是未来的音乐，其所到之处必将引起轰动。尤其是在他晚年的时候，他获得了令人惊叹的成功。

瓦格纳于1813年出生于莱比锡城，他早期创作的歌剧于1848年就搬上舞台，而当时他因参与了失败的德国革命（站在了“错误的”一方）被迫流亡瑞士。这种政治
232 激进主义只是昙花一现；瓦格纳的主要赞助人，除了那些富有的资本家外，还有那位头脑昏沉的皇家赞助人：巴伐利亚州的路德维希二世。尽管瓦格纳在国外流亡，但是这也给他提供了足够的机会来阐述自己的音乐理论并起草他最著名的作品：瓦格纳版本的史诗《尼伯龙根》——一个德国中世纪传奇故事，瓦格纳以四部夜间歌剧的形式呈现了出来。

瓦格纳的作品总是具备两个特点：独特的作曲风格和高昂的梦想。他总是让自己复杂的风格符合音乐的主旋律（Leitmotifs）——这种手法虽然不是他所发明的，但是他比其他任何作曲家都更广泛地应用了这种手法；颇具代表性地将舞台上人物的情绪和性格特点以音乐的形式加以表现。（对此很不满意的德彪西曾将这种风格称为“含糊而高调的平庸曲风”[2]。）同时，瓦格纳也满怀热望地推崇艺术的结合，亦即

---

1 Milton Babbitt, “Who Cares If You Listen,” Strunk’s Source Readings in Music History, *The Twentieth Century*, ed. Robert P. Morgan (1950; rev. ed. 1998), p. 36.

2 Debussy, *Monsieur Croche the Dilettante Hater* (1927), trans. B. N. Langdon Davies (1928), p. 17.

所谓的“总体艺术”（Gesamtkunstwerk）——即表演中涉及的方方面面，音乐、剧本、服装、导演手法、舞蹈（如果有舞蹈的话），都能在艺术家的想象之中得到融合和体现，音乐要服务于主题。瓦格纳的四部曲《尼伯龙根的指环》突出表现了他的音乐和剧本的完美结合。

瓦格纳的《尼伯龙根的指环》中的诗歌晦涩做作，很大程度上混杂着一种伪中世纪风情，但是他在旋律与和声方面的天赋确实是极有魅力。总之，《特里斯坦与伊索尔德》（*Tristan und Isolde*，1865年在慕尼黑首演）为他赢得了一大批激动的追随者。在巴黎，伟大的早期现代主义艺术家波德莱尔就是其中之一。他在1860年聆听到未来音乐家的曲目之后，写信告诉瓦格纳说：聆听他的音乐是他这一生最精彩的音乐体验。在德国的文化领域，尤其是在1876年由路德维希二世赞助的每年一度的拜罗伊特音乐节举行之后，勃拉姆斯的追随者们常举办热烈的聚会，生动甚至矫情地讽刺瓦格纳的痴迷追随者们那些有宗教意味的“音乐狂欢”，勃拉姆斯派的死忠诋毁瓦格纳的追随者们是病态的、盲目的，甚至是性取向都可疑的崇拜者。

瓦格纳的追随者们给予回击，声称勃拉姆斯是一个吵闹、无聊的反动分子，是一个跟他们崇拜的英雄在众多方面恰成对比的小人物。肯定瓦格纳的追随者们编造了这个所谓音乐厅里的工人的有趣故事：故事的发生地时而在伦敦，时而在维也纳，所谓音乐厅里的工人会在大门上贴上一张简明的标语条：“如果您是勃拉姆斯的追 233
随者，出去。”这些关于现代主义的未来的争斗尽管很刺激和持久，其实都毫不相干，因为对瓦格纳而言，无论人们如何评价他的作曲，他都极度憎恶现代人、现代性，更别说是现代主义者了。他选择中世纪传奇绝非偶然；这正好契合了他声称与生俱来的德国文化的优越性。他同弗里德里希·尼采之间那段广为人知的友谊就在公众的关注下中断了，因为后者发现瓦格纳最后的一首曲子《帕西法尔》（1882）存有基督教倾向，令他难以忍受。尼采不仅反对瓦格纳新近倡导的宗教信仰，而且反对他提倡的德国沙文主义。对于瓦格纳来说，最明显的带有现代性的现象就是被同化的犹太人——犹太人被他视为一个毫无创新能力、虚伪的和爱好敛钱的民族。将犹太人看作是现代人中的现代人绝不仅仅是一种奉承，无论是对于现代世界来说，还是对于犹太人来说。

现代主义者：先行者

一

如果说瓦格纳尽管拥有持久的声誉和影响力，但最终没有向传统音乐发起挑战，从而并不属于现代主义的开创者，那么，与他同时代的两个更为年轻的音乐家克劳德·德彪西（1862—1918）和古斯塔夫·马勒（1860—1911）则是19世纪末20世纪初艺术自身解放运动的先行者。这两位艺术家有很多共同之处：有着坚定的意志去追求他们内心的戒律；一心想要超越或废除那些他们在学术训练中所习得的规则；这强烈的渴望，法裔美国作曲家埃德加·瓦雷兹后来形象地称之为“自由之声”[1]。他们需要创作和声，正如德彪西简洁地总结，以此“淹没音调”[2]。这两位艺术家都知道自己是音乐革命者，尽管两人提倡的以及领导的是极不相同的革命。他们的不同之处，也即他们各自的音乐作品，比他们的共同目标更为重要，也更能引起人们的兴趣。

234 德彪西一生都在同瓦格纳压倒性的影响做斗争，曾一度向他学习，后来又反对他。出生于1862年的德彪西在十一岁时加入了公立音乐学校，严格的学院派教育让他大受折磨，尽管也有些收益。在他还是个孩子的时候，他因为谱了一首亵渎的小序曲而惹恼了钢琴老师。那时他已经下定决心要遵从自己的指挥。这就意味着将传统音乐的和声加以扩展，并对基调进行突破性试验，而这一切都是为了响亮度。他的《牧神的午后》（1894）家喻户晓，这首曲子最早昭示了他的勇气。他成为声音本身的解放者，被视为一位真正的现代主义艺术家，因为他大部分时间都一意孤行。他在1900年之后写道：“许多作曲家一直都在谦逊地听从于传统，而在我看来，正是传统阻碍了他们聆听自己内心的声音。”[3]这并非过谦之词，德彪西这位伟大的主观主义者也并不会因此而内疚。

他这藐视权威的气派，是他创造力唯一真正的源泉，得以保存并成熟起来，成为了他稳定的倚靠。作为一名年轻的作曲家，他通过自己的努力于1884年获得了令人垂涎的罗马大奖赛，尽管他之前也曾为之努力过。在之后的一年，他颇不惬意地住在

---

1 Varèse in Robert P. Morgan, *Twentieth-Century Music* (1991), p. 312.

2 Edward Lockspeiser, *Debussy: His Life and Mind,* 2 vols. (1962; 2nd ed. 1966), I, p. 198.

3 Debussy, *Monsieur Croche*, p. 19.

罗马，和不支持他作曲风格的学院对抗，尽管学院安排他在一个十分令人振奋的团队中进行为期三年的作曲。“当然，学院只认定自己规定的道路是唯一正确的。但是，这无药可救！我无比热爱自己的自由，以及自己的想法。”[1]现代主义的所有感受，某种程度上还包括这句现代主义口头禅——“我无比热爱自己的自由”——都集中体现在这句话里了。

显而易见，大部分学院派赞赏的音乐都无法引起他的兴趣。德彪西逃往遥远的过去，逃到拉索和帕莱斯特里那如山的作品中去，内心充满了发现之乐，他轻蔑地将古诺一类人的那些虔诚的产物视为“歇斯底里的神秘主义”——在他看来这只不过是一场“阴险的闹剧”[2]。他很乐意原谅古诺，毕竟他是法国人，并已脱离了瓦格纳的影响。尽管如此，他最强调的，就是真实，作曲家创作时的真实感受，以及在曲子中传达给听众们的真实。这听起来很像心理描绘式作家克努特·汉姆生在小说 235
《饥饿》中运用的手法。还在罗马的时候，德彪西就曾写道，“在保持曲式清晰的同时，去呈现一个人内心1001种感受这有多难啊”，还要“捕捉如诗的情感和奇幻的梦想”[3]。他认为，这些阻碍可能只有在学术规则低头并被永远推翻之后，才会克服。

德彪西很早就意识到学院永远不会允许音乐家挖掘内心感受的所谓堕落风格。它沿着一条单独的、过时的教育路线行走着，只将它的掌声狭隘地献给了罗马大奖赛，而我们知道，德彪西虽然获奖，却对此一点也不心存感激。怪不得一个从罗马前往巴黎学院的官方报道员曾直率地表达了对这位前途无量但却令人困惑的年轻获奖者的失望之情；他似乎对创作“怪异、不可理解，并且无法演绎的”[4]音乐情有独钟。令人遗憾的是，这位名叫德彪西的人坚定地去探寻音乐的新颖性，并且渴望用音乐去震撼他的听众。

德彪西一生中多次谈到这个他最中意的话题。“很多东西许多人都是最先是发现它，然后又放弃它，”他在晚期写的一封信中说道，“他们本可以将自己的感情赤裸裸地表达出来。”[5]那个时代的音乐界及其忠诚追随者对他大为不满，他的命运也就可想而知了。他选择先锋派大师马拉美的诗歌《牧神的午后》作为他的第一部管弦

1 Léon Vallas, *Claude Debussy: His Life and Works*, trans. Maire O'Brien and Grave O'Brien (1933), p. 34.

2 Ibid., p. 37.

3 Ibid., p. 35.

4 Academy on Debussy, ibid., p. 41.

5 Ibid., p. 178.

乐杰作，他在19世纪90年代中期用两年多的时间致力于将莫里斯·梅特林克那本不像戏剧的戏剧《佩利亚与梅丽桑》（*Pelleas et Melisande*）改编成一部不像歌剧的歌剧——一部有着柔和的气氛和心灵独白，却没有独唱曲的歌剧。尽管这部独特的歌剧没能引得大众普遍的赞同，却让他声名大噪。

尽管少数见多识广的评论家都理解德彪西作品的开拓性，但是他的作品依然让那些思想开明的评论家感到困惑不解。音乐评论家加斯顿在1902年曾写道：“为了实
236 现心中对艺术音乐的最崇高和最大胆的理想，德彪西已经创造出一种属于他自己的音乐。”[1]德彪西在十五年间创作的颇具影响力的钢琴曲和管弦乐为自己吸引了更多的听众。在这些创作中，他规模宏大的作品一直是交响乐团常演不衰的曲目。

在这些类似交响乐的作品中，最为有名且最具特色的乐曲是音调诗歌《大海》（1905）。它不是一种按部就班的音乐；德彪西并不会因为看到大海喧嚣壮观的景象，就以音乐来描绘大海的景致，来表达自己的感情，或是联想。他的音乐令人难忘之处就在于逻辑和表现性能够以欢快，甚至是独特的方式交融在一起。不必惊讶的是，评论家们喜欢称他为绘画家，并且不管他本人如何抗议，将他同印象主义艺术家作对比。他们所作的对比尽管过于简单，但这一点是正确的：德彪西的作品是一种精致的追求，完全融入现代主义画家和诗人们以各自方式追求的世界中，即内心世界和其恰如其分的描绘。

对德彪西来说，作为一位法国作曲家，他的一生都在同两个对手做斗争，而不是一个：巴黎艺术学院和理查德·瓦格纳。第一个对手在他看来很平常，并且不会让他内心充满矛盾。至于第二个能成为对手，这并非是因为德彪西是一个沙文主义者，才会强烈憎恶一个德国作曲家，只因为他是德国人。和许多现代主义艺术家一样，他有着一种四海为家的性情，在这个吵闹的世界大家庭中颇为惬意。社会音乐协会于1871年成立，当时的法国正处在战败于普鲁士的屈辱阴影中，而协会的成立并不迎合德彪西的口味。他甚至放肆恶意地嘲讽瓦格纳，“老克林格索尔的魔鬼”[2]——也就是《帕西法尔》中邪恶的魔术家——这种说法在他的熟人圈中流传。但是，他很欣赏作曲家的能力，尤其是他在《帕西法尔》中表现出来的能力。与那些坚持将德国人

1 Léon Vallas, *Claude Debussy: His Life and Works*, trans. Maire O'Brien and Grave O'Brien (1933), p.131.

2 Lockspeiser, *Debussy*, p. 91.

称为“德国鬼子”的法国作家相比，或者与那些将瓦格纳在巴黎的名声发扬光大的另一方相比，他的立场显得更加微妙。

德彪西藐视这种一刀切的分法。他于1889年第二次造访拜罗伊特之后，认为自己可以理清对瓦格纳的感觉（已经去世六年的瓦格纳对他来说依然是一个活生生的恶魔）。他发表的声明，尽可能明确地阐述了自己要成为作曲家的目标，因此可以 237
和老克林格索尔达成和解。“我对戏剧艺术的理解是不同的。对我来说，音乐始于语言无能为力的地方。音乐是为了抒发不可以表达的感情。音乐从虚无中浮现，又退入虚无中，我就要这样的风格，我应当一直谨慎地对待音乐。”[1]这正是两位大师之间至关重要且牢不可破的不同：瓦格纳的音乐中从来都没有谨慎。

二

尽管对瓦格纳的研究似乎无关宏旨，但是为了追溯20世纪早期现代主义音乐革命的轨迹，一个非常与众不同的作曲家古斯塔夫·马勒是颇有代表性的，无论是他惊人的交响乐作品，作为乐队指挥光辉的职业生涯，或者是蜗牛般缓慢出名的速度，都表明音乐发展到现代主义变革的道路如何曲折。马勒出生于1860年，是波希米亚地区一个酿酒师的儿子，马勒很早就开始了自己的音乐职业生涯：在十岁的时候，他在自己的音乐处女秀上担任钢琴演奏者，而他未来的艺术大师之路似乎已经确定下来。但是，他的雄心壮志不止如此。1875年，他在维也纳音乐学校开始了长达五年的卧薪尝胆的岁月，尝试着开始作曲，之后在1880年，他开始了指挥家的职业生涯。他在早期发现了自己在音乐指挥上独断专行的天赋之后，很快就在几个省会城市里接受了许多音乐指挥的任务，并由此锻炼了自己的音乐技巧。他曾经告诉一个朋友他正在“被自己的大师折磨”[2]。但是，每一种职务都是进步之阶，直到1883年，依然风华正茂的他就成功地受命先后去指挥各地的管弦乐团，卡塞尔和布拉格，莱比锡和布达佩斯，还有汉堡，最后，从1897年起，他开始执掌维也纳宫廷剧院。

同时，他还创作歌曲和交响乐。马勒和德彪西之间最不同的特质就是马勒独特的双重职业角色。[3]毫无疑问的是，作曲家登台指挥是极其寻常的，特别是在其个 238

1 Lockspeiser, *Debussy*, p. 84.

2 Gustav Mahler to Friedrich Löhr (1882), in Jens Malte Fischer, *Gustav Mahler: Der fremde Vertraute* (2005), p. 149.

3 马勒是个出色的钢琴师，他本可以选择演奏大师的职位，可他还是选择了成为指挥家和作曲家。

人作品首次公演的时候。但是马勒身上担负的这两种职业可以很调和而完美地协作起来，尽管他的受欢迎度逐渐减退消逝。许多歌手和乐器演奏者都很崇拜他，并且发觉他要求严格、全神贯注，颇能催人奋进。占据重要地位的作曲家勃拉姆斯和柴可夫斯基认为他是少数最出色的指挥家之一，能听到他的演出是一种荣幸。但是即使他们都承认马勒不是一个很容易相处的团队成员。他全副武装，强硬地坚持让他
239 的歌手和演奏家们发挥到自己的最高水平，把他们逼迫到能力的极限。

他在维也纳歌剧院进行的长达十年之久的改革给人留下了深刻的印象，并深获观众的感激。他对瓦格纳、德彪西、莫扎特和贝多芬的喜爱之情是坚不可摧的。在他早期担任指挥家的时候，如果他指挥的当地剧团只能演奏罗西尼或者威尔第的作品（马勒对这些人的评价不甚高），他反而会觉得欣慰，因为那些他指挥的音乐家就没

古斯塔夫·马勒的漫画。作者恩里科·卡鲁索（1908）

有机会去糟蹋自己所喜爱的音乐家的曲目。如果时机合适，他会施展出自己出色的战略能力，以钢铁般的自律意志压制天生的急性子，并且耐心地将策划者、表演者和观众的习惯慢慢地转变过来。

马勒原原本本地展现了他挚爱的瓦格纳作品的原貌，恢复了之前指挥家们毫不抵触就接受了的删节部分。他大大削弱了喝彩捧场和花钱雇用的观众的地位，这些观众可以被雇用来为某些先定的歌手喝彩——或是喝倒彩。他将舞台背景从巴洛克式的沉重和庄严中解救了出来。他让迟到的人一直等到幕间休息时间才上场——而这竟然是在维也纳！他创造了互相配合的戏剧合唱形式——这带给观众从未有过的体验，受到了他们的高度赞赏。再小的细节也逃不过他那双锐利的眼睛。在维也纳文化复兴的氛围之中，他舒心畅快：有埃贡·席勒以及古斯塔夫·克里姆特之类的画家、阿道夫·路斯和奥托·瓦格纳这样的建筑家、阿图尔·施尼茨勒这样的剧作家和小说家、卡尔·劳克斯这样野蛮但致力于改革的文化评论家，还有心理分析学的奠基人西格蒙德·弗洛伊德等，这些人都代表了现代精神——马勒全心打造的歌剧高雅格调，同样可归于此列。

马勒推行最严格的标准，维持了维也纳作为世界级的歌剧城市应有的高品位，这与现代主义艺术家们的试验毫无关系，而是出于对大师级人物的虔诚之心和对真实性的追求，也受到了大部分现代主义艺术家的由衷赞成。另一方面，在19世纪90年代末到1910年间，那些弥足珍贵且期盼已久的暑假生活中，马勒创作的九部交响乐作品是前所未有的创新，而这不只是他个人的想法。马勒坚持使用传统的音调符号，但
是却绕开深奥的不和谐音和种种对和声的限制。他谱写的管弦乐规模之宏大，篇幅之 240
长，都将他标榜成为新时代音乐的拥护者。在解释他自己在交响乐方面的作为，以及这些作品对他本身的影响时，他总是会说明每一部新作较前作的进步。他的第三交响曲让他自己都感到震惊，因为这部作品要比第二交响曲更优秀，若是回顾起来，第二交响曲不过是稚气之作。

若是认为这些奔放的巨著本身对他来说意义重大，这就小看了马勒对音乐的情感。1909年，在他去世前不久，他在纽约演奏他的第一交响曲。他在给朋友指挥家布鲁诺·瓦尔特的信中写道，每当指挥演奏自己的曲目时，“一种灼热痛苦的感觉在自己身上明朗地显现出来。这个将声音和形象对立起来的世界到底是怎样的一个世

界？如同葬礼的行列，又像是暴风雨，爆发出来，在我看来，都是对造物主的愤怒指责”[1]。其要求之高，远非德彪西之类比较不善于运用暗喻手法的作曲家所能构想。

马勒也没有将这种崇高的感受秘而不宣。“现在想象一部伟大的作品，”他在1896年夏天给女高音歌手安娜·冯·米尔登伯格的信中写道，“整个世界会在伟大的作品中反射出自己真实的写照。”[2]他不喜欢将自己的管弦音乐称为交响乐，因为，如同他对自己的第三交响曲的评论一样，“它们与传统的形式毫无关系。对于我来说，交响曲就是采用一切手段和方法建立一个新的世界。全新和不断改变的内容将自己决定自己的形式。在这方面，我必须坚定学习，以再次改革我的表现手法”。[3]他厌恶风行一时的音调诗歌；他自己的作品没有讲述特别的故事，完全出自自己的想象，让他可以在其中建立一个全新的音乐世界。[4]1906年，在评论第八交响曲的时候（他认为这是自己最为重要的作品），他告诉朋友荷兰指挥家威廉·门格尔贝格，
241 “这是我做过的最伟大的一件事……想象着宇宙曾经发出声音和声响。这些声响不是人类发出的，而是诸多行星和太阳转动的声音”[5]。

他对这神性的尊崇，是落到实处的。为了完成伟大的曲目，马勒狂热地使用大量罕见乐器，例如吉他、曼陀林、驿车号，以求去搜索那些从未被人探讨过的宗教音乐。这些新乐器在他每一首交响乐中都增添了生动和色彩斑斓的具象，他也从没有试着超越新乐器的帮助。此外，他含糊不清地大量使用可用的音符，并加以组合，其结果是让当时和今日的观众听起来，都仿佛是琐碎无谓的和弦、和声和旋律。一位参与他的第一交响曲演奏的作曲家在轮唱曲《雅各兄弟，雅各兄弟》中的变奏做出了很大的贡献，原曲即便是采用非传统的小调演奏出来的，也是乏善可陈的。将大调转变为小调——而他不止一次这么做——凭借着打击乐器组强大的共鸣，马勒喜欢鼓乐震天，这样人们才能听到他在第三交响曲中所说的所谓“仲夏夜之梦”。

---

1 Gustav Mahler to Friedrich Löhr (1882), in Jens Malte Fischer, *Gustav Mahler: Der fremde Vertraute* (2005), p. 200.

2 Mahler to Anna von Mildenburg, summer 1896, in ibid., p. 340.

3 Ibid., p. 339.

4 令人感兴趣的是，理查德·施特劳斯的某些经过长期思考创作的作品，近似于对掩盖真相的时事进行诠释——例如在《蒂尔的恶作剧》这部音诗剧里，蒂尔最后被绞死。“一部诗歌作品只是单纯音乐表达的工具以及对我的情感的提升，而不单单是将日常生活的一些具体事情用音乐表述出来。”读者有权以质疑的眼光去研读判断艺术家的自传中的话语，甚至包括现代主义艺术家的自传。Strauss to Rolland, July 1905, in *Richard Strauss and Romain Rolland: Correspondence*, ed. Rollo Myers (1968), p. 29.

5 Mahler to Willem Mengelberg, August 1906, in Fischer, *Gustav Mahler*, p. 635.

尽管马勒为自己的专业能力感到自豪，并在令人激动而责任重大的指挥席位上对自己的天赋加以磨炼，但他也同其他有才华的音乐家一样，视自己为神灵的奴仆。尽管他华丽的辞藻有时显得自大狂妄，但他和其他现代主义者一样，并不会将自己当作神祇。“说起来，一个人不过是宇宙用来演奏的乐器而已。”[1]他在给一位朋友的信中写道。在讲述自己不得不去创作第八交响曲的故事之时，他归功于所谓“神界的造物主”——“他鞭策了我八周时间，直到最伟大的那一部分完成”[2]。在这条充满惊心体验的圆满之路上，他找到了通向更崇高之处的台阶，仿佛是孕育了自己的作品一般。关于第三交响曲，他这样写道：“这远比生命更宏伟，一切人类的事物都萎缩到如同矮人国一般。当我看到音乐的道路，音乐的未来指向何方，又想到我被授予 242
的这个可怕的职业及浩如烟海的工作时，我深感恐惧。”[3]

跟德彪西一样，马勒主要致力于他自己创造和构建的音乐王国，让它们在自己和听众的思想中绽放。“我需要表达得具有音乐性和交响性，”他于1896年在给音乐评论家马克斯·马沙尔克的信中写道，“这音乐只能存在于阴暗的情感之中，是通向另一个世界的大门。”[4]无意识向无意识倾诉；造物主的意念唤醒其他人的意念：这使得他的音乐受到了传统主义者的质疑，有时又让和他心有戚戚的听众折服。总之，他坚信自己被选中，是出自“天命所归”，而这种说法只会让不那么古板清正的英美文化圈里的读者觉得好笑。

尽管马勒经常采用保守的老派音乐剧主题，但是命运促成他成为一位前卫的作曲家。他的交响曲的长度和数量——其中几首都长达一个多小时——都明确地表现了其新颖性。但是它们并不是全新的创作。九首曲目中的四首完整交响曲的演绎都加入了歌手，但是人们可能将这一特点看作是对贝多芬的纪念（大部分人正是如此看待的）。毫无疑问，绝大部分原因是来自贝多芬的第九交响曲以及最后的赞美诗。

尽管（借用他激动时说的话），当他作曲时，无论什么从他脑海中迸出，都如同水闸全开，一泻千里的山洪，他的音乐是早期的交响乐作曲家无所知的。似乎他

1 Mahler to Anna von Mildenburg, summer 1896, in Fischer, *Gustav Mahler*, p. 340.

2 Mahler to his wife Alma, summer 1906, in ibid., pp. 636—637.

3 Mahler to Natalie Bauer-Lechner, in ibid., p. 341.

4 Mahler to Max Marschalk (1896), in ibid., p. 637.

宏大作品看似传统的外表，只是略加掩饰，并不能掩盖住其作品中前人未曾尝试过的和声、节奏和音调的关系。他那大胆的音调违背了传统作曲家运用的规则，若追随他自己的路线，就会让墨守成规的评论家失望，并让听众激动，不管这激动是来自快乐或是痛苦。他发现可以将流行音乐加入到自己的交响乐之中，并使用一切可能的声音，他认为，他从这些元素创造出来的音乐世界里，一切都备于他自身。

243 与德彪西相比，马勒要辛苦得多，他不得不面对强大阻力，并在主要作曲家之列中树立自己的威望。事后看来，他属于为数不多的颇具颠覆能力的作曲家，有意思的是，这正是所有现代主义艺术家中最不具有妥协精神的阿诺德·勋伯格对他的定位。正如人们预料的那样，勋伯格起初颇不友好，但当他于1904年12月观看了马勒第三交响曲在维也纳的彩排表演之后，态度急转直下成为马勒的拥护者。他给马勒写了一封热情洋溢的信，其热烈程度，就是比起马勒夸赞自己的交响乐作品时的激昂也毫不逊色。这封信很值得被引用，因为它突出地表现了所有德国音乐家在谈论自己的作品以及本世纪之交作曲家之间混乱的关系时，所使用的那种充满诗意和暗喻手法的语言。“为了表达你的音乐给我留下的从未体会过的印象，”勋伯格对马勒说道，“我可能不是以一位音乐家的身份在对另一个音乐家谈话，而是一个普通人对另一个普通人的谈话。因为我已经看到了你那赤裸裸的灵魂。它就如同一片充满神秘感的野外风景，到处都是骇人的水涧和深渊，旁边还有赏心悦目、阳光普照的草地这一理想的栖息之地。”一旦开始了这种忏悔式的话头，勋伯格继续欢快地说道：“我感到幻影之间的战争，我察觉到幻灭的苦痛，我看见善与恶之间的扭打……”[1]在给予了这一番赞扬之后，关于马勒在这些音乐巨人之间的地位还有其他什么疑虑吗？

现代主义者：阿诺德·勋伯格

一

通常情况下，音乐历史学家都将德彪西和马勒看作是“过渡性”人物，似乎他们是桥梁，横跨传统作曲家和现代主义音乐家之间貌似不可逾越的鸿沟。人们可以

1 Arnold Schoenberg to Mahler, December 1904, in Fischer, *Gustar Mahler*, p. 586.

从中而知原因：这些作曲家不是将习以为常的和声拓展到极限，有时甚至会超越界限吗？但是德彪西《大海》或马勒的第八交响曲的崇拜者们都不会认为他们仰慕的作曲家的作品仅仅是桥梁，从一种极端走到另一种极端。现代主义的两位最伟大的代表，阿诺德·勋伯格和斯特拉文斯基在多种方面进行了改革，他们凭借长久以来被遗忘的传统风格与标准的经典作品进行对抗，反抗历史悠久的规则，而且受到激进主义 244

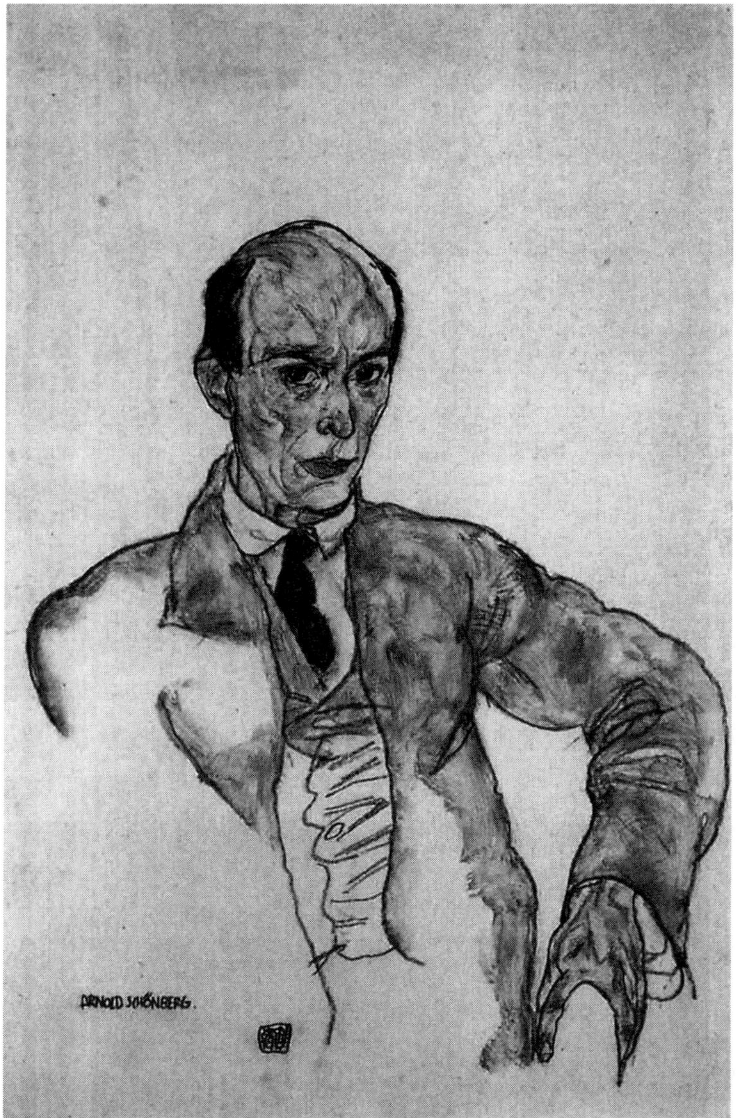

埃贡·席勒所绘，阿诺德·勋伯格画像（1917）

的督促，不但要对抗这些规则，更要为音乐建立起全新的基础。

阿诺德·勋伯格于1874年出生在维也纳一个比较贫困的犹太家庭——他们甚至
245 没有办法让自己天赋崭露头角的儿子去学习小提琴——他在孩童时期就开始学习作曲，并在慷慨的、欣赏他才华的朋友资助之下开始学习音乐。他的父母就像普通的奥地利家庭一样对音乐并不厌恶。一个纯粹的自学者往往充满了很多的疑虑，但是阿诺德·勋伯格却始终坚信：他创作的曲目都是出自内心最忠实的想法和不可抑制的灵感。“我的想象力，”他在1912年写道，“这就是我自己，因为我自己就是想象力的产物。”[1]

十一年之后，一位柏林的指挥家邀请勋伯格发挥“力量”，为自己写些东西，勋伯格回答道：尽管这种邀请值得听取，但“不幸的是，我的力量非常不羁，而这也正是其赖以生存的基础。她不乐意接受任何好心的帮助，甚至不允许我去操控她。无论在或者不在，我的力量只会随心所欲”[2]。他在1911年1月24日给画家瓦西里·康定斯基的首封信中写道，他和这位新画家朋友有着同样的目标：纯粹的主观性。这就是“你所谓的‘不合逻辑’，也就是我所称的‘消除艺术创作中刻意的风格’”[3]。无论他创作的音乐被发现有多么深的历史渊源，勋伯格都认为这一定是他独创的。

对于勋伯格来说，并不只是在音乐领域他才依靠主观；他个人在各宗教间辗转的过程也是紧张而曲折的，同样反映了他想要说明的道理：从小身为一名罗马天主教教徒的勋伯格在1898年皈依新教，这对于以罗马为宗的国家来说是一个独立而真诚的选择。但是战后奥地利出现的反闪米特人风潮，而且在1923年，他认为朋友康定斯基已经多次发表反闪米特人主义的言论，这使他的想法朝着一个更为熟悉的方向推进：他回归了。在一封写给康定斯基的充满愤怒的信件中，他对于后者发表的偏执言论表示抗议，并自称为犹太人。他现在已经不再担心一直困扰自己的“陈规的束缚”[4]；他
246 以前和现在一直都坚称自己是犹太人。[5]

1 Schoenberg to Ferruccio Busoni, July 28, 1912, in *Arnold Schoenberg, Briefe,* selec. and ed. Erwin Stein (1956), p. 29.

2 Schoenberg to Fritz Windisch, August 30, 1923, in ibid., p. 105.

3 Schoenberg to Vasili Kandinsky, January 24, 1911, in Fred Wasserman, "Schoenberg and Kandinsky in Concert," *Schoenberg, Kandinsky, and the Blue Rider*, ed. Esther da Costa-Meyer, Fred Wasserman (2002), p. 25.

4 Schoenberg to Kandinsky, July 20, 1922, in *Briefe*, p. 70.

5 这个故事永远没有得到澄清。关于这项记录，正是阿尔玛·马勒，一个相当不可信任的爱说长道短的人，似乎已经成为了勋伯格的包打听。康定斯基经常承认自己对勋伯格的指责感到震惊，并且对他的指责表示强烈的抗议。

勋伯格并不是一个人在作战。他的热心拥护者中有康定斯基，就曾说明艺术的前沿往往互相交错，这是司空见惯的，现代主义者们也必然知道这一点。这是一个有趣的故事。1911年1月2日，《玫瑰四重奏》的表演团队从维也纳前往慕尼黑随同许多表演者举办关于勋伯格作品的音乐会。这些作品中包括轰动一时的《第二弦乐四重奏》——这部作品的来头颇为有趣：1908年12月在维也纳举行的首演曾引起了骚乱，勋伯格在前卫的潮流圈中也已经大有知名度，他则被公认为是一个“放弃基调”的作曲家。

在那些充满期待且意识超前的听众中，就有康定斯基。他教养良好，对音乐感觉敏锐，还是一位令人尊敬的大提琴演奏家。他发现勋伯格的作品很陌生，有些无调的音乐更是发人深省。他对此瞬时倾心，并在第二天开始创作一幅油画《印象主义III》即《音乐会》，这一作品的出现至少要部分归功于实景：大团黑色的墨块代表舞台上的大钢琴，一些模糊的形状堆积起来则代表观众。康定斯基给勋伯格写过信，两人建立了深厚的友谊，主要通过信件进行交流。这两个人的共同点就在于他们都尽可能地从同样的来源寻找灵感：这就是他们的内心。

在这次重大音乐会之后，这两位朋友就出乎意料地进行了一场具有历史意义的重要合作。康定斯基是很多文化聚会活动的组织者和资深参与者，并且积极地推动他所开创的激进的反自然主义风格，可是在慕尼黑许多进步的现代主义艺术家中反响寥寥，不过他还是发现了一名信徒，即画家弗朗茨·马克，此人天生就有神秘主义的气质，日后因创作出一部震惊世人的优美画作《蓝马之塔》（*Tower of Blue Horses*）而名声大噪。1911年末，这两人决定出版一部集散文、图片、配乐和描述文字于一体的作品《蓝骑士年历》，以方便汇集真正的新绘画风格和其在不同领域的支持者。康定斯基将他的新作品和几篇能挑起争论的散文贡献出来，以支持在艺术领域中所进行的精神改革。马克有许多关于现代艺术的文章，他还拿出了一幅画，画上的马有不同的颜色。康定斯基强烈坚持要勋伯格也参与其中，勋伯格拿出了他的两幅油画、一些曲 247
目，以及几首催人奋进的现代主义诗歌，这些也是书中的重要篇章。正如我们经常听说的那样，读物都会有自己不同的命运；大部分取决于出版的时机。《蓝骑士年历》被文化历史学家视为战前时代德国表现主义者的艺术纪念碑，在1912年首次问世之后获得热烈的反响。

勋伯格在自己的专业领域中也找到了知己和支持者。他最喜爱的两位学生安东·韦伯恩和阿尔班·伯格都是极富天赋的作曲家；他们都成为了他的朋友和不可或缺的宣传人员。音乐会管理者、指挥家和出版商们，或说至少其中的一些人，也认为勋伯格的音乐绝对值得演出。我们听说勋伯格在莱比锡、伦敦、阿姆斯特丹、布拉格、哥本哈根举办音乐会。只不过勋伯格只信任极少数的文化经纪人；他将自己的指导意见准确地编上号，包括需要彩排的次数，歌队的水平，由自己亲自指挥首演的重要性等要求倾泻到经纪人头上，更不要说如果他的搭档不打起十分精神，也会遭受他的愤怒斥责。他认真地对待这一切。他在1914年写道：“最近，我越来越深地感觉到艺术作品的表达力不够是大罪，是不道德的。”[1]他清楚自己的地位多么重要，这已经在上述言论中隐约表现了出来。人们可以看出勋伯格厌恶将生意看作是自己生存的一部分：“没有什么能比生意让人们走得更近。但是，我却喜欢距离。”[2]

勋伯格一生中树立了一些经常让自己深受其害并抱怨不休的障碍。他从来没有改变过自己的论调，哪怕在欢庆的场合也一样。1949年当朋友和仰慕者们热烈地祝贺他七十五大寿时，他笼统地向这些人表示感谢，并自问道，在这“充满阻力的世界中”，他为何能坚持下来，并颇为悲壮地宣称：“就是为了死后被人发现——！”在回答这个问题的时候，他又一次回到他所熟悉的思路上，即内心不可遏制的力量逼着
248 他如此，虽然不情愿，但是充满了创造力，并压碎了所有谨慎的思考。在剩下的两年多时间里，他也丝毫没有改变这个理念，既阴郁又易怒。跟其他感应于天的先知们一样，他也“不得不说一些话，显然是丑话，但是又必须说出来”[3]。这一点自然千真万确；可这位杰出的现代主义者四面树敌的生活表明，高雅文化艺术家和受众之间的互相疏远，有时是双向的。

二

勋伯格于1907年、1908年开始接触现代主义，当时他正开始创作作品《第二弦乐四重奏》以及几首钢琴曲目。他之前创作出几首像《升华之夜》（*Verklarte*

---

1 Schoenberg to Hermann Scherchen, February 1, 1914, in *Briefe*, p. 45.

2 Schoenberg to Josef Stransky, September 9, 1922, in ibid., p. 77.

3 勋伯格在他七十五岁生日庆祝会上的讲话，1949年9月16日，出处同上，第301页。

Nacht）这样有着浪漫主义风格的曲目，但是在一种莫名的，他自己开始也无法理解的力量推动下，开拓了新的创作领域。1910年初，在一场他作品的专场晚会上，他总结了自己所期待的，并且已经尝试过的风格，即毫不妥协的背离传统，最开始的作品就是根据斯蒂芬·乔治的诗歌创作出来的歌曲。斯蒂芬·乔治是一个狂热仰慕德国文化精英的诗人。在这些民谣作品中，"我有生以来第一次近距离地接触长期以来所期待的理想表达和形式。以前，我总是缺乏力量和自信。但是现在，我终于找到了这一条道路，并且意识到自己已经打破了所有古老审美观所设下的藩篱"[1]。

打破藩篱——即使这说法听上去很平庸，但是还有什么说法能比这更有说服力地比喻自己所标榜的独立呢？这句话和其他咄咄逼人的话语一样，都来自斯蒂芬·乔治的诗篇，勋伯格将之用于他的《第二弦乐四重奏》。他曾写道，他很清醒地意识到自己已经意识到了"将要克服的阻力"；他感觉到了"叛逆的热度已经足以让脾气最安静的人都燃烧起来"。甚至那些"迄今为止相信我的人，也不会希望看到，这种改变是必将到来的"。但是他无法阻止自己（这一点我们已经看到，他一生都是如此），因为他只是在遵循"比任何训练都更加强烈的内心冲动"[2]。

1909年，在给作曲家、钢琴家费鲁乔·布索尼的信中（此人对勋伯格的改革 249
很感兴趣），勋伯格将内心的冲动详细地阐述了出来，并强调其中每一项是何其重要，似乎这份清单就是一首诗歌："我奋斗，为了突破一切形式的自由/突破一切紧密相连的符号以及/逻辑关系。因此/让所谓'有动机的创作'走开吧/让和声走开吧，正如同/盖大楼所需要的砖瓦一样/和声只是表达/不是其他的什么。/于是/让悲歌走开吧！/让那些拖延冗长，重达十吨的音调不再去树立或建造/高楼，岩石以及其他宏大无聊的造物/我的音乐必须简洁。"[3]这就是他早年的信仰宣告，随着他创作篇幅宏大的曲目，他也会逐渐意识到这一点并超越这想法。

勋伯格激进的作品用到了他所谓的"解放不和谐音"；人们可以将不和谐音看作是和谐音的延伸，而不是它的对立面。这部作品就是他在具有非传统性的《第二

---

1 Schoenberg, Program note, early 1910, in Willi Reich, *Arnold Schoenberg, oder Der konservative Revolutionär* (1968; ed. 1974), p. 58.

2 Ibid.

3 Schoenberg to Busoni, August 1, 1909, in *Ferruccio Busoni, Selected Letters*, ed. Antony Beaumont (1987), p. 389.

弦乐四重奏》中所想阐述的风格，这是一部离经叛道到惊世骇俗的作品。它给听众所带来的是基本剥夺了音乐中根本的固定音调。有些段落中有优美的旋律，即便普通的听众也能听出来，但是对于许多听众来说，甚至是教养优越的人，这首四重奏大部分不过是杂音而已。为了使这种印象更加深刻，勋伯格在最后两部分加入了女高音歌手——这革新强调了音乐和诗歌之间的密切联系。为了让他那蓄意挑衅的意图更有刺激性，他更以这首四重奏为音乐会揭幕，好让听众更加惊骇。见证人后来报告说（他们不无愤怒），勋伯格可算是如愿以偿到顶了。

三

在之后的数年间，勋伯格很少创作；从1916至1923年，他大部分时间都忙于思考自己的使命以及与异教徒做斗争。他早期的一些作品，最著名的是《月光下的比艾罗》（1912），甚至为之后的一些作品奠定了基础，尽管很少在交响曲管弦乐队的节
250 目单中出现。“比艾罗”这个名词就足以解释原因了：它将艺术家特立独行的自我形象戏剧化地表现为令人鄙夷的失败者。勋伯格挑选了法国抒情诗人阿尔伯特·吉罗所作七首诗歌中连续的三首改编为本歌剧，并将比艾罗这个古老的局外人和小丑作为主人公，这位世所不容的主人公，象征性地表现了现代主义艺术家永远都和洋洋自得的资产阶级社会水火不容。

在上个世纪中期的几十年里，勋伯格一直关注着宗教，这在他的意识中占据越来越重要的位置。1922年，他再次给康定斯基写信——因为变化无常的战乱和革命，他们已经多年失去联系——他告诉康定斯基，多年来，宗教一直都是他“唯一的支撑”[1]，尽管他也承认“挣脱了所有规则的束缚”。勋伯格和斯特拉文斯基之间思想发展的齐头并进之势已经越发明显。

他在1912年写给德国诗人理查德·德默尔的一封著名信件中就暗示自己对上帝的关注。理查德·德默尔因对性爱直言不讳的描写而闻名于世，勋伯格对他的作品有着高度的评价。这位作曲家承认他“很长一段时间里都想要创作一部宗教剧，描写今日的人性如何历经唯物主义、社会主义和无政府主义，虽然一度信奉无神论，却依然保留这

1 Schoenberg to Kandinsky, July 20, 1922, in *Briefe*, p. 70.

古老信仰的遗存（以迷信的形式）。现代人是如何同上帝争吵（也可见斯特林堡著的《摔跤手雅各布》）[1]，最终发现了上帝，并且获得了信仰，学会了如何祈祷！”[2]

这部宗教剧是一个宏伟的计划，被命名为《天梯》（*Die Jakobsleiter*）。他于1917年完成了前两部分，之后一直在断断续续地编写，但始终没有完成。德默尔礼貌地回绝了编写接下来的部分，于是勋伯格自己开始编写，作品也带有他精巧的风格。这部宗教剧中主要的人物就是天使长加百利，被许多追随者围绕着，他们都是些认识到自己罪孽的人，加百利教诲他们承认失败并祈祷。最后，一个大规模的合唱队组织所有台上的表演者齐声高唱赞美诗。比加百利所领导的朝圣者们地位更高的，是那距离上帝更近的“蒙恩者——der Auserwählte”——此人外貌和勋伯格十分相似。这位作曲家从来不会在众人之中韬光养晦（更不要说是轻信的女人了），即使他满怀委屈地知道公众无法欣赏自己的作品。他不是曾在1910年就宣布“自己的名字已经永 251
远留在了音乐史上”[3]吗？那时他只有三十六岁。

勋伯格花费了很长时间学习如何在音乐中进行祈祷。在他所有的主要作品中，最有影响力的圣经歌剧《摩西与亚伦》——创作于1930至1932年期间，但最终没有完成；跟《天梯》一样，都缺少第三部分——这部作品上演颇为频繁，总是不定期地进行演出。但是祈祷者的谦逊也并不排斥对“乌合之众”的蔑视。勋伯格拒绝接受身边的社会——在所有反现代的现代主义艺术家中，他是最好斗的一个——尤其是在战后表现得更加明显。

他的语调变得越加尖锐：他将怀疑者、对手或者敌手统称为“敌人”。他的文化政治观本来就自傲，如今变得越来越专制。他将自己定位为“人中翘楚”，他说自己可以比朋友们更快地打倒敌人。1924年秋天，他应邀在一次音乐会上指挥他的作品《小夜曲》，这次在多瑙埃辛根举办的音乐会是由奥地利王子福斯坦伯组织并赞助的。他借这次机会告诉他的朋友阿道夫·路斯，这次音乐会“再一次”让他坚信自己“对民主政治之类的憎恶”[4]。这种谴责其实并不罕见；德彪西就曾猛烈抨击“蠢如猪犬之中的庸才”[5]。

---

1 斯特林堡曾将自己比作《圣经》中和天使摔跤的雅各布。——译注

2 Schoenberg to Richard Dehmel, December 13, 1912, in *Briefe*, p. 30.

3 Schoenberg to Emil Hertzka, March 7, 1910, in ibid., p. 18.

4 Schoenberg to Adolf Loos, August 5, 1924, in ibid., p. 126.

5 Debussy, *Monsieur Croche*, p. 32.

如果说勋伯格对于自己在音乐世界里展现的风格有着狂热的信仰，那么他还有一个执念，虽然不太为人所知，但同样强烈，这就是让自己成为当代社会的评论家。他认为，当代社会风格粗鄙，理想拜金，对高雅艺术毫无兴趣，社会的风气就是“庸俗”。正如我们所看到的那样，勋伯格绝不是一个平民主义者。他在1914年写给年轻的指挥家赫尔曼·谢尔辛的信中写道：“重视自审，纯洁高尚的感情表达方式似乎受到了大部分人的抵制和否认。”[1]作为一名文化贵族，他自己只和同样高贵的人
252 往来；至于乌合之众，所谓无赖（Pöbel），被排除在外，甚至有些教养良好的上层贵族也被勋伯格视为对自己的理想不够忠诚。

勋伯格自己的社会背景一点也不优越：他的父亲从普雷斯堡移民到维也纳，并且再婚，终生徘徊在工人阶级和小资产阶级的边缘。但是被允许去上小提琴课是勋伯格一生中最重大的事件；自从他拿起小提琴那一天起，他就开始作曲（有他自己的话为证），尽管他后来又说自己在大约七年的时间里，只不过是任意模仿一切看到的风格。他音乐风格中最独特的无调性特点，则是在三十多岁时才出现的。

四

尽管无调性是一个革命性的创新，但这并不是勋伯格作为作曲家和理论家的最终的归宿。在战争期间，他开始考虑创造一种框架，以便让他解放不和谐音的风格更加稳固。他已经获得了自由，如今则要寻找规则，而这规则建立之后，他本人从1908年开始的音乐创作中的自由发挥将无处容身。他严守秘密，悄悄实验，发展出了新的风格，他的门徒安东·韦伯恩以及徒孙阿尔班·伯格也立刻接受了这新风格——安东·韦伯恩称其为“十二音调定律”。勋伯格第一次提出此定义，似乎是在1921年与学生兼同事的约瑟夫·鲁费尔散步时，说到高兴之处时还告诉他：“我已经发现了在接下来的几百年时间里可以确保德国音乐卓越地位的定律。”[2]

尽管勋伯格总是积极地将外部世界同自己的研究室隔离开来，战争以及其所带来的后果还是给他带来了很大的影响。像三十年前的德彪西一样，勋伯格不是一个有

1 Schoenberg to Hermann Scherchen, February 1, 1914, in *Briefe*, p. 44.

2 Reich, *Arnold Schoenberg*, p. 139.

着强烈民族主义的人，但是战败，以及由同盟者施加给德国和奥地利的残酷的和平条约，来自西方世界的鄙视，尤其是来自法国的，所有这一切都让他无法忍受。他也同样憎恨自己的法国和俄国对手！他，一名奥地利犹太人，将会创作出伟大的德国音乐。

他那后来被称为“序列主义”的技术发现，看起来很死板，但实际上却很有灵 253
活性。选用半音音阶的全部十二个音调，从作品一开始就对其进行排序，经常是三个音调为一组，将其作为旋律的中心。因为这种中心可以反向，从上至下演奏或者反过来，它们让作曲家在期待的框架之中存有很大的发挥空间——这被称为是“纪律下的自由”。他警告说，这是一种很难学习的体系，但是考虑这种风格的规律性，在勋伯格看来，再难学也是值得的。

1941年勋伯格发表了一篇讨论该新风格的文章，冗长而有说教意味，他再一次强调他不是心甘情愿以这种风格来创作音乐的，这是强加给他的：“采用十二音调谱曲是有必然性的。”在一次有趣的谈话中，他将自己钢铁般的自信感总结为所有作曲家都应遵守的定律：“无论你称自己是保守派还是革新派，无论你以传统的形式还是进步的新形式编曲，无论你是尝试着去模仿陈旧的风格还是勇敢地去探索新思想——无论你是不是一个好的作曲家——一个人必须确信自己的希望是确定不移的，必须坚信自己的灵感。”[1]所有的作曲家在神秘的主宰者的控制下都是傀儡，无论你称这主宰者为上帝或者缪斯还是潜意识。

五

勋伯格彻底把握这种作曲风格，和第二次世界大战爆发相距不久，此时他也越来越多地空谈赞美德国音乐传统，我认为，这两者之间是互相影响的。他从未后悔，也从未拒绝过自己最初的变革，但是他越来越认为自己的风格应归功于历史。正如他所说的那样，他不但不是音乐界里空有可疑名声的稻草人，只能去吓唬农夫，还将维持优良的老传统。“优良的老传统”——我们将看到中年的斯特拉文斯基对其是何态度。同时，也应该看清楚，为什么勋伯格第一次将十二音调法告诉鲁费尔时，宣

1 Schoenberg, “Composition with Twelve Tones,” *Style and Idea*: *Selected Writings of Arnold Schoenberg*, ed. Leonard Stein (1950; 2nd ed. 1975), p. 218.

称他希望世界把他看作伟大且可敬的德国人行列中的一员。他最终找到了自己的立足之地。

254 20世纪30年代早期，勋伯格在起草一篇文章的时候，一一列出了自己的启蒙“老师”。排在首位的是巴赫和莫扎特；排在第二位的是贝多芬、勃拉姆斯和瓦格纳；接下来，又增添了舒伯特、马勒、理查德·施特劳斯，以及广受关注的马克斯·雷格。没有柏辽兹，没有德彪西，没有拉威尔——法国现代主义音乐家缺席，有力地表明勋伯格依然保存了音乐的爱国热情。他后来不无谦虚地说，自己音乐的新颖性，就在于立即模仿一切所见到的美好。他也努力将自己的革新体系融入到德国的音乐文化之中。

他最令人震惊的尝试发生在1937年，当时他正在安排关于勃拉姆斯的G小调钢琴曲音乐会表演。这是他最喜欢的一支曲目，由一个令他崇拜的作曲家创作。他认为这支曲目虽然没什么名气，但是在管弦乐队的演奏中可以表现出它那丰富的美感。四年前，也就是刚刚从希特勒统治下的德国移民过来的时候，他写下了一篇著名的演讲稿《进步派勃拉姆斯》。勋伯格坚持认为勃拉姆斯并不像思想激进的听众们有权斥责的那样严肃笨拙、顽固保守，相反，尤其是在勃拉姆斯晚期作品中，大胆地在主题、音调和节奏等方面进行了创新，这种创新并非上承贝多芬，却下接勋伯格。

然而，历史不会让他停下自己的脚步。1933年1月，阿道夫·希特勒被任命为德国总理，而当时正在柏林生活和教书的勋伯格很快就卷入到了混乱之中，他正式回归到犹太教，并且在5月份的时候断然离开了纳粹德国。他的第一个短暂栖息地是巴黎，接着在10月份的时候，他来到了美国，在这里定居到1951年去世。他只是纳粹德国和纳粹奥地利杰出避难者大军中的一员而已，这些避难者不但拯救了自己的生命，而且改变了一个国家，这个国家长期以来（尽管有失公允）被认为是文化的沙漠。

尽管他对德国伟大传统的忠诚和他的现代主义风格能兼容并行，但这并没有让勋伯格的职业生涯变得更加轻松。对于怠慢轻忽，不管是确有其事还是子虚乌有，对
255 于演出排练不充分，或者有指挥家胆敢私自改动或删减他的音调，他都大做文章，并摆出极端认真的态度，列出一条又一条金科玉律。现在，随着年纪越来越大，除了享受自己唯一的爱好即网球之外，他暴躁的脾气更加众所周知。当然，这丝毫不会动摇他在音乐界的崇高地位。要求一个影响深远的改革开拓者，也有一点幽默感，或许太

过分了。作为一个现代主义艺术家往往要比安全地保守地过日子要艰难得多。无论原因是什么，勋伯格的音乐中很少会有欢笑。

现代主义者：斯特拉文斯基

一

勋伯格的一丝不苟和斯特拉文斯基时常沉醉的狂喜，两者之间犹如天渊之别，但同样都在现代主义音乐的万神殿上占有自己无可争议的一席之地。斯特拉文斯基于1882年出生在圣彼得堡附近，其背景对于他的音乐使命可谓得天独厚，天造地设。他的父亲弗依德·斯特拉文斯基是当时俄国歌剧界的首席男低音，同时，他还是一个热情的藏书家，广泛接触音调和音乐文学方面的作品。在斯特拉文斯基浩繁的回忆录中，他很少为自己事业的辉煌感谢父母，但父母们至少让儿子去学习钢琴，并且鼓励他坚持下去：他们发现了儿子的钢琴天赋，还有其不可磨灭的即兴演奏的才能。斯特拉文斯基的一生都是用钢琴谱曲。

他年纪轻轻便成为作曲家，是顺理成章的，同时他还拥有极好的运气，就像是上天垂青那些准备好了的人。在圣彼得堡大学学习法律的时候，他结识了弗拉基米尔·林姆斯基—高沙可夫，并与之成为了好朋友。弗拉基米尔是作曲家尼古拉·林姆斯基—高沙可夫的小儿子，这种友谊轻而易举地从儿子扩展到父亲，再扩展到高沙可夫的整个社交圈中。不久之后，著名的尼古拉·林姆斯基—高沙可夫成为了斯特拉文斯基非正式的音乐导师。他辅导的这名年轻学生很早就展露了他的音乐才华。 256

作为当时俄国音乐界中一位重量级的人物，尼古拉·林姆斯基—高沙可夫是一个极具复杂性的导师，因为他似乎自相矛盾。他因歌剧和管弦乐曲《舍赫拉查达组曲》（1888）而闻名于世，与他创作的广受欢迎的乐曲相比，他更为自己在音乐技能方面的成就感到自豪。尽管当时在音乐学校执教，他却对自己贬称为死板的学术风格很厌恶，也就是空喊遵守音乐规则，并在学生练习时强加给学生；可同时他坚持认为那些没有什么经验的新作曲家应该好好学习音乐界的正统技法，主要是作曲与和声。他跟毕加索十分相似——毕加索相信他所处的那个时代的画家都没有好好学习绘画技巧——林姆斯基—高沙可夫赞成应全面传授音乐基本原理。这正是年轻的斯特拉文斯基所需要的建议，并且他也很乐意接受；在他的职业生涯中，即便有少数厌恶他作曲的顽固音乐家抨击他的作品毫无思想，也不得不承认他的配乐手法超群。

在林姆斯基—高沙可夫之后，第一个发现斯特拉文斯基初露头角的才华的人是俄国伟大的经理人谢尔盖·佳吉列夫，此人一直在为自己的巡回演出公司，即俄罗斯芭蕾舞团挖掘新天才。此人自负、虚荣，在艺术方面有着自己的深刻见解，充满信心地把握着每个戏剧或者音乐细节——现在人们可以称他为“事必躬亲”——这位经理令人激动，而又不易相处。他十分顽固，嫉恨自己的属下进行独立活动，着迷于大发不讲理的电报，还会因为醉心某人而做出错误判断。但是斯特拉文斯基对佳吉列夫的同性恋丑闻丝毫不感兴趣或者并没有因此而受到任何影响，他依然很喜欢佳吉列夫，并与他相处融洽——他甚至在自己的自传中称呼他为“伟大的人”。在长达二十年的时间里，他的音乐创作与这个“经理”有着十分密切的联系。佳吉列夫只比斯特拉文斯基年长十岁，但他专横的习惯正好让这个年轻人变得更加完美。

1909年，佳吉列夫绕开那些经验丰富的作曲家，任命斯特拉文斯基为他创作一首芭蕾舞乐曲，将他和团员共同探讨出来的来自于一个古老民间传说的主题表达出
257 来。这部作品就是《火鸟》。斯特拉文斯基一口答应，尽管他还不是很熟悉芭蕾舞曲的创作，或者可以说是奉命创作。在那一段时间里，他在之后回忆的时候说道，芭蕾长时间以来一直是贵族和一些好色之徒的王国，却因在俄国的复兴而受益。他开始作曲，以惊人的速度进行创作。1910年6月25日，在芭蕾爱好者的大本营巴黎，一批精挑细选和有见识的观众观看了《火鸟》的首次演出。尽管经验老到的听众能够听出他的曲风中有更早的作曲家的遗存，但这位尚未满二十八岁的作曲家却带来了新颖的快乐，听众和评论家都为之震惊。斯特拉文斯基一夜之间成为了一个世界知名人物。他不再是任何人的学生，甚至不再是林姆斯基—高沙可夫的学生。

一年之后，斯特拉文斯基为佳吉列夫的公司创作的第二支芭蕾舞乐曲《彼得鲁什卡》在巴黎进行了首次公演。舞蹈家瓦斯拉夫·尼金斯基是他经理的年轻情人，他口齿不清，个性冲动，但是当他全心演绎舞蹈时，就会在舞台上大放光彩。他担纲本芭蕾舞的主角，为其轰动一时做出了贡献。但是，真正的胜利是属于斯特拉文斯基的。这支芭蕾舞乐曲跟《火鸟》相比更加细腻，更有节制，并且被包括德彪西在内的听众所理解。这支芭蕾舞蹈乐曲因其光彩、活力和前所未有的新颖性而广受欢迎。斯特拉文斯基在给圣彼得堡学院的朋友的回信中说道，这次的成功“非同凡响，而且

反响会越来越好”[1]。在欣赏这颗音乐界新星的许多评论家中，法国作曲家阿尔弗雷德·布鲁诺在巴黎报刊《晨报》（*Le Matin*）上发表的文章明确地说，斯特拉文斯基正在为音乐领域中的现代主义风格奉献自己的力量：“钢琴声与交响乐混合在一起，形成了一种全新的风格。这种交响乐非常有趣、感情细腻、别有一番情味，充分彰显了声音的丰富性。它的形式拥有完全的自由。”[2]这种自由正是斯特拉文斯基最初期待实现的目标。

但是他为佳吉列夫创作的第三支芭蕾舞蹈乐曲《春之祭》公演的情况却和之前截然不同。与之前两支芭蕾舞蹈乐曲一样，本作品于1913年同样在巴黎进行首次公演。那些对斯特拉文斯基了解不深的人只知道《春之祭》在演出开始的时候就在观众当中引起了很大的骚动，出现了喝倒彩声、哨声、学猫叫声、左邻右舍的观众大吵大闹声。终于有一部先锋派音乐作品，能不被埋没，而受到大众的关注了！ 258

但是这种传统的看法未免太过肤浅。观众群跟之前两支乐曲的听众在很大程度上是一样的：少数社会精英，作曲家的仰慕者，随时准备用自己同样响亮的掌声去对抗那些示威的听众，还有一些人数不详的芭蕾舞狂已经对斯特拉文斯基的音乐创造表达了自己的热爱。这些现象产生的原因尚不清楚。但是我们有证据证明佳吉列夫有意让他最喜爱的巴黎听众欣赏一些令人震惊的音乐、舞蹈和编舞。创作《春之祭》的想法来源于斯特拉文斯基脑海中出现的一场惊人的幻想，而当时他正在创作《火鸟》：在一个原始的仪式上，一个处女被选中跳舞直到死去。这类场景已经多次上演过，他也看见过。但是他创作出来的乐曲的确令人难以接受：轰鸣、沉重，并且让很多观众感到神经饱受折磨。它没有传统的旋律；相反，观众们一直听到许多轰鸣，突然，不断回旋的和弦，就像是不断的旋律爆发。这种毫无感情的旋律完全是背离浪漫主义时期所倡导的表现形式。有趣的是，在后来《春之祭》的演出中，无论是在重复演出还是在音乐会的演出中，观众们始终热情地给予热烈的掌声。只有极少数现代主义者能如此迅速且毫无争议地从底层变为大师，斯特拉文斯基正是这样一个特例，他的成功，让我们更能理解那些不属特例的其他作曲家何以顾影自怜，如勋伯格所说：“只有在死后才能得到人们的认可。”

---

1 Stravinsky to Vladimir Rimsky-Korsakov, June 16/29, 1911, in Stephen Walsh, *Stravinsky. A Creative Spring: Russia and France, 1882—1934* (1999), p. 163.

2 Alfred Bruneau in ibid.

二

《春之祭》凭借其令人心惊的配乐和因作曲家奇妙的白日梦而诞生的起源，都让其毫无疑问地成为典型的现代主义作品。在它之前的那两支芭蕾舞蹈乐曲怎么样呢？芭蕾舞蹈乐曲尽管明显带有来自于一个人想象的印记，但是它也是所有人共同努力的结果；尽管斯特拉文斯基在所有作品的创作中做出的贡献很多，但是他还有其他人——指挥家、编舞者、舞蹈家、设计师——要感谢。在他的自传中，谈论到《火鸟》在巴黎大获成功的时候，他说道："我当然不可能将这成功仅
259 仅归功于乐曲。"[1]

然而斯特拉文斯基所珍视的独特风格，在其早期的作品中依然很明显，甚至是其核心。从他早期进入音乐界开始到他漫长的作曲家职业生涯之中——他于1971年去世，享年八十九岁，直到生命最后一刻他还在创作独特的乐曲——他一直都在坚持自己的风格。一天，他与同样是现代主义者代表之一的莫里斯·拉威尔争论关于大调与小调之间的转换原则。斯特拉文斯基说自己不会遵守任何规则："如果我想这样做的话，我一定能做到。"[2]如果他也有纹章罩袍的话，他很有可能就选用这句简洁的话作为自己的铭言。[3]

他之后还创作了许多芭蕾舞蹈乐曲，每支乐曲都跟之前的作品大不相同，而且所有的乐曲都提升了他的国际荣誉和知名度。最著名的作品就是《普钦奈拉》（1920），这部作品是将许多以前的作品改编之后制作出来的，并以此作品献给佩尔戈莱西[4]，但之后这其中的很多作品都没有出版。这部混编而成的作品让评论家借机指责诽谤他亵渎18世纪的音乐，但是轻快且充满丰富想象的芭蕾舞蹈乐曲却是最具斯特拉文斯基风格的作品。他自己也认为已经在乐曲创作方面又进行了一场改革，虽然规模较小，他会将它描述成"一种新的音乐，简单的音乐，其中管弦乐的风格和我其他的作品不一样"[5]。他因为不得不捍卫自己的独创风格而感到烦恼，但是这也不会是最后一次。

---

1 Stravinsky, *Autobiography*, p. 29.

2 Walsh, *Stravinsky*, p. 198.

3 欧洲中世纪贵族罩袍上有各自家族的纹章，上面往往书写有和宗教、美德相关的铭言。——译注

4 佩尔戈莱西（Giovanni Battista Pergolesi, 1710—1736），意大利作曲家、小提琴家和管风琴家。——译注

5 Walsh, *Stravinsky*, p. 312.

同时，变幻无常的历史对斯特拉文斯基的创作变得出乎意料地重要。1917年的俄国革命——沙皇政府统治结束，苏维埃政府成立，主要敌对国对其的孤立——种种原因，使得他之前的资金汇转不得不终止；他现在只能依靠创作来养活人口众多的一大家子以及从20世纪20年代开始就包养的长期情妇。他的情妇维拉·苏德齐娜非常漂亮，结过许多次婚，出生于一个所谓的“好家庭”，却时不时成为一个波希米亚人，放荡、慷慨、迷人、聪慧，不管她本人的境遇如何波折，她对作曲家都颇为心折（她于1940年才不再变迁，并且在斯特拉文斯基的第一任妻子去世之后嫁给了他。） 260

尽管如此，幸运的是，他证明了自己是一个精明、严厉、多产的商人；另外，他现在在那些会为作曲家募捐的慈善家，主要是美国富豪和依然腰缠万贯的欧洲贵族中具有号召力。对于斯特拉文斯基，还有其他前卫的艺术家来说，本该在资本主义时代就灭亡的传统艺术赞助，却依然完好地保存下来。有些百万富翁以饲养马匹为乐，还有些则资助画家或者作曲家，证实了几个世纪以来的艺术赞助制度颇有稳定性，而这往往被寻找清晰时代界限的历史学家们所忽略。

从1920年开始，斯特拉文斯基一家在巴黎定居下来。他们在战前已经在西欧定居了几年时间，主要是在瑞士，但是现在这种随意的定居形式已经被迫转变成了流放。这也并非斯特拉文斯基人生中唯一的戏剧性变化。他开始放弃管弦乐曲，不遗余力地为了他所谓的“新古典主义时期”而放弃了生机勃勃的“俄罗斯风格时代”。如今先锋派的诗人和画家不再创作有力的文章，或者是丰富的色彩，斯特拉文斯基的改变也让他顺应了这潮流；这都被冠以一个德语新名词即新即物主义，或者新客观主义。斯特拉文斯基的这种转变并没有让他转向传统的音调。他的作品风格依然保持着非传统的色彩，他那实验性的现代主义风格，虽然经过了重新设想，却大体上未曾改变。正如他自己所承认的那样，他很满意自己发现了佩尔戈莱西（或者这一类的人），这为音乐界开启了通向藏有无限宝藏的藏宝室，斯特拉文斯基孜孜不倦地探索着18世纪甚至是17世纪的作曲家作品——包括钢琴曲目、管弦乐曲、歌剧、交响乐和新芭蕾舞曲。他一边规范自己的创作，一边则扩大眼界。

在这些作品中，于1930年创作的《诗篇交响曲》让斯特拉文斯基陷入了更多的争议，若要让艺术家说明自己的创作动机，职业的史学家很可能会为此大为光火，虽然史学家不该如此，可这也是情有可原的：并不是因为艺术家们拒绝说明，而恰恰是
261 因为他们说得太多，又太多变。我们对此非常了解：对于斯特拉文斯基来说，就像对于勋伯格来说一样，20世纪20年代让宗教成为了他的人生中心。

年轻的俄国人斯特拉文斯基，尽管表现得不是很虔诚，却从未放弃他的希腊式东正教。在流亡的岁月中，他虽然加入法国国籍，但是他发现自己的宗教信仰给予的精神支撑远远要比他在战前的岁月中所拥有的更加珍贵。他承受着来自法国天主教知识分子施加的压力，比如哲学家雅克·马利坦，要他接受罗马派天主教教义，他本人也对此有所迷恋。但最终他还是重新回归了自己最熟悉的宗教信仰。从1927年开始，他开始参加正统宗教教区服务，让自己沉浸在装饰繁杂的圣殿之中。这些帮助他与自己成长的祖国俄国恢复联系，而且他很可能以后再也见不到祖国了。一个现代主义艺术家对于失落的情感家园在心理上的这种转变，只会让那些将现代主义等同于无神论的人感到惊讶。现代主义艺术家的宗教信仰和无宗教信仰的各类风格，大不相同，而且这和他们多么背离艺术传统风格完全无关。

之后，斯特拉文斯基并没有放弃自己所追求的新颖性，如他自己所说，为追求规律。他的个人主义，一度以来是他创作激情的最根本源泉，如今却让他逐渐感到不安。正如他在自己的钢琴上放上圣像后不久，告诉记者说："艺术、哲学和宗教上的个人主义反映了对上帝的不忠。"并且他开始厌弃这种不忠。他开始相信，个人主义如同无神论一样，"与在上帝面前的顺从表现和人格原则相矛盾"[1]。但是这种高调的泛泛而谈，虽然颇为隽永，也并未影响到他的基本信念——即音乐不能表达情感，包括宗教情感。想到瓦格纳的拜罗伊特，他强烈反对将音乐看作一种信仰。他在内心产生的全新的虔诚感，不过是荟萃的各种思想中之一味，孕育了他那丰富多彩的新古典主义中年时期。因此，斯特拉文斯基的作品《诗篇交响曲》中的宗教意味，
262 如果有的话，也是含糊难分的。这部作品是在1930年为波士顿交响乐团成立十五周年纪念日创作的，他自己和赞助人都感到很惊讶的是他竟然已经决定从《旧约》中引用一些段落用于此创作。他已经为自己赢得了尊荣，如今则用自制来加强自己的地位了。

1 Walsh, *Stralinsky*, p. 504.

这预示着他不得不找寻另一个避风港。1939年9月，德国入侵波兰，自此第二次世界大战爆发。这使得法国由一个令斯特拉文斯基感到生活舒服的国家成为了一个对他来说并不友好的地方，不能在这里等待着他梦寐以求的纳粹德国的战败。当月斯特拉文斯基一家人意识到了继续待在法国的危险，于是决定前往洛杉矶。尽管当时洛杉矶并非核心，但这个地方一直是他们的活动中心，直到他于1971年去世，享年八十九岁。战争一结束，他们就经常去欧洲开阔自己的眼界，顺便捞金；斯特拉文斯基担任指挥，演绎自己以前创作的和新创作的作品，他还做演讲，享尽荣华富贵。继1951年勋伯格去世以后，他是现代主义音乐界中唯一的泰斗。

小巨人们

一

无调性和更重要的序列主义，都是勋伯格式现代主义音乐的特色；像勋伯格和韦伯恩这样的作曲家都表明，这些创新可能会带来非常丰富的表现形式。可是还有其他的道路同样通向现代主义，并且和勋伯格的创新无关，有两位作曲家，即法国的埃德加·瓦雷兹和美国作曲家约翰·凯奇，他们满脑子都是真正独特的创意，并想要同当时的奥地利作曲家们一较高低，创作出真正的全新的音乐。他们不是乐坛巨擘，但是他们也有属于自己的听众和跟随者。无论勋伯格的专业技能显得多么枯燥——而且的确如此！——现代主义音乐家们都是多姿多彩的一群人。

瓦雷兹在自己的职业生涯中，一直在殚精竭虑地发掘新乐器，以创作出全新的音调。他接受的教育是与工程师和数学家相关，所以他既是科学家，也是音乐家。科学，或者说技术与艺术，在现代主义作曲家手中，从没有像瓦雷兹的作品如此接近。与欧洲其他革新者一样，他颇为吃惊地发现，美国是他未来根植的地方。1915 263
年，三十二岁的瓦雷兹访问美国并在那里定居下来，当时的他早已不算是新手了。他与一个美国人结了婚，并因此获得了美国国籍。跟杜尚十分相似，他感受到纽约异端风格的诱惑，并在美国发展自己的事业，他赞美这个国家最有可能将音乐从沉闷的积习中解放出来。

在1915年，他到达美国的那一年，瓦雷兹向一个来访者讲述自己的计划：“我们音乐的列表体系必须被充实起来。我们还迫切需要新乐器。"对他来说音乐家们应该求助于"机械专家"。他所需要的是"我的作品中要有新的表达工具。我拒绝屈服于
264 人们已经听过的音调。我所追寻的是一种全新的技术媒介，这样可以让他们表达每一个思想，并且可以跟随新的思潮"[1]。这段话可谓有启蒙意义：和其他现代主义艺术家一样，瓦雷兹希望在机械的帮助下，来表达内心的体验——正如他所说，在所表达的每一种思想中都要借助技术的力量，而在所有感情中，最主要的是将内心独特的冲动，转变成与之相关的、客观的音乐。

瓦雷兹将技术移植到音乐的最为人所知的作品，是1921年完成的管弦乐曲《阿美利加》——一首歌颂他的新祖国美国的乐曲，并于五年之后首次公演。随后他在20世纪20年代创作了大量管弦乐曲；几乎所有这些作品都强烈地突出了打击乐器的作

埃德加·瓦雷兹，法裔美国作曲家，在纽约自家的公寓内，1959年4月14日

1 Varèse in Morgan, *Twentieth-Century Music*, pp. 306—307.

用——他最著名的作品可能是《电离》（1931），此曲中只采用了打击乐器——鼓乐不再只扮演伴奏乐器。最后，在第二次世界大战结束后，电乐器发明出来，对于瓦雷兹和他的信徒来说，他制定了数十年之久的方案如今终于有了迟来的回应。

在瓦雷兹的时代，在他的帮助下，音乐家对于音调的新态度，甚至对噪音的态度，都在发生改变。他最著名的"解放声音"的口号启发了许多革新者的思想。约翰·凯奇曾向他这位同伴对自己创作的影响，以及他强有力的思想表示敬意，这也代表了先锋派音乐家的共识，他说道，瓦雷兹"经常坚持认为，想象力是不可或缺的，他展现出来的想象力，就像他在许多作品中的亲笔书法那样强劲有力"[1]。对一个现代主义艺术家，一个致力于顺从自己的内心而创作的具有创新精神的音乐家来说，这已经是约翰·凯奇对其的盛赞了。

二

约翰·凯奇是一个地地道道的美国激进分子。他是作曲家、演讲家、自学成才的哲学家，于1992年去世，享年八十岁；在美国现代主义艺术家中，他是最有口才的——至少是最饶舌的。在美国所有颠覆性的作曲家中，他至今也是最出名的，他对现代主义的主要贡献要从第二次世界大战结束后开始。他在言行上的极端主义显示出一些反叛者打算通过何等激烈的风格来反对传统音乐。因此勋伯格颇有意味地完全 265
否认凯奇是作曲家（凯奇还师从勋伯格一段时间），并在一种模棱两可的欣赏之情下，称他为天才的发明家。

在约翰·凯奇所有的现代主义作品之中，最大胆的乐曲就是名字颇为有趣的《四分三十三秒》（*4′ 33″*），也是他众多游戏之作中最惊人的一部。从1952年开始，它毫无意外地成为约翰·凯奇最喜爱的作品。同时，尽管现代主义者的反叛有众多形式，但这部作品可以被誉为最激进的宣言。在这部作品中，一位钢琴家坐在舞台上，面对着三角大钢琴（尽管其他的乐器也完全不成问题），貌似要演奏一部作品。他手里拿着一个秒表，安静地站在那里，看着秒表停在四分三十三秒那一刻；时间一到，他起身离开。已经做好心理准备的听众——凯奇的听众们总是期待着出乎意

---

1 John Cage, "Edgard Varèse" (1958), in Cage, *Silence, Lectures and Writings* (1961), p. 85.

料的结局——在看完表演之后很长一段时间里都在讨论这部新颖的“乐曲”。

他的作品内容丰富且想象天马行空，约翰·凯奇总是为观众们带来很多惊喜。但是在他的创作原则中，“不确定性”是当时广受赞赏和模仿的原则之一。这条原则理解起来十分简单，那就是一位作曲家可以在他创作的作品中提前设定好一些条件，例如长度，且完全不用确定必需的乐器或音乐内容。这些都取决于表演者。正如在《四分三十三秒》中一样，所有的“细节”都是开放的。

毫不令人意外的是，约翰·凯奇迷恋非常规的事物，他漠视传统，借此宣扬自己的创造力。成功对于他来说不是如愿以偿，而是一种警告，是要求他继续征服新领域的号召，“如果我的作品被大家接受，”他说道，“我必须前进，去开拓它从未到达的地域”。他让这种先锋式的职责成为他人生的使命。“我致力于追求新颖性，”他说道，“显而易见，必须做的不是人们已经做过的事情，而是那些从未被尝试过的事情。”[1]他和其他一贯警醒、锲而不舍的美国作曲家一样都拥有这个先锋的观点，要不惜一切代价让自己的风格新颖，只不过约翰·凯奇说得更多，更有力。因此，说到嘈杂的交通噪音，约翰·凯奇也承认，“我发现这些噪音要比音乐更具魅力”[2]。简而言之，他对所有的声音的看法都是一样的，与普通乐器发出的声响相比，他有时甚至
266 会更加欣赏这些噪音。有的观众不再继续听下去，有的则与邻座的人喋喋私语，有的咳嗽，有的则被雨点拍打音乐大厅屋顶的声音或者飞机经过的声音吓到，所有这一切都会成为创作中不可或缺的一部分。

约翰·凯奇将非音乐类的杂音引进到音乐创作中的做法，在20世纪50年代的进步作曲家中是典型的风格，他们越来越不愿意指定演奏自己的乐曲所需要的乐器，或让独奏者准备一架钢琴，这些乐器司空见惯的声音都发自一束琴弦，或是一大堆小木块。他们的所有努力，都意在减少，或者消除长久以来备受推崇的曲风对情感的冲击，让每一章节、每一个音符都能给听众带来愉悦。所有的一切都可接受，唯独传统的音调不能接受。

约翰·凯奇是一个无政府主义者，无论是在音乐领域，还是在政界。他非常喜欢在谈话、访谈或者记录对话中阐述自己的观点。他那具有创新性的想象力大胆而开放；他不仅乐意，而且还无畏地去承担风险，甚至还唯恐不如此。他漫长的作曲生涯

---

1 David Revill, *The Roaring Silence: John Cage, a Life* (1992) , p. 13.

2 Ibid., p. 123.

充满了意外，并且给听众带来了无限的快乐和诱惑力。他比19世纪最激进的作曲家还要无法无天，他的作品激怒的听众，比起吸引的听众大概要多得多。

三

总之，在当时，勋伯格在20世纪初期反叛了传统的音调，尽管出人意料，却远非孤例。既有可值得信赖的先辈，也有善于理解的当代作曲家。至少在20世纪中有两位乌托邦主义者试验了这全新的调性，一位是出生于意大利、定居德国的费鲁乔·布索尼，另一位是俄国艺术大师和作曲家亚历山大·斯克里亚宾。费鲁乔·布索尼是钢琴大师、音乐理论家、作曲家；他计划横扫一切地修改和弦，以此脱离“大调小调体系的束缚”[1]。亚历山大·斯克里亚宾则在晚年越来越醉心神秘主义，努力改善自己神秘混乱的和弦风格，以达到皆大欢喜的效果。1918年11月，勋伯格在维也纳 267
成立了私人音乐表演协会，意在对抗当时主宰音乐会管理的重商主义思潮，这个协会较早地证明了费鲁乔·布索尼或者亚历山大·斯克里亚宾等人的价值。勋伯格会将他认为对音乐的革新做出巨大的贡献的人列入协会中，其中就有马勒、布索尼和其他先锋人物。斯特拉文斯基也同样位列这个小小的革新者圈中，并且他始终都是勋伯格最仰慕的音乐家之一。

四

在他生前的最后二十年间——1951至1971年，斯特拉文斯基在两方面取得了突破，远比他从法国籍变成美国籍一举更影响深远，震惊世人：一个突破是十二音调法，另一个则又回归到芭蕾乐曲领域。至于第一方面，继1951年勋伯格去世之后，斯特拉文斯基开始扬弃陪伴了他几乎三十年之久的新古典主义风格，开始采用十二音调法。简而言之，斯特拉文斯基，第二维也纳乐派的著名死敌，到头来却终于成为勋伯格和韦伯恩的，尤其是韦伯恩的姗姗来迟的门徒，并且做得如此可敬。

公众的反应具有双重性：普通的音乐爱好者对此毫不关心，因为他们不懂得专

1 Busoni in Mogan, *Twentieth-Century Music*, p. 36.

业的音乐知识，只是简单地喜欢或者不喜欢斯特拉文斯基的最新力作；另一类则是追赶现代音乐的信徒，他们大为不满，责备斯特拉文斯基一直等到勋伯格去世才改变自己的音乐信仰。有的人则认为，当十二音调法在前卫音乐领域内风行一时的时候，斯特拉文斯基却对此厌倦了——或者，更糟的是，他让人生厌。另外一些人则认为斯特拉文斯基在试图超越奥地利派——斯特拉文斯基曾称赞勋伯格是“我们当代第一个现代音乐建筑家”[1]——他们认为斯特拉文斯基转变风格之举同时也是为了证明，尽管年届古稀，他依然可以无懈可击地处理现代音乐风格，而比他逊色的作曲家则已经为之奋斗了数十年。

这位转变阵营者本人却没有给出可信的证词，这惊人的转变似乎是以最独特的
268 方式显示自己强大的力量，惊人的灵活性使得斯特拉文斯基成为了现代主义音乐史上的毕加索。如同毕加索对一个又一个风格开战，并且在所有这些风格中都创作了伟大的艺术作品一样，斯特拉文斯基也多次跨越了作曲风格的界限，多次谱写了独特且惊人的乐曲。

这场第二次音乐革新，同样始于20世纪50年代，斯特拉文斯基重返数十年前让他功成名就的芭蕾舞曲领域。促成这次重要转变的主要代理人是格鲁吉亚舞蹈家和编舞者乔治·巴兰钦——此人于1933年起在美国定居，之后推出了一系列现场编舞的音乐喜剧，歌剧中的芭蕾插曲以及电视特辑。他于1948年发起成立纽约市立芭蕾舞团，该舞蹈团在他的领导下成为了世界上最负盛名的芭蕾公司，在长达二十年时间里一直都是斯特拉文斯基音乐灵感的来源。于是，《火鸟》的创作者归来了！

巴兰钦时代

一

斯特拉文斯基和巴兰钦的第一次相遇要回溯到1925年，当时两人是通过佳吉列夫相识的。自巴兰钦为斯特拉文斯基改编版的《夜莺之歌》编舞之日起，他们的友谊便开始了。《夜莺之歌》早在五年前已由列昂尼德·马西涅编导成芭蕾舞演出，之

1 Stravinsky on Schoenberg in Charles M. Joseph, *Stravinsky Inside Out* (2001), p. 248.

后成为佳吉列夫个人最喜爱的音乐作品之一。这部作品加强了两人之间非正式的联盟，也是两人刻意采取的一种策略，来对抗“魔术师”的专制统治，且不用在艺术完整性上做出牺牲。这种关系发展壮大，成为始于20世纪50年代，长达二十年之久的亲密合作。见证了他们合作的人，无不震惊于这两位截然不同的艺术家之间合作的和谐和惊人的高产，他们携手创作了一部又一部优秀的芭蕾舞曲，极大地扩展了传统标准。现代主义艺术家之间的伙伴关系没有人可以超越斯特拉文斯基和巴兰钦的亲密无间，只有立体主义时代毕加索和布拉克的情投意合除外，但是他们的友谊也没有如此长久。这种亲密合作关系因佳吉列夫而开始，却没有因其去世而结束。 269

我已经将佳吉列夫的重要地位，他固执的性格、丰富的想象、独裁的风格、对艺术的深刻理解，甚至有时对金钱的毫不在意等形象展现在读者的面前。不过并非他为新的独奏音乐家和作曲家安排的方案，新的场景和新的舞步都是博采众人意见，并且能不受他正在迷恋的舞蹈演员的影响。他从斯特拉文斯基—巴兰钦的芭蕾舞曲《众神领袖阿波罗》（1928）中砍去许多片段，甚至都没有询问作者的意见，这也是他惯常的风格。尽管如此，评定现代主义舞蹈价值的历史学家，一定会给佳吉列夫一个显著的地位。他精心打造的保留曲目芭蕾舞曲都没有在俄国进行公演，无论是在帝俄，还是在1917年之后的共产主义时期——这些作品在这两个时期都是过于前卫的作品。在沙皇时代，19世纪的芭蕾舞蹈乐曲的传统规则依然处于主要地位；十月革命之后，苏维埃政府对艺术领域的不断干涉使得俄罗斯芭蕾舞团失去了参与现代主义编舞的资格。仅这一点就足以证明佳吉列夫一贯乐于享受异端之乐。他的活动中心是引领时尚的蒙特卡洛，当然还有对他的生命及影响力更为重要的巴黎。

我们还记得，佳吉列夫最初显示他出色的艺术直觉是在1909年，当年他成立了俄罗斯芭蕾舞团，并且让当时还默默无闻的斯特拉文斯基担纲谱写《火鸟》的音乐。大获成功之后，他又一再邀请斯特拉文斯基为他创作其他同样独特的芭蕾舞曲。巴兰钦这位精心训练的舞蹈家和技巧精妙的音乐家是佳吉列夫的另一重大发现。当时巴兰钦虽然年轻，已经将自己十足的才华展露无疑，而这一切都逃不过他第一个重要赞助人的眼睛。

乔治·巴兰钦比斯特拉文斯基小二十岁，并且对斯特拉文斯基充满敬畏之情，尽管绝不卑微。他原名叫作“巴兰奇瓦泽”（Balanchivadze），自然是佳吉列夫给他重新命名为“巴兰钦”，并带着他参观欧洲各地的艺术博物馆来陶冶他。他于1924年加入俄罗斯芭蕾舞团，并且不事声张地担当起编舞一职。这也是佳吉列夫最为出色的精明之举，无视巴兰钦的青涩和缺乏经验，赋予重任，这既是精明过人，也是无奈之
270 举。俄罗斯芭蕾舞团已经辉煌不再——那些早期卓越的舞蹈家已经退休，而创作者们的才华又无法满足芭蕾舞蹈爱好者们对改革的渴望，只有巴兰钦能扭转此势头。

佳吉列夫在世的最后五年时间里（他于1929年因糖尿病去世，这五年里他自甘堕落，或许是自暴自弃，特意大吃特吃糖分丰富的食物），巴兰钦为俄罗斯芭蕾舞团的十部芭蕾舞蹈作品进行编舞，但是其中斯特拉文斯基的芭蕾舞曲只有《众神领袖阿波罗》。这是一个历史性的时刻。巴兰钦将原先就略显单薄的作品进一步简化，将他认为是多余赘饰的优美细节，例如多彩的装饰和服装都加以简单化，并改革了他认为过于扭捏喧嚣的开场。这就是将现代芭蕾最简化的过程。

《众神领袖阿波罗》是四个舞蹈者之间一场沉默的对话——孩童般且迅速成长的阿波罗，还有另外三位缪斯女神，分别是卡利奥佩（Calliope）、波吕许漠尼亚（Polyhymnia）和忒耳普西科瑞（Terpsichore）——阿波罗最终选择忒耳普西科瑞成为他的伙伴，而这位女神正是掌管舞蹈的。他们的芭蕾双人舞成为现代芭蕾舞曲中最令人怀念的作品。毫不令人感到惊奇的是，《众神领袖阿波罗》这部作品经受住了时间和变幻无常的新潮流的考验，因其简洁和宁静，与传统嘈杂而流光溢彩的芭蕾舞曲截然不同，大胆地表现了斯特拉文斯基在第一次世界大战之前的创作特色。当时正处在斯特拉文斯基所谓的新古典主义创作期间，他向法国文学新古典主义文学巨匠，特别是拉辛和布瓦洛学习借鉴，采用了亚历山大格式的诗行这种古典的格律来支撑他的韵律。

不过对于这部芭蕾舞曲而言，编舞者和作曲家两者的合作中，真正颠覆性的人物是巴兰钦。斯特拉文斯基曾有一次，突然大发谦逊之心，将《众神领袖阿波罗》作品的成功归功于谢尔盖·里法的舞蹈和巴兰钦的编导。而半个世纪之后，巴兰钦也有一次在谈到往事时突然滔滔不绝——这次谈话经常被人们引用——他将《众神领袖阿波罗》视为“自己艺术生涯中的一个转折点”。他说道，斯特拉文斯基的“配乐”，对自己而言“是豁然开朗”。这“似乎在告诉我，如果某个元素可以去掉，那不用上也无妨”[1]。这种坚决的简化要求，让编舞者发现了可以和斯特拉文斯基的新

1 Charles M. Joseph, *Stravinsky and Balanchine: A Journey of Invention* (2002), p. 74.

古典主义曲风相得益彰的风格。“我开始明白，通过借助于加强限制和减少有很多解读的方法，而仅限于必不可少的环节，就能更清楚地进行阐述。”在纽约城市芭蕾舞 271
团，他发明的新舞蹈姿态和体态严重违背了长期以来主宰芭蕾舞界的规则（他对此心

乔治·巴兰钦和伊戈尔·斯特拉文斯基：现代主义舞蹈和作曲的伟大组合

知肚明），这早在《众神领袖阿波罗》一剧中已经有了模糊的预演。

斯特拉文斯基在这些年间创作的作品，和芭蕾舞爱好者们钟爱的传统风格芭蕾舞曲杰作截然不同。而与此同时，由年方二十岁的巴兰钦编舞的这些作品表
272 明所谓“经典的现代主义者”并不是一个自相矛盾的名词。建筑师路德维希·密斯·范·德·罗为建筑业发出的著名口号“少就是多”，应用于巴兰钦的芭蕾舞蹈也是恰如其分。《众神领袖阿波罗》是佳吉列夫最后大获成功的作品之一，并且他也对其十分痴迷——不仅仅是因为他的同性情人谢尔盖·里法如此完美地诠释了阿波罗这个角色。佳吉列夫是一个执着的现代主义艺术家，且不论他的缺点，他总是善于发现一部伟大的革命性作品。

二

巴兰钦对于最初发现了他，并给他至高权威的这位无人可及的经纪人佳吉列夫，所欠的人情，不过是佳吉列夫迅速地，甚至是鲁莽地将他推上了职业生涯。这当然绝不是一件无足轻重的事情。只不过相比于他在世的时候，佳吉列夫的去世却更有力地在世界范围内推动了现代主义芭蕾舞曲的发展。他的老芭蕾舞团中有两位成员，谢尔盖·里法和法洛娃（Ninette de Valois），曾经是出名的独舞者，如今成为编舞者，并组建了自己的公司，前者在巴黎，后者在伦敦。至于他这个艺术领域中的其他人，像福金和马西涅这样的编舞者也在国外凭自己的才华大放异彩。但是在佳吉列夫那一派人物中，巴兰钦是很快就表明他无与伦比的地位。

在竞争惨烈的编舞领域，巴兰钦能凌绝顶，并且独领风骚数十年之久的重要原因，是他的音乐才华无人可敌。现代主义舞蹈编舞是一个艰巨的任务，要以高度的敏感研究配乐，并且和过去一样，要能在舞台上“看出”音乐的形象。编舞远不仅仅是借助舞蹈演员的舞蹈去诠释，用他自己的话说就是，要展现音乐的形象，而不是控制或者复制音乐。巴兰钦并不期望音乐和舞蹈成为另一方的附庸。他要让观众专心地聆听作曲家的创作，同时又带领观众来欣赏他所领悟到的音乐的含义。难怪他会成为并且一直是最令斯特拉文斯基激动的编舞者。

佳吉列夫的去世，让他突然感到前程未卜，于是他很快就接受了在巴黎和哥本

哈根的短期工作，还曾短时间经营过一家自己的芭蕾舞公司。1933年，一位年轻的美 273
国人林肯·科尔斯顿（一位严谨的芭蕾爱好者，出生于一个富贵家庭）邀请巴兰钦帮助自己成立一家芭蕾公司，这样就可以将自己用金钱支撑起来的品位和巴兰钦作为芭蕾舞大师的卓越才华结合起来。巴兰钦此时无所事事，于是立即接受了他的邀请。巴兰钦依然是如此专业，他首先创办了一家学校即美国芭蕾学校来培养人员，准备一家美国芭蕾舞公司的未来所需。事实证明，这是一项明智的投资；培养出很多著名演员，像塔娜格勒·勒·克莱尔，在20世纪50年代成为享有国际声誉的杰出芭蕾舞蹈女演员之一。

但是美国大众表现得不是那么热情。直到1948年4月，在经历了令人沮丧的挫折和失败之后，纽约城市芭蕾舞团在市中心剧院呈现了首场完整的夜场演出。那时，巴兰钦在美国已经生活了十五年，从没有放弃过科尔斯顿在美国建立现代芭蕾舞团的目标。过了不到十年时间，在1957年，他为斯特拉文斯基作曲而编排的芭蕾舞《阿贡》，使他拥有了一批稳定的热情的观众，直到他1983年去世为止。

《阿贡》是又一个赞助人制度能在资本主义社会中继续生存的例子。科尔斯顿是一个热情的、急切的、挥金如土的赞助者；他所面对的却是这些自作主张的艺术家，他们不但不会顺从地接受一个富人的意见，而是等待着正确的时机、正确的舞台，才会热情如火地投入一场新的战斗。在长盛不衰的《众神领袖阿波罗》之后，又推出了一部由斯特拉文斯基和巴兰钦合作的作品：《俄耳甫斯》（1948）。如今科尔斯顿强烈要求创作尾声的“第三部曲”，其情节不妨是阿波罗成为各城的建造者。但是巴兰钦和斯特拉文斯基一直将此推迟，直到独立地在古希腊神话中发现了合适的人物角色，于是他们创作了《阿贡》（1957）。这是一部出色地展示了意志的冲突，一部高度抽象、毫无头绪可言的芭蕾舞作品，要求巴兰钦有超常的精力、速度和清晰的思路。八个女舞蹈演员和四个男舞蹈演员身着排练服装，在舞台边缘聚光灯的照耀下努力表演。

有许多场面可以说明《阿贡》是何等杰出，而其中最引人瞩目的就是那段闻名于世的双人舞了——表演者是杰出的白人舞蹈女演员戴安娜·亚当斯和同样出色的黑
人男舞蹈家亚瑟·米切尔，他是第一个成为纽约城市芭蕾舞团主要舞者的黑人。巴兰 274
钦并非超越时代的民权主义者，但是他的一贯特点就是刻意营造最尖锐的对比，其中就包括在一只雪白的胳膊上搭上一只黝黑的手。梅丽莎·海登，当时公司的一位主要

舞蹈演员，回忆起当初那一时刻，感觉“真的激动人心”[1]。斯特拉文斯基现代主义风格的配乐是将17世纪法国舞蹈引进到十二音调法中，我们知道，斯特拉文斯基最近才开始运用十二音调法。现代主义中所常见的一幕，就是过去和将来总是能很好地交融。

所有这一切都让人震惊。但是《阿贡》获得的巨大成功更令人吃惊，与先锋派作品通常的命运大相径庭。舞蹈家、评论家和观众被这出舞剧深深震撼，都想再欣赏一遍。斯特拉文斯基本来很怀疑公众是否能够接受自己这部颇为用心，颇为高深的作品，甚至没去观看在纽约的首次公演。结果却出人意料，朋友们将评论文章和个人的赞美之词寄给他，证明他的悲观情绪是毫无必要的。

在众多来信中，一封来信的内容尤为突出。“这一封信，只是要告诉您，我们参演《阿贡》时很快乐，很激动，”戴安娜·亚当斯在写给斯特拉文斯基的信中写道，“我希望每一部作品都能如此成功……观众的反应很惊人，他们似乎十分中意，并且还加演了场次。我多么希望您能看到那些信函，真是不可思议。恭喜您，感谢您为我们创作了这么美丽、这么动听的配乐。”[2]在现代主义历史中，这样的历史性作品其实不多，戴安娜·亚当斯的“我们”一词就说明了一切。正如巴兰钦和斯特拉文斯基属于纽约城市芭蕾舞团一样，这家公司也属于他们。

既然所获成功势不可当，巴兰钦当然也不会将自己局限在现代主义芭蕾的舞台上。他创作了许多激进的作品：幽默的、爱国的，甚至还有理直气壮的传统风格。他所编舞的柴可夫斯基作品《胡桃夹子》是一部贯穿整个晚上的欢庆芭蕾舞剧，甚至早在佳吉列夫时代之前就已经司空见惯了，但是让新观众对他的公司格外喜爱的原
275 因，是巴兰钦史无前例、态度谦逊地让儿童演员出现在舞台上。这一创新为纽约城市芭蕾舞团在圣诞节期间带来了稳固、丰厚的收入。在众多现代主义编舞者中，如伦敦的弗雷德里克·阿什顿、纽约的安东尼·图德，以及斯图加特的约翰·克兰科，许多都是巴兰钦的竞争者，其中图德更是在编舞者中扮演了心理分析家的角色。没有人能够指责巴兰钦的作品肤浅，因为他的创作经常回归人物的内心矛盾这个主题。但是巴兰钦的确就遭受着这样的指责。

1 Charles M. Joseph, *Stravinsky and Balanchine: A Journey of Invention* (2002), p. 257.

2 Ibid., p. 256.

研究现代主义的历史学家却不敢忽略这个怀疑性的论调。我曾指出现代主义有两个特点：一是对传统风格进行巧妙的反抗，巴兰钦在第一点上的成功是无可置疑的。巴兰钦最精致的设计充满了突破性的创新，并且令人激动和震撼。但是第二点，即对内心世界的探索，他的创作就并非毫无问题了。批评巴兰钦的人坚持认为他的编舞更重视专业技巧而不是演员内心的感受——简而言之，就是冰冷无情。毫无疑问，巴兰钦的主要芭蕾作品，尤其是那些没有故事情节的作品，只是为了展示自己的独特风格——这些芭蕾舞剧都很无情，让他可以将舞蹈演员的身体化作创作过程中最柔软的工具来塑造造型，并让演员将身体伸展到极致。他不是第一个解放舞蹈演员身体的开创者；这要归功于早期前卫的女舞蹈演员们，像洛伊·富勒、伊莎多拉·邓肯，以及德国的玛丽·维格曼。但是在长久的芭蕾文化历史中，从未有人像巴兰钦这样对体型的要求如此严苛。

巴兰钦排演芭蕾舞，在肌肉强健的芭蕾舞者中，自然也发现了一个惊人的事实：女芭蕾舞领舞者能帮助他轻松实现自己的创意，至少能显得服从指导，不需要给演员们强加过于沉重的身体压力。巴兰钦可不是一个虐待狂，他会根据每个演员的力量情况来调整自己的编舞，并且用幽默和极具魅力的恶作剧来传达他的创作。然而，尽管出色的舞蹈演员致力于将他的芭蕾舞创意努力表现出来，有些评论家们却认 276
为这没有展现出感情的深度，或是没有展现出巴兰钦的内心情感。如同其他的抽象主义艺术家一样，他为音乐编曲时也会听从内心的冲动和至高无上的个人感受。然而（至少在怀疑者看来），他的作品显得太过机巧，仿佛是演练成熟的套路，仿佛是弗洛伊德的精神治疗档案——尽管精细地研究思想的冲突，甚至包括研究对象下意识的欲望和焦虑，却都只能超然物外地反映内心状态。正如他的诋毁者所说，巴兰钦的芭蕾作品给人们带来的欢乐就像是几何学的快乐一样，也像是艺术爱好者从蒙德里安最为著名的网格绘画中获得的满足一样：是对色彩平衡和对比的超然甚至是科学性的欣赏，而不是人们可以从毕加索对他情人的深情画像中所感受到的情愫。

然而，人们对于蒙德里安的艺术的反应，和巴兰钦成为芭蕾舞大师的原因，简直是截然相反。我在之前评论过蒙德里安犹豫不前的心理状态，还有他对自然与日俱增的恐惧，甚至发展到害怕亲密的性接触。对蒙德里安而言，所有自然现象中，最让他焦虑的就是女人。这位画家仔细勾勒的直线，拘谨、重复、形式不一的彩色方块，甚至对斜四边形也一律拒绝，都反映了他的压抑情结多么严重。仅仅是因为他的作品展现出奇特的美，大部分评论他画作的人，才忽视了他风格背后的惊恐，还有他那奇特、无法解读的画面背后透出来的逃避心理。

相比之下，从巴兰钦的作品中，我们可以看出他对女人根本没有恐惧感。他不是冷漠无情地去控制那些温顺的女芭蕾舞蹈演员。事实上，从他指挥的演员对他的热情评价以及大众对他作品的狂热来看，无论演员还是观众都不能用“无情”这个字眼来形容他。我们不可能将巴兰钦丰富的作品用一个简单的主题去概括，但其中一个主题是他创作的核心之一：女人对男人的崇拜。这在他的编曲中以很多形式表现出来，可以只举他的一部芭蕾舞作品为例。他最得意，也最常观看的作品是《斯特拉文
277 斯基小提琴协奏曲》（1972）。“在巴兰钦最巧妙的斯特拉文斯基芭蕾舞曲作品中，性的因素在其中展现，已经是一个不争的事实”，《纽约时报》著名舞评家安娜·基塞尔高夫在1999年1月写道，他“打造了两种研究男女关系的巧妙方法”[1]。显然，对于巴兰钦来说，他内心的理智和狂热之间并非泾渭分明。

众所周知，他的一生都以女人为中心：他一生结过四次婚，每一任妻子都是芭蕾舞演员。如果他在最后的二十年中仰慕的女神，他的“石膏公主”苏珊·法雷尔愿意以身相许，他还会结第五次婚。一个熟练而有魅力的舞蹈演员，不知不觉中就会对他带来诱惑，巴兰钦会为她打造光彩夺目的角色来讨她欢心。这样的女舞者，对他来说，就是纯粹的女性魅力和艺术才能相结合的化身。他对女舞者的痴迷并不少见，许多他的仰慕者也同样爱慕女舞者。痴迷苏珊·法雷尔绝非巴兰钦一个人的专权。而且这种迷恋之情也没有妨碍到他的编舞：他在当时创作了许多重要的作品。将巴兰钦描
278 述成一个没有感情，或者无法表达感情的人，这对他来说简直就是一种讽刺。

三

无论如何，巴兰钦更中意理性（尽管有时候也极其唯美）的编舞风格，而不是着眼于袒露心扉式的舞风。因此他与美国现代舞蹈当之无愧的领军人物玛莎·葛兰姆的作品之间的反差如此惊人。现代主义舞蹈有着两个不同的来源，两者截然背离了传统，但彼此之间也几乎毫无相似之处：这就是现代芭蕾和现代舞蹈。对于葛兰姆来

1 Anna Kisselgoff, *New York Times*, January 7, 1999, in Joseph, *Stravinsky and Balanchine*, p. 337.

说，将内心深处的激情进行捕捉并戏剧化地展现出来，这是编舞家和舞蹈家真正的力量源泉，也是其可敬的创造力的核心之所在。巴兰钦则中意我所谓的造型之美，他将自己的感情提炼为男女领舞者之间令人赞叹，甚至有时令人感动的对舞。而他的情欲冲动，则被掩盖在精湛的专业技能之下涌动不休，虽然没有廉价的情感爆发或哀婉，却让舞者和观赏者都得到深沉的满足感。玛莎·葛兰姆的作品也会带来同样的反应，只不过却是以更为感性的方式。

她是个令人一见忘俗，却特立独行的美人，有着深邃的眼神、美丽的颧骨、颀长而柔软的身材，尽管与巴兰钦那些几乎可以算瘦弱的舞蹈演员相比，她的身材显得更加圆润。她于1894年出生于加利福尼亚一个职业人士家庭，父亲是一位医生，对精神疾病有专门研究。玛莎·葛兰姆十八九岁的时候，观看了美国舞蹈家露丝·圣丹尼斯的表演，从此发现了她一生的事业。经过一番周折之后，她在二十一岁那年加入了丹尼肖恩舞团——这可能是当时唯一一家正规的舞蹈公司和学校，由丹尼斯和她的丈夫泰德·肖恩经营。她很快学会了他们所教授的内容，却和这里忧郁的、半宗教一样的氛围（这是外国影响和基督教科学派教条的胡乱糅合的产物）格格不入，因此她很快就脱离了学校。1926年，玛莎·葛兰姆在纽约罗切斯特的音乐学校教授了一段时间的舞蹈，并且稳定地发展她独特的个人风格，并在此公演了她的处女作。那时她已经三十二岁，而在这个年龄阶段，其他的芭蕾女舞蹈演员都已开始考虑退出舞台。 279

但是葛兰姆将自己的使命时刻铭记在脑海中，永远未动摇过。她为自己数十部作品进行编舞，所涉及的主题都很宏伟——关于美国西部、关于宗教、关于生死、关于女人——每次她都凭借最少的舞台背景和服装道具，将极其精湛的舞蹈呈现给观众。只要给她的建议有远见，或者意义重大，她都愿意接受。于是，她扩大了自己的舞台。1929年，她为一群芭蕾舞者成立第一个芭蕾舞团，身边围聚着许多仰慕她的徒弟。但是即使如此，她依然一如既往，坚持要成为自己作品的最高主宰。她喜欢独掌大权，坚定地将自己最强烈的感情转化为视觉上的享受。她不愿意将自己的职权交给继承人，一直是自己作品中的领舞者。她的舞蹈是与德国著名现代舞蹈家玛丽·维格曼的表现主义作品相对应而独立发展起来的美国作品，而魏格曼的表现主义舞蹈是由先锋派表演家在魏玛共和国时期创作问世。

这对于那些异端分子来说是很冒险的任务；数十年来，玛莎·葛兰姆一直在只有半场观众的情况下进行表演。除了那些坚定支持自己的伙伴，她没有可以学习的榜样，主要都是依靠自己的力量去工作。但是即使在毫无支持的情况下，即使她的事业依然没有得到大众的欣赏，她却一直在坚定地走下去。事实上，她的决心和她对财富和时尚的漠视——葛兰姆一生都在贫穷中度过。她于1991年去世，享年九十六岁——为现代主义贴上了经典标签。她曾多次拒绝进行舞蹈杂耍表演，并执着地拒绝进入商业剧院，于是她很多年都没有观看过演出。在第二次世界大战之后，她开始被大众接受；她的表演变得更加频繁，之后她加入了一个国家组织。但是不久之后，她开始相信自己有些关于未来的重要的事情要讲出来；在现代主义的优良传统中，她坚持强调自己的同时代性。“没有艺术家可以超越他的时代，”她说道，“他就只是处于他的时代里。”[1]她的这种言论结束了现代主义历史中的一个循环现象：波德莱尔——研究由他开始——在一个多世纪以前就已经觉察到了这种现象。与近期或者距今较远时期的现代主义艺术家相一致，无论是作曲家还是舞蹈家，玛莎·葛兰姆最渴
280 望活在自己的时代里。

1 Agnes De Mille, *Martha: The Life and Work of Martha Graham: A Biography* (1956; ed.1991), p. 126.

6 建筑与设计：机械，人类社会的新来客

“没有什么比建筑更重要”

一

第一批现代主义建筑经典之作的出现，只比第一次世界大战爆发早几年。但是设计这些建筑的先行者们彼此之间也大不相同，相似的只有他们对经典建筑风格，即艺术学院派的仇视，他们憎恨学院派的特权，也蔑视其品位。这些半官方的沙龙确立了久负盛名的建筑原则——就是对哥特风格敬畏钟爱，若是还有稳当的新古典主义立面设计，就更让他们五体投地，此外还对机械死板的装饰爱得无怨无悔。这倒是让现代主义者们有无穷的机会来探索自己的风格。钟爱学院派艺术教条的老古板们可能会认为，银行就该像个银行，也就是说，大体上承袭古罗马的结构，至少要得体。恰恰相反的是，19世纪 281
中叶开始出现的创新派建筑设计师们则会认为，一个银行应当拒绝司空见惯的招牌式建筑，并尝试新的造型，全新的建筑材料，并使用平和怡人的色调。

现代主义者急于创造新的风格，他们大胆地从各种来源汲取灵感，在建筑业的历史上，从没有在这样短暂的时间里，出现过如此丰富，离经叛道，背离大部分顾客需求的创新。顾客想要的建筑设计，分别被这种风格的仰慕者或是诋毁者称为“历史主义建筑”和“折中派建筑”[1]。大部分顾客，甚至在现代主义最鼎盛的时期，依然

1 折中派建筑（Eclectic）：19世纪上半叶至20世纪初，在一些欧美国家流行的一种建筑风格。折中主义建筑师任意模仿历史上各种建筑风格，或自由组合各种建筑形式，他们不讲求固定的法式，只讲求比例均衡，注重纯形式美。折中主义建筑在19世纪中叶以法国最为典型，巴黎高等艺术学院是当时传播折中主义艺术和建筑的中心。——译注

坚持想让建筑呈现出辉煌历史的风貌，哪怕这种风格实在平庸，甚至是错误。他们常找出风格极不相宜的老派建筑为楷模——去模仿那些已经不值得模仿的设计，或将根本无法融合的风格硬行融合，遑论优雅。

某些早期现代主义建筑，大胆地违背了主流审美观，可算作惊人的创新之作：弗兰克·劳埃德·赖特在水牛城建造的达尔文·马丁家宅（1904年建），体现了经过多年实践的面向户外开放式建筑设计；奥古斯特·佩雷[1]在巴黎建造的公寓房（1905
282 年建）出色地使用了刚发明不久的新材料：钢筋混凝土；瓦尔特·格罗皮乌斯[2]修建的法古斯鞋厂大楼（1910年建）则让建筑沐浴在阳光之中，并夸张地特意没有设边柱；阿道夫·路斯[3]在维也纳修建的斯坦纳住宅（同样建于1910年）质朴方正，没有丝毫装饰，时人嘲笑道（借用皇帝弗朗茨·约瑟夫当时对其的评论），这栋烂房子甚至连屋顶窗都没有。

切莫小看这些无法无天的作品在当时传统的建筑师以及其潜在顾客心中激起的焦虑和随之而来的愤怒。激进的建筑师不但攻击艰辛总结出来的建筑准则，他们还推崇无人知晓更无人喜爱的新建筑材料，对于可以上溯到古希腊和古罗马的经典风格毫无敬意。建筑师们争夺客户的支持以及钱包的斗争，也不是敌我分明的短兵相接。

瓦尔特·格罗皮乌斯以及阿道夫·迈耶建造的德意志工艺联盟行政大楼，激进的现代主义建筑风格

1 奥古斯特·佩雷（Auguste Perret, 1874—1954），法国建筑大师，钢筋混凝土结构的先驱，使用钢筋混凝土特有形式发展成功的第一人。——译注

2 瓦尔特·格罗皮乌斯（Walter Gropius, 1883—1969），德国现代建筑师和建筑教育家，现代主义建筑学派的倡导人和奠基人之一，公立包豪斯学院的创始人。——译注

3 阿道夫·路斯（Adolf Loos, 1870—1933），奥地利建筑师与建筑理论家，现代主义建筑的先驱者。他提出著名的“装饰就是罪恶”的口号，主张建筑以实用与舒适为主。代表作品是1910年在维也纳建造的斯坦纳住宅。——译注

在法国，建筑之争更是如火如荼，维奥莱—勒—杜克[1]麾下的第三派则让这场斗争的过程，甚至结果也混乱不堪［他有力而杰出的作品《建筑谈话录》（*Entretiens sur l'architecture*）是赖特最钟爱的书籍之一］。此人是著名的建筑理论家，也是教堂和中世纪之后城堡修复方面颇有争议的建筑师，他对学院派的反感，和现代主义者如出一辙。学院派里众多的清规戒律、无所不在的尔虞我诈、大肆宣扬的荣誉头衔比如罗马大奖之类，在他看来，不过都是夸耀那平庸无奇的怀旧情调。杜克认为哥特式风格是完美的，但这并不意味着他鼓吹法国教堂那种盲目照抄哥特式的风格。如同真正的现代主义者一样，他指出当代的问题需要以当代的手段来解决，在哥特式的基础上建起现代式的建筑。

口头上的现代主义，对于现代主义者当然是远远不够的，尽管他们也仰慕经典，但是拒绝向过去低头。以意大利年轻建筑师安东尼奥·圣埃里亚[2]为例，他全心全意献身于令人激动的新建筑风格，并同意大利未来主义者中那些狂热激进的鼓吹者、画家和诗人打成一片。若想感受他们的吸引力，只要读一读圣埃里亚的同伴安东 283
尼奥·葛兰西[3]（此人当时还是学生，但是会成为一位作品家喻户晓的共产主义知识分子）在1913年对"当今艺术创新之惊人单调乏味"[4]的控诉。实际上，世界各地的现代主义者们，对于自己的对手即所谓品位高贵的艺术家和卫道士们，都是语出不逊，大为轻蔑的。我们还记得，在英国，T. S. 艾略特是如何抱怨当代诗坛的，他的那些话，若是用在当时的建筑业上，也会让圣埃里亚心有戚戚。

圣埃里亚认为，建筑，包括其所有内在的实用性，绝对是一门艺术。他还宣称，最新的技术发明同样可以成为审美的内容。玻璃、混凝土和钢铁，"其线条和造型，本身都含有丰富的美感"。其他未来主义者也响应了这推崇普通建筑材料的倡议。一位从卡拉布里亚迁居到北意大利的雕塑家和画家翁贝托·波丘尼，辩论的本事也毫不逊于自己的艺术水准，他强调建筑的手法一定要和当前的主流品位大不相

1 维奥莱—勒—杜克（Eugene-Emmanuel Viollet-le-Duc, 1814—1876），法国建筑大师和建筑理论家，著有《建筑谈话录》，对后世建筑家有深远影响。——译注

2 安东尼奥·圣埃里亚（Antonio Sant'Elia, 1888—1916），意大利未来主义建筑设计家，死于第一次世界大战的前线。——译注

3 安东尼奥·葛兰西（Antonio Gramsci, 1891—1937），意大利作家、政治家和语言学家。——译注

4 Gramsci in *Antonio Sant'Elia*, ed. Dore Ashton and Guido Ballo (1986), p. 13.

同。他警告说："在建筑领域里，建筑师和客户太看重历史的影响。"因此，创造必须打破传统，"要从源头重新来过"[1]。

正如其他未来主义艺术家一样，在1916年的一场事故中英年早逝的波丘尼对各艺术流派的创新风格都一视同仁地热爱，可是这个运动的后起之秀不无遗憾地发现，他们未能将这些创新汇成一种新的风格。艺术史学家乔治·赫德·汉密尔顿曾这样概括其困境："未来主义绘画，即便波丘尼巅峰时代的作品，也不过是新印象派的笔法，表现主义强烈的色彩以及立体主义画风之间颇为混乱的搭配。"[2]只有那简短而激烈的宣言才让新生代画家产生灵感，宣言代表了永不停歇地改变：伟大的行动，激越的旋律。简而言之，起码对于未来主义者而言，过去永远不能指导未来，也不能指导现在，这和维奥莱—勒—杜克的看法正好相反。

未来主义代表了雄心勃勃、舍我其谁的使命，而意大利现代主义建筑师中，最
284 有可能承担这个使命的就是圣埃里亚。但他的命运悲惨：他没能活下来目睹自己的新城市规划成为现实。他曾热烈鼓吹过战争，结果自己反成了战争的受害者；他是一个很好的未来主义者，因此很好战，和他的同伴们一样，想让一开始持中立的意大利加入第一次世界大战。等意大利1915年加入协约国，他也志愿参军，一年后的10月，他在前线牺牲。一个世纪以前，歌德曾睿智地警告读者，要小心自己青年时的梦想，因为这些梦想到了成年可能会成真。因此，圣埃里亚的遗作不过是一些精妙的钢笔画，其中有些还涂上了生动的颜色——有直耸云天的公寓大楼、宏伟的电站以及铁路枢纽站，大道上各种交通方式都有不同的、相互隔离的道路。未来主义者最喜爱用一个词来赞美这个生生不息的世界，也正适合概括催生圣埃里亚这些画稿的思想，这就是：力本说[3]。

未来主义者的纲领性文件中，充满了从蔑视流行品位出发，对建筑学重新思考的要求。这个团体最早的宣言，出自该运动的发起人和命名者，诗人以及编辑F. T. 马里内蒂，有必要将这个宣言大段引用，因为其出色地将艺术价值和当代社会条件相联。他在1911年写道："随着诸如四海为家的国际主义者、民主精神，以及

---

1 Boccioni, in *Antonio Sant'Elia*, ed. Dore Ashton and Guido Ballo (1986), p. 28.

2 George Heard Hamilton, *Painting and Sculpture in Europe,1880—1940* (1964), p. 184.

3 力本说：任一种以力和能来解释宇宙的理论或哲学体系。——译注

宗教的衰落这些现象在当代出现，那曾经代表了帝王般威严、神权以及神秘主义，宏大、繁复、永恒的建筑，如今已经毫无用处。”而罢工权、法律面前人人平等、当代社会对卫生和住房舒适的要求，也需要建造“庞大、公用、通风良好的公寓大楼，非常舒适的火车，轨道，钢铁桥梁，巨大快捷的远洋客轮，布置巧妙的山边别墅以迎来远处的凉风，需要庞大的会议厅，还要精美的浴室让人们每天都能迅速地放松一下”。他还给读者留下一个所谓的“爆炸性”礼物，也就是他宣称：“没有什么比正在搭建的房屋钢结构更美。”因为其“代表了我们对即将到来的一切充满热情”[1]。 285

马里内蒂在其无所不包的纲领中，针对私人住宅以及公共纪念性建筑总结了未来主义风格的原则：对于传统审美判断尤其忽视的方面，要扩展美的定义；要认识到现代生活中压倒一切的力量，如快速地运动、日益扩展的世俗化，以及当代对体育锻炼的要求；充满想象力的创造过程要压倒静止的实体；这些原则都需要在建筑中体现出来。从这些分析看来，圣埃里亚加入未来主义者队伍简直是事先注定的。他的画如今有约三百张存世，记录了他设计一个全新城市的计划，这个城市可能将展现出马里内蒂所称颂的正在浮现的新特点。圣埃里亚的想法也和马里内蒂的主张相唱和，他说：我们现代主义者，“已经不认为自己的设计专属于教堂，属于宫殿，或属于舞台了”[2]。

圣埃里亚1888年生于科摩市，后来迁往米兰学习建筑，并在那里设立了事务所。正是在1912年的米兰，他帮助创立了一个旨在推动“新潮流”（Nouve Tendenze）的组织，两年之后，他领导组织了这个团体的第一次展览，并为其写了某些纲领文件。在许多意大利知识分子看来，祖国的文化似乎远远落后于邻国，从马克思主义的左翼到反动的保皇派都怨声载道。在这样的气氛下，研究外来的学说，或者毋宁说全盘吸收的诱惑力是无可阻挡的。的确，新潮流不像未来主义那般教条和政治化，但是这个运动给现代主义者们搭设了一座桥梁，让他们成为媒体的宠儿。

1 Marinetti (1911), in *Antonio Sant'Elia*, p. 17.

2 Ibid., p. 23.

二

影响深远的“新潮流”建筑运动的序曲，可以上溯到一百五十多年前。当时的领路者是工程师，而不是建筑师。工程师们没有学院派的阻挠，着眼于解决实际问题，他们设计出的宏伟大桥跨度前所未有，建造的雄伟展览厅或是铁路枢纽也在无心
286 插柳地跻身杰作之列。19世纪创新的建筑家中，最杰出的一位约瑟夫·帕克斯顿爵士却并非业内人士，他本业是修建温室。他在有才干的工程师协助下，设计了1851年伦敦博览会的会场水晶宫。水晶宫是当时最现代化的建筑，由铁和玻璃构建，并只使用机械加工的部件。顺便说一下，是一个正统的维多利亚时代人建议采用这种不对称的结构，还有一群正统的维多利亚时代人组成委员会给予批准，人们时常抨击维多利亚时代缺乏艺术品位和冒险精神，而这个惊人的事实，恰足以反驳此观点。

到19世纪50年代，两个有分量的词，即“真实”和“简约”已经大致框定了现代主义建筑和设计今后的主流观点，先锋派建筑师和评论家也以这两个词为武器来抨击自己囿于传统的同行。尽管在实际中还很少应用或颇受局限，但这两个指标被奉为理想，得到了广泛的称颂。所谓“真实”，要求的是直接采用可行的建材，而不是觉得这些材料“有失体面”，涂抹其外观以求掩饰。虽然将某种材料涂抹成另一种材料的建筑方法依然有广泛的用处，但越来越多的不同意见指出，木材和钢铁自有其美感，建筑师应真实地加以展现。至于“简约”，许多设计师只是口头赞成，却并不实行，他们找借口说，既然顾客坚持要求采取浮华的装饰，他们也无能为力（其实倒也不无道理）。要让现代主义建筑师们的一套理论有人光顾，不但需要教育建筑师，教育顾客也同样重要。

到19世纪后半叶，对顾客的熏陶当然已经有所成效。英国建筑师C. E. A. 沃伊齐于1882年设立了事务所，业务是设计私人住宅和其装饰，如精美的桌布、墙纸、茶壶和家具等，在所有盼望将来开展自由设计的转折时代人物中，他或许是有希望的一个。早在直言不讳的维也纳建筑师阿道夫·路斯说出那句著名的“装饰即罪恶”名言前好几年，沃伊齐就在一次访谈中指出：“今日的危机在于过度繁复的装饰；我们缺少简约，也忘记了宁静之美。”他也像个真正的现代主义者一样，坚定地宣称自己要“活
287 在当下，并为当下而工作”[1]。他所设计的优美的乡村房屋，体现了“真实”和“简约”

---

1 C. E. Annesley Voysey, *Studio*, I (1894), p. 234.

的创新理念。而格罗皮乌斯甚至密斯·范·德·罗等辈的激进风格，也即将到来。

越来越多的建筑师努力要和当下这个时代合拍，他们与同道中人竞争，也和自己直接师承的某些前辈竞争。高呼“当下万岁”的艺术家中，最持之以恒也是最有力的，要算伟大的美国现代主义者弗兰克·劳埃德·赖特。他于1867年出生在威斯康星州里奇兰森特（Richland Centre）一个知识分子家庭。父亲是一名律师和政治家，后来成为一名走南闯北的浸礼派巡回传教士；母亲来自一个富裕之家，承担了教育子女这个崇高的责任——后来赖特将自己热爱音乐和学习归功于父母。但是要站在时代尖峰的热望是他内心产生的。1921年他在给一个女儿的信中，用典型的赖特式口吻写道：“日常生活是重要的，不是明天，也不是昨天，而是今天。如果你能抓住当下，则‘当下’就是你所能获得的最好成果。”[1]他这句话也说出了别人的想法。维多利亚时代的建筑师和其客户们纷纷讨论，在古希腊、威尼斯或是文艺复兴等风格中，哪一种历史建筑风格能让他们胜过对手，也即所谓更“真实”的现代主义建筑。这让赖特和其他现代主义者感到震惊，认为这是对当下的生活采取反动的逃避态度，是对建筑业的背叛。

有些争论则试图为建筑艺术的创新找到合理的位置，从而触及了建筑业中普遍存在的深层问题。其中最明显的，莫过于机器在建筑业中的合理地位之争。19世纪日渐成为一个机械的时代，建筑师们也不得不选择立场。在工厂以及其他领域，机械设备越来越取代了徒手的人工，例如打字机、大西洋海底电缆、高速火车、电梯、汽车、吸尘器；在建筑业上，诸如混凝土和钢材之类，让玻璃幕墙成为可能，这些创作永远改变了工厂、办公室和家庭生活。曾经一度要花费大量人工（而且造价不菲）的手工产品，如今被大规模生产且价格远为低廉的产品所取代。问题是这场革命究竟是 288
福是祸？双方的理论都有站不住脚的地方。

因此，鼓吹使用机器制造的建筑材料的人，遭遇了顽强的抵抗。而在全球各大市场，包括伦敦、芝加哥和巴黎等，从19世纪中叶开始，就自豪地向所有有能力购买的顾客展出了新的建筑产品，品位较高的人群，对这些产品也不无保留。反对的意见

---

1 Frank Lloyd Wright to Catherine and Kenneth Baxter, February 7, 1921, in Robert C. Twombly, *Frank Lloyd Wright: An Interpretive Biography* (1973), p. 236.

应运而生，在世纪中叶之后，最有说服力的莫过于英国激进分子威廉·莫里斯[1]，他主张使用材料时要保证完整性和一致性，并且想恢复当今社会和中世纪的艺术风格的联系，他认为，中世纪手工匠人的工作，不管给制造者还是给使用者都带来了欢乐。

为举例说明自己的信仰，身兼诗人、画家、设计师和高档店店主的莫里斯，亲自设计了精美的桌布和墙纸，这些作品结实、优美，花样有浓郁的自然风格。他所在的时代产生了英国的工艺美术运动，还有奥地利的“维也纳工作室”等[2]，这些运动致力于打造精美的品质（因此也就必然意味着高昂的价格），并且对于毫无美感的折中主义坚决抨击。质量和数量之争，最后变成莫里斯永远也未能跨越的绊脚石（尤其是他还是一个空想家，晚年转而信仰社会主义），对他的同志们也是一样。因此，20世纪的建筑师和设计师们工作时，面对的是抨击机器制造的滔滔声浪。

还有一点，虽然明显，也不妨指出来：相比其他任何艺术，建筑艺术是公众事业，其作品会长存世间。建筑需要大笔的投资，也无法回避顾客想法的诱惑（或是威胁），这其中包括国家是赞助支持还是无动于衷，如何使用公用土地，官方通过批准或扣押建筑许可来干涉艺术风格，富人的势力也影响着策略的制定。难怪特立独行的建筑师会自认为是历史性的人物。美国建筑师菲利普·约翰逊数十年来一直坚定地鼓吹现代主义的国际风格[3]，他在20世纪60年代早期如此概括道：“伟大建筑纪念碑会比语言延续得更久，文明通过建筑被人铭记。没有什么比建筑更重要。”[4]再想想许多
289 杰出建筑师的极端自高自大，我们可以毫不费力地听懂他这句话的潜台词：也没有人比建筑师更重要。

---

1 威廉·莫里斯（William Morris, 1834—1896），英国艺术家，作家。莫里斯有感于1854年英国万国博览会展出之工业品过于粗糙，与罗斯金、普金（Pugin）等人主导了美术工艺运动，大力提倡恢复手工艺品。他和朋友一起创建了拉菲尔前派兄弟社，抵制媚俗的装饰艺术和建筑的工业制造，倡导手工艺的回归，把工匠提升到艺术家的地位上。——译注

2 工艺美术运动是起源于19世纪下半叶英国的一场设计改良运动，其产生受艺术评论家拉斯金、建筑师普金等人的影响，参考了中世纪的行会制度。运动的时间大约从1859至1910年。其起因是针对装饰艺术、家具、室内产品、建筑等，因为工业革命的批量生产所带来设计水平下降而开始的设计改良运动。维也纳工作室（WIENER WERKSTATTE）由奥地利艺术家霍夫曼和莫泽创建，相关设计产品包括珠宝、纺织品、家具、陶瓷等。——译注

3 国际风格（International Style），国际风格派，简称风格派，反对虚伪的装饰，强调形式服务于功能，追求室内空间开敞、设计自由，不受承重墙限制，被称为流动的空间。——译注

4 Johnson in Charles Jencks, *Modern Movements in Architecture* (1973), p. 50.

“房子就是让人生活在其中的机器”

菲利普·约翰逊也许会这样说：人们会发现，建筑比语言更能有效地宣传创新，可是从现代主义建筑师宣传自己主张时那滔滔不绝的宏篇大论中，人们可看不出这一点。其他艺术家也愿意向公众解释自己的作品，但是比起建筑艺术的支持者和对手之间唇枪舌剑，他们只能算是笨嘴拙舌的小儿科。满怀信念的建筑师们想给读者灌输他们的视角，他们的语言是专横的宣言以及横扫一切琐碎之见的有力的一句话口号。

一

1901年，当时还很年轻，事业蒸蒸日上的美国建筑师弗兰克·劳埃德·赖特（时年三十四岁）发表了一篇题为《机器的艺术和工艺》的文章。赖特一生写了很多作品来宣传自己的观点，而这篇文章可能是其中最有影响力的。赖特在文章中详尽而略显啰唆地解释了他在受命设计的房屋上即将实践的理念。他对使用机器设备带来的益处毫不怀疑——不过在他所接受的众多访谈以及所写的无数文章中，他从来也没有对任何事有过任何疑虑。他写道：“机器是艺术和工艺的唯一前途之所系。”[1]机器是这个时代产生的理想工具，也为时代服务；我们已经了解到赖特等建筑师们是如何重视当下的，而此句话就是一个有力的证明。

赖特以其典型的有力笔调写道：在1901年，赞美机器是有争议的，因为他的同行们总是误解了新发明的机器设备的用途，反而依附于和当今已经基本脱节的历史风格，设计出一些无力而笨拙的仿古建筑。他写道：建筑师们“埋首研究各种结构细节”[2]，并认为一定要用大理石装饰来掩盖钢结构，而这对建筑艺术而言毫无意义。他们的设计由此变成了掩饰。在说其他建筑师坏话的时候，赖特总是直言不讳的。 290

赖特所呼吁的“真实”同时也就是呼吁“简约”，这是他最钟爱的另一个主题。他认为，我们从机器中所学到的道理是：“有些简单的造型和处理方法能够体现

1 Wright, “The Art and Craft of the Machine” (1901), in Twombly, *Frank Lloyd Wright*, p. 46.

2 Ibid.

木材的本质之美，有些则不能。”实际上，有些机器制作的产品，让赖特也看不上眼，例如大规模生产出来的木雕件及其“立柱、棱形柱、锯齿形梁和斜撑上面的细木工雕花做作而又杂乱”[1]。这些构件太媚俗而又过于繁琐。赖特的言外之意是毫无疑问的：有效率地使用机器，主宰机器，是需要天分，尤其是果断的，因此，这篇文章最后变成了赖特对自己的赞扬。

赖特的文章中是基本没有极端激进态度的，而二十年后，出生在瑞士定居于法国的著名建筑师和画家勒·柯布西耶[2]则采取了极端的姿态：“房子就是让人生活在其中的机器。”其实，早在第一次世界大战以前，圣埃里亚就几乎原封不动地说过同样的话：“现代房屋就像一台巨大的机器。”[3]可是赖特则坚定不移地使用了另一个口号来补充说明他要求“真实”和“简约”的宗旨（同时也让这两个含义更加复杂）。他从生物学，也即生命科学中借用了“有机”这个词，作为一个意义模糊而宽泛的赞誉之词。赖特认为，有机即意味着一个完整的建筑设计中，所有部分均能和谐共存，包括其家具陈设，以及和自然的融洽无间——草坪和树木就像桌椅或者门把手一样必不可少。[4]因此，在赖特看来，设计是一个包罗万象的过程：构思一座建筑，需要从内心出发，由内而外，而他那些靠设计一个徒有其表的建筑外形卖钱的建筑师同行们是远远做不到这一点的。

赖特的民宅设计也反映出他对家庭生活的重视，那时候他已经成为伊利诺伊和威斯康星州富裕人家钟爱的设计师。他对家庭融洽的信念，必有深层的原因（尽管
291 无法简单地加以解释）。为了设计家庭住宅，让家中所有人都能轻松地生活在同一屋檐下，他时常回顾自己的家庭历史，不是为了从中模仿，而是要找到设计中要避免什么。他的父亲威廉·赖特一直谋求着升迁的机会，因此拖着妻子和孩子在各地之间迁移，弗兰克·劳埃德·赖特在漫长的颠沛流离中长大，父亲绝不可能给他孩子所需要的安全感，当父母在1885年离婚时，他更是忧心如焚。

---

1 Wright, *An Autobiography* (1932; 2nd ed. 1943), p. 150.

2 勒·柯布西耶（Le Corbusier, 1887—1965），20世纪最著名的建筑大师、城市规划家和作家，现代建筑运动的激进分子和主将，被称为“现代建筑的旗手”。——译注

3 *Antonio Sant'Elia*, p. 27.

4 阿达·路易斯·赫胥塔博指出：赖特所谓“有机建筑”的概念本源自爱默生和拉斯金的想法，而许多人批评这个概念是毫无意义的神秘主义，顶多也就是大话空话，任人随意诠释。就像爱默生和其他先验论者一样，赖特也认为自然世界是肉体和精神世界圆满的根本，可见Ada Louise Huxtable, *Frank Lloyd Wright: A Penguin Life* (2004), p. 27。

赖特的青年时代，也并不是一段可堪回味的快乐时光，回头看来，却是充满了一厢情愿的美梦。规规矩矩在威斯康星大学待了一阵子以后，他的建筑师生涯开始于J. L.西尔斯比的公司，那时他只是个绘图员。西尔斯比是一位杰出的芝加哥建筑师，也是赖特一家的朋友。然后，赖特幸运地转而供职于阿德勒和沙利文事务所[1]，在美国不多的几家进步派建筑事务所中，阿德勒和沙利文事务所因其出色的摩天大楼设计，名声远播芝加哥之外。路易斯·沙利文，赖特的“liebermeister”（亲爱的大师），也是赖特不吝称赞的少数几个建筑师之一。赖特认为他是最理想的老板，可以和他争论，向他学习。求学的人，自然会去找有能力的导师，在这方面，赖特是幸运的。1893年，赖特开设了自己的建筑师事务所，并发展出开放式隔间设计以及低矮的风格，让他在中西部的设计师中家喻户晓。而他又居住在中上层阶级的街区内，无论是他的妻子或是朋友，或者是消遣的方式，都是中上层社会的派头，这让他获得了职业和社交的双丰收。

赖特的开放式隔间设计将住宅的内部（除了卧室以外）从一套互相封闭的隔间变成整个自由流动的空间。在当时的传统房屋内部，餐厅和起居室是分开的，而赖特取消了隔墙，让整个空间融为一体。这个激进的设计未必让有孩子的家长们一见倾心，因为在一个家教严格的家庭里，父母们会管教孩子的行为举止，树立孩子的行为规范，从古至今都是如此。但是赖特的平面设计可能更鼓励的是家庭成员之间轻松的交流——这种 292
亲密会被后人称为“团圆和美”（togetherness）。他曾多次说过，这样的设计会带来自由。他喜欢声称，这些设计，是他“从内心出发”，彻底周全的思考成果。

这些开放式隔间设计并不是赖特的唯一创新之举，他还制作了许多嵌入式的家具——当然是他本人设计的，例如和开放空间“浑然一体的”巨大的壁炉，自由配置的、连续的长条窗，或者是竖铰链窗，用赖特的话说，传统的双挂拉窗不过是“在墙上凿了个大洞”。而其外立面的造型，则当然是从“‘内部’的一切安排”[2]自然发展而来，这也成了赖特的特有风格：平缓的屋顶，体现出建筑低矮的风格和贴近大地

1　阿德勒和沙利文公司（Adler & Sullivan）是路易斯·沙利文（Louis Sullivan）和丹克马尔·阿德勒（Dankmar Adler）组建的建筑公司，在美国建筑史上留下了许多重要的、颇具影响力的建筑。他与阿德勒大胆地抛弃先辈公认的建筑惯例，创造出新颖的，来源于每个项目功能需求的设计方案，同时利用当时的材料与技术。——译注

2　Twombly, *Frank Lloyd Wright*, p. 66.

的特点，宽大出挑的屋檐则是特意设计用来应对极端天气条件，同时漫射房屋上层的日晒。这些都增进了建筑的“可塑性”（这又是赖特最钟爱的名词之一），可塑性是“成功使用机械设备中不可缺少的因素”[1]。无论赖特的言辞有多么夸大其词，但他在1900年之后修建的建筑杰作的确充满吸引力，带来无穷的惊喜。

现在，一个世纪之后，已经很难展现赖特的设计思路是如何激进。赖特在他的《自传》中写道：当时几乎所有设计师的房屋设计，都“无处不弄虚作假”。而他自己的设计，赖特宣称，“我的作品与当时任何作品都不相同”，他还写道，（当时的房屋设计）“都是些盒子，最外面复杂的大盒子套着里面的小盒子”。他觉得“这样的居所毫无意义”。因此，“我决定，将整个楼下的空间都设计为一间，先将厨房单列出来作为试验场，在底层，我将仆人们的起居室和厨房相邻，但两者间又有所分离。然后我将这整个空间分割为大小不等的空间，作为家庭生活的不同场所，例如餐厅、阅读室和会客厅”[2]。赖特在20世纪头十年里设计的“草原之风”[3]住宅（赖特本人如此称呼这个风格，即便并不是所有这类房子都坐落于美国中西部的大平原上）大受欢迎：他的事务所一年要修建十栋这样的房屋，这对于一个年轻的公司可谓惊人的数字。

赖特漫不经心地提到所谓仆人的小房间，说明他主要是为富人修建房屋的。他
293 早期的客户大多是生意人和某一行的专家，这些人受的教育不多，和保守的共和党人大不相同，他们喜欢西奥多·罗斯福胜过伍德罗·威尔逊，一般都对自己的人情练达感到自豪。赖特的客户中竟然还有几位支持妇女获得选举权[4]，这些客户的品位总体上又和他们的妻子类似，并受其影响，妻子们中间有许多受过大学教育，非常活跃，即便在政治上无所建树，至少在特意从事的慈善事业方面是很积极的。尽管其他现代主义者通常对资产阶级抱有憎恶感，但赖特依然欣赏商人们的精明以及灵活，还有他们妻子开放的眼界。简而言之，赖特和大多数现代主义者不同，既然权贵中有些

---

1 Wright, *Autobiography*, p. 142.

2 Ibid.

3 草原之风（Prairie）因主要修建在伊利诺伊州的草原地带而得名，风格是舒展的十字形平面（横向舒展）；不作固定分割的连续性室内空间；造型上是水平与垂直线条、体块的组合；出檐很大的坡屋顶（屋顶坡度平缓，挑檐深远，突出长长的横线条）；材料选用传统的砖、木、石。——译注

4 Leonard K. Eaton, *Two Chicago Architects and Their Clients: Frank Lloyd Wright and Howard Van Doren Shaw* (1969), pp. 38, 81, 85.

弗兰克·劳埃德·赖特，罗比住宅（1908到1910年兴建）。当时赖特以其“草原之风”房屋设计出名，可这栋完美体现“草原之风”的建筑却修建于芝加哥

人自认为是开明的伯乐，他便从这些人那里获得必要的帮助并乐享其成。尽管赖特多年以来经常自称他遭到了恶毒的嘲弄，不公正的批评，并一直被人们忽视，但这都 294
是假话。这只是表达了赖特满心渴望成为一个遭人嘲弄和忽视的外来者，而这个头衔，许多先锋派艺术家认为只属于他们这些革命者。

二

弗兰克·劳埃德·赖特的社会地位和职业声望与日俱隆，他本可以在其后数十年也过着如此富足和舒适的生活。客户迫不及待地等着他的“草原之风”房屋；到处都有人请他去做演说；大众流行杂志例如《妇女家庭杂志》[1]也刊登了他的设计文章，还有精美的插图；1907年，芝加哥艺术学院为他开办了个人展，这是在该地区首次为一位建筑师开办个人展。第二年，他完成了自己最出色的设计之一：罗比住宅，该房屋就坐落于芝加哥。可是他突如其来的一意孤行之举，似乎要将这一切都抛

1 《妇女家庭杂志》（*Ladies' Home Journal*）在1883年2月16日首次发行，并最终成为20世纪在美国领先的女性杂志之一。——译注

在脑后，将他的事业毁掉。1909年9月，他离开妻子和六个孩子，与邻居好友的太太麦玛·博思威克·切尼一同私奔欧洲。他们在德国和意大利生活了一年，然后毫无歉疚地回到美国。麦玛·切尼办完了离婚手续，弗兰克·劳埃德·赖特则在自己的老住宅里住了一段时间，才承认他会和爱人麦玛·切尼长相厮守——他让麦玛·切尼住在塔里埃森（Taliesin），而他自己也尽可能多留在这里。塔里埃森是威斯康星州斯普林格林附近的观光胜地，他早年曾经在这里做过几个月的设计和施工。

由于赖特声望日隆，他的出轨新闻也传遍各地。建筑学杂志连续对他的建筑设计进行公正的评论，多数是赞美和好评，几位有远见的顾客也打算无视赖特的出轨行为，聘用他设计房屋。而在欧洲，由于德国在1910年和1911年出版了两本赖特建筑设计作品的选集，他的声望和权威也得以确立。美国的情况略有不同，从1912至1914年的三年间，赖特仅仅修建了六栋房屋[1]——比起他当初一年平均十栋房屋的数目，的确大为逊色。但不可思议的是，赖特后来横遭厄运，竟让他多少重新获得了
295 圈中人的同情。1914年8月，当时赖特碰巧在芝加哥，一位在塔里埃森当厨师的巴巴多斯移民由于精神病发作成为杀人狂，前后杀死了七人，其中就有麦玛·切尼和她的两个孩子。赖特撰文赞美和哀悼她，坚持称颂她与生俱来的高贵，他还坚称，他们的爱情更为崇高，至于合法的夫妻，很少有人能拥有如此炽烈的爱。他曾是资产阶级中的精英，如今却更像内心受到重创的波希米亚人。有些老相识觉得，现在是时候原谅他了。

在这之后，是一段几乎长达二十年相对平淡的时光。客户对赖特置之不理，主要不是因为他的丑闻，而是因为重视传统的风尚（如都铎风格的豪宅和新古典主义的银行大楼）又声势惊人地卷土重来。赖特唯一重要的建筑设计是东京的帝国饭店（1913—1922），为了这个项目，他从1916年末开始在日本住了数年。长久以来，赖特一直如博学的收藏家一般，对日本艺术品深感兴趣。这个项目的报酬颇为丰厚，赖特也乐不思蜀，长期不回美国。帝国饭店经受了1923年那场毁灭性的大地震，显示了其建筑的韧性；赖特的一位日本支持者给他发了一封著名的电报，上书："饭店毫发无损，这是您天才的丰碑。"赖特对这个赞美坦然接受。

---

1 Twombly, *Frank Lloyd Wright*, p. 113.

可是直到20世纪30年代，已入古稀之年的建筑师赖特才东山再起。赖特于1959年九十二岁诞辰前过世，他晚年设计了大量著名建筑，包括一系列“美国风”[1]式房屋，这种有效而相当简洁的房屋可供中等收入的客户生活。还有两栋建筑让他在现代主义者中永垂不朽，即宾夕法尼亚州熊跑溪附近的考夫曼别墅（即流水别墅，1936年建）以及他不朽的建筑丰碑：纽约的所罗门·R.古根海姆博物馆（1945至1959年建）。

凡是有人写关于弗兰克·劳埃德·赖特的文章，就必然会对流水别墅奉上最为热烈的赞美；这栋建筑是20世纪最精美的住宅之一，甚至是住宅之王者。建筑没 296
有丝毫的古风，却有从国际主义风格的借鉴之处（尽管赖特对国际主义风格大事诛伐），也表现出赖特早年作品的一些特征，例如其鲜明的低矮风格以及气派和自由安排的起居空间。也许流水别墅最令人叹服的特点是其与周围环境如何融为一体，这正是赖特在设计中周密考虑的风格。研究赖特建筑设计的专家尼尔·莱文如是说道：流水别墅将“山石、流水、绿树、草叶、云岚和天空相互掩映的风雅发挥到了极致”[2]。这栋房子是一个规模适中，有三间卧室的度假山庄，横跨一道瀑布飞流，阳台有力地悬挑水流之上，顿生轻巧和开阔之感，却又让其更加安宁隐秘。流水别墅的构思之奇巧，让人叹服。

在公用建筑方面，古根海姆博物馆是赖特最为自信，也最众说纷纭的建筑遗产。这个项目刚到手，赖特就曾以自己典型的语调宣布：这将是有史以来第一座像样的博物馆。这栋巨大宽厚如牡蛎的建筑物，雄踞纽约第五大道，无论前来观展者的艺术取向如何，都会对这座博物馆留下深刻印象。从一开始，古根海姆博物馆自然就不乏批评的声音，有人认为其太古怪，太招摇；有人则认为，在这个博物馆里，参观者不得不边走斜坡边看，由于画作是平的，还会和弧形的墙相抵触，而且不得不站得很近观看展览。至于外观，反对者们也喋喋不休地指责其圆润的，弧线上升的圆形设计，和第五大道周围坚固稳重的四方形大厦毫不相容。尽管风波不断，但数十年来古根海姆博物馆已经开设了众多流动展览，更无须说还有永久展示，足以证明其适用

1 美国风（Usonian）建筑系美国进入了经济大萧条时期后，为了使陷入经济危机困扰的中产阶级得到精神慰藉，赖特推出了一种称为“美国风”的住宅新体系。该建筑体现有机建筑的理念，强调“活”的观念和整体性。——译注

2 Huxtable, *Frank Lloyd Wright*, p. 209.

性。这也可视为参观者的适应力强，但更多还是说明了赖特出类拔萃的现代主义创作天才。正如埃达·路易丝·赫克斯特布尔在其见解深刻的赖特传记中写到的，赖特是“横空出世的杰出人物——他的设计、规划和结构中充满灵性的梦想和惊鸿一瞥的浪漫，即便21世纪也会从中受益匪浅”[1]。正如赖特自己所见，他是一个和其他所有现
297 代主义者都合不来并且以此为乐的现代主义者。

三

路德维希·密斯·范·德·罗和弗兰克·劳埃德·赖特一样，重视机器设备在建筑中的重要作用。但是和赖特所擅长的长篇大论相比，密斯更喜欢简洁有力的语句。他的著名三字格言“少即多”，所要求的就是简明，这句话的确也简明地表达了他设计中力图展现的特点。对密斯·范·德·罗而言，这不仅意味着建筑艺术中一个重要内容就是消灭浮华的装饰和繁缛的细节，同时也表明他重视建筑工程中机器设备取代人力的用途；他觉得这两点无论从艺术上还是经济上都颇有吸引力。他在自己的项目和建造的房屋中实践“少即多”的理念，建筑风格素面朝天，一看就是密斯·范·德·罗的作品。

实际上，密斯·范·德·罗的所有评论家，无论是支持者还是反对者，都会援引柏拉图的精神来描述他突出和鲜明的极简主义风格。凡是直角，密斯·范·德·罗就都会喜欢。杰出的美国建筑史学家和评论家刘易斯·芒福德1964年严厉地抨击了密斯·范·德·罗的风格：“他单纯的品位让这些中空的房屋玻璃外墙有了一种水晶般空灵的造型，但这些建筑只存在于他梦想出来的柏拉图式世界中，和房屋的实际尺寸、环境、保温、功能和其内部活动等毫无关系。”[2]事实也的确如此，无论密斯·范·德·罗设计的是一栋办公楼，或是学校，或是私人住所，看来都大同小异。密斯·范·德·罗直接违反了先锋派人士中众口传诵、奉为经典的路易斯·沙利文的名言“功能决定形式”。他设计的作品中彼此的相似，表明他有意实现在建筑上体现柏拉图式永恒的、亘古不变的原则，以及放之天下而皆准的真理。

1 Huxtable, *Frank Lloyd Wright*, p. 244.

2 Jencks, *Modern Movements*, p. 96.

密斯·范·德·罗于1886年出生，年少时勉强算受过经院式的教育，他在一所天主教学校里学习到十三岁。但他所受的建筑方面教育则完全是脚踏实地的：在父亲的砖厂里帮忙，让他学到了各种材料的用途；十五六岁之后，他在家乡亚琛做设计师学徒，从而有了做绘图师的宝贵经验。1908年起，他在柏林为彼得·贝伦斯[1] 298
的事务所工作，当时他年满二十二岁。彼得·贝伦斯是一位无所不精的进步派建筑师，他鼓励密斯·范·德·罗学习伟大的卡尔·弗里德里希·申克尔[2]所建造的那些历经百年的新古典主义公共建筑，从而提升自己的品位。这些建筑分布于柏林市中心，包括宫殿、博物馆、教堂，尽管其与密斯·范·德·罗后来因此出名的设计风格看似大不相同，但的确激励了他去追寻简明的风格和逻辑，也就是建筑学的规律。

在1900年到第一次世界大战爆发之间那历史性的十四年间，（我们已经知道，那个时代喷涌着重要的、全新的音乐，新的画风，新的小说，新的剧场。密斯·范·德·罗和瓦尔特·格罗皮乌斯——我们下文就会谈到他——正是在此时进入建筑业的），建筑师也在追寻着新的典范。但当然并非所有建筑家都是如此，大部分建筑师不假思索地迎合了客户合情合理、追随主流的品位，成百上千次地设计出他们自己和客户都欣赏的传统风格——新哥特风格、新古典主义、新安妮女王风格[3]等。可是也有些思想自由的人反抗这得势的恶趣味，而且这些不平之鸣的来源常出人意料：来自商人或是国际市场。因为恶俗的设计，无论是窗帘还是瓷器，可能会在水平更高的竞争中一败涂地；与之竞争的优秀设计，无论是家具或是房屋设计，在海外既可以看得到，也可以买得到。

这两个因素都能带来现代主义建筑艺术的崛起，而在战前德国的高雅文化圈中，两者同时起着作用。德国一些顶尖设计师中跃跃欲试的气氛，也打破了历史传

1　彼得·贝伦斯（Peter Behrens, 1868—1940），德国现代主义设计的重要奠基人之一，著名建筑师，工业产品设计的先驱，“德国工业同盟”的首席建筑师。——译注

2　卡尔·弗里德里希·申克尔（Karl Friedrich Schinkel, 1781—1841），普鲁士建筑师、城市规划师，德国新古典主义代表人物，长期担任普鲁士王国首席建筑指导和国王御用建筑师，其作品极大地影响了柏林的城市风貌。——译注

3　新安妮女王（Neo-Queen Anne），英国女王，1702至1714年在位。她从法国引进巴洛克风格中最典型、优雅、朴实的造型砖，让安妮时期的家具多了精练、优雅及舒适的品位。——译注

统风格，给这些未经实验的想法助了一臂之力。1903年，当格罗皮乌斯（时年二十岁）开始在柏林的工程学院（Technische Hochschule）求学时，建筑师赫尔曼·穆特修斯[1]回到了柏林，他曾在伦敦的德国大使馆供职七年，任务是汇报英国住宅的修建情况，以供德国仿效。在英国长期生活之后，穆特修斯已经成为住宅建筑学说的信
299 徒，急于在德国传播其成就。他的口号如同一位参加选举的政治家一般，“reasonable sachlichkeit”，即“理性的客观”。

到1907年，穆特修斯归国四年之后，他参与创立了德意志工艺联盟，这个由设计师、工匠、教育家和制造商组成的协会意在打造“艺术、工业和工艺之间的合作”，穆特修斯明智地预测道，这个章程就等于“同当今社会开战”[2]。德意志工艺联盟希望，当美、实用性和技能相遇时，不会互相摩擦，反而会产生精妙而和谐的共鸣。正是在德意志工艺联盟的组织下，德国设计师们努力为机器争取应有的地位，他们还运用了形而上学的理论为自己辩说（外国来的、更务实的观察家则认为他们是被理论所迷惑）。他们即便没有改变整个德国，但至少有一部分精挑细选，有哲学头脑的生意人和设计师接受了现代主义。年轻的密斯·范·德·罗正是在这种气氛下大展宏图的。

第一次世界大战刚结束，密斯·范·德·罗就绘制了第一批项目草图，是两栋玻璃幕墙摩天大楼，这个设计没有付诸实施。但当时即便很大胆的建筑师一般也只会将玻璃作为窗体的材料，密斯·范·德·罗使用玻璃作为主要建材的大胆创新，让他大名鼎鼎，仿佛这两栋楼果真建成一般。在其后的项目中，他也仔细地选用不同的材料：一栋由砖建造，另两栋则是用混凝土；他也寻找着合适的建筑造型，来表达和展现建筑中永恒的要素，他认为这些永恒要素是所有建筑的基础。他于20年代初期开始实施，到20年代末，两个项目已经变成了现实。1929年，德意志工艺联盟委托密斯·范·德·罗修建巴塞罗纳世界博览会的德国馆，1930年他又为捷克斯洛伐克布尔诺城的图根德哈特家族设计住宅。许多人对这两栋建筑拍照和讨论，两栋建筑也都体

---

1 赫尔曼·穆特修斯（Hermann Muthesius,1861—1927），德国具有影响力的建筑师，专注于教育改革，并在艺术和建筑上有贡献。——译注

2 Hermann Muthesius, “Die Bedeutung des Kunstgewerbes” (1907), in Peter Gay, *Art and Act: On Causes in History: Manet, Gropius, Mondrian* (1976), p. 114.

现了密斯·范·德·罗“少即多”的最终目标。

巴塞罗纳的德国馆是地地道道的密斯·范·德·罗式风格。这是一栋临时性建筑，等到博览会闭幕就要拆除。建筑表现出整齐和纯粹的特征，宽大而简洁的玻璃 300
面，细长而优美的钢柱支撑起平屋顶，并无外墙支撑。里面除了密斯·范·德·罗设计的家具外别无他物。“建筑物本身就是让人观赏的景观。”除了密斯那些华丽、多彩，甚至有点媚俗的家具之外，唯一的艺术品就是格奥尔格·科尔贝塑的一尊真人大小的裸女塑像，竖立在室外的一个小水池中，倚着一堵漂亮的绿色大理石墙而立，奇妙而又孤寂。当观光客走过密斯最钟爱的，方方正正、棱角分明的建筑之后，肯定不止一个人会想到，这个赤裸的少女是这里唯一的曲线体。

与之相比，图根德哈特别墅这栋两层楼的设计，就显得稍微不那么方正严肃：餐厅四周是一道半圆的马卡萨黑檀木围墙，餐厅第二层连有楼梯，同样有半圆围墙环绕；楼上的卧室是简洁而传统式样的。可建筑的其他部分就是纯粹的密斯·范·德·罗式风格：有力的水平线条，让这栋建筑紧贴着四周的山野，甚至能让人回忆起赖特钟爱的低矮风格。面向街道的出口设在第二层，而第一层的生活区则通 301

密斯·范·德·罗，图根德哈特别墅，布尔诺城（1930年建）

过巨大的、四方形的玻璃幕墙正对屋后的花园。室内的家具陈设自然也是完全出自密斯之手；有些来自巴塞罗纳的德国馆，有些则是专门为图根德哈特家而设计，和整个宅邸的高雅格调相得益彰。用赫克斯特布尔的话说，是“低调的奢侈”。她还写道：“墙实际被取消了”，“整座房子的支撑只有室内如珍宝般夺目的镀铬钢柱”。这栋“将内景展现无遗的私人宅邸”，“在许多方面都令人耳目一新”[1]。总而言之，这栋房屋是现代主义建筑的杰作，也足以打响设计师的名声。

对密斯·范·德·罗而言，图根德哈特别墅的确是一次胜利，却同时也让他遭受独霸建筑学的权威的抨击。现代艺术的史学家认为，图根德哈特别墅的客户究竟扮演了什么角色，关于这一点产生的各不相同的证词特别有趣，因为很少有这样坦率自陈的例子。密斯的叙述，虽然不乏怨恨，却非常详细、完整地展现了先锋派艺术家和其富有的客户之间令人意想不到的，既抵触又合作的复杂关系。密斯写道：“图根德哈特先生来找我，他是个非常精细的人。他并不会只相信某个医生——他有三个医生。”如果读者有兴趣知道当一个特立独行的设计师遇上一位喜爱正统风格的客户时，会有如何奇妙的场景，那这个开头也足够吸引人了。

密斯又回忆到他和图根德哈特之间那场关键的会晤。难堪的是，情况现在明朗了：接受这位客户的委托，看来肯定是设计师一厢情愿的误会。可能是图根德哈特曾
302 见过密斯·范·德·罗早期建造的一栋房屋，认为建得很好，因此打算也造一栋那样精致的房子。简而言之，密斯·范·德·罗颇为不敬地接受了为图根德哈特一家设计住宅的任务，心里非常清楚这个家庭根本没想到去接受他喜爱的现代主义风格，尤其还是他那顽固的密斯·范·德·罗式风格。“我记得给他看设计图的时候是圣诞夜。他当时几乎昏死过去。”但是图根德哈特夫人却说得丈夫回心转意——记住，这一切都是密斯·范·德·罗记录下来的——她对现代艺术有兴趣；密斯还记得她肯定藏有几幅梵高的画作。

几天后，图根德哈特先生来找密斯，通知他可以继续动工了：“他说他不喜欢
303 敞开的空间，这太打搅他了。当他在图书室思考天下大事时，会有人在那里妨碍他的。我想，他可能是个生意人。后来他又对我说：‘我现在是缴械投降了，但家具问

1 赫克斯特布尔于2001年5月12日致本文作者的信。

题上我绝不妥协。’我说：‘那可太糟了。’”其实密斯对此早有准备，置若罔闻，他让施工的工头接收了一批从密斯本人的仓库发货的家具。然后，在午饭前，“你就看那栋房子里家具已经配置齐备了，他会大发雷霆，但你应早有准备”。正如密斯所预见的，图根德哈特让人把这些家具都搬出去，他看都不愿意看，可是午饭后，他的想法就全变了。密斯总结这场风波时说：“我想，我们应该把客户当成小孩子看。”[1]不过高傲的弗兰克·劳埃德·赖特在数十年的从业生涯中，可能就不会这么做。

密斯·范·德·罗对于图根德哈特以及这个家族代表的整个阶级的轻蔑，都是非常明显的；所谓“天下大事”的说法和其他让密斯嗤之以鼻的例子说明，在密斯看来，“资产阶级”和“俗人”就是同义词。的确，密斯这么做可能只是想给其听众，例如那个工头或自己的客户留下深刻的印象。即便密斯仅仅是为了炫耀，但现代主义者和资金雄厚的客户交谈时，的确会采用如此傲慢的语调。现代主义者从来就是传统文化的大敌；他们需要对手，如果没有对手，就会造一个出来。若以现实的眼光进行回顾，他们会清楚地知道，自己最致命的敌人并不是高雅文化圈内顾客的保守态度，而是在20世纪20和30年代黑云压城的极权政治。无论如何，图根德哈特别墅建成了，而且是按照密斯设计的造型建成的。[2]密斯直到1937年才离开希特勒德国，在他职业生涯的后半段时间，他在美国过着富足的流亡生活，这也是典型的密斯·范·德·罗风格。彼时，现代主义遭受着艰难时世、大萧条、独裁政治和战争的重重威逼，却表现了出色的灵活性，尽管纳粹统治下的欧洲竭尽全力要根除现代主 304
义，但明智的美国客户的需求却让现代主义起死回生。

四

最强烈欢迎机器运用的建筑大师是富于想象、执迷于理论的瑞士建筑师查尔斯·爱德华·让纳雷，他的另一个名字勒·柯布西耶则更为人所知。此人于1917年年

1 Mies van der Rohe in Gay, *Art and Act*, p. 142.

2 在19世纪60年代晚期，我于偶然的机会遇见了一位在柏林自由大学任教的哲学教师，也姓图根德哈特，是委托密斯修建那栋著名家宅的图根德哈特夫妻之子。图根德哈特先生激烈地抨击了密斯对他父母的轻蔑描绘，指出他的母亲在美术上更有良好的品位，并可算是一位收藏家。我对他说的话并无旁证可供参考，但是考虑到他的父母愿意聘请这位以顽固著名的设计师来看，他的话很有可能是实情。

届三十岁时迁往法国，并在第一次世界大战之后设计了自己的主要建筑作品，出版了重要的书籍并打造了雄心勃勃的城市规划方案。1930年他获得了法国居民权。和其他现代主义者相比，他的作品内容相对较少，可是他热烈地呼吁在建筑中要最广泛地使用先进科技，并因此成为当代建筑界的知名人物。那句著名的、简短有力的名言“房子就是让人生活在其中的机器”[1]，就出现于他那本1923年出版，最为著名，被广为翻译的《走向新建筑》[2]一书，这本书是他之前出版文章的合集。勒·柯布西耶坚信，“在建筑和施工领域，大生产的时代已经开始；面对着新经济的需求，大生产的产品无论是其总体还是细节都已经具备”。他认为“一个属于我们当代的风格已经到来；革命已经开始”[3]。

革命的确开始了吗？围绕着勒·柯布西耶的这些判断而展开论述的各章节，以及他多年来洋洋洒洒写下的许多观点鲜明的文章，都可以明确地表明，尽管这些文章信心十足，也众口传诵，但更多只是勒·柯布西耶的一厢情愿，而不是社会现实。他想表达的是，在当今世界，各行各业的创新者们都已抓住了技术的最新发展带来的机会——只有建筑师们例外。勒·柯布西耶断言：“今日社会中，各个阶层的工人都没有为他们量体裁衣设计的住宅；工匠和知识分子的情况同样是如此。”[4]现在建筑师们要迎头赶上，补上这个令人扼腕的缺憾。

305 然而勒·柯布西耶也常常一改自己的乐观主义风格，例如，他虽然主张“机器设备作为人类社会的一个新因素，将会产生新的精神”，[5]还说，“一个伟大的时代已经开始。新的精神就在其中”。可同时，就在《走向新建筑》里有趣的一章“视而不见”（“Des Yeux qui ne voient pas”）中，他列出许多事实，证明建筑师对技术故意视而不见，他展现了许多照片，例如谷物升降机、蒸汽轮船、飞机和汽车，用意是赞颂这些发明，若是没有将全新的材料用于全新的用途，这些发明都会是异想天开，但建筑师们不愿意从中得到启发。就像弗兰克·劳埃德·赖特一样，他也觉得自己是被选中，或者被惩罚去大战风车，对手是一个力量强大，对新事物毫不关

---

1 Le Corbusier, *Towards a New Architecture* (1923), trans. Frederick Etchells (1927), p. 10.

2 《走向新建筑》（*Vers une architecture*）：该书宣扬现代主义是一种几何精神，提出“房屋是居住的机器”。随着一种新的住宅形式的诞生，机器时代将迈入第二阶段，即普遍建造的阶段。——译注

3 Le Corbusier, *Towards a New Architecture*, p. 13.

4 Ibid.,p. 14.

5 Ibid., pp. 84,12.

心，甚至不为所动的社会。勒·柯布西耶挥之不去的这种感觉是现代主义者中常见的心态，或者说是顾影自怜。作为一个孜孜不倦，宣称自己要为现实社会而奋斗的梦想家，他自然也免不了遭受失望之苦，惋惜的主要是那些流产的方案（其实这样倒更好）。

勒·柯布西耶称自己心甘情愿地为实践做牛做马，其实有合理之处。他大体上算是自学成才的设计师，学徒期花了好几年游历并画下不朽的建筑模板，包括古希腊和古罗马的古典庙宇和奥斯曼帝国衰落的圣地，他不停地素描，再素描。在这游荡的岁月里，他曾一度为杰出的现代主义者工作，如在柏林的彼得·贝伦斯和在维也纳的约瑟夫·霍夫曼，更不用说还有在巴黎开拓性的人物奥古斯特·佩雷。他是一个严肃的画家，尤其是早年，他还曾加入了一小群画家，即所谓“纯粹派”（Purist），该派主张清晰和简洁的当代审美风格。他们表现自己目前风格的方式，是展出一些光滑流畅，赏心悦目，精巧的静物日用品（现代主义者常会如此），例如水罐和杯子，还有吉他（这可启发了立体主义者）。勒·柯布西耶的建筑设计，可算作他绘画事业的一个组成部分。

他喜欢列出响亮有力的方案，因此制作完善了一份住宅要领，无论对于富人别墅还是工人阶级的住宅都一样适用：横向长窗，自由立面，露台式屋顶，开放的平面布置以及自由的架空柱。其中某些方面已经是现代主义设计中常见的因素，早在大战之前，就已经有一些建筑师进行过尝试，包括格罗皮乌斯、赖特、密斯·范·德·罗都曾探索过开放的平面设计、横向长窗以及自由立面。但是支撑房屋 306
的架空柱以及屋顶花园则主要是柯布西耶的独创，也是他对现代主义的突出贡献。

因此勒·柯布西耶着手进行的建筑设计项目，都具有鲜明的风格：他偏爱四方形或长方形的结构，而不喜欢弗兰克·劳埃德·赖特招牌式的翼楼和大出挑的屋檐；他设计的平屋顶，让人们在拥挤的都市圈里，可以有封闭的花园以及做日光浴的空间；大部分建筑都由细长的立柱或者巨大的结构支撑（这种结构被人称作“高跷上的箱子”）。这种风格最成功的代表，至少是被人拍照最多的，是巴黎附近普瓦西的萨伏伊别墅。勒·柯布西耶后来说，这栋著名的别墅，“如同在空中的盒子，四面开孔，连续不断”。别墅以细长等距的立柱支撑，高踞四望，当时周围也不过是田园风光。对勒·柯布西耶而言，这栋建筑最好地体现了“重获自由的风格”，是对现代主 307
义的贡献。“重获自由，是指这个风格是争取而来的，是从种类越来越多的现代材料中攫取而来的，是由技术所展现的诗歌。”在勒·柯布西耶丰富的计划中，原本毫不相干的领域，例如审美和技术，似乎默契地合二为一，至少对他而言是如此。

勒·柯布西耶的文章和他的设计作品一样充满了对技术的热爱；诱人的口号，一而再、再而三地出现在他的著作中：例如现代私人住宅是建筑师的辉煌胜利，或者是唯物主义的精神基础等，这是他向社会发出的胜利的战斗呐喊，他沮丧地觉得，这个墨守成规的社会根本没有给他施展的机会。但他从没有满足于只给富人修建庄园，尽管这或许能给他带来功成名就。在整个职业生涯中，他都孜孜不倦地为穷人和中下阶层绘制房屋设计图，偶尔还建成一栋，在这些项目上，他和大多数其他现代派设计师并无区别。他还不停地为三大洲的各个城市设计全面的规划图，而这些城市也因为各种原因拒绝了他的设想：有的是因为感情上偏向保守，有的是和他志趣不合，或者是保持了头脑清醒，没有同意他那会让成千上万市民流离失所的规划方案。但是，从1922年他第一次大胆尝试城市规划，直到1965年去世为止，柯布西耶不停地回归他最早的、庞大的城市规划方案中。他的所有方案，都力图压倒英式花园城

勒·柯布西耶，印度，昌迪加尔，大会堂（1956年建），这是柯布西耶得以实现的极少几个规划方案之一

市的规划和相关建议，因为他认为其规划过于分散，过于小家子气。

在勒·柯布西耶看来，现代城市需要摆脱偏好大空间布置的私人住宅风格，并将不同功能的空间做彻底的分割——例如散步的区域、驾车区、空港区和居民区。这种理念产生的成果之一就是所谓“居住单元”（L'unite d'Habitation），该建筑里可以居住约1600位居民，共350个家庭，还有游乐场、小学和购物区域。另一个代表则是印度旁遮普邦的新首府昌迪加尔，其政府大楼主要是由柯布西耶设计的。贾瓦哈拉尔·尼赫鲁总理大胆地给予柯布西耶全权，让他如上帝一般执掌主要的设计工作，而欧洲的政治家是不会给他这样大的权力的。 308

20世纪50年代时，法国各地修建了几种不同形式的“居住单元”，这种建筑可算是一个小小的天才创造，四方形八层居民楼靠有力的混凝土立柱拔地而起。楼里的公寓间则大小不一，每个都有两层的起居室。其中的马赛公寓大楼（1946—1952）是来访者最多，最为人讨论也是最有争议的。不出意料，赖特也特地来贬损他的对手，他称：“柯布西耶在马赛建的那玩意，糟蹋了沿河水景。”[1]但勒·柯布西耶认为“居住单元”大获成功，朝他时常设想的光明城市[2]迈进了一步，这个光明城市的项目他多次鼓吹，甚至还计划重建巴黎，但是最终也未能实现。 309

昌迪加尔的建设则主要是从20世纪50年代早期开始的，这也成为柯布西耶一生最庞大的建筑项目。以政府总部大楼（Secretariat）为首的众多办公大楼，例如远比总部大楼要小的法院和大会堂，还有一些其他建筑，都堪称柯布西耶晚年的风格骄傲的证明。这些建筑一般三到四层高（因为政府资金短缺，无法让建筑师和他的同事实现其更为宏伟的规划），这些威严的建筑铺展开来，和其背后喜马拉雅山群峰那沉寂庄严的远景正相适合。建筑本身则是混凝土凝结的诗章，带有鲜明的柯布西耶风格，但他早年所谓建筑即机器的想法已所剩无多。晚年的柯布西耶虽然同样满口激动人心的口号，却更热烈地谈到了从人本身出发的尺度。

1　Twombly, *Wright*, p. 276.

2　光明城市：勒·柯布西耶的城市规划，包括在市中心修建高层建筑、现代交通网和大片绿地。——译注

五

昌迪加尔的建设任务清楚地表明：将一个宏大的建筑计划变为现实时，有权力做靠山是何等重要。受委托设计巴基斯坦的首都达卡[1]的，同样是一位杰出的美国建筑师路易斯·康[2]，他的例子也很好地说明了这一点。从勒·柯布西耶在法国维希时期自私的活动来看，他在这方面也绝不简单。当法国于1940年6月败于德国之后，该国主要由占领军管理。这段时期充斥着怯懦、阴谋以及对胜利者的奴颜婢膝，直到1944至1945年度法国解放才终止。对于勒·柯布西耶而言，这场天崩地裂的灾难却是机会。他长期以来一直仰慕着贝当元帅，如今将维希政权认作自己潜在的客户，认为这个政府有足够的智慧，能识别他这样伟大建筑师的才能，也有足够的权威下达命令。虽然勒·柯布西耶号称自己不干涉政治，但他认为维希政权有着法国的全部精神，却没有其任何缺点。腐败官僚之间的争斗，让法国如此糜烂（也让勒·柯布西耶不胜其烦），如今似乎终于结束了。

维希政府所承诺的，据我们所知，也是勒·柯布西耶认为一个大众建筑师所能得到的最慷慨也最可靠的保障，这就是命令。1941年年初他就在一个外省委员会里任
310 职，该委员会的任务就是重建被战争毁坏的法国。在那忙碌的日子里，勒·柯布西耶不停地努力争取各级官方的同意，以开展他那宏大的阿尔及尔计划，他承诺要把这座城市建设成法国海外殖民地核心的、强大的首府。在致法国驻北非总督马克西姆·魏刚将军的信中，他毫不掩饰自己对集权的盼望："在当前政府中，应当只有国家的最高政权才能批准进行必要的创新，创造有益的典范，准许艺术家无视陈旧的规则，让方案变成现实。"他直率地指出，他所需要的，是"上面下命令"，"官方示意"，取消当前的方案，采用另一个：也就是勒·柯布西耶他本人的方案。

勒·柯布西耶的传记作家们常常回避他这一段政治投机（哪怕确有其事），原因也是可以理解的。在维希政权最初当政的两年里，勒·柯布西耶表现得仿佛是其最热心的支持者。他激烈地批评媒体的胡作非为和道德败坏，还单挑出法国农民，赞

---

1 达卡，现为孟加拉首都。1947年印巴分治后，达卡成为东巴基斯坦的行政首都；1972年，东巴基斯坦独立，改称孟加拉国，达卡成为孟加拉国首都。——译注

2 路易斯·康（Louis Kahn,1901—1974），美国现代建筑师，他的作品坚实厚重，不表露结构功能，开创了新的流派。——译注

美其本身的活力、道德的清洁和法兰西民族的纯净，他还赞美殖民地官员的教化。勒·柯布西耶认为这些所谓“有效的”（也就是反动的）理念，虽然包含粗俗的民族主义和偏激的沙文主义，但是无论在意识形态上，还是作为权宜之计，都颇有吸引力。这些理念替他阐明了他对当今世界过于简单的看法，而且比他定然有过之而无不及；此外，现在鼓吹这些理念正是好时机，可能会让他得到贝当的青睐。可此时的维希政府早已深陷于保守主义者、梦想家、技术统治论者的明争暗斗之中，对柯布西耶的宏大计划毫无兴趣。如果说法国在法西斯统治下的1941至1945年间，勒·柯布西耶没有建筑问世，那只是因为他有心无力。他很幸运：战后法国开展了狂热的复仇行动，从政府机关中清洗维希派分子，却放过了柯布西耶，因为他实在是太不起眼。可他想要出名的尝试，无论他所吹捧的大人物是何等卑鄙，都有助于说明先锋派艺术家从事政治活动的无奇不有。获得权力，这是一剂猛烈的迷情剂，即便在现代主义者中，也很难有人不为所动。 311

“优美的比例与可行的简洁”

一

1932年，在纽约成立不过三年的现代艺术博物馆，举办了一场和通常展出的当代绘画截然不同的展览，即来自十五个国家近四十位顶尖建筑师的设计作品。该馆的馆长小阿尔弗雷德·H. 巴尔善于说教而充满争议，他是现代主义真正的英雄人物之一，也是促成这次展览的慈爱的教父。他非常关注欧洲当前的艺术风尚，并热情地决定要让自己的美国同胞也对现代艺术产生兴趣。正是巴尔将激进的现代建筑艺术命名为“国际主义风格”。在建筑史学家亨利·拉塞尔·希契科克以及建筑师菲利普·约翰逊的帮助下，这场展览为人们带来了重要的启示。弗兰克·劳埃德·赖特虽然困于漫长的创作瓶颈中，可他已经向同胞们展现了现代建筑中一个独特的维度。然而，展出的现代建筑中运用直线和四方形，省略了装饰，大量使用“不体面”的材料，这些特点的审美价值，在美国尚未得到彻底理解，这场展览正是意在弥补这个疏漏。

这场展览对于美国现代建筑界的意义，就像二十年前军械库艺博会对于现代绘画的意义一样重大，为了抓住这个时机，两个策展人写了一本活跃的、插图丰富的小册子，来向更广大的人群传播这个全新的名字，这本书叫《国际主义风格：1922年后的建筑》。这个风格有几位创始人和无数的继承者，其中有些继承者能自成一家，大部分则机械沉闷，在今后的几十年里，国际主义风格将日益主宰美国大城市和其他地方的办公室大楼建筑设计。不光是保守派抱怨该风格毫无美感可言，即便在现代主义阵营中也有现代建筑风格的反对者。匈牙利设计师拉斯洛·莫霍伊—纳
312 吉[1]的遗孀西比尔，曾追随自己的丈夫先后在包豪斯和芝加哥工作，她尖锐地指责密斯·范·德·罗晚年的故步自封。其他支持现代主义的人也觉得镶玻璃的摩天大楼千楼一面，是没有灵魂的怪物，不但乏味，而且也丝毫没有考虑到其最重要的客户，即在大楼里工作的人。[2]然而，国际主义风格除了有死板只会照抄的追随者，也有重要的支持者。1959年，菲利普·约翰逊在康涅狄格州为自己设计了一座著名的密斯式玻璃房子，房子方方正正，只有卫生间的墙面和天花板相连。对于国际主义风格，这是一个热诚的、很有说服力的献礼。后来，约翰逊还设计了一个地下单元来容纳他的艺术收藏品，又设计了一个传统风格的宾馆，两者后来都引发了人们对玻璃墙本身缺陷的批评。

二

国际主义风格的创始人中最令人难忘的，无疑是瓦尔特·格罗皮乌斯。他将想象力、工艺、实用性巧妙地融为一体，更不要说还将教书育人和独到的见解集于一身，让他成为德国现代主义最杰出的代表。年轻的格罗皮乌斯从未轻视过实践经验的教育。从1907到1910年，他在柏林彼得·贝伦斯的事务所工作，并因为处事灵活受到褒奖。当格罗皮乌斯加入贝伦斯的事务所时，他的老板不同于当时执业的大部分德国建筑师，并没有要求他学习传统的装饰或是当时方兴未艾、重视华丽风格的新艺术

1　拉斯洛·莫霍伊—纳吉（Laszlo Moholy-Nagy, 1895—1946），出生于匈牙利，早年以绘画和平面设计为主。1921年来到包豪斯，1923年接替伊顿的职务，负责包豪斯的基础课程教学。——译注

2　刘易斯·芒福德于1954年写道：“最后六年，是曼哈顿现代办公楼建设的高潮，除了利华大厦（Lever House）之外，这些建筑都只是让曼哈顿中心商业区变得更加拥堵，在建筑风格上则并无贡献。” Lewis Mumford, “Skin Treatment and New Wrinkles” (1954), in *From the Ground Up: Observations on Contemporary Architecture, Housing, Highway Buildings and Civic Design* (1956), p. 96.

派[1]；反而让他掌握更简洁、更明晰的建筑风格。当年，也即1907年，贝伦斯被任命
为德国最大的电气元件生产商德国通用电气总公司的艺术顾问。一个开明的企业家聘
用一位有才华的设计师，这种可靠的、不含政治意味的合作，是格罗皮乌斯一生难忘
的。贝伦斯为A. E. G. 设计了巨大的厂房、优美而实用的电灯、玻璃瓶、电风扇，还 313
有商品目录的印刷版，总之一切他在A. E. G. 所见的东西。这对于格罗皮乌斯而言，
是获得建筑和设计之间密切联系的第一手知识的理想氛围。

当格罗皮乌斯于1910年开设自己的事务所后，他花了很多时间来思考建筑实践的不成文规则。让格罗皮乌斯很早之前就感到震惊的是，建筑业里的领军人物（不过照例也是不包括贝伦斯的）在为人处世上如此势利，在艺术眼光上如此反动。他后来回忆，这些“艺术审美的大佬们”一般来说只关注“一小群有钱人”[2]，对于现代工业和现代住宅的要求基本是毫不关心。几年后，格罗皮乌斯又写道：“即便在第一次世界大战后，我和其他有些建筑师已经越来越意识到这一点，我们有些同行是在作茧自缚。”[3]这种不满的情绪，为现代主义呼声的出现做了最好的准备。

1910年，格罗皮乌斯向A. E. G. 公司的主管埃米尔·拉特瑙发去了一份备忘录，这让历史学家们得以将他后来的回忆与当时的历史背景结合起来。备忘录中，格罗皮乌斯说明自己也赞成在建筑中使用机器以及预制的标准部件。可他也严厉批评了那些只关心自己利润的投机式建筑师。他尖刻地指出，当前的设计风尚，是“不堪重负的装饰和虚伪的浪漫主义”死板结合的产物，却取代了“良好的造型及适当的简练”风格应有的位置。格罗皮乌斯作为一个出色的现代主义者，所想的也是为当代生活和工作，他厌弃德国人生活中“内在的混乱无序”，即所谓“Zerrissenheit”，并赞同那些一个多世纪以来批评德国文化“崩溃”的社会评论家的意见。这个结论其实不尽合理。评论家们认为德国的处境可悲，因为专家们除了自己眼前的一小块领域，对其他的一切都视而不见，这种观点其实近似于借怀古之名鼓吹未来，只不过他们所说的古代是无中生有，而未来则虚无缥缈。

简而言之，格罗皮乌斯用德国式的方法巧妙处理了这些批评祖国艺术品位庸俗

1 新艺术派（Art Nouveau）：19世纪90年代流行的一种装饰于建筑的风格。——译注

2 Walter Gropius, “Tradition und Kontinuitat in der Architektur,” *Apollo in der Demokratie* (1967), in Gay, *Art and Act*, p. 115.

3 Ibid., p. 52.

的意见。他既主张发挥机械和大生产的作用，同时又在论战中煽风点火，言辞尖锐地
314 指出“庸俗的物质至上主义”玷污了当代“大众文明”[1]。无数睿智的德国人曾迷失于追求所谓“普适的真理”，格罗皮乌斯也不例外。直到包豪斯学院这个最纯粹的现代主义风格学院建立了，他才找到一条道路，将这些彼此相抵触的观点综合起来。

三

“这不仅仅是输掉了一场战争。”格罗皮乌斯于1918年秋如是写道。当时他离开了意大利前线，在家乡目睹了最终葬送德意志帝国的革命风波。“一个世界就此结束，我们必须要为自己的问题寻找一个彻底的解决方案。”[2]从1914年开始，当时年仅三十一岁的格罗皮乌斯就在考虑出任魏玛的工艺和艺术学校校长一职，这也是那位古怪而难以揣测的萨克森—魏玛大公请他出任的。可是随着萨克森—魏玛大公国在革命中消亡，关于校长一职权力讨论本来就曲折艰难，如今更加深陷于政治议题中。战争沉重损失带来的种种创伤，割地求和的德国变成共和国，刚刚缔结的《凡尔赛条约》认为德国应对惨重的战争后果负责并让德国签订丧权辱国的条款，这一切都可能兴风作浪，搅动德国全境内普遍的绝望和狂野的希望。包豪斯学校可能是这个国家在新近战败的痛楚中所得到的最大的胜利。

格罗皮乌斯所打造的这个学校一直缺少资金，其学生尽管精神丰富，经济上也都是一穷二白；学校还必须从对他们并无好感的图林根右翼政治家手中获得补助。这所特立独行的学校强调民主决策，似乎反对一切历史传统，还为自己起了个前无古人的现代风格校名：包豪斯，甚至还胆敢聘请利奥尼·费宁格[3]这样的表现主义者（而且肯定是个布尔什维克！）来执教画图和图书设计。1919年4月底，包豪斯学校发布了自己的成立宣言，表明自己的确比预想得更加有争议性：其宣言封面选用的是费宁格的木刻：风格独特，世俗的表现主义大教堂。若说包豪斯学院能够幸存下来（实际

1 Gropius, “Der stilbildende Wert industrieller Bauformen,” Der Verkehr, *Jahrbuch des Deutschen Werkbundes* (1914), pp. 29—32.

2 Gropius to James Marston Fitch, in conversation. See Peter Gay, *Weimar Culture* (1968), p. 9.

3 利奥尼·费宁格（Lyonel Feininger, 1871—1956），德裔美国画家。1912年以后与立体主义的支派有了接触。他形成了自己的立体主义。1919至1933年在包豪斯任教，1924年同雅弗伦斯基、康定斯基、克利一起创立青骑士派。——译注

上该校一直办到纳粹统治时，于1933年才被迫自行关闭），那是多亏格罗皮乌斯的长 315
袖善舞，以及师生们高昂士气的互相激励，也要归功于1925年之后该校迁往德绍，该市的民主派市长弗里茨·黑塞顶住了纳粹和其政治同伙们长期和不断的压力，给予包豪斯学院大力支持。

和几乎所有的先锋派学院一样，包豪斯学院也以奔放豪迈的风格向公众介绍自己。只不过豪迈的是目标，包豪斯的风格却是民主的。这种风格来自格罗皮乌斯，同样是他，坚信包豪斯若要成功，最重要的前提就是消除地位的差别与隔阂。各门类的艺术家都需要认识到自己艺术的本质，以及按照传统的和谐方式携手工作这个最重要的使命。“无论是建筑师、雕刻家，还是画家，我们都必须回归到工艺中去。”同时，所有和建筑相关的艺术，都必须意识到他们与工业有着同样密切的联系，这是一种不带世俗势利的合作关系。“地位差别的成见，会让工匠和艺术家之间形成傲慢的隔阂，让我们打破隔阂，创建一种全新的工匠行会。”[1]

格罗皮乌斯本人当然是一名建筑师，他在自己撰写的那篇有力的成立宣言中也大胆指出：包豪斯学院所进行的种种艺术创造，其“最终目标”就是“der Bau！”——即建筑。他希望重建所谓的建筑家精神[2]（Architectonic spirit），和其他改革者一样，他认为这种精神在维多利亚式折中主义风格和名不副实、当红一时的历史主义建筑风格的侵袭下已经大半丧失。树立目标总是比实现目标更容易。这个风雨飘摇的共和国，如何在万国之中立足，未来晦暗不明，政治极端主义派别的喧嚣和贪得无厌的协约国让它不堪重负，包豪斯学院也在寻找可靠的出路。

包豪斯学院早期的有些意见争执是内部引发的。如果说包豪斯的员工之间团结紧密，那么其对立之严重也毫不逊色。学院里为期半年的入门课程，最初是由约翰内斯·伊滕[3]主持的，他嫉妒心重，是一个自封的教育改革家，还有种古怪的神秘气质。而格罗皮乌斯过了几年表现主义者自我表现的生活之后，形成了一种强硬的现实
主义倾向，他和约翰内斯·伊滕的主张正好南辕北辙。直到1923年，伊滕离开包豪 316
斯，拉斯洛·莫霍伊—纳吉这位和格罗皮乌斯一样坚信“艺术和技术—全新结合”理

---

1 Gropius, Manifesto for opening of the Bauhaus, April 1919, in Hans Wingler, *Das Bauhaus 1919—1933: Weimar, Dessau, Berlin* (1962), p. 39.

2 Ibid.

3 约翰内斯·伊滕（Johannes Itten, 1888—1967），表现主义画家、设计师、作家，喜爱玄学，信仰“拜火教”。——译注

念的设计师取而代之后，反乌托邦主义者才有了用武之地。格罗皮乌斯于同年声明：“我们想要一种明确的、有机的建筑，其内在结构将是明亮的、赤裸的，不用作假的立面和小把戏加以掩盖；当今世界属于机器、电台、飞驰的汽车，我们想要一种适应当今世界的建筑，一种内在功能清晰的建筑。”[1]正是在这种环境下，马塞尔·布罗伊尔设计出世界著名的椅子，赫伯特·拜尔设计出同样出名的打字机。

到1928年，格罗皮乌斯在包豪斯学院院长一职上已经活跃了十年，让他疲惫的主因是政治纠葛而不是建筑实践，格罗皮乌斯决定退而重新开始自己的设计事业。他的继任者汉内斯·迈耶打算带领包豪斯学院转向马克思主义理念。图林根强大的政治家们却将学校的艺术品位和项目视为死敌——在魏玛共和国时期，任何姿态，甚至包括一个朴素的茶杯的设计，不知为何竟也能成为政治问题。对于那些梦想着德国能重新崛起，向敌人复仇的顽固分子而言，包豪斯学院就是堕落的象征。1925年，他们逼着包豪斯离开魏玛城，迁往气氛较为友好的德绍，这不是因为包豪斯学校的失败，而恰恰是因为该校的成绩斐然。但是，无论设计风格之争多么激烈沉重，保罗·克利和瓦西里·康定斯基的油画，利奥尼·费宁格和格哈德·马尔克斯的图画，马塞尔·布罗伊尔以及路德维希·密斯·范·德·罗的家具设计，都是现代美术和实用技术的光辉典范，必将引起全世界的关注。

包豪斯在德绍办学的日子里，格罗皮乌斯设计了他最出色的建筑之一：包豪斯新校舍，该组建筑包括四个互相连接的四方形大楼，大胆的现代式设计，从头到尾都有他强烈的个人风格，全都经过仔细设计，互不相同。学生宿舍立面上设计了许多小阳台，以打破一成不变的朴素立面风格，对于整体严谨的一致性而言，也是活跃的一
317 笔。同样灵活的还有围绕着学校工厂的玻璃幕墙，让这栋建筑流光溢彩。校园里没有一块石头是旧式风格，也没有一平方英尺是华而不实的装饰。

格罗皮乌斯卸任之后主持修建的居民区也同样怡人，只要你喜欢简洁的外表。这些建筑外形优雅、造价低廉，比起当时工人阶级一般居住的住宅楼要优越得多。社会同情心和艺术审美取向在此达成了一致。甚至直到1934年，也就是包豪斯学院的大师们决定接受不可避免的现实，投票同意关闭学校后的一年，格罗皮乌斯还在尝试写信给相关当局，提议在建筑风格里增加纯德国的形式，来拯救这个新建筑流派。他

1 Gropius, Manifesto for opening of the Bauhaus, April 1919, in Hans Wingler, *Das Bauhaus 1919—1933: Weimar.*, *Dessau*, *Berlin* (1962), p. 39.

的这个举动可算是有些卑贱，有损体面。情况很快明朗了，无论是他在第一次世界大战中前线作战的履历，还是他无可争议的“纯净”的“德国血统”，都不能给他带来公用和私人住宅建设项目。1934年秋天，他离开德国前往英国。密斯·范·德·罗在1930至1933年间担任行将就木的包豪斯学院的院长，1937年离开希特勒的第三帝国前往美国。他们也带走了国际主义建筑。 318

瓦尔特·格罗皮乌斯，西门子城住宅发展项目，柏林（1930）

“希特勒是我最好的朋友”

几乎从一开始，现代主义就是一场国际运动。1932年随着当代美术馆那个重要的建筑展，亨利·拉塞尔·希契科克和菲利普·约翰逊出版了一本著作即《国际主义风格》。现代建筑史上很少有书的标题能如此恰当。实际上，若用“国际”这个词为口号，可以涵盖远比建筑史更广阔的领域。如果不将他翻译的埃德加·爱伦·坡的黑暗小说考虑在内，就无法对波德莱尔的思想体系全面评价；而奥斯卡·王尔德鼓吹“为艺术而艺术”时，主要依靠的也是法国的文学评论而不是英国同胞的作品；T. S. 319
艾略特惊人的作品《荒原》从朱尔·拉福格的法国诗篇中得到的教益远胜于任何英语

弗兰克·劳埃德·赖特，“流水别墅”，埃德加·考夫曼家宅（1936年建，也许是所有已建的现代主义住宅中最著名的一座）

诗人。迅速走红的法国印象派画家极大地改写了全欧洲和美国的绘画市场。我们还记得，20世纪两位最伟大的作曲家，勋伯格和斯特拉文斯基最后都在洛杉矶终老，两人几乎是比邻而居。比这些更加引人注目的是现代主义建筑师，例如最重要的格罗皮乌斯和密斯·范·德·罗两位，他们的梦想在美国流亡期间才得到了实现，其实，他们在美国久已没有流亡的感觉了。

我们知道，从20年代早期到40年代中期，现代主义运动的中心已经从巴黎、伦敦和柏林移往纽约和芝加哥。美国的收藏家们对欧洲的大师之作充满热情，他们慷慨解囊，一掷千金，这也早为人知。如今，随着左翼和右翼的极权政治降临欧洲，各流派的艺术家和知识分子们，无法进行创作，甚至生命也受到威胁，他们来到美国避难。纽约艺术学院的院长瓦尔特·库克有句口头禅，不加掩饰但一针见血："希特勒是我最好的朋友。他摇树，我接苹果。"[1]避难者们人数众多，成绩斐然，推动美国文化迈入20世纪。

当然了，并非所有杰出的欧洲移民都是现代主义者，也不是所有移居美国的现代主义者都是为了逃避纳粹党或共产党政权。在希特勒当权以前，只有两个法国艺术创新派马塞尔·杜尚和埃德加·瓦雷兹来到美国并定居。传统派的学者们、电影导演、精神分析师、音乐家、社会学家、艺术史学家和其他人则成百上千地来到美国，永久地充实了美国的文化。所有这些人，无论是不是犹太人——出乎意料的是，其中有相当多的人并非犹太人，而是纯粹的政治难民——都是他们本国的官方文化所不容的异己分子。美国给这些来客们的机会之广阔，是许多欧洲人做梦也没有想到的。令人吃惊的是，美国，这个没有传统，没有高雅文化，沉湎于拜金的国 320
家（他们一般都这么想），居然会欣赏才华出众和特立独行的艺术家，并向他们伸出援手。

在第二次世界大战爆发的1939年，当时在美国重新聚首的包豪斯旧人们已经济济一堂了，这是美国慷慨接纳激进的建筑师获得的最大收获之一（美国并不是完全出于无私的慷慨，毕竟他们身上有许多可供学习、许多可以谋利的东西）。拉斯洛·莫霍伊—纳吉曾与格罗皮乌斯一道鼓吹使用机械以及艺术和技术的结合，他也迁往芝加哥开办新的包豪斯（不过未获成功），后来又设立了芝加哥设计学院（要成功得多），和五花八门的学生一同进行艺术实验，学生中包括画家、雕刻家以及摄影师。约瑟夫·亚伯斯从1923年起在包豪斯和莫霍伊—纳吉一道教授必修的入门课程，他来到美国北加利福尼亚崇尚先锋派的黑山学院安家，觉得美国的第一个家相当不错；后来又以著名的色彩理论学家身份迁往耶鲁大学任教。密斯·范·德·罗于1938年抵达美国，受邀来到伊利诺伊州技术学院，然后迁往新校区，并以纯粹的密斯式风格设计了新校园——简洁、明快、精准的几何体。他修建的著名的公寓房（同样在芝加哥）也表现了他所谓"少即多"的风格，体现了精简到本质：即材料和结构的美学观点。

然而在美国这片给予现代主义无尽机会的土地上，最有影响力的包豪斯人则是

---

1 Quoted in Erwin Panofsky, "Three Decades of Art History in the United States: Impressions of a Transplanted European," *College Art Journal*, 14 (Autumn 1954), p. 16.

格罗皮乌斯本人。他一度在英国停留三年，并和一位当地设计师马克斯韦尔·弗莱合作在剑桥郡设计了精巧的因平顿乡村学院。1937年他接受了哈佛大学的邀请，出任该校建筑教授；一年之后，他被任命为哈佛建筑系的主席，这个重要的职位他一坐就是十五年。尽管他喜欢教学，却也不想停止设计，于是在他退职前，他就已经成立了一个事务所，并且为了强调他最钟爱的设计流程，他还将这个事务所命名为"建筑师合
321 作事务所"（The Architects Collaborative，简称TAC）。他和TAC设计了学校、私人住宅、办公室以及大使馆。他还会向来宾自豪地展示TAC的同事们围坐讨论的圆桌，他们正是在这里提出"激动人心而又富有挑战性"[1]的意见。格罗皮乌斯所认同的合作设计理念，也并不影响他心目中设计师独立创作的浪漫形象。他坚持认为："灵感的火花，总是一个人心中独自萌发的。"[2]因此格罗皮乌斯兼容了两个争执不下的现代主义理想，即个人风格和分工协作。

322 建筑评论家对于格罗皮乌斯后期的建筑看法不一，有人指责这些建筑有纪念碑风格的倾向，或是彼此类似。而以他的作品为标杆的国际风格，其风格倾向也有其缺陷。可他1937年在马萨诸塞州林肯县为自己家修建的房屋，则毫无疑问地体现了不同于教条的细节处理。[3]这栋醒目的四方形两层建筑，设有很多巨大的窗户，正对新英格兰轻柔起伏的田野风光，室内都是包豪斯的家具，包括布罗伊尔那最出名的椅子。平屋顶，"将各种典型的新英格兰房屋的材料和形式集于一身：漆成白色的木板、砖砌烟囱、有纱窗的门廊、卵石基础以及护壁"，并且"所有的固定件和建筑用品都是工厂制作的"。——这些话都是引用自新英格兰古迹保护协会的一本刊物。然而，"除了运用美国材料以及美国的形式之外，这栋房子的外观毫无疑问是欧洲式的"[4]。

格罗皮乌斯的住宅在当时可以说是不出意料，包豪斯学院的前任校长，自然想住在这种风格的房子里。只不过这栋建筑有一个显眼的，"并不构成有机整体"的特征：建筑物的外面，紧贴着一道回旋的楼梯通向二楼。这只不过是一个小小的个人化

---

1 格罗皮乌斯对本文作者的访谈，1968年7月。

2 Walter Gropius, *Four Great Makers of Modern Architecture: Gropius, Le Corbusier, Mies, Wright* (1961), p. 227.

3 格罗皮乌斯在包豪斯的同事马歇·布劳耶也参与了设计，他在美国也同样事业辉煌。

4 Nancy Curtis, *Gropius House*, in Reginald Isaacs, *Gropius: An Illustrated Biography of the Creator of the Bauhaus* (1983; ed. 1986), p. 232.

设置，但正是由于其如此贴近个人，才表明了现代主义建筑同数十年来其无情抨击的学院派历史风格建筑之间截然不同之处，就在于其个人主义风格。这道古怪的楼梯的用处，是因为格罗皮乌斯十多岁女儿的房间在楼上，如果没有这道楼梯，她的高中同学来访的时候就不得不穿过起居室。现代主义也有其温情的一面。

“美只待我们去发现”

一

从现代主义建筑到现代主义设计只需要一小步；实际上，对于许多握笔在手的 323
有天才的工匠而言（若是当代，则是电脑在手），这甚至根本用不了一步。我之前提及的建筑师们涉足设计；而下文我谈的设计师们也喜欢建筑。不出意外，绘图师对于两者都同样重要。因此下文的篇章相对较短。这两者之间并非处处都一致，但是颇多相似，一个答案往往可以解开不止一个问题。因此，我们也能看到格罗皮乌斯设计的一些椅子和办公桌，但其比起密斯或者柯布西耶所设计的那些长期热销的家具来，就大为逊色了。如果说格罗皮乌斯对于建筑学以及演讲的关注非同寻常，那么他设计的家具为何逊色，至少部分是由于这个原因：他有一句话广为人知，即他有百分之九十的时间花在做包豪斯的主管，捍卫他所建立的这个学校，对抗怀疑的保守主义者以及不怀好意的右翼分子。因此比起同行，从事设计的时间自然就少了很多。

其他现代主义者中大部分人也否认艺术门类之间应有所隔绝。为了不将建筑劳动分割出去，他们甚至炮制出了一套理论。弗兰克・劳埃德・赖特一如既往气势磅礴地写道：“那些真正出色的公寓，其中的大部分甚至所有家具，都应当是原先房屋整体设计的一部分。公寓的一切都必须作为整体进行规划。”[1]他或许还能说，独立的家具也可以破例接受，只要这些家具或是模仿或是直接照抄了公寓建筑设计师的个人风格。思想一致对于最重要的结果即风格一致来说，是至关重要的。对一切新思想敞开大门的奥地利剧作家和记者赫尔曼・巴尔[2]曾这样诗意地

1 Quoted in Edward Lucie-Smith, *Furniture*: *A Concise History* (1979), p. 162.

2 赫尔曼・巴尔（Hermann Bahr, 1863—1934），维也纳现代派的奠基人。——译注

写道："屋内的一切，都必须如同管弦乐团的乐器般和谐。建筑师就是指挥，所有的元素应一同奏响奏鸣曲。"[1]因此，理查德·瓦格纳对于总体艺术的理想，即包容各种艺术形式合而为一，各显特色又融合成一个独特风韵，也成为维多利亚时代及其后的富裕的资产阶级（尤其是中欧的）在家居装饰时所考虑的因素之一。

建筑师和设计师们情同手足，也是因为他们都为同样的原因深怀不满。两者都哀叹自己时运不济，顾客们的品位庸俗：他们短期出国旅行时，对那些廉价的纪念
324 品（有时也未必廉价）有浅薄而狂热的喜好，会买回家来；私人宅邸富丽堂皇的立面总让人隐约想到古老的杰作，蹩脚地模仿寒酸而"可爱"的建筑纸模型，改革者们不分青红皂白的复仇情绪其实过于想当然了；早在19世纪，虽然没有这套理论保驾，有些设计师也已经制造出了朴素的日常用品，回顾起来，他们的作品和当时以维多利亚和阿尔伯特博物馆[2]的珍品为蓝本大量复制并饱受批评的日常用品风格大相径庭。他们若是在包豪斯学校的车间里，会觉得非常熟悉，这些人"比时代领先了"约七十年[3]。1852年，美国雕塑家和富有远见的旅行家霍拉肖·格里诺[4]写道："多余的必须割弃，浮华的必须抛下，本质也必须精练到无可简化，那时我们就会发现，无论结构如何，美只待我们去发现。"这些维多利亚时代的人并没有"功能主义"这个词，他们只是身体力行。

到19世纪末，追求真实和简洁风格的各国设计师们已经陆续成立了组织，意在使公众摆脱俗气的品位。英国的工艺美术运动猛烈批判制陶匠、家具师以及银匠的审美趣味贫乏。这个运动组织了一批本国的叛逆艺术家（也往往是民族主义分子），从世界之都伦敦制造家居用品，在柏林和维也纳热销。和他们一样富有创造力的格拉斯

---

1 Bahr in Eduard F. Sekler, *Josef Hoffmann. The Architectural Work* (1985), p. 33.

2 博物馆以维多利亚女王和阿尔伯特公爵命名，专门收藏美术品和工艺品，包括珠宝、家具等等。该博物馆只为1851年在伦敦召开的第一届万国博览会而建。在英国，它是规模仅次于大英博物馆的第二大国立博物馆。——译注

3 读者们或许有兴趣参考一本精彩的，插图丰富却罕有人知的书，即Herwin Schaefer的《19世纪的现代风格：维多利亚时代设计中的功能主义传统》［*Nineteenth-Century Modern: The Functional Tradition in Victorian Design*（1970）］。该书能帮助读者打赌必胜，只需要拿出一张插图并问："你觉得这把舒服的椅子，或者茶壶，是什么时候制造的？"答案一般无一例外是："包豪斯，约1922年。"那就离正确的答案差了足足七十年。

4 霍拉肖·格里诺（Horatio Greenough, 1805—1852），美国雕塑家。——译注

哥建筑师和设计师查尔斯·伦尼·麦金托什[1]以其“新艺术风格”的设计而出名，他的作品在欧洲大陆也远比在故乡更受欢迎。

现代主义设计师尽管处于如此有利的地位，但学院派主张的艺术品位升华，看来似乎和传统艺术风格的主宰依然若即若离，并且无意追随这些才华横溢的创新派。总体而言，尽管批评顽固守旧的人用心良苦，但是围绕这个争论不休的问题，他们依然面临着我们并不陌生的两难的选择：怎么看待机器。威廉·莫里斯强调中世纪 325
精神，他留下的遗产，是难以抛下的；直到运动的晚期，才有些特立独行的设计师转而接受了20世纪的工业文化。激进的英国建筑师和设计师查尔斯·罗伯特·阿什比和英国工艺美术运动过往甚密，也是手工艺行会（Guild of Handicraft，1888年成立）的发起人，更是弗兰克·劳埃德·赖特的朋友，他直到1911年才承认：“现代文明的支柱是机器。”所以，在他看来：“如果没有意识到这一点，那么不管如何资助和鼓励艺术教学，都不可能有效。”[2]通向格罗皮乌斯和莫霍伊·纳吉这样真正现代主义者的道路，便是这样一英里接着一英里铺就的。

二

反对现代主义设计的声音来自四面八方。这表明那些死硬的保守派反应的确迅速：对某些东西本能地心生厌恶；而这厌恶又强大到足以胜过个人的私欲。我们知道，穆特修斯曾预言，在德国采用现代技术和现代风格会造成“同当今社会开战”的情形。实际上，穆特修斯关于英国住宅方面的演讲和有争议的著作，在当时引起了其反对者所称的“穆特修斯风波”。生产实用和装饰性产品的工匠和制造商们怒不可遏，粗暴地辱骂穆特修斯是“德国艺术之敌”，有些人要求禁止他继续无法无天地演讲，将设计专业的学生引入歧途。然而，穆特修斯和他的朋友们的理论始终有一席发言之地，直到纳粹党于1933年控制全德国，将所有德国文化全部纳入治下方才停止。德意志工艺联盟从1925年开始发行其颇为激进的刊物《造型》（*Die Form*），以此宣传新材料和新工艺，随着其传道授业，至少也产生了一些新产品。在所有的现代

---

1 查尔斯·伦尼·麦金托什（Charles Rennie Mackintosh, 1868—1928），世纪之交英国最重要的建筑设计师和产品设计师。——译注

2 Nikolaus Pevsner, *Pioneers of Modern Design: From William Morris to Walter Gropius* (1936; rev. ed. 1960), p. 26.

主义者中，包豪斯学院的存在本身就是希望的象征。

326 但是无论在哪里，大生产都依然是核心的问题。大生产的想法让思想传统的家具师傅、保守的匠人、故步自封的店主以及文化评论家都怒火中烧，认为这是背叛神圣传统，转投庸俗之门。Typisierung这个德语词，意即“标准化”或者“合理化”，成了精神批判的罪名。论战中，对垒双方常常都援引深奥的哲学词汇为己所用，唇枪舌剑：德意志工艺联盟咬定自己的使命就是“Veredelung”和“Durchgeistigung”，即将日常用品变得“高贵”，“得到彻底升华”。其他同样有心进行变革的国家，例如英国、法国和美国，觉得这样的讨论既虚伪又毫无意义，甚是反感；可是在他们本国，要实现“产品自然风格”时，带来的激烈矛盾或许不像在德国那般惊涛骇浪，却同样是口水滔滔。

欧洲上下对美国文化普遍的蔑视，自然也会在这样的论战中表现出来。1931年，德国制造商勒格尔·金斯布伯格在《造型》刊物上发表了一篇谈话，其中有一个故事，生动地展现了时人如何普遍而激烈地反对当前某些庸俗风气，这风气据认为是美国造成的。金斯伯格说他和一位法国门窗商聊天，建议他不要再生产和储藏三百种不同的门把手，其中有些式样可能一年才会有一位主顾，这位店主应该集中生产某一种可靠而又畅销的门把手，提供其各种型号。这会省下储藏、广告和人工，也能降低生产的成本。而他的这位朋友颇为悲情地说，“现在我可看出来了，你也是那些想让法国变成美国化的人之一”[1]。美国化，在那段岁月中，该罪名的确是沉重而又熟悉的。

和诗歌或绘画这类艺术相比，建筑和设计对于日常生活和大众的审美选择影响更深。因此，致力于升华大众艺术品鉴力的团体就不可能回避消费者取向的商业问题。做出惊世骇俗的设计是一回事，找到顾客则完全是另一回事。在这个问题上，维
327 也纳工作室以及包豪斯学校这两个团体，前者不过是苍白无力地予以回应，后者则努力将现代主义付诸现实，当他们的设计师面对严肃的销售问题时，两者走上了截然不同的道路。

维也纳工作室的精神领袖是作品甚丰的奥地利建筑师和设计师约瑟夫·霍夫

1 Roger Ginsburger, “Was ist Modern?” (1931), in *Die Form: Stimmen des Deutschen Werkbundes 1925—1934*, ed. Ulrich Conrads et al. (1969), p. 70.

曼，他在自己领域内的地位之杰出，正如古斯塔夫·克里姆特之于奥地利画家。作为1897年维也纳分离派的创始人之一，他于六年之后创建了维也纳工作室。和他一同开创这事业的是设计师科洛曼·莫泽，最初的几年他们一直并肩奋战。此外还有弗里茨·华恩多费尔，一个富有的纺织品厂主，狂热喜爱现代风格，更愿意花钱而不是挣钱。此人交游广泛，充满热情，顽强、慷慨，正是维也纳工作室最需要的金主。

一开始，华恩多费尔以及莫泽辅佐着霍夫曼，堪称完美。霍夫曼生于1870年，曾就读于维也纳的艺术学院，当时该校地处偏僻，一潭死水。数年后霍夫曼回忆道："那里的气氛无精打采，毫无艺术氛围。"在学校的大讲堂里，对新艺术和设计风尚的开创者们，例如查尔斯·伦尼·麦金托什、约翰·拉斯金、奥布里·比尔兹利[1]，还有激动人心的法国和比利时现代艺术家们只字不提。追求创新的设计师们数十年来发出的不平之鸣，维也纳的设计师们也感同身受。可喜的技术革新，似乎都发生在他国，而不是奥地利。霍夫曼回忆道："我们永无休止地渴望，想要尝试着做出和日常所见截然不同的东西。"[2]

而霍夫曼和他同道的反叛者们，每日所见的，就是新近才完工的那条纪念碑式的，分叉甚多的"戒指路"[3]，以及路边维也纳市中心巨大、古老、四平八稳的公共建筑。对于任何哪怕对现代主义风格有一点兴趣的人，都会觉得这片景观不过是集陈腐的设计于大成，提供了一个让他们避之不及的、可怕的反面样板。他们也见到了当时流行的画家汉斯·马卡特[4]那些庞大的建筑设计，此人代表了沙龙艺术，红极一时。科洛曼·莫泽写道："对于我们年轻人，那可真是段艰难的时光。每个人都为马 328
卡特而疯狂，其华丽而昙花一现的风格和陈词滥调的赞美。"而维也纳分离派的喉舌，《神圣之春》刊物，则号召"向懒散的草率风格开战，向死板的拜占庭风格开战，向一切庸俗品位开战"。[5]

在当时，的确要做大量的设计工作才能打倒陈腐的风格，霍夫曼几乎在所有可

1　奥布里·比尔兹利（Aubrey Beardsley, 1872—1898），英国插画家。——译注

2　Hoffmann, lecture on February 22, 1911, in *Josef Hoffmann Designs*, ed. Peter Noever (1992), p. 231.

3　戒指路（Ringstrasse），即维也纳环城林荫大道。——译注

4　汉斯·马卡特（Hans Makart, 1840—1884），19世纪奥地利学院派历史主义画家、设计师。——译注

5　原文为"dem thatenlosen Schlendricm, dem starren Byzanti-nismusy and allem Uhgescfimack"，文中不太生动的译文已经是尽可能接近原文的了。参见Koloman Moser, "Mein Werde-gang," in *Vielhagen und Klasings Monatshefte*, X (1916), p. 255。

以想见的领域都是叛逆艺术家的领头人。他所建造的房屋中（他还为其他艺术家建造了不少重要的房屋），最广为讨论，也最为独特的一栋始终是第一次世界大战前在布鲁塞尔修建的斯托克莱（Stoclet）府邸。这是一栋宏大的豪宅，非常显眼，主人是一位富有的比利时工业家。宅邸装修豪华堂皇，在餐厅里还有一幅古斯塔夫·克里姆特制作的，和墙壁等高的精美镶嵌画。这栋豪宅修了六年，从1905到1911年间，其计划不停地被建筑师以及顾客所改动，结果光造价就已经是天价，如今还愈来愈高[1]。在维也纳工作室的商店或其呈送展品的展台上购买其产品，并不一定非得是富豪才行，只不过钱是多多益善的。

霍夫曼沉迷于创造造型，他灵活的笔触在描绘实物时才能得到最自由的发挥。他对设计的狂热无所不在。他设计家具，如沙发、床铺、书柜、桌子、梳妆台、灯具、可调节的简易椅子、摇椅、镜子以及枝形大烛台；他还设计室内装饰用品，如墙纸、钟、俄式茶炊、花瓶、大水罐、玻璃杯、盘盏、墨水瓶、小地毯、盘子、皮书套甚至手提袋；他还设计装饰品，如珠宝、勋章、花押字、梳子、玩具、项链。他的艺术鉴赏力天生广大，而创造的灵感源源不绝，甚至令人为之惊骇。霍夫曼如此工
329 巧，想要实现他的创作激情，普通的消费者对他无甚用处。他的读者们记得他在表述自己时，特别强调了要走现实主义风格，可是现实和维也纳工作室的理想大相径庭。其核心组织有一百多位雇员，全都只考虑着上层资产阶级顾客，也就是消费者中的贵族群体。这倒不是因为霍夫曼或其他人蔑视机器，他们承认机器在设计中的地位与日俱增，也曾屈尊使用过机器大批量生产的部件。可在他们的设计中，现代主义一直处在边缘位置。

此外，霍夫曼的草图簿也表明，他是不会在设计完成之后就撒手不管的；要说霍夫曼最痛恨的事情，可能就是不停重复自己的设计了。1903年他开始对银器产生兴趣，最初的设计图纸都是毫无装饰，纯粹几何形的风格。真正现代主义的设计应使功能与形式相符合，可是这些银器的形状并非如此。刀叉太长也太细，使用不方便，汤

1　简·卡里尔记录道："这栋一共三层，有四十多间房间的宅邸最后究竟花了多少钱，将永远是个秘密。只不过，餐厅那张克里姆特制作的挂毯所用的材料就已经花费了十万克朗……整栋宅邸，只会使用最好、最昂贵的材料：克里姆特挂毯上的人物身上缀着纯金和珠宝，宅邸的外表，甚至许多房间内部都砌着精挑细选，颜色罕见的大理石。至于装饰的细节，无论是镶嵌还是簪花，都追求工艺的极致。维也纳工作室不仅监督着所有细节，包括特殊的银艺加工，还聘用了大量不属于其内部的艺术家和工匠来从事此项目。"见Jane Kallir, *Viennese Design and the Wiener Werhtatte* (1985), p. 54。

匙太浅，同样不中用。霍夫曼很快就在这些餐具上设计了装饰，增加了叶片、果实纹样以及抽象的边缘纹饰。而正是这些后来的“改进”让正在反对建筑与设计中装饰风格的阿道夫·路斯甚是恼火。但是霍夫曼从来就不是一个坚定的功能主义者，他的作品之出色在于其想象华丽而不是实用性。

三

从1903年创建，直到1932年在大萧条最惨淡的时候倒闭，维也纳工作室从一开始就包含必然崩溃的原因，注定了失败的命运。包豪斯学院则在维也纳工作室倒闭之后又支撑了一年。但这两个同时代的产物彼此之间的相同点颇少，无法进行比较：德国的包豪斯是政府资助的学校，意在试验和创造不同的生活方式；而奥地利的维也纳工作室则主要是私人企业，以销售盈利为主要任务。维也纳工作室所展出的产品一般都很精良，大部分甚至是手工打造。其信条——主要是霍夫曼的想法，也表现出某些无疑是现代主义的信念：“只要我们的城市，我们的家庭，我们的房间，我们的家具，我们的用品，我们的衣服和珠宝，还有我们的语言和情绪依然未能用简单、平实 330
和优美的方式，反映出我们这个时代的精神，那我们就远远赶不上自己的祖先。”[1]然而，不管维也纳工作室的发言人如何急切地自认为现代主义者，例如他们所说的“反映出我们这个时代的精神”以及“简单、平实和优美的方式”，他们的做法相比之下，就传统得多了。在他们看来，产品的品质比起规模来说，重要得多。

而维也纳工作室于1905年出版的工作章程，更能反映其创立者们真正的信念，尽管他们可能曾有所犹豫：“一方面是可怕的大生产，另一方面则是盲目地模仿古老的模式，两者对艺术和工艺造成了极大的损害，如同洪水猛兽，席卷世界……手工大部分被机器所取代，工匠则被生意人所取代。”当然了，“想要逆此潮流而上，是疯狂的”。然而——这类辩护状里总少不了“然而”——这就是本章程的作者们创立维也纳工作室的原因了，即“在一片喧嚣之中，为手艺人开辟一片宁静的所在”。他们说，工作室成立的基础，是向所有甘拜在拉斯金和莫里斯门下的人敞开大门。“我们无法，也不会与低价产品竞争”，的确如此，“模仿独特之作的赝品，只会讨暴发户

---

1 Jane Kallir, *Viennese Design and the Wiener Werhtatte* (1985), p. 29.

的欢心”[1]。这种势利的轻蔑态度中的敌意昭然若揭：手工被“进步发展”所威胁，曲高和寡，实际比机器制造的要好得多；价格本就不该考虑；更重要的是，模仿复制流行的产品，只适合暴发户的口味。所以难怪数十年间向外界推出产品的维也纳工作室，让两个全心支持该运动的百万富翁倾家荡产。

四

而在包豪斯学院，无论男女，无论师生，都和维也纳工作室的世界截然不同。霍夫曼的艺术品位尽管中意出其不意的创新，但往往是折中主义风格的，更着重于他
331 本人的即时创意而不是抽象的设计理念。维也纳工作室褒奖的是创新，哪怕设计不尽合理也无妨；可是无论如何，对他们最重要的就是顾客的别墅和公寓，他们的装饰风格和家具，更不要说还有住这些房子的时尚太太们，穿着他们设计的服装，洋溢着养尊处优的富足气质，无论外界的经济状况已经悲惨到何等地步。因此，装饰风格和大机器生产各自的重要性，对于维也纳的设计师们而言一直是两难的选择。维也纳工作室需要那些连看都不看价格的大顾客，如果再也找不到这样的顾客了，又会发现工人们付不起他们产品的要价，此时便只好关门大吉了。

与之相比，包豪斯学院则一直骄傲并巧妙地以贫穷为荣。老师们，特别是讲授入门课程的老师，会把让包豪斯人走到一起的基本信条浓缩为简短的警句来教导学生：传统就是敌人。大规模生产的产品可以像工匠独一无二的作品一样优美。如今泾渭分明的艺术和工艺，应当合二为一，相互发阐。包豪斯学院里也存在着主义之争，偏好斡旋而不喜欢专横独断的格罗皮乌斯，既不会从中调解，更不会下令禁止争执。从一开始，在包豪斯学院里，重视实用的思想和表现主义的信条之间就斗争不断。包豪斯成立宣言上刊登了费宁格著名的大教堂木刻作品，这是一个姿态，却不是空有姿态而已。学生们从没有深陷乌托邦的说教中难以自拔；通过了基础课程之后，他们进入车间，深化掌握自己的专业知识。他们绘画、组建家具、设计灯具、织地毯，设计打字机和茶壶，所有人对自己这一行为人熟知的传统风格，或是抛在一边，或是特意反对。他们不但想要懂得自己做的是什么，还要懂得为何去做。后来有

---

1 Josef Hoffmann and Koloman Moser, *Arbeits-programm der Wiener Werhtätte von 1903—1932*, Ausstellung des Bundesmin isteriums für Unterricht (1967), pp. 21—22.

人回想在包豪斯的时光，他们回忆，若是同学中有人成功地完成了一张精美的、实用的桌子，或是一条独特的、出色的地毯，他们会来上一两杯廉价的葡萄酒，权当是场 332 朴素的庆功宴席。

他们的确有理由庆祝。无论是建校时的魏玛或是后来的德绍，他们的主要收入都来自政府和当地的补助，从来都不足以为包豪斯提供足够的学习材料，也不足以给那些交不起费用的学生补贴。因此，学生的设计，若是被制造商采用，其专利金就能帮助他们和包豪斯学院来承担资金的压力[1]。对于左翼的学生而言，独创的设计和大生产工业之间能如此亲密无间地结合，并不是他们所愿意见到的。但总体而言，包豪斯学院虽然致力于全面革新德国社会，却从未明确界定过学生创造出来的实用产品，其政治含义究竟是什么。我之前就说明过，尽管这么说似乎不近情理，但现代主义风格实际能够和任何容忍它的政治体系共存。

格罗皮乌斯自始至终坚持认为：并没有一个所谓的包豪斯风格。可以看出，这对他是有重要意义的：他所强调的是学生的创作自由。并没有权威来划定界限并让包豪斯的所有产品都归于某一类鲜明的风格。当然，他或者密斯·范·德·罗设计的建筑都与他人截然不同。而且在创意领域，有些界限也是现代主义建筑师或设计师不愿意践踏的：例如，给建筑太多的装饰，刻意隐藏或修饰建筑中实际使用的材料，忽略该设计目标的功能等。

然而，正如弗兰克·劳埃德·赖特通过其精彩而浪漫的夸张风格表明，如果设计师的创意非常独特而又意志顽强，坚持认为他本人的风格就是唯一合理的，那即便这些现代主义的基本原则，也可能为之妥协。然而，除了几个惊人的特例之外，包 333 豪斯的同仁及其海内外的追随者们（为数堪称众多），依然信守着如波德莱尔和杜米埃等开拓者早在现代主义萌芽时期就宣告的原则。他们想与时俱进，实际上也就是说，他们想按照自己的现代主义理想来重新塑造当代。他们的目标，是通过商品目录和展览会，制造和出售价廉物美的产品，这些绝不是富人的玩物，而应当是普罗大众日常生活中必需的物品，而且必须是现代主义风格。

1 （事例众多，这里只提两个）1923年，包豪斯的学生奥托·林迪格设计了一把陶瓷咖啡壶，厚重，通体白色，柏林的国立工厂决定为大众生产这把咖啡壶。两年后，多产的马塞尔·布罗伊尔设计了一把用钢管和皮革条制作的椅子，随之相继有一大批现代主义风格、大规模生产的椅子设计出现，直到今日依然在生产，并且依然风格优美。

334 自始至终，即便在现代主义者中，机器的地位也未能获得定论。甚至晚至1925年，一个纯粹的现代主义者，荷兰建筑师和规划师奥德依然说出了他的困惑："我在技术的奇迹前跪倒，可我认为没有人会将蒸汽船与帕特农神庙相比。"的确，"我希望有一个家，能满足我的爱人惬意生活的一切要求，可房屋对我而言并不是一个在其中生活的机器"[1]。现代主义者追随着许多旗帜前进，他们的理想也往往南辕北辙。

1 J. J. P. Oud, "Ja und Nein: Bekenntnisse eines Architekten," *Europa Almanack 1925* (1925; ed. 1993), p. 18.

7 戏剧与电影：人性元素

若说19世纪中叶之后，有哪个艺术门类急需引入新思想，那就是戏剧了。这倒不是因为戏剧爱好者们心怀不满，四处嚷嚷。我们已经探讨过，大众就其艺术品位的截然不同，可以分为三类，这一分类同样不可避免地适用于戏剧艺术。三类人都是我们的老相识了：下层和小资产阶级看自己的传奇剧、轻歌剧和各种表演；教养更好的可以去看精心打造的社会喜剧——不过这个阶层中许多人觉得，对自己而言，工人阶级喜闻乐见的娱乐也就足够了。只有一小群阳春白雪的高雅观众颇有微词，而世界各地的先锋派叛逆文化得以出现，正是拜他们所赐。在大部分西方国家里，他们或是在盼望私营的小舞台能上演新颖独特的戏剧，或是去国有的王家或皇家剧院观看该国的经典剧作。对于现代主义戏剧的爱好虽然刚刚起步，却已经让戏剧界供不应求。 335

因此，这第三类难伺候的观众总是空欢喜，他们所钟爱的进步报刊也感叹可看的剧作太少，奴颜婢膝的官僚们所安排上演的中规中矩的喜剧，更多是为了取悦蛮横的上司，而不是热切等待精品剧作的观众。德意志帝国就是一个充满了期待和失望的极好例子，特别是在喜欢事事插手的威廉二世即位后。就在他加冕为德国皇帝和普鲁士国王的1888年，剧作家和戏剧导演奥斯卡·布卢门塔尔就大胆地挑战主流观点，在柏林的莱辛剧院开幕式上，他以诗歌式的开场白大胆宣布了自己追求进步的艺术目标：

剧场是为了活人的权力而建，
是响应生活的高远召唤
神圣的石棺上早已有古老的花环
我们无需再作祭献

也不会只为古哲先贤的盛名而钻研——

我们献出自己，是为了今天[1]

这是篇完美的现代主义者宣言，关注的是当下，要求的是与现实相关，但和者注定寥寥无几。

可是，当现代主义的先锋，比如亨利克·易卜生推出新的戏剧时，让所有观众都深感震撼，即便是那些自称处变不惊的人。易卜生在19世纪晚期及之后的舞台上引起的争议会如此巨大和轰动，主要是因为他天赋杰出，能深入那些让当时社会深感苦恼，却无从迅速解决的矛盾中。易卜生讨厌传奇剧的小把戏，也对创新无所谓，他将普通人的生活升华到悲剧的高度。易卜生反对支持者的意见，他本人坚持认为自己所谓的社会剧其实是内心斗争的写照。他作品中最著名的角色诺拉，即《玩偶之家》（1879）的女主角，拒绝担当可敬的妻子和母亲的传统社会角色，决
336 定走自己的路，她的名字成为了现代妇女地位的象征。可易卜生本人并不是一个真正的女性主义者，他也多次向其追随者说明过这一点。吸引他的是人类命运的悲喜剧。因此，他教会了一代代剧作家们不要满足于生活的表象，并且是弗洛伊德最欣赏的作家之一[2]。

既然人们不知疲倦，几乎疯狂地追求着让剧作轰动一时——在没有补贴的私人剧场里，票房销售之好坏当然是生死攸关的大事——这也就需要做一些妥协。公共当局关注剧作是否有失体统，还担心其政治观点是否过于激进煽动。在只关心利润的剧场经理以及反动的政府管理人的夹攻下，高雅的戏剧观众们更加期待看到和老一套截然不同的、大胆颠覆的戏剧。普罗大众和许多批评家却拒绝接受任何耸人听闻的新创作，更别说叫好了。往往只有和审查员一番苦斗之后，创新的戏剧才有可能在一成不

1 Barbel Reissmann, “Das Lessing-Theater,” in Ruth Freydank et al., *Theater als Geschäft, Berlin und seine Privattheater um die Jahrhundertwende* (1985), p. 127.

2 1909年5月1日，在维也纳的精神分析学学会上讲话时，弗洛伊德认为易卜生胜过了德国最著名的剧作家吉博特·豪普特曼，因为豪普特曼“总是描写他自己，从不写问题所在”。而易卜生相反，“风格一致统一，言简意赅地说明问题，风格精炼，大有深意，是个想象力丰富的作家”。Freud, “Mit seiner Geschlossenheit, Einheit, Vereinfachung der Probleme, mit seiner Kunst der Konzentration, und des Verdeckens ...” *Protokolle der Wiener Psychoanalytischen Vereinigung*, 4 vols., Ⅱ, 1908—1910, ed. Herman Nunberg and Ernst Federn (1967; ed. 1977), p. 174.

变的节目单上占一席之地，能找到个凑合的地方上演[1]。现代主义者要在戏剧里给观众上许多课——后来则是通过电影了。

“混球！”

一

对历史学家而言，19世纪中叶以后的节目单，以及几代人之后电影院的节目单，若是作为研究证据，都颇为可疑。阿尔萨斯诗人伊凡·哥尔[2]，曾由表现主义者变成达达主义者，再变成超现实主义者，他在20世纪初给先锋派读者写信时，称舞台“不过是一个放大镜”。[3]其实毋宁说舞台是一个哈哈镜，更多反映了某个作者的先入之见，而不是社会现实的真实写照；或是反映了这出戏剧或电影精明的推销之 337
策，让一些有品位，也有钱买票的可敬资产阶级观众对此感兴趣。若要让一出现代主义戏剧直接宣扬其代表的文化，那就是完全忽视戏剧中个人和行业的特点，这样的剧作总是异常独特，甚至会有些癫狂。

而这，正适合当时叛逆的剧作家中最胆大妄为的法国诗人和酒君子阿尔弗雷德·雅里[4]，此人一生都在不倦地营造自己怪异的风格。1896年12月11日，时年二十三岁的雅里主持了他臭名昭著的戏剧《愚比王》的首演（从首演到最后一次演出一共也没几次），这是现代主义历史上最震撼的时刻之一：最初不过是演给校友们看的一场小丑戏，嘲讽一个不得人心的教师，最后却因为其主人公，也就是愚比王说的那句开场白而成为一桩巨大的丑闻——“Merdre！”——“混球！”，这是当时在场人的说法，也有几个当时在场的现代主义者明白无误的记录为证，其中就有W. B. 叶芝，乱成一团的观众有的欢呼，有的发嘘，过了一刻钟才安静下来，让演出继续进行下去。

1　一个有说服力的例子，是维克多·雨果的戏剧《爱尔那尼》，这场戏剧引起了一场对浪漫主义热烈的讨论，最初上演就是于1830年在法兰西喜剧院。

2　伊凡·哥尔（Yvan Goll, 1891—1950），20世纪前半期最重要的法国现代主义诗人之一，共出版过十多卷诗作。他主要生活在两次世界大战之间，对现代诗歌感觉的形成做出重大贡献。——译注

3　Goll in Martin Esslin, *The Theatre of the Absurd* (1961), p. 268.

4　阿尔弗雷德·雅里（Alfred Jarry, 1873—1907），被认为是现代先锋戏剧的创始人，并对后来的法国超现实主义运动产生了开创性的影响，代表作有《愚比王》。——译注

看一看雅里时代的法国戏剧界，就会明白他有多么大胆，又是何等蛮干。制作华美的戏剧，肤浅地描写这个迅速工业化的社会的表面，在四海之内独霸舞台，毫无对手。新贵们的股市投机和风流韵事又让剧作家不乏故事。有些剧作家，比如乔治·费多和欧仁·拉比什，将贵人的伪善和偷情淫奔之事曝光写成喜剧。大部分剧作家，如同小仲马和奥吉耶，对待同样的题材虽更为严肃，却并没有在心理分析上更有深度。风格琐碎，公然的道德说教，对复杂的动机和无意识的推动则毫不涉及。故事都是高大全的英雄对战卑鄙的恶棍。《愚比王》并没有改变当时戏剧的肤浅，但是其赤裸裸的厚颜无耻，却刚好是对当时流行的戏剧的挑衅。《愚比王》的荒唐离奇，是时人无法忽视的。

雅里所描写的愚比王是一个怪物，满嘴脏话，卑鄙恶劣，居无定所，残暴成
338 性，其“超我”的一面横行无忌，他谋杀了波兰的国王，篡夺其位，在国内和国外发动了血腥的战争，最终在法国为大军所击败而倒台。这个人物有顽童一般的爱好，违反了所有行为规范和礼貌风尚。在雅里生命的最后十年里（雅里于1907年因肺炎早逝，生活放荡，更主要的是他钟爱苦艾酒加重了他的病情），他实际上将自己塑造成钟爱的那个剧中人，无论是语言、服饰、行为，都尽可能模仿愚比王。观剧的那些杰出的、消息灵通的学生，如阿波利奈尔等成为他的支持者，这让雅里很快成为逸事奇闻的主角之一。有一个夏日，当雅里在出租房后面练习打靶时，邻居有位太太对他说，担心雅里打着了她的孩子。雅里安慰她道：“要是真发生这种事哟，太太，我正乐意给你再弄一个孩子出来。”[1]这话要是出自马塞尔·杜尚之口，倒也不足为奇。

雅里的《愚比王》过于脆弱和古怪，不能作为先锋戏剧的基础——即便将雅里的其他全部作品，他本人愚比王式的下场，还有他创造的，所谓通过想象来解决问题的荒唐学科即荒诞玄学[2]加在一起也不行。可他与其他现代主义者之间的紧密关系表明：他对正统文化毫不妥协的反对，其激进的抵抗，并不仅仅是搞怪：博纳尔、维亚尔以及劳特雷克[3]帮助雅里设计过布景[4]。他的表演（他短暂的一生都是场表演）则成

1 Jarry in Roger Shattuck, *The Banquet Years* (1958), p. 167.

2 荒诞玄学，又名啪嗒学（Pataphysique），是对形而上学（Metaphysique）的戏弄和超越，用于讥讽技术神话。至今已成为一种独特的文学、艺术和哲学现象。——译注

3 皮埃尔·波纳尔（Pierre Bonnard, 1867—1947），纳比派代表画家，以色彩而闻名，被誉为20世纪最伟大的色彩画家之一。图卢兹—劳特雷克（Toulouse-Lautrec, 1864—1901），法国19世纪末画坛上的奇才，他善于用精练的笔触、鲜明的大块色彩对比组织画面，刻画人物性格。爱德华·维亚尔（Edouard Vuillard ,1868—1940），法国纳比派代表画家。——译注

4 Esslin, *The Theatre of the Absurd*, p. 261.

为其后各代剧作家和现代派文学家的指路明灯。名副其实的超现实主义领军人物安德烈·布勒东最先研究雅里，仔细研究了他的作品，包括那些未曾发表的作品，他称赞雅里为开山始祖，堪与兰波比肩。哪怕愚比王这个角色简直是禽兽，也反映了愚蠢和兽性：其行为和人格，正因为如此可恶，才坦率地展现了人性中普遍存在的这些特点，而前代的剧作家们对此只会轻描淡写。

你或许可以将雅里的愚比王看作是人性中最恶劣的描述，其表现的是每个人心中都存在的邪恶，只是做了夸张，超出了小资产阶级谨小慎微的自我约束和社会行为规范。他的小说《超人》（*Le Surmale*）中的主人公，是一个体力超群的自行 339
车冠军，有个青春年少的美国朋友，跟随着他的骑行步伐，在这位朋友尽心的合作之下，他一天之内享受了82次性高潮，并创造了世界纪录。雅里对心理学可能毫不关心，但他的作品却帮助后起的剧作家们去探索其笔下人物的私生活中讳莫如深之处。要说他永远改变了戏剧也不为过，实际上，大幕刚一拉开，一切就已改变。那一声“混球！”在直言不讳和庄重得体之间森严壁垒的古老高墙之上，砸开了一道裂缝：现代主义剧作家们将通过这道裂缝，潮涌而入，传扬天下。

二

1896年12月11日，《愚比王》的首演日，是现代主义戏剧历史上不可磨灭的一天。在这之后，同样值得纪念的日子，要算1916年2月5日。在这一天，达达主义这场反战运动，诞生于苏黎世。德国诗人、剧作家、小说家和和平主义者胡戈·巴尔三天前刚刚买下了这块地产，富有深意地将其命名为伏尔泰餐厅。“伏尔泰”此名，表明出生于17世纪晚期的该作家，依然能勾起人们怀旧的美梦，怀念盼望已久的正义和自由，而比这些良好的愿望更重要的，是反映了达达主义的组织者们内心是何等绝望。他们发誓和当时横扫社会的非理性主义为敌，也不再迷醉于理性主义。从 340
东方和西方前线传来的可怕战火消息，让达达主义者们同时也信奉机会主义和虚无主义。

造成他们如此心态的原因也是明显而沉重的。蔓延一年半之久的战争是盲目而残酷无情的，战争双方的伤亡人数都日益增多，而战火没有一点减退的势头。对于如此的屠杀，社会似乎也没有起来真正反抗。文明深陷困境，无怪乎先锋的达达主义者们会随意地从字典里找了个字，给他们的运动命名。“达达”这个词是法国小孩的口头语，意味着旋转木马。可是对于这个名字的真正作者，各种说法自相矛盾，所以也无从确认这就是达达一词的真实含义——这本身就证明了一点，当代世界的理性已经丧失殆尽。诉诸理性，在达达主义者看来，就和支持疯狂的将军和政客一样，实在荒唐。

中立国瑞士的四周几乎都是厮杀得难解难分的西部战线，看似并不太适合进行反战及反艺术的示威运动。可正是由于苏黎世的超然世外，才让伏尔泰餐厅成为国外来的异端分子的安全避难所，这些人中有和平主义者，有因为宗教或道德原因拒绝服兵役的人，还有对自己同胞的爱国热情嗤之以鼻的先锋派艺术家和作家。在那个2月的晚上，一小群来往甚密的演出者，其中没一个人是职业演员，第一次举行了一场刻意胡作非为的表演来欢迎某位年轻的观众。其后还有许多古怪的晚会，包括朗诵毫无意义的诗篇，朗读《愚比王》，上演小品，唱歌，穿着奇装异服跳舞，还有一场特别出格的同步朗诵，即三个达达主义者同时朗诵三首不同的诗——这简直就是一场奇服异行、恣意放纵的盛宴。

达达主义的创始人对于当代文化和艺术的批评可谓无所不用其极，就差一把火烧掉伏尔泰餐厅来示威了[1]。这个餐厅自然成为了一个舞台，而且是独一无二的。当他们将自己的思想带往国外，带往柏林、慕尼黑，尤其带往巴黎时，他们发现信徒们在这个疯狂的世界里等待着灵光一闪的时刻。若是说有什么运动的学说会自掘坟墓，那就是达达主义了。即便达达主义者们庄严宣告，他们的思想并不构成学说，也没有改变这一点。正如其言论受人引用最多的罗马尼亚剧作家特里斯坦·查拉所言：“真正的达达主义者是反对达达主义的。”[2]达达运动最显著的遗产就是超现实主义。在安德烈·布勒东统治下的这个紧密的小团体的宗旨，经历了内部斗争，倾轧排挤甚至发宣言对打等风波之后，才建立完毕。达达主义使得“自动写作”[3]，还有

1 达达运动的创始人包括胡戈·巴尔和他的妻子艾米·海明斯，她能用好几种语言演唱歌曲；还有活力四射的罗马尼亚剧作家特里斯坦·查拉，这位擅长写宣言的作家把达达运动介绍给了法国；理查德·许尔森贝克，小说家及医生，则把达达主义带进了德国；让·阿尔普，或曰汉斯·阿尔普是重要的现代主义画家，还有马塞尔·简科，是团体中排名第二的画家，也是特里斯坦之后第二位罗马尼亚人。

2 Tzara in Tomkins, *Duchamp*, p. 191.

3 自动写作（Automatic Writing）由布勒东所倡导，它的理论基础是弗洛伊德的无意识理论，主要创作手法是不受任何理性控制的“自动写作”，使得意象与意象的连缀超出常规，从而具有“像手术台上一把雨伞和一架缝纫机碰在一起那样的美”。——译注

20世纪20年代轰动一时（主要是在巴黎）的无意识状态写作得以结合起来，达到成熟。虽然弗洛伊德是超现实主义者们认定的灵感来源之一，但他本人不为所动，弗洛 341
伊德和布勒东之间偶尔的信函往来也没得出什么结果。

历史学家将马塞尔·杜尚也算入达达主义者之列，他本人虽然否认，但也承认自己基本的艺术观点和超现实主义者实际相差无几。我们只需想到，如果我们认真对待杜尚的“现成品”艺术——包括那画了胡子的蒙娜丽莎或者是签了名的小便桶[1]——就会摧毁艺术和非艺术之间的所有壁垒，而达达主义者的运动也会让个人的

1887年这幅画作［作者为科克林·卡代（Coquelin Cadet），画名为《笑》（*le Rire*）］，比杜尚“改进”蒙娜丽莎早了三十多年

1　所谓“现成品”，即指利用日常生活物品或废旧物品制作的艺术品，1917年，杜尚将一个买来的小便池命名为“泉”并送展；1919年他给达·芬奇的名画《蒙娜丽莎》画上了胡子。——译注

342 审美体验变得毫无意义。正是由于抛弃理性，才让达达主义者们颠覆了现代主义者通常持有的理想，也就是重视当下。达达主义者的理想是逃亡，若有人说他们可能会参与政治，那会让他们大吃一惊，认为这是彻底误解了达达主义者们百无禁忌中的禁忌。在查拉和他的同伴看来，即便是最出格的当代文化作品，也只不过是愚蠢之渊中逸出的臭气。

将达达主义称作“刻意的疯狂”[1]很有道理。达达主义者们总是说，这个社会已经疯得不可救药，最合理的社会改革，就是孩子气的胡闹——他们自己那些彻头彻尾的胡闹，就是他们对这个时代最合适不过的唯一回应。所以现代主义的方案，无论是新美术，还是新诗派、新建筑以及其余种种，不管多得人心，都注定要破产。在达达主义看来，艺术和文学上的现代主义，在根子上和最保守的旧习气是一丘之貉。达达主义者坚信，即便达达主义本身也无法拯救文明。他们反对秩序、体系或是教条，所以也不愿意制定行动方案。当他们兴高采烈、胡思乱想地宣告世界已经彻底完蛋的时候，他们向小资产阶级所谓良好的伦理和审美观发动的猛攻时那些无法无天的表演，本质上也是现代主义的。他们以僵化的方式拒绝僵化，在文艺上造成的消极影响，超越了之前任何文化评论所能想象的；达达主义因此带来了一个凶猛的特例：反对现代主义者的现代主义。特里斯坦·查拉的那句话“真正的达达主义者是反对达达主义的”，必然就是这个意思。

一部自传及其他

一

尽管雅里和他那些怪异的继承者，即达达主义者们颇有魅力且善于服人，但在现代主义者们对当代戏剧的一片沉痛指责声中，他们也不能独领风骚。戏剧爱好者们在剧场里点燃的革命之火远比达达主义更有影响力，更指向明确。戏剧上要数瑞典小
343 说家和剧作家奥古斯特·斯特林堡，他一生中多次给戏剧界带来激烈的震撼。只有少数奇人命中注定要大大弘扬现代主义；而斯特林堡却一人承担了其中两次。这就像是

1 Tzara in Tomkins, *Duchamp*, p. 190.

两次获得诺贝尔奖——并非不可能，但极其罕见。

斯特林堡是个精力充沛、发愤图强的人，自从他于1869年二十岁时写出第一部戏剧开始，直到1912年逝世，一直著述丰富。他连篇撰写着小说、故事、自传和科学论文（包括一些关于炼金术和业余化学研究的论文，勉强能算是科学），不用说还有数十部戏剧。尽管斯特林堡完全出自一己之见，对妇女解放大肆攻击，着迷于古怪的科学，还会画画，但不管此人自相矛盾和难以捉摸到如何不可思议的地步，对于现代主义的学徒而言，最重要的是，在这场伟大的文化革命中，数十年间现代主义戏剧一直受惠于他的剧作。身为其信徒之一，尤金·奥尼尔在1924年曾说，“斯特林堡是所有当代现代主义戏剧的先驱”，是“摩登之中最摩登者”。[1]

在约二十年时间内，斯特林堡通过沉着稳健的创作，从只有少数专家才有兴趣的稚嫩之作开始，慢慢成为“摩登之中最摩登者”。他以激进的戏剧创新者起步，采用前所未见的写实主义风格。他所写的两部悲剧，即《父亲》（1887）和一年后写的《朱莉小姐》，让他成名，并把写实主义这种定义颇为模糊的风格带入戏剧界。但斯特林堡不满足于自己的突破，经过多年仿佛改变信仰般的痛苦磨炼，到19世纪90年代末，他开始了一场更加宏伟的革新。他创作了一系列戏剧——包括三部曲《到大马士革去》（1898—1901），风格生动巧妙的《梦剧》（1902）以及他晚期剧作中上演最频繁的剧目《鬼魂奏鸣曲》（1907），这些剧作没有扬弃他精心打造的心理学自然主义风格，他将明显逻辑混乱的梦境和无意识的想法作为情节的中心。剧中的许多人物都没有自己的名字，而是被简单冠以“女儿”或者“老人”的名称，这表明，斯特林堡创作中的焦点已经从揭露个人的私密，变成描写典型人物的内心活动，此类人物的痛苦揭示了人类普遍的空虚。在这些剧作中，他已经放弃了任何老式的情节套路，或者说，将情节都聚焦在现代朝圣者的精神轨迹上（也就是说，心理学的层面）。 344

他一生的大逆转，被他本人称为“大劫”的，是19世纪90年代中期一段充满困惑和痛苦的时期，斯特林堡后来果然将其详细写了下来，并且以略带幻想的风格将其夸大为可怕的崩溃。他似乎有几次精神病发作（朋友们则毫不犹豫地称之为他的被迫害妄想症发作），最后找到了宗教虔信。虽然斯特林堡在年轻时自称

1　James McFarlan, “Intimate Theatre: Maeterlinck to Strindberg,” in *Modernism: A Guide to European Literature, 1890—1930*, ed. Malcolm Bradbury and James McFarlane (1976; ed. 1991), p. 326.

是无神论者，此时又恢复了信仰，遵循的却是18世纪瑞典空想家伊曼纽·斯韦登堡所创立的独树一帜的基督教信条，他让斯特林堡感觉到神圣护佑着他的精神安宁，也获得了道德使命。他开始相信，是玄秘的神力主宰万物生灵，又指引罪人获得解脱。

在《父亲》和《朱莉小姐》中，斯特林堡展现出其选题和手法之精妙：如此直爽、无礼、色情的对话，如此富有挑逗性，之前从没有出现在舞台上；其情节进展之快，对话之简练，也是一大创新。两部戏剧中找不到多余的台词，斯特林堡的手法正是上流社会谈所未谈，想所未想的：爱与恨纠缠共存，淫欲和邪恶的力量，复仇的痛快淋漓，激情完全压倒理性，从未有人对爱恨矛盾的心理认识得如此透彻。有一段很快被誉为经典的出色台词，被斯特林堡用于《朱莉小姐》的“前言”，斯特林堡在其中写入了现代主义者的纲要，就其心理学意义上的精妙而言，无人能及。他站在主观的优势地位上分析，人的天性并非如黄铜一块，而是易受各种外来压力的影响，有些是社会需求，有些则是更难以发现的、来自内心的欲望。欲望和焦虑也逃不过内心各种矛盾互相冲突的折磨。在歇斯底里的状态下——斯特林堡就认为自己的精神已经陷入这个状态难以自拔——当代人必然会新旧意识混为一谈，从而表现出他们的优柔寡断，并深陷自我矛盾之中。

345 他在一篇为现代主义抗言的出色文章中精彩地分析道：“作为现代人，生活在一个变迁的时代，无论如何都比之前的时代更匆忙和极端，我在剧本中所描写的人物也更自相矛盾，左右摇摆，他们是旧与新的混合体。”因此，“我所写的灵魂们（人物们）是过往和当代文化的糅合，有几分来自书本和新闻，几分人性的碎片，又如华美的衣服如今变得褴褛，我也撷取其中几片碎布，人类的灵魂正是如此拼凑而成”。他如此写道。如他所说，“现代心理剧”要留心“灵魂最轻微的触动”。他大胆的戏剧创新包括打破“资产阶级认为灵魂恒定不移的想法”[1]，资产阶级一直以来统治着舞台，如今这个突破就要求新的，彻底反资产阶级的戏剧。这不但将震撼传统的感受，还将一直深入角色的心底。这本身就是最纯正的现代主义的语言。

斯特林堡因此制定了新戏剧的纲领：为现代观众探索和剖析现代人的人性，

---

1 Strindberg, Preface, *Miss Julie* (1888), *Miss Julie and Other Plays*, trans. and ed. Michael Robinson (1998), pp. 59—60.

《朱莉小姐》就大胆地展示了如何剖析诡异的人性动机，这也正是斯特林堡想在舞台上表现的。这部剧基本上只有三个角色。斯特林堡不仅是当时现代主义戏剧的理论家，同时也是其最有创意的实践人。当然，他没能一丝不苟地遵照自己制定的那些严格的规矩。可是在他最好的作品，例如他自称为“自然主义悲剧”的《朱莉小姐》中，他却成功了：如果表演得出色，这部戏同样能让今日的观众如同一百多年前的观众一样不寒而栗。《朱莉小姐》描写了一个年轻男仆是如何先勾引了东家的女儿，又野蛮地说服她自杀，这并不是斯特林堡在心理学文学创作上第一次探索，此前一年，他将精力集中在少数作品上，因此写完了《父亲》一剧，该剧描写了一位无情的、咄咄逼人的主妇如何将丈夫逼成了阳痿和疯子。

然而，斯特林堡一针见血的客观，非同一般的现实主义，以新的手法描写新的主题，并不是他对现代主义戏剧的贡献。在19世纪90年代的戏剧中，他转而描写因 346
多愁善感而受难的典型人物。此时，他已经将传统的情节全部抛开。斯特林堡的客观原则是用于描写人性之复杂的，他在《梦剧》的作者自述中写道：“角色都是分裂的，自相对立甚至是多重的；他们消失、现身、分裂而又聚合。可他们都听命于一个意识——即梦中人的意识。梦中人看来，这里没有秘密，没有矛盾，没有犹豫，没有法律。他既不谴责别人，也不澄清自己，只是与一切都相关。因为就总体而言，梦中的伤痛过于欢欣，所以这些朦胧的故事里，都贯穿着忧郁的、悲悯众生的意味。”[1]几年之后，心存感激的德国表现主义剧作家们就会对斯特林堡的晚期剧作大为心折，特别是《到大马士革去》，斯特林堡在其中戏剧化地描写了现代男人之痛苦——当然也和他的其他戏剧一样，这种痛苦的源头是最可怕、最有力的生灵：现代女人。

尽管斯特林堡的剧作和小说涉猎广泛，但妇女解放这个话题才是他时刻关注不舍的。他反对妇女解放，一个典型例子是他于1884年走访德国时，得知该国不允许女人进入大学学习，觉得这大快人心。他还曾大爆粗口，奉劝立法者不要掉进了陷阱，把“公民权授予这种半人猿、劣等生物、疯娃娃，她们一年要因为月经生病发疯十三次，怀孕的时候更是丧心病狂，一辈子都不负责任，没脑子的罪犯，罪犯，本性

1　《一出梦的戏剧》的作者笔记（1901），见*Miss Julie and Other Plays*, trans. and ed. Michael Robinson (1998), p. 176。

邪恶的动物，甚至看不到自己的本来面目”[1]。一谈到他最爱的妇女解放话题，斯特林堡总是会放出如此恶狠狠的话。

斯特林堡厌恶女性的暴怒，显然是由于他几任妻子的可怕缺点（他后来渐渐认识到这些问题）。这让读者们想到他笔下最值得纪念的人物之一，就是《父亲》中的劳拉。她强壮而恶毒，在两性的战争中，她远比自己的丈夫（即上校）强大。在这
347 场最终导致家破人亡的战争中，她最有效的战术可能莫过于设计让丈夫怀疑女儿是否是自己亲生的。他的男子汉气概，还有他的理智，也随之岌岌可危。1895年斯特林堡在巴黎出版了一篇臭名昭著的文章《女人何以比不上男人》，又唱起老一套反女性论调；当时世界各地就妇女地位的问题，正在进行一场影响深远，不乏污言秽语的大论战，斯特林堡凭此文锁定了广大公众的关注。他结过三次婚，妻子都是解放的妇女，不愿意为了这个苛刻而消极的丈夫牺牲自己的事业，所以当然也都以离婚告终。苦恼的斯特林堡也像《父亲》中那个上校一样，先怀疑自己是否有男子气概，最后则会责怪妻子不忠，怪怨她们有发狂的权力欲。他怎么会自欺欺人到和一个婊子形影不离呢！要记住：现代主义的特点之一，就是会有一位伟大的艺术家为先锋艺术做出不可磨灭的贡献，可同时也甘受反动势力的驱使。

二

斯特林堡否认他的作品是自传性质的，不过他也多次承认作品受惠于他那形影不离、混乱不堪的私生活。的确，当他的小说情节直接套用于生活，戏剧也只是稍有保留时，他简直和弗兰克·劳埃德·赖特一样忠贞可信，也就是说，全然信不得。他的作品深深根植于自己混乱的生活：他对于双亲纠缠矛盾的情感——弗洛伊德在讨论俄狄浦斯情结时没有选用斯特林堡这个绝佳的例子，真是可惜——他早期在祖国瑞典毫无建树，只留下一些丑闻；在柏林和巴黎多次漫长的流放；他不幸的三场婚姻；音乐对他思想的影响；他对心理学和神秘主义的狂热和轻信；他绘画的天赋。斯特林堡似乎在行为和信仰上都是现代主义者，他的一生就是不断的实验，其中有令人迷醉的成功，也忠实地记录着悲惨的失败。他在政治观、宗教和家庭生

1 Olof Lagercrantz, *August Strindberg*, trans. Anselm Hollo (1979), pp. 160, 169.

活方面总是变化无常。他曾出发去见自己第二任妻子的双亲，内心并不认为这场会面会很愉快，他写道："总是要从作家的角度来看问题的，不管是不是行得通，这次 348
见面能让我给小说再写一章！"[1]若说斯特林堡写作是为了生活，那他生活也同样是为了写作。[2]

三

我们不得不如此总结，斯特林堡近乎是个不自知的现代主义者。他不但承认自己一生都是最有毁灭性的激进分子，还为此自豪。1898年他年届五十之时，依然宣称自己决心是"要让现有秩序瘫痪，要把它打乱"[3]。他在文学上多样的实验，他自始至终坚持不懈地反抗，他对自己的生活和社会的直言不讳，都让他成为文化叛逆运动自然的候选人，这运动中包括印象派画家，后来还包括立体主义派画家；其中还有抛弃了音乐传统的作曲家；背叛了学校金科玉律的建筑师。

但这个时代同样有引以为傲的杰出剧作家并不遵循现代主义的路线。相反，这些作家对社会问题更为关注，也更注意在宗教复兴的浪潮中吸引信众的现代后基督教精神。当时杰出的短篇小说作家和剧作家中，就有安东·契诃夫，他并没有改变传统的戏剧风格，可他的戏剧让观众着迷，他们仿佛从这些剧作中看见了新的风格，虽然并不刺激感官，却同样让人震撼，难以分类——有人非要给他的剧作找一个风格，就称其为超现实的自然主义。他所写的戏剧，既有医生般透彻的见解，也具有出色作家诙谐的速写勾勒。他的作品，将医生对病根穷追不舍的决心和对社会现实的敏感结合为一。从1896到1904年他逝世，在不到十年的时间内他写了四部精彩的戏剧，展现了他的全部风格，这四部分别是《海鸥》《万尼亚舅舅》《三姐妹》和《樱 349
桃园》。

这些杰作所描写的，是寂静中的消亡，无谓的生命和空妄的等待，在顺从中煎

1 Olof Lagercrantz, *August Strindberg*, trans. Anselm Hollo (1979), p. 247.

2 一位现代戏剧方面的专家罗伯特·布鲁斯坦，在以精神分析学角度写的一篇重要论文中明确指出，斯特林堡的生活和戏剧没有任何区别。布鲁斯坦雄辩地声称，他的文学作品，不过是一部"漫长的自传"，然后又证明他的生活和戏剧之间彼此密切的联系。可参见Robert Brustein, "August Strindberg", in *The Theatre of Revolt: An Approach to the Modern Drama* (1964), p. 88。

3 Olof Lagercrantz, *August Strindberg*, trans. Anselm Hollo (1979), p. 91.

熬的命运，还有随手枪声陨落的一生——不过在他最后一部也是最杰出的作品《樱桃园》（1904）中，却没有如此写。契诃夫自豪地声称这部剧作不需要戏剧性的自杀情节。尽管契诃夫会为笔下的人物安排忧郁的一生，他也能和人物保持距离且不失幽默感。他极力反对著名导演康斯坦丁·斯坦尼斯拉夫斯基在莫斯科艺术剧院将他忧伤的喜剧歪曲改编成为真正的悲剧。一言以蔽之，他是个有情的诗人，却不会沉醉于多愁善感；他是营造气氛的大师，但不去谱写英雄和恶棍，他始终笔锋锐利，正如他从不会怯于说出赤裸裸的真理和真实。这可是戏剧界的传统美德，如果硬要把契诃夫也算为现代主义者，那么他对戏剧创新最出色的贡献就在于他不为浮华所惑。可以这么说，他是现代主义者中最传统的人。

萧伯纳1950年去世时享年九十有四，这位长寿翁也是一位反浪漫主义的杰出人物，他和现代主义风格之间无甚联系。虽然他最喜爱的课题，即资本主义社会的失败完全是现代主义式的，他本人也富有想象力，可不管他有什么样的奇思怪想，他对风格创新基本上毫不关心。他推出充满长篇大论的戏剧（批评者们称之为话痨剧），为了衬托主题，还配上大段辩论的说明，甚至比戏剧本身还长，也和戏剧本身一样雄辩。他的伙伴经过精心挑选，都是易卜生的英国爱好者——萧伯纳的小册子《易卜生主义精华》（1891）中生动地描写了其活动——萧伯纳和他们往来时，写出了一些出色的家庭剧，其中有著名的《康蒂妲》（1894—1895）。可萧伯纳同样喜欢重现历史场景，描写英雄和女侠，只不过不会沉醉于英雄崇拜——《圣女贞德》（1923）一直是其最著名的作品。其他作品，如《人与超人》（1903）有着梦一般的节奏，《长生》（1921）则研究沉闷的科学和哲学问题。萧伯纳磨炼着自己的才能，一生不停地
350 诉说，对政治或文化发出不平的慨叹；他的作品中有医生的疯狂，地主的腐朽，软弱中的力量，也有那部的确让人伤心的作品《伤心之屋》（1919）中所讲述的西方文明的自我毁灭。正如他在一篇广为传诵的自我评价中所写：“我之良心，就是一份天生的布道书，看到人们本该寝食不安却很安心，我就恼火；我一定要逼着他们思考，才能让他们确信自己的罪恶。”[1]

萧伯纳野心勃勃的文学作品，并不隐瞒其明显的倾向性，同时又极其认真，极

---

1 George Bernard Shaw, “Epistle Dedicatory,” *Man and Superman* (1903).

尽巧妙，这是一位聪明而自信的时事评论家的作品，他描写人物的方法（甚至其结论）都是传统的。他认为世间所有的制度，都需要改革，任何观众，都需要详细的指导。萧伯纳是一个社会主义者，还是反达尔文主义的进化论学者，他的作品都伴随着最虔诚的祈祷。在那些他称为自己“无耻的粗制滥造”的作品中，也不乏《巴巴拉上校》（1905）和《卖花女》（1912—1913）之类的作品，对其如此评价未免不公；这些作品以其睿智和出色的幽默流传至今。和契诃夫一样，萧伯纳也处在现代主义的边缘。同贝托尔特·布莱希特以及那些与他相比远为逊色的斯大林主义御用文人一样，他作为剧作家，也极其蔑视为艺术而艺术。

新　人

一

没有哪个现代主义者是自成一体的孤岛。无需赘言，他们活在世间，应对万事，命运让他们仿佛成为了真正的激进主义者，让他们轻视世间的权威，并对流行的艺术风格提出异议。现代主义者中，在戏剧方面最出色的代表，和建筑学以及设计领域一样，是德国表现主义者。这些鼓吹美好世界的人，让早期的魏玛共和国貌似有了和谐的文化气氛。从1910年到20年代中期，在激荡不安、山雨欲来的那些年中，观众将这些戏剧家和与他们志同道合的诗人、作曲家、建筑家和画家相提并论。以风格
强烈而著称的雕塑家恩斯特·巴拉赫，写了几部主题激烈、颇受欢迎的戏剧，例如 351
不同年代的人之间永远的斗争；还有奥地利画家奥斯卡·考考斯卡，以尖锐而毫不妥协的肖像画来反映自己对生命灰暗的看法，有人尊奉他的《谋杀，女人的希望》（1907）一剧为表现主义戏剧开山之作（这一点尚有争议），这出短剧后来声名狼藉，因为其中的性爱描写肆无忌惮。实际上所有这些表现主义者都非常认真，他们很少涉足喜剧，一定要真挚，这压倒了其他一切要求。

如果说德国表现主义戏剧真要奉一个开山鼻祖，那就是歌手和剧作家弗兰克·韦德金德。1891年他写出一部恶名远扬的戏剧，讲述青春期的哀痛，即《春之醒》，监察官员禁止其上演，直至十四年后该剧才搬上舞台。到了1898年他又写了一首对德皇威廉二世大不敬的诗歌，刊登在一份新的讽刺周刊《简约》上，致使韦德金

德在牢房里关了一段时日。那个时代对如韦德金德这类人物，若是有保护言论自由的宪法第一修正案而且执法公正，则幸莫大焉。

不管他们各自是如何古怪，这些表现主义剧作家们都以同样的手法强调了同一个信息。正如追随者一样，他们呼唤着一个无比强大的诉求，并预言其必将到来：在这个丧失了理想，仅存稀薄的现实考虑的文化中，要有新人的诞生。他们确信，自己必须诉说，竭尽全力地呐喊，就像其他现代主义者研究建筑、谱曲或者扑在画布上一样，只有这样，才能将长期以来备受推崇的，教导人调解内心冲突的原则踩在脚下，内心的冲突正是每个现代人的宿命。有些文化冲突毫无疑问是由于社会矛盾所激发的，可在他们所有的剧作中，他们都自视为文化危机中的呼声。确实，人们总是轻而易举地就提到“危机”这个发音沉重的德语词：Krise——这也不无道理，特别是在1918年后的惨淡现实中。国内政治冲突和暴力不断，外国政府要求赔款，共产党在苏联的指使下发展分裂运动，这都让年轻的魏玛共和国的前途晦暗不明。
352 理所当然地，那些怀疑论者不无轻蔑地将表现主义者激情洋溢的戏剧讽刺地称为Schreidrama——即号叫剧。

德国表现主义戏剧的历史意义远胜过其文学价值。对于高雅文化的爱好者，包括思想开放，享受各种文化产品的观众来说，这种戏剧残暴、做作、笨拙，普遍粗枝大叶的特点，只能作为现代戏剧史学家研究的典型特征。这些先锋派剧作家的作品，无论是语言还是情节安排，从来都不讲究，他们将戏剧化的情节削弱为原始欲望的对抗。即便如此，他们的作品还是在短短几年内一度大受欢迎，经常有大胆的、风格独特的导演，如麦克斯·赖因哈特将其搬上舞台，这也反映了当时有文化的观众所受的战争和满目疮痍的战后生活之苦。

弗洛伊德对于当时表现主义剧作家没有什么评论，否则就可以拿他们的作品作为有力的证据，证明俄狄浦斯情结确有其事，而且又是何等强烈。在19世纪中叶现代主义肇始之时，利欲熏心、庸俗不堪的资产阶级就已经是先锋派最痛恨的敌人；德国表现主义者也没有忘记这个敌人——人们总是会想起乔治·格罗兹[1]冷酷的讽刺描写：发战争财的家伙，肥胖，暴发户，洋洋自得，叼着雪茄，嘲笑战争中残疾的老

1 乔治·格罗兹（George Grosz, 1893—1959），出生于柏林，在德累斯顿和柏林美术学院毕业之后为幽默杂志画讽刺画，反映现实生活。1911年开始发表作品，用讽刺的笔法描绘柏林的夜生活和社会的阴暗面。——译注

兵，蹂躏向他讨好的姑娘。可表现主义者的怒火同样倾泻在资产阶级中某一个特别的角色上，这就是中产阶级的父亲。这个父亲的角色简直可以暗喻一切，他可以代表所有专横的权威，代表德皇威廉二世，或者在更私密的层次，代表剧作家的亲生父亲。必须要抵抗父亲，打败他，摧毁他，才会迎来更平等、更光荣的世界。

对于表现主义剧作家而言，恶毒的父亲这个形象毫无疑问很有吸引力。巴拉赫的第一部戏剧《死亡之日》（*Der Tote Tag*，1912）的主题，正如我所说的一样，就是关于父子关系，紧接其后他写的几部戏剧也是如此。剧作家瓦尔特·哈森克勒费尔最著名的作品《儿子》（*Der Sohn*，1913）也同样是俄狄浦斯式的主题，且更加鲜 353
明。剧中的父亲，是一个典型的家庭暴君，二十岁的孩子则是囚徒，父亲想让他过上典型的资产阶级生活，平淡无奇，波澜不惊，平平安安。可孩子逃了出去，在一场情节剧的舞台上向一群年轻的观众诉说父亲们的种种罪恶——这些表现主义戏剧中总是不乏唾沫横飞的长篇大论。他说每个孩子都该谋杀自己的亲生父亲。这个青年还是有点异常地纯真，他和妓女共度良宵，这是他一生教育中必不可少的一课。后来警察抓捕了他，把他送回家里，他举起手枪，父亲则死于中风——这对于儿子们来说，倒是胜之不武。

这个流派中最极端的例子，可能莫过于阿诺尔特·布龙宁[1]的《弑父》（1920），该剧粗鄙直率地描写了恋母情结的三角关系。有趣的是，执导该剧的是一位刚从慕尼黑来柏林的青年剧作家贝托尔特·布莱希特，他显然并不担心布龙宁此剧赤裸裸的淫秽之词。《弑父》中年长的父亲是一个邪恶的家庭暴君——哈森克勒费尔肯定熟悉这类角色；而母亲则对一切乱伦的禁忌都毫不顾忌；孩子瓦尔特对母亲的色诱也来者不拒。她后来裸身面对自己的孩子，色诱已达极点，父亲却闯了进来，打破了这温馨的一幕。在搏斗中，孩子刺死了父亲，而母亲浑身血污，性欲勃勃，请儿子强暴她。他却嘲笑着拒绝了她：

费舍尔太太：到我这儿来，哦，哦，哦啊，到我这儿来。
瓦尔特：我受够了你/我受够了一切/
　　去把你的丈夫埋了你已经老了/可我却年轻/

1　阿诺尔特·布龙宁（Arnolt Bronnen, 1895—1959），奥地利剧作家和导演。——译注

我不认识你/我是自由的/
前方无人，身边无人，也没人压在我头顶/父亲死了/
天堂啊我朝你跳跃我飞翔/
被压迫颤抖呻吟哀号的众生都要/
向上腾踊跳跃爆炸飞翔/不得不
飞得更高/更高/我/
354 我是青春。

强大，独立，还有高于一切的无畏，瓦尔特正是所谓“新人”。所以不足为奇，纳粹党对“种族纯洁”的疯狂妄想和“鲜血与土地”的叫嚣会打动布龙宁本人，并最终让他加入纳粹党的事业中。

这倒不是说这些剧作家天资平平，而且一意孤行。只是他们之中很少有人学会了不纵容自己在剧作中展现他们最爱的长篇大论，或是对自己狂放的理想主义稍加约束。他们之中最高产也最有天赋的一位是格奥尔格·凯泽[1]，他比其他人更懂得如何将剧本写得既激情澎湃又不失观众的欢迎。他对情节有种种奇思妙想，不知疲倦。他生于1878年，死于1945年，作为作家，他一生中写出了五十九部戏剧，七部独角戏，两部小说，还有大量的诗歌和随笔。他选材广泛，源源不绝，既有讽刺之作《特里斯坦和伊索尔德》（1913），也有《从白天到黑夜》（1916），其中巧妙地描写一个银行职员拿着一笔偷来的钱，从事一场致命的冒险。他最著名的作品《加莱的公民》（*Die Bürger von Calais*，1914）则源自罗丹杰出的等身塑像作品，演绎了其故事，这个脍炙人口的故事来自傅华萨[2]所写的英法百年战争的编年史。在中世纪晚期，七个“新人”无私地承担起责任，愿意为百姓而献身。1918年，格奥尔格·凯泽用了他最爱的手法，在剧作中直言无忌，他曾设问：“什么是诗人的理想？”并自问自答道：“只有一个：人类的革新。”[3]

尽管他表现得变化多端，却依然是个彻底的现代主义者。若是他和卡夫卡一样

---

1 格奥尔格·凯泽（Georg Kaiser, 1878—1945），德国最成功且上演作品最多的表现主义剧作家之一。——译注

2 让·傅华萨（Jean Froessart, 1337—1405），法国中世纪著名编年史家、神父，著有《编年史》。——译注

3 Georg Kaiser, “Vision und Figur,” *Das neue Deutschland*, vol. I, no. 10 (1918).

说值得人类去做的唯一一项事业就是文学写作，这也不足为奇，可是他如此坚信这个信条，并将其贯彻到底，甚至连卡夫卡也未曾料到。即便是最大胆进步的社会，也不可能容忍格奥尔格·凯泽能无拘无束地胡作非为。他总是写作，要是有什么事情让他分神，比如说要停笔下来先去谋生，打搅了他宝贵的伏案写作，他就会异常愠怒。他坚持写作时周围的环境要有特定的布置，且绝对安静，他说这样就会让他不染于“可恶的现实”。他描写的“新人”，自我牺牲是重要的品格，但这却不是他本人的品质；他更愿意让他人牺牲，比如他的妻子就因为要营造他认为至关重要的氛围，而 355
让自己的财产被蚕食殆尽。他让自己不为金钱所困扰的方法之一就是租一栋华美的别墅，一旦他家中用度缺乏，就把房主的家具拿去典当或出售。

这种现代主义者的小偷小摸他做了两次，最后在1921年初因为盗窃而受审。他为自己的辩护之词极其傲慢：“我并非疯狂，”他对法庭说，“因此我必有合理之处。我在你们这陈腐之地里会迷失，我搞不明白。你不会把海因里希·克莱斯特或比希纳[1]这样的人送上法庭，这不公平，你不能这么做。”不仅如此，他还说：“这个审判，所谓‘法律面前众人平等’毫无意义可言，我不是所谓‘众人’……有独立创见的人如凤毛麟角，谁胆敢否认他们的成就。”[2]但是法庭不为所动，判处格奥尔格·凯泽六个月监禁。由于他已经被收押了四个月，所以还有两个月的刑期，他靠写戏剧就轻松地打发掉了。

二

德国表现主义剧作家的特点就是认真专注。可其中有一人，即冷酷而机智的卡尔·斯特恩海姆，却是个例外。在尝试着写了几篇实验性剧作后，他写出了一系列喜剧，其主线都是所谓“Aus dem Burgerlichen Heldenleben”，即资产阶级伟大的生活。他的风格独一无二，部分来自于表现主义者共有的特点；在斯特恩海姆看来，这表明了所谓的“Privatkurage”[3]——即个人的英勇——这是斯特恩海姆本人也具有

1 海因里希·克莱斯特（Heinrich Von Kleist, 1777—1811），德国诗人、戏剧家、小说家。后因不得志而自杀。比希纳（Georg Buchner, 1813—1837），戏剧家，德国表现主义先驱。——译注

2 B. J. Kenworthy, *Georg Kaiser* (1957), p. xix.

3 Carl Sternheim, “Privatcourage” (1924), in *Gesamtausgabe*, ed. Wilhelm Emrich, 10 vols. (1963—1976), VI, p. 309.

的。韦德金德的另一份遗产则是笔意极简、刻意做作的风格，斯特恩海姆将其发挥到极致。

在斯特恩海姆看来，小资产阶级的生活之所以伟大，是因为小资产阶级认识到他们的生活在本质和外表看来差距有多么大，而且认识到之后，愿意采取行动。他写道，当今世界如同淹没在长毛绒之中——他爱用这个词来比喻伪善和奸诈。“在这个毛茸茸的世界里，一个小角色也知道，不能自安于和别人一样成为长毛绒。他和世界
356 上其他人一样意识到这一点。可是，不同之处在于，他自己知道一个大胆的秘密：如果你对外十分谦和而冷静，在内心你可能就会变成一头粗野、蛮横、自大的野兽，你会为了自己的私利攫取生活，为己服务。”斯特恩海姆没有告诉他的读者，他本人是否赞同这一点。

他所写的关于小资产阶级的英雄主义作品中，最开始的轰动之作是《短裤》（*Die Hose*），剧中描写一位小公务员特奥巴德·马斯克之妻路易丝，在大庭广众之下当着国王的面脱下自己的内裤。两个淫心大动的人就此盯上了她，一个是诗人斯卡龙（Scarron），另一个则是发型师曼德尔施塔姆（Mandelstam），两个人马上都在马斯克家里租了房子，以便接近迷人的路易丝。斯特恩海姆以独特的文法来表达自己复杂的观点，他运用了大名鼎鼎的电报体，即省略定冠词，把德语的句子变成前所未见、异常古怪的风格。这让他笔下的角色，包括那些小资产阶级，都显得精力充沛，生机勃勃——这可和现代主义者对于小资产阶级众口一词的轻蔑态度大不相同。

马斯克夫妻刚刚结婚一年，可这并没有妨碍路易丝去寻找新房客。斯卡龙浪漫而又非常有魅力，也对路易丝的引诱热情相对。但斯卡龙是个轻浮的人，他和一个娼妓共度了一夜，由于这娼妓表现得比他认识的任何女人都出色，第二天他就决定要离开在马斯克家租的房子，去和这个娼妓厮守——甚至都没有要人家偿还他预付的一年押金。因此，为了斯特恩海姆精心描写的这个可人的路易丝，一场无形的决斗还没有开始，多情的第三者就已经向平庸的特奥巴德·马斯克投降认输。

可是斯特恩海姆在语言上的别出心裁，也付出了惨重的代价。到了20世纪20年代中期，表现主义戏剧已经显得过于尖锐，无法留住戏剧爱好者们的兴趣。随着魏玛共和国在各国中逐渐立足，德国领土不再可耻地被外国占领，德国文化迅猛复苏，德国人的精神也随之昂扬。“黄金的二十年代”让文化消费者们越来越没耐心观看那

些预言末日临近或宣告全人类要洗心革面的戏剧。斯特恩海姆的措辞被认为太过做 357
作，这专门的戏剧语言也太晦涩难懂。离经叛道的现代主义者的老一套生存法则对斯特恩海姆的电报体文风依然有效：如果在一段测试期内无法融入主流文化，就会沦为历史研究的标本。

唯一完全现代化的艺术

一

所有的现代主义艺术家都觉得挥之不去的，是自己这一行的历史，他们忙着否认、污蔑，将其打散得七零八落，都是为了将本行业的历史颠覆，或者是将其中一段最出彩的典范捧上天——只有一类人例外，那就是电影制作人。活动影像是现代社会的产物，由于历史短暂，对创新者的创意特别兼收并蓄。从19世纪中期以来，让图画动起来的远景如磁铁般吸引了奇思妙想和大胆尝试。1895年3月22日，卢米埃尔兄弟，即奥古斯特和路易斯，向一群经过挑选的巴黎观众放映他们的电影《工人下班》[1]，他们可以说是站在巨人肩膀上的巨人。

卢米埃尔兄弟在这年底的12月28日，又给了人们新的选择，他们在巴黎卡普辛（Capucines）林荫大道上的大咖啡馆（Grand Café）播放了一段电影片段的剪辑综合——其中包含了当时所有电影种类——那场面真是难得一见，以不同的方式暗示卢米埃尔兄弟的那台机器，即电影放映机，有无穷的可能性。观众每人付了一个法郎的观影费，吃惊地发现这惊人的新把戏居然能容得下幽默、感伤、焦虑以及急不可耐的眉目传情。可以说，所有电影所表达的内容也无出于此，只不过细节不同。[2] 358

当然，对于现代电影的奇迹，在摄影术和感光材料方面最重要的刺激来自摄影术的新发明和快速发展。约从1839年开始，路易—雅克—芒代—达盖尔和其他人就

1　《工人下班》（*La Sortie des usines Lumiere*）：片长四十六秒，就是把摄影机放在里昂的卢米埃尔工厂外，记录着下班工人离开工厂的情况。——译注

2　自然有人反对把电影也划入现代艺术。电影本来就是流行艺术，而且这趋势愈来愈明显——电影是集体事业，很大程度上取决于票房收入或制片人对于这部电影能不能包赚不赔的预判。但我认为，与此同时，电影从诞生之日开始就是不同创意之间的拉锯——创意来自剧作家、导演、摄影师，甚至演员——还有其老板，他们能决定拍出的究竟是艺术品还是拙劣之作。

能够拍摄出清晰的照片，且时有佳作，从干劲十足的小工匠到方法多样的天才托马斯·艾尔瓦·爱迪生都争先恐后，想要再前进一步，让画面从静转动，这可是一大步。到1850年，马克西姆·杜·坎普[1]和他的朋友居斯塔夫·福楼拜一同去旅行，他拍出了埃及和近东伟大古代遗迹的传世摄影之作。在其后的十年里，马修·B. 布雷迪[2]和他的助理摄影师冷漠地记录下美国内战的惨烈。到了19世纪60年代，朱莉娅·玛格丽特·卡梅伦[3]则拍摄她所认识的那些伟大的英国人——她所熟知的那些绅士中包括托马斯·卡莱尔、查尔斯·达尔文和阿尔弗雷德·丁尼生爵士[4]——卡梅伦态度虔诚专注，热衷于挖掘人的内心，所以她本质上也是个现代主义者。她在自传体的文章中如此写道："我全身心都献给我对他们（这些伟大人物）所负的责任，不但要记录他们的外貌，更要体现他们内心的伟大。"照片天生就只能反映表象这个拘谨的看法，很快就被证明是错误的。结果证明，电影能走得更远，或者说更加深入——即便没有精神分析学助力也一样，有些电影制作人曾希望，精神分析学成为揭露多变的人性中阴暗角落的关键所在。

电影和精神分析学结合的远大前景，一直为人们所期盼。此两者在同一个年代接踵出现，正足以证明这期盼：1895年，即卢米埃尔兄弟迎来突破之年，比弗洛伊德将其全新的、让人困惑的学说一概冠之以"精神分析学"之名早了一年。除了超现实主义者，现代主义者中没有谁比电影制作人更期待从弗洛伊德的学说中获益，也反
359 哺其学说。许多年来，特别是近些年来，热心支持未来的人坚信电影和精神分析学两者之间能相互深化彼此对人类本性和秘密的了解，其方式也不是传统的方式，那就是说，通过现代主义的方式。

就其题材而言，这两类学科确实有很多相通之处，特别是电影业学会了使用独特的方法来探索男女众生和世界以及和自己冲突时的想法。可电视和精神分析学的

---

1 马克西姆·杜·坎普（Maxime Du Camp, 1822—1894），法国摄影家，1849到1851年，他和作家福楼拜一起在埃及、希腊、近东等地旅行。旅途中，康用摄影机记录下旅行中的场景和建筑物。——译注

2 马修·B. 布雷迪（Mathewe B. Brady, 1823—1896），美国摄影家。他和助手共拍摄了3500多幅内战图片。他们还拍摄过19位总统的肖像。——译注

3 朱莉娅·玛格丽特·卡梅伦（Julia Magaret Cameron, 1815—1879），卡梅伦夫人在她的玻璃屋里拍摄了十二年人物肖像。当时英国社会的一些名人、科学家、诗人、画家、发明家、预言家应邀到怀特岛的玻璃屋里做客，并留下一张张不朽的影像。——译注

4 托马斯·卡莱尔（Thomas Carlyle, 1795—1881），苏格兰评论家、讽刺作家、历史学家。阿尔弗雷德·丁尼生，（Alfred Tennyson, 1809—1892），华兹华斯之后的英国桂冠诗人。——译注

结合，一直就像包办的婚姻，用意很好，但效果寥寥。其结合大多数只有单方面作用。多年以来，偶然有精神分析学家能解释电影中暗藏的欲望和焦虑，而电影的导演或编剧却对此并不明了，演员更只是照本宣科。与之相对，电影如何成功地反映精神分析学的中心思想，就更是困难重重了。

1925年弗洛伊德本人在颇有深意的一章中表达了对真正精神分析学电影的深深疑虑，即便他的信徒中最获信任的两位分析师卡尔·亚伯拉罕和汉斯·萨克斯也极力支持其结合。不管弗洛伊德对于现代主义的历史是多么划时代、多么核心的角色，他本人并不是个全心的革命者，除了研究他的专业理论和技术，他也无心去颠覆什么。他当时已近古稀之年，对于新把戏如电话和飞机，却依然有老派的不信任之感。他自己还坚持说："本人不会和电影有任何瓜葛。"这就是20世纪思想的创立者之一，并不情愿成为现代主义者，还坚持认为电影是不必要的创新。

二

自电影诞生以来，已经拍摄的电影不计其数，这些电影不懈地以技术上的进步让观众心惊肉跳，或者至少大吃一惊——包括特写、蒙太奇、动画片，分屏幕、声音、色彩、长焦和特效。电影在巴黎闪亮登场后的几年内，大部分还是老百姓茶余饭 360
后的消遣，并没有接受现代主义者的实验。所谓"上流社会"很勉强地进入了早期电影界，还不忘其特有的纡尊降贵的派头。资产阶级对电影产生兴趣，是现代主义浪潮得以实现的根本前提，而这是需要时间的。[1]

随着几个导演不再仅仅拍摄火车驶过或者你追我打的闹剧，而开始尝试为高雅观众拍摄电影，对看电影的老百姓的轻蔑也就消失了。这些新拍的电影包括一部改编的古装剧，描写伊丽莎白女王的众多情人，或是偷拍纪实当代的贫民窟。这正是法国魔术师乔治·梅里爱[2]等大胆的先行者们一展身手的时机，此人到1900年时已经拍摄

1 资产阶级对电影那种做作傲慢态度，一定程度上也导致了人们使用更高雅，比"活动影像"更"雅致"一些的名词来统称这种新艺术，"电影"或"映画"似乎更为雅致——同样讨厌"活动影像"这个名词并致力研究电影的大学各系也提出了其他可用名词。我有时候用这个词，并无意施加任何价值判断，大部分时候，我用"电影"也就足够了。

2 乔治·梅里爱（George Melies, 1861—1938），所谓第一个把电影引向戏剧的人。他认为电影是一种魔术，只有发挥电影的影像魔术魅力，电影才会更有意思，才会吸引更多的人观看。——译注

了几部叙事短片，远比卢米埃尔兄弟的作品更长，也更有想象力。观众也开始对传奇演员如查理·卓别林和玛丽·璧克馥[1]等人痴心向往，让他们成为了大众偶像，而不仅仅是戏子。

电影很早就融入现代娱乐文化中。1909年，《纽约时报》首次刊登了一篇电影评论，电影改编自布朗宁的《琵琶凋谢》一诗——这是美国先锋中的先锋，大卫·沃克·格里菲斯创作的无数电影中的一部，该片由他的第一任雇主，当时的业内佼佼者比沃格拉夫拍摄。七年之后，有位哈佛的精神分析学家于果·明斯特伯格[2]毅然出版了一本学术专著《影画：精神分析学分析》。可这类严肃的学术著作直到1928年才多起来，那时候有声电影的到来似乎要给电影业带来巨变——这是个影响深远、迷人的新技术，虽然有的演员担心自己没法在镜头前应付从沉默到说话的转变，注定会出局，但有声电影的冲击其实并不剧烈。的确，电影中的文学浪潮有许多
361 都是纯理论，还往往会非常虚伪，只是在第二次世界大战之后，在20世纪50年代，才大举扩张，肆无忌惮。到了那时，电影和现代主义之间可能存在的关系问题才第一次被提出。

战后年代最受争议的电影界思想成果，就是所谓的“独立导演”理论，最早在1954年由法国导演弗朗索瓦·特吕弗明确提出（但这个想法隐约提出已经很久了），美国批评家安德鲁·萨里斯更是推广发扬，将其变成电影界热议的国际问题。其备受争议的核心理论，即“作者”或导演在电影制作中有独一无二的角色，这既是导演权威的简单常识，同时也是回归到浪漫主义和现代主义的力量，即要解放特立独行的天才。“独立导演”理论的反对者努力指出，一部电影或者说任何电影，都是合作的成果。导演、演员、编剧、摄像、作曲、服装设计、舞台设计，还有更不起眼的发型师和化妆师都是制片团队中不可或缺的，更不用说还有那些机灵的市场推手，只有通过他们才能将这个团队的美好愿望转变成真金白银。而“独立导演”理论的支持者，在法国电影人的推动下，宣称一部电影如在艺术上有价值，其标准是必须显示出首要创作者的风格，也就是说，无论影星多么大牌，电影的创作者都必须是导演。

---

1 玛丽·璧克馥（Mary Pickford, 1893—1979），美国早期电影明星，极盛时期曾是全世界最富有、名气最大的女人，也是联艺影业公司的创立成员之一，1929年以《卖得风情》一片获奥斯卡最佳女主角奖。——译注

2 于果·明斯特伯格（Hugo Munsterberg, 1863—1916），德国著名心理学家、美学家，被誉为“应用心理学之父”。主要研究电影心理学，于1916年发表《电影：一次心理学研究》，是他一生中唯一一部电影理论著作，也是电影理论史上第一部有分量的理论著作。——译注

可是作坊式的制片长期以来远多于这种纯理论的遐想。早在批评家吹捧“独立导演”电影三十多年前，各国都有了庞大的电影制片组织，以满足人们对这种价格便宜的新消遣无穷的需求，对于敢于直面描写最近这场惨绝人寰的战争的出色艺术电影，人们有时也乐于观赏。[1]当时各地的电影制片厂大量炮制默片来让观众消遣散心，有时候，也会刻意让他们回忆起这场四年之久的劫难，没有人想到战争会肆虐这么久，带来这么沉重的伤亡。在20世纪20年代初，岌岌可危的魏玛共和国早期动荡的岁月中，环球电影股份公司[2]发展壮大起来。环球电影股份公司最初是国有的，后来 362
变成私有制片公司，表现主义者在此获得了用武之地，拍出了备受争议的杰作，例如《卡利加里博士的小屋》（1919）。法国电影制作人也保持了自己的独立，还有机会一展其技巧。但是在电影制片方面，发展出近乎独裁的等级制度，并改造对电影的需求的，当然来自好莱坞。经过不断重新组合，好莱坞最终留下五家主要电影公司和一些较小的制片厂，每个都在造星，并通过合约保住自己的明星。

颇具讽刺意味的是，电影拍摄之繁杂，却正是“独立导演”理论显得如此诱人的原因之一：这个理论从集体中挑出一人，任大众褒贬，这也让影评家省了不少力气。实际上，“独立导演”理论得以传播，也说明电影已经发展得相当成熟，已经能作为知识分子辩论的谈资了。随着时间的推移，人们对电影的诠释往往自相矛盾，思想也针锋相对。主要的电影理论家欢迎从现代政治思想中借来的马克思主义，20世纪30年代及其以后，马克思主义深得人心，颇应潮流；马克思主义总是指出，在电影的华丽灿烂之表后，是其内核的空洞无物。马克思主义者认为电影是资本主义工业一个强有力的特点，是上层建筑中一个特别的元素，具有极深的政治意味，虽然现在还掌握在反动派手中，但若得到正确使用，也可能为正义发挥力量。国际驰名的俄国电影导演和理论家谢尔盖·爱森斯坦在20世纪20年代末就曾欣喜地引用过列宁的名言：“一切艺术中，最重要的难道不是电影吗？”[3]

---

1 崇拜导演远离了电影业的传统，因为在早期电影中，导演的名字是不会出现的。

2 UFA环球电影股份公司（Universum Film A. G.），1917年成立，原宗旨是宣传德国，1922/1923年转为私有，对德国电影的振兴有着重要意义。——译注

3 David A. Cook, *A History of Narrative Film* (1981；4th ed. 2004), p. 115.

三

左翼作家能轻易地接受革命原则用于对电影做深刻解读，与之相比，其他的理论，例如后结构主义、女权主义思潮，以及较晚的后现代主义，就为电影带来了更深奥的解读，且多和其他解读意见相左，他们勇敢地想要解读电影所隐含的文化意味，结果则并不总是成功的。在那时，关于活动影像是否是一门艺术，人们已经多次
363 明确地加以肯定。这个自信的论断指出，电影是20世纪特有的现代艺术。多年来一直是世界最著名导演的D.W. 格里菲斯，早在第一次世界大战期间就自信地用“艺术”一词来形容电影。1919年，法国先锋电影评论家、编辑和导演路易·德吕克清楚地看到了电影作为机械化时代产物的伟大前景和未来，“我们所协助的，是一个伟大艺术的诞生，这门艺术已经站稳脚跟，注定会前途无量。这是唯一的现代艺术，是机械化
364 和人类理想的产物”[1]。这也是其他电影评论家的想法，这是个新生的评论职业，其目的在于培养大众看电影的品位，影评家们全都同意，电影不是一出喜剧，也不是小说改编或是一组能动的照片，它就是它，电影，要用电影本身独特的语言来判定，用其自身的词语和审美观。只要有现代艺术，那现代主义者的艺术就必然如影随形。

可什么才是现代主义者的电影呢？这可不容易回答。即便影评家和聪明挑剔的观众能一致同意某一部电影很出色，也不能说明这部电影因此有了历史价值。最有影响力的电影之一，格里菲斯的杰作《一个国家的诞生》（1915）就沉重地将一个悠久的问题留给其观众：风格和内容孰轻孰重。这部电影对美国内战和重建进行了种族主义的解读，描写了邪淫的黑人和3K党的高贵，淳朴文明的南方诸州被北方来的外地参议员蹂躏，这部杰作的弱点显然是不可弥补的，然而瑕不掩瑜。只有观众将电影的风格和内容截然分开，才能有信心指出，该电影在当代是一部扛鼎之作。

格里菲斯1875年生于肯塔基州的拉格兰奇（La Grange），他一生都铭记着南方人对内战强烈而忧伤的情结（因为他父亲曾是联邦军中的军官），并将一生中最重要的一部作品献给了他理想中的反叛者（如今被认为是可怕的叛军）。四十多个3K党的骑士全副武装、纵马扬鞭前去拯救遭到黑人威胁的南方白人女子，她们纯洁的贞操岌岌可危，这一幕是这部电影中最激动人心，也最让人不安的场面。《一个国家的诞

1 Liam O’Leary, *The Silent Cinema* (1965), epigraph.

生》浸透了极端的狭隘，不过也可以作为一个样板，说明“现代主义”并非总是意味着赞美，对格里菲斯这部杰作严格的批判，也并不是出于政治考虑，而不考虑当时情况。即便在电影上映时，也有人同样如此严厉地批判这部电影。无论如何，这部电影在众多国家吸引了人数空前的观众——根据一个可信的估计，其全世界的观众人数超过了1.5亿——多年以来，各国包括苏联电影导演，或是觉得格里菲斯这部影片用心 365 不良的人，也承认自己从中得到了启发。[1]他的手法之精妙，远超前人。

格里菲斯的艺术观尽管在当时极为可贵，却是很武断的——《一个国家的诞生》实际诉说的是他对美国历史一段充满激情的诠释——却没能描绘出哪怕一个深刻的人物形象。如果有必要，格里菲斯会苛求真实性——林肯被刺杀的那一幕足以让职业历史学家也为之首肯。可一旦他的偏执复苏，就会纵容自己的政治观点，例如他讽刺黑奴解放后由黑人统治的南卡罗来纳州州议会，就将其描绘成一个邪淫的哑剧。要不是格里菲斯在新生的全国有色人种协进会（NAACP）[2]的强烈抗议下，同意将其电影中某些章节剪去，他这部种族主义的电影本来会更加具有煽动性。著名的美国经济学家和社会学家索尔斯坦·凡勃伦曾雄辩地说明，观众一定要持有批判和鉴别的观点，他在这部电影上映的时候曾冷静地评论格里菲斯这部最出名的作品：“我从来没有看过如此简洁而有力的污蔑。”[3]

《一个国家的诞生》远比任何其他电影（其中也包括格里菲斯之前所拍的数百部短片）都更有雄心，更为宏大复杂，也更为昂贵。其花费是11万美元，约是原预算的三倍，但该片在全世界风靡一时，为制片厂带来数百万美元的收入。[4]在电影拍摄时，格里菲斯只有几台设备可用——电影业这时不过只有二十年历史——其中许多设备还是他亲手发明，或是将同行的拙劣产品大胆而精巧地改造而成。大部分时候他只能靠自信行事，让其发挥到极致。他遭遇到现实的困境，会就事论事地加以解决。一言以蔽之，格里菲斯是美国式的实用主义者：他只关心有实际用处的东西，敢于用机器做最大胆的冒险，特别是用摄像机。

1　《一个国家的诞生》的影响力不限于电影制作人之中，历史学家有记载表明，格里菲斯对内战的种族主义想法以及他对3K党的热情赞颂，大大激励了许多州的3K党活动。

2　NAACP（National Association for the Advancement of Colored People），全国有色人种协进会，是一个由美国白人和黑人组成的旨在促进黑人民权的全国性组织。——译注

3　Thorstein Veblen in Cook, *A History of Narrative Film*, p. 66.

4　Ibid., p. 64.

在其不计其数的门徒看来，格里菲斯展示了如何巧妙地安排拍摄运动中的大群
366 人物，还有富有想象力的摄影角度，通过敏锐的剪辑以保证叙事的流畅，布置极其精细的场景（昂贵得犹如烧钱）。所以严肃的历史学家们给格里菲斯的评价是实至名归的：他是前无古人的创新者，将分屏幕和闪回带入电影，并且大胆尝试用摄像机拍摄出前所未有的电影。对其仰慕者（其中真正是群星璀璨）而言，《一个国家的诞生》就是一个大放光明的未来，每一卷胶片都展示了影响深远的创新。如果说格里菲斯这部电影杰作的内容总体而言是反动的，他在手法上的灵活性和独特的创造力，却永远改变了电影制作，使其变成无与伦比的艺术娱乐。

格里菲斯后来的电影也保持了其创新者的名号。著名的作品《党同伐异》（1916），其开拍的动机是最有个人原因的，《一个国家的诞生》中的狭隘观点让他备受抨击，并将自己受到伤害的心情反映到电影上，来证明他不但不是种族歧视的恶棍，反而是受害者。这部电影是四场互相关联的复杂场景，诉说的都是历史上迫害异己的例子——波斯征服巴比伦，耶稣被钉上十字架，1572年对法国胡格诺教徒的圣巴托罗缪大屠杀，还有当代美国的例子，罢工中平克顿的卫兵杀害了十九名工人[1]。在电影史上，《党同伐异》肯定是电影制作人出于为自己正名之目的而拍摄的最昂贵的电影。巨大的精心制作的布景，阵容强大的演员和临时演员，电影史上空前的人群大规模运动影像，都更扩大了他作为技术天才的声望。不幸的是，观影的大众觉得这部电影太繁杂，太高不可攀，总之令人失望。这场惨败让格里菲斯欠了一辈子的债。可是他作品的冲击力之强，已经超越了纯粹欣赏的尺度。谢尔盖·爱森斯坦在1944年曾自问，格里菲斯对于苏联电影制作人意味着什么呢？他本人的回答是："如同天启。"[2]

即便是创新，也不足以让一部电影在现代主义的名册上占一席之地。《爵士乐

---

1 1892年，宾夕法尼亚卡耐基钢铁公司当地工厂中的工人同老板进行谈判，要求增加工资，资方则以大幅削减工资回击，最终谈判破裂，工会于6月30日发动罢工。资方雇用了平克顿国民侦探公司（Pinkerton National Detective Agency）的密探，企图于7月5日晚上让他们护送工贼进厂。7月6日，罢工工人同密探激战。罢工于1892年11月20日以失败告终。——译注

2 Sergei Eisenstein, "Dickens, Griffith, and the Film Today," *Film Form* (1956), trans. Jay Leyda (1957), p. 201.

歌手》（1927）是第一部“说话”的电影，在这部催泪的电影中，阿尔·乔尔森[1]打扮成黑人模样扯开嗓门高唱：“来坐到我腿上，小宝宝。”他在电影中所说的话寥寥 367 无几，但其效果远胜过他悲伤的旋律；观众果然因此大吃一惊，之前他们只能看电影中插入的生硬的情节提示字幕。无怪乎华纳兄弟公司称这个创新为“伟大胜利”。但 368 是尽管《爵士乐歌手》完全符合现代主义的第一条标准，也即异端的诱惑，但对于其重要的第二条标准，努力挖掘内心世界方面，却毫无建树。这部电影的确是创新，却

《爵士乐歌手》（*The Jazz Singer*, 1927）中的阿尔·乔尔森，海报，尽管其他方面平淡无奇，但本片是有声电影尝试的第一步

1 阿尔·乔尔森（Al Jolson, 1886—1950），美国歌手，演员。——译注

很肤浅。想要成为现代主义，尚且不够。

四

电影导演经常拒绝跟随或是无法跟随创新者的路线前进。相比其他艺术，电影制作的过程更为公开，资本密集，是更令人焦虑，更有争议的产业。电影观众一开始就人数众多，并迅速扩大。到了1910年，美国的电影观众就已经扩张到一周就有2600万人[1]。当然，所有艺术门类和商业之间起码都有某种联系：画家有经济人，小说家有出版商，作曲家有乐团指挥，诗人也有自己的天使给他们的小杂志一点赞助。但是，在残酷的现实面前，电影制作人有时就像文化产业的商人一样，在这个冷酷的世界里，不得不总是面临着艰难的决定，他们起码要学着了解收支平衡，还要努力有所盈余。电影业中最让人发怵的一句话就是："预算没了。"

考虑到拍摄一部电影所需的大量专业人员，以及拍摄和推广电影所需的专业设备，和其他艺术门类要求不高的市场化策略相比，电影的成本简直庞大无比。还有吝啬的银行家和他们的跟班，聪明的电影制片监督人，都会对电影制片厂施压——或质问为何开支超标，或反对有伤风化的情节，不批准拍摄花费昂贵的场面，指派拍摄人员以及"改进"电影结局，经常把一部很好的剧本拍成俗剧。想不冒犯任何人，又想让绝大多数观众兴趣盎然，这种无休无止的争论往往产生最和稀泥的结果，就像最慢的船会拖整支船队的后腿一样。电影业中大胆的现代主义可以实践的空间，可谓小而
369 又小。尽管电影是众人经手，且时常被投资方紧紧约束，但令人吃惊的是，隽永的电影并不是很少，而是很多。

在现代主义电影业的巅峰，至少还有三位开拓者足以和格里菲斯比肩：谢尔盖·爱森斯坦、查理·卓别林，以及奥森·韦尔斯。毫无疑问，无论是电影史学
370 者，还是独立导演理论的信奉者，都有自己最心仪的导演，如恩斯特·刘别谦、让·雷诺、约翰·福特、阿尔弗雷德·希区柯克、路易·布努埃尔、费德里科·费

---

1 Cook, *A History of Narrative Film*, p. 32.

弗雷德·阿斯坦和琴吉·罗杰斯在《礼帽》中的剧照（1935）。《礼帽》是这两位有天赋而又迷人的演员所出演的又一部卖座片（一共有好几部），在大萧条的时代，看他们的电影是无与伦比的消遣

里尼、米开朗基罗·安东尼奥尼、让—吕克·戈达尔、黑泽明、英格玛·伯格曼[1]。可我所说的三位，作为格里菲斯最出色的继承人，其电影试验所开创的影响，是独步古今的。

爱森斯坦自己承认是格里菲斯的继承人，在电影制作业中，他是极有创造力的人，在背景、人物塑造和艺术品位上都强于格里菲斯，可是二人的相同之处是最关键的：永无休止地创新，并致力于宣扬意识形态。爱森斯坦于1898年出生于俄罗斯一个富裕的城市中产阶级家庭，他的父亲是建筑师，在苏维埃政权初期那冲动和特别自由的年月中，爱森斯坦的艺术达到成熟，他像海绵一般孜孜不倦地吸收戏剧、美术和哲学上的先锋思想，还不仅限于现代主义的思想：他很博学，能够引用狄更斯、托尔斯泰，也能征引波德莱尔，或是歌德、但丁、乔伊斯，或是马克思。1923年他转攻电影，将自己的全部知识都倾注其上，特别是精神科学在社会上如何运用。在艺术趣味和情节安排两方面，他对观众的反应都非常关注。估计观众的反应，对他的电影拍摄非常重要。

他执导的约十部电影都拍摄于20世纪20年代，其中《战舰波将金号》（1925）
371 一直是他最出色的创新之作。这场电影是为了纪念1905年俄罗斯革命二十周年，这场革命的失败被布尔什维克的宣传人员鼓吹为1917年革命胜利的预演。电影叙述了敖德萨港的波将金号战舰水兵成功的兵变，在兵变的军舰几百码外，就是政府军队残忍大屠杀市民的所在。智慧的思想贯穿每一帧画面，并仔细地经过预演，电影拍摄费了不少时间，却也成为爱森斯坦想象力和天分的明证。他是个热心的理论家，最后将他的导演技巧总结为马克思主义理论的直接产物——或者按照苏联时髦的说法，是马克思
372 列宁主义。他炉火纯青的蒙太奇技艺（他觉得福楼拜的《包法利夫人》就是个蒙太奇

1 其中最有影响力的，可能是意大利电影业的快速成熟。从法西斯令人窒息的“指导”中解放出来后，意大利新现实主义的领军理论家是马克思主义者和剧作家塞萨·柴伐蒂尼，他早在1942年就要求采用一种熟悉的现代主义，导演们“应无条件地接受当代社会的现实，关注今天，今天，今天”，他认为电影制作人没有剧情或演员也可以拍摄，因为情节和演员两者都在扭曲普通电影观众所熟悉的日常生活。新现实主义以其让人心碎的坦率风格，成为一小群出色的导演所信奉的《圣经》，他们不可能全都是马克思主义者，其中也有历史上重要的人物，最初是罗伯托·罗西里尼所拍摄的《罗马，不设防的城市》（*Roma, Città aperta*,1945）以及维托里奥·狄西嘉所拍摄的《偷自行车的人》（*Ladri di Biciclette*），随之而来的是费德里科·费里尼所拍摄的《大路》（*La Strade*,1954）以及米开朗基罗·安东尼奥尼的作品《奇遇》（*L'Avventura*, 1960）。这些电影都以各自精妙的摄影，出色的表演，以及对微妙的，往往是悲惨的主题不动声色地加以表现而出名。思想独立的意大利导演正是在那个时代风靡一时，让独立导演理论的信奉者有了依据。

的好例子），是将对比强烈，彼此互为线索的镜头拼接在一起，以此来强化对观众的冲击感。在他所写的评论文章中这种风格被称为："辩证法蒙太奇"。似乎他想让世界知道，是马克思和列宁为他写了剧本。

《战舰波将金号》中令人难忘的一幕，是敖德萨阶梯的场面，描绘沙皇的士兵如何不分老幼滥杀普通市民[1]。爱森斯坦和他的团队前往敖德萨数次，拍摄了几个场景之后，他就迷上了那段直落码头的宽阔大理石台阶。正是在这处外景上，爱森斯坦无情地拍摄了母亲如何将她的婴儿车推下阶梯，老妇人又如何哀求士兵饶命。爱森斯坦虽还是本道中的新手，但完全知道这野蛮残忍的一幕会如何激怒观众，将戏剧效果推到极致。《战舰波将金号》一片中再没有比这场大屠杀更能激起观众的怒火，其效果甚至超过了对一块腐烂的、爬满蛆虫的肉所做的特写镜头（波将金号上的军官们觉得水兵中午能吃上这样的肉就该满意了）。他快速地切换视角，此刻是全景镜头，受害者们中枪倒下，或是绊倒在地，军靴整齐地迈进，此刻又是惊恐的受伤的面孔特写。这确实是难忘的一幕，主旨和整部《战舰波将金号》一样，是要申明政治观点，比如邪恶的海军军官说水兵的食物可口极了，沙皇的军人像杀人机器一样屠杀无辜的俄罗斯人。我们之前就看过这样的情况：现代主义者最激动人心的创新，其思想的源头却值得三思。

这种拍摄手法，在爱森斯坦的《战舰波将金号》中得到了最有效的运用，从此 373
和他的名字联系在一起，这就是蒙太奇。蒙太奇奠定了爱森斯坦在电影界中真正的现代主义者的位置。爱森斯坦在他论蒙太奇的许多著作中曾写道，如果剪辑得当，"蒙太奇能够成为富有创造性的重塑现实的最有力武器"。[2]在他这样的大师手中，蒙太奇这个技巧的确能运用精妙，但在本质上，蒙太奇是很简单的：本不相关的事物之间互相比照，通过彼此紧密的联系，增加其冲击力。每个故事都有其蒙太奇的因素：如爱森斯坦之所为，正是因为让故事显得无懈可击，非常自然，才获得其戏剧化的冲
击力。 374

1 如大卫·A. 库克所指出的，"《战舰波将金号》花费了十周来拍摄，两周来剪辑，和普遍的说法不同，其蒙太奇场面不是巧妙地重新剪辑和仔细规划的结果。爱森斯坦本人在后来的理论著作中对这部电影有复杂的结构解析，也让人们相信了公认的说法，其实，《战舰波将金号》和《一个国家的诞生》或者《公民凯恩》一样，与其说是仔细规划的结果，不如说是创造力的喷发"。见Cook, *A History of Narrative Film*, p. 128.

2 Eisenstein, *Film Form*, p. 5.

爱森斯坦更应算作苏维埃的受害者，而不是受益者。他觉得自己心中的马克思主义，对他这类富有独创性的人，不应像对平庸的别人一样加以严格钳制，但那些对他古怪的技术创新不满的官员们并不如此想，哪怕这些技术创新正是他思想的成熟产物。只有苏维埃当局许可，他才能当他的现代主义者，而当局的耐心是多变的。他是幸运的；牺牲于斯大林主义的知识分子和艺术家多得触目惊心，尤其是那些和他一样有着犹太人血统的。官员们强迫他在自己的电影中做或大或小的改变。他们还指责爱森斯坦“形式主义”，御用文人们逢迎斯大林统治下的党，喜欢不分青红皂白地使用“形式主义”这个词来形容那些他们认为和官方批准的所谓“社会现实”距离太远的音乐、戏剧、诗歌和小说。他们说爱森斯坦“走上了资产阶级的歪路”。

爱森斯坦有几部作品官方不许放映；但他最伟大的作品《战舰波将金号》，依然可以上映，大多是因为该片在海外很受欢迎。而他最后的电影作品《亚历山大·涅夫斯基》（1938）及《伊凡雷帝》（第一、第二部，1945、1946年）也应算作艺术胜过意识形态的胜利。涅夫斯基回顾了13世纪俄罗斯军队对条顿侵略者一场历史性的胜利（条顿人此时即指纳粹）；爱森斯坦拍摄此电影时，纳粹对苏联的进攻似乎
375 迫在眉睫。这部电影有宏大的战争全景，谢尔盖·普罗科菲耶夫为其谱写了出色的配乐，电影片段缓慢而宏大，别开生面，更像是歌剧而非电影。普罗科菲耶夫有模仿新古典主义的天赋，他在旋律上有创新，且有极大的变通能力，传记作家乐于称其为“温和的现代主义者”，他也是爱森斯坦的最佳拍档。后来爱森斯坦在没有普罗科菲耶夫时独立拍摄的电影《伊凡雷帝》（第三部未完成），也仍然让人深感其才华横溢。1948年，五十岁的爱森斯坦逝世，在他最后一部作品中，政治宣传的痕迹已经消退，只有纯正的艺术留存，这是一个导演的小小复仇，他对马克思主义的解读，和当权的人发生了危险的分歧。

五

爱森斯坦的同时代之人，查理·卓别林，则将电影制作带入了一个截然不同的方向，即内心世界，卓别林总是被称为查理，却从未被称为“查尔斯”。在卓别林的全部电影中，现代主义的两个基本特征——异端的诱惑和内心的挖掘——都有其一席之地。显然，在卓别林之前的电影中，有时也会探讨人物的内心活动，爱情故事更

不会无视人的情感。但是导演们大体上重视情节，一个事件紧接着一个，让观众欲罢不能，其中纠结的感情则让观众自己去遐想。一个情节接一个情节，无论电影制作者们所面临的是多么深邃的问题，即便他们有意探索人物的内心，也不过是来几个特写，让演员的面孔充满整个屏幕，倒也能有效地表达出情感。这个手法最初约于1900年在格里菲斯的电影中出现，通常仅是导演所运用的一个手法。这类手法的汇总对卓别林毫无意义，总之他是按照自己的创意来导演和演出的。

当然，卓别林所表现的情感的范畴是相对比较狭窄的，他上演的闹剧后面，总是暗藏着悲伤，多愁善感是他电影中一直潜在的危险，他不仅非常清楚，甚至有时也并不逃避。但是，在绝大多数时候，他那灵活而生动的面孔会突然抛下廉价的 376
多愁善感，完美地表现出矛盾的心理，互相冲突的情感并存，使角色的精神层面如此丰满。卓别林对自己的演技从没有仔细评说，他也没有将这个天赋归为己有。当时的电影评论家们，尽管都热爱着卓别林这个无与伦比的小丑，却也没看出他的这个天赋。可他给剧作者和电影导演（当然也包括他本人在内）所带来的感情上的潜在表现力是广阔的，特别是有声电影到来之后，虽然卓别林本人是竭力抵制有声电影的。

六

查理·卓别林是第一批成为大众明星的影星，美国的各家制片厂争相出价想和他签约，条件可谓丰厚得离谱。1910年他加入一个英国演员团队初次来到美国，虽然当时还很年轻，可已经是一个前程远大的喜剧演员，后来他又返回美国定居。正在起飞的电影业改变了他，反之亦然。到了1916年，他和幕切电影公司签了一个新合同，薪金已经高达67万美元一年。这家公司是当时好莱坞群雄争霸的众多公司之一。幕切公司的公关人员如此宣传："卓别林是当代历史上最烧钱的，仅次于目前欧洲的战争，每过去一小时，都给他带来77.55美元，如果他想挣出一角钱来坐车，则只需花2秒钟即可。"[1]但这并不是他最后一次加薪；到1917年时，他已经能挣100多万美元一年了。

1　Publicist for Mutual Film Company, in David Robinson, *Chaplin: His Life and Art* (1983), p. 157.

这真是造化弄人。卓别林于1889年出生在伦敦一个杂耍戏院演员之家，他从小就登台演出，才华横溢却又饥寒交迫，人们逐渐知道了有这么个多面的艺人，他身段灵活，能胜任动作喜剧，表情丰富，能模仿最多变的情绪。这让他成为短片电影和该类电影中最适合的角色，即便在最短促的小品中，他也能找到机会，活灵活现地演好角色。

377 后来他自己决定，只以一个典型的形象出镜，虽然卓别林乐于即兴出演任何角色，但正是这个小流浪汉角色才让他迅速名噪一时，他塑造的人物，唤起了快乐和苦难纠结难解的复杂情感。查理这个角色，在各地电影观众中，人尽皆知。一个浑身穷酸气的流浪汉，姿态和衣服一眼就认得出来——拖着脚跟走路，古怪的胡须，紧紧的小圆礼帽，小了两号的衣服，松塌塌的鞋子，那根老古董手杖。这个角色，简单得如此深刻（可以这么说），对卓别林迅速成熟的现代主义电影风格来说，是一个极好的准备。他的新风格，完全背离了约定俗成的表演和导演规范，越来越重视对资本主义
378 社会进行批判，且不带任何嬉笑嘲讽意味，这让他的自我形象更加丰富，也带来了几个坚决的反对者，他不是其他电影制作人的模范，他是独一无二的。

卓别林没过多久就从出演他人的剧本变成自己写剧本，然后又自己执导，他的电影作品必然是自己担纲主演。在早期的短片中，他就已经是一个苛刻细致的艺术家，一遍遍要求重拍镜头，将他的演员和他自己弄得精疲力竭，在晚期完整长度的正式电影中他的苛求更是有过之而无不及。在《马戏团》（1928）中，有一幕是他和两头狮子在同一只铁笼内，卓别林一直待在铁笼里和狮子在一起。这一幕不但危险，而且还花费甚高（一天150美元，包括驯狮人）；即便如此，总共还是重拍了超过两百次。他这种疯狂的热忱，他的配角团队不得不适应，而让人人都更加苦不堪言的是，卓别林似乎在心中对每个镜头都有一个至善至美的想法，只要达不到他的理想，就决不罢休。他也大致清楚，拍摄中时而爆发的争执，他是要负大半责任的；后来他写到自己的杰作之一《城市之光》（1931）时评论道，他把自己逼到“神经病人一般追求完美”的地步。

无论这种心理从何而来，卓别林追求完美这一点，也说明了他为何对那些自认为不完美的片段会如此厌恶。《城市之光》杰出的结尾，精妙地表达了悲喜交集的情感——也是卓别林本人一生的最爱，这个结尾很好地表明了他如何表达矛盾的感受。这个结尾他反复推敲，反复修改，反复排演了数月之久，他没有样板可参考，只

靠自己严谨的想象力来指导。故事讲述了一个流浪汉，一如既往地穷困潦倒，还有一个盲眼的卖花姑娘，年轻、美丽而贫穷。当流浪汉知道，只要那个著名的奥地利专家能给她动手术，她就能重见光明时，他想出了各种办法来筹钱送她去维也纳看病；他换了许多工作，包括扫大街，甚至去当拳击手的托儿，结果是既可笑而又悲惨。

最后，为了能将他心爱的卖花姑娘送去做手术，筹钱的关键人物是一个百万富
翁，卓别林救了这个打算自杀的富翁，富翁在酩酊大醉中把流浪汉当作他最好的朋 379
友，可醒酒之后，却认不出他来。结局是悲喜交加的：查理筹到了钱，但是被冤判为抢劫了那个富佬，进了监狱。当他出狱时，更加一文不名，游荡街头，忽然发现一家迷人的花店，开店的就是那个受他关照的姑娘。她如今已经复明，满心希望她那个没见过的恩人——他肯定是个英俊富有的人，有一天会出现在她面前。之后的事，自然是不言而喻的。

那个过去的卖花姑娘发现查理在门前踌躇不前，她赶紧把一些钱塞到他手
里，就此认出了他：以前，她只能以触觉来认出别人。电影在这令人心碎的场面
中结束，她问他，“是你吗？”似乎是想否认这个显而易见的事实：她的梦想，那 380
个拯救了她的天使，已经幻灭。他点头，然后也问她，半是期待，半是窘迫，这是一个本无需问的问题：“你能看见了吗？”他当然知道她能看见，她认清了这明显的事实，这才是结尾，让观众来展开各自的遐想，看流浪汉和美人之间的爱情是否会有结果。这相认的一幕似乎有俗套之嫌，但没有观众敢称其为俗套。无论是看过《城市之光》的广大观众，还是电影评论家，都认为这是卓别林电影中最美妙的场景。

在十年之间，也即20世纪20年代中期到30年代中期，卓别林拍摄了三部电影，全都是经典的喜剧片，《淘金潮》（1925），《城市之光》（1931）和《摩登时代》（1936）。他写作、拍摄、执导、出任主演，还为电影谱曲。倒霉的淘金者查理在蛮荒的阿拉斯加煮靴子和鞋带吃，工人查理被机器卷了进去，挣脱不出来，这都是永留记忆中的场面。他的下一部电影，却大胆地讨论了当代国际政治，这就是《大独裁者》（1940），这部电影和他名扬世界的“查理”截然不同。由于和希特勒有略微相似之处（他的小胡子和元首的隐约有些相似），他利用这一点虚构了一个故事：一个穷犹太人和大独裁者（这两位都不是查理）阴差阳错，弄混了身份，当然是卓别林

查理·卓别林，《城市之光》（1931），流浪汉邂逅了盲眼的卖花姑娘

一人分饰两角色，并有足够的戏份来饰演这两个角色的不同之处。这电影中的幽默较以往更为沉重。到了结尾，情节安排，让这个犹太人有机会发表一篇真心实意的演说，哀叹今天世界的自私和冷漠（“贪婪玷污了人们的灵魂——让世界在仇恨中分裂”，还有“我们思考得太多，感受得太少”），讲话还呼吁创造一个更光明的未来（“生活的方式本应该自由和美丽”[1]）。这席讲话不过是一些用心虽好的俗话套话，无论是愤怒的左翼，还是恼火的右翼，都对这番话不满，左翼指责这是幼稚的，政治上毫无意义的好好先生的想法，右翼则认为这是共产党人伪装平等主义的典
381 型例子。

对卓别林而言，这部描写希特勒的电影，虽说未曾事先计划过，但是拍出这部

1 Chaplin’s famous concluding speech in *The Great Dictator*; in David Robinson, *Chaplin: His Life and Art* (1983), p. 504.

电影，却也是自然而然的。后来当他得知了纳粹德国的集中营之后，他曾后悔拍摄了《大独裁者》，因为这电影中有巧妙的插科打诨和闹剧，将一个恶魔轻浮地描写成小丑。可是他显而易见的左倾色彩，他所创造的这个小流浪汉的角色，以及他在《摩登时代》中对机器时代的批判，都将他塑造成普罗大众的代言人。他自称为“无政府主义者”，这个词反映出他不喜欢任何有组织的政治体制。这其中就包括苏联，而苏联是第二次世界大战之前激进分子们的至爱。1938年，当时和卓别林很熟悉的一位富有的加利福尼亚州左翼分子丹·詹姆斯说道：“不管卓别林具体的政治观点如何，他总是会厌恶富老爷和保守守旧……他当然是个自由主义者。他很早就看出斯大林是个危险的独裁者，鲍勃（即梅尔策）和我花了好大力气，才让他没有在《大独裁者》的最后讲话中同样抨击斯大林。”1939年8月签署的苏德互不侵犯条约让他震惊。“他信仰的是人类的自由和尊严。”[1]可这些都不能阻止某些评论家，其中甚至有国会议员，要求把这个从没有申请成为美国公民的卓别林驱逐出境。

若要书写电影业天才卓别林，就不能忽略他在舞台之外的生活。如今电影公司的公关人员已经是一个全新的职业，他们的任务就是将电影明星包装成大众宠儿，让演员大名远扬，传播演员的风流韵事（如有必要也不惮编造），而这一切都是为了票房。卓别林自然是个好目标，或者说受害者。他对豆蔻妙龄的少女演员的兴趣甚大，还因此招致两次轰动一时的离婚案，甚至还受审一次——虽然被宣判无罪——罪名是触犯了所谓《曼法案》（1910年版）禁止穿越州界时携女子取乐的规定。但这无罪释放既不能让反对者对他改变看法，也不会损害他在仰慕者中的英名。他的私生活，以及他直言不讳的政治态度，都让他成为人们敬仰或厌弃的对象。 382

这一切都给卓别林造成了影响。他在《大独裁者》之后又拍了别的电影，却发现他虽非正式入籍却定居于此的美国对他越来越不欢迎。到了1942年10月末，卓别林五十三岁时，遇见了乌娜·奥尼尔，尤金·奥尼尔十七岁的女儿，约一年之后，两人结婚。他依然拍摄长片，例如《凡尔杜先生》（1947）和《舞台生涯》（1952）。眼看自己的处境愈加不妙，卓别林最终明智地吸取教训，离开了美国，定居在瑞士的沃韦（Vevey），直至1977年过世。他和乌娜生了八个孩子，享受着电影带来的荣誉和

1　Dan James in David Robinson, *Chaplin: His Life and Art* (1983), p. 489.

英国的爵士头衔，这头无政府主义的雄狮却变成了自得其乐的资产阶级羊羔，传奇的一生有了个传奇的结局，虽然这不是现代主义者常有的下场。

七

先锋电影导演奥森·韦尔斯历经波折的历程则更贴近于现代主义者的传奇遭遇：现代主义者的艺术天赋独步当代，却因此备受折磨。现代主义观察家们自然会认为，韦尔斯的一生，特别是晚年，证明了一个流传已久的传说：横空出世的天才注定会折翼于平庸的人世间。只有后来人，比同时代人更加崇敬，也更加清醒，才能给韦尔斯的遗产做公正的评价。

韦尔斯的第一部，也是最出色的作品《公民凯恩》（1941），其杰出是毫无疑问的。那些想增加杂志发行量的编辑们，总是爱对世界所谓“最好”的电影进行
383 排行，他们总是将《公民凯恩》列在第一或是榜首的几部之一。[1]特别有趣的是，
384 《公民凯恩》符合了现代主义的两个标准：技术上是奇观，同时也深入地探讨了
心理。

和爱森斯坦一样，韦尔斯1915年生于一个小康之家。他是个少年天才，当其他的孩子还在沙堆上嬉闹时，他就已经表现出令人生畏的成熟。四岁时他就发现了一生的事业，一个善解人意的亲戚送给他一套木偶戏行头，他努力地担当每个角色——作者、导演，出演每个人物。1939年他最终接受了雷电华影业公司（RKO）的邀请，当时的雷电华是一家深陷财政危机的电影制片厂，正想拍一部卖座片，他那时已经是个著名的演员和导演，主导过某些很有特色的莎士比亚戏剧，还有一部实验性作

1 其实，这类投票反映的是个人品位，过于武断，太过主观，所以意义不大。但是奥森·韦尔斯的《公民凯恩》稳居高位，看来是名至实归。我本人最喜欢的电影排名也没什么出彩的地方：《面包师的老婆》（*La Fomme du Boulanger*, 1938），这是部农村题材的悲喜剧，讲述的是不忠和复合，演员是无与伦比的莱穆；然后是霍华德·霍克斯的《女友礼拜五》（*His Girl Friday*, 1949），这是对现代记者的巧妙描写，出色地翻拍了刘易斯·迈尔斯通的《满城风雨》（*The Front Page*, 1931），《女友礼拜五》的演员是和蔼的加利·格兰特（Cary Grant）和罗莎琳·拉塞尔，那是好莱坞里说话最迷人的女演员；然后是卡洛尔·里德的《第三人》（*The Third Man*, 1949），所说的是一个无情的黑市贩子在战后的维也纳，剧本由格雷厄姆·格林所写，奥森·韦尔斯在此剧中第一次出演就支配了整部电影。还有《卡萨布兰卡》（*Casablanca*, 1942），演员是亨弗莱·鲍嘉、英格丽·伯格曼和克劳德·雷恩斯，当然，还有《公民凯恩》。

《公民凯恩》中的奥森·韦尔斯，为票房作宣传。这部电影被广泛认为是最伟大的电影，真正的天才韦尔斯一人担纲制片、导演、主演，也参与了部分剧本写作

品，是欧仁·拉比什和马克·米歇尔所写的老法国喜剧《意大利草帽》。

韦尔斯的嗓音颇为著名，既能杀机四伏，又能魅惑动人，有帝王一般的尊严，也能有孩童般的顽皮，在他和约翰·豪斯曼所办的水星剧场的广播剧中，他的声音就已经传遍了全美国。在一个特别的夜晚，1938年10月30日，每周一次的现代小说广播剧中，他让这个国家（至少是美国一部分的广大地区）陷入了集体恐慌，因为他以写实的风格广播了改编的H. G.韦尔斯所著的《世界大战》，故事讲述了新泽西遭到火星人入侵的故事。他所广播的并不是警报，而是小说，但是通过巧妙穿插的天气预报，警方提示以及其他看似确定不移的声明，韦尔斯让不知情的成千上万听众认为火星人真的强行登陆了。恐慌席卷全国。无数焦虑的听众打电话给警察或报社或广播站求助和确认，甚至逃离家园，跑进教堂或其他公共建筑中。其结果是：奥森·韦尔斯发现自己被写进了《纽约客》杂志，还上了《时代周刊》的封面。

就是这个年轻的天才，刚满二十四岁，决心拯救雷电华制片厂。韦尔斯花了
一年多时间才选定他第一部电影的题材：一个美国报业巨头和富豪查尔斯·福斯
特·凯恩的传记片。他本是年轻的理想主义者，却被权力所侵蚀，最后变成一个贪
385 婪、粗暴，并且越来越孤独的保守派。他盲目地追求权力，导致他的私人生活也为之
牺牲：他逼着第二任妻子，一个没有天分也并不聪明的歌手去崭露头角。即便他旗下
的报纸尽力鼓吹，但他的妻子还是无可避免地失败了。最终，尽管他衷心恳求，可怕
地威吓，但她依然不为所动，离开了他。他所有的权力，也不能消除这无力的耻辱
感。毋庸赘言，主演查尔斯·福斯特·凯恩的正是奥森·韦尔斯。

《公民凯恩》开篇就是结局：凯恩坐拥巨大财富和无数收藏品，奄奄一息。他最后一句话含糊不清，气息几无，隐约能听出来是一个名字“玫瑰花蕾”。然后一段含义丰富的片段，模仿和嘲弄司空见惯的新闻短片，简单回顾了这个巨头的一生大事。然后是五位凯恩的旧相识的访谈，有很长的倒叙片段，试着去解读他最后留在人间的这个谜团。当人们将他不分好坏地收集在身边，堆积如山的垃圾旧物收拾起来，丢进火堆里时，发现其中有一个滑板，上面写着：玫瑰花蕾。这是凯恩孩童时代的心爱之物。这个滑板出现了片刻，算是给电影解开了一个谜团，但凯恩年轻时所珍爱的滑板究竟有何感情上的意义，对此则又见仁见智。为什么他最后的记忆是一件东西，而不是一个人？这是在解说凯恩内心空虚，还是我们文化的空洞无物，重视权力而不是道德？韦尔斯巧妙地将一个美国大亨的生平变成心理学的悬念，其答案其实蕴藏在那些倒叙情节之中。

韦尔斯自己首先承认，他所有那些迷人的，不同于传统电影制作的风格并不都
是他的独创。比如说，他知道有些大胆的导演，已经在各自的电影中将风格发挥到
极致，他也正是这么做的。拍摄《公民凯恩》的某些同僚又是极其有天赋的。他和摄
影师格雷格·托兰德紧密合作，托兰手法专业，又欢迎甚至是渴望创新实验。韦尔斯
和托兰尝试了各种新的摄影角度，前所未有地运用了灯光，还使用了大景深的手法
386 （这是托兰的拿手好戏），让背景中的人物和镜头焦点处的人物一样鲜明。当韦尔斯
在《公民凯恩》杀青后最后一卷胶带上排列制作团队的名单时，他将托兰的名字和自
己放在同一页——这是罕有的赞美。对于首席编剧赫尔曼·J.曼凯维奇，他就没那么

全心感谢了。曼凯维奇本想把自己的名字写为剧本的唯一作者。韦尔斯虽然很乐意让曼凯维奇名列最主要的制作人名单，而且也确实这么做了，但他将自己同样列于编剧，于法于理上都站得住脚：他本人也为剧本的写作和编辑做了大量工作。无论如何，他对别人的发现以及自己的独创加以创意吸收，对技术上一窍不通的观众所能感受到的，就是电影情节紧张诱人，这也让观赏《公民凯恩》成为无比的乐事。

评论家的意见非比寻常，大家众口一词的赞美，博斯利·克劳瑟在《新纽约时报》中直接说《公民凯恩》“应当是好莱坞最让人心动的电影”，威廉·波奈尔在《纽约世界电讯报》中也同意道：“这部电影充满了情节，哀伤、幽默、愿望、变化，手法上的大胆和独特，让人吃惊，绝对属于最伟大的电影之一。”还有些评论家恰如其分地指出其在电影艺术上的创新。阿彻·温斯滕在《纽约邮报》中写道：“就技术而言，这部电影标志一个新时代开始。”约翰·莫舍在《纽约客》中也有同样看法：“电影世界终于迎来了新的转机。”对这些圈内人而言，《公民凯恩》中流露出的异端的诱惑，是极其迅猛的。这感觉，就像是1907年秋季沙龙举办的第一次塞尚逝世后作品展，让画家们眼界顿开并永远改变了艺术界那般强烈。

本应最了解电影的资深观众的热烈反应并没有让《公民凯恩》日进斗金。票房最后不足85万美元，算不上多出色的成绩。但是查尔斯·福斯特·凯恩一生的故事却让另一个资深的报业巨头威廉·伦道夫·赫斯特大为恼火，他认为这部电影可以轻易看出来是在影射他（尽管韦尔斯多次坚决否认，但这个看法却也不无道理）。赫斯特觉得受了侮辱，他斗志奋发，毫无怜悯，发动起巨大的资源来惩罚这个胆敢羞辱他的年轻人。他让自己控制下的众多报纸都不刊载韦尔斯的名字，甚至雷电华公司的其 387
他电影，他还发出威胁，吓退那些预期上映这部闯祸的电影的院线。还有，必须要承认，吸引不了大众，电影是没法盈利的，而大众对这部电影也热情平平。现代主义者可能会说，庸俗的普罗大众又能如何？直到战后，大城市里那些不再过于讲究装饰的剧场和新的艺术中心迎合新的口味应运而生，才会给《公民凯恩》造就一批铁杆拥护者和追随者最诚挚的赞美。这是韦尔斯的第一部电影，也是他拥有充足资金支持和艺术把握的最后一部电影。[1]

他还拍了许多其他作品，包括在《公民凯恩》后紧接着拍摄了一部《安伯森

1　准确地说，这令人扼腕的故事中只有一个例外，就是韦尔斯1962年拍摄的卡夫卡的《审判》。

情史》（1942）。这部感伤的作品描写了一个外省家庭在现代化和机械化面前如何衰落，取材自布思·塔金顿的小说——这是托马斯·曼的《布登勃洛克一家》的美国版，较之《布登勃洛克一家》也略为逊色。这部电影约有三分之一并非由韦尔斯执导，因而也大为逊色了，又因为试图“解释”情节而加拍了某些场景，而更加失败。然而该片在技术上依然有所成就，使用了所有在《公民凯恩》初次尝试的新设备。该片票房惨败，他根据埃里克·安布勒的畅销侦探小说《长夜漫漫路迢迢》拍摄的电影（1943年上映）也遭到惨败。对于雷电华公司的管理者而言，他们的救星最后反而变成了破财之人。

韦尔斯的余生，尽管得惠于仰慕他的电影制作人，批评家和大学电影系的学生良多，却一直苦苦追寻财务自由和创作自由而不得。他倒是不缺少尊敬和推崇，如杂志的吹捧、勋章、荣誉头衔，甚至英国的爵士头衔。但这些奖赏，无论多令人满足，也无法给他筹来足够的资金，让他能拍出那些野心勃勃的大作，足以配得上他独
388 步古今的名号。

多年以来，不管是在欧洲，还是在美国短暂停留，韦尔斯的处境从没有彻底改善过：他追寻着财务控制宽松的拍摄任务，以便能放手拍摄，他希望，所有这些作品都是明显的奥森·韦尔斯作品。他在拉斯维加斯或者纽约电视台当艺人来为项目筹款。暮年时，电视观众能看见他可悲地为一家加利福尼亚酒商做广告，那时的他肥胖，不在状态，精妙的声音却被用来为某个不知名的商标做代言。韦尔斯1985年逝世，享年七十岁，逝世时正如他的整个一生，依然在拍摄一部新电影《李尔王》，韦尔斯（当然是他本人）来出演被放逐的国王。

他一生的故事有悲剧色彩，是一个惨淡的现代主义者神话。韦尔斯的王国，或者更准确地说，他的电影业和赞助商，没有供养其最有才华的天才之一。和他并肩工作的人能够证明，他就像是个巨人，却被侏儒所困，这些侏儒虽然才智和艺术天赋都极其可怜，却拥有金钱和与金钱密不可分的权力。这个故事实在是再熟悉不过的，庸人造就了现代主义者的失败。美国文化也许不配拥有它，但真正的电影爱好者，若有现代主义的品位，会永远享受《公民凯恩》带来的持久的愉悦——也许还有些耻辱之味。

八

战后电影制作者们的精彩作品，有专业摄影师和出色演员为助，着实让热忱的先锋派期刊，如1951年成立于巴黎的《电影手册》有很多理论分析的工作可做。那些为《电影手册》写稿的评论家，几乎都是年轻人，且不为传统的负担所累——弗朗索瓦·特吕弗、让—吕克·戈达尔、克劳德·沙布洛尔、埃里克·罗默，这只是其中最著名的几位，他们很快从写作发展成导演，并建立了新的风格，即Nouvelle Vague——新浪潮，小成本电影制作本是权宜之计，在这个新风格中却显得仿佛是其特点。作为电影制作人，他们囊中羞涩，却很好地将自己的拍摄技术和极其有限的财力相结合。他们喜欢实景拍摄而不用摄影棚，这就省去了布景的花费。在对电影进行 389
编辑时，他们大胆使用“跳接手法”，这让他们可以剪去拍摄不好的片段，即便这会影响电影的流畅。爱森斯坦所强调的是舞台调度上的蒙太奇，即所谓“打造情感和气氛”，这就让电影“不仅仅带来智力和理性的体验，也能表达情感和心理”。而新浪潮的导演则与他大相径庭。20世纪50年代的法国电影导演彰显自我的电影别开生面，在心理层面也有所探索，尽可能在电影中体现了现代主义。

此外，电影制作人们不得不面对眼光极高的批评家严苛的标准，例如保利娜·凯尔，她于1967年开始为《纽约客》写稿，以刻薄的评论和狂热的研究吸引了一大批忠实的追随者。可是造成电影业中激动和忧虑的最重要因素，莫过于电脑成像技术日益广阔的应用，这项技术在20世纪80年代开始爆发，其势头之猛压倒了其他一切。似乎电影导演们终于享受到了姗姗来迟的现代主义者对机器的狂热。

这个巨大的改变能够实现，最重要的原因，可能是其会减少开支。电脑程序能够在晴朗的风景中添加下雨或下雪的场景，来配合电影拍摄，还能“如实记录”史前动物之间的激烈打斗，能在浴缸大的水面上构成宏大的海战场面，最棒的是，能够将一小群着装到位的临时演员，通过数码技术转化为一支大军或大众，这比起雇用几百号人，而其工作不过是偶尔站站来说，可是减少了一大笔日常开支。在先进电脑的帮助下，导演能创作出最奇妙的生灵，甚至经常让它们展翅飞翔，还能让最奇特的神话也变得合情合理，或是在虚拟的景观中插入真人的演出。年复一年，新的数码技术提高了这些新设备的效率。所以每年当电影学院颁布其奥斯卡奖时，也得为最佳特殊效果保留一个奖项。人们不禁会想，如果奥森·韦尔斯能用上这些技术，能拍出什么电影，因为他没有特效，也做出了那样的成就。

这是个很难回答的问题。电影制作中数码技术的比例不断扩大，其艺术上的重
390 要性，特别是其对电影心理学层面的影响，几乎是无法预测的。这就像是一个乐评家要去赞扬一部歌剧，却只是因为其服装和歌词。也不能保证说，因为数码技术对拍摄电影如此重要，也如此可靠，就必然会提高电影质量；其实，数码技术已经减少了各部电影彼此差异的特色。技术原本是仆人，却可能变成主人；现代主义中不可或缺的特点，即人性的特点，可能会因此而死去。所以，电影的商品化很可能只不过是又一
391 种堕落的风格，也许是现代主义事业的哀歌。

第三部分　尾声

E N D I N G S

纽约人排队买票观看T. S. 艾略特的戏剧《鸡尾酒会》（1949）。这位难对付的现代主义诗人也是位受欢迎的剧作家（相对而言）

马塞尔·杜尚，《L.H.O.O.Q.》（1919）

康斯坦丁·布朗库西，《空中之鸟》（1923）

亨利·马蒂斯，《斜躺的裸女Ⅲ》（1929）

爱德华·蒙克，《呐喊》（1893）

萨尔瓦多·达利，《伟大的自慰》（1929）

安迪·沃霍尔，《布里洛盒子》（1964）

瓦西里·康定斯基，《构图8号》（1923）

安迪·沃霍尔，《玛丽莲》（1962）

法兰克·盖瑞，古根海姆博物馆，毕尔巴鄂，外部（1997）

8 独行客与野蛮人

前几章探索了现代主义在其中有重要地位，而又各不相同的主要文化领域。之前的研究应当已经清楚地表明，现代主义艺术家和文学家的事业非常坎坷。保守派艺术品位对现代主义的漠然和敌视，还有强大的制度出于意识形态对现代主义的反对，常使人们对艺术创新的热烈反响，或是受到限制，或是姗姗来迟。除了我已有的分析之外，还有两大原因在阻碍现代主义者成功，值得加以注意；这两者截然不同，却能奇妙地互动。对现代主义而言，借用本章的标题，就是独行客和野蛮人。

“独行客”是造成现代主义者阵营内部斗争的原因之所在。独行客的作品虽然绝对是现代主义的，并且无疑是艺术上的激进分子，反对传统的学院派理念即学院派所捍卫的教条，代表着受人珍爱、重如磐石的过去，和特立独行的新来者针锋相对，这些新人将会带来令人不堪卒听的新音乐，无法解读的新格律，或是无法接受的 隐私描写。这些独行客，我称其为反现代的现代主义者，在反对自己艺术领域内那些金科玉律，甚至是不可更改的天条时，是和改革者们并肩奋斗的。可他们同时也将改革者们的现代主义文化理念大半否认甚至全盘推翻，即便现代主义者同伴认为天经地义的信条也不例外。简而言之，独行客希望锤炼和提高自己的现代主义新方法，哪怕他们希望在一个全新的，也应更好的社会中来施展本领。

与其截然相反的是所谓“野蛮人”——包括德国纳粹和苏联的领导人——他们在意识形态斗争中让艺术听从指挥，也致力于摧毁现代主义。接下来几页的内容，我们会首先考察一派现代主义者，他们对自己所在的时代或是爱憎参半，或是完全反对，转而去拥抱他们梦想出来却并非历史上真实的过去。然后我会分析希特勒德国，斯大林控制下的俄罗斯，以及墨索里尼统治下的意大利（不过不如前两者那般重要）的极端主义政权，正是在这些国家里，现代主义者的生存先是被大大压缩，最后被一举铲除。

危机四伏中，“独行客”引发的内部斗争不那么有决定意义，也更为有趣。他们雄辩地表明，现代主义的范围是何等之广阔。尽管他们的思维方式和感受可能各不相同，但是就有现代主义者如德加，此人是法国印象派中最特立独行的一位。在19世纪90年代中期，发生了德雷福斯事件，一位犹太上尉阿尔弗雷德·德莱福斯被判定将法国军队的机密出卖给德国人，其实并无此事。德加和他最亲近的犹太朋友争吵，并站在右翼反德雷福斯派狂热分子一边，他越来越狂热地认同应不惜一切代价捍卫法国军队的这个观点，甚至不顾德雷福斯上尉受审一案中的是非曲直。总而言之，现代主义者可能赞同五花八门的任何观点，不论这种观点多么愚不可及。他们自己可能都不清楚，各种看法并存时，他们该站在哪一边。不管他们多么激烈地反抗极权主义，可实际上，他们的死敌，也即反现代的现代主义者却进一步让这场运动扩大化和复杂
396 化，这也是本章所要研究的内容。

反现代的现代主义者：追随新神

一

没有人比T. S. 艾略特更适合代表反现代的现代主义者了。他的朋友和读者觉得他难以理解，他的传记作者彼得·阿克罗伊德曾如此总结：“似乎对于保守主义者来说他太激进，对激进主义者来说又太过保守。”[1]他信奉着自相矛盾的观点，并将当代诗学的措辞、格律和题材拓展到前人很少涉及的领域，并在反资产阶级的法国文学革新者中找到了自己最初信奉的大师。可同时，激进主义者艾略特也坚持自己传统的宗教信仰以及政治观点，这两者还互为依托。

总而言之，艾略特对当代诗歌创作的彻底颠覆，以及他毫不妥协、众所周知的现代主义风格，却并不妨碍他在英国国教高圣公会[2]中寻找内心平静。他渴望安宁，却久久不能如意。1927年，出版了《荒原》五年之后，他被接纳入英格兰教会，并严

1 Peter Ackroyd, *T. S. Eliot: A Life* (1984), p. 157.

2 英国国教高圣公会（High Anglicanism），英国教派之一，比较接近天主教。——译注

格履行了一套正式的、古老的皈依仪式。他接受了箴言；他受了洗礼，许诺会遵守一切规程。他在衣着、言谈，甚至口音上都尽力让自己更像个英国人。艾略特是个真正的独行客，他1888年生于密苏里，是波士顿一神论派（Unitarian）[1]叛逆的后代，直到此刻才尘埃落定。

艾略特的思想从来就没有远离过宗教，如今宗教更是占据了他诗作中越来越多的篇幅，他也拒绝现代的个人主义，并由此意识到信仰相同，思想接近的人是多么重要。1934年，他在露天表演剧《磐石》中设问道："若不能在集体中生活，你还能有什么？"并且如此回答：

若不是在社群中，便没有生活，
所有社群，又同声宣赞真神。 397

他最终成为信仰者，皈依一年后，他对自己的"总体看法"有一个著名的概括：也就是"文学上是古典主义，政治上是保王主义，宗教上是英格兰—天主教体系"[2]。他一面遵从英国国教高圣公会最严格的教条，一面继续写那些颇有挑逗性的诗句，尽管别人可能觉得不妥，但没有证据表明他本人认为这两者彼此矛盾。

尽管艾略特宣告自己皈依信仰的语言凝练、众口传诵，但是这对他并无好处：信仰将他的观点规范得井井有条，并画出一条道路，似乎他从此永远也不再需要深思和变通。实际上，他此后一直像是个卫教的独行侠，虽然在诗歌创作上还算是个探险者，却局限于他给自己所立的条框之内。他开始创作剧本，开始是一部诗歌剧《大教堂凶杀案》（1935）。该剧的主要情节是在坎特伯雷大教堂，王家刺客刺杀大主教托马斯・贝克特事件，但该剧本质上是大谈俗世的诱惑和以虔信抗拒诱惑。尽管该剧上演大获成功，艾略特却无意故步自封，他又返回诗歌创作；他后来的剧作虽为现代题材，却都围绕着一个主题，这就是在其中一部剧作《家庭聚会》（1939）中一个明智

1　一神派论（Unitarian），新教教派之一，多为美国早期殖民地居民所信仰，在美国独立战争中，起到了积极作用。——译注

2　Eliot, *For Lancelot Andrewes* (1928; ed. 1970), p. 7.

的角色所说的："罪恶和救赎"。[1]

艾略特最有雄心的作品，是《四个四重奏》（1935—1943），由四首诗组成，讲述时间、秩序和罪人在上帝面前的卑微。《烧毁了的诺顿》中，开篇就是气宇轩昂，甚至咄咄逼人的深思：

> 时间到来，时间流逝
> 或许都会在未来重现
> 过去的时光蕴含未来，
> 如果所有时代，同时降临
> 则所有的时代，无可赎罪[2]

398 但是救赎也许依然会来。艾略特在最后一首四重奏诗，《小吉丁》中写道：

> 我们不会停止探求
> 一切都会自得其所
> 世间万物
> 当炎焰之舌，
> 卷入极大之火炬
> 火焰和玫瑰就合二为一。[3]

不知是因为年迈还是成熟，本诗结尾时，展现了获得永恒极乐，也就是救赎的可能性（这在艾略特而言是很少见的）。

---

1 Agatha in *The Family Reunion* (1939), Part Ⅱ, Scene Ⅱ, in *The Complete Poems and Plays of T. S. Eliot* (1952), p. 275.

2 Eliot, "Burnt Norton," *Four Quartets,* ibid., p. 117.

3 "Little Gidding," *Four Quartets,* ibid., p. 145.

二

随着艾略特日渐出名，邀请他演讲和评论其他作家作品的事情纷至沓来。人们欢迎他除了在诗歌创作的专业领域之外，就其他争议话题也发表评论。1933年，他为弗吉尼亚大学的佩吉—巴博（Page-Barbour）讲座做了一次名为《追随异神》的演讲，演说中他表达了对当代世界自由主义的厌恶，对那些批评他政治观越来越反动的人而言，也提供了许多颇有杀伤力的话语——对他自己有杀伤力。他从自己反现代的现代主义中得出的观点，在这场演说中得到了最鲜明的表述。他取悦自己的听众说，他们无疑多少“都拥有值得追忆的‘某个传统’，例如在北方有些地区，外国移民的流入已经减少，而在西部，移民问题则根本无足轻重”。他对所谓人人都有的美国梦，即通过一代又一代的移民建立一个移民的理想轻蔑地嗤之以鼻，艾略特还感叹大批移民拥入，带着无法被同化的文化。“你离纽约越远，就越不会被工业化，或是被异族入侵。”

艾略特使用了“入侵”来表达他的不满：近来，新移民潮涌而入他的故国，其中人数最多也最显眼的，除了来自东欧的犹太人还有谁呢？这对于艾略特而言不啻于文化灾难。纽约，如艾略特的好朋友埃兹拉·庞德尖刻地指出的，已经“ganz verjudet”[1]——完全被犹太化了。任何社会中的成员，应当如何构成才最好，这对艾略特而言，是不言而喻的，甚至无需解释。“成员应当单一化，如果两个甚至更多的文 399
化共存，则或者彼此泾渭分明，或者勾兑混杂。更为重要的还有同样宗教背景的人们聚合，出于种族和宗教的原因考虑，如果有大批自由思考的犹太人，对社会是不利的。”[2]《追随异神》有一个并非刻意造成的优点，就是直言不讳，并无避讳或委婉。

这篇演讲表明艾略特的所谓人种学还很原始。当然了，如今人们还是随意的，不负责任地使用“种族”这个词，如此使用该词（这里指其不好的意义）的人，除了艾略特还大有人在。可用这个词是要付出代价的：艾略特将犹太人算作众种族的一员，从而也就暗示着犹太人的品性是难以磨灭的——虽然全都是恶劣的品格。这才是他为什么如此坚决反对“有自由思想”的犹太人：他们狡猾地隐藏自己的种族特

---

1 Pound in Anthony Julius, *T. S. Eliot, Anti-Semitism, and Literary Form* (1995), p. 155.

2 Eliot, *After Strange Gods: A Primer of Modern Heresy* (1933), p. 15.

性，而这个种族特性，又让他们隐藏得很拙劣。此外，几乎可以认定他们对基督教教义是有所疑虑的，这也让艾略特对他们更有恶感。如此解读艾略特对于社会团结的想法，从他使用“单一化”这个词来形容自己的社会理念时就可以证明。艾略特一腔怀旧之情，他回望数个世纪之前——准确来说是约四百年之前，那时候，共同的文化，以及比之更重要的共同的宗教信仰是社会共同体秩序的根本基石。只不过艾略特说得那么理直气壮，他一向如此。他坚信美国“被自由主义所蚕食”[1]，而自由主义在他看来简直是骂人话。

艾略特从来没有允许《追随异神》这篇演讲再版，这也表明他对读者是很警惕的。这篇演讲稿充满了上流社会的顽固偏见，可能会让他尴尬窘迫。尽管不乏机会，但他从没有推翻过演讲稿中的这些观点。他心中的理想世界，那个让他无比惆怅的失落世界，应当是文化单一、种族单一的，这是一个现代主义者所能产生的最彻底反现代主义的理念，却一直是他理念的核心。艾略特在文学上的现代主义风格对他本人，以及对各地的诗歌读者都有着极其重大的意义，极大地改变了人们阅读和书写诗
400 歌的方式。可是，纯正的现代主义能和最激烈的反现代主义和平共处（至少对他自己而言是如此）。因此，要完整地解释何谓现代主义者（这个定义已经十分复杂了）却还要解释现代主义者自身明显的矛盾之处——这也能说明人类天性的复杂。有意思的是，艾略特却认为，他的立场没有丝毫矛盾之处。

反现代的现代主义者：家乡天才

一

查尔斯·爱德华·艾夫斯的一生中，第一次被人称为“音乐天才”，是在1888年，当时他年仅十三岁。那是他相对成熟的最早作品之一，《节日快步》的首演音乐会，由神童的父亲乔治·艾夫斯幸福地担任指挥。这句赞美他天赋的话，出自艾夫斯家乡周报《丹伯里新闻》（*Danbury News*）的一位记者，来自家乡才子的音乐，让他

1 Eliot, *After Strange Gods: A Primer of Modern Heresy* (1933), p. 13.

倾倒。

这也基本是艾夫斯有生之年最后一次得到如此夸张的头衔。他于1954年七十九岁时逝世，艾夫斯是现代主义音乐家中最孤独的一位，只有极少数音乐爱好者知道他，而那些口气真假难辨，赞美他音乐天赋的人，也都是他在耶鲁的校友。艾夫斯太特立独行，不应领受如此宏大的头衔，但他深知自己的确是一个严肃的音乐的创新者，此外，他还为自己的保险公司骄傲。这家公司让他成为百万富翁，在他的闲暇时间，他还创作音乐，但是无人愿意听他的曲子。

他一生勤奋却疾病缠身，作品甚丰。在他最多产的年月里，也就是从19世纪最

查尔斯·艾夫斯的晚年时光，他是现代主义的，也是反现代的作曲家

后十年直到20世纪20年代早期，他谱写了四部交响乐，没有一部能完整上演，直到1951年。第四部作品，也许是最能让艾夫斯不朽的作品，有一两个乐章曾有过一些演出；直到1965年，利奥波德·斯托科夫斯基才坚决要求将整部交响乐——完整的
401 作品——由他执导的费城交响乐团演奏，斯托科夫斯基的功劳不止于此，他还录制了这次演奏。因此，在艾夫斯逝世二十多年后，音乐会爱好者们得以听到一部“新面世”的杰作，而这部作品等待走上舞台已经快有半个世纪了。作品中有合唱的部分，采用了艾夫斯和他人的作品，还怀旧地融入了一些赞美诗，例如“守夜人，请在夜晚到来时告诉我们”和“更靠近你，我的上帝”；音高互相冲突，以及对一切宗教情感完全敞开的风格——这都是艾夫斯典型的离经叛道的格调。

同样，艾夫斯为大型交响乐团谱写的乐曲，追随贝多芬的第六交响曲（即《田园》）和理查德·施特劳斯的《蒂尔的恶作剧》的风格，始终尝试着完全模仿大自然的天籁，也极少得到上演。他的其余作品则命运稍好一些。1922年，他创作了一套歌
402 曲，共114首，后来被分割成较短的歌集，单独出版。但是在演唱会上很少出现。他最杰出的钢琴曲《和谐奏鸣曲》在1913年谱写完成，却直到1939年才得到公演，即便如此，也几乎无人叫好，更无人关心。这时候暮年的艾夫斯花了更多的时间和金钱来印刷他的音乐，并将其送给那些可能对他的音乐感兴趣的人。这并不是他的音乐太高深难懂，而是因为极少得到上演，爱乐者们首先就没有机会去欣赏。

我们经过一番研究，已经见识了许多怪人，他们意志坚决，世所不容，他们对现实有神圣的叛逆心，在此驱使下，他们写作、绘画、设计、作曲，而易卜生所谓的“顽固的大众”，则嘲笑他们的作品是业余之作，是没有能力或者堕落风格的结果，甚至完全是疯狂制作。在这些光荣的流亡者中，艾夫斯必然是主要人物之一。他之所以成为这群人中最著名的隐士，并不是因为他无知，或是持机会主义态度，或是有神经衰弱，而是因为他的高雅。康涅狄格州的丹伯里造就了他，却是从两个截然相反的方面。艾夫斯错综复杂地展现出多种身份和姿态，这让他显得神秘莫测。一方面，他的故乡培养他成为小城镇那种顽固而保守的美国人；另一方面，作为特立独行的艺术家，他又觉得一定要走自己的路，也就是现代主义者之路。但他的家乡，在他出生时以拥有一万居民而沾沾自喜的那块地方，却又一直牵绊着他。

艾夫斯最先接受而难以忘怀的启蒙来自其父亲，乔治·艾夫斯，著名的短号高手，也是本地教堂的组织者。他创立和领导过几个乐队，并不时召开音乐会，在本镇

爱国之情高涨，闹哄哄的公共假日里，他也光荣地向公众演奏；每年秋天举办的丹伯里集市对他和数千位观众来说都是难以忘怀的盛事。他喜欢未经调和的不和谐音，不确定或互相冲突的音符，喜欢在严肃的音乐中插入赞美诗、民谣或爱国的小调，还有其实没法演奏出来的四分音——这都是离经叛道的做法，传统音乐学校里的学生会被告知，这些都是一定要戒除的大错，他们的老师也会尽力消灭这种做法。 403

但是查尔斯·艾夫斯自从孩童时起就是一个敏锐的孩子和大胆创新的实验艺术家，他采用了父亲那些大胆的所谓“错误”，在自己所谱的曲调中体现出来，甚至那些最大胆的创意也不例外。他极力赞誉自己的父亲和导师，并将其称为除了妻子之外唯一的导师（这个说法言过其实，因为艾夫斯订阅并赞助了一些现代音乐杂志，他也学习了别人的成果）。可是，正如我所说的，他透彻地了解自己身边的文化，因此，他也一定清楚，父亲以音乐家为职业，并不是个保险的生计。实际上，乔治·艾夫斯晚年在家族银行中谋了一份差事，他于1894年四十五岁时盛年而亡，当时查尔斯·艾夫斯还是耶鲁大学的新生。可是艾夫斯父子所担忧的，更在于声名而非金钱。美国的庸人大众，包括丹伯里的那些先生们，都有一个共同的想法，音乐家可不是个正当的职业。这工作既不重要，又没有男子汉气，不是真正男人应该做的事业，特别是他还有机会在商海一展身手的时候。

查尔斯·艾夫斯从小就浸润在这种氛围里。他五岁起师从父亲学习音乐，却不能无视邻里甚至家庭成员对乔治从事音乐的惊异和无言的反对。但是与此同时，他又无比感激他的父亲对这个天赋异禀的儿子的关爱、慷慨和养育。查尔斯·艾夫斯后来写道：“我的父亲为我所做的，不仅是他的教导和技能上的指导，更是他的影响，他的人格、性格和开放，还有他对一个孩子的心灵和灵魂的深刻理解。”[1]这开放的态度让父亲对儿子顽皮的音乐创造有特别的耐心，有些创新更是受父亲本人不绝的灵感的点化。乔治·艾夫斯有时会让听众以某一个调子唱一首歌，然后自己以不同的调子给歌者伴奏。他告诉儿子，只要他知道自己在做什么，他就可以自由地打破一切限制他独创的传统约束——而这些传统规则也是他兢兢业业教给自己儿子的。在这亲切的氛围中，查尔斯·艾夫斯成长起来，他对欧洲，主要是德国的音乐细节规则充满蔑视。

---

1 Charles Ives, “Memories,” *Memos,* ed. John Kirkpatrick (1972), pp. 113—115.

初看上去，似乎查尔斯·艾夫斯在1898年耶鲁毕业后面临着一个艰难的抉择：是该全心追随他最热爱的音乐，还是选择一个更“男人”的职业，也就是丹伯里的父老会赞许的职业。但事实的真相大不相同，甚至更为曲折。今天，艺术家的职业名望甚高，所以今日的读者定然会以为当时的他面临艰难抉择。实际上，看起来艾夫斯从一开始就知道自己该做什么：他去了纽约的一家人寿保险公司接受培训。数年后，他创建了自己的事务所，并大获成功[1]。二十年来，他的这个选择无懈可击，他在自己的人寿保险公司的工作快乐而成功，只要有空余时间，他就谱写那些最有趣的音乐。

二

在20世纪30年代早期，艾夫斯年将六十岁时，他整理了一些非正式的回忆录，大部分是逸事，其中还有一段文字，义正辞严地为他的职业正名。他没有提到自己做出抉择的时刻，可能是因为根本就没有这样的时刻。一面是从事商业，一面是走上浪漫的艺术孤独之路，两者相比，商业之路的胜利是完全不出意料的。他写到自己对音乐的无比热爱：“童年时，我还有点因此而羞愧，”他又写道，“这完全是错误的态度，但当时很强大——我想乡镇上大部分美国的孩子，都是一样的。”但艾夫斯绝不是和其他美国男孩的普通生活格格不入的，他是校内出色的运动员，棒球手和橄榄球队的队长。可这还不够。“当其他的孩子，在星期一上午的休息时间里，出门去超市
405 推车，或去唱诗班，或去玩球时，我却待在家里弹钢琴，我感觉实在不对劲。而且不仅如此。音乐这种艺术难道不是太阴柔了吗？这要怪莫扎特之流。”[2]可是莫扎特的作品，最起码其中大部分，并不阴柔。

这些回忆录让艾夫斯能找到自己思想的核心之处。他发现自己有充足的理由选择人寿保险为职业。做生意时你会遇见各种有意思的人，这会“扩展人们的感受，而不是将其禁锢”。此外，无视家人的需求，一心追求自己的理想，却让家人冻馁，这在艾夫斯看来是无法接受的。“他怎么能因为谱写不和谐音之类，而让自己的孩子

---

1 在弗兰克·R. 罗塞特所写的艾夫斯传记中，他颇为雄辩地说明：“当时艾夫斯是否是苦心思考之后做出决定，这还很不好说。”见Rossiter, *Charles Ives and His America* (1975), p. 84。

2 Ives, *Memos*, p. 131.

饿死呢？”他反问道，并适时地复述了他父亲的观点。乔治·艾夫斯认为：“一个人若是不以音乐为生，反而能够让自己的音乐兴趣更强烈、更明确、更自由。”特别是，如果他还有“美丽的妻子和一些好孩子”[1]就更好了。

这些看来都是有力的动机，但是艾夫斯从孩童时代开始就因为自己没能充分参与男人们的活动而羞愧，这对他有特别重大的意义。他格外重视所谓“男人气”。他的传记作家自然发现，他对大部分值得一评的音乐和音乐家的阴柔之气都猛烈抨击。这些评论如此极端，而且绝大部分都是同样的隐喻：他将作曲家比作女人。多年以来，艾夫斯养成了一套相当单调乏味的辱骂之词，并随时运用——他将那些他讨厌的男音乐评论家为“小姐”或“舅妈”；以一位人寿保险经理的专业风格嘲笑说，他估计现代音乐中有88.66%是“阴柔的艺术”；或是称那些评论他那114首歌合集的保守乐评家为“音乐婊子”[2]。他也承认，当自己还是个年轻的作曲家时，他曾钟爱过一些阴柔的乐曲：“当我想到三十五年或四十年前我爱听和爱演奏的一些音乐时——如果我现在再听到，我会想说，儒洛[3]，你怎么会为这类娘娘腔，这类‘嗒嗒作响的声音和油腻腻的小鬈发’[4]而倾倒呢？”

“儒洛”是一个绰号，艾夫斯用之来形容阴柔的音乐家，沉闷而怯懦的权威告诉他们的教条，被这些好学生奉为圭臬。“这其中我要列入（瓦格纳《纽伦堡名歌手》中的）《赞歌》，还有埃塞尔伯特·内文的《玫瑰花坛》，还有一部分莫扎特和门德尔松的作品，贝多芬早期的少数作品，轻松的海顿、马斯奈、西贝柳斯和柴可夫斯基等人的大部分作品，更不要说还有古诺，我还要列入大部分意大利歌剧（不是说 406
大部分歌剧都不行，而是每首歌剧中都有大部分内容不行）。还有肖邦的一些作品（非常柔软，不过既然是肖邦，你就不会太介意，因为人们甚至可以想象他穿着裙子的样子，只不过是他为自己裁剪的裙子[5]）。” 即便是艾夫斯早年曾非常敬仰的，骄傲尚武的理查德·瓦格纳，如今也成为了阴柔一派的代表。瓦格纳“多少有颗聪明的脑袋，懂得技术进步”，但是他“把自己的才智糟蹋了——他兴高采烈，就像个贵妇

1 Ives, *Memos*, pp. 130—131.

2 Ibid., p. 131.

3 儒洛：原文为“Rollo”，这是雅各布·阿博特（Jacob Abbott, 1803—1879）所写的小说中的人物，这个孩子喜欢毫无目的地收集知识，并以此为荣。艾夫斯使用“Rollo”这个名词来形容那些食古不化，不知变通的人。——译注

4 Ives, *Memos*, p. 134.

5 Ibid., pp. 134—135.

人的紫袍子，只有假装出来的男子汉气概和英雄气，却不敢跳进磨坊池里，做个真英雄。他更喜欢穿上紫袍，歌唱英雄主义（就像是女扮男装[1]）”。

在艾夫斯看来，这些“娘娘腔”的音乐“傻瓜”或者说“百合花篮”是音乐的致命大敌。1934年他在伦敦参加了一次西贝柳斯作品的演奏会，“那些精心演奏的思想唾余之音”让他担心，真正的音乐——也就是他的音乐——会没有未来。西贝柳斯的《悲伤圆舞曲》“（就像红糖煮蛋），比昨天晚上（我们）听过的要好——因为首先，这音乐是个漂亮的棒棒糖，而且本来就打算做个棒棒糖。但是昨天听到的那些交响乐和序曲之所以更糟糕，是因为其中还放了些音乐诡计，让人误以为其宏大。每一段旋律、音符、合唱和节奏，来来回回，和你预想的一模一样”；这都是“陈腐老派的陈词滥调，是格里格、瓦格纳和柴可夫斯基的杂糅（这几位也都是娘们）”。最糟糕的莫过于看到“那些年轻人站在台阶下，听着这毫无创意的人思想的唾余之物，他们却热忱地将这堆发黄的废物生吞活剥”。他们回到家里，会照搬这“黏糊糊的风格”，还以为自己是在“创作”，可实际上，他们是在“让音乐堕落——垂死、垂死，最终死去”[2]。

查尔斯·艾夫斯对大部分音乐作品都有不加掩饰而且毫无根据的厌恶——对88.66%的音乐都是如此！——明显说明，他更痛恨的是个人因素，而不是音乐漫长历史中抽象的概念。不管他抨击的作曲家具体是谁，但他的批评只有一个角度：他们都没有男人气。我们在此不得不加以推测，虽然艾夫斯百般否认，但看来确定无
407 疑的是，他之所以接受自己家乡那个美国外省小镇的思想方式，是有个人原因的。的确，就他个人而言，除了曾谦虚地承认自己年少时也曾染上多愁善感的情绪之外，（他自认为）没有沾染过别人大肆宣扬的同性恋的污点。“为了金钱而阉割美国——这是大蛇的根源……因为商业宣传而将整个国家变成娘娘腔——美国丧失了阳刚气。”[3]他自己音乐中未调和的不和谐音，从爱国歌曲和宗教歌曲中选出的片段，还有同时使用不同音调的风格，都是出于保持音乐阳刚气的目的，他认为音乐极其需要

1 Ives, *Memos*, p. 134.

2 Ibid, p. 136.

3 艾夫斯对于美国音乐家是否有男人气质这种过分的、执拗的担忧，是否和他自己在男人气上的隐忧有关？这一点相当可疑。让·斯瓦福特在精彩的艾夫斯传记中揣测，艾夫斯所患的糖尿病可能使他阳痿，这显然会加剧他对男人气这个问题的焦虑关心。见Jan Swafford, *Charles Ives: A Life with Music* (1996), pp. 406—407。

变得阳刚起来——和他本人一样[1]。

因此，查尔斯·艾夫斯反现代的现代主义，是独一无二、剑拔弩张的，是一场时断时续的噩梦。和T. S. 艾略特以及我们下面就要谈到的克努特·汉姆生不同，他的政治观并不反动，却成为平等主义者和左倾的自由主义者。我们知道，他像看不起西贝柳斯一样看不上海顿，原因也是一样，可他的内心世界之矛盾，却超出自己的控制。如我之前所述，他热爱商业超过艺术是自然的，对他也是必然的。可是他作为人寿保险经理的经历，更加强了他在儿童时代就学会的道理，也让他一直处在父老，也就是康涅狄格州丹伯里的先生们（我称为庸人）的眼皮底下。正是因为他对丹伯里代表的世界充满敬意，才会厌弃当代和之前的时代所创造的音乐。正因为他对当下音乐世界的厌弃，才让他能坚持创作自己颠覆性的作曲风格。 408

所需要说明的尚不止于此。艾夫斯是一个现代主义者（这是一个标签，而他讨厌任何标签），因此他作曲时无视古老的规则。作为反现代主义的现代主义者，他又讨厌同代人所喜爱的音乐。他认为，背弃传统或许能让他的音乐成功，这是他音乐生活的核心。而他背离传统的风格，其灵感又明显地得自那些振奋人心的美国文学作品，这让他作曲的风格既激进而又古老安宁。无论如何，他在伟大的《康科德奏鸣曲》和《第四交响乐》中选用了一些经过挑选的新英格兰的杰出人物作为单乐章主题——有爱默生和梭罗，还有分量较轻的霍桑和阿尔科特一家[2]。艾夫斯希望，这些伟人能够将他和听众解放出来，不再如几乎所有当代美国作曲家一样，一直依赖于音乐的传统。艾夫斯像美化自己的父亲一样美化了爱默生，他本人则生活在现在，又活在过去，而无论过去或现在，他都加以扭曲为己所用。

1　有一次，艾夫斯对同性恋狂热的憎恨居然得到了戏剧性的报应：1936年，艾夫斯最出色的业余出版经纪人，作曲家亨利·康威尔，受审并被裁定犯有鸡奸罪。朋友们觉得艾夫斯应当知道这个灾难性的消息，也知道他对鸡奸的厌恶，因此请哈莫尼·艾夫斯在她丈夫做好心理准备之后，再通知他这个消息。实际上，艾夫斯深受打击；康威尔服刑的四年中，艾夫斯和这位热心的朋友一直没有联系。直到康威尔被释放并结婚之后，艾夫斯才原谅他。

2　阿尔科特一家（Alcotts），系父亲Amos Bronson Alcott（1799—1888），作家和教育家，以及女儿Louisa May Alcott（1832—1888），作家，代表作为《小妇人》。——译注

反现代的现代主义者：一位北欧哲学家

1945年4月30日，阿道夫·希特勒在柏林的地堡里自杀了。他就此灭亡，也让世界为之欢庆。可是一周之后，在5月7日，奥斯陆每日出版的《晚报》就刊出了一份短短的讣告为其哀悼。作者写道："我没有资格大声说出他的英名，他的一生和事业也不容人们加以任何情绪化的讨论，他是一位战士，人类的战士，也是所有国家正义之书的预言家。他有最为崇高的变革的天性，虽然这个时代无比的野蛮最终埋葬了他，但他的身影必将高踞其上。"[1]这也是最后的时机来献上这份全心的悼念了；一天之后，世界各地的德国军队，包括挪威的德国占领军，向盟军投降。虽然讣告的作者没有署名，但任何受过一点教育的挪威人都能猜出来是谁：这种自谦的语气（例如"我没有资格"），对多愁善感彻底的拒绝，对勇武的"人类的战士"的敬畏，更不要说对当代历史彻底的扭曲，这都毫无疑问地表明，作者是挪威最著名的小说家和当
409 代艺术家的领军人物：克努特·汉姆生。

汉姆生对一位死去的领袖，致以如此骇人听闻的敬礼，其对现代文明的否定之彻底，较之艾略特对现代诗歌的轻蔑，或者艾夫斯认为现代作曲家都是无可救药的娘们而言，有过之而无不及。这一举动不仅是独一无二的惊人之举，更让汉姆生得以跻身反现代的现代主义独行客之列。他和艾略特及艾夫斯一样，在他的领域即小说界也是激进的颠覆者，和他们一样，他也对其他现代主义者认为天经地义的社会和政治理念嗤之以鼻。尽管他是先锋派小说家中的领军人物，但他的政治立场无疑使他成了作家中孤立的少数。

这篇讣告让许多读者为之震骇，却没让多少人为此感到吃惊。多年以来，汉姆生一直鼓吹自己对"愚民"的恶毒轻蔑，他认为其中大多数都受了布尔什维克主义的毒害；他不断对议会制度大发轻蔑之词，也总是认为独裁制度高于民主。这并不是他步入晚年而变得顽固不化。早在1894年三十五岁时，出版第一部主要小说《饥饿》四年前，他就大张旗鼓地赞扬"孤独和高贵的独行之人"，实际上也将自己列入其中：这些人"对于民主制没有信心，那是愚民的选择，由愚民统治。他被暴民所

1 Knut Hamsun, obituary for Hitler, May 7, 1945, *Aftenposten*, in Robert Ferguson, *Enigma: The Life of Knut Hamsun* (1987), p. 386.

不容，也鄙视暴民的实质。”[1]这种政治观点就足以概括他的思想，并一直如此。一年之后，在他的戏剧《在王国大门前》中，他让一个角色颇为雄辩地复述了这篇政治论调，声称他要献身于“一位天生的领袖，天生的君主，伟大的主宰，并非民选

五十岁时的克努特·汉姆生——格列佛在小人国

1 Knut Hamsun, obituary for Hitler, May 7, 1945, *Aftenposten*, in Robert Ferguson, *Enigma: The Life of Knut Hamsun* (1987), p. 347.

而出，而是自承天命，统御大地之上的万民。我只有唯一的坚信和希望：就是大恐怖，生命之力和恺撒的再次降临”[1]。对于汉姆生而言，古老的过去（“恺撒……再次降临”之类）远比混乱的自由主义当代更为让人满意。

汉姆生当然不是唯一一位被法西斯主义所诱惑的作家，有些法国及英国或其他
410 地方的知识分子和艺术家，厌弃所谓资产阶级的平庸和腐化，却高兴地认为法西斯主义有力量，勇武，并且能够摧毁争吵不休的各个宗派，值得欢呼喝彩。不管是意大利的法西斯还是德国的，似乎都提供了民主制之外一个更强大和有诱惑力的选择。但汉姆生与众不同：他是唯一一位敬仰希特勒的诺贝尔奖获得者，他也是最出色的心理学家，却不能用哪怕一点点残余的理性，来发现自己已经醉心于纳粹和意大利的法西斯
411 统治。

在第一次世界大战后席卷整个欧洲的政治动荡中，汉姆生高兴地认为，恺撒降临的时机已经成熟了。1932年他告诉自己的出版商，他“对墨索里尼怀有极高的景仰和尊敬”。“在这个混乱的时代中，他是何等的人物啊！”[2]至于墨索里尼在德国的小同伴——1933年，人们就是如此看待这一对独裁者的，只不过情况很快改变了——第二次世界大战中，汉姆生曾反省道：“到最后，还是希特勒能说出我的心声。”[3]在国内，那个盛气凌人，独裁的政治家维德孔·吉斯林是汉姆生最钟爱的，尽管这位挪威纳粹党的创始人的名字将永远成为叛国者的代名词。汉姆生在1936年的大选前曾宣布：“如果我有十张选票，都会给吉斯林。”[4]

汉姆生深情地写出了希特勒的讣告，他那沉重而巨大的悲伤，是可以理解的。他出生在一个偏远的小国，到1900年前后全国人口也只有约三百万，任何有国际知名度的同胞都让挪威人为之自豪。这种渴望别人认可的焦虑心态，到1905年之后才有所改善，当时挪威从丹麦王室的统治下解放出来，成为独立的国家。在挪威的国家象征中，最著名的莫过于亨利克·易卜生，尽管他在国外生活多年。易卜生1906年即逝世，其他伟大的挪威人，例如剧作家，小说家和诗人比昂斯滕·比昂松，也在不久后

---

1 Hamsun, *At the Gates of the Kingdom* (1895), in Robert Ferguson, *Enigma: The Life of Knut Hamsun* (1987), p.391.

2 Hamsun to Harald Grieg, November 5, 1932, in ibid., p.331.

3 Ibid., p. 362.

4 Hamsun, open letter to Fritt Folk, October 17, 1936, in ibid., p.333.

去世。在那时，年届四十七岁的汉姆生已经在文学上有相当的名望，尽管尚且不是畅销作家。尽管他的作为依然古怪不合常理，但他已经坐稳了挪威名人的交椅；1920年荣获的诺贝尔奖只不过是锦上添花。所以日后，当挪威人发现或者说回忆起汉姆生在战时赞同纳粹的言论，尤其是他那篇致希特勒的告别辞，他们都认为，这个可怜的老头已经不能为自己说的话负责了。这是个方便却又不合理的托词，很容易被揭穿。实际上，汉姆生一直谈论政治直到1952年去世，他知道自己在说什么。

当历史学家面对一位现代主义者同时又是纳粹分子这个奇特的事实时，就会想 412
回溯他的人生，在其早年的历史中寻找初步的征兆，会预示着其日后令人生厌的结果。可这样做，就忽视了汉姆生本来可能遵从却最终并未走上的道路，更是极大地漠视了汉姆生精神上明显的矛盾。这么做也会无法认识到精神上的复杂性，即便是汉姆生本人这个研究人类思想的古怪学生，也会觉得这种方法的错误太幼稚。简而言之，支持法西斯主义并不是他一生的必然结果。

可是若回顾他的一生，这说法也不无道理。汉姆生以其全部的才智来总结所谓民族性格。他最坚定的信条之一就是从年轻时代就树立的关于德英对立的看法，德国是遭到围困和出卖的英雄，而英国则是冷漠无情的恶棍。因此纳粹党和他们富有魅力的领袖，在汉姆生看来，就是勇敢和坚定的德国精神的再生，对他特别有吸引力。理所当然，德国人是最先欣赏也是最先购买他的作品的，也是最初将他作为重要作家来研究的。更重要的是，他也逐渐将德国人当作自己的同族，是北欧民族的兄弟——这种族主义的立场，在德国纳粹掌权后，为他的思想获得了日渐增长的声望。

他也不把德国的恩宠看作专对他个人施与的：他认为，总体而言，德国的教育机构和德国的文化远胜于其他国家，更有远见；特别是和英国相比，他对英国有病态的仇恨，特别是因为这种仇恨基本只是源自他年轻时代一次前往英国的火车之旅（至少在主观上是如此），还有几段历史逸事，可能讲述了英帝国主义是何等无情和傲慢，更让这仇恨格外突出（任何汉姆生的评论家都无法回避这一点）。似乎他需要将自己几乎全部的仇恨和憎恶都集中于一个明显的目标，而他又累积了无穷的仇恨和憎恶。再加上此人又无比坚信自己的直觉，所以他所虔信的任何想法（他又信仰自己
的任何想法），都是不可能改变的，更不会抛弃。从此，他对德国的理想化，让他自 413
然成为潜在的纳粹分子，因为纳粹党号称要重建德国的勇武，坚持要让女人回到主妇和母亲的角色，发誓要雪洗祖国在第一次世界大战之后在盟军（主要是英国人）手中

所受的耻辱，还强调种族的纯净。在关键领域，纳粹党的纲领就是汉姆生的纲领[1]。

汉姆生对纳粹党极权主义的认同甚至更为深刻。我认为，其起源是汉姆生思想中某些基本倾向，并未受其复杂心理的干扰（正如我所说）。尽管他有无与伦比的技巧，能捕捉转瞬即逝的印象，写下心头情绪的转变，并将其变成伟大的现代主义文学作品；尽管他多次发现自己梦想着孤身傲立众人之间，可这种想法并没有反映在他的政治倾向中[2]。他出生时名叫克努特·彼得森，是一个农民，尽管他总是住在城市里，却依然是个农民。只要有机会，他就会施展小时候学到的手艺，将他买进的地产变成农田，来给邻居做个榜样。到了晚年，人们问起他的职业，他总是一成不变简洁地回答："作家和农民。"他也是个漫游者，毫不松懈，不倦地追求着孤独，他小说中那些外来人的形象得以出现，还要归功于他典型的不安感。"我曾经和我的同志们一样，"他说，"他们跟上了时代的脚步，我却没有，如今我不幸和任何人都不相同，感谢上帝。"[3]

他认为自己了解城市生活以及其对市民带来的影响。他一生游荡，曾长时
414 间生活在挪威的首都，也多次写下都市题材的作品；他第一部杰出作品《饥饿》（1890）中的故事就发生在克里斯蒂安尼亚（后来改名为奥斯陆），这也不是他全部23部小说中唯一发生在都市的。可是汉姆生笔下的都市生活，被浅薄、犬儒主义和物质主义所困扰，屈服于贪求进步（汉姆生认为进步是可恶的自由主义力量的阴谋），城市是腐化和堕落的摇篮。他对孤独乡村的诗意呼唤，他追求孤独和彻底享受孤独的热情，这一切都出色地反映在他诗意的文风中，正是这文风最初让他出了名，又和罪恶的城市恰成对比。正式的宗教对他毫无意义，但自然却牵动他诗意的万物有灵之感，也说出了他最深切的需求——回归到纯净的田园生活，就像自己的父亲一样。因为他有意要彻底拒绝当代挪威，才将自己的孩提时代浪漫地写为"失落的天

---

1 同样也是在20世纪30年代末和40年代初，汉姆生全心致力于反犹主义宣传。1942年，在一些只在德国出版的文章中，他写道，富兰克林·D.罗斯福是"受犹太人支使的一个犹太佬，是美国为了上帝和犹太人掌权的战争中的头目"。Ferguson, *Enigma*, p. 365.

2 汉姆生早年在1898年12月24日给伟大的丹麦批评家乔治·布兰登斯的信中写道："这真是奇怪，当作家就意味着要和一切和所有人作对。" Hamsun, *Selected Letters*. Vol. II, *1898—1952*, ed. Harald Naess and James McFarland (1998), p. 23.

3 Hamsun, quoted as epigraph to Fritt Folk, in Ferguson, *Enigma*.

堂，孩子们和农场的动物，和身边的大自然是那么亲近”[1]。强烈的复古主义让汉姆生成为反现代主义者的可靠盟友。可是同时，他的现代主义却又能不受干扰地发挥出来，用于解读他笔下人物的心理。

这种复杂的激情不仅仅是他小说的手法而已。女演员玛丽・安德森大约比汉姆生年轻二十二岁，日后成为他的第二任妻子。当汉姆生追求她时，他恳求她，督促她，更重要的是，命令她放弃演员生涯，回归乡村的源头，那是挪威曾有过的一切美好的根源。和这个要求一致，他在自己最著名的小说《大地的成长》（1917）中创作了他最著名的小说人物之一：神秘的艾萨克。此人是一个真正的、伟大的农民。“是土地，身体和灵魂的耕耘者；在大地上不懈地劳作。从历史中升起的灵魂，却指明未来的方向，一个来自最早的开拓时代的人，荒野的开拓者，九百岁的老人，此外，又是一个当代人。”[2]汉姆生胜过其他现代主义者之处就在于声称他笔下的这些漫游者，既是古人，又是现代人，来自远古而又仿佛是当代的楷模。

可我坚持认为，这一切，都不足以说明汉姆生反现代的现代主义或他对纳粹德国的心醉，是注定要发生的。与他同时代的其他人也曾理想化地赞美过乡村生活之纯 415
净，谴责过城市的虚伪，汉姆生认为这些人也必然会产生和他一样的政治倾向，但事实却并未如此。他所受的精神病疗法也无法解释这一生之谜。在1926至1927年间，他曾短时间接受过挪威第一个精神分析师约翰内斯・伊尔根斯・斯特勒默的精神分析，并因此突破了一个顽固的写作瓶颈，却没有留下什么可用的记录，对他的精神状态似乎也没有重大影响。纳粹战败后，两个挪威精神病学家以大量的问答形式对汉姆生进行了检查，此外还检查了他已出版和未出版的作品，包括其小说。这些专家在报告中表示，他们对这位八十六岁的病人的“绝对真诚”深感满意，也注意到他痛苦的童年（所谓“失落的天堂”）。他们的结论如下：汉姆生由于其本能欲望的强大，产生了负罪感，从而导致了自卑情结。他虽然没有发疯，但战争期间发作过两次不算严重的中风，这降低了他的判断力，并“永久地损害了”他的“精神机能”[3]。

对于1945年后重建的挪威政府而言，这个诊断真是恰到好处；否则他们就不得不在刑事法庭上审判本国最著名的同胞，甚至以叛国罪将他枪毙，吉斯林就在1945年

---

1 Ferguson, *Enigma*, p. 9.

2 Hamsun, *The Growth of the Soil* (1917), trans. W. W. Worster (1971), p. 434.

3 Ferguson, *Enigma*, pp. 338—410.

10月被枪毙了。但是这些精神病专家的分析很难服人，对自卑情结的阿德勒式的诊断本就站不住脚，而且汉姆生在民事法庭上显然举止得体，回答问题时的清晰明确也表明他的精神机能根本没有受到“永久性损害”。对于他的政治态度，是没有理由可以回避的。可同时，也不能因为他仰慕希特勒，就会损害他早期小说中无与伦比的洞察力。其他现代主义者当然会竭力否认汉姆生是他们中的一员；像他这样醉心于大屠杀的人当然不能成为战友。可是毫无疑问，《饥饿》对人们常常忽视的精神状态进行了深刻的心理学探索，甚至可以说精神分析学的探索，因而是现代主义小说的翘楚之
416 作。这也证明，一个人可以同时是反现代主义者和现代主义者。

野蛮人：希特勒的德国

一

如果说现代主义者中有极少数人，如汉姆生之类，欢迎右翼的极权统治，那赞成左翼极权统治的成员可就多得多了。与之相比，绝大多数作家和艺术家都成为了这两派的牺牲品，而其中现代主义者又是主流。在希特勒的德国、斯大林的苏联，以及墨索里尼的意大利（虽然比较而言不那么严酷），都有大批的艺术家和知识界人士受害。年迈的弗洛伊德是这个时代一位明智的观察者，他在1938年年初将这三个独裁政权合而论之：

> 我们震惊地发现，进步已经和野蛮结成了盟友，在苏联，已经开始着手改善数亿人民的生活条件，但人民又完全地处于奴役之中。在人民中匆忙地摧毁了所谓宗教的“鸦片”，颇明智地给了他们一些性解放；可同时又让人民遭受最残酷的高压政治，剥夺了他们所有自由思考的机会。意大利人民也在同样的暴政下被迫学会服从和责任感。当我们看到德国人回归几乎是史前的野蛮蒙昧，且不需要强加任何进步的理念为借口[1]，对我们所认识的这沉重的规律，几

---

1 Sigmund Freud, *Moses and Monotheism: Three Essays* (1939), *The Standard Edition of the Complete Psychological Writings of Sigmund Freud*, ed. and trans. James Strachey et al., 24 vols. (1953—1975), XXIII, p.43. 至于我摘自弗洛伊德的著作，则见*Freud: A Life for Our Time* (1988)。

乎是一种解脱了。

尽管这三个独裁政权对真实的和臆造出来的敌人同样都残酷无情，可是它们在意图和目标上又有所不同，所以，对它们各自的反动面要加以个别分析。

三者之中，纳粹德国最顽固地镇压一切独立的权力，甚至镇压与众不同的艺术品位，这和纳粹德国所崇拜的那位独特的领袖有关。德国现代主义艺术家和作家曾在 417 戏剧、小说、诗歌、绘画和建筑艺术上有过杰出的贡献。而希特勒的上台就给他们敲了丧钟。当希特勒于1933年1月30日被推举为德国的总理后，他所信任的那伙人以惊人的速度和可怕的效率施展了新获得的权力。全德国上下，对政治反对派拳脚相向的事件，无论是其数量还是狠毒程度都与日俱增，他们甚至袭击国民议会中的社会党议员，而这些人一般公认是可以免遭攻击的。国家却对此冷眼旁观，不为所动，甚至还幸灾乐祸。“席卷德国的这种变革，其发展之迅猛，在当代看来是令人震惊的，即便在历史中，也颇为罕见。”眼光深远的希特勒传记作家伊恩·克肖如此总结当时德国人的普遍心态和纳粹党得逞时的力量。“这种局面，是貌似合法的手段、恐怖、操纵，还有心甘情愿的合作共同造成的，不到一个月，魏玛宪法所保护的公民权利就被一扫而空。两个月之内，随着最活跃的反对派政治家锒铛下狱或逃亡海外，国民议会向强权低头，让希特勒控制了立法机关。四个月之内，曾经权倾朝野的工会也被解散。六个月刚过，所有的反对党或举手投降，或心甘情愿地被人解散。”[1]早在1933年3月，新的当权者就公开宣布要设立一个集中营，这第一个集中营就在慕尼黑附近的达豪。无论是高雅文化还是低层文化，不管是公司老总还是保龄球俱乐部，是编辑或足球队，都要在绝对的控制之下，这个政策长驱直入，所遇抵抗甚微，人们纷纷赞成。突然之间，未经一战，德国的现代主义者就发现自己以及大胆的艺术创新已经被永久地、不屑一顾地宣布为“undeutsch”，即“不属于德国”。

国家社会主义党政权对现代主义的第一次打击，不过是其反犹主义的顺带之举。由于国民议会已经变得无能为力，在立法机关又大开绿灯，要“清洗”德国社会，因此纳粹迫不及待地将自己传授已久的反犹美梦变成现实。犹太人被全面肃

---

1 Ian Kershaw, *Hitler, 1889—1936: Hubris* (1998), p. 435.

418 清了：无论是犹太公务员，还是犹太乐队指挥和剧场经理，犹太教授（虽然人数不多，但是在魏玛共和国时期比起德意志帝国来多了不少）、犹太记者、犹太演员、犹太画家和作家，很快他们就遭到解雇，并且无人来雇。

当然，这些被剥夺了生活来源，并且往往被驱逐出祖国的德国犹太人不可能都是现代主义者，甚至其中现代主义者的比例也不算特别高。解雇犹太人的高潮其实是经过精心选择的：只要是个犹太人，在纯德国的才智之士中间，就会被视为讨厌的外人。尽管犹太人莫名被扣上“Kulturbolschewismus”（文化上的布尔什维克主义）这顶帽子，德国的大部分犹太人对“文化上的布尔什维克主义”却都毫无好感。他们和德国大多数非犹太人一样，喜欢的是大众品位。1937年纳粹开始他们精心组织的巡回展览，将那些所谓“堕落艺术”示众之时，其组织者发现，在112位因其作品所谓“堕落”[1]而被选中遭人耻笑的画家中，只有六位犹太人。可是文化上保守的犹太人，依然逃不脱国家种族排外方案的罗网。比如著名的古典音乐指挥家布鲁诺·瓦尔特，他的专长本是莫扎特的歌剧和马勒的交响乐，却不得不在1933年春天逃往奥地利，因为有人威胁他如若胆敢继续在德国的土地上指挥乐曲，则会遭到暴力驱逐。还有顶尖的学者，诸如新康德主义哲学家恩斯特·卡雷西尔以及艺术史学家埃尔温·帕诺夫斯基，两人都和现代主义艺术和文学本不相干，可因为是犹太人，结果都被解除了教授之职，不得不在国外另谋出路，结果和很多其他人一样，他们都去了美国。

但有些被迫流亡的人则是彻头彻尾的现代主义者。仅仅因为是犹太人就被开除的个案中，可能最有名的就是那位善于创造、无所不精的柏林德国剧院导演马克斯·赖因哈特。这个精明的剧团经理上演戏剧时，不管该剧的起源如何古老，都能让现代观众看得欲罢不能。他接过德国、法国和希腊的古典作品，给哈姆雷特穿上现代服装，又在一个旋转的舞台上上演《仲夏夜之梦》。他得到的奖赏就是被迫逃亡美
419 国，在那里继续进行惊人的、极有创意的设计，只不过规模大不如前。

也不是所有流亡海外的都是犹太人。贝托尔特·布莱希特是魏玛共和国最有创意的剧作家，他早期信奉表现主义，然后接受了马克思主义的启蒙主义。1933年2月

---

1 Hal Foster, Rosalind Krauss, Yves-Alain Bois and H. S. Buchloh, *Art Since 1900: Modernism, antimodernism, postmodernism* (2004), p. 281.

28日布莱希特离开了纳粹德国，这时距离柏林国会大厦纵火案[1]仅过去了一天，与此同时，布莱希特近期的剧作也在德国各邦遭遇了最猛烈的排斥。在这一触即发的情势下，布莱希特估计他很有可能会被逮捕，之后肯定会被折磨，于是他逃亡海外。

纳粹党对德国先锋艺术家零散任意地攻击，很快便集中火力到准确选定的目标上。1933年5月10日发生了臭名昭著的焚书事件，这次恶劣的行动说明尽管纳粹党恶贯满盈，却依然得到了广泛的支持。受到指责而遭焚毁的这些书，不仅包括犹太作家的作品，也包括诸如海因里希兄弟和托马斯·曼等雅利安作家的著作，这是政治化的、粗俗的条顿主义怒火的喧嚣。这次焚书是一次情感的爆发，针对的是某些事件和想法的回忆，例如让霍亨佐伦帝国寿终正寝的1918年11月革命之“耻辱”，和自由主义、陈年旧账（语出艾略特）等凡此种种彻底告别。当时对焚书一事的宣传，仿佛是兴高采烈地给现代主义下葬。一个世纪之前，伟大的德国诗人海因里希·海涅曾说过，如果某个国度里有人焚书，则他们必会焚烧活人。只不过当时几乎无人记起这话，日后许多人才会想起。

这场针对“非德国精神”的运动，在柏林焚烧了约两万本书，在德国其他城市则稍逊一筹。德国学生组织早在4月间便积极准备这场运动，打算在全国各地，包括 420
大学里到处张贴十二篇杀气腾腾的文章，以此比纳粹自己的学生联合会更胜一筹。第七号文章如此写道：“如果犹太人用德文写作，那所写的必然是谎言。从今以后，犹太人若想出版书，就应当强制他在书上用德文注明：‘从希伯来语译为德语’。”[2]这套大话中公然的谎言的确是后无来者，让人望尘莫及。但其后的焚书运动得到了学者和学生们的全力支持，甚至还有消防员被派遣过来以确保火势不失去控制。不仅仅是那些和魏玛共和国作对的顽固反动派欢迎将这些“非德国”的作品一举捣毁，甚至另类的抒情诗诗人如格特弗里德·贝恩和有名的哲学家如马丁·海德格尔也公开赞成纳粹政府的做法，还帮助压制了一股重要的反对派。学者只能勇敢刚毅，一心爱国，种族纯净，和人民也就是大众站在一起，对世界主义、理性主义和其他启蒙理念则应不

---

1 关于是谁纵火烧毁了国会大厦，一直有所争议，近来的研究表明，纳粹出于摧毁德国宪法机关的目的，自己纵火的这个指控很值得怀疑。几乎可以肯定的是，前德国共产党员马里努斯·凡·德尔·卢贝自己供称，只有他一个人纵火，不管纵火的人究竟是谁，纳粹党极其迅速地利用了这起事件。

2 Saul Friedländer, *Nazi Germany and the Jews*, 2 vols. Vol. I: *The Years of Persecution, 1933—1939* (1997), p. 59.

屑一顾，这是纳粹党政权所支持并许可的唯一方式。

二

这样的举动是否属于反现代的现代主义？纳粹政权如此行事，主要是展望未来，还是回归历史？希特勒的千年帝国土崩瓦解已经过去了半个多世纪，但这些问题依然没有答案，也不会轻易得出答案，因为纳粹的理念和行为都有多方面的诉求。另一方面，纳粹重视技术，让技术忠实地为自己服务，他们赞赏诸如汽车和飞机这一类现代发明，并大张旗鼓地将其运用到备战之中。从1933年开始，他们就巧妙地重整德国的武备，并积极地将德国的工业纳入到为即将到来的战争服务的轨道上来。

421 纳粹将当时新发明的设备无线电出色地运用于宣传攻势，也表现出该党重视现代化的一面。纳粹画家们发现有一个场景大受欢迎，这就是描绘一个德国乡村家庭聚集在一台简单的广播旁，专心听广播，标题是“Der Führer Spricht”——元首在讲话。支撑这种现实的现代化措施的是纳粹党乌托邦式的政治理念，即幻想出一个由新人类统治的新世界，一个没有犹太人的雅利安人世界，纳粹朝着这个伟大的变革努力，做得坚决彻底——这就是那些信奉德国民族性格的人所称道的德国人的“一丝不苟”（Gründlichkeit）——没有留下一点余地，他们正是如此将那些对德国文化遗产有重要贡献的犹太人塑造成为社会寄生虫。到了20世纪30年代中期，柏林和外地大学预科学生们拿到的音乐歌本上，将一首脍炙人口、无法禁止的歌曲《罗蕾莱》（*Die Lorelei*）的歌词作者写为“佚名”，可实际上，正是海涅这位受过洗礼的犹太人在一个世纪前书写了这段不朽的文字。[1]

可另一方面，新时代男人和女人的理念又奇妙地带来了陈腐的风气。理想中新人类的形象为德国女人规定了英雄的、自我牺牲的角色：Küche，Kirche，Kinder，即只能围绕着厨房、教堂和孩子生活。在这个死板的社会中，尽管有盖世太保时时监控，还有市民迫不及待地报告自己的邻居对元首不够忠心，却依然有几个政治笑话流传于世，其中一个就是关于纳粹党人所梦想的新人类究竟是什么模样：和希特勒一样金发碧眼，和戈培尔一样身强力壮，和戈林一样苗条颀长。认真说起来，哪怕没几个

---

1 作者于1935—1936年间在柏林Goethe Reform Gymnasium学校的亲身体验。

德国人能达到这个彻底洗心革面的高标准，但他们还是可以仰仗希特勒的光环，让自己知道元首在带领他们，元首为他人操劳，为他人受难，为他人指明道路——他就是救世主耶稣。

对希特勒的崇拜中，有些因素是长存不去的，有史以来就时常出现这样的现象：人们自甘臣服。纳粹的头目所认可的所谓日耳曼人的理想——即新人类的理念——不过是七拼八凑的大杂烩，其中包括民间故事、文学创作，还有对古往今来的历史传说的添油加醋[1]。真实的历史根本不可能击败这条顿式的梦幻。在纳粹思想的 422
所有自相矛盾之中，最重要的就是官方意识形态中的厚古薄今，而他们所追思之古代，最起码也被当代重新粉饰过。

三

纵然对历史百般涂抹，德国的现代主义却未能因此得救。纳粹当政第一年，就设立了一个无所不包的帝国文化处，在其麾下各部门网罗了有才能的作家、出版社、剧院、广播、音乐，种种艺术都在宣传部的庇护之下，也就是说受戈培尔的领导，戈培尔受命执行希特勒明确的文化方针。元首早在1933年2月就曾说过："我们要把真正的德国文明、德国艺术、德国建筑、德国音乐，还给我们的人民，这将重建我们的灵魂。"希特勒醉心于苗条、真实、金发碧眼的裸体，还是理查德·瓦格纳的崇拜者，因此对于德国表现主义的油画、制图、诗歌自然就无甚好感了，哪怕这些大胆的艺术创作大都来自德国当代非犹太人的艺术家。因此，德国的现代主义者或逃亡海外，或沉寂无声。

纳粹党不需要文化上的现代主义，最明确的证据是1937年7月举办的一场耸人听闻的展览，最早在慕尼黑展出，然后又在德国另外十三个城市展出，这就是Entartete Kunst——即所谓"堕落艺术"。在展览挤挤挨挨的墙壁上，或是目录里，人们会发现，现代艺术作品被巧妙地安排，和精神病院常年疯子的画作并列展出，以强调现代艺术画作的幼稚、病态甚至是疯狂，指出其是如何强行混入了消极的、忍气吞声的德

1　德国当代史的杰出学者亨利·A. 透纳曾注意到：国社党是在往昔中找自己的英雄，只不过他们所关照的并非历史，而是那神秘的，以折中的办法捏造出来的过去，他们所给你的，不过是逃避当代世界而已。Henry A. Turner, Jr., "Fascism and Modernization," in Turner, ed., *Reappraisals of Fascism* (1975), p. 120.

国艺术之中。可是仅在慕尼黑一地就有两百万人参观了这场展览，在其余各地也有一百万人，这个统计数据与其说纳粹的宣传得逞，倒不如说观众对这些从德国各博物馆里全部充公的现代艺术作品是如此神往。最后，这些画作有些在柏林消防总局被付
423 之一炬，有些则被私人收藏，或以高价售往海外。

精心策划的丑化现代艺术的运动，自身的矛盾也有增无减。有些纳粹党的要人按官方的要求对自家的祖先进行调查，却惊恐地发现，他们绝不是纯种雅利安人，有犹太裔祖父母。德国艺术家中某些最狂热的纳粹党人也惊恐地发现，由于偏好的现代主义，他们被正在崛起成形的纯雅利安艺术排斥在外。在这悲喜剧的失落例子中，最有戏剧性的可能莫过于埃米尔·诺尔德。作为堕落艺术的样本陈列的画作中，有26幅是诺尔德的作品，有他奔放的油画作品，异国风情的木刻和精美的水彩画，颜色夸张，形体扭曲，线条粗犷。他曾周游各地，后来在北德一个偏远的小村里隐居度过大半的创造生涯。他创造的主题从花卉和异域风景到情感激烈的基督教场景，而这一切，如他所说，都是致力于描绘“深邃的精神，宗教和微妙之情”。

多年以来诺尔德都是一个老派的、闭门不出的先锋艺术家，但他很早就是自己所在的石勒苏毅格—荷尔斯泰因地区纳粹党的党员，并热情地接受了纳粹的世界观。而后，他就遭到了残酷的污蔑。到1937年从各博物馆没收的他的油画、素描和出版物据记录为1052份，其中大部分遭到摧毁，这在所有德国“堕落”艺术家中是最多的。到了1941年，政府正式禁止他创作，不过他在自己偏远的乡村农舍里不声不响地违命而行，当时其他的表现主义者，如卡尔·施密特·罗特卢夫也被监察，被勒令退出艺界。还有一位现代主义艺术家，画家和雕塑家奥托·弗伦德里希则于1943年3月死于纳粹设在梅德纳克的死亡营，不过不是因为他的艺术风格，而是因为他的“种族”。

研究纳粹文化的历史学家曾多年争论一个问题：尽管1933至1945年统治德国的纳粹使艺术从属于政治，但同时也美化了政治。那个时代，形象和实质两相竞争。
424 数千身穿制服的市民，整齐肃立如林，所有人专注热忱，僵硬地举起有纳粹十字标志的旗帜，令人炫目的灯光巧妙地互相交错，还有那激动人心的一幕：元首从阴影中走上前来，开始他那种长达两小时的讲话。展现纳粹公众建筑设计（通常也包括建筑施工）的宏大新古典主义风格，在人民中巧妙营造的神秘氛围，还有两部由莱妮·里芬

里芬斯塔尔在工作，尽管她本人百般否认，但她的确是希特勒最钟爱的导演

斯塔尔执导的电影杰作：诱人而又臭名昭著的1934年纳粹纽伦堡党代会宣传电影，以及1936年柏林奥运会的电影。这些都是统治德国的纳粹党计划中的内容，就是要激起民众参与举国孤注一掷的狂热和自我欺骗的热情。

现代主义中的核心原则是自由主义，即无论对抗的是怎样的权威命令，也要解 425
放人的本能和独创力。无论希特勒政权发现哪些现代主义的技术可以利用，自由主义已经在纳粹倒行逆施的革命中丧失了，里芬斯塔尔的电影就是个极好的例子。

野蛮人：斯大林的苏联

一

从理论上说，苏维埃共产主义和纳粹德国的世界是针锋相对的，可是那些不被斯大林式的思想观所局限的观察者却吃惊和痛苦地发现，两者之间何其相似。西方亲苏的知识分子尽管依然有影响力，但越来越多的人认为1939年8月签署的《苏德互不侵犯条约》是意料之中的。实际上，政治学者和记者从20世纪20年代晚期就开始使用极权主义这个词，该词准确地说明了两者似非而实同，尽管彼此唇枪舌剑，却惊人地相似。两个政权都用自己毁灭性的权力强迫先锋艺术家按政府指定的路线行事，对残存的艺术反对派则让其销声匿迹。对于国内的现代主义者，其做法是一致的：强迫服从和合作，否则就闭嘴，甚至死亡。

正如其他国家的现代主义绘画、音乐和小说一样，俄罗斯文化激进主义者的历史也可以上溯到19世纪。俄罗斯第一批先锋派艺术家出现于19世纪60年代晚期，这一群反权威的画家，抵抗当时占统治地位的圣彼得堡学院的闭门造车风气，由于落后于西方，他们极其热切地从西方学习一切可行的风格。和之前以及之后俄国其他改革者一样，这第一批现代主义者要解决的第一个问题，也是俄国所有有人道之心的观察家所面临的问题，那就是如何对待普罗大众。这些农民贫困不堪，满心虔诚，往往目
426 不识丁。陀思妥耶夫斯基曾写道：“我们未来生死攸关的问题，最重要的问题……是大众和我们如何看待大众。”[1]这说出了当时大多数俄国知识分子和受过教育的人的想法。只不过这些谨慎的激进派采取的措施却并不远大，他们谦卑地自称为“漫游者”，以此来表明他们希望在全国进行巡回艺术展，在被人忽视的普罗大众中传播艺术。但他们的后辈子弟所作所为则远不止于此。

这些文质彬彬的外来人中，只有不多的几人有出色的成就——我这里所指的主要是伊利亚·列宾，这位出色的现实主义画家有着敏锐的洞察力。虽然大部分人艺术成就平平，但他们对社会的不满却传承下来。1921年，俄国结束了四年的内战、外敌干涉以及与波兰之间短暂的战争，布尔什维克党人牢牢控制了俄国庞大的国土，艺术家们热情地支持新生的苏维埃政权，觉得自己有义务走向人民大众，让他们摆脱对艺术的蒙昧无知。如果说在西方，为艺术而艺术的宗旨已经征服了自行其是、特立独行的艺术家，俄国的革命者们则抨击这一信条为反动主义，对此价值判断坚信不疑。新人的造就以及随之而来的新艺术已经指日可待，他们相信，在新政权的支持下，现代

---

1 Dostoevsky, *A Writer's Diary, 1873—1876*, trans. Kenneth Lanz (1997), p. 349.

主义者会有广阔的创作空间。

在俄国革命前，他们已经成就斐然，富有创意而多才多艺的雕塑家弗拉基米尔·塔特林以各种奇特的材料做出了许多实验性的雕塑作品，让俄国的观众们神魂颠倒。对于俄国现代主义者的历史更有决定意义的是，他们之中最重要的美术家卡西米尔·马列维奇，其精妙的构图学自于意大利未来派画家以及法国的典范如塞尚，而他的颜色的狂乱丰富则学自年轻的马蒂斯。从约1910年开始，马列维奇简化了画中的形象，身体被简化为粗大的圆形（如此描绘四肢的确很不雅观），并在画布上大肆涂抹对比强烈的色彩。到1913年，他已经达到了自己所谓的“至上主义”风格，就是直接画出方块、环形、十字、方形等集合体，在画布上逐一铺满这种最基本的元素。他著名的作品《黑方块》，还有更加著名的至上主义画作《白上白》，让画家们和艺术爱 427
好者们大感困惑，就像面对马塞尔·杜尚的“现成品”艺术迷思一样。这些极简的形式，究竟是现代主义美术登峰造极之作，还是如左翼画家和设计师亚历山大·罗德钦科和其他结构主义者所认定的，实际宣告了艺术的末日？

正当此时，知识界也和政治家一样全心关注俄国革命，这些尖锐的艺术问题引发了激烈的讨论，并很快转变成关于现代主义前景的问题，现代主义是否是两千多年来这场艺术大戏的尾章，并将保持其完整性和独特性？或者现代主义根本就是资产阶级的垂死挣扎，要将自己无处容身的未来据为己有？这些年来俄国的剧变，或许正适合进行这样彻底的论战，可同时，时局实在过于动荡，也让艺术家们无法全身心讨论这两难的纯学术问题。于是先锋艺术家们进行了数年之久的革命，其艰难困苦，后果叵测，也同样不逊于他人。

二

现代主义者如何接受苏联，这是一个漫长、曲折、悲伤，往往令人难以置信的故事，开始是一段罗曼史，很快就悲惨地分道扬镳——这故事直到苏联解体后的今天才逐渐清楚。但有一点是数十年来确立不移的：早年，全世界进步艺术家和作家之所以狂热地醉心于苏联，即便不是完全忠实可信，但的确有合理之处。沙皇政府声名狼藉，而推翻沙皇的胜利革命在很多人看来就是历史的一次伟大转折。毕竟，现代主义者是反资产阶级的，而苏维埃的领导者们不也是资本家的死对头吗？这共同的信念显得如此不可抗拒，事关重大，许多人被此打动。

可到了1920年前后，随着布尔什维克党人的军事胜利已成定局，第一个问题就来了。第一批认真收集俄国现代主义画作的收藏家，却是俄国的资产阶级，至少是
428 那一小撮阔绰大方，能到西方旅游，并建起豪宅来展示自己藏画的富豪。莫斯科的商人们数十年来一直贪婪地求购西方新兴的画作。富可敌国的铁路大亨萨瓦·马蒙托夫，以及他那位品位高雅的妻子伊丽莎白从19世纪70年代开始就赞助发起了一所高朋满座的艺术中心，他们也买了一些革命性的画作来自娱，主要是印象派和后印象派的作品。

这位富豪和其他收藏家的恩惠，让俄国艺术家能够接触到最新的艺术资讯，这些资讯主要来自巴黎。而对那些渴望感受先锋派画作直接冲击的俄国画家来说，更有指导意义的是谢尔盖·希丘金所收藏的精美且主题相当集中的画作。这位莫斯科商人可不仅仅是位印象派画作收藏家。1906年他购进了第一幅马蒂斯的画作，从此只收藏这位画家，自己的地位也从收藏家变成了赞助人：这只是对马蒂斯而言，日后还有毕加索。1911年马蒂斯造访了希丘金在俄国的家，他发现主人家居然拥有他25幅画作，不禁大为得意（最后一次清点时发现了37幅马蒂斯作品，这个数字只会让马蒂斯更得意忘形）。兴奋之下，他愿意为主人创作两幅大型壁画，主题为“音乐”和“舞蹈”。苏维埃的信徒们称苏维埃政权为“实验”，可他们从没有想过，正是俄国的中上层阶级给祖国带来了最新的、最激进的艺术。的确，当权的苏维埃政府曾经很明智，会赞赏先锋派画作，哪怕其主要目的不过是吸引国外的访客：希丘金和他国内的老对头，一个同样富有的工厂主伊万·莫洛佐夫的藏品被一家国立博物馆没收。这就产生了另一个问题，比前一个问题更加难解：既然苏维埃帝国雄心勃勃，不但要改革俄国的经济，而且还要改革人性，那么是否会产生出欢迎新艺术的气氛呢？哪怕不要设立规章来反对新艺术也行啊！可不消几年，这个问题的答案就会让人大失所望。

苏联国内外的现代主义者们曾将苏联文化看作是值得景仰，甚至值得模仿的文化，可随着时间的流逝，他们都有足够的理由来抛弃对苏联的美好幻想了。有些外
429 国观察家则从来没有被新崛起的这个世界强权的美好许诺所迷惑。早在1919年就造访苏联的伯特兰·罗素曾预言苏联的骚乱将会惨淡收场，以拿破仑式独裁而告终。其他人在苏联的生活中遭遇到某一次危机之后，也逐一梦想破灭。后来，在1936至1938年

间，苏联对老布尔什维克党人进行了两年耸人听闻的公开审判，被告中包括位高权重的布哈林和拉狄克等人，他们在法庭上供认自己犯有叛国罪，供词经过精心编造，令人难以置信——他们对一切指控都供认不讳。一个由美国哲学家约翰·杜威领导的调查委员会在1938年严肃地指出，这场审判是残忍的闹剧。

这时纽约大部分知识分子所读的经典报纸《游击队评论》，不再信奉斯大林主义，而转向了流亡中的托洛茨基。而该报最有名的撰稿人之一，文艺评论家埃德蒙德·威尔逊，此时也放弃了早年对革命和共产主义制度的热爱，转而抨击莫斯科法院里的这幕奇观，是一场难以置信的闹剧，应当为任何文明国家所唾弃。不久之后，苏联和纳粹在1939年8月签订的条约，更让苏联的同情者们人数大减，但还远谈不上全军覆没。到了1950年，一位对苏联梦想破灭的英国左翼小说家克罗斯曼编辑出版了一本广受关注的忏悔录，名字也颇为尖锐：《失败的神》（*The God that Failed*），之前苏联的同情者们是会欢迎这本书的。为该书撰写揭露苏联的文章的撰稿人中有颇多名人，有一度真诚信仰苏联的，如美国黑人小说家理查德·赖特，自我流放的意大利小说家和政治评论家伊尼阿齐奥·西洛内，国际主义者阿瑟·凯斯特勒，更不用说还有到苏联一游就改变初衷的人，如安德烈·纪德。

可即便此时，苏联支持者的团体依然是巧舌如簧，颇有影响力。一位美国学者和政治学家弗雷德里克·舒曼，出版了一本重要的战后苏联研究，该书对所谓苏联苦力营的报告嗤之以鼻，理由是很简单的，因为不同的批评家对于这些人间地狱里关押的人数估计差异很大，所以这些苦力营不过是反共产主义狂人们凭空捏造出来的。不断减少的苏联同情者中，虽然有一些现代主义者，但大部分现代主义者都已经认识到苏联的所谓文化生活不过是折磨人，并带来危险的奴役。从1932年开始，苏联的文化沙皇们就颁布命令，一切艺术形式，包括小说、诗歌、绘画、戏剧、建筑，当然还有 430
电影，唯一允许的形式就是社会主义的现实主义风格，这个理想最终造成了苏联单调和粗俗的文化氛围。一个冷笑话流传于世界：什么是苏联爱情故事中理想的情节？答案是：小伙子见到了拖拉机，小伙子失去了拖拉机，小伙子得到了拖拉机。对于那些在苏联的文化高压下或被迫销声匿迹，背叛了自己的才能，甚至自杀的现代主义受害者而言，这个笑话并不好笑。

其实当初并非如此。那些欢迎革命的俄国现代主义者也同样受到了革命的欢迎。甚至先锋艺术家也分裂为二，互相指责，认为自己才是革命派——塔特林就认为马列维奇的抽象画“非社会主义”，难以接受。而马列维奇则在1920年写道：“正是立体主义和未来主义，以革命性的艺术形式，早早地预言了1917年政治和经济革命的到来。”[1]列宁麾下的教育委员卢那查尔斯基掌管新政权的文化事业，他本人就是个剧作家，对艺术很有兴趣：他曾常年生活在西欧，颇有教养，在布尔什维克党人中也算是格外宽容。此外，在最初的那几年中，列宁心中也有比动员诗人和画家更为紧迫的问题，包括1921年爆发的一次大旱灾，对文化的极权控制没有迅速到来，至少有部分要归功于天气。

这样一个政权中，现代主义者的命运如何，是不足为奇的。瓦西里·康定斯基1914年从德国返回俄国，他当时的画风全是抽象主义。后来他在公众指导（Public Instruction）的人民委员部工作过一段时间，曾提出艺术学校改革方案，也曾建议过将政府采购的画作分发到各省的博物馆。可他很快发现，他公开声明最中意的艺术自主，大概是不太可能了。 于是他在1922年离开苏联前往魏玛德国，并在格罗皮乌斯的包豪斯学院任教。马列维奇也享受着颇为有限的权威地位，并留在苏联。他在新的
431 艺术文化学院任教直到1928年，可是他的领导强迫他倒退到具象风格的美术中，这正是他大半生以来极力反对的。

作曲家的情况也好不了多少；他们不得不和自己的官僚上司战斗，而又肯定会失败，这实在是让人斯文扫地。贯彻社会主义现实主义风格的干将们正告普罗科菲耶夫，他在纽约和巴黎生活了近二十年之后，1936年带回苏联的音乐是“腐朽的”，或者说是“形式主义的”，这也就等同于“资产阶级音乐”，这是苏维埃人员最爱扣的三顶帽子，苏联人民看不上这样的艺术。要指出来的是，普罗科菲耶夫之所以归国，完全出于自愿。可是一旦回国之后，经过一番磨炼，他开始谱写一些自称为所谓“严肃的轻音乐”，而这是因为“现代苏联作曲家要努力和人民大众相结合”。音乐要“旋律优美，而且旋律应当纯净和简单”[2]。

迪米特里·肖斯塔科维奇则更难办一些；相比普罗科菲耶夫大部分音乐作品中标志性的轻松情调，苏联政权认为肖斯塔科维奇的热情更为棘手。肖斯塔科维奇早期的创作为传统风格，而后成长为脾气古怪的实验性作曲家，也就是现代主义者。新体

---

1 Malevich in Daniel Bell, *The Cultural Contradictions of Capitalism* (1976; ed. 1996), p. 18.

2 Prokofiev in S. Shlifstein, *Sergei Prokofiev: Autobiography, Articles, Reminiscences* (2000), p. 100.

制的卫道士们毫不留情地压制了他的创作。1936年1月，苏联共产党的官方喉舌《真理报》，忽然大张旗鼓地抨击肖斯塔科维奇。其目标就是他的剧作《姆钦斯克县的麦克白夫人》，该剧于1932年首演，是莫斯科、列宁格勒和外省最重要和最流行的演出之一（一共演出97场），也在国外上演。而当局给出的评论令人震惊，“这是噪音而不是音乐”，这不仅仅是强迫一位作曲家回到社会主义现实题材的道路上来，还猛烈抨击了《姆钦斯克县的麦克白夫人》一剧是“小资产阶级的创新”和“刻意谱写不和谐音，将旋律打乱”[1]，这也是对党治下所有的其他作曲家提出了警告。其后果也很难说清。肖斯塔科维奇后来的交响乐似乎打算谱写得更浅显易懂，但是他的室内乐特别是四重奏则更为自由。只不过《真理报》的强力干预，依然让人耿耿于怀。

若是有人想在苏联文学、电影、音乐或绘画中寻找现代主义的空间，就必然会 432
感受到，我们之前提出的所谓“极权主义”这个词是何等地一针见血。纳粹德国和苏联针对反传统的高雅艺术所采取的行动虽然起源可能不同，但行动本身却如出一辙。正是在斯大林的偏执狂登峰造极的时候，将五名曾一度颇受宠爱的意第绪语作家在1952年8月12日这一天处死。也正是这个政权，强迫鲍里斯·帕斯捷尔纳克于其别开生面的小说《日瓦戈医生》获得1958年诺贝尔文学奖之后，拒领该奖。只有这样的极力拒绝，才能在西方保留斯大林主义这古老的浪漫神话。其政权的野蛮粗暴，又加上独裁者的粗俗，让现代主义者的创造毫无可能，1936年对《姆钦斯克县的麦克白夫人》一剧的突然袭击就是个好例子。而早期苏维埃文化的成就，如马列维奇的绘画和塔特林的乌托邦式设计，也不过是昙花一现。他们的悲惨历史说明了我们开章明义的一点：现代主义得以生存的前提条件中，政治自由是首屈一指的。

野蛮人：墨索里尼的意大利

一

意大利的法西斯主义则以自己的方式对付高雅艺术和文学。尽管其政治理念，当权的道路，以及20年的统治都和后起的纳粹政权有着惊人的相似，也和希特勒的

---

1 *Pravada* in Orlando Figes, *Natasha's Dance: A Cultural History of Russia* (2003), p. 479.

德国有所瓜葛，成为极权统治的又一个样板：即发动群众政治运动和精英阶层的操控。和纳粹一样，意大利的法西斯分子也是合法当政的；他们将自己的领袖本尼托·墨索里尼从一位滔滔不绝、自高自大而又狡猾的政治家捧上了无所不知、无所不能的超人的地位。他们肆无忌惮地对不听指挥的政治异见者直接进行肉体攻击；他们尽力扫除一切现代女权主义和工联主义；他们把打造全新的、更崇高的人类一事列入计划；他们对普罗大众的控制越来越多，深入到大众的生活中，无论是体育还是音乐
433 课，戏剧演出还是画展。和德国人一样，意大利也指定了一首法西斯信徒之歌《青年》，要求和国歌一同演奏，以此鼓吹执政党的基础是青年。

在此之前，意大利的艺术界已经在画家和建筑家中播下了法西斯的种子。在第一次世界大战开始数年前，意大利画家、诗人和设计师组成的未来主义者小团体，就已经通过其热烈的宣言和惊世骇俗的油画，赞美了现代生活的快速和活跃，让国内外的公众们为之震惊。这些未来主义者的公开宣言，大部分是由其领袖和自封的发言人马里内蒂所写，其格调中激烈的反传统和放荡不羁之气格外引人注目，以此也宣告了他们这个团体的好斗并渴望阳刚气。他们的突然崛起，是由于人们对意大利息事宁人的外交策略极为不满和许多人认为全国上下都没有阳刚之气的焦虑而造成的。这些

墨索里尼和其胸像，这位独裁者的下巴，宽大，咄咄逼人，绝不妥协，的确非常著名

理念，正好让他们成为法西斯主义者野心勃勃（此时或许还模糊不清）计划的马前 434
卒。因此，有些现代主义的元素，已水乳交融地进入了法西斯文化。

未来主义带来的骚动，也有部分原因是意大利立宪君主制的风雨飘摇。1914年和其后，意大利的未来主义者和其追随者们狂热地崇拜王室，并将意大利推动着加入协约国，参加对反动的德国及奥匈帝国的战争，他们认为只有这样才能实现自己的理想，意大利加入战争，会给国内带来迟迟未来的巨变。无数意大利知识分子都厌恶本国政治的乏味、腐败，以及濒临内战的政治分裂。主张参战的意大利右翼分子并非为未来主义者反传统主义的激情所动，而是渴望重建法律和秩序；至于同样赞同参战的左翼，则坚信随着意大利加入国际事务，革命必然会到来。

战争支持者们到了1915年5月终于如愿以偿，意大利加入了盟军阵营。可是战争和其结果让绝大部分意大利人大失所望。他们普遍认为，在1919年胜利之后的分赃大会上，意大利所得到的不值一提，这是公然的侮辱。和战败国德国一样，意大利人也会走上截然不同的道路。之后的数年意大利国内动荡不安，热衷政治的工人占领工厂，而右翼团伙残暴堕落，在街头公开袭击共产党人，并夺取整座城市的控制权。1922年10月意大利法西斯分子的“向罗马进军”运动迅速被其宣传家鼓吹为传奇，正是这场进军让法西斯攫取了意大利的政权。其实，墨索里尼是舒舒服服坐着火车去罗马的，杰出的意大利史学家加埃塔诺·萨尔维米尼轻蔑地将这场戏剧性的夺权之路称为“闹剧”；可这是法西斯一场不折不扣的胜利。

新的意大利政权，正如我所说，有自己的办法来对付高雅文化，开始还颇为宽容，后来就越来越像希特勒德国。1936年10月，意大利法西斯和德国纳粹结为盟友，即所谓“轴心国”。两年后，意大利法西斯政权颁布了反犹的种族主义法律，这
个惊人之举，一来是向德国示好，二来也是表明在这个北方盟友面前甘拜下风。不 435
过，尽管同仇敌忾的姿态做到十足，但意大利法西斯主义者没有模仿纳粹德国对先锋艺术系统化的、有效的镇压，只不过国内有创造性的艺术家所面临的压力有所增大。在极权国家中，在艺术方面，意大利的做法确实是独一无二的。长寿的超自然主义画家乔治·德·基里科，曾经历了法西斯主义的悲喜剧，他在自传中坦率地写道：“凭事实起见，不得不说，法西斯们从没有要求人们按他们的要求来作画。各级法西斯官员中，绝大多数其实是迷恋巴黎的现代主义者。”墨索里尼采取了巧妙的手

法，基本上做到了让画家各行其是，这些办法是德国纳粹所永远无法理解的——纳粹是不可能允许艺术家特立独行的。

只不过领袖墨索里尼在口头上另有一套说词，虽然相当模糊。1926年，在20世纪意大利绘画展上，领袖呼吁产生“一种新艺术，我们当代的艺术，法西斯艺术”。可仅仅两年后，当极端派甚嚣尘上地宣称“一个好法西斯主义者就必然是一个好艺术家”时，他不动声色地压了下去，他说：“若是谁没有艺术天赋，那获得党证也没用。”[1]对于现代主义的学生而言，这句话虽自相矛盾，但大有深意。宣称需要当代的艺术，这就是在回应19世纪现代艺术家的召唤，如波德莱尔或是莫奈，而宣称其是法西斯的艺术，则是把艺术作为政治的工具，这和现代主义者自主的要求是不相容的。更成问题的是，将艺术天赋和政治忠诚一分为二，这就是支持为艺术而艺术，政治中立的观点。正是在这看似自相矛盾的屏障背后，意大利画家才能保持一定的独立。

在法西斯当政的21年中，阿尔图罗·托斯卡尼尼的经历生动地说明了意大利法西斯和纳粹的不同之处。早在“向罗马进军”之前，甚至在墨索里尼的政治纲领是左倾还是右倾尚不分明以前，曾经是热情的国家主义者的托斯卡尼尼，就已经成为新生
436 的法西斯党的一面旗帜。可是法西斯党利用街头暴徒施暴作为一种政治手段，让托斯卡尼尼甚为厌恶。他说：“要是我可以杀人，那我就会杀了墨索里尼。”[2]尽管有过多次机会，可他从未改变，从不配合，作为米兰斯卡拉歌剧院的指挥，他也曾多次拒绝演奏《青年》，对政府的命令不屑一顾，还公然自称“反法西斯主义者”。暴徒们报以老拳，也不能让他改弦易辙；相反，还因为他的“冥顽不灵”成了国际的焦点。

托斯卡尼尼同样对其他极权政权一贯反对。1933年，当希特勒登台执政之后，他就拒绝去主持在拜罗伊特举行的年度瓦格纳音乐节，哪怕这个殊荣是第一个给予外国指挥家的。1938年2月在萨尔斯堡他又故伎重演，这次是因为奥地利总理科特·冯·舒施尼格被迫向德国妥协，而这时距德奥合并只有一月之遥。托斯卡尼尼却能活过战争并讲述自己的故事，还组建了一些重要的美国交响乐团，其指挥生涯光辉灿烂。墨索里尼在暴死前不久，还曾向托斯卡尼尼致以崇高的敬礼，承认他虽然行径

1 Emily Braun, “The Visual Arts: Modernism and Fascism,” in *Liberal and Fascist Italy, 1900—1945*, ed. Adrian Lyttelton (2002), p. 203.

2 Harvey Sachs, *Toscanini* (1978), p. 154.

恶劣，却是最伟大的指挥家。谁能想象，若是威尔海尔姆·富尔特文格勒让希特勒受了如此的侮辱，还能活下来吗？

二

新罗马的统治者并不为教条所约束，也不会因为他们此时钟爱某个教条，就为此热血沸腾。他们本着实用的精神来应对必须处理的危急情况（听其言论便可知）。他们也会采用暗杀之类的手段：1924年政府雇凶暗杀社会主义者议员吉亚科莫·马泰奥蒂，引发了一场巨大的丑闻：只是因为反法西斯党派中臭名昭著，几乎路人皆知的分裂局面，才救了墨索里尼政府一命，使其免遭可怕的民众抗议。在意大利法西斯越来越严酷的措施中，有一项是拘留令（Confino），即将约1.5万人进行国内的放逐，把这些不听话的老百姓逮捕，关押到遥远的南方地区，让其无法发挥政治影响，但不会谋杀他们。遭到拘留令处罚的人中有一位画家兼作家卡罗·莱维，可能是 437
最著名的受害者，他放弃了自己的医学职业，为文学理想而奋斗。在法西斯统治的噩梦结束之后，他出版了一本出色的书，名叫《基督停在恩波利》（1945），讲述他如何被迫流放到荒芜的南方地区卢卡尼亚（耶稣曾停留在恩波利，但压根没去那个莱维被流放的地方），这是一本人道的、冷静的、让人深为感动的书，诉说了法西斯统治下最悲惨的一面，这一面大部分意大利人根本无法见到。其他人则逃出意大利来躲避拘留令。政治理论家和小说家伊尼阿齐奥·西洛内在瑞士创作了他的一些反法西斯书籍；历史学家加埃塔诺·萨尔维米尼则前往哈佛教书。正如大批纳粹德国的避难者大大丰富了英国和美国的文化一样，意大利的逃亡者虽然在数目上有所逊色，也同样为这种无可奈何的文化转移做出了贡献。现代主义者只会从如此的移民中受益。

在法西斯20年的统治之中，受法西斯嫉恨的政治文学作品当然是受到最持久压制的目标，只不过，纳粹对于民主的或“堕落”的作家和记者采取的措施高效而又残酷无情，无论是不是犹太人，与之相比，意大利新政权的统治者们，则不紧不慢。可是到了1925年，通过了严苛的法律，意味着新闻自由不复存在；到20世纪20年代末，那些相对自由的期刊，虽然表达的往往是其编辑各行其是的文学趣味和政治观点，也大部分被迫停止出版。到了20世纪30年代早期，倾向于现代主义的意大利作曲家发现，很难逃避政治的控制了。

在这越来越紧张的气氛中，法西斯政权，至少在1938年通过排犹法案之前，利用了艺术，却没有限定其内容。有些和现代主义相近的艺术家，如马里内蒂，大体上还是支持墨索里尼的新罗马的，只要“领袖”依然重视这个政权的创新。一个颇有意义的对比，是政府征募伟大的艺术作品（主要是意大利文艺复兴时代的杰作），将其送往西方各国的首都举行盛大的展览，为法西斯的外交政策服务。这是个好例子，说明意大利精明的文化帝国主义，对现代主义也同样是一视同仁、毫不在乎的。随着意
438 大利的帝国主义情绪高涨，并在1935年出兵阿比西尼亚，在国际舞台上越来越咄咄逼人，该国也越来越急迫地要求其艺术家、现代主义者和其他人服从政治的指挥。但意大利并没有像纳粹德国或是苏联一样自然而然地颁布法令，让艺术俯首听命。意大利法西斯统治艺术最主要的后果同样是负面的，但这恶果主要不在于有哪些作品在其治下被创作出来，而是哪些作品被其禁止创作。然而，在第一次世界大战爆发和第二次世界大战爆发之间的25年里，其他文化上未遭如此压制的国家，所留下的艺术传世之作也同样寥寥无几。因此奥登称，这是一个焦虑的时代，这个时代遍布憎恨，充满了重整军备、无可挽回且无法平息的社会动荡，会轻易地诉诸暴力，走向国际法西斯主义或共产主义，以及全世界的大萧条。

我始终强调，政治观点和艺术品位之间没有必然关系，我们看到了，即便墨索里尼也知道这一点。然而在纳粹德国，我们看到被称为“现代主义”的艺术创作几乎完全缺失；在苏联，除了几位有天赋（而且幸运）的艺术家，例如帕斯捷尔纳克和普罗科菲耶夫得以幸存之外，先锋艺术几乎被一扫而空；在意大利，则是一遍遍徒劳无益地呼吁要建立“意大利的现代主义”，这都证明了我们已经说明的一点：文化机构，包括政治，必须合作，才能创作出一个适宜现代主义出现或生存的社会氛围。我们对反现代的现代主义进行了有趣的探索，这和对高雅以及大众文化的集权控制正好是对立的，但两者有一点是共同的：它们都以自己的方式表明了，现代主义若要生
439 存，需要多少空间。

9 死而复生？

在第二次世界大战结束后，现代主义艺术家通过小说、绘画和建筑设计表明，他们经历了极权主义、迫害和战争的折磨，挺了过来。他们惨遭打击，但是依然生机勃勃[1]。可他们离经叛道的信条，特别是从1945年开始，依然面临着严重的威胁，这些威胁有些历史悠久，有些则是全新的。有一个因素是势不可挡的高雅文化普及化趋势，对阳春白雪的现代艺术家带来了损害——我们将在下面几页讨论这个问题。本书的尾章“死而复生？”提出了现代主义是否能够天长日久地存在下去，并且也毫无疑问地说明，现代主义已经在某处，以某种方式死去了。

尽管巨匠们依然存在，并打算继续在艺术创造力的大赛场上一展身手，但在战后的时代里，人们还是质疑地指出，他们没有前途了。现代艺术的老卫士们曾对文学和艺术宝库做出了伟大的，甚至是不朽的贡献，但无论如何，他们或年华老去，或已经过世。马蒂斯死于1954年，毕加索活到1973年，他生前最后的狂热是对经典之作，如德拉克罗瓦的《阿尔及尔女人》、维拉斯奎兹的《宫女》以及莫奈的《草地上的午餐》进行现代风格的改绘，尽管这些绘画不乏仰慕者，但结构太单薄，无法支撑起显著的新画风。T. S. 艾略特的诗歌完全改写了不止一代人的文风，他死于1965年；而华莱士·史蒂文斯的离世则更在十年以前，甚至没有留下出色的弟子。建筑学国际风格派的苦楚则是因为自己成立已久，却没有可与之媲美的理念来接棒。的确，战后有几位剧作家似乎前程远大——尤涅斯库、贝克特、品特——其剧作表明，他们的风格可能会变成一个长久的现代主义文学宝库；可他们的创作毋宁说是一

1 只不过斯大林活到了1953年，并且苏联政权在他死后依然维持了数年文化高压政策。

个特例，并没有成为挽救现代主义的救生船。其作品中运用的技巧不可谓不多，天才却寥寥无几。斯特拉文斯基为他的朋友巴兰钦所谱写的最后几首芭蕾舞曲，都有浓郁的伤感告别氛围，而对于许多心地善良的男人和女人而言，刚刚过去的岁月丢下的重担，其国家以及忠诚的人民所犯下的罪恶，是让他们无法忍受的。

扫除陈迹

一

对艺术家而言，1945年让他们担负的重任，远远胜过他们的父辈在1918年时不得不承受的。这两个日期，自然都标志着大战的结束，而且两次大战中，德国都被指为侵略者，并受到胜利者的惩戒。可是1918至1919年的和约缔结后的世界并未产生什么高雅艺术的创新，与之相反的是，第二次世界大战结束时，欧洲各国的版图虽然大体还算完整（只有德国除外），留下的沉重的道德沦丧和无比的战争恐怖，却让那些
442 关注高雅艺术的人不得不面对并去解释、救赎或回避。1949年，德国哲学家和文学评论家泰奥多尔·阿多诺，也是马克思主义法兰克福学派的领军人物之一，做出了一个著名的宣言，即“在奥斯威辛之后”，再写诗已经是“野蛮的”。尽管他这个绝望的结论支持者寥寥，却提出了一个重大的问题：美和人道，对于这样一个国家究竟有何意义？这个国家在万国之中，最爱以“诗人和思想家的国度”自我标榜，却制造了如此骇人的大屠杀。

二

在1945年，德国作家和美术家所承受的压力是最沉重的。不过这也算是罪有应得：许多德国人，尤其不可原谅的是受过教育的人，曾欢迎过纳粹政权，并心甘情愿地为虎作伥，至少也毫不反抗地接纳了纳粹。无论是众多的教授、院士，还是博物馆、出版社、剧院或乐团的经理，以及其他知识分子，在1933年，都加入了将犹太人驱逐出德国的大学、艺术界、出版界、新闻界以及其他行业的暴行。这些知识分子或是毫无怨言，或是心甘情愿，或是迫不得已，其人数多得惊人。某些一贯的德国现代

主义艺术家，例如先锋派画家马克斯·贝克曼或是现代主义建筑家瓦尔特·格罗皮乌斯（不得不说，此人本想讨好纳粹政权却无门路，发现自己在新德国是毫无位置的），被希特勒禁止大放厥词，毋宁说是一种幸运。

还有些“幸运”儿则属于德国那50万犹太人（倒不如说不幸），这些人本天经地义地认为自己是德国人，现在却痛感自己的爱国之情大受欺骗（这么说其实太过温和了）。他们所受的侮辱日日加剧，让他们打算离开这个无情无义的祖国。其中更有些人生命也受到了威胁：比如卡尔·楚克迈耶，这位大胆直言的反纳粹剧作家的剧本自1933年起就遭禁，也和其他人一样逃到了美国。但这些难民也无法比得上那些留在德国，和当权的纳粹恶棍周旋并努力创作的出色德国艺术家。其中数位杰出人物本可以在海外过上富足体面的生活，包括女高音伊丽莎白·施瓦兹科普夫，著名的诗人如 443
戈特弗里德·贝恩，还有哲学家如马丁·海德格尔（此君已经是个用滥的，必然出现的例子了）。

这些背叛文明的人，当然在流亡者中引起了一阵合情合理的怒吼。托马斯·曼在纳粹一掌权时就离开了德国，后来定居于瑞士（这个态度主要是表达他对自己的祖国和后来接待他的美国的一种尖锐的批评），他于1945年10月在德国南部的报纸《奥格斯堡指南》（*Augsburger Anzeiger*）上刊登了颇为凶猛的宣言：“也许我这么看有些迷信，但是我认为，1933至1945年在德国能够出版的书籍不仅是毫无价值，而且是秽不可言，沾满了鲜血和耻辱，都应化为纸浆。”[1]这个宣言一扫到底，对某些不愿意放弃自己的艺术追求，或不愿意抛下自己犹太朋友的德国男女艺术家一棒子打死。可是托马斯·曼一针见血地指出了1945年德国作家所面临的困境核心：他们的母语已经被纳粹的概念和术语彻底玷污了，需要一番清洗，才能重新面世。托马斯·曼的宣言，可以视为一份庄严的警告：德国，这个直到纳粹掌权前都对现代主义的形成和发展有杰出贡献的国家，要想重建其地位，有多么艰难。

无论多么艰难，多么迫切地需要：从德国解放起，那些不听从阿多诺的劝告，继续写作小说和诗歌的年轻作家们就很清楚，他们所使用的文字是染毒的武器。老一辈的德国作家没什么可以交给后来者的；即便在反纳粹的作家，如埃里希·凯斯特纳这位多产的小说家和世界著名的儿童文学作家那里也找不到什么共鸣。某些谢罪的作

1　Peter Demetz, *Postwar German Literature: A Critical Introduction* (1970), p. 48. 我稍微改动了一下这句引文，将“摧毁”（eingestampt）改成了“化为纸浆”。

家后来常辩称自己“在内心已经逃离德国”，哪怕谢罪的人是真心实意的，但这个托词依然让年轻作家觉得实在太不够分量。留在德国，为了人道，和当权的恶棍们尽量少打交道，这当然不错，但并不足够。无论如何，战后的德国作家很快就有了可以学习的对象，就是被纳粹焚书，禁止写作的作家，无论他们是不是德国人。

444 因此，德国的小说家和诗人，受历史之压，虽没有刻意追求现代主义，却被其吸引。在德国向盟国无条件投降两年后，这些作家们组织非正式的聚会，来讨论文学问题，并朗诵他们正在写的作品，这个小团体，被他们谦虚地称为“四七社”。该团体每年开会，颁布一项大奖，尽力打造全新的、更纯洁的文学。该社实际存在了20年之久。东欧犹太人马塞尔·赖希·拉尼茨基衷心热爱德国文学，20年来，一直是德国最有力的书评家，被称为“沙皇”。他定期参加“四七社”的活动，并在自传中写道：该团体“既没有规章也没有董事，既不是协会，也不是大会，不是俱乐部也不是会社。连成员名单都没有”[1]。世人经常嘲笑德国人热爱循规蹈矩，这个无组织的团体仿佛完全不是德国人的风格，但是考虑到纳粹的毒焰未消，正应当采取这个组织方式。到1959年，这个团体通过一部光彩夺目的小说《铁皮鼓》一夜之间世界知名，其作者是君特·格拉斯，定期出席“四七社”的一位成员。

自福楼拜的《包法利夫人》以来，格拉斯的《铁皮鼓》可能是最惊人的一部作家处女作。作家很年轻，才三十二岁，之前无人知晓。他生在但泽，父母为德国和波兰人。他学习过美术，在巴黎度过数年，创作了大量超现实主义诗歌和一些相当古怪的戏剧。这也表明，若想重建能被称为“文明”的文学作品，捷径之一就是书写在思想上离经叛道的作品。这也就是活的现代主义。可是全世界的读者，也许还有格拉斯本人，都对《铁皮鼓》的到来措手不及。这本书字数甚多，其中杂糅了真实无情的报道，以及后来被称为“魔幻现实主义”的描写片段。书中露骨的色情描写，无视一度统治文坛的所谓“文学之尊严”，同时又展现出庞杂而巧妙的语风，从而使其得以位列最高深的文学作品之列。

《铁皮鼓》的叙述者和主人公，奥斯卡·马策拉特，年近三十岁，是一个侏

1 Marcel Reich-Ranicki, *Mem Leben* (1999), pp. 404—405.

儒和驼背，其在三岁时就已经决定不再长高。他残酷而冷静地观察着身边的纳粹政权，可他唯一的，也是真实的想法，就是活下去。没有良心来让他审视自己的冲 445
动，他造成了几个人的死亡，却总能逃避惩罚。格拉斯笔下这个普通人的可怕世界里（至少大部分作品如此），有着种种疯狂，都需要铁一般的自制，而格拉斯总能克制自如。批评家彼得·德美茨指出，通过“其自然的才情以及无比丰富的语言”，格拉斯“嘲弄了所谓小说已死的老掉牙的宣言，也嘲弄了所谓德国语言平淡无味的说法”[1]。

格拉斯的作为还不止如此，他还打破了众所周知的说法，就是作家的第二部文学作品超不过第一部。格拉斯接下来的两部作品和《铁皮鼓》一同构成了所谓“但泽三部曲”：较短的《猫与鼠》写于1961年，两年之后又写出了《狗年月》，都和《铁皮鼓》一样语言巧妙，想象丰富，声色犬马，魔力四射，获得的成功也毫不逊色。但是这三部曲中的第一部依然是格拉斯的巅峰之作，部分是因为这本书最先写出，部分也是因为这部小说活力勃勃，将紧凑的戏剧情节和夹杂其中的逸事结合得如此奇妙，没有人能够超越，甚至格拉斯本人也一样。这是个17世纪的传奇流浪汉故事（Schelmenroman），只不过穿着现代主义的服装。

可要说某一部小说，或一个小说家，就能开始抹去纳粹政权的野蛮，那简直不是用“幼稚”一词所能形容的。这个政权有12年漫长的时间来主导德国文化的毁灭。20世纪50年代和60年代的大部分时间，战败的德国是充满否定情怀的。德国人的儿子或女儿会提出一个人尽皆知的尴尬问题：“你在战争期间做了什么，爸爸？”这问题之所以出名，可能是因为父亲们对此一般不会说实话。此外，德国在20世纪50年代分割为斯大林主义的东德和资本主义的西德，直到1990年两德统一才告终，这更引起了一个最为尴尬的问题：越来越多的作家逃离了东德的社会主义天堂，那个奉社会现实主义为圣旨的忠心耿耿的卫星国，前往西德闯荡，那个高度资本主义，奉行自由企业精神的国家（批评西德的人说，那是美国化的国家）。

《铁皮鼓》所探索的正是这阴暗凝重的气氛。格拉斯当然不是孤身一人，他有 446
同志，甚至还可以说有先驱，这就是其他一些小说家，如沃尔夫冈·科本，此人在

1 Demetz, *Postwar German Literature*, p. 214.

大西洋文化圈中名气不大，其实才华横溢。科本在20世纪50年代出版了三部小说，他的语言充满讥讽，描写的是战后德国的繁荣。这个飞快复苏的国家让他感觉太肤浅，太重视物质，并且太急于掩埋纳粹帝国统治下可怕的回忆。其在每部小说中都使用了现代主义的手法。在《草中鸽》（*Pigeons in the Grass*，1951）中，他将各种寻欢作乐的人的活动写进了一天之中。在《温室》（*The Hothouse*，1953）一书中，他描绘了可恶的德国政治家开会时的情景，而主角却因为无法接受前纳粹党依然在波恩执掌大权而决定自杀，作者通过大量的内心独白，无情地揭示了这些人物的心理。而在《死于罗马》（*Death In Rome*，1954）中，作者采用了相同的技法，愤怒而详细地揭示了在战后德国普遍存在且无法补救的父子冲突：曾是纳粹的父亲和反纳粹的儿女。这是战后德国鲜活和不安的俄狄浦斯情结。科本对战后德国毫不掩饰的厌恶和他的愤怒，就像格拉斯为温和的社会主义社会民主党摇旗呐喊一样很不常见。德国先锋派小说家按例是不会涉足具体的政治问题泥潭的，而格拉斯不但打破了许多德国传统，也打破了这一规矩。

对于一群德国先锋派画家而言，在直面祖国留给他们的可耻的遗产方面，不像作家同伴们如此勉强。他们以惊人的急切回忆和描绘起纳粹统治下的岁月，有时是直接描绘，更多则是间接的。其中最出色的是从东柏林来到西柏林的移民，他们对劫难依然历历在目。第一位就是乔治·巴塞利兹，他在1957年十九岁时移往西柏林，四年后，当时三十一岁的格哈德·里希特也前往西柏林。他们和其他类似的现代主义者不得不面对着两大对手：他们乐得抛在身后的社会现实主义以及西德画家大量创作
447 的，令人不安并且可以作各种引申的抽象画。巴塞利兹和其追随者们则坚持象征风格的画作与之对抗，他们的作品不顾比例，笔法上也没有修饰，似乎画家都是些资质平庸的业余爱好者。巴塞利兹的《落空的长夜》（1962—1963）描绘了一个比例严重变形的裸体人站着，手握一根粗大的阳具，他的脸和肢体上涂抹了斑斑点点的油彩。尽管巴塞利兹百般否认（“我从来不想创作有争议性的作品。我的目标就是不让自己接近……抽象画。”[1]），可是画家似乎通过挑衅所谓高雅的艺术品位和技法纯熟这些准则，向每个人表明，向东方和西方，向整个资产阶级表明，他对他们毫不在意，就

1 Beate Stärk, *Contemporary Painting in Germany* (1994), p. 7.

更不要说德国的那些前辈大师了。

三

法国人当然是大战的胜利者，可即便他们也有痛苦的回忆，惊扰内心，哪怕不像德国人那般痛楚。不顾法国文化界的抗议，以叛国罪处决法西斯小说家和文学评论家罗伯特・布拉西亚奇是很容易的，满足于自以为正义的复仇冲动，来羞辱那些提供"平躺着服务"，也即情人是德国占领军的法国姑娘，剃光她们的头发就更容易了，无论姑娘们这么做是因为性饥渴、为了钱，还是仅仅为了一双难得的丝袜。法国全国上下都发生了狂暴的、人潮汹涌的"清洗"运动（épurations）。虽然此时法国终于给了妇女选举权（1944年8月），但是大众看马戏般羞辱女人的举动，几乎毫不掩饰对女性的暴力报复意图，尽管现代主义的主要目标之一就是改变长期以来对女性的欺压（只有斯特林堡和汉姆生等少数例外），但如今这似乎激起了处在新历史关口的法国男人的反抗。

那些在德国占领期和其后奴颜婢膝的法国维希政府期间大发横财的小商人，随着盟军向巴黎一路推进，此时却顺理成章地发现了自己的爱国之情，要发现这些人更加不易，因为他们极不显眼。喜剧小说家让・迪图尔，在一篇大获成功的小小说 448
《小奶油》（1952）中，揭露和讽刺了战时法国小资产阶级的机会主义狂热。那些叛徒知道何时要高呼"戴高乐万岁"。从1940年开始，四年间百折不挠的戴高乐将军一直为反维希法国军队鼓与呼，在伦敦组织自由法国运动。从1944年8月巴黎解放，到1970年去世，这位高大、威严、高雅，甚至有王者之风的戴高乐一直是法国的传奇人物，只有一次引人注目的例外。

新加入的人中有许多仰慕戴高乐将军，他们中也有很多人会大事夸耀，甚至虚构自己在抵抗组织中的英雄作为（就像那些发现自己的祖上有犹太血统的德国人会加倍努力一样），这表现出他们或多或少有种感受：或是对自己在占领期的冷漠、奴颜婢膝，以及对外族的恐惧感到歉疚；或是拼命要为自己找一套说法来辩护。但幸运的是，法国文化的复苏，使得法国文学完好无损。（若是用伏尔泰的话）即便不存在让—保罗・萨特，时势也会造就他这样的人物。

萨特的评论家中（人数众多），有一个事关个人的问题从一开始就众说纷纭：

萨特究竟该算是涉足文学的哲学家，还是算爱好哲学的文学家呢？对萨特本人而言，这个问题不存在。他认为两者都不过是一位充满活力、思想深远的学者的两面而已。当他阐述哲学思想时，会以风雅的语句加以论述，而当他书写戏剧或小说时，他又把自己存在主义的思想作为其中的情节。可无论其写的是哲学或是小说，这一态度无疑都是现代风格的。存在主义令人奋发而又离经叛道，其独创性足以惊人，而其指导又充满主观色彩。至于说存在主义可以上溯到丹麦思想家索伦·克尔凯郭尔，这不是说明该思想历史积淀之厚重，却恰好说明涉足此思想的人寥寥无几。数年之间，存在主义对人类永恒的问题做出了独具一格的回答，该理论的吸引力以及其所鼓吹的人的勇气，风行世界。无论是萨特的小说或是其哲学论著，都可以为现代主义者所用。如果他们需要哲学思想（其实并不需要），萨特的存在主义实在是个有力的选
449 项，而这个思想在20世纪30年代晚期就已初具雏形。

许多人都认为，萨特应将“人”这种生物作为其思想的核心。1946年，在一篇冗长得没完没了的演说中，他指出存在主义是一种“人道主义”。这个定义含糊，可以给出各种不同的解释：大部分读者认为这意味着作者极力强调关于人类的问题是最关键的，远胜于形而上学学派抽象的各种学说。的确，当《密室》于1944年首演时，萨特让其中一位人物说出一句哲言，而他的作品正是以哲言连篇而闻名，这就是“他人即地狱”（“L’Enfer, C’est les autres”）。不过这句精炼的格言并不能代表萨特的思想；他并不憎恶人类，除非面对的是资产阶级。

在萨特的理论中，人命定是自由的——自由，即他书写自己的命运；而命定，也就意味着这自由包括了最沉重的责任。这些责任之所以如此沉重，是因为没有神来指导或限制人类的作为。尽管有几位理论家发展出一种基督教的存在主义哲学来和萨特竞争。但是萨特的信仰，或者说他无信仰思想的不可或缺的核心，就是无神论。人来到世界，走出自己的道路。而这没有神的生活，也就没有神祇来颁布权威的道德规范，展示了存在的荒唐和最根本的毫无意义。这就像是随着父亲的死，人类的俄狄浦斯情结得到了化解，新的自由到来，也强加了新的责任。简而言之，存在主义是要求最苛刻的哲学。

1940年，法国战败并被敌军占领，存在主义的责任自然也就成为政治义务，而对于其追随者而言，萨特本人又正好是个典范：他加入了法军，被俘，1941年逃亡并加入了抵抗组织，同时继续着哲学研究。萨特是一个出色的辩论者，他通过论文、随

笔、小说和戏剧阐述自己的思想。他后来说，正是第二次世界大战激起了他的政治意识，让他的伦理学观点有了切合实际的指向——正如第一次世界大战让建筑师瓦尔特·格罗皮乌斯信仰了左翼政治切合实际的美好动机。

可在20世纪50年代，萨特的政治信仰却让他进退两难。由于法国殖民地阿尔及 450
利亚争夺独立的斗争，让他的政治观点一时更加复杂。在这场长达八年的战争中，双方都无所不用其极，直到1962年阿尔及利亚胜利而告终。战争将萨特推向和本国政府政策势不两立的立场，法国政府允许刑讯逼供，而这正是萨特极力反对的。

和这场“法国人打法国人”的战争在萨特心头引起的矛盾情感相比，他对苏联的感情就是一边倒了。萨特是个顽固的先锋派思想家，他当然是属于左翼阵营的。和每个法国知识分子以及数百万法国选民一样，萨特对苏联的内外大政就需要有看法。当其他政党一败涂地时，法国共产党的候选人名单对于法国广大选民来说，颇有些可敬的候选人，萨特也是其中之一。六年间，他对中产阶级的憎恶，压倒了他对法国和苏联实际情况的明智观察。他自认为，当时的美国，完全被参议员约瑟夫·麦卡锡的“反共产主义”整肃运动所操纵，正在变成新的法西斯。而苏联尽管有种种明显的过错（这些过错他也曾坦率地指出过），却是支持世界和平的正义力量。这糊涂的想法到了1956年10月轰然崩溃，苏联军队镇压了发生在匈牙利的一场群众示威，萨特直接将这场侵略称为“苏维埃的侵犯”。虽然他已经认错，不再认同所谓的“布尔什维克的伟大实践”的观点，但是他的哲学思想对当时文化的影响力却丝毫未受损失。

四

幸运的是，萨特多变的政治观点，虽然绝不能全盘当真，但是对于公众而言，远不如他的小说和剧本重要，其文学创作直接或间接主导了两场伟大的战后文学新风潮：荒诞派戏剧以及新小说派。在20世纪50年代，剧作家所面临的世界充满了庸碌无为，互相误解和无尽的失望。荒诞派戏剧的演员们并不讨论不同的思想，他们只是
在舞台上加以展现。欧仁·尤涅斯库的一部荒诞主义戏剧《犀牛》（1960年首演） 451
中，一位冷漠的市民憎恶地看着自己的同伴，包括他漂亮的小秘书，由于循规蹈矩上了瘾并互相传染，结果全部变成了犀牛。还有一部是萨缪尔·贝克特的《等待戈

多》，两个人物在一株枯树下等候，轮番说话，等待的似乎是上帝。简而言之，荒诞派剧作家的相同之处在于，他们对数个世纪以来剧作家一直奉若神灵的悠久传统都嗤之以鼻。

最著名的荒诞主义剧作家，同时也是其他人公认的导师，是爱尔兰作家萨缪尔·贝克特。他既是剧作家，也是个出色的小说家，大部分作品是在法国写就的。在他最著名也是上演最多的剧作《等待戈多》（1948）中，他将淡薄的、时断时续的焦虑苦楚，轻松的智慧以及迷人的语句结合起来。贝克特的核心思想，若说是来自萨特，倒不如说是师从叔本华以及他自身的体会，即生命从出生开始就是灾难，孤独是人与生俱来，无法摆脱的，而信誓旦旦会来的救赎则永远不会来。自己的开悟也不会到来。贝克特在他最为人称道的一段话中说，不管人如何努力，都必然会失败，其唯一的补偿就是再次失败。

这真是晦涩难懂的信条。当《纽约时报》的评论家布鲁克斯·阿特金森评论《等待戈多》1956年在纽约的首演时，他请求读者“不要指望本专栏会解读”这出戏剧，但他也总结道，这出戏是“谜中之谜”，有“强大的力量”，的确表达了“某些悲惨的真理，解释了人类毫无希望的命运”。贝克特最热心的评论家们坚持认为，这并没有完全读懂他的作品，可是对于大部分读者和观众而言，他们会依据这个方法去解读和观赏贝克特的作品。

而拒绝解读《等待戈多》的人中，就有贝克特本人。当他的朋友，美国导演阿兰·施奈德要求他解释这出毫无情节的戏剧的意义时，贝克特回答说：“要是我知道，我就会在剧本里写明了。”[1]这并不是在戏耍或是折磨提问题的人。对于贝克特
452 而言，清清楚楚，不仅答案是不可知的，那些根本的问题，例如生存和比之更重要的死亡，都无法分得清。贝克特将笛卡尔关于人类生存的名言改写成充满绝望的格言：我受难，故我在，就足以说明这一点了。

贝克特小说三部曲（1951—1953）中的最后一部，《无可名状的人》结尾是一段著名的台词，承认了令人痛苦的无知，以及必须坚持的职责。“我不知道，我永远也不会知道，寂静中你不知道，你必须前进，我无法前进，我会前进。”如此

---

1 Richard Coe, *Samuel Beckett* (1964), p. 2.

种种，这是对顽固日常生活的最激烈的拒绝，决绝并且毫不妥协的现代主义哲学思想。《无可名状的人》之前的两部小说，《莫洛伊》以及《马洛内之死》为其铺平了道路。三部曲都是简短的第一人称小说，大部分是冗长的独白，时断时续地在不同的话题间跳跃，突然地转换时间，阴郁地围绕无关宏旨的枝节而书写（同样很突然）。在《莫洛伊》的第一句话中，和本剧同名的主人公在焦急地找自己的母亲，可他突然发现自己已经在母亲的房间里了。马洛内则拼命要找到自己，可是发现自我总是隐而不见。《无可名状的人》则是类似探索和质疑的顶点，若继续追求，是荒唐；若放手，则更加荒唐。

所有对贝克特衷心的赞美中，最为人称道的则来自哈罗德·品特。这位出色的英国荒诞派剧作家曾慕名向贝克特求学。他如此评价自己的导师：“他走得越远，我就越从中受益。我不需要哲学、情节、戒条、出路、真相、答案，也不需要大甩卖的玩意儿。他是最勇敢、最坚持不懈的作家。他越把我的鼻子塞进大粪里去，我就越感谢他。”除了这些精彩的赞美之词，品特还坚持认为，“他的作品很美”。[1]1969年，贝克特这个坚决的文学圈外人会被授予文学界圈内的最高荣誉——诺贝尔文学奖，表明诺贝尔评选委员会也和品特一样热爱贝克特，认为“他的作品很美”。而贝克特最得意的门生品特，比贝克特自己更加狂热地反对中产阶级的经典思想，得以在2005年 453
加入老师的行列，被授予当年诺贝尔文学奖，这也是分内之义了。

其他荒诞派剧作家，虽然也都得益于贝克特良多，但其剧作不像他那般严肃。若说贝克特的全体人物都适合在莽原上出场，则品特的人物会出现在一间设施齐全、富足奢侈的房间里。贝克特认为生命本身就是大敌，而他的追随者则会集中火力抨击他们憎恶的政治和社会体制。品特在成为多产的剧作家前，本是一位诗人和演员，他发展出自己标志性的台词风格——这种风格被含糊地称为“品特式”，而他奇 454
特的情节描写使得这种风格得以被人们铭记：其角色口中看似无伤大雅的台词，却表达了针锋相对的冲突，充满了不为人知却令人恐惧的敌意。他的攻击力虽来自台词，但其迅猛毫不逊色。

1 品特的话，出自www.google.com（无可考证据）。

五

在欧仁·尤涅斯库古怪的，经常狂暴喧嚣的剧作中，现代主义的荒诞派剧作回归到19世纪的思想中，从而构成了先锋派猛烈抨击常规定俗的完整体系。比其他人都更明智的尤涅斯库，自然也瞄准了所谓“资产阶级”开火，其猛烈较之福楼拜或是波德莱尔之辈也毫不逊色。正如他所写的所谓“悲喜剧”（尤涅斯库以此称之）的先行者们将所有墨守成规、庸俗无聊都斥为“资产阶级派头”一样，尤涅斯库也选择了这个遭人嘲弄的身份作为舞台角色。他们焦虑地渴望一切井井有条，无一例外地自轻自贱，对创新则害怕得手足无措。到1960年，尤涅斯库已经成为老练的剧作家，他说“自己和资产阶级精神暴政、政治暴政抗争了十年之久”。[1]

此时他已经在自己首部轰动一时的剧作《秃头歌女》中描写了一类人，即他所称的“普天之下的小资产阶级”，这群人彼此毫无二致，“无论何时何地出现，都活生生地代表了庸俗，口号，墨守成规”。尤涅斯库引用一本英文短语学习手册上蠢头蠢脑的对话来展现，这些“忘记了一切感情的意义”以及“忘记了如何生活”[2]的人物是什么样（尤涅斯库本想用这本书来学习英语，他说这本书才让他成为了一名荒诞派剧作家）。他从社会各阶层中挑选人物来描写，以不知疲倦的想象力营造出最出奇的情节。他自己是这样描写创作过程的：

> 我开始工作了，我细心地从学习手册上抄下整个句子来记忆。可细读之后，我学到的不是英语，而是些令人震惊的道理——例如一周有七天，这我已
> 455 经知道了，例如地板在下，天花板在上，这也是我知道的，也许吧，可我从没有认真地考虑过这一点，或是已经忘记了，突然之间，这些事实虽然千真万确，但在我看来似乎又令人困惑。[3]

尤涅斯库所表达的有两点，即陈词滥调的泛滥，以及生存/灭亡，或者说死亡的

---

1 Richard N. Coe, *Eugène Ionesco* (1961), pp. 12—14.

2 Ionesco, “La tragédie du langage：Comment un manuel pour apprendre l’anglais est devenu ma première pièce,” *Spectacles*, 2 (1958), p. 5.

3 Ibid., p. 3.

恐怖，两者都体现在他的剧作中。真实的语言，若能得到良好的运用，则可以表达感情，而在最糟的时候（也就是说，在我们的时代），感情萎缩，只能讲出庸俗的话语，将事物描写得琐碎不堪，或是根本否认。因此，改变不仅是可能的，而且是必须的；到了20世纪50年代中期，尤涅斯库已经掌握了机智的、令人激动的写作技巧，并在国际上也不乏追随者。

在现代主义艺术的创作实践中，荒诞主义剧作家并不是孤军奋战，他们有大群的同志，和他们一样，有一群小说家聚集在巴黎，这个小俱乐部所书写的风格是“新小说派”，其中有：娜塔丽·萨洛特、克劳德·西蒙、罗伯特·潘热、阿兰·罗布—格里耶、米歇尔·布托尔。尽管他们从萨特计划写作的四部曲《自由之路》的前两部《不惑之年》以及《缓期执行》（都写作于1945年）中学到了某些技巧，但他们并不是盲信萨特的小学徒。更重要的是，萨特对文学手法的大胆应用，解放了他们的思路。他们的小说鲜有情节，而是能够仔细地探索人物的内心挣扎。

这些在20世纪50年代的文学期刊上发表作品的作家们很快就团结在“新小说”这面唯一的旗帜下，他们非常清楚哪些技巧是必须要大举改进的，而他们改进文学的热忱，萨特也是心有戚戚。他们是知识分子，而不是戏子。由于他们憎恶连贯的情节，厌恶对戏剧动机的传统解释，他们也不会对19世纪现实主义的剧作家感恩戴德，继承其衣钵。其实，哪怕不用这个名词，他们也是如假包换的现代主义者，各人追随着自己选定的轨迹——这是一个极其个人化的团体。

在《怀疑的时代》(1956)一书中, 小说家萨洛特指出, 新的小说家在第一次组织各种心中的想法时, 应着眼于创造一个真实可信的人物，但即便观察者能准确地关注这个 456
人物，及他其后一系列具体的动作：一个微笑、手势、耸肩，也总是无法得到理想的解释的。萨洛特博览外国文学作品，她的主旨声明，本可以上接克努特·汉姆生的思想。但是新小说派并不想被贴上标签成为某人的追随者，当然了，陀思妥耶夫斯基除外；萨洛特甚至还批判普鲁斯特的作品有些肤浅，尽管她仰慕普鲁斯特，她还不无快意地引用弗吉尼亚·伍尔夫自我批评的语句，以此贬低伍尔夫，说其精神上幼稚[1]。

实际上，新小说派不过是战后现代主义文学评论的另一个流派。他们的现代主

1 Nathalie Sarraute, *L'Ere du soupçon*: *Essais sur le roman* (1956), pp. 97—99.

义前辈已经对自己恪守传统的同行展开了斗争，他们不过是回响这一斗争的先锋作家中的小小一波。试想，斯特林堡就曾指责19世纪80年代的小说家，四十年后，弗吉尼亚·伍尔夫也曾贬低阿诺德·贝内特的小说[1]，虽然语气温和，却有失公允。对于战后的新小说家而言，他们前辈最离经叛道的作家也未能抓住他们笔下角色的内心活动。这一判断足以说明新小说派思想的自由，却不能说明他们的文学品位如何。

生于1902年的娜塔丽·萨洛特是新小说派中最年长的。她在作为小说家、剧作家以及散文家漫长的职业生涯中，最关心的莫过于所谓“趋向性”（tropisms），亦即植物对于强烈的外在因素如阳光或温度产生的自然生物反应。萨洛特受此启发，认为作家的天职就是要捕捉这类反应。因此，琐碎、陈腐、司空见惯的事物就取代了戏剧冲突，通向人内心世界的“无数细微活动”。她最有趣，也最让人抓狂的小说《金果》中短小的段落间没有序号，也没有标题，人们边走路边说话，事先没有铺垫，也没有显示个人的身份。该小说的主角（这一点一出版就饱受诟病）结果不是一
457 个人，而是一本小说，一本平庸的小说，名字叫作《金果》（否则还能叫什么）！

以虚构的小说为主人公，给了萨洛特足够的空间来施展她冷嘲热讽的文字。不知名的人谈起这部小说，只言片语来来去去，支离破碎，甚至是故意显示其庸俗。某某人觉得这部小说“很好玩……我都笑了”。（省略号是萨洛特一生的挚爱）“有的场景……他没赶上火车的时候……还有那个人，你记得的，在找他的伞，这个实在是太……就和夏洛特一样。”[2]（这里是指查理·卓别林。）“其风格……其力度……比夏洛特还强。”萨洛特写道：“新小说会激起人神秘而有益的情感波动，并让人瞬间就能心领神会其主旨，如同电光火石，包括其所有细微的差别，复杂关联，甚至其深意（如果有的话）。总之，看来是有百利而无一害。”但是对小说家给予如此鼓励的掌声，即便从最单纯的意义上说，也是很有问题的。现代主义文学对读者毫不容情，让读者们苦不堪言。我曾说过萨特的存在主义是难懂的哲学；而法国的新小说则同样对读者要求颇高。

新小说家们最强烈的兴趣是典型现代主义者风格的：以写作来对抗当时小说界

1 请注意萨洛特第一本书的名字，*Tropismes*（1939）。

2 Sarraute, *Les Fruits d'or* (1963), pp. 126—127.

的风格，抛下所有传统信条，例如事件的逻辑顺序等。这些信条只会强行写出整齐有序的作品，所以也是误导人的，因为日常生活本来是无序的。对他们来说，诸如悬念和人物发展之类，就是通向直白和肤浅的路标。新小说派的作家们，简而言之，就是强迫他们的读者去认识小说中的人物，却不给读者以一般的帮助指引。克劳德·西蒙所写的《历史》（1967）中，每一段的句子几乎都会从中间断开，接上的后半句与前半句毫无关系。其结果就是，这些小说在美国大学中的法国文学系里，比起在巴黎的书店自由买卖，能获得更忠诚的读者，甚至人数还要更多一些。正是在学院气氛 458
中，这些新小说家的作品才会得到如此热烈的解析，大部分法国读者一定会觉得这种热忱太奇怪了。

这些新小说家中，最为人知的是阿兰·罗布—格里耶，他的名声更多来自圈外，即来自电影界。他不务正业去拍电影的最著名作品是《去年在马里安巴》，该片由阿仑·雷乃执导，1961年由小说拍摄成电影，剧本由小说作者操刀。这部现代主义电影获得了威尼斯电影节的大奖。阿兰·罗布—格里耶保持了其独特性，让人物的“行动”变得模糊不清，大体上只留下暗示，以及装模作样，和平实的日常语言毫不相同的对话。故事的核心颇具讽刺意味地采用了一个最俗套的三角恋故事。故事开始前一年，一位不知是何人，没有名字，可能也尚未结婚的男人（X）爱上了一个他在马里安巴遇见的女人（A），并说服她离开身边的男人（M）（此人究竟是她的丈夫还是情人？），可她让X等一年，如今一年过去了。观众听见的所有谈话基本都是X对A说的，他情不自禁地回忆起他们一年前一同游玩过的地方，还有豪华的温泉疗养。而女方则半心半意地拒绝此人回忆那段往事的诱惑，影片的最后，这两人大概是一起离开了马里安巴。

这部电影的总体情调，也加强了小说家所谓暗示一切，但什么也不解释的理念。其人物在同一场景会改变服装；背景，如城堡周围的公园，也以特效拍摄，树下没有树荫，但是树边的人物却有影子；唯一强烈的场景是一幕难以置信的强奸场面——可能不过是幻象。看完电影的观众可能会觉得神秘，并猜测他们刚才看的电影究竟说了什么故事。其实现代主义小说或电影，究竟是为谁而做，数十年来一直是个难以回答的问题。新小说运动更让其雪上加霜。但是在最激烈的反资产阶级艺术家让·迪比费等现代主义画家的间接支持下，新小说运动也有助于加强一个信心，至少 459
在法国人看来，法国再一次成为了高雅文化领域内的主角之一。

创意时代

一

战后现代主义艺术的生存受到威胁，并不仅仅因为缺乏杰出的天才。也同样是现代主义不得不面对一个重大的、死灰复燃的哲学反对意见，这个问题可以上溯到杜尚，又在当代得到了重新的认同，只不过此问题复苏时，并没有提到该问题起源于法国，这一点人们甚至一无所知[1]。这问题就是：什么是艺术？说得更准确些，什么不是艺术？此类问题衍生出另一个疑问：随着技术的进步，例如彩色电影和电视技术、喷气式飞机以及其他机械化时代产物的完善，加速了高雅文化的普及，从而使得某些矛盾越发尖锐：现代主义作为高雅的艺术创作，在1945年之后的世界中究竟有何地位。

随着美国人的加入，现代主义艺术家的人数有了巨大的改变。在战后的新世界中，美国人开始积极地汇入全世界的现代艺术创作。在他们自立一派的尝试中，最野心勃勃的莫过于抽象表现主义绘画，这种绘画在大西洋两岸都不乏追随者。法国人甚至为其起了两个名字，即“斑点派”（tachisme）和“不定形艺术”（art informel）。美术界从此进入了一个新阶段：其中最杰出的画家杰克逊·波洛克很快在欧洲就像在美国故乡一样大名鼎鼎。

如同其他笼统的代名词一样，所谓抽象表现主义派内也有众多明显的差别。如一个特立独行的例子威廉·德·库宁，他令人不安的画作《女人》虽然将画面形象扭曲到极致，还是能看出有蔑视女性的态度。除他之外，其他抽象表现主义画家的画作
460 则很难看出其有任何具象。尽管波洛克作品的评论家（波洛克的画作让他们忙得不可开交）在他的画作中看出有某某线索，表达了人类的形象。大众则认为波洛克的作品已经是他们所能想象出的最抽象的画作。不同于欣赏印象派作品，观赏波洛克作品的人，多看一眼会比只看一眼所能感受到的更多。

杰克逊·波洛克在现代艺术万神殿中的地位无可动摇，若将他的两个标志性特征加以结合，即独创性和主观性，会让他成为最具有代表性的现代主义艺术家之

---

1 艺术史学家芭芭拉·罗莎颇为有理地指出：“虽然贾斯培尔·琼斯曾被人认为是杜尚的追随者，但是他的作品表明，直到1960年之前，他还不知道有杜尚这个人呢。”

一。那些巨大的所谓“滴画”（Drip）画作，主要在1947至1950年之间创作，让观众为之震撼，觉得这些作品古怪，令人困惑，总之是异端，尽管也有些人认为其颇为壮观。波洛克本人坚持认为，他作品的根源主要是个人体验。他说自己灵感的真实根源是无意识。尽管波洛克曾做过几次荣格精神分析，并觉得荣格测试比弗洛伊德测试的气氛更契合他的口味。但是波洛克流派的学生们对于波洛克的画作有多少是出自无意识的压力，有多少则是刻意的、意识清醒的实践，则一直没有达成共识。波洛克坚信自己知道，他说：“我的作品并非来自画架，将画放在地上我倒更自在。我觉得这样更接近，是画的一部分，因为我可以绕着画走，从四边绘画，实际上还可以站在画中间。”他又着重说：“当我站在画中间时，我不知道我在做什么；非要过一段‘熟悉’的时间之后，我才明白我在做什么。”

当时最著名的现代艺术评论家，以及抽象表现主义的支持者，克莱门特·格林伯格曾赞叹波洛克是最杰出的纯绘画派画家，甚至胜过当时欧洲最可敬的画家同行们——格林伯格总喜欢对艺术家进行排行，似乎这是场赛马。1943年波洛克年仅三十一岁时，就在佩吉·古根海姆的先锋艺术画廊“本世纪的艺术”（Art of This Century）举办了首次个人作品展。可四年后，他展示了自己的“滴画”画作，不管是其绘画过程还是其作品本身，都出了大名。 461

我们有波洛克逐层进行“滴画”创作的影像资料。画布没有绷紧，而是铺在画室的地板上，画家站在画布上，或是泼墨，或是挥舞着一支巨大的画笔，涂抹色
彩，构建着自己的风格：画笔上的油彩滴落，随意率性涂抹，以此构成设计风格。作 462
品《第二号》就是一个典型的例子，这幅创作于1949年的作品尺寸颇大：超过十五码宽。其中令人眩晕的彩色线条，粗细不一，和黑色的线条互相交错，在棕色的画布上构成复杂的图形。对现代艺术主观性特点的解读从没有像这幅画这样咄咄逼人。

波洛克本人就是鉴赏他自己作品的得天独厚的人选。他声称，绘画就是将他心中已有的想法自然和逐步展现的过程。他晦涩的画作对观众的要求很高。比起传统的绘画技法，这种画家在画布上走来走去，滴落油彩的方法实在是令人耳目一新。但波洛克的作品依然得到了现代艺术爱好者们的回应，他们尽管疑惑，却也深为震撼。

其他观赏者，对他革命性的绘画技法和他对艺术声名的独特追求并不熟悉，觉得自己的感受一言难尽。但是格林伯格从波洛克绘画的一片混沌中看到了不断凸显的风格，并为市场定了基调：“波洛克在和审美情趣搏斗，这看似纯粹是偶然，但其

实绝非如此。”格林伯格在1969年写道，这一点可能一开始难以解释，然而，“波洛克艺术创作的偶然性，及其迷人的技巧”意味着“色彩的泼溅、挥洒、喷染、点滴”，似乎都表明着画家压倒和泯灭了任何规范。“可这更多是一种隐喻，而不是实际的效果。偶然之中包含的意味，人的感受以及实际的艺术规律之间的张力（不妨使用下这个必不可少的圈内术语），这种艺术的力量正来自于此，而其创作的一切细节
463 都带来了这张力。”波洛克于1930年开始定居纽约，广泛探索了先锋主义绘画的各种可能性，并在其中大张旗鼓地加入了自己著名的、富有争议的喷溅画。波洛克凭借这些画作达到了自己美学实践的顶峰，无论这些滴画多么成功，他的手法本身就已经是极端离经叛道的现代主义艺术，他的滴画并不是艺术自由的尝试，而是已经实现了的艺术自由。

抽象表现主义艺术家可以参考活生生的现代艺术史，他们讨厌传统的现实主义，就可以从超现实主义中汲取大量的典范，最后还能从直接的绘画创作中获得经验。格林伯格坚持认为，艺术所告诉我们的是我们已经感受到的，而他和自己最中意的画家都认为，这种交流方式，不可能是理性的过程。在这种新体制下，有天赋的画家们，无论是土生土长的美国人，还是欧洲来的避难者，都迅猛地利用了这个机会：艺术没有义务惟妙惟肖地模仿生活的细节。空白的画布让他们自由挥洒，唯一的约束就是绘画技法，只听从内心艺术的呼唤，这是纯粹的现代主义游戏。

这种艺术上的率性自然就产生了多种形式。巴尼特·纽曼在超大幅的画布上涂抹单一的颜色，仅夹杂了一根细长的竖直线，比蒙德里安更胜一筹。格林伯格唯一真正的竞争者，同样执美国当代艺术评论界马首的哈罗德·罗森堡在《纽约客》杂志中写道：纽曼“可不是仅仅想刺激观众的视网膜，他的目标远大于此。他的想法，是让空白讲述自己的秘密”。这个雄心勃勃、颇为神秘的目标倒是和其他的抽象表现主义画家，如博学而文质彬彬的罗伯特·马瑟韦尔不谋而合。此人素朴的抽象画，都是生命力的欢歌。他创作的《西班牙共和国挽歌》系列作品是献给被法西斯武装推翻的西班牙共和国的画作。抽象表现主义画家所反对的“讨好视网膜的艺术”，和杜尚终身所蔑视的只有眼睛喜欢的艺术，是不谋而合的。

杜尚的影响无所不在，他作为预言家和代理商，对艺术可悲未来的预言最为
464 人所传诵；他曾彻底断言一切事物，包括他自己的作品，都可会被命名成艺术，不

需要研究，也不需要博学，这个预言到了1960年已经有半世纪之久。杜尚两件最著名的发明，也就是那架臭名昭著的雪橇，以及莱奥纳多·达·芬奇的《蒙娜丽莎》的仿制品，明信片大小，略略走样，足以作为图证，说明他对艺术未来的惨淡预言。

二

激进的艺术主张在1960年之后如此强劲，是因为流行艺术让先锋艺术迅猛复苏。流行艺术的出现和振兴是现代艺术历史上一个重大时刻，受到欢迎的新艺术家们打算将高雅艺术和大众艺术合为一流。其结果，正如我们所见到的，是不欢而散，并未产生什么出色的成果。流行艺术大胆地将各种社会认可的艺术形式混在一起——非传统的绘画结合常见的画作，独创性的作品和复制之作混合，和社会相关的艺术杂糅。为艺术而艺术的作品——定义艺术的本质和预言艺术的命运本来就已十分艰难，经过这一番杂糅，更变成了徒劳无功。

这些流行艺术家得益于自己的导师，主要是汉斯·霍夫曼，这位德国出生并受训于欧洲的画家，可敬的老师，于1932年定居于美国，当时他刚过五十岁。他在普罗温斯敦和纽约开设了艺术学校，传授实例和规范。他后期的风格，是以灵动的色彩绘出四方小块，以其组合表达艺术的张力，这也表达出他所确信的观点：艺术的最高源泉应当是内心的。他传授道："独特的艺术表达，应当是内心的想法得到精神上的表达，并付诸形式。"他警告学生们说，"模仿客观真实的景物，不是创造，而是业余创作，或仅仅是一项动脑筋的活动，虽科学但毫无成果"。这些警句正足以一针见血地说明20世纪现代主义画作。

于是，到了20世纪60年代，美国人进入世界艺术独创性的竞赛不过数年，就推动着 465
现代主义深陷危机之中——这里用危机这个被滥用的词，是恰如其分的。而绘画这个艺术分支则最为生动地展现了这一危机。美术界经历了一场激流，或者说是雪崩，新的学派互相竞争，以惊人的速度压倒对方。格林伯格在列出这些艺术流派时感情是复杂的，他于1969年写道："有集成艺术（Assemblage）、波普艺术和奥普艺术（Op）；有硬边艺术（Hard Edge）、色面绘画（Color Field）和立体画布艺术（Shaped Canvas）；有新具象风格（Neo-Figurative）、疯克（Funky）和环境艺术（Environmental）；有微型艺术（Minimal）、活动艺术（Kinetic）和光色主义（Luminous）；有计算机艺术、制驭艺术（Cybernetic）、系统艺术（Systems）和联动艺术（Participatory），如此等等。”我必须指出，所有这些流派，最后都成功地成为了现代艺术大家庭的一员。

有些流派是货真价实的极端派。2005年，《纽约时报》书评版的编辑巴里·格温，经过对表演艺术的长期调查之后，提出了这个所谓“百无禁忌”的问题。就他所知，这个困境可以回溯到一个世纪之前杜尚的时代。可在巴里·格温所列出的轰动性人物手中，这个问题则有新的含义。格温的评论文章《艺术之国》旁征博引：

> 1975年，克里斯·伯登将自己钉上十字架放在一辆大众车的车厢顶上，这是他的艺术创作。十年之后，赫尔曼·尼奇进行了一场为期三天的艺术表演，参与者们将牛和羊的内脏掏出，把内脏、鲜血和葡萄混合在大桶里，用脚来回践踏。这又是一个艺术作品。拉斐尔·奥尔蒂斯砍下小鸡的脑袋，并用没头的身体来弹吉他。去年（2004）在惠特尼美术馆举办过回顾展的安娜·门迭塔也曾砍下小鸡的脑袋，将鸡血淋在自己的裸体上。正如有位评论家所说“艺术世界里的动物是不安全的”。其实艺术家也不安全。他们用剃须刀片割开自己的身体，在头皮里插针，赤身裸体地滚过玻璃渣，用肉钩把自己吊起来，还进行整容术等所谓“表演手术”，观众可以和这位手术的艺术家谈话。1989年，鲍勃·弗拉
> 466 纳根把自己的阴茎给钉到木板上去了。

对这些虐待狂和受虐狂表演者，即便开列了这个可怕的、令人生厌的清单的格温，还是因为自己的新闻职业，不得不在某些地方有所保留。“维也纳艺术家君特·布鲁斯，完成了一个著名的，或者说臭名昭著的表演，他在一个舞台上撒尿拉屎，然后一边手淫一边高唱奥地利国歌（其他细节无法在这份大众晚报上记录）。”最终，胜利的俗人们还是可以说，资产阶级干掉了这场革命。只不过，格温所记录的这些伪现代主义艺术冒险中，有一个长期以来颇为著名。“1960年，法国艺术家伊夫·克莱因进行了一系列所谓‘人体测量学’的艺术实践，以女性的裸体充当画笔。”一位摄影家为后世留下了影像记录，一个苗条美丽的裸体女模特被拖过一片充当画板的泥塘，美的诱惑看似无法阻挡。如此的现代艺术创作自由已经等同于荒唐了。

许多第二次世界大战的新流派往往还发布宣言。极简抽象派，主要是雕塑家，也就是所谓“三维艺术品”的创作者们，努力追求他们认为没有混杂意识形态的艺术本质，他们或将画廊的地板用四方形的瓷砖盖满，或将画好的木板斜靠在墙上。与此同时，激浪派（该流派由一个迁居到美国的立陶宛艺术家乔治·马丘纳斯命名）艺术家则组织起一个涉及各方面的团队，再次回归达达主义者和杜尚巧妙的嬉戏胡闹风格。他们声称艺术家是不可缺少的，而对艺术家的定义又非常宽泛，甚至包括有创作热情的业余爱好者。画家马丘纳斯说“必须表明，一切都可以是艺术，一切人都可以从事艺术”。五年之后，也就是1967年，意大利艺术评论家杰尔马诺·切兰特将这种艺术，即反美国，反技术，讨厌摄影术，并怀念古老工艺的艺术风格命名为贫穷艺术，这名字很快流传世界。简而言之，整个20世纪60年代是汗牛充栋的艺术实验，但其中没有一个具有充沛的艺术力量，能让其美感长久流传。

当然了，这个疯狂的时代也充满了所谓“即兴表演”，这名字其实会让人误解：尽管名叫即兴，但这些场面倒并不是即兴发生的。相反，这些表演都有详细的脚本，会彩排，很有戏剧性；流行艺术家如吉姆·戴恩等人就乐于从事这类演出。这些 467
即兴演出所展示的是毫无意义的场景，并时常有室内管弦乐团在一边伴奏。戴恩在早期的一次即兴演出中，迅速地画出汽车的轮廓，然后又马上擦掉，重新开始，周而复始，他后来迅速成名的风格则是在画作上粘贴三维实物，如领带之类。最经常举办这类演出的场所，也是支持这个流派的地方，是一个自命为现代艺术的画廊。

我对其他的流派，诸如大地艺术、装置艺术等，将不会做进一步的讨论。尽管这些流派信心十足，尽管他们在画廊观光客中非常受欢迎，可我还是无法分辨他们自称的所谓艺术解放，究竟是让观众更能领会，还是更加费解：这更多取决于装置艺术家本人的品位。有一些艺术评论家赞美如今艺术的多元化，认为这代表了百家争鸣。而其他人则更为敏锐地感觉到，这表明先锋文化，特别是当地艺术出了问题。怀疑论者，包括作者本人，总是觉得，格温那张关于当代艺术种种奇观的清单，会不会带有一种当代艺术即将死亡的临终气息。

三

这些告警之中最紧要的一派，却没有被立即发现，这就是流行艺术。其明快的风格掩盖了其毁灭性的潜力，也掩盖了其重要意义，其意义不仅对于艺术界之外的人，也同样针对从一开始就从事流行艺术的艺术家们。至少流行艺术的两个开创者，贾斯培尔·琼斯以及罗伯特·劳申伯格都是如此，他们很少提及自己和密友们的艺术创作对艺术的宏观历史可能意味着什么。20世纪50年代晚期，这两位好朋友共享一个工作室，不断地推出他们精心挑选的作品，尤其是琼斯，他一直以来都是流行艺术家中手法最精妙的，其风格高雅甚至征服了克莱门特·格林伯格（虽然不无保留）。琼斯惟妙惟肖地画出地图、旗帜、靶心、平淡无奇的数字，一切人所熟知的东
468 西，这引起了由来已久的争议：艺术和模仿是否应有所区别。

而琼斯对自己画作的解读更让其显得神秘。1958年，一位热爱美国流行艺术的英国评论家劳伦斯·阿洛韦亲耳听到琼斯“诠释”他那幅已经臭名昭著的油画：三幅美国国旗，小旗覆盖在大旗中心。琼斯说：“有人说，这不是旗，这是画。可我并不是这么想的，这不是一幅画，这是旗。”但同一句话，也可以轻松地说：“这不是旗，这是画。”所以这个诠释毫无意义。只不过琼斯看来并不愿让自己的画作为人所理解，因为如今他的作品被尊称为艺术品，如果可以为人解读，或许会有人觉得此画的对象平庸无味。

有些波普艺术家是刻意让自己充满争议，显然是急于通过自己古怪的作品来引起人们惊诧的笑。克拉斯·奥尔登堡的专长是创作让人众说纷纭的雕塑，如果让观众毫无头绪就最好了。他最钟爱的主题是食物，通常将其扩大到离奇的尺寸。他创作的《有泡菜和番茄馅的汉堡包》（1963）实际不但不需要想象力，甚至还排斥使用想象力。同年创作的《柔软的付费电话》也不过是木棉外面覆盖着聚乙烯，装配在木头板上的一个杂烩，整个作品看起来就是，怎么说呢，就是一个大小一致、如假包换的柔软的付费电话。而其后创作的《大巧克力》也差不多就是块大巧克力。奥尔登堡的作品看来总是刻意地希望人们来嘲讽。那个著名的作品，巨大的口红笔直地固定在履带上（1969），或许可被视为对当代好战和色情文化结合的讽刺，或许根本就没这个意思。

波普艺术家的作品让人们颇为震骇，因此他们也逐渐开始声称自己在艺术史上应有一席之地。他们之中最杰出的艺术家发展出极其个人化，各不相同的风格，只有一点极其重要的特点是一致的。人所皆知，波普艺术的最重要来源，就是从流行文化

中借用主题：或者是日常使用的物品如梳子之类；或是司空见惯的，如美国国旗；或是对漫画书中的图像稍作更改；或是正面全裸、目无表情的裸体画；或是一铜罐啤酒。这些稀奇古怪的作品都是一看就明白，比起他们的前辈抽象表现主义画家让观众 469
如坠五里云雾中的风格，的确让人耳目一新。可是即便波普艺术家中最厚颜无耻的剽窃者，其作品中所需要花费的艺术创作功夫，也远比初看上去的要多得多。因此当评论家将其作品一起列入流行文化这个大类中时，他们也会感到受辱，并坚持认为自己的作品是高雅艺术。

但他们的愤怒却并不全然可信：这里有太多悬疑之处。詹姆斯·罗森奎斯特那些巨大的、五花八门的画作，究竟是在批评美国的资本主义，还是对技术的压倒性优势一见倾心？[1]所谓所有艺术都是平等的这个伪社会学的理念，究竟反映了风行一时的，对高低排序，重美恶丑体制的抗拒，还是的确对当代艺术有深刻的洞察？波普绘画中随处可见的关于“俗物”的主题，究竟是讽刺那些平庸的艺术，还是准备将其吸 470
收为己用？对格林伯格而言，波普艺术（贾斯培尔·琼斯总是不被他算在其中的）只不过是“新艺术”，毫无疑问“很有新意”，但是其实“并不新鲜”。这种艺术带来的问题比其解决的问题还多。至于其展示的巧妙技法，格林伯格坚持认为，本质上是肤浅的，不过是取乐而已。他指责这些有影响的艺术家所有的画作都是大杂烩，并不严肃对待，其绘画不过是为了取乐，并希望让每个人都能欣赏其作品。可这一点坦率地揭示了，波普艺术是如何激烈地反抗现代艺术的理念，波普艺术融合那些不可融合的艺术领域，将本来泾渭分明的高雅艺术和低俗艺术混为一谈，而现代派艺术家则认为，一定要将这二者分开才行。

收藏家们对波普艺术的第一反应是各不相同的，可是不久之后，这些画作就被追赶潮流的画廊以及大胆又富足的收藏家们大批购入，不久之后，各博物馆也变得对现代艺术倾心不已了。没错，老派的艺术评论家的确有些难以接受这令人震骇的新艺术洪水猛兽，这些流派断然抛弃了历史悠久的规则，颇为迅猛，太令人愤慨，自然也难免被人厌恶。然而很快人们就发现，难以否认，波普艺术很有趣，至少也让人好奇；现代艺术中很少见这种风味，波普艺术所钟爱的古怪艺术形式，也让那些观赏如

1　我们有和罗森奎斯特的作品完全无关的证据，表明他猛烈地抨击军工联合体以及大部分流行文化中廉价和引诱人的低俗风格。

波洛克和纽曼等人艰涩艺术的观众，得以稍作休息。

在这个拥挤喧嚣的市场上，波普艺术家们彼此竞争，其中最抢眼的可能莫过于罗伊·利希滕斯坦，除了安迪·沃霍尔（我一会就谈到他），无人可与之相比。那些让观众过目难忘的画作，是从漫画里细心地转画而来，但这只不过是他剽窃之作中最出名的作品而已。他以滑稽而准确的风格改画了毕加索一幅变形的女人肖像画，并于1965年又创作了一系列以绘画技巧为主题的画作，都让人们对他的作品众说纷纭。学艺术的学生们注意到（其实这一点是无法忽视的），在融合有天渊之别的风格方面，利希滕斯坦是最令人赏心悦目的现代艺术家之一。当然，所有的波普艺术作品都
471 无视严肃艺术和杂耍艺术之间古已有之的区别，可利希滕斯坦的波普艺术作品之所以

罗伊·利希滕斯坦，《戴着花帽的女人》(1963)，这幅特意扭曲的画作是献给毕加索的

如此迷人，是因为他那些著名的作品所汲取的主题，都来自最典型的低俗艺术，并不仅仅画上数字或是汉堡，而是那些名气不大，甚至毫无名气的画匠所画的卡通。

如何糅合下里巴人和阳春白雪，也就是说，从低俗主题创作出高雅艺术，这方面没有人比利希滕斯坦做得更加生动；那些他借用主题创作出的最出色的作品，就像是在解读弗洛伊德对人性本质的观点，强有力地表现了性和暴力。其主题或是一位美 472
少女在沉思失去的机会，或是美国飞行员击落敌人的飞机等。《绝望》（1963）描绘了一个漂亮的姑娘在苦苦思索，眼泪夺眶而出；她自言自语道："正是如此——本该是这样的！可现在已经毫无希望了！"同年，利希滕斯坦还创作了《哇哦！》，描绘了一位美国战斗机飞行员的独白："我按下开火按钮……火箭在我前方漫天爆炸"，敌机被红黄交错的火焰所蹂躏，命已注定。这种画作，初看上去显然是粗制滥造，再看则发现其暗示着残忍的主题，自然使其成为波普流派的经典作品。

四

在波普画家和雕塑家大力鼓吹之下，被列入艺术的风格一再扩大，不可阻挡，其边界的确立是在1964年，当年纽约斯特布尔画廊展出了安迪·沃霍尔的《布里洛盒子》。这幅画之简单干脆如同约翰·凯奇作曲的"作品"《四分三十三秒》，我们还记得，那作品毫无音符，在一片寂静之中持续了四分钟又三十三秒整。美国哲学家亚瑟·丹托特别钟爱艺术的新发展，认为越大胆创新就越好，即便他也认为《布里洛盒子》也意味着一个重大的启示，即艺术的灭亡。看来，我们所熟知的杜尚虽然在半个世纪前就为了这个目标而努力，却显然未能实现其目标。

安迪·沃霍尔的盒子，并不是一只盒子，不是一幅画，也不是雕塑，而是一个立体的容器，和批发商用来装十二只布里洛肥皂盒并批发给零售商的盒子如出一辙（这也就是说，并不那么如出一辙）。安迪·沃霍尔的《布里洛盒子》带来的问题的确让人苦恼，但也是我们熟悉的问题：什么才是艺术？如何区别艺术品和其他创意？

尽管持此论者非常肯定，但是这并不意味着艺术的创作和销售就会从此停止，艺术群体就会只剩下拿不到佣金的画家以及没有顾客的艺术品商人。不管过去还是 473
未来，有钱人都会想买些装饰品挂在屋里。对于那些靠艺术谋生，很重视生意的芸芸众生而言，自然会发生一些普通的变化。此外，20世纪中叶以来现代艺术和文学的走向，很大程度上是由那些天赋机巧的艺术家所决定的。当然了，波普艺术家没有模仿杀死小鸡，并将鲜血涂抹在自己的裸体上之类的疯狂表演，他们的作为也并不限于共享设计或是展示自己的作品，无论这些作品多么讨当代艺术收藏家的欢心，却无疑会让前辈艺术家，哪怕其中最有想象力的先驱也觉得困惑或愤怒。因此，至少有些观察家认为，关于艺术已死的说法也不无可斟酌之处：写出艺术的讣告，不也意味着一个全新的、鲜活的艺术从此开始吗？

安迪·沃霍尔的使命就是让这场辩论变得生机勃勃，并让那些读报纸的大众也对此耳熟能详。在辉煌灿烂的职业生涯中，他将自己打造成真正的名人，通过奇妙的艺术实验（有些甚至让他自己也觉得吃惊）来保持自己的赫赫声名。当然了，他的声名并非全部来自艺术作品，除非你将他那千奇百怪、丰富多彩的社交生活，媒体上他和来自华盛顿、巴黎、伦敦甚至德黑兰的拳击手、电影明星、金融巨头以至于皇家贵胄的合影也当作艺术。可即便没有这些精彩的社交生活，沃霍尔的所作所为也足以让各种日报的花边新闻喋喋不休了。

沃霍尔1928年出生于匹兹堡一个捷克移民家庭，这是一个关系亲密、自律严格的拜占庭天主教之家。他的姓氏是沃霍尔拉（Warhola），到他快成年时，他决定将姓氏尾的元音去掉，这也预示着他一生都对出人头地有强烈的激情；在他看来，“沃霍尔”这个较短的姓氏更为悦耳，比起他家族的姓氏，也更能吸引人注意。从儿
474 时开始，他就是个富有激情、灵巧的绘图人，不管他能弄到什么纸，都会在上面画满草图，毫无疑问，艺术会是他的终身事业。还不到二十五岁时，他就拿着高薪做商业绘画了，为一些月刊绘制鞋的广告或是为故事画插图。他的收入很快就变成了五位数，但这个好运也是个厄运：他为《魅力》杂志以及《小姐》杂志所画的那些作品被同行艺术家们认为是对艺术的背叛，要花很多年才能摆脱掉“卖身给资本主义的婊子”这个可鄙的称号。

这并不是沃霍尔唯一的短处，（据他的同学回忆说）他很羞涩，害怕所有一切，同学也嘲笑他——总之他纯粹是个妈妈的乖宝宝。童年时他经常生病，两个兄弟在外上学，只有妈妈陪伴着他，这让他对母亲更加依恋；沃霍尔拉夫人可能是他唯一爱过的女人。沃霍尔1949年从卡耐基技术学院（Carnegie Tech）的绘画和设计系毕业

之后，从匹兹堡迁往纽约，带着妈妈和他一同生活。当时的纽约对于年轻艺术家来说是一个激动人心的地方，充满了创新的艺术理念；也正是在此时，波洛克开始全心创作其最激进的画作。尽管有许多成人生活的内容，沃霍尔并不告诉自己的母亲，但是他依然很郑重地向母亲介绍自己的特殊朋友。

沃霍尔的成名，主要是通过艰苦的努力。当他身处美人丛中，报纸的花边新闻蜚短流长时，让自己放松的一个有效办法，就是说出一些警句和极其直言不讳的自白，这些话语很快便流传开来。的确，除了某些众所周知的警语出自纽约扬基队伟大的捕手约吉·贝拉之外，还有许多有趣而简洁的双关语也是他人之作，沃霍尔最出色的名言则都是关于他自身的。他坦率地承认自己的消极态度，他对《艺术新闻》说道："我希望所有人的想法都一致，我认为有人该替我画我所有的作品。"或者是明显地放弃艺术之意："我觉得意义越少，就越接近完美。有谁希望知道真相呢？"或指出生活是沉重的负担，正如他对《时代》的记者所言："我希望自己是一台机器，你呢？"后来他又在另一次访谈中承认："我从来没有被绘画打动过。"到1975年，在一位聪明的副手的帮助下，他将自己的名言和回答的问题按时间顺序编成册子，将这个有趣的大杂烩出版，并冠以《安迪·沃霍尔的哲学：从A到B，然后再来 475
一次》之名。这本书中既有妙语连珠，也有风月往事和俗套。正是沃霍尔曾说过一句著名的话，即未来每个人都会成名十五分钟。可也正是这个人尽力避免成为昙花一现的名人，他全力营建自己的伟大形象，总是渴望自己享誉长久。

沃霍尔在商业上如鱼得水，获利丰厚，他的现代艺术风格则流传得更久。虽然他很少谈到艺术，只是承认过自己"讨厌"抽象表现主义画派，但到了20世纪60年代初，他已经加入了波普艺术革命。一位朋友认为，他的第一次艺术突破来自对坎贝尔罐头汤的改画，采用了丝绢网印花法，这些画作或是单幅出售，或是成批出售。而随之而来的那幅玛丽莲·梦露的作品则创作于梦露自杀一天之后，让他成为波普艺术家中的领头羊之一。无论如何，沃霍尔对坎贝尔罐头汤或是梦露那令人难忘体态的精确复制，已经违反了所有天经地义的绘画准则，是波普艺术进攻艺术传统的一张王牌。

尽管报酬丰厚得惊人，沃霍尔也只是时断时续地拿起画笔。到20世纪60年代中期，他又进入了电影行业，甚至还宣布他和绘画之间已经结束了。大部分时候他自己执导电影并监督其制作细节；这些电影主要是即兴制作，通常是讲述一个肮脏的笑话或是色情场景，有时甚至残忍地考验观众们的耐心。《沉睡》（1963）就是对所谓情节的一次全面进攻，长达六小时的电影展现了沃霍尔一位朋友睡觉的场面，除此无他。而他的地下电影中最受人赞赏的一部《口交》（1964）则是我所谓创意时代的一个高峰。这部紧凑电影长达33分钟，摄影机一动不动地拍摄着一位男演员的面部，观众所能看见的只是他越来越兴奋，以及最后释放的轻松。

沃霍尔的电影，简而言之，可以说是“粗劣”。回顾起来，似乎正适合20世纪60年代：在艾森豪威尔统治下度过八年枯燥的日子之后，60年代是一个国际风云动荡，学生反战，性解放的呼声大作的时代。可是到了70年代早期，沃霍尔又回归了自
476 己当初的职业。既然已经成为了国际性大人物，沃霍尔发现，比起做导演，做画家能挣更多的钱。而沃霍尔不管制订什么计划，挣钱都是一个重要因素。沃霍尔的肖像画作品总是以照片为蓝本的临摹画，开始卖价为2.5万美元，如果复制的份数够多，还能享受折扣，到他过世那一年（1987年），其价格也差不多翻了一倍。

开展自己作为导演和真正的图画批发商事业时，沃霍尔所仰仗的是一个熟人圈，有些人被选中进入这圈子是因为其性感，有些则是因为需要他们的办事效率，整个圈子被称之为“工厂”；其中包括几位男同性恋和几个得在沃霍尔的电影中充当“大明星”的女人。尽管沃霍尔以守口如瓶、离群索居而出名，但他也会让自己的某些性格浮出水面，或者说忍不住对外宣扬，表明他的性格绝不是无迹可循的。不管是
477 他对金钱和声名的热爱，还是对于自己承认爱的人会加以疏远，都足够明显了。他所选择的创作主题也是一样，无论是他所想象出的灾难（语出亨利・詹姆斯），还是他所钟爱的车祸、电椅，以及可怜的玛丽莲・梦露这类对象。

如果说沃霍尔和杜尚一样认为，区分艺术和非艺术是不可能的，那么沃霍尔反现代艺术的立场，比较起杜尚那种轻松有趣，且不为一己之私利的姿态，显得远为犹豫和贪婪。对沃霍尔而言，即便是失望的哀叹最后也往往不得不收回自己最大胆的宣言。20世纪60年代中期，他在《新闻周刊》的一次访谈中说：“一切都是艺术，你去博物馆，他们告诉你，这就是艺术，就是那些挂在墙上的方块画板。但是一切都是艺术，一切也都不是艺术。因为我认为一切只要是正确的，就都是美丽的。”这声明中最值得注意的是，沃霍尔对艺术那种厌倦的无所谓态度，即便对自己的艺术作品也是一样。

五

波普艺术将高雅艺术和低俗艺术强行混为一谈（我称其为包办婚姻），严重打击了现代艺术之生命之源：这就是对高雅和低俗艺术两大领域之间进行彻底的区分，重视其本质的高低，正是这挽救了有创意的艺术家和作家，让他们不至于陷于平庸的恶趣味之中。正是这下定决心反传统的信仰，产生了现代艺术家，并一直可以上溯到波德莱尔和福楼拜。而如今，数十年后，波普艺术家苦心经营的轻松欢快风格本身就表明和促进了一个趋势（征兆已经出现）：反传统信仰的溃败已经无可阻挡了。20世纪60年代的艺术创新中，几乎没有超越其创作的场所和时代，为艺术的万神殿永添光彩的画作。就更谈不上有什么人决意要尽快革新某个伟大艺术传统了。

尽管波普艺术家在创新方面的贡献是独出心裁、让人赞叹，甚至源源不绝的，例如奥尔登堡阴茎崇拜型的口红，或者利希滕斯坦那令人心仪的卡通画美女，但他们都刻意避免对人内心的审视，而这正是现代艺术所不可或缺的因素。他们着眼于表 478
面，远离哲学审思并对此沾沾自喜。他们的作品如同精美的周刊卡通一般具有冲击力，诱人而又赏心悦目，正适合快速消费。可长期来看，这些作品虽然获利丰厚，但是平淡、乏味。

但依然有人渴望艺术的异端。有趣的是，那个老于世故的法国仿原生派（mock-primitivist）画家让·迪比费竟然会如是说："我认为，任何艺术作品都有必要最大程度地脱离其环境，让人们激动或震惊。"读到此处的读者们，对这个理念应当是非常熟悉了，但情况是，现代艺术中不可缺少的特点，即艺术令人震惊的本质已经发生了改变。波普艺术家同样能让观众震惊，但他们总是将卡通或数字变成高雅艺术，却让现代主义者们难以接受，因为这会混淆不同艺术种类的区别，结果打击了艺术改革的努力。所谓创意年代，成果不过如此！

成　功

一

20世纪60年代之后，现代主义中还有一个因素也问题重重：这就是成功。其实从19世纪中叶现代主义萌芽以来，就带来了成功的困境。传统的先锋派艺术家本质上对购买其画作的资产阶级基本是敌视的，出售作品就意味着背叛。如果在购买画作的阶级中能遇到头脑清醒、生活富足，甚至对现代艺术狂热爱好的买家，自然也是欢迎的；对于那些没法在主流沙龙中展出作品，从而保证自己有爱好者的圈外人而言，这就更为重要了。一个先锋艺术家真实的社会角色本是反叛傲慢的社会制度，无论是美术上的还是文学上的，但成功多少背叛了这个使命。波普派画作的大获全胜，又将这个困境提上了台面。

1946年1月，也就是沃霍尔推出《布里洛盒子》的那一年，《时代周刊》的艺术编辑多萝西·塞伯林为该流行周刊写了一篇关于罗伊·利希滕斯坦的短文，该短文的名字颇有争议，叫作《他是美国最差的艺术家吗？》。这个名字大有深意，是因为
479 十五年前，同样是这位批评家，这份周刊，同样是写了一篇短文，《杰克逊·波洛克：他是美国在世的最伟大的画家吗？》。塞伯林并没有回答自己提出的问题，而是指出这两位艺术家都很有争议性，也没有指导读者们如何去感受他们的作品。为什么波洛克的作品《第九号》正好宽达18英尺？作者以一串标题来告诉读者，“因为他的工作室只有22英尺长”。《生活》强调，这幅画索价1800美元，与之相比其成本100美元不过是个零头。这两篇文章强烈暗示读者不要对这类奇怪的作品太当回事。

回顾《纽约时报》对波普艺术的评论，会发现该刊的反应最初是不知所措，然后是缴械投降。1962年10月下旬“新现实主义”（也就是波普艺术）展览于西德尼·贾尼斯画廊开幕时，布莱恩·奥多尔蒂的评论文章既玩世不恭又漫无头绪：“这真是疯狂，疯狂，彻底的疯狂。同时（有的时候）也欢快、很坏、悲哀，可能不过是想法奇怪。”他暗示波普艺术可能是“先锋艺术对大众文化发动的绝地反击——大众文化迎合的是人们最低俗的共同需求”。他欢迎参展艺术家对“娇宠纵容的大多数人”发动攻击，并着重指出这些艺术家“采用了各种风格，灵巧的、讽刺的、嘲讽的、滑稽模仿等等”。这场展览的核心当然是展示流行文化是如何地“恶劣”。无论如何，“通过这次展览，波普艺术算是正式成立了”。几天后，奥多尔蒂又谈到了这场毁誉参半的激进艺术创新展，他强调，这些波普艺术的展品绝大多数都是“昙花一现”，虽然波普是一个“确定无疑的、可能的潮流”，但“在此刻，该流派的大部分作品都只能算作机巧，非常机巧的肤浅之作”。

这似乎是职业艺术评判家们对波普艺术的第一个共识：波普艺术虽然别具一

格，但肯定没有发扬光大的力量。当年12月底，奥多尔蒂总结了这个季度的艺术动向。“波普大热”，但是，“大部分人依然认为这不过是昙花一现”。人们由此会想到其他炙手可热的现代主义艺术家，如塞尚，此人在一个被认为较明智的激进艺术评论家例如玛丽·卡萨特眼中，也肯定会被认为是昙花一现。奥多尔蒂本人则不敢确认这一点。他看不出近期会有任何明显的趋势，不过他也赶紧给自己留了后路，他说：“不过也许波普艺术不在此列。” 1964年1月，约翰·卡纳迪又继续了奥多尔蒂未竟 480
的事业，他发现奥多尔蒂的多疑超过了他对新艺术的迷醉。尽管卡纳迪喜欢有天赋的雕塑家如乔治·西格尔让真人模特儿来扮演真人大小、迷人而惨白的石膏塑像，但他认为，波普艺术已经有了征兆，“会让自己陷入死地”。因为波普艺术“选择的主题都是我们日常生活中无聊之物里那些最司空见惯、鄙俗不堪的玩意——如最糟糕的漫画、最垃圾的广告、最污秽的杂志、设计糟糕的实用品，这些随处可见的日常用品，如电视机；和所有此类结构，不可缺少而又毫不出奇的工具，如散热片和蒸汽管道，总之是一切”。卡纳迪的这个名单可谓灰暗而又准确，只不过并没有迹象表明，波普艺术的创造者们将会把自己带入死地。

卡纳迪还写道，波普艺术的探索自然是带有讽刺意味的，但这是很拙劣的讽刺，产生出“一种情调，以空虚和堕落为自己的图画语言；他们似乎就是喜欢画出让人厌恶的东西，来掩盖自己缺少的东西……”他总结道：总而言之，“波普艺术本身并无重要意义，这场运动如果能算得上是运动……那这场运动的前提早在成形之前，就已经被出卖了”。

这些批评之词颇为严厉，但是卡纳迪在1964年下半年收回了自己说的话。阅读时人对波普艺术的评论是很有趣的：几乎所有人都厌恶其粗俗，却又因为其颇受欢迎而感到困惑；他们有一些强硬之词，最后却不得不推翻自己原本坚定的立场。正如卡纳迪所说，波普艺术居然能找到收藏者为之解囊，并在各方面都表明至少还会持续下去。他对职业艺术史学家们着重强调，波普艺术“在艺术学院横冲直撞，而学院则和以往一样，跟随大潮，开始是传授波普艺术，最后承认其地位”。波普艺术便这样流传下来。1966年3月，可敬的评论家希尔顿·克雷默发现，波普艺术已经在艺术上和社会上大获成功，无论是“八卦专栏的作家、时尚写手甚至政治评论家”，都在“赶紧将波普艺术作为可供探索的谈资”。理由很简单：“严肃的艺术以往一直被人们认为是艰难、神秘和私密的，可随着波普艺术的扩展，严肃艺术变得有趣和轻 481

松，不再是引人哭泣，而是引人发笑。”而这正是问题所在，严肃的艺术变得轻松易懂和让人享受——不用再解读波洛克之辈的作品，这真是放松。

二

随着波普艺术得以延续以及大众对其的认可有增无减，从20世纪60年代末开始，评论家们就努力解释为何波普运动得以长盛不衰。1971年9月，当时的耶鲁大学戏剧学院院长罗伯特·布鲁斯坦抨击美国得了“文化精神分裂症”，无法确定什么是高雅文化和低俗文化，甚至无法区分二者。尽管布鲁斯坦抨击的核心内容并不是波普艺术大受群众欢迎，但他的言论也无形中暗示此意。在他列举的文化症状中，最爱用的例子就是专精古罗马戏剧的古典主义者埃里奇·西格尔。此人凭借畅销书《爱情的故事》一举成名，这本书描写了两个哈佛大学的学生，文风是多愁善感现代风格，由此拍成的那部大获成功的电影也同样悲花感月。布鲁斯坦指出，西格尔“甚至会欣然答应亲自用钢琴激情演奏《爱情故事》的主题曲——这不仅仅会招致人的嘲笑，简直就是故意希望如此。新闻媒体终于找到了西格尔这个完美的可塑之才——此人愿意装疯卖傻，只要能不断在公众面前抛头露面”。简而言之，波普艺术的态度，是甘愿逢迎堕落的文化品位。半个世纪之后，他们对现代艺术的影响虽然更容易解读，却依然难以下定论。而越来越清楚的事实是，评论家们阻挡波普潮流的努力失败了。

第二年，同样为《纽约时报》撰稿，身为现代艺术热心拥护者的希尔顿·克雷默，在1962年贾尼斯画廊举办的那场轰动性的所谓“新现实主义”展览举办十周年纪念日到来时回忆了那次展览。克雷默不无苦涩地追忆道，那是一场“巨大的成功”，可他紧接着又写道：“正如今日的许多其他成功一样，那同样是一场绝大的灾难。”他上溯到一个多世纪以前，找到了相应的比照。“自从前拉斐尔派在维多利亚
482 时代的伦敦惨胜以来，专业艺术界的艺术品位和标准从没有如此猛降过。对于相当可观的艺术爱好者而言，整个艺术严肃的理念都发生了改变——这种改变不啻于堕落。”克雷默所见证的的确没错，但是波普艺术势不可挡。

现代主义艺术家所获的厚利也随之而来。1978年拉尔夫·泰勒出版了一本严谨的书，谈到了这个敏感的问题。他的标题耸人听闻：《百万富翁艺术家》，他发现，

虽然具体的数字还难以确定，但可观的数字还是值得人们深思。自从现代芭蕾舞大师拉多尔夫·努列耶夫1961年叛逃离开苏联之后，他的每场演出费已经攀升到逾一万美元，后来米哈伊尔·巴雷什尼科夫也获得了百万富翁一般的丰厚报酬。大约在同时，指挥芝加哥交响乐团的乔治·索尔蒂爵士也能一年稳赚约50万美元，主要是通过客场演出。文化领域里的成功人士获利丰厚，现代艺术家和演员们自然也不例外。

当然了，这些数目惊人的巨款没有自动滚进标新立异的艺术家们的口袋。这之后那些令人咂舌的高价都出自拍卖会，艺术品商人也获得了丰厚的佣金。德·库宁的 483
作品卖价约18万美元，劳申伯格的作品以约15万美元的价格紧随其后。但是，若是在25年之后看，这些价格实在是低得离谱。在20世纪70年代早期，安迪·沃霍尔的作品可以在拍卖会上售价13.5万美元，这就已经大大超过了他本人最贪心的期望，可在十年后，他对这点小钱简直嗤之以鼻。

一般来说，波普艺术家中挣钱的顶尖人物一直就是贾斯培尔·琼斯，在1970年，一幅尺寸可观的琼斯的油画已经卖到了24万美元左右。他的作品后来的卖价很快就超过了这个价格，还要高得多。富有的康涅狄格州收藏家伯顿·特里梅因和埃米莉·特里梅因曾以900美元的价格从卡斯特利画廊买了一幅琼斯的油画，而当他们向惠特尼博物馆出售该画时，价格已经达到了100万美元。到了90年代，这个价码也已经司空见惯了。利希滕斯坦的《我……我很抱歉》这幅画是他金发卡通美人流下悔恨之泪系列中的一张，1994年这幅画在纽约的索斯比拍卖行以247.75万美元的价格成交；一年之后，索斯比的老对手克里斯蒂拍卖行落槌拍卖的利希滕斯坦另一幅作品《接吻II》（此画描绘了一对漂亮的小情人热烈拥抱）则更是略有超出，成交价为253.25万美元。此时沃霍尔的画作价格已经稳定在200万美元左右，甚至远远超出。在19世纪晚期也只有几个画家能卖出如此高价，主要都是沙龙画家，如热罗姆和梅索尼埃等人，几乎从不例外。但是到了20世纪晚期，这样的画家已经多如过江之鲫。

这势头看来注定会持续下去。好莱坞制片商、专利药物制药商、幸运的投机商、房地产巨头或者一般公司的老板等积聚了惊人的财富，这些财富如一支大军，听从“新潮”的艺术品商人、老练的拍卖商以及艺术家的指挥。在20世纪80年代，正当这波热潮方兴未艾之际，日本的亿万富翁也大举拥入西方艺术品市场，突然之间，他们对梵高以及其他后印象派画家的作品热情高涨。金钱对于塑造资本主义高雅文化的

力量何其巨大，你争我夺的收藏家和博物馆馆长们不知不觉地臣服于此，在中间商的
精心促成之下，将艺术品价格推得直冲云霄，从此居高不落。其价码高得惊人。1988
484 年媒体报道说（此时你甚至会有屏息静听的感觉），贾斯培尔·琼斯1959年的作品
《虚伪的起点》最初是以2500美元的价格出售，现在的售价恰好到了1700万美元，这
创下了在世艺术家作品价格的纪录，甚至比大部分伦勃朗画派的作品，包括伦勃朗真
迹的卖价都高。可那之后，即便如此的高价也已经被超过了。2006年一幅毕加索于
485 1905年创作的作品，虽然并不太出名，终于突破了一亿美元大关。同年，索斯比拍卖
行的一位拍卖师托比亚斯·迈尔声称，他可以列出许多人，他们“并不在乎一幅作品
究竟该值1000万还是2000万美元”，无人能反对迈尔的这番豪言。

价格如此飞涨，也足以说明，老派，强大而可敬的艺术风格和颠覆性的艺术之间的分野是如何渐渐消失的，而我们知道，这种分野对于现代艺术的命运何等关键。历史上也曾经有这样的情况，豪富的个人收藏家或是机构愿意倾囊购买他们热爱的艺术品，甚至超出自己的能力。但是自从60年代之后，艺术界已经成为国际潮流，现代主义也无法置身事外。19世纪末和20世纪初的收藏者对于现代艺术的态度是不偏不倚的。没有人会预料到，富有的艺术爱好者究竟会买康定斯基的抽象画还是布格罗对圣母圣婴唯美的画作。对于市场而言，两者并无区别。

但这些都不足以认定，一个世纪之前开始得到分析的所谓三种不同层次的艺
术品位之别，到此时已经完全解体了。这三个层次就是文化精英独自培养了现代主
义，庸俗的中产阶级不懂装懂，而蒙昧的大众则毫不关心现代主义。这个区别依然存
在。但其界限已经被突破了。随着现代娱乐技术和工具的不断进步，大众的艺术选
择已经深深影响了中产阶级的艺术品位，这个趋势变得更为明确，也更容易被进一
步测试和操控。更具威胁性的，依然是文化评论家德怀特·麦克唐纳所谓的“中产
文化”，包括对古典音乐做过于软弱的解读（比如利奥波德·斯托科夫斯基所指挥
演奏的巴赫），对现代建筑艺术不假思索的抄袭（比如花园大道上那些商务摩天大
楼），这都是此类精明算计的结果。这类把戏的始作俑者还严肃地称自己对现代文化
486 有重要贡献，可他们的所作所为无非是践踏和混淆了原先泾渭分明的界限。然而造成
这场混乱的波普艺术，这种无一例外以低俗艺术作为灵感之源的所谓高雅艺术，对此
贡献之大，则是毋庸置疑的。1972年希尔顿·克雷默所说的那“巨大的成功”，对于

现代艺术而言的确是一场“绝大的灾难”。

品位方面质的不同可以凭借趣闻逸事加以佐证，但是也有些量化指标可供利用。伍尔夫的霍加斯出版社于1927年5月出版了《到灯塔去》一书，首版印刷三千册，到了7月又加印了一千册。弗吉尼亚·伍尔夫对印数之多感到很吃惊，这在当时是合情合理的。到了1965年，伦纳德·伍尔夫为了说明自己的销售业绩出色，指出小说在美国和英国已经售出了25.3万册。可是这成千上万册的销量（甚至在美国大学使用该书作为教材之前），和20世纪最后25年里成亿万册廉价浪漫小说比起来，简直是沧海一粟。2005年10月，美国浪漫小说作家协会自豪地宣称，在2004年，他们的总销售额达到了12亿美元；约有54.9%的平装书为浪漫小说，而当年销售的小说中，又有39.3%为浪漫小说。

生存的迹象

一

对于说明宏大时代的名词，诸如“文艺复兴”或者“风格主义”，不管其指向何等明确，都无法确定地划定其准确的时间节点。总会有一部戏剧或是一首乐曲，一幅绘画或是一部小说“生不逢时”，不是出现得太早就是太晚，来打乱这本就不精确的时间划分。如果我们同意波普艺术标志着现代主义的丧钟已经敲响，那我们就会吃惊地发现，现代主义明明已经寿终正寝，却依然会出现美术和文学的杰作。这也是20世纪后半叶现代艺术家死而复生的有趣证据。

这些证据既有重大事件，也有琐碎小事。2001年10月我在《纽约时报》上读到一个故事，并做了标记备用，虽然不知道究竟有何用处。故事的主人公叫达明·赫 487
斯特，画家和装置艺术家，也是“英伦新秀展”中最有天分的艺术家。这个“英伦新秀展”由一群概念主义画家组成，他们曾因展示泡在甲醛水槽里的动物尸体，以此来“吓死中产阶级”[1]而大名鼎鼎。2001年10月，赫斯特的经纪人“眼球风暴”画廊在伦敦举办酒会庆祝赫斯特的个人展开幕，艺术家为这场酒会特意制作了一堆精心挑

1　“吓死中产阶级”：原文为épater la bourgeoisie，最初是法国堕落派诗人集会的口号。——译注

选的垃圾，来表现一位画家工作室的邋遢模样。《纽约时报》的记者沃伦·霍格报道了这个故事，他写道："地板上胡乱放着一堆喝了一半的咖啡杯，烟灰缸里丢着烟头，空啤酒罐，有油彩味的调色板，一个画架，一架梯子，还有一些画笔、糖纸和报纸。"这套装置艺术品肯定第二天就会卖出六位数的高价。

可当酒会结束，宾客离开后，一位清洁工来到赫斯特的作品前，后来他承认自己"叹了一口气，因为那堆玩意儿真是乱得一塌糊涂。在我看来，那可不像是艺术。于是我把那一大堆全装进了垃圾袋，扔了"。值得称颂的是，赫斯特本人觉得这个插曲"好玩极了"，他凭借自己的回忆和几张照片，重建了这个珍贵的"雕塑"。这个小插曲的意义是很鲜明的。清洁工打扫掉的那一堆"垃圾"，在其创作者和潜在的客户看来，是完美的现代艺术品，是对传统立体艺术品的一次大胆进攻。简而言之，在21世纪依然存在着传统的艺术品位之分野，即便对于艺术家已经不存在，但对将这艺术品扫进垃圾堆的人来说，这个分野依然存在。这莫非就是现代主义的死后复生之表现吗？那么在20世纪60年代前后就宣告现代主义死亡，用马克·吐温的话来说，是否是"夸大其辞"了呢？60年代之后出现的一些主要先锋派艺术家或许也足以说明这一点。

在当代，什么样的条件是现代主义发展壮大所不可缺少的，这已经变得难以解读，因为觉得达明·赫斯特的装置艺术不像艺术而将之扔进垃圾堆的清洁工完美地代表了单纯无知的大众，对他们而言，现代艺术的旁门左道很让人困惑，他们也对之毫无兴趣。他们还没有达到所谓庸人的程度，这个称号依然专属于文化上保守的中产阶
488 级，他们是富有的、顽固的市民，对艺术一无所知，但知道自己喜欢什么。

这本身并没有彻底摧毁现代主义的容身之地。让现代主义的小说或是建筑或是绘画得以生存，一直都是一群小众艺术家的职责，即便在顺风顺水时，他们也会一直是一个小众群体。高雅文化的普及，远没有打碎这一点，只是让精英消费者这个群体略有改变，很有可能稍有扩大。而这些精英消费者的人数多少，对于现代艺术是个生死攸关的大问题。真正的艺术课程向年轻人传授古典音乐，博物馆的拓展项目让年轻人对自己稚气的作品更有信心，学校的戏剧课也组织学生来排演重要剧目，这些都播下了种子，随着孩子长大成人，有钱可供支使，种子也许会培养出良好的艺术品位和慷慨的性格。

我虽然将这120年权且称为现代主义时代，但所有这些不确定之处，这些虽至关

重要但含糊不清的地方，都对我的说法提出了质疑。历史总是比历史学家所描述得更加多变。即便20世纪60年代早期现代主义已经死亡，可是我们即将看到，如加布里埃尔·加西亚·马尔克斯之类的作家，法兰克·盖瑞等建筑家得以出现并进入21世纪，让现代艺术并未寿终正寝。在那些埋头写作，或正在成长的小说家中，可能有人会成为另一个马塞尔·普鲁斯特，那些埋头谱曲，或正在成长的作曲家中，可能会有人成为另一个伊戈尔·斯特拉文斯基，另一个乔治·艾夫斯。正因为如此，我才特意给本书的最后一章起了一个模棱两可的名字："死而复生？"现代主义的复活既不是不可能的，也不是注定的。

二

仅有逸闻趣事当然是不够的，这些故事只能展现宏观的现实。到20世纪60年代晚期，大部分荒诞主义剧作家还有一些追随者，如爱德华·阿尔比[1]等人还在坚持写作。然而现代主义死而复生的证据，最明显的却莫过于加西亚·马尔克斯的小说，他的小说是生动的拉丁美洲文学的杰出代表。他的小说和长篇故事急切地需要诠释，
但是也坚决地拒绝诠释。情节中随处可见令人难以置信的转折和突变，让人大惑不 489
解；每一页都需要有高手加以诠释解读。但是若求之毫厘，仔细分析他的作品，又可能会失掉他语风之流畅，遗漏他想象力之奇丽，忽视他笔下人物那些迷人的、极其风趣的简洁话语之韵味，简而言之，就会对他的惊人才能创造的另一个世界和其中令人难忘的故事和人物视而不见。也许最有成效的方法是对他的作品阅读两次，第一次是作为读者享受阅读之乐，第二次是作为评论家品味其中的细节。

加布里埃尔·加西亚·马尔克斯1928年生于亚拉卡达卡（Aracataca），这是哥伦比亚北部邻近加勒比海的一个小城，马尔克斯的早年似乎主要是在准备成为一名作家。这个让他全神贯注的理想也让他和父亲的关系很紧张，父亲希望他能学完法学——在马尔克斯成长的文化氛围中，对抗父母的意志是很艰难的，这对于现代艺术却是一个不变的主题。这位儿子甘愿冒险。他的家庭很重视长期以来形成的，经常显

1 爱德华·阿尔比(Edward Albee, 1928—2016），美国荒诞主义戏剧家，著有《美国梦》等作品。

得粗鲁迷信的农民式的信仰，他们属于一个神神道道的罗马天主教会，这给了马尔克斯（他最爱把这一切都写下来）一个最好的机会来开拓自己的想象力，而想象力正是最让人艳羡的作家天赋之一。马尔克斯努力描绘出一个这样的世界：充满了真实的斑斑血迹，又沾染了魔幻的色彩。正是通过探索角色的信念，迷信和传统的信仰，他才能将这些人物的心灵、欲望和恐惧作为作品的主题。

一般来说，文学史学家用一个自相矛盾的词形容加西亚·马尔克斯多年以来千锤百炼形成的这种风格——“魔幻现实主义”：不起眼的日常生活和超自然的现象融合在一起。这个词最初出现是在20世纪20年代，但是为了找到有哪些作家在此之前就使用过这种手法，文学史学家们也远远上溯到果戈理和亨利·詹姆斯，也研究过彼此
490 毫无干系的作家如R. M. 里尔克和D. H. 劳伦斯。最终，他们还是奉加西亚·马尔克斯为其中最杰出的代表。其作品以简洁优美的风格包含了两个本来彼此不容的领域，一方面是对日常环境下过着平凡日子的普通人的真实描写（魔幻现实主义并不是神话），同时，其中有些人物，或是其所作所为，或是其经历的某些境遇，在读者看来是异想天开的。其中一部小说写了一个倾国倾城的美女突然有一天白日飞升。另一部小说则写到一个已经掌权约200年的独裁者能够随意呼风唤雨；而马尔克斯笔下可怜的哥伦比亚人民所遭受的最痛苦的厄运之一，就是持续数年的集体失眠症。与这些奇迹相比，马尔克斯所写的一个已婚军人和17个情妇生了17个孩子，每个孩子都和父亲一个名字这样的故事，倒显得很平常了。

加西亚·马尔克斯反对文学史学家们的论断，他也拒绝“魔幻现实主义”这个称号，并说自己只不过是个现实主义作家。原因是很明显的，马尔克斯说，他所写的那些小说，只不过原样复述了自己童年时住在那“神出鬼没”的宅院里时，他那些慈爱、单纯而又迷信的祖父母们滔滔不绝地对他讲述的那些奇妙的故事。的确，他祖父母所说的那些惊悚的故事，充满了不可理解的怪事，丝毫未改地出现在他的小说中。由于经常近亲间结婚，布恩迪亚家族每一次明媒正娶之后，都惴惴不安地害怕新生的婴儿会有一条小猪尾巴，因为这是妖异的象征，最后生下的婴儿果然会带着这个可耻的标记。可是在这奇闻中，长出猪尾的人和其父母都是普通人，符合一切人类应有的物理和化学规则，可能只有一个地方与众不同。

加西亚·马尔克斯特殊的现实主义风格还不止于此。对现代主义文学特别重要的，也正是他独特的现实观。对于偏远的哥伦比亚祖国，他认为这个国家不管是

过去还是现在都濒临梦幻的边缘。那里发生的故事不会也不可能在其他任何地方发生。在这种感受的指引下，加西亚·马尔克斯日积月累地营造出一个全新的加勒比海地区，这里是他无可争议的王国。从20世纪50年代到60年代中期，他创作出大量小说，广受赞誉，获奖众多。如今回溯起来，这些作品都如同是练手的草图，1967年他 491
写完了《百年孤独》，并于布宜诺斯艾利斯首次出版，当年他三十九岁。

这部经典巨著让马尔克斯全世界知名，故事讲述了马孔多小镇的历史，小镇的镇民们总是忽而激动，忽而失望，“变化之剧烈让所有人都不知道究竟哪里才是现实的界限。这是现实和奇迹错综复杂的杂烩”。而对于讲故事的人来说，现实和奇迹同样都是不可缺少的。因此不可改变的事实和幻想出来的故事无法区分，更别说能保持真相了。故事中写到一对热情如火的夫妻一夜做爱八次，外加午休时又来了三次。一场毁灭性大雨没完没了地下了好几年。一个美少女的脸庞如此惊艳，男人只要看上一眼，就会永远意乱情迷。马孔多的一位常客，犹太人梅尔基亚德斯有好几次生命，并且还能惊人准确地预见布恩迪亚和马孔多镇的未来。而这些，现实主义作家加西亚·马尔克斯坚持说，在他成长的那个世界里，是真实发生的。

简而言之，加西亚·马尔克斯的技法，是对想象力平平的现实主义作家所惯于描写的日常生活的俗套，以现代主义的风格，加以巧妙地更改。而马尔克斯早年所阅读的卡夫卡作品，也留下了其风格的痕迹，卡夫卡主人公那些古怪的、异想天开的遭遇，例如《变形记》，本来有冷淡和公文化的文风，经过翻译被带入加勒比海地区。比起卡夫卡笔下模糊难辨的中欧地区，加勒比海地区的氛围更为热烈，没有那么强烈的厌世气息，却也很钟爱《城堡》和《审判》（包括马孔多小镇想象出的历史）这种奇异的文风。和卡夫卡一样，马尔克斯也没有援引心理分析学就写成了这部心理学小说，若是从宏观上看，小说创作中现代主义文学实验的无所不包，在马尔克斯的作品中体现得淋漓尽致。

马尔克斯的小说和故事晦涩难懂，也是他的作品需要诠释的主因——不出意
料，文学评论家们已经采用最时髦的工具对他的作品大卸八块，以供学者们研究。他 492
们计算马尔克斯语句的长短，以及他最钟爱的词在文章里出现了多少次，他们研究

当时的政治，并对马尔克斯的开篇之语[1]大惊小怪。由于马尔克斯在访谈节目和自己的回忆录（他的回忆录拟定为三卷本，第一本《生而为言》于2003年马尔克斯年届七十六岁时出版于纽约）里都非常健谈，所以我们对于他的专业出身都非常了解。当他在波哥大的法律学校里上课（不如说逃课更合适）时，对他影响最大的作家，除了卡夫卡以外，就数威廉·福克纳。加西亚·马尔克斯称赞道，正是福克纳让他有了成为作家的激情，因此卡夫卡和福克纳两位现代主义文学大师影响了他的一生。马尔克斯所选择的这两位彼此相异的文学大师，若要说起相同之处，可能就是他们都位于现代主义文学最出色的大师之列。

《生而为言》一书回忆了马尔克斯的童年和青年，他详细地描写自己对文学不可阻挡的激情是如何让他受到家庭的打击。因为他决心已定，他从法律学校退学，进报社工作。随后的数年是一个漫长的实习期，他一边做记者，一边写故事练习现代主义虚构的写作手法：讲述者的说法并不真实，想法莫名其妙地突然转变，突如其来的超自然奇迹，想象力的自然翱翔。

在早期的故事中，加西亚·马尔克斯已经描绘一个他虚构并命名为马孔多的哥伦比亚定居点。在《百年孤独》中，他复述了该镇从建立到被可耻毁灭的历史。通过描写这个布恩迪亚家族，将其作为马孔多各代人物的虚构历史主线，该书将马孔多作为丰富而又有迹可循的哥伦比亚人生活的代表，包括其急速的发展和漫长的内战。这本虚构的小说，以一个洞察一切的第三者的口吻，将这一连串的事实娓娓道来，其手
493 法（我不得不重申一次）是典型的卡夫卡风格。正如他之前一个世纪的查尔斯·狄更斯一样，加西亚·马尔克斯的作品同时让品位大相径庭的读者们都能读得津津有味；即便有些读者无法领会作品中的深意，也会喜欢他的小说。若要写一篇关于先锋文学如何获得成功的文章，则《百年孤独》在其中必然是重要的篇章。

这也提出一个问题：这部小说的主题究竟是什么？加西亚·马尔克斯故事中这无所不包的万花筒全景，想要表达什么主旨，对于这个问题，提出了各种疑问，答案也五花八门。这是一部家族史，但又不止于此。正如托马斯·曼的经典之作《布登勃洛克一家》打破了家族史的局限，描写了从商的中产阶级布登勃洛克一家如何衰

---

1 例如《百年孤独》中引人注目的开篇语：“多年以后，奥雷连诺上校站在行刑队面前，准会想起父亲带他去参观冰块的那个遥远的下午。”

败，借此作为德国社会史中的一个典型形象（这种类型的小说在20世纪之交时颇受欢迎）。马尔克斯让历史在马孔多上演：铁路来到了这里，正如在真实中一样，只不过比真实历史的影响更大，更有毁灭性；一个强大的水果公司为马孔多带来了美国式的“进步”，因为这里可以满足美国人对香蕉贪得无厌的需求，与此同时，军队杀害了为数不详的示威者。我们看到，马尔克斯的现实主义中有着惊人残酷的现实描写；当代拉丁美洲文学痛斥的美帝国主义主题，在他的作品中也有出现。但魔幻依然是他作品的核心。

然而这部小说还时常体现出一些不那么引人注目的潜台词，值得我们进一步关注：这就是孤独的苦楚。人们已经可喜地注意到了马尔克斯精彩的诙谐笔调，正是这让他获得了成千上万的读者；而他悲伤的一面，虽然在文中时隐时现，却值得人们多加关注。书中提到了一些“孤独的爱人”，如小说主人公之一，奥雷利亚诺·布恩迪亚上校的许多私生子，“都有一副孤独的面孔”。而另一个人物丽贝卡（她悲惨的命运在书中有大量章节），觉得“孤独对她的记忆进行了删选”；她经历了“多年的痛苦和不幸，就是为了能够孤独地生活”。的确，从没有一本书如《百年孤独》一样对孤独进行了如此深入的描写。更多的时候，书中的人物遭受着“孤独的悲伤”，博学 494
的吉卜赛人梅尔基亚德斯死后复生，因为“无法忍受那孤独”。马尔克斯还写道，一个小角色，“一个骨瘦如柴，患有黄疸”的男人，“从世界诞生之日起就永远遭受着孤独瘟疫的惩罚”。读者在书名上就能看到“孤独”这个无所不在的词，说明作者将其置于何等重要的地位。马尔克斯很少随心所欲地书写细节，为了加强孤独这个意境，他在该书末尾断然写道：“遭受百年孤独的家族，注定不会在大地上第二次出现了。”梅尔基亚德斯能够多次死后复生这个奇迹，将不会由马孔多市民重演。

看出这一点并不难，要理解则要难得多。加西亚·马尔克斯在爱与性之间划分出一条也许并不总是很清晰却重大的区别，他的作品中有大量关于性的描写，涉及爱的文字则较少。其中许多男人，还有一些女人，简直是性爱健将，他们之所以惊人，靠的是性爱次数之多，而不是其感觉如何。不过这些人床上（而且是不仅仅在床上）大战也不总是盲目地为了满足自己的生理饥渴。在众多的性爱描写中，可能最引人注目的是小说行将结束时的一个故事。布恩迪亚家族的一对夫妻重新爱上了对方，只要醒着，就没完没了、销魂蚀骨地男欢女爱，性交的体位也是千奇百怪，有些是妻子新发明的。可是他们发狂一般的性爱并不仅是兽性的发泄，小说家认为：

“这两个人一直飘摇在空茫的宇宙中，这个宇宙唯一的、普遍的和永恒的真理就是爱。”

与这灵肉欢快交融相反的则是灵与肉分割时的惨淡无味。在加西亚·马尔克斯另一部没那么出名的杰作《家长的没落》（1975）中，主人公是一位衰老的独裁者，他直到风烛残年，大势已去时，才发现，无数年月里他纵情声色，历经了人走茶凉的变迁，如今“已没有能力去爱”。这不是作者陷入了感伤主义之中，宣称“你只
495 需要爱”。他看得更深远。相对于马尔克斯热情讴歌的灵肉交融，这个主人公的感想则恰好是其反面。当爱已远去时，孤独是人类阴暗的伴侣。

在《百年孤独》风行一时、大获成功之后，加西亚·马尔克斯继续写作小说，探索其家族和国家的历史。其中一部是《霍乱时期的爱情》（1985），这部精彩的小说讲述了爱的狂想，完全扭曲了一个普通的三角恋故事。两个害羞的、非常可爱的少男少女弗洛伦蒂诺和费米娜是一对情人，他们主要通过写信沟通，两人都保持着童贞。可是女方突然认为，她爱着的这个男人其实配不上她，两人于是决裂。女方嫁给了一个最合适的本地单身汉，一位医生，度过了一场漫长而且还挺愉快的婚姻。而弗洛伦蒂诺虽然一开始束手束脚，但很快就干劲十足地爱上了性的快乐——作者本人特别钟爱使用数字，他特别说明这位主人公和别人春风一度达到了622次——可他一直爱着费米娜。当费米娜的丈夫过世后，两位主人公都已经年届七旬，痴心不改的弗洛伦蒂诺继续追求她。故事的结尾是理所当然的：两位老人家最终历尽劫波，在床上欢爱时一同归西。他们彼此之间的联系，正如加西亚·马尔克斯的其他小说一样，对彼此的伴侣都毫无歉疚之情，因真情而生，奉真情而行。在他的作品中，爱虽然不能征服一切，但若是没有爱，征服本身就失去了意义。

三

加西亚·马尔克斯的小说创作来自生活的体验——以《霍乱时期的爱情》为例，当马尔克斯得知，自己年过七旬的双亲依然有性生活，并且以此为乐时，他真心感到快乐，并且在这本小说中大胆使用父母的性生活题材作为创作元素。可是作为拉美作家，他也不得不触及现实生活中一个较为阴暗的部分：无论在他的祖国，还是其

他拉美国家，独裁统治都是司空见惯的。在马尔克斯直接触及这个问题以前，五十多年以来，许多杰出的小说家都以独裁者为题材写过作品，他们迷恋这个题材，同样也 496
憎恶现实中真正的独裁。因此，马尔克斯没有给《家长的没落》故事的发生国命名也是合情合理的；正如作者本人所说的："他是所有拉美独裁者的缩影，特别是加勒比海地区的。"加西亚·马尔克斯为此专门研究了古罗马独裁者的特点，并将其与这个人物融为一体。

故事（其实故事这个平凡的词在此词不达意）开始于总统府内，一个男人死去了，此人在多年来一直是总统替身，极其相似。这个突然之变大快人心，人们欢天喜地之时，真正的独裁者开始报复，他惩罚那些欢呼他死去的人，而对那些哀悼死者之人，则给予适当的奖励。小说中被人称为"将军"的这位独裁者，正是作者心中拉美独裁者的形象，而他们往往也的确如小说所写：残暴成性而又孤独无依，喜欢报复而又愚昧无知，迷信而又精明，顾影自怜而又偏执妄想（这其实并非毫无理由）。当1982年加西亚·马尔克斯在斯德哥尔摩接受诺贝尔文学奖并致辞时，他还对听众讲了几个加勒比海独裁者真实的可怕故事。

评论家将他的风格称为魔幻现实主义，而描写一个暴君的生与死，这个他选定的主题需要发挥所谓这个风格的全部技巧。马尔克斯将这篇短短的故事分成六段没有编号也没有题目的篇章，让读者产生的印象是，这是一个紧凑、扎实的短篇故事。读者看到的这本小说，就像一个遭受独裁者马尔克斯和他的狂想所奴役蹂躏的世界。而马尔克斯的技法更加强了这个印象：这本小说的每个章节都被凝成一段，而最后一章更是只有一个句子。逗号是文中之王，由逗号来铁面无私地决定两句之间是相连还是毫不相干。

加西亚·马尔克斯通过一些奇妙的故事，展现了这种无孔不入、蛮横无理的文风，他还频繁且自如地转变故事的讲述人，甚至在一句话中就可以变换讲述者。我们听见一位不知名的在场人讲述将军的垂暮之年；我们听到独裁者对他母亲（一位当地妓女）说话，有时候还有母亲自己的讲述。每一点都戏剧性地表现了政治理论学者长期以来对独裁政治的判断：这位将军，正如他在世界各地的同类一样，病态、武 497
断、居心叵测，是理性的死敌。

至于政治的心理学层面，《家长的没落》以及我所说的《百年孤独》的深层含义则互相交汇，俨然一体。加西亚·马尔克斯曾说他的这本独裁者小说是一首“权力的孤独诗篇”。读者们常重视书中对大权独握的描写，其实关于权力的孤独，书中的描写也毫不逊色。我们可以读到，这位将军，是一个“孤独的暴君”。即便“孤身一人在卧室里”，也感觉如临深渊。他笨手笨脚地想强奸自己的女佣，非但没成功，还
498 引出了他“孤独的老泪”；对自己的敌人大开杀戒之后，他“无比孤独地”上床睡觉。他已经饱尝了“权力带来的孤独罪恶”，这听起来似乎是在说他手淫。正如我之前引用的话，如果失去了爱，这位将军的生活将毫无意义。如果这就是魔幻现实主义，则其魔力就在于作者能够营造出一个世界，并没有忽略一位格外丑恶的人的内心世界。

四

加西亚·马尔克斯能享有世界声誉，原因之一在于（当然这不是唯一的原因），在文学的顶峰上，能和他一比高下者寥寥无几。卡尔·马克思有一次刻薄地评价约翰·斯图尔特·密尔说，他之所以声名显赫，是因为时无英雄。不过若要用在加西亚·马尔克斯身上，这个评价就未免太不公平了。不过今日，的确没有哪位小说家能够一宣布新作出版，就会让高雅文学的爱好者们冲进书店掏腰包。君特·格拉斯，或许还有奈保尔或许可以名副其实地列入在世文学家的名人堂，可即便这二位也有力不从心的作品。可除此之外，还有谁呢？

这并不意味着我们的时代就没有出色的小说家；小说手法纯熟，甚至令人惊叹，其水平之高几十年来一直如故。可如果和现代主义风行一时的年代相比，其反差足以令人震惊和沮丧：当时，只要普罗斯特或乔伊斯、福克纳或弗吉尼亚·伍尔夫有新作即将面世，就肯定意味着这会在文化圈轰动一时。而如今已经不再如此。当然了，我所谈及的那些现代主义经典之作也曾遭受过震惊的读者或是老古板的政府官员抵制，或者这些作品过于天马行空，让那些勤勉地想要解开其中线索的读者也为之气馁。乔伊斯也将诗歌艺术的破碎与重建发挥到极致，任何人若想超过他，恐怕只有落得让作品语无伦次的下场。

简而言之，这部奇特的小说无法作为典范，让后来的特立独行的作家们学习，可其现在或将来都将一直是一座孤独的丰碑，纪念这场大胆的、深邃的、无法重演的

文学冒险，正如乔伊斯的创作一样，挑战着主流文学规则。现代主义在其最有开拓精
神的时代，能够完全领会许多作品，《芬尼根守灵夜》不过是许多例子之一。这些作 499
品让现代主义文学实验得以不朽，却未对这场运动的未来有任何预示。我们知道，先
锋派小说家们依然在创作，例如我们就看到了加布里埃尔·加西亚·马尔克斯的作
品，之后可能还会有更多人涌现。

对于现代艺术的其他领域也同样如此，因《公民凯恩》一片广受全世界导演崇
敬的奥森·韦尔斯有意大利新现实主义或者法国新浪潮之类的杰出传人。而建筑学上
的国际风格也终于在法兰克·盖瑞富有想象力的设计中找到了传承。与此同时，音乐
和美术界还在等待自己的斯特拉文斯基或毕加索们。我们所知的，仅限于此。 500

终曲　以及毕尔巴鄂的盖瑞

一

正如开篇一样，我将根据个人的观点来结束我对现代主义的论述。我想简短地讨论一下我对法兰克・O.盖瑞最惊人的建筑之一：毕尔巴鄂的古根海姆博物馆的感受。这种个人的风格，让我觉得是一个可供研究的课题：尽管大众化是不可避免的（无论是印象派，还是表现主义剧作家，或是“独立导演”理论的支持者们），但是真正的成就，无论是一首诗或是一曲交响乐，都可以回溯到一位天才的独立创作。即便涉及现代主义理论的基础问题（如异端的诱惑以及保持个人化的关键使命），我最终所指向的，也往往是那些独自奋斗、成果丰硕的艺术家，他们感受、思考、吸收传统或予以拒绝，打造出新的风格。因此在本终曲，我就是想讨论这个课题。

毕尔巴鄂的地理位置就吸引了我的注意。这是西班牙西北部巴斯克地区一个单调乏味的港口城市，直到近来，旅行者也对其并无兴趣。多亏盖瑞的现代主义建筑杰作，这个城市如今在国际旅游路线图上已经稳坐景点的位置。成千上万的人前来，对古根海姆博物馆惊叹不已。我也是其中之一，并且我也能作证，这次旅行，引用《米其林指南》（*Guide Michelin*）里面衷心的赞美：Vaux le voyage——不虚此行。 501

1991年，当古根海姆博物馆的馆长托马斯・克伦斯聘请法兰克・盖瑞为古根海姆博物馆毕尔巴鄂分馆进行设计时，建筑家六十二岁，被普遍认为是一位颇为独创的设计师，能设计各种建筑。两年前，他获得了令人艳羡的普利兹克建筑奖[1]，这个 502

1　普利兹克建筑奖(The Pritzker Architecture Prize)，被誉为建筑学的“诺贝尔奖”，专为在建筑学上独具想象力、非凡才干和杰出奉献的建筑设计大师而设立。——译注

奖项由一些视野全面、孜孜不倦的委员会管理，每年一次颁给出色的职业建筑师。因此克伦斯的选择并非冒险之举。既然弗兰克·劳埃德·赖特在20世纪50年代末期为古根海姆建造的纽约总部大楼能够完全背离传统的博物馆外形，而将其设计成一个惊人的圆弧形不朽之作，那么，毕尔巴鄂的古根海姆博物馆也没有理由不循着这个路线前进——不必也是圆弧形，但一定要惊世骇俗。

盖瑞打算超越以往的创作，更大胆地进行创新。电脑这个新玩意刚进入他的办公室不久，他对之又怀疑又喜爱，对于那些讨厌一成不变、方方正正建筑风格的建筑师而言，电脑能简化他们的工作。盖瑞非常强调，电脑的用处只是服务。他说：
503 “电脑是一个工具，并非伙伴，我们用它来描绘外形，而不是创造外形。”电脑让他可以将复杂的建筑线条图像化，并做出大胆的实验，而这些线条将最终决定这座博物馆的外景和内部风格。

我最初看见盖瑞的古根海姆博物馆是在2000年夏天，简而言之，我为之心醉神迷。用这个词来形容我的感受可能并不恰当，我并不是对这建筑敬畏得哑口无言。可博物馆多变的曲线外形结构矗立在我身边，其富丽和庄严首先就让我欣赏不已。我也算有些年岁，见识颇多，不会轻易感到激动，可当我在博物馆多次徜徉，又一遍遍围绕着它漫步之后，我认为，这种感受的确只能用“激动”来形容。这是现代主义建筑艺术最激动人心的作品，虽然我也承认，这和我过去最钟爱的经典现代主义建筑风格如格罗皮乌斯或者密斯·范·德·罗的设计大相径庭。

自从20世纪80年代起，甚至在那之前几年，盖瑞就已经加入了现代主义派，并且设计了一系列以其强烈对抗传统建筑直线条风格而著称的建筑结构：通过出人意料的曲线变化让方正的大楼变得充满活力；将厚重的公寓楼在腰部收窄，更显灵动；将整块的建筑以不规则的角度互成犄角，采用下陷的平屋顶等。到了1990年，他在屋脊线上的创新更加大胆，其剧烈的线条变化初看上去简直是杂乱无章。安全可靠的建筑技术与大胆的自由创造相结合，将建筑作为艺术，这让他的建筑设计有自然之风，仿佛无斧凿之痕。很少有批评家反对这一点：他的建筑，总而言之，非常亲切。

若是看看盖瑞的职业年表，就会看到他令人赞赏的发展轨迹。他1929年出生于多伦多，1947年随家人迁往洛杉矶，盖瑞日后逐渐摆脱了方头方脑的国际风格建筑样式，也没有陷入轻浮随意的后现代主义建筑游戏，玩弄古怪的色彩或是画蛇添足的阳

台。若说他的雄心令人惊叹，那也是在建筑学方面的。他后来反思道："我曾经是个 504
对称风格和画格子的狂热爱好者，我以前总是按着格子来设计，后来我开始思考，并且意识到，这些都是枷锁，弗兰克·劳埃德·赖特就被锁在这30—60格之中，其中并无自由。"而盖瑞所渴望的，正是自由。这样他才能胜任克伦斯的博物馆，而克伦斯在博物馆竣工后，也证实道："毕尔巴鄂的这栋建筑就是奇观。"

我的第一观感是震惊，这是合情合理的：毕尔巴鄂的博物馆展现了一连串惊人的建筑艺术。弗兰克·劳埃德·赖特设计的纽约古根海姆博物馆中庭，四周环绕的是盘旋而上的圆形环带，在其中步行的观众可以很近地观赏画作。克伦斯为其风格深深打动，并曾希望在西班牙的这个建筑也体现出相似的效果。纽约的新古根海姆博物馆在20世纪50年代晚期曾是热门话题，直到90年代依然魅力不减；因为该建筑相对于其他的博物馆建筑实在是鹤立鸡群。因此，克伦斯认为，毕尔巴鄂的博物馆没有理由不遵循这个风格。盖瑞也满心想打造出一个惊人的博物馆，但并不是照抄赖特的设计。他告诉克伦斯，位于纽约第五大道的这座博物馆，"和建筑艺术正好南辕北辙"。

因此他设计的高中庭从底到顶高达150英尺，让观众可以仰首欣赏精妙复杂的屋顶以及前往二、三楼的观景电梯。阳光从布置巧妙的窗户以及屋顶的天窗里倾泻而下，营造出温馨的气氛。一侧可以看见最庞大和最长的展厅。我来的这次，这里正在举办由古根海姆纽约总部出资的摩托车历史回顾展，若说这展览在艺术上差强人意，至少展览布置得独具匠心。展厅里似乎大部分的游客都是年轻的西班牙小伙子，拉着自己多少有点不情愿的女朋友，来仔细观赏这场迷人的展览。

每当我移动脚步，哪怕只走三四英尺，就会看到完全不同的建筑曲面，稍加扭曲的承重柱，弯曲的室内桥，诱人的阳台，而四处徜徉的观光客更让这建筑物活力四
射。盖瑞设计了两组（每组三间）完全是四方形的画廊专门用来做当代绘画的永久展 505
厅，因为老派的展厅风格正适合那里展出的现代艺术经典。但其他十一座用来做临时展览的展厅则彼此之间大相径庭。正如我所说，毕尔巴鄂从不缺少惊奇，其中大部分展厅赏心悦目。

博物馆的外观更有惊人之处。它背倚内尔维翁河（Nervion），从博物馆的众多窗里，都能观赏这道风景。正面则对着城市、一所本地博物馆以及大学。若从某些街道上看过来，古根海姆博物馆巍峨而起，虽光怪陆离却优美和谐，其后的群山如宁静

的远景。种种古怪的造型紧紧相依，唤醒了观者的想象：从一个角度看，博物馆就像一架大飞机撞上大楼的残骸；从另一个角度看上去，则像好些曲线丰富的建筑被巨人之手胡乱扫作一堆。特别是第一眼看上去时，整座建筑仿佛是不解之谜，诱惑着艺术爱好者们前来走访观看，一看再看。这个古怪的雕塑究竟意味着什么呢?

这里使用“雕塑”一词是别有用意的。盖瑞用了一个诱人的名词“表现主义建筑”来形容他晚期的作品，他的设计作品则有力支持了他作为艺术家归纳的这个风格。他自己也承认：“跨越建筑和雕塑之间的界限，对我曾经也很困难。”跨越界限，也即打破樊篱，也表明了盖瑞的现代主义想法。有趣的是，盖瑞从没有明确界定过建筑和雕塑各自的范畴，却通过自己的建筑作品将两者出色地合二为一。

这并不意味着他失去了建筑师们如工匠一般对工作兢兢业业的精神。在建筑业，盖瑞和客户之间的关系紧密是出名的，他会研究不同客户的目的，并鼓励建筑师和客户之间的意见交流。例如毕尔巴鄂博物馆，当1997年该建筑完工之后，他曾动情地说：“我真想回到毕尔巴鄂。他们如今都是我的家人。”只要我们回忆一下密
506 斯·范·德·罗在20年代末为图根哈特一家设计别墅时，对着家人那降贵屈尊，甚至盛气凌人的态度，就会理解盖瑞的这个态度意义之重大。盖瑞与其截然相反的态度表明，现代主义艺术大师也并不总是疏远自己的客户的。

盖瑞也经常寻求其他艺术家的联手协助，并在艺术中寻找灵感和想法。例如当他为自己最喜爱的顾客之一，广告公司总裁杰·恰特设计度假别墅时，他就强调，“我们的灵感来自杜尚的画作”，也就是在纽约军火库展览中展出的《下楼的裸女2号》。这就回顾到1913年那场轰动一时的艺术展，成千上万的人正是在那里第一次认识到最新的欧洲艺术反叛者，同时也表明美国和现代艺术初次邂逅的影响依然长存。盖瑞还和波普雕塑家克拉斯·奥尔登堡以及他的妻子古斯·范·布鲁根交朋友，有几个项目还让他们也参与其中。总而言之，他要求自己是一个雕塑家，同时也没有丢弃建筑术。这位艺术家并没有抛下自己钟爱的主业，正因为如此，走进他双手打造的建筑物，我对毕尔巴鄂的感受才会如此难忘，也让我决定写下您正在阅读的这篇文章。

二

毕尔巴鄂的这座博物馆，是否能为现代主义和其在今后可能的复苏尽一份力呢？我不能自信地给出结论。我是一个历史学家，而不是预言家，未来的事自由未来决定。可是之前的篇章里，已经堆积了足够多的例子，表明我所列出的种种现代主义创作，已经构成了一个历史时代，包括其繁盛与衰落、自信与自辱。其历史时期约为19世纪40年代早期到20世纪60年代早期，从波德莱尔和福楼拜到贝克特，延伸到波普艺术和其他侥幸的艺术冒险上。在这些岁月中，现代主义历经了两次世界大战以及极权政府的恶意抹杀；并能一次又一次发现新的大师来打动有心人，无论是雕塑或是小说；运动的中心也由巴黎迁往纽约。若还想写得再精确些，就等于无视一个事实：在每个历史阶段中，现代艺术的分野本身就是不明确的[1]。我们当然无法去喜爱那些尚 507
未写出的创新诗歌，或是尚未建造的奇特博物馆；但是我们可以庆贺加西亚·马尔克斯持久而多产的创作，或者是法兰克·盖瑞熟悉的电脑技巧，并至少可以希望有更多这样的例子。

从这个审慎的角度出发，我冒昧地认为：尽管现代主义者有特立独行的气派，尽管他们生机勃勃地和艺术的陈规旧俗展开不懈的斗争，还有他们辛苦造就的艺术作品，无论是书籍、绘画、设计还是作曲，但他们的运动想要全副武装地卷土重来，是不太可能的。相反，我们倒是可以预期，人们会全面地认识到，现代主义已经成为历史中一个明确的部分，正如我们身后的其他过眼云烟一样引人入胜。我们得以认识其范围，并珍惜其成果。其中有些最出色的作品，已经成为我们的学校和大学中教授的文化遗产：有弗吉尼亚·伍尔夫的《到灯塔去》、詹姆斯·乔伊斯的《尤利西斯》、爱德华·蒙克的《呐喊》、保罗·塞尚对于圣维克多山的绘画钻研、瓦尔特·格罗皮乌斯在德绍的包豪斯学校、萨缪尔·贝克特的《等待戈多》、T. S. 艾略特的《荒原》、奥森·韦尔斯的《公民凯恩》，这些作品和当初刚面世时一样，即便已经不那么激动人心，却依然给我们带来无穷乐趣。

这个预测之所以有些犹豫，主要原因是自法国大革命之后开始，横扫西方文化

1　因此艺术史学家T. J. 克拉克如是说(尽管在我们看来这个说法的准确程度也实在可疑)：他的那本《告别理想》“写于高墙崩塌之后。也就是说，在世界各地，无论是大众或者是精英，都普遍认为所谓社会主义大厦已经走到了尽头的时候——大约与此同时，现代主义的大厦也已经日暮穷途”。

界的文化大众化趋势。我们已经看到了现代主义并非一个民主范畴的意识形态，但这并不意味着它和民主政治就水火不容。言论自由、出版自由、广泛的投票权、宽容的文化氛围，并不必然会损害或者败坏对先锋文学和艺术至关重要的精英阶层的地位。精英阶层需要有足够多的个人和团体受托来为某些艰深音乐家开办音乐会，为某
508 些晦涩的画作开办展览，组织某些难懂的诗作和小说的出版印刷，促成某些奇异建筑的建造，甚至为某些奥妙的电影带来观众[1]。

文化普及中最引人注目的现象莫过于能欣赏高雅艺术的出色观众依然存在，这让现代主义的未来更加扑朔迷离。因为随着我们上文列出的娱乐产业（如录音、广播、彩色插图、电影、电视、电脑科技等）技术的快速进步，文化的商业和产业化变得更具影响力。保守的文学评论家所说的，文化本身已经被扭曲，但其实并非如此：文化本身就有商业的一面，即便在古希腊和古罗马人中也是一样。可是随着文化产业的更加世俗化，以及信息交流的更加方便和高效（这对中产阶级尤其有诱惑力），艺术的折中世俗风气越来越盛，这不但不会帮助未来的先锋派艺术家，反而会进一步使其边缘化。毕竟，我们生活在一个喜爱音乐喜剧的时代。

从一开始就很明显，现代主义想要成为一个强大的文化潮流，只有当经济、政治和文化条件都对其有利时才有可能。历史表明，从19世纪中叶开始，这些条件的发展对于现代主义的出现都是颇为有利的。进一步说，就是因为此现代主义才得以侥幸存在的，其发扬光大也主要是因为这些条件在一个多世纪（也许还多一点）的时间内为现代主义提供了适宜的土壤——虽然不时被战争、时起时落的宗教复苏，以及法西斯主义和共产主义造成的一片荒芜所打断。可是杜尚宣告一切都是艺术的古老宣言，还有波普艺术的迷梦能成为现实，比起真刀真枪的挑战，对现代主义更有毁灭性。

大规模的现代主义可能的确有一天会卷土重来。既然有一个加西亚·马尔克斯这样的小说家，有一个法兰克·盖瑞这样的建筑师，我们可以想象，有些我们尚不知
509 道，甚至尚未诞生的艺术家，将会让艺术起死回生。现代主义的历史上曾有如此辉煌的时刻，让我们或可期待，未来同样的光芒能够重现。例如，1857年福楼拜的《包法

1 德怀特·麦克唐纳在自己对中产阶级文化大加批评的文章中，将这个事实作为重要的一条特别注明："从小说《汤姆·琼斯》到卓别林的电影，总有些好东西在大众中也广受欢迎。"

利夫人》和波德莱尔的《恶之花》出版时轰动一时；1907年秋季沙龙举办的塞尚作品纪念展轰动一时，让他一夜成名；还有1916年2月5日在苏黎世的伏尔泰歌舞餐厅呱呱坠地的达达艺术。这些伟大的事件是否能重演，这个美梦已经超出了我所能预见的范围。最后，我们要说，现代艺术在120年的时间里向文化市场交出了自己的作品，精致而又新颖，也带来了困惑、惊奇和欢欣。迢迢远路，从往昔一路走来。

参考文献评述

这是一份经过精挑细选的参考文献。我主要研究最具实用价值的文本，并大都给出了简短评价；在写作《现代主义》的五年中，我阅读和参考了大量丰富翔实的资料，因此这份参考文献比一般书籍显得更为充实完备。有一些章节，比如关于印象主义的部分，涉及很多细节，但是大部分章节都要相对简略一些。

现代主义氛围

在沉寂了几十年以后，现代主义、现代主义的意义及其历史引起越来越多的研究者的关注。很少有人有胆量（或者自不量力）到试图得出一份囊括他们视野范围内所有领域的研究报告。对我来说，最完备最实用的卷宗就是文献汇编，主要是由Richard Ellmann与Charles Feidelson Jr.编著的*The Modern Tradition: Backgrounds of Modern Literature*（1965）和Vassiliki Kolocotroni, Jane Goldman以及Olga Taxidou编著的*Modernism: An Anthology of Sources and Documents*（1998）。这两部著作都十分生动，后者偏重于年代更近一些的文化人（如Brecht, Adorno）。Michael Levenson编著的*The Cambridge Companion to Modernism*（1999）主要汇集了关于文学、艺术、戏剧乃至电影方面的深入评述。相比较而言，Hans Steffen编著的*Aspekte der Modernität*（1965）则透射出日耳曼式的“深刻”与厚重。Samuel Lublinski撰写的*Die Bilanz der Moderne*（1904）和*Der Ausgang der Moderne: Ein Buch der Opposition*（1909）是继尼采之后试图界定现代主义的第一批尝试。[1]哲学家Robert B. Pippin在*Modernism as a Philosophical Problem*（1991；1999）中仔细地重新探究了如尼采与海德格尔等德国文化代表人物，并将其视为现代主义的渊源。

一些综合性历史著作的作用也不容小觑，特别是J. W. Burrow的*The Crisis of Reason: European Thought:1848—1914*（2000），它巧妙地梳理了欧洲的智力变革时代。杰出的历史学家Elie Halévy撰写的*The Era of Tyrannies*（1938；trans. R. K. Webb，1965）是一部关于社会主义和“1914—1918年世界危机”的概论，让人受益匪浅。同样让人受益匪浅的还有Hajo Holborn的*The Political Collapse of Europe*（1951），此作深入诠释了欧洲秩序的崩塌。H. Stuart Hughes的*Consciousness and Society: The Reorientation of European Social Thought 1890—1930*（1958）是一部重要的研究著作，但是现在有些

---

1 Robert Wohl曾在*Journal of Modern History*上发表了题为“Heart of Darkness: Modernism and Its Historians”(2002年9月第74期，第573—621页)的文章，在这篇意义重大且思维缜密的评论文章中，他以慷慨包容的姿态分析了一些20世纪90年代的研究成果，包括Christopher Butler的*Early Modernism: Literature, Music, and Painting in Europe, 1900—1916* (1994), William R. Everdell的*The First Moderns: Profiles in the Origins of Twentieth-Century Thought* (1997), Peter Nicolls的*Modernisms* (1995)，以及Bernard Smith的*Modernism's History: A Study in Twentieth-Century Thought and Ideas* (1998)。每位历史学家都提出了自己对现代主义的定义，其观点各不相同，与我的观点也不尽相同。

被忽略。其他有用的文献包括Hartmut Kaelble的*Historical Research on Social Mobility*（1977；trans. Ingrid Noakes，1981）；Charles Kindleberger的*Economic Growth in France and Britain, 1851—1950*（1964）；W. O. Henderson的*The Industrial Revolution in Europe: Germany, France, Russia，1815—1914*（1961）；George Lichtheim的*Europe in the Twentieth Century*（1972），一部赏心悦目的综览；还有David S. Landes的*The Wealth and Poverty of Nations: Why Some Are So Rich and Some Are So Poor*（1998），它对书名中出现的难题做出了完满的历史学解答。

Emma Rothschild的*Economic Sentiments: Adam Smith, Condorcet, and the Enlightenment*（2001）为"中产阶级统治"初始阶段的研究提供了绚烂而博学的舞台，Albert O. Hirschman的*The Passions and the Interests: Political Arguments for Capitalism Before Its Triumph*（1977）也起到了同样的作用。这两本著作都考察了理性与激情之间的历史冲突以及自我颠覆倾向，从而描画出现代资本主义的发展轮廓。

先锋派喜欢全新的研究，这往往加深了激进艺术家对中产阶级社会一贯的仇恨——这份敌意常常被过于简单化了。参见George Boas, *Vox Populi: Essays in the History of an Idea*（1969），这本书探寻几百年来"那些人"所产生的影响。Peter Bürger的 *Theory of the Avant-Garde*（1974; trans. Michael Shaw, 1980）是一部被广泛引用的具有马克思主义倾向的著作，他同Theodor Adorno一样把现代主义与先锋派区别开来——我却没有。参见*"Theorie der Avantgarde." Antworten auf Peter Bürgers Bestimmung von Kunst und bürgerlicher Gesellschaft*, ed. W. Martin Lüdke（1976）。John Carey的*The Intellectuals and the Masses: Pride and Prejudice Among the Literary Intelligentsia, 1880—1939*（1992）有利于严肃揭发针对文化民主的势利偏见。尽管评述温德姆·刘易斯的种族主义和法西斯主义观点的章节确实令人叫好，但是Carey过分夸大了他的严正谴责，例如，他仅仅凭借某些段落就将弗吉
532 尼亚·伍尔夫贬为不可救药的自命清高者，并蔑视她的左翼政治思想。Theda Shapiro的*Painters and Politics: The European Avant-Garde and Society, 1900—1925*（1976）是艺术社会史方面的先驱之作。

男子气概这个问题基本上被历史学家们忽略了（本书作者也一样），但是它对于理解领导者来说是不可或缺的，因此对理解先锋派也同样至关重要。参见David D. Gilmor, *Manhood in the Making: Cultural Concepts of Masculinity*（1990），这是一份比较人类学研究。Gerald N. Izenberg的*Modernism and Masculinity: Mann, Wedekind, Kandinsky Through World War I*（2000）讨论的是现代主义时期。Harvey Mansfield, Jr.的*Manliness*（2006）为常见的反女性主义口号辩护，主要用作传统观念的备忘录。Robert A. Nye的*Masculinity and Male Codes of Honor in Modern France*（1993）是一部杰出的实验性著作。Renato Poggioli的*The Theory of the Avant-Garde*（1962; trans. Gerald Fitzgerald，1968）精辟透彻，被广为引用。José Ortega y Gasset的*The Revolt of the Masses*（1931; trans. 1932）是支持文化贵族存在的经典论著。还有Charles Russell的*Poets, Prophets and Revolutionaries: The literary Avant-Garde from Rimbaud Through Postmodernism*（1985），这是为寻找现代主义的可靠定义而进行的敏锐的历史学考察。

主观性虽然对界定现代主义起到至关重要的作用，但是相对来说研究得较少。Samuel H. Baron与Carl Pletsch编著的 *Introspection in Biography: The Biographer's Quest for Self-Awareness*（1985）是一部研讨会记录，其中的文章大都（也是不无批判地）以精神分析思想为支撑。更早时期的重要文本当属Wilhelm Worringer的*Abstraction and Empathy*（1908; trans. Michael Bullock，1910），这部专著讨论了创新作品中主观性的作用，影响深远。西格蒙德·弗洛伊德虽然在文学艺术品位方面是个标准的中产阶级分子，但在人性论方面是个激进的现代主义者，也是我描画现代主义时虽不显眼却

十分重要的背景人物。除了德语著作，我还参考了James Strachey等编著的24卷本*Standard Edition of the Complete Psychological Works*（1953—1973）。我撰写的传记*Freud: A Life for Our Time*（1988）总结了我对弗洛伊德的一生及其著作的评价；书中有详细的文献评述。至于弗里德里希·尼采这样一个视主观性为决定因素的哲学家和个性鲜明的人物，Karl Schlechta主编的三卷本*Werke*（6th rev. ed.1969）最具代表性。

第一部分　创始人

1　专业的反传统者

我整本书的论述从现代主义生活的英雄夏尔·波德莱尔开始，虽然以其他浪漫主义诗人或作曲家入手也无不可。他的作品在由Y. G. Le Dantec主编、Claude Pichois修订的 *Oeuvres complètes*（1961）中罗列得清清楚楚。此书只有一卷，囊括了他所有的诗歌和散文（Edgar Allan Poe的译本除外），并且注释详尽。而他的信件则被收录在Jacques Crépet与Claude Pichois主编的六卷本*Correspondance Générale*（1947—1953）中。在如此庞大的文学资料中有一篇令人折服的文章脱颖而 533
出，那就是Erich Auerbach的“The Aesthetic Dignity of the *Fleurs du mal*”，此文刊载于 *Baudelaire,* ed. Henri Peyre（1963）第149—169页。Margaret Gilman的*Baudelaire the Critic*（1943）研究的是他文学作品的突出一面。Lois Boe Hyslop的*Baudelaire: Man of His Time*（1980）将他与他所处的社会紧密联系起来。Jean-Paul Sartre的*Baudelaire*（1947; trans. Martin Turnell, 1949）发人深省——Sartre极少令人乏味——却又不同寻常。其他三本思想深邃的法语书，即Henri Peyre的*Connaissance de Baudelaire*（1951），Claude Pichois的*Baudelaire. Etudes et Témoignages*（1967）以及Paul Valéry的*Situation de Baudelaire*（1926）也同样需要仔细研读。在英语传记中，Enid Starkie的*Baudelaire*（1957; ed. 1971）经久不衰。法语著作中，Claude Pichois和Jean Ziegler的*Baudelaire. Biographie*（1987）无与伦比。Pichois著作的英语删节版（trans. Graham Robb，1988）虽引人入胜但是却遗漏了重要的细节。Roger L. Williams的*The Horror of Life*（1980）将波德莱尔列为被梅毒毁掉的五大法语作家之首，其他四位分别是Jules de Goncourt，Gustave Flaubert，Guy de Maupassant和Alphone Daudet。在波德莱尔的 *Les Fleurs du mal*的各种英文译本中，由George Dillon与Edna St. Vincent Millay编译的*The Flowers of Evil*（1936; ed. 1962）可能算是最传神的译文了。[1]

Richard Ellmann的*Oscar Wilde*（1988）十分精彩，彰显了学者的儒雅风范，不过似乎他把王尔德的哲学推究看得太过认真。Ellmann主编的*The Artist as Critic: Critical Writings of Oscar Wilde*（1969）完整介绍了王尔德的讲稿和他其他关于美学问题的重要出版物。Ellmann还编著了*Oscar Wilde*（1969），这本书汇集了叶芝、纪德、乔伊斯、萧伯纳以及王尔德臭名昭著的情人阿尔弗莱德·道格拉斯的评论文章。Rupert Hart-Davis编纂的 *The Letters of Oscar Wilde*（1962）收录了大量原

1　不懂法语的读者也可以参考Jonathan Mayne编译的*The Mirror of Art: Critical Studies by Baudelaire*（1955; ed. 1956），此书摘录了诗人的三篇沙龙艺术评论以及其他谈论艺术的文章，包括“The Life and Works of Engène Delacroix”。Jonathan Mayne, trans. and ed., *The Painter of Modern Life and Other Essays*（1965）中的重要评论包括“Constantin Guys, The Painter of Modern Life”以及“On the Essence of Laughter”。

始手稿，加上*More Letters of Oscar Wilde*（1985），成为研究王尔德生花妙笔的宝贵资料库。在诸多作品中，*The Picture of Dorian Gray*（1891）经过多次整理编辑，最出色的当属1974年Isobel Murray的编辑版本。与王尔德交情甚笃的威廉·巴特勒·叶芝在*Autobiography*（1965）中提出了敏锐的见解。阿尔弗莱德·道格拉斯勋爵为一己私利所写的自传没有一本以事实为根据，从*Oscar Wilde and Myself*（1914）中就可见一斑。H. Montgomery Hyde的*The Trials of Oscar Wilded.*（ed.1962）以及他的续篇*Oscar Wilde: The Aftermath*（1963）都是对王尔德1895年的法律纠纷、他的信念以及牢狱生活的真实叙述。Melissa Knox的*Oscar Wilde: A Long and Lovely Suicide*（1994）是一部大胆而博学的
534 心理分析传记，值得我们认真阅读。Regenia Gagnier的*Idylls of the Marketplace: Oscar Wilde and the Victorian Public*（1986）探讨了公众对王尔德作为一个人和一位作家的痴迷而又矛盾的接纳。*Oscar Wilde*: *The Critical Heritage*, ed. Karl Beckson（1970）提供了重要的文本。

其他文献则探讨了一些王尔德的“老师们”。特别参见Holbrook Jackson, *The Eighteen Nineties*（1913）。作为“为艺术而艺术”口号的坚定的英国支持者，沃尔特·佩特实际上是王尔德的美学导师，请参考他的名作*Studies in the History of the Renaissance*（1873）。在A. C. Swinburne的众多著作之中，与*Atalanta in Calcydon*（1865）一同出版的*Notes on Poems and Ballads*（1866）最为重要。另外，反映对伟人（歌德）英雄崇拜的一部著作，即Eduard Hanslick的两卷本自传*Aus meinem Leben*（1894; 4th ed., 1911）尤为意义重大，因为众所周知Hanslick是藐视这种谄媚的。Charles Locke Eastlake在*Contributions to the Literature of the Fine Arts*（1870）中为艺术收藏家们（至少是英国收藏家们）阶级忠诚度的转变提供了切实的证据。

王尔德鼎力夸赞并为之奋斗终身的“为艺术而艺术”或者说“为文学而文学”的基本观念并没有被研究得太多。Albert Guérard的*Art for Art's Sake*（1936）颇具启发性。参见George Boas, “Il faut être de son temps”, *Journal of Aesthetics and Art Criticism* I（1941）, pp. 52—65的文章。该文分析了与时俱进的理想化问题，我已在正文中对此有所讨论。在19世纪的作者中，最出类拔萃的倡导者是小说家、诗人、批评家以及评论家泰奥菲尔·戈蒂耶，他应该受到文学历史学家更多的重视。在寥寥无几的几份严肃研究中，Joanna Richardson的*Théophile Gautier: His Life and Times*（1958）最为生动。戈蒂耶在*Mademoiselle de Maupin*（1835; trans. Joanna Richardson, 1981）的著名长篇序言中陈述了自己的理念，该小说出版时他才刚刚23岁。戈蒂耶以一句惊人之语开启了这篇比小说本身还要出名的序言：“One of the most ridiculous things which we have the happiness to live in is undoubtedly the rehabilitation of virtue.”（我们快乐地享受着的最可笑的东西之一就是美德的重建。）另外，艺术需要并且应该得到完全的自由，只有在不沾染功利味道的状态下才是真正的艺术——这个主张渐渐被越来越多的人视作自然而然的道理，特别是现代主义者们。

2 不妥协者与剧团经理人

最重要的人物非美国人现代艺术品位的塑造者莫属：参见Sybil Gordon Kantor, *Alfred H. Barr, Jr., and the Intellectual Origins of the Museum of Modern Art*（2003）。巴尔起初任现代艺术博物馆的主管，后来成为馆长，他是高级收藏家兼活动家，也是一位杰出的艺术评论家。巴尔定下了总体基调，开创了一条得到大多数董事支持的新道路。他是现代主义的英雄。

巴尔组织的第一次展览包括了塞尚、修拉、梵高和高更的作品，因而让更多的人认可印象主义者为第一批旗帜鲜明的先锋派。19世纪中期的风景画家是印象派最才华横溢的先辈。参见 535
Jean Bouret在*The Barbizon School and 19th-Century French Landscape Painting*（1972; trans. 1973）中进行的丰富研究。也可以参见Robert L. Herbert与Roselie Bacou以及Michel Laclotte一同编著的*Jean-François Millet*（1975）这本详尽的名录。*Théodore Rousseau,* ed. *Hélène Tussaint*（1967）和Peter Galassi, *Corot in Italy: Open-Air Painting and the Classical-Landscape Tradition*（1991）都是引人入胜、翔实可靠的资料。Joseph C. Sloane, *French Painting Between the Past and the Present: Artists, Critics, and Traditions from 1848 to 1870*（1951）对绘画在过渡阶段的复杂历史进行了梳理。*Charles Gleyre, ou les illusions perdues*（1974）在夏尔·格莱尔这位杰出的传统画匠去世一个世纪后出版。想要了解"敌人"学院派沙龙艺术的有趣故事，请参见Patricia Mainardi, *Art and Politics of the Second Empire: The Universal Exposition of 1855 and 1867*（1987）和*The End of the Salon: Art and the State in the Early Third Republic*（1993），它们都是文化历史方面的精辟之作。

John Rewald的*The History of Impressionism*（1946; 4th ed. 1973）被认为是印象主义研究的"奠基石"。Charles S. Moffatt与Ruth Berson等编写的*The New Painting: Impressionism, 1874—1886*（1996）再现了八场早期印象主义画展。还有Robert L. Herbert的 *Impressionism: Art, Leisure, and Parisian Society*（1988），这是对印象主义者现代主义城市作品的探讨，图片精美。Lionello Venturi编著的两卷本*Les Archives de l'Impressionisme. Letters de Renoir, Monet, Pissaro, Sisley et Autres: Mémoires de Paul Durand-Ruel, Documents*（1939）收集了大量宝贵的相关资料。Anne Distel的*Impressionism: The First Collectors*（1989; trans. Barbara Perroud-Benson, 1990）论证了最早热衷于印象主义的人并非众所周知的美国暴发户，也非俄国百万富翁。Kermit Swiler Champa的*Studies in Early Impressionism*（1973）是一部典型的大规模当代研究。它与Theodore Reff 发表在*Art Bulletin*, XLVI（1964年12月）上的文章"Copyists in the Louvre, 1850—1870"相得益彰。Meyer Schapiro的*Impressionism: Reflections and Perceptions*（1997）总结了一代评论大师毕生的广泛爱好。Robert L. John House与Anne Dumas等编写的*Impressions of France: Monet, Renoir, Pissarro and Their Rivals*（1995）是一部有理有据的比较研究。在通俗读物中，Phoebe Pool的*Impressionism*（1967）算是可读性最强的。

在对印象主义者的传记研究中，以下几部著作引人注目：Beth Archer Brombert的*Edouard Manet: Rebel in a Frock Coat*（1995）讲述了一个心不甘情不愿的半现代主义者强大而辉煌的一生。T. J. Clark的*The Painting of Modern Life: Paris in the Art of Manet and His Followers*（1985）与之针锋相对，但是它为马奈的研究者提供了广阔的空间，从而有利于描画当代艺术文化的总体轮廓。（相关资料可以参见George Heard Hamilton, *Manet and His Critics*［1954］。）Paul Hayes Tucker的*Monet in the 90s: The Series Paintings*（1990）为其后来的巨著*Claude Monet: Life and Art*（1995）做了充分的准备。Theodore Reff的*Degas: The Artist's Mind*（1976）是来自一位严谨专家的有理有据的论述。Carol 536
Armstrong的*Odd Man Out: Readings of the Work and Reputation of Edgar Degas*（1991）对埃德加·德加这位难以捉摸的现代主义者进行了精彩剖析。参见Sue Welsh Reed and Barbara Stern Shapiro, *Edgar Degas:The Painter as Printmaker*（1984）。关于毕沙罗这位可称得上所有印象主义者之导师的人物，Richard R. Brettell与Joachim Pissarro合著的*The Impressionist and the City: Pissarro's Serial Paintings*（1993）享有重量级地位。John Rewald在毕沙罗同为画家的儿子Lucien Pissarro帮助下编写而成的*Letters to His Son Lucien*（1943; trans. 1944）提供了生动有趣的线索。

Maryann Stevens的*Alfred Sisley*（1992）为现代主义阵营中这位不受重视的成员正了名。Charles F. Stuckey, William P. Scott以及Suzanne D. Lindsay合著的*Berthe Morisot, Impressionist*（1987）和Anne Higonnet撰写的*Berthe Morisot*（1990）都是翔实可靠的资料。Walter Pach的*Renoir*（1983）和Barbara Ehrlich White的*Renoir: His Life, Art and Letters*（1984）都是实事求是的研究。Kirk Varnedoe的*Gustave Gaillebotte*（1987）将一位富有智慧的收藏家兼天资聪颖的画家描述得栩栩如生。他捐给法国政府的遗产，即他所收藏的精彩印象派画作，在19世纪90年代引起了现代主义者与反现代主义者之间的争论。Marie Berhaut的*catalogue raisonné, Caillebotte, sa vie et son oeuvre*（1978）翔实而权威。

对于复杂的艺术中间商问题，我参考了一系列专著。这些著作为研究现代主义事业提供了精确的视角。我完成这份手稿后碰巧看到玛丽·卡萨特的一句中肯评价："在这个商业霸权的时代，艺术家需要一位'中间商'来向潜在客户解说画作的闪光点，而且让他们相信没有比这更好的投资选择。"有些艺术商人对自己的品位和利润直言不讳。最揭露内情的有Daniel-Henry Kahnweiler与Francis Crémieux合著的*My Galleries and Painters*（1961; trans. Helen Weaver, 1971），还有Ambroise Vollard的*Recollections of a Picture Dealer*（1937 ; trans. Voilet M. MacDonald, 1946）。Rahel E. Feilchenfeld与Thomas Raff编写的巨著*Ein Fest der Künste: Paul Cassirer, Der Kunsthändler als Verleger*（出版日期不详）是两位作者共同努力的成果，让读者能够公正看待一位画商、出版商和现代主义者的热情支持者。

伟大的法国文学历史学家兼批评家Charles-Augustin Sainte-Beuve见证了现代主义的早期阶段，但是他无数的博学文章表明其欣赏新事物的才能并未得到充分挖掘（显然对待福楼拜与波德莱尔的态度是例外）。我们不难找到他著名的*Causeries de Lundi*的节选。权威的Pléiade版本（目前依然不完整）汇集了他对17世纪詹森主义的细致研究，即五卷本的*Port-Royal*（1840—1859），由Maxime Leroy编辑整理了三卷（1952—1955），还有两卷，包括*Premiers lundis, Portraits littéraires*以及其他作品（1966— ），也由Leroy编辑。Wolf Lepenies的*Sainte-Beuve. Auf der Schwelle zur Moderne*（1997）将法国最负盛名的19世纪批评家完美地摆在了现代主义的开端位置。另外请参看Nicole Casanova的传记作品*Sainte-Beuve*（1995）。

关于收藏家的文献不胜枚举。Gay的*Pleasure Wars*（1998），特别是第四章"Hunters and Gatherers"对此做了一个简略的介绍。Alice Cooney Frelinghuysen等编著的*Splendid Legacy: The*
537 *Havemeyer Collection*（1993）细述了富有的美国收藏家怎样为美国博物馆引进了重要的现代主义绘画，十分出彩。该书与Louisine Havemeyer的*Sixteen to Sixty: Memoirs of a Collector*（1930; ed. 1961）互为参照。在Hubert von Sonnenburg的两卷本名录*Rembrandt/Not Rembrandt in the Metropolitan Museum of Arts; Aspects of Connoisseurship*（1995）中，Louisine Havemeyer的丈夫Harry Havemeyer（一位伦勃朗收藏家）的藏画占据了大量篇幅。

关于俄国两位伟大的现代主义的支持者，即现代主义资助人兼收藏家，可以参见这部精彩的画展图册，*Monet bis Picasso. Die Sammler Morosow, Schtschukin. 120 Meisterwerke aus der Eremitage, St. Petersburg, und dem Puschkin Museum, Moscow, ed.* Georg-W. Költzsch（1994）。Dianne Sachko Macleod的*Art and the Victorian Middle Class: Money and the Making of Cultural Identity*（1996）讲述了英国中产阶级的艺术收藏史。David Robertson的*Sir Charles Eastlake and the Victorian Art World*（1978）也是关于同样的主题，它不仅仅是传记，更是一部文化的历史。还有Robin Hamlyn的*Robert Vernon's Gift: British Art for the Nation, 1847*（1993），短小精悍。John Rewald于1969年撰写的文章"Chocquet et Cézanne"在他的著作*Studies in Impressionism*（trans. and ed. Irene Gordon and Frances

Weitzenhoffer）中再次刊出，这是一次对深深吸引他的艺术问题的精彩探讨。

关于德国收藏家以及他们与艺术馆长之间的关系问题，可以参考Wolfgang Hardtwig，“Drei Berliner Porträts: Wilhelm von Bode, Eduard Arnhold, Harry Graf Kessler. Museumsmann, Mäzen und Kunstvermittler—Drei herausragende Beispiele,” 载于*Mäzenatentum in Berlin. Bürgersinn und kulturelle Kompetenz unter sich verändernden Bedingungen*，ed. Günter and Waldtraut Braun（1993）。尽管名字很长，但此书不失为对德国中产阶级和艺术的研究的一份卓越贡献。至于威廉二世这个头号反现代主义者，请参看John C. G. Röhl, *Wilhelm II. Der Aufbau der Persönlichen Monarchie*（2001），这套三卷本传记是精彩详尽的研究，详细地叙述了此人对德国艺术馆以及艺术馆长的蛮横干涉。

关于文化中间人的文献层出不穷，有几本书不得不提。对于本章中提到的德国中产阶级德高望重的艺术馆长兼文化导师阿尔弗雷德·利希特瓦尔克，Garolyn Kay进行了全面的研究，见*Art and the German Bourgeoisie: Alfred Lichtwark and Modern Painting in Hamburg, 1886—1914*（2002）。Lawrence W. Levine的*Highbrow/Lowbrow: The Emergence of Cultural Hierarchy in America*（1998）透彻分析了一个“无阶级差别的”社会中的阶级差别。Robert Jensen的*Marketing Modernism in Fin-de-Siècle Europe*（1994）专注于1900年前后的艺术发展，以及激进的德国评论家、历史学家兼辩论家尤里乌斯·迈耶格雷夫所带来的社会影响。关于画商，Lionello Venturi的*Les Archives de l'Impressionisme*提供了宝贵资料。Peter de Mendelssohn的*S. Fischer und sein Verlag*（1970）也同样介绍了最执着的德国先锋派出版商。想了解伟大的奥地利音乐评论家爱德华·汉斯立克，请参见Peter Wapnewski, ed., *Eduard Hanslick. Aus dem Tagebuch eines Rezensenten. Gesammelte Musikkritiken*（1989）。该书精 538
心收集了这位维也纳音乐批评界之“沙皇”的各种评论。参见Daniel-Henry Kahnweiler with Francis Grémieux, *My Galleries and Painters*和Ambroise Vollard, *Recollections of a Picture Dealer*（1936; Una E. Johnson作序，Violet M. McDonald译，1978）。德国艺术商兼出版商保罗·卡西雷尔在Rahel E. Feilchenfeld与Thomas Raff编著的*Ein Fest der Künste: Paul Cassirer, Der Kunsthändler als Verleger*中得到了公允的评价。由Laura de Coppet 与Alan Jones主编的*The Art Dealers*（1984）汇集了诸如利奥·卡斯特里、西德尼·詹尼斯、贝蒂·帕森斯等专攻现代主义画家的画商的自传性陈述。René Wellek的八卷本*A History of Modern Criticism, 1750—1950*（1955—1991）是一部详尽的重要学术性著作。Albert Dresdner的*Die Entstehung der Kunstkritik im Zusammenhang der Geschichte des europäischen Kunstlebens*（1915; ed. 1968）把目光投向了18世纪，是值得复兴的古老研究。

第二部分　经典

3　绘画与雕塑

可以说，对20世纪艺术最激动人心的回顾当然非Robert Hughes那部个性鲜明、令人信服、内容丰富的*The Shock of the New*（1980; 2nd ed. 1991）莫属，这是他在BBC做的一系列演讲的合集，被巧妙地编辑出版。第二本重量级概论*art since 1900: modernism, antimodernism, postmodernism*（2004）由Hal Foster, Rosalind Krauss, Yve-Alain Bois和Benjamin H. D. Buchloh共同完成。这本庞然大作中饱含实用的内容和发人深省的观点，而且几乎都是最新的资料，对极端观点也青睐有加。在最具可读性的概论中，George Heard Hamilton的*Painting and Sculpture in Europe, 1880—1945*（1933）是一部高水

准的综述；另外还有Richard R. Brettell的简明而不失想象力的*Modern Art 1851—1929: Capitalism and Representation*（1999）; Charles Edward Gauss的*The Aesthetic Theories of French Artists: From Realism to Surrealism*（1959; ed. 1966）; 还有Werner Hofmann的*Turning Points in Twentieth-Century Art 1890—1917*, trans. Charles Kessler（1969）。Walter Abell的*The Collective Dream in Art: A Psychological Theory of Culture Based on Relations Between the Arts, Psychology, and the Social Sciences*（1957）借弗洛伊德的思想来批评这些理论本质上的不足；不过该书是一个良好的开端。James R. Mellow的*Charmed Circle: Gertrude Stein and Company*（1974）渲染了1900年以后的巴黎氛围。

关于处于印象派与20世纪现代派之间的最重要画家的著作，John Rewald的*Post-Impressionism from van Gogh to Gauguin*（1963; 3rd ed. 1978）是一部权威论著。它与Rewald的所有作品一样充实可靠。Robert L. Herbert的*Peasants and "Primitivism": French Prints from Millet to Gauguin*（1996）将读者的目光引向了视觉艺术不为人重视的角落。Debora Silverman明晰透彻的*Van Gogh and Gauguin:
539 The Search for Sacred Art*（2000）同属此类，还有Naomi E. Maurer的*The Pursuit of Spiritual Wisdom: Van Gogh and Gauguin*（1998）。两卷本*The Letters of Vincent van Gogh to His Brother, 1872—1886*（1927）与*Further Letters of Vincent van Gogh to His Brother, 1857—1890*（1929）共同构成了由Robert Harrison编著、Johanna van Gogh-Bonger与C. de Dood翻译的*The Complete Letters*（1978）, 这些是不可或缺的重要原始资料。还可参见Bogomila Welsh-Ovcharov, *Vincent van Gogh and the Birth of Cloisonism*（1981）。

被我称为现代主义者之"敌"的传统艺术在Albert Boime的*The Academy and French Painting in the Nineteenth Century*（1971）中得到了细致的分析。上文提及的Patricia Mainardi的两部专著*Art and Politics of the Second Empire*和*The End of the Salon* 详细介绍了19世纪中期及以后的法国艺术景象。Jerrold Seigel的*Bohemian Paris: Culture, Politics and the Boundaries of Bourgeois Life, 1830—1930*（1996）考察了法国中产阶级在边缘区域的状态；虽然波希米亚主义不是我此番现代主义研究的核心，但是这部著作以超凡的智慧阐明了我所理解的中产阶级艺术品位。Gerald M. Ackerman与Richard Ettinghausen合著的*Jean-Léon Gérôme, 1824—1904*（1972—1973）以赞许的态度简明扼要地描写了一位尽管毕生成绩斐然却横眉冷对先锋派的著名学院派画家。关于现代主义的一个分支，即喧闹的娱乐活动，参见Phillip Dennis Cate and Mary Shaw, *The Spirit of Montmartre: Cabarets, Humor, and the Avant-Garde, 1875—1905*（1996）。Harrison C. White与 Cynthia A. White合著的*Canvases and Careers: Institutional Change in the French Painting World*（1965）是对19世纪法国艺术中的社会学与经济学进行的宝贵研究。*The Second Empire: Art in France Under Napoleon III*（1978）则是艺术品与人造品的丰富有趣的大汇总。

David Sweetman的*Paul Gauguin: A Life*（1995）论据十分充分。另请参见Robert Goldwater深入透彻的传记*Gauguin*（1983）以及Richard Brettell等著写的*The Art of Paul Gauguin*（1988）。Wayne Andersen的*Gauguin's Paradise Lost*（1971）从心理分析学的角度看待这位画家，是传记作品中最别出心裁也最值得玩味的。*Correspondance de Paul Gauguin: Documents, Témoignages*（1984）读来让人受益良多。在高更留下的文字中，当属他去世前不久还在写的*Intimate Journals*（1902—1903; trans. Van Wyck Brooks, 1936）最为真实地揭示了他的生活真相。Meyer Schapiro的*Van Gogh*（1982）深刻厚重。Mark Roskill的*Van Gogh, Gauguin, and the Impressionist Circle*（1970）重建了梵高的艺术世界。还有Ronald Pickvance的两部资料完备的介绍，分别是*Van Gogh in Arles*（1984）和*Van Gogh in*

Saint-Rémy and Auvers（1986）。

前文提到的至关重要的三卷本*Complete Letters of Vincent van Gogh*，特别是给弟弟提奥的信件，经过Ronald de Leeuw的精心筛选，被整编为*The Letters of Vincent van Gogh*（1990; trans. Arnold Pomerans）。前文刚刚提到的Silverman的*Van Gogh and Gauguin*当然也是同样实用的资料。Robert Goldwater的*Gauguin*（1983）与他的*Primitivism in Modern Painting*（1938; enlarged ed. 1986）一样，540 都让人受益匪浅。另请参见高更的私人日记，收录于*Avant et après*（1902—1903, trans. Van Wyck Brooks，1923）。

保罗·塞尚得到了最为细致的学术关注。一份关于他的早期研究依然值得研读，来自英国的布鲁姆斯伯里学派，即Roger Fry的*Cézanne: A Study of His Development*（1927）。之后的传记作品中，John Rewald的*Paul Cézanne: A Biography*（1948）成为后来传记作者的榜样；Jack Lindsay的*Cézanne: His Life and Art*（1969; ed. 1972）与Richard Verdi的*Cézanne*（1992）都是严肃认真的著作。在专著中，让我收获最大的是Fritz Novotny对画家看待事物之方法的细致研究，即*Cézanne und das Ende der Wissenschaftlichen Perspektive*（1938）；还有Robert J. Niess的*Zola, Cézanne, and Manet: A Study of "L'Oeuvre"*（1968），此作以严谨的学术态度考察了两位彼此欣赏的好友（埃米尔·左拉与保罗·塞尚）之间错综复杂、悲喜交加的往事以及他们最终的分道扬镳。最后还有纽约现代艺术博物馆的一场展览的精彩图集，即由Theodore Reff等编著的*Cézanne, The Late Work*（1977）。

由Stephen H. Goddard编著的*Les XX and the Belgian Avant-Garde: Prints, Drawings, and Books ca.1980*（1992）探讨了以詹姆斯·恩索尔为首的比利时现代派。这部鸿篇巨著资料丰富，发人深省，涵盖的信息远远超过了标题本身；其参考文献也是完备至极。关于1900年之前灵感尚未枯竭的恩索尔这位最幽默也最恐怖的画家，参见John David Farmer, *Ensor*（1976），这部著作秉着敬重之情研究了恩索尔的骷髅狂想曲。

关于法国艺术中的"野兽派"，可以参见James D. Herbert, *Fauve Painting: The Making of Cultural Politics*（1992）。Joseph-Emile Muller的*Fauvism*（1967; trans. Shirley E. Jones, 1967）尽管篇幅相对较短，但是内容丰富多彩，讨论了十几位野兽派画家，尤其对马蒂斯给予了特别关注。至于马蒂斯，目前有一套两卷本的详细传记，即Hilary Spurling的*The Unknown Matisse: A Life of Henri Matisse: The Early Years, 1869—1908*（1998），和*Matisse the Master: A Life of Henri Matisse: The Conquest of Color, 1909—1954*（2005）。另外Alfred H. Barr, Jr.的精彩作品*Matisse: His Art and His Public*（1951; ed. 1966）也同样重要。Jack D. Flam编著的*Matisse on Art*（1973; ed. 1995）是一部值得品读的评论文选。

挪威画家、艺术家爱德华·蒙克是一位伟大的主观现实主义者，那些阴郁纠结的作品主题大部分都来自于他的内心世界，并引发了一些精彩研究。参见由Arne Eggum等合编的*Munch: Liebe, Angst, Tod*（1980），此作由Ulrich Weisner作序，当中收录了一些精辟的文章，如Reinhold Heller的"Edvard Munch, Die Liebe und die Kunst"，以及Gerd Woll的"Angst findet man bei ihm überall"等。由Henning Bock与Günter Busch编著的*Edvard Munch. Probleme—Forschugen—Thesen*（1973）收录了Wolfdietrich Rasch的"Edvard Munch und das literarische Berlin der neunziger Jahre"以及其他许多精彩文章。参见Patricia G. Berman and Jane Van Nimmen, *Munch and Women: Image and Myth*（1997），此作以两篇长文凸显了一个蒙克最钟爱的关于艺术和人生的论题。Reinhold Heller的*Munch: The Scream*（1973）探 541 讨了蒙克最著名的作品。还有一部精彩的画展作品集，即Robert Rosenblum的*Edvard Munch: Symbols* *and Images*（1978），其中收录了Arne Eggum等人的重要文章。最短小精悍的文献当属J. P. Hodin的*Edvard Munch*（1972）。

德国表现主义者主要是在第二次世界大战以后才在国外获得关注的。特别参看Paul Vogt, *Expressionism. German Painting 1905—1920*（1978; trans. Robert Erich Wolf, 1980），该作的涉及面很广。Horst Uhr的*Masterpieces of German Expressionism at the Detroit Institute of Arts*（1982）也同样如此。Peter Selz是第一批认识到德国表现主义绘画历史价值的人，著有*German Expressionist Painting*（1957）。Selz的*Emil Nolde*（1963）几乎同样具有开创性。G. F. Hartlaub的*Die Graphik des Expressionismus in Deutschland*（1947）重点讨论德国画家的关注焦点，还有木版画、雕版画及其他。

想专门了解某些表现主义者，可以参看Wilhelm R. Valentiner, *E. L. Kirchner, German Expressionist*（1958）以及 *Ernst Ludwig Kirchner 1880—1938*（1979），这是柏林国家博物馆（Berlin Nationalgalerie）的展品图集。还有Jill Lloyd 与Magdalena M. Mueller 编著的*Ernst Ludwig Kirchner: The Dresden and Berlin Years*（2003），这本图册收录了凯尔希纳创作黄金期的作品，于1918年中断。另参见 Louis de Marsalle（凯尔希纳的笔名）撰写的 "Über die Schweizer Arbeiten von E. L. Kirchner"（1921），收录在由Lothar Griesebach编著的 *E. L. Kirchners Davoser Tagebuch*（1968）中。其中有些篇目折射出现代主义的低谷；早在1925年，凯尔希纳对如今年事已高、功成名就的马克斯·利伯曼做出了如此评价："他无疑渴望表达美的事物，但是身为犹太人，他无法胜任。"凯尔希纳毫不犹豫地认同对犹太人由来已久的蔑视，认为他们达不到艺术和美的顶峰。由Roland Scotti编著的*Ernst Ludwig Kirchners Selbstbildnisse*（1997）是研究自画像必不可少的资料，其参考文献尤为珍贵。Peter Selz的*Emil Nolde*（1963）是重要的美国人的研究专著。由Felix Zdeneck等编著的 *Lovis Corinth 1858—1925*（1985）中收录了Joachim Heusinger von Waldegg撰写的一篇关于科林特自画像的重要文章。Horst Keller等合著的 *Lovis Corinth. Gemälde Aquarelle, Zeichnungen und druckgraphische Zyklen*（1976）是科林特个人作品展的图册之一。Charlotte Berend-Corinth的*Mein Leben mit Lovis Corinth*（1947）收集了科林特思维清晰的遗孀和浑圆丰满的模特的私密回忆录。

在我看来，马克斯·贝克曼是德国最有意思的现代主义画家。由Hans Martin Frhr. von Erffa和Erhard Göppel编著的*Blick auf Beckmann. Dokumente und Vorträge*（1962）中包含一些具有高度研究价值的文章，包括Gotthard Jedlicka的"Max Beckmann in seinen Selbstbildnissen"。由Sean Rainbird编著的*Max Beckmann*（2003）是一本华丽的国际展览作品集，插图精美，分析出彩。由Barbara Copeland Buenger, Reinhold Heller以及David Britt共同编写、翻译和评注的 *Max Beckmann: Self-Portrait in Words: Collected Writings and Statements, 1903—1950*（1997）具有相当高的历史研究价值。由Hans Kinkel编著的贝克曼的*Leben in Berlin. Tagebuch 1908—1909*（1966）是一本充满活力的有趣日记。Peter Selz
542 等编著的*Max Beckmann*（1964）和Wendy Weitman与James L. Fisher合著的*Max Beckmann Prints from the Museum of Modern Art*（1992）也是不容忽视的宝贵文献。Horst Uhr的*Masterpieces of German Expressionism at the Detroit Institute of Art*（1982） 和Paul Vogt的*Expressionism. German Painting 1905—1920*（1980）提供了关于凯尔希纳、贝克曼、诺尔德迪以及其他表现主义画家的大量资料。

由Will Grohmann撰写、Norbert Guterman翻译的鸿篇巨著*Wassily Kandinsky: Life and Work*（1958）插图精美，并且包含了一份*catalogue raisonné*（合理的目录）。 Hans K. Roethel与 Jean K. Benjamin合著的*Kandinsky*（1977; ed. 1979）是一份基础性研究。Erika Hanfstaengl的*Wassily Kandinsky. Zeichnungen und Aquarelle*（1974）收集了康定斯基不太出名但是同样重要的素描和水

彩画，十分具有启发意义。Sixten Ringbom的*The Sounding Cosmos: A Study on the Spiritualism of Kandinsky and the Genesis of Abstract Painting*（1970）是对其神秘主义的全新解读。该书与康定斯基的著作*On the Spiritual in Art*（1912; trans. Michael T. Sadleir, 1913）互为参照。Camilla Gray的*The Russian Experiment in Art, 1863—1922*（1962）介绍了与俄国革命艺术格格不入的康定斯基，是一部全面性的总结。关于康定斯基鲜为人知的中年时期，Clark V. Poling的*Kandinsky: Russian and Bauhaus Years*（1983）给予了引人入胜的精彩讲述。

Gray的著作也在卡西米尔·马列维奇身上投入了大量的篇幅。直到被苏联政府强迫回到具象主义绘画之前，马列维奇一直是重要的抽象派画家，以独创性的全白油画和其他“至上主义”之作闻名。参见Camilla Gray重要的画展作品集*Kasimir Malevich, 1838—1935*（1955）和Matthew Drutt等编著的*Kasimir Malevich: Suprematism*（2003）。他自己的“专题文集”*The Non-Objective World*（1927; trans. Howard Dearstyne, 1957）自然也是十分受人关注；其中对艺术的定义让人不禁想到为艺术而艺术的主张：“是纯粹情感的表露，不图任何实际利益，不图表达什么想法，也不求什么‘上帝应许之地’。”（第78页）Sophie Lissitzky-Küppers的*El Lissitzky, Life—Letters—Texts*（1967）, 是一部插图精美的著作，讲述了她丈夫作为国际知名设计师的一生；但是因为略去了苏联的一切阴暗面（只给读者留下了一些委婉的暗示），使得该作的权威性大打折扣。

关于彼埃·蒙德里安的自我表达与重申，请参见由Harry Holtzman和Martin S. James编译的 *The New Art—The New Life: The Collected Writings of Piet Mondrian*（1986）。Robert Motherwell编著的*Plastic Art and Pure Plastic Art and Other Essays*（1951）也是不错的选择。Michel Seuphor的*Piet Mondrian*（出版日期不详）是一部厚重翔实、制作精良的传记作品。由古根海姆博物馆出版的画册*Piet Mondrian: 1872—1944: Centennial Exhibition*（1971）收录了一系列短篇文章。Frank Elgar的*Mondrian*（trans. Thomas Walton, 1968）是一本简略的传记。

毫无疑问，毕加索一定是最受关注的现代主义者。John Richardson的两卷本*A Life of Picasso*（1991, 1996）介绍了1917年之前的毕加索；这部作品信息完备，文字严谨，堪称权威。Juan-Eduardo Cirlot的*Picasso: Birth of a Genius*（1972）对毕加索1917年之前的作品进行了详细而理性的梳 543
理。Jean Clair等著写的*Picasso érotique*（2001）这部图册记录了毕加索毫无遮掩、充满幻想的性艺术的游戏，令人印象深刻。Wayne Andersen的*Picasso's Brothel: "Les Demoiselles d'Avignon"*（2002）解读了这幅神秘奇异的代表作；Anthony Blunt的*Picasso's "Guernica"*（1969）是另一部详细的解读。Joseph K. Foster编著的*The Posters of Picasso*（1964）展现了他的多才多艺。Mary Mathews Gedo的*Picasso: Art as Autobiography*（1980）大胆选择了弗洛伊德式分析，而由Hans Bollig作序、Norbert Guterman翻译的*Picasso for Vollard*（1956）收集了毕加索整整一百幅版画作品。David Douglas Duncan的*The Private World of Pablo Picasso*（1959）是一位摄影师的私密记录，与之同属一类的是Françoise Gilot与Carlton Lake的*Life with Picasso*（1964），这应该算是毕加索最能言善辩也最富有思想的情人的叙述。在Motherwell编著的*Plastic Art and Pure Plastic Art*中有一篇蒙德里安的文章“Toward the True Vision of Reality”,该文表达了蒙德里安对毕加索“无法”将自己的绘画升华到纯粹抽象境界的失望。John Berger的*Success and Failure of Picasso*（1965）记录了左翼分子对他的评价。

很多人曾对毕加索（以及布拉克）伟大的立体主义尝试进行了深入探讨——参见John Golding, *Cubism: A History and an Analysis, 1907—1914*（1959; 2nd ed. 1968）；Robert Rosenblum的*Cubism and*

Twentieth-Century Art（1962; rev. ed. 1966）；以及Douglas Cooper的*The Cubist Epoch*（1970）。这三部著作得出的结论联系紧密。关于毕加索的弱势对手之一，典型的自我推销能手萨尔瓦多·达利，参见*The Secret Life of Salvador Dali*（1942）。相比之下，另一位魅力四射的西班牙先锋派胡安·米罗在Rosa Maria Malet 编著的*Fundació Joan Miró, Guidebook*（1999）中得到了精彩展现，这是一部令人赏心悦目的配图介绍。

马塞尔·杜尚这位头号反艺术的艺术家当然不乏评论者。Calvin Tomkins的*Duchamp: A Biography*（1996）是当今最具权威性的传记。Pierre Cabanne的 *Dialogues with Marcel Duchamp*（1967; trans. Ron Padgett，1971）记录了杜尚逝世前不久的宝贵对话资料。Anne d'Harnoncourt与Kynaston McShine的*Marcel Duchamp*（1973）是一部精彩文集。Octavio Paz的*Marcel Duchamp: Appearance Stripped Bare*（1969; trans. Rachel Phillips and Donald Gardner, 1990）令人拍案叫绝。 Jerrold Seigel的*The Private World of Marcel Duchamp: Desire, Liberation, and the Self in Modern Culture*（1995）比书名更细致地进行了一系列值得细读的深邃思索。John Golding的*Marcel Duchamp. The Bride Stripped Bare by her Bachelors, Even*（1972）对杜尚的这幅古怪代表作（如果它可以算作代表作的话）进行了仔细研究。Jeffrey Weiss的*The Popular Culture of Modern Art: Picasso, Duchamp, and Avant-Gardism*（1994）从波普艺术的视角考察杜尚（和毕加索）以及他们与波普艺术之间的种种联系。由Phillip Dennis Cate 与 Mary Shaw合编的 *The Spirit of Montmartre: Cabarets, Humor, and the Avant-Garde, 1875—1905*（1996），是对Weiss的 *Popular Culture*很好的补充。

对现代雕塑的研究已经相当完备。Sir Herbert Read的*Modern Sculpture: A Concise History*（1964）
544 是一部严谨的介绍。它可以与Andrew Causey的杰出论著*Sculpture Since 1945*（1998）互为参照，后者的文献评述非常详细。Rosalind E. Krauss的*Passages in Modern Sculpture*（1977）对杂乱的研究进行了发人深省、别具新意的梳理。Carola Giedion-Welcker的*Contemporary Sculpture: An Evolution in Volume and Space*（1937; rev. and enlarged ed. 1956）也属此类。

关于个别雕塑家的研究，首当参看Carola Giedion-Welcker, *Constantin Brancusi*（1959），它的研究对象是最负盛名也最为优雅的现代主义雕塑家；还有Sidney Geist, *Brancusi*（1968）。Krauss的*Terminal Iron Works: The Sculpture of David Smith*（1971）这部专著探讨了美国最知名的现代主义者。Will Grohmann的 *Henry Moore*（1960）展现了德国评论家的视角；还有Herbert Read的*Henry Moore*（1965）。James Johnson Sweeney的*Alexander Calder*（1951）是一本精彩的展览图册。 A. M. Hammacher的*Barbara Hepworth*（1968） 分析了英国最具名望的女雕塑家的作品。

4 小说与诗歌

1954年，我第一次读到了Erich Auerbach的*Mimesis: The Representation of Reality in Western Literature*（1946; trans. Willard R. Trask, 1968），这部经典文论对我的整个研究生涯产生了重大影响。Malcolm Bradbury与James McFarlane编著的 *Modernism: A Guide to European Literature*（1976; preface added 1991）援引了权威著作，收录了大量相关文章，包括德国和俄国现代主义，以及有关现代主义城市的章节。在讨论现代主义城市维也纳的众多文献中，我只选择了两部：Kirk Varnedoe的*Vienna 1900: Art, Architecture and Design*（1986）以及Allan Janik与Stephen Toulmin合著的*Wittgenstein's Vienna*（1973）。至于法国小说，参看Margaret Gilman, *The Idea of Poetry in*

France（1958）。Martin Turnell的 *The Novel in France*（1950）的后半部分以及Henri Peyre的*French Novelists of Today*（1955; 2nd rev. ed. 1967）更注重细节，颇具参考价值。Arthur Symons的*The Symbolist Movement in Literature*（1899）将法国象征主义者推上了文学（不仅仅是法国文学）的舞台。

为文学而文学的口号虽已不仅仅局限于法国，却是在那里产生的。Théophile Gautier的*Mademoiselle de Maupin*（1835）就是表率，该作发表时作者年仅二十三岁。此后，文学史研究家们便把这位才华横溢多才多艺的作家撇在了一边——Timothy Unwin 编著的*Cambridge Companion to the French Novel from 1800 to the Present*（1997）这部详尽的专著只是顺便提到一次戈蒂耶。另参见P. E. Tennant, *Théophile Gautier*（1975）。

我已在*Schnitzler's Century: The Making of Middle-Class Culture, 1815—1914*（2002）中详细探讨了阿图尔·施尼茨勒的生活和世界。关于这位心理穿透力连弗洛伊德都自愧弗如的杰出剧作家兼小说家，最权威的传记当属Giuseppe Farese的*Arthur Schnitzler. Ein Leben in Wien 1862—1931*（1997; 1999年由Karin Krieger译自意大利语），但是难免还有一些遗漏。Hartmut Scheible的*Arthur Schnitzler*（1976）是一本简略的传记，涵盖了大部分重要信息。 545

由Therese Nickl和Heinrich Schnitzler 主编的*Briefe,1875—1912*（1982）和由Peter M. Braunwarth, Richard Miklin, Susanne Pertlik以及Heinrich Schnitzler主编的*Briefe, 1913—1931*（1984）资料丰富，注释详尽。施尼茨勒多年的信件都以*Briefpartnern*的形式分批出版。他的*Aphorismen und Betrachtungen. Buch der Sprüche und Bedenken*（1967）也是如此。而他的大部分作品都被收录在两卷本的*Die erzählenden Schriften*（1961; 2nd ed. 1970）和两卷本的Die dramatischen Werke（1962; 2nd ed. 1972）中。

施尼茨勒的*My Youth in Vienna*（1968; trans. Catherine Hutter 1970）这部开诚布公的自传是对Stefan Zweig的 *Die Welt von Gestern. Erinnerungen eines Europäers*（1944）的补充和纠正。后者是由一位天生的故事家以流畅的文笔写下的回忆录，畅销了很久，也被引用得很多，不过它总是夸大维也纳中产阶级在性问题上的虚伪。John W. Boyer的*Political Radicalism in Late Imperial Vienna: Origins of the Christian Social Movement 1848—1897*（1981）是对从19世纪80年代开始在维也纳盛行的现代（反犹太主义）大众政治的审慎考量。关于维也纳文化史方面的文集，请参看*Glücklich ist, wer vergisst... ? Das andere Wien um 1900,* ed. Hubert Ch. Ehalt, Gernot Heiss, and Hannes Stekl（1986）。这是一系列对性、家庭暴力、穷人教育状况、精神分析的出现以及其他容易被忽视的问题的坦率探讨。两部重要专著将施尼茨勒置于其种族环境中去，即Marsha Rosenblit, *The Jews of Vienna 1867—1914: Assimilation and Identity*（1983）和 Steven Beller, *Vienna and the Jews 1867—1938: A Cultural History*（1989）。

关于“反现代主义”人群，请特别参见Margaret Drabble, *Arnold Bennett: A Biography*（1974）；关于此人群特别为贝内特进行的辩护，参见John Carey, *The Intellectuals and the Masses*。

詹姆斯·乔伊斯的 *Ulysses* 于1986年经Hans Walter Gabler等人校订后可读性更强。Richard Ellmann的*James Joyce*（1959; rev. ed. 1982）是一部权威传记，令人赞叹。Ellmann还编订了乔伊斯的*Selected Letters*（1975）。在传记的第一版和第二版出版间隙，他发表了若干关于乔伊斯的深刻洗练的论著，值得研读，其中包括 *Ulysses on the Liffey*（1971）, *The Consciousness of Joyce*（1977）以及*James Joyce's Hundredth Birthday: Side and Front Views*（1982）。T. S. Eliot发表在*The Dial*（1923年11月刊）上的文章“*Ulysses*, Order and Myth”是来自乔伊斯最赫赫有名的崇拜者的颂扬。Edna O'Brien的*James Joyce: A Penguin Life*（1999）是关于这位著名爱尔兰作家的一部短小精炼的传记。

Richard M. Kain的*Dublin in the Age of William Butler Yeats and James Joyce*（1962）介绍了乔伊斯创作*Portrait of the Artist as a Young Man*并开始构思*Ulysses*的这个特定阶段。Stuart Gilbert的*James Joyce's "Ulysses": A Study*（1930）这部至关重要的论著带领读者对乔伊斯的文本进行了逐段的深入分析。Robert Humphrey的*Stream of Consciousness in the Modern Novel*（1954）以谦逊负责的态度探究了现代主义小说的著名写作技巧。

关于普鲁斯特的传记（以及对他鸿篇巨作的专门研究）一直层出不穷。我主要参考了年代较
546 早的George D. Painter的两卷本传记，即*Proust*, *The Early Years*（1959）和*Proust, The Later Years*（1965）。它们将*A la recherche du temps perdu*视为"一部极具创意的自传"，将普鲁斯特的人生与艺术作品紧密地结合在一起，非常精彩。André Maurois的*Proust: A Biography*（1950; trans. Gerard Hopkins，1958）不负所望，叙述流畅自然，并大量援引了从未公开过的信件。最后还有William C. Carter的*Marcel Proust: A Life*（2000）这部完美的文献，它对前人的研究进行了综述，厚重而权威。在最早的论著中，有一部至今仍然魅力依旧，那就是Samuel Beckett的*Proust*（1931），它在*A la recherche*最后一卷问世后不久就出版了。同一年，Edmund Wilson著写的*Axel's Castle: A Study in the Imaginative Literature of 1870—1930*中关于*A la recherche*的章节引来掌声一片，用普鲁斯特研究家Roger Shattuck的话来说，这一章"将*Search*作为一部象征主义小说进行分析——是对Beckett研究的完美补充"。

Shattuck本人最初在他那部简短而发人深省的专著*Proust's Binoculars: A Study of Memory*, *Time and Recognition in "A la recherche du temps perdu"*（1962）中对这部小说展开了讨论。他后来著写的*Proust*（1974）以缜密的思维阐述了如何读懂这位作家和他的代表作。2000年，Shattuck在对前作进行修改后发表了*Proust's Way: A Field Guide to "In Search of Lost Time"*，重温并扩展了从前的一些见解。Randolph Splitter的*Proust's Recherche: A Psychoanalytic Interpretation*（1981）和J. E. Rivers的*Proust and the Art of Love: The Aesthetics of Sexuality in the Life, Times, and Art of Marcel Proust*（1980）两部论著都专注于普鲁斯特的同性恋取向；Rivers实际上旨在为这种性取向辩护，并表达了对敌视同性恋的传统观念的忧虑。我对此二者持保留意见，因为作者的性取向——这毕竟是一个极其复杂的问题——很少能够成为作品的唯一决定因素。由Céleste Albaret口述、Georges Belmont整理出版的*Monsieur Proust*（1973; trans. Barbara Bray, 1976）是一本感人至深的回忆录，记录了普鲁斯特的管家的私密（而且极为可信的）记忆，他陪伴普鲁斯特走完了生命最后一段旅程。[1]

讨论弗吉尼亚·伍尔夫这位积极活跃、魅力四射的作家的论著和出版物可谓数不胜数。参见由Anne Olivier Bell和Andrew McNeillie主编的五卷本 *The Diary of Virginia Woolf*（1977—1984）和*The Letters of Virginia Woolf*, ed. Nigel Nicolson and Joanne Trautmann, 6 vols.（1975—1980），这两部巨著读来令人愉悦，也带给人很多启迪。她的许多作品都是她在世时出版的；但更多的作品都在她死后由其夫整理出版。这些作品包括*The Common Reader, First Series*（1925）, 1984年经Andrew McNeillie
547 评注后再版；*The Second Common Reader*（1932）； 还有不容忽视的*A Room of One's Own*（此书

---

1 普鲁斯特的读者也应该关注他的其他作品，这些作品有助于理解那部他为之奋斗终身的伟大著作。它们既有法文版本，也有英文版本。由Joachim Neugroschel编译的 *The Complete Short Stories by Marcel Proust*（2001）；还有由Sylvia Townsend Warner翻译并收录了"Contre Sainte-Beuve"这篇重要文章的*Marcel Proust on Art and Literature, 1896—1919* (1964)，都是理想之作。

为伍尔夫1928年在剑桥的两所女子学院举办的讲座记录，rev. and exp. 1929）；Susan Dick编撰的 *The Complete Shorter Fiction of Virginia Woolf*（1985；2nd enlarged ed. 1989）；还有一些文论集，如*The Captain's Death Bed and Other Essays*（n. d.）。她代表进入职业领域的反战女性就女性教育问题发表了论著*Three Guineas*（1938），该作展现了她最为成熟阶段的状态。而这一汪从未枯竭的知识、能量和智慧之泉却被电影歪曲成一位长期精神抑郁的女性!

传记作品难以尽述。Quentin Bell两卷本的*Virginia Woolf: A Biography*,（1972）是最早的严肃研究，作者是伍尔夫的侄子，对她怀有许多回忆。Hermione Lee的 *Virginia Woolf*（1996）受到了广泛好评；它是最详细的传记，对伍尔夫的精神崩溃进行了客观评价，因此也是最为理智的。Julia Briggs的*Virginia Woolf: An Inner Life*（2005）以敏锐的视角讨论了伍尔夫小说的销售数据，让人眼前一亮。Elizabeth Abel的 *Virginia Woolf and the Fictions of Psychoanalysis*（1989）对伍尔夫最成功的小说*Mrs. Dalloway*和*To the Lighthouse*进行了大胆的精神分析解读，但是我认为它太过细腻（与Hermione Lee相比）。不过，该书就现代主义中的艺术及其心理背景提出了重要问题。Sonya Rudikoff的*Ancestral Houses: Virginia Woolf and the Aristocracy*（1999）以优雅的文字剖析了伍尔夫对她所谓生活“繁复而华美（mandarin）”之面的热爱——从而提出“贵族”现代主义这个备受争议的话题。

由Jürgen Born, Elke Koch, Herbert Mühlfeit和Mercedes Treckmann共同编著的*Franz Kafka: Kritik und Rezeption, 1924—1938*（1983）大大有助于历史学家对卡夫卡小说的研究。遥想卡夫卡在1924年去世时基本上名不见经传，甚至在布拉格也无人知晓，而他今天则作为现代主义小说家的楷模蜚声世界，这着实出人意料，但也在情理之中。这个变化来得很快；到1977年，Heinz Politzer这位权威专家已经可以自信十足地谈论一种“学术性的卡夫卡产业”。他现在又会怎样称呼它？德国Fischer出版社正筹备推出评注详细的卡夫卡作品。*The Trial*（1925; trans. Willa and Edwin Muir, 1937; Malcolm Pasley, ed., 2vols., 1990）是此评注版系列作品中的第一部。*The Trial* 是卡夫卡去世后首次付诸出版的代表作。*The Castle*（1926; trans. Edwin and Willa Muir, 1930）是第二部得以出版的伟大小说。Thomas Mann的“Homage”中一句看似不经意的评价（出现在*Das Schloss*的英文版本中），对我的卡夫卡解读产生了决定性的影响。他的最后一部小说起初名为*Amerika*，后更名为*Der Verschollene*（1927; trans. 1946），在书名和内容上都经过大幅修改。

由Max Brod编辑整理的卡夫卡的*Hochzeitsvorbereitungen auf dem Lande und andere Prosa aus dem Nachlass*（1953）是一部重要杂集，也是他毕生成就最重要的见证，其中写满了警句、笔记和语片。由Max Brod编辑的 *Diaries, 1910—1913*（1951; trans. Joseph Kresh, 1949）和*Diaries 1914—1923*（1951; trans. Martin Greenberg and Hannah Arendt, 1949）拉近了读者与作家的距离。另参见 548
Sämtliche Erzählungen, ed. Paul Rabbe（1970）以及*Description of a Struggle and Other Stories*（1953; trans. Willa Muir, Edwin Muir, Malcolm Pasley, Tania Stern and James Stern, 1979）。由Max Brod与Hans Joachim Schoeps编辑整理的 *Beim Bau der Chinesischen Mauer. Prosa und Betrachtungen aus dem Nachlass*（1931）收录了更多卡夫卡从未公开发表过的文章。他的信件，尤其是写给那些曾爱慕过的女性的信件，也有着非凡的价值：Willy Haas 整理的*Briefe an Milena*（1952; trans. Tania Stern and James Stern, 1953）；Erich Heller和Jürgen Born整理的*Briefe an Felice*（1967; trans. James Stern and Elizabeth Duckworth, 1973）；以及Max Brod 编辑的*Letters 1902—1924*（1958）。Gustav Janouch的 *Conversations with Kafka: Notes and Reminiscences*（1968; trans. Goronny Rees, enlarged ed. 1981）收录

了“卡夫卡博士”在生命的最后四年中与比其年轻二十岁的学生亚努赫之间真实的对话记录。

众所周知，卡夫卡的密友马克斯·布罗德违背了其烧毁所有未发表手稿的遗愿，因而为全世界读者挽救了经久不衰的现代主义文学作品，他后来也成为卡夫卡的宣传者。参见Max Brod / Franz Kafka的*Eine Freundschaft. Reiseaufzeichnungen,* ed. Malcolm Pasley and Hannelore Rodlauer（1987），这是二人从1909至1912年一起旅行时分别写下的日记，十分有趣。布罗德的*Der Prager Kreis*（1966）和他的自传*Streitbares Leben*（1969）提供了有关卡夫卡的大量信息。布罗德明确以其挚友卡夫卡为主题的三部作品为*Franz Kafka, Eine Biographie*（1954）; *Franz Kafkas Glauben und Lehre*（1948）；以及 *Verzweiflung und Erlösung im Werk Franz Kafkas*（1959），这些作品都不遗余力地想要证实布罗德的一个坚定不移（但我却觉得难以接受）的信念，即他的朋友是一位深邃的宗教教育家。

Gerhard Kurz编著的*Der junge Kafka*（1983）记录了关于卡夫卡文学背景的有趣评论。Hartmut Binder的*Der Schaffensprozess*（1983）勇敢地试图通过仔细研读来理解卡夫卡的创作过程，成果颇丰。Frank Kermode整理编辑的Erich Heller的优秀作品*Franz Kafka*（1974）主要以卡夫卡写给费利斯的信件和两部代表作为基础，得出了与我十分相近的结论：“就卡夫卡而言，小说与自传之间达到了超乎寻常的相近：二者可以说是重合的。”在众多论著中，参见Heinz Politzer, *Franz Kafka: Parable and Paradox*（1962年首部英文版本面世），它也是一部重要的解读。Mark M. Anderson的*Kafka's Clothes: Ornament and Aestheticism in the Hapsburg Fin-de-Siècle*（1992）远远超越了娱乐读者的目的（尽管它也确实很有趣），对卡夫卡的文字进行了深度挖掘。E. T. Beck的*Kafka and the Yiddish Theatre: Its Impact on His Work*（1971）深入讨论了一个依然令人费解的话题。Frederick Crews在“Kafka Up Close”（*New York Review of Books*, 2005年2月10日刊）中以其一贯的尖锐风格抨击了近期出现的一些卡夫卡研究者，遭到最猛烈批判的是史坦利·科恩戈尔德，Crews认为科恩戈尔德的诺斯替主义解读是毫无意义的，这样的评价并不过分。最近的传记作品中，Ernst Pawel的*The Nightmare of Reason: A Lift of Franz Kafka*（1984）是从精神分析的视角进行的最为深奥的研究。

T. S. 艾略特是我在本书中专门讨论的诗人，他的作品都可以在*The Complete Poems and Plays*
549 （1952）中找到。艾略特的遗孀瓦莱丽向世人展示了他的著名代表作*The Waste Land: A Facsimile and Transcript of the Original Drafts Including the Annotations of Ezra Pound*（1971），成为标准版本。关于这首具有划时代意义的长诗最细致入微的评论来自 Lawrence Rainey的*Revisiting The Waste Land*（2005），它以一流的水准讨论了诗歌的写作、出版以及观众接受情况。传记作品中，我认为Peter Ackroyd的*T. S. Eliot: A Life*（1984）最为理想，既翔实又公道。艾略特的所有论著基本上都已出版，它们对于评价他（包括他的政治观点）来说都是不可或缺的资料。他的两部庞大著作*The Idea of a Christian Society*（1940）和*Notes Towards the Definition of Culture*（1949）有时以*Christianity and Culture* 这个名字一同出版。

他的众多文集包括*The Sacred Wood: Essays on Poetry and Criticism*（1920），这是他最早的论著，常常再版；*For Lancelot Andrewes: Essays on Style and Order*（1928）；以及*The Use of Poetry and the Use of Criticism: Studies in the Relation of Criticism to Poetry in England*（1933），这些著作的地位不容忽视。*After Strange Gods: A Primer of Modern Heresy*（1934）是艾略特在弗吉尼亚大学进行的Page-Barbour讲座的讲稿，其中有一些针对犹太人的不当评价，从未再版过。John Hayward的*T. S. Eliot: Selected Prose*（1953）简明扼要地做了相关评注。还有Valery Eliot于 1971年编辑出版的*The*

Waste Land 完整版，这个版本包含了Ezra Pound的评注。

一些声名卓著的现代批评家都对这位重要的现代主义诗人发表了自己的看法。Northrop Frye的*T. S. Eliot*（1963）简洁明了又不乏真知灼见，让人受益匪浅。F. O. Matthiessen（部分由C. L. Barber撰写）的*The Achievement of T. S. Eliot: An Essay on the Nature of Poetry*（1935；3rd ed. rev. and enlarged 1959）是一部思路清晰并流露赞赏的重要评论。Allen Tate编著的*T. S. Eliot: The Man and His Work*（1966）是一部回忆录与文学评论的巧妙集合。尽管很久以来，除了零星的批评之外，一直没有关于艾略特鄙视"思想自由的犹太人"的专门评论的出现，它还是在战后读者群中引起了相当大的不满。著名英国批评家Christopher Ricks的理性研究*T. S. Eliot and Prejudice*（1988）开启了一场超越情感范畴的辩论。这场辩论最强大、最愤怒的参与者是一位具备文学素养的律师Anthony Julius，他的*T. S. Eliot, Anti-Semitism, and Literary Form*（1995）通过严谨佐证和仔细推理得出的结论震撼了广大的艾略特崇拜者。而Jewel Spears Brooker 编著的*T. S. Eliot and Our Turning World*（2003）则是一部有条不紊的辩护书。

5 音乐与舞蹈

我对现代派音乐历史的知识主要来源于Robert P. Morgan所著的*Twentieth-century Music*（1991），该书内容广博，严谨地举出了丰富的和音乐相关的例证；整体上该书更关注作曲家，而不是当时的政治事件。这本书部分取代了Paul Henry Lang所著的*Music in Western Civilization* 550（1941），此书颇有风格并事无巨细地论及从古至今的整个音乐界，并以西方的衰落这个施本格勒理论式问题为结论。Robert P. Morgan所编纂的*Strunk's Source Readings in Music History, The Twentieth Century*（1950; rev. ed. 1998），是一流的文章汇编，收录了专业的论文和片段，对我帮助甚大。Rudolph Reti所著的*Tonality in Modern Music*（1958；ed.1962），简要分析了现代派音乐中的关键问题（请原谅我在此处用了双关语）。Edward Lippman所著的 *A History of Western Musical Aesthetics*（1992）甚得我心，是一部关注现代思想的全景描述。该书充满了各种想法，似乎对阿多诺太过倾心。对于本章而言重要的是，阿多诺在一篇比较20世纪现代主义音乐的两大巨头，即勋伯格和斯特拉文斯基的研究 *Philosophy of Modern Music*（1949; trans. A. G. Mitchell and W. V. Blomster, 1973）中，认为前者是进步的，而后者是反动的。对我来说，这样的分类扭曲了事实，甚至是粗暴和简单化的。Andreas Liess，一个出色的欧洲人，在整个第二次世界大战期间都对德国和法国之间的互相理解抱有很高的热情，并出版了一部论文研究这两个他最喜欢的国家的音乐世界，即*Deutsche und französische Musik in der Geistesgeschichte des neunzehnten Jahrhunderts*（1938; enlarged ed. 1950）。Paul Bekker 1916年所著的*Das deutsche Musikleben*出版于1916年（当然是魏玛共和国之前，不过在魏玛共和国时代依然很有用处），提供了德国音乐界生活的社会学研究，包括其音乐团体、音乐家和评论家。E. D. Mackerness所著的 *Social History of English Music*（1964）也是一本简练和内容丰富的书籍。同时也参见Martin Cooper, *French Music from the Death of Berlioz to the Death of Fauré*（1969）以及Michael P. Steinberg的*Listening to Reason: Culture, Subjectivity and Nineteenth-Century Music*（2005），讲述从贝多芬，到瓦格纳，再到马勒以及通向现代主义的音乐文明漫步之旅。

Claude Debussy所著的 *Monsieur Croche the Dilettante Hater*（1921; trans. B. N. Langdon Davies 1928），对于音乐的听众，现代主义作曲家如理查德·瓦格纳和理查·斯特劳斯，指挥家以及

其他令人困扰的问题有一番巧妙诙谐的思考。该书可见于*Three Classics in the Aesthetic of Music*（1962），这套书中还包括Charles Ives, *Essays Before a Sonata*以及Ferruccio Busoni, *Sketch of a New Aesthetic of Music*。和艾夫斯相关的内容见下文。也可参见Edward Lockspeiser, *Debussy: His Life and Mind*, 2 卷本 （1962; 2nd. ed. 1966）；还有Léon Vallas, *Claude Debussy: His Life and Works* （1927; trans. Marie and Grace O'Brien,1933）；还有Léon Vallas, *Les Théories de Claude Debussy, musicien français*（1928）。

在无数的传记研究文章中， Henry-Louis de La Grange所著的*Gustav Mahler, chronique d'une vie*, 3 vols.（1979—1984）颇为详细；与之相比，Wolfgang Schreiber的*Gustav Mahler in Selbstzeugnissen und Bilddokumenten* （1971）就相当简洁。在Theodor Adorno 大量的音乐著作中，*Mahler: A musical physiognomy*（1960; trans. Edmund Jephcott, 1972）特别明确易懂，值得一读。不过如今我们可以读到Jens Make Fischer所著的*Gustav Mahler: Der fremde Vertraute* （2003），这本书一面世，就改变了我本章的内容，该书语言精彩，资料翔实，颇为雄辩，其中还包含了精心挑选的参考书目，希望该书的
551 英文译本能尽快面世。Walter Frisch的*German Modernism:Music and the Arts*（2005）虽重学术，却以轻松易懂的语风分析了从瓦格纳到普菲茨纳的德国音乐典故。

对于那些比较“不突出”的现代主义者，首要要看Edward J. Dent的*Ferruccio Busoni: A Biography*（1931）一书以及Antony Beaumont 编纂的Busoni的*Selected Letters* （1987）。Malcolm MacDonald 的*Varèse: Astronomer in Sound* （2003）传神地描写了迷人的法国现代主义者Edgard Varèse。约翰·凯奇自己收录的 *Silence: Lectures and Writings*（1961） 可以和David Revill所著的 *The Roaring Silence: John Cage, a Life*（1992）一起阅读。对于查尔斯·艾夫斯，首先有他自己的作品：*Essays Before a Sonata, The Majority, and Other Writing*, ed. Howard Boatwright （1962）, 还有他的回忆录，John Kirkpatrick 编纂 （1972），这本书对于读懂艾夫斯的思想有重要价值。Frank R. Rossiter的 *Charles Ives and His America* （1975）也达到了作者预期的目标。Jan Swofford所写的更为真实的传记*Charles Ives: A Life with Music* （1996）也同样如此。后来还有Stuart Feder这位精神分析学家和训练有素的音乐家，凭这样的资格，出版了一本大胆而又谨慎的作品——*Charles Ives: “My Father's Song”: A Psychoanalytic Biography*（1992）。Feder的主要观点是艾夫斯一生都被他的音乐之父控制，并为之着迷，这个结论并不令人吃惊；即便是一个不懂精神分析学，却很熟悉艾夫斯的人也会得到同样的结论。Feder之所以和别人不同，在于他能看到艾夫斯这个人一生都具有这个倾向，而且能采用雄辩的技术性推测。Bryan Gilliam 编纂的*Richard Strauss and His World* （1992）广泛收集了有关Strauss的音乐、生活以及对他的作品评论的信息，也可参见*Richard Strauss and Romain Rolland: Correspondence*, ed. Rollo. Myers（1968）。

Leonard Stein 主编的*Style and Idea: Selected Writings of Arnold Schoenberg*（1950， trans. Dika Newlin, 1975）中有一些很有影响力且惊人的故事，例如“Brahms the Progressive”。至于阿诺德·勋伯格，Erwin Stein （1958）选录和编辑的 *Brief*一书依然是最有启示的。Walter Frisch 在*The Early Works of Arnold Schoenberg, 1833—1908*（1993）一书中分析了勋伯格通向现代主义之路。Willi Reich 所著*Arnold Schoenberg: A Critical Biography* （1968;trans. Leo Black, 1971）一书，正如 Charles Rosen 所指出的，并不太具有批判性，但其大段的引文值得细读。Reich 也为勋伯格的一位著名的弟子写过一本传记，*Alban Berg: Leben und Werk* （1963）。Charles Rosen自己所写的*Arnold Schoenberg*（1975）则对勋伯格带来的变革进行了一番颇有见解而简洁的研讨。Esther da Costa-Meyer 和 Fred

Wasserman所著的 *Schoenberg, Kandinsky, and the Blue Rider*（2002）对勋伯格以及康定斯基和其他现代主义艺术的联系进行了出色的报道。该书与Jelena Hahl-Koch编辑，John C. Crawford翻译的*Arnold Schoenberg / Wassily Kandinsky: Letters, Pictures, and Documents*（1984）一书同等重要。这些奇特的信函记录了一份奇特的友谊：音乐学者们利用这些大部分是信件的资料，整理出了一个重要的个人传记。参见 *Schonberg and Kandinsky: An Historic Encounter,* ed. Konrad Boehmer（1997）一书，包括其中一篇重要的内容广泛的文章，Reinhold Brinkmann, "The Fool as Paradigm: Schonberg's *Pierrot lunaire* and the Modern Artist"。

Stephen Walsh所著的两卷本*Stravinsky: A Creative Spring, Russia and France, 1882—1934*（1999）以及*Stravinsky: The Second Exile, France and America, 1934—1971*（2006), 对于斯特拉文斯基生活和 552
工作中值得关注的细节进行了最持续的研究，在我看来，大部分内容获得了成功。（Walsh的记录并非毫无争议，斯特拉文斯基一家的亲密朋友罗伯特·克拉夫特出版了几本书描写斯特拉文斯基的生活，在许多细节上有诸多不同之处。）伊戈尔·斯特拉文斯基本人所著的*An Autobiography*（1936）写于斯特拉文斯基依然在欧洲的时候，不过其中多有他人操刀之处，阅读时要加以注意。Charles M. Joseph所著的*Stravinsky Inside Out*（2001）以及Paul Henry Lang所编辑的*Stravinsky: A New Appraisal of His Work*（1962）尽管可取，有些结论却也值得商榷。Charles M. Joseph所著的*Stravinsky and Balanchine: A Journey of Invention*（2002）对这段伟大的友谊做了仔细的记录。

对于现代芭蕾和舞蹈的总体观点，如今我们有Nancy Reynolds和Malcolm McCormick的巨著：*No Fixed Points: Dance in the Twentieth Century*（2003）, 该书客观、详尽、明确地以现代主义为宗旨。也可参见Bernard Taper, *Balanchine: A Biography*（1984）: 尽管还有其后出现的，更有趣味的文本，但这部如今看来"古老"的传记，依然因为其近距离地观察这位编舞大师和其天才，而别具魅力。Joseph所著的*Stravinsky and Balanchine*（见上文）也可用于此处。巴兰钦剧团的前舞者Toni Bentley在一篇感情真挚，文风优美的文章里，感喟巴兰钦的名字是如何被其前公司滥用的，并强烈推荐（他推荐的的确没错）一位资深的芭蕾舞迷Robert Gottlieb 所著的传记：*George Balanchine: The Ballet Maker* (2005), 以及Terry Teachout所著的*All in the Dances: A Brief Life of George Balanchine*（2005）。有一套丛书收录的内容大部分是对巴兰钦的启蒙老师佳吉列夫的采访，此书有趣又有价值，就是John Drummond所著的*Speaking of Diaghilev*（1997）。也可参见*Andre Levinson on Dance: Writings from Paris in the Twenties*, ed. Joan Acocella and Lynn Garafola（1991）; *The Diary of Vaslav Nijinsky*, ed. Joan Acocella（unexpurgated ed. 1995; trans. Cyril Fitzlyon, 1999）；以及Agnes De Mille, *Martha: The Life and Work of Martha Graham, a Biography*（1991）,这本书可谓是满篇赞颂，只不过作者知道自己在写什么。

6 建筑与设计

现代主义建筑对反叛19世纪历史主义、折中主义最突出也是最持久的一个见证。Robin Middleton编辑的*The Beaux-Arts and Nineteenth-Century French Architecture*（1982）是一部言简意赅的文集。著作颇丰的建筑历史学家Henry-Russell Hitchcock继初作*Modern Architecture: Romanticism and Reintegration*（1929）之后在纽约的现代艺术博物馆举行个展，并与Philip Johnson合编了目录手册

The International Style: Architecture since 1922（1932）；此书内容平实却功底深厚，后来成为现代主义的一本指导性读物，给其潜在客户及兴奋的建筑师留下了深刻印象。他们敬仰的大师也是我敬仰
553 的大师。Nicolaus Pevsner所著*Pioneers of Modern Design from William Morris to Walter Gropius*（1936; Penguin ed. 1960）绝大部分是对Hitchcock/ Johnson思路的继承，该书沿着从维多利亚人到现代反叛者的轨迹做出历史性调查，并广为认可。如欲了解针对此观点的犀利批判（我认为，有点过头），请参见Charles Jencks, *Modern Movements in Architecture*（1973），该书作者提出了“多元化发展”的观点，并指出现代主义的教规的诸多失败之处，此观点我并不十分认同。Vincent Scully，Jr.所著*Modern Architecture: The Architecture of Democracy*（1961，几次重印），是一部精辟的论著，配以众多插图，对当今大师们做了一个概括性、批判性的调查。另可参见Scully的文献评述。如想了解Louis Mumford从人文主义角度做出的大量针对现代建筑的批判，请参见*From the Ground Up: Observations on Contemporary Architecture, Housing, Highway Building, and Civic Design*（1956）。Ulrich Conrads等人编辑的*Die Form: Stimme des Deutschen Werkbundes, 1925—1934*（1969），重拾了那些被忽视的洞见。

Hans M. Wingler所著*Das Bauhaus: 1919—1933: Weimar, Dessau, Berlin*（1962）是一部内容庞博、构思严谨、极具价值的文献集。*Bauhaus 1919—1928*（1959）由Herbert Bayer，Walter Gropius及Ise Gropius合编，插图丰富，简略通述了包豪斯的历史（除去其最后五年）。Gillian Naylor所著*The Bauhaus*（1968）是一部简练的调查报告。在包豪斯出版的书籍中，最有趣的是有关它的剧场演出，可参见由Oskar Schlemmer, László Moholy-Nagy和Farkas Molnar合编的*Die Bühne im Bauhaus*。Henry Van De Velde所著*Geschichte meines Lebens*（ed. and trans. Hans Curjet, 1962）是一部自传，书中详述了这位游历广泛，对格罗皮乌斯推崇至极的比利时籍设计师兼建筑师。

包豪斯经验影响深远，颇具回顾价值。可参见内容翔实但有些自鸣得意的*Concepts of the Bauhaus: The Busch-Reisinger Museum Collection*（1971），书中收录了如T. Lux Feininger，Herbert Bayer和Ise Gropius等包豪斯成员的纪念性文章。Sibyl Moholy-Nagy是格罗皮乌斯最亲密的包豪斯盟友拉斯洛·莫霍尔·纳吉的遗孀，她的作品*Moholy-Nagy, Experiment in Totality*（1950; 2nd ed. 1969）以坦率生动的个人化口吻记述了纳粹掌权后德国人的生活。Eckhard Neumann编辑的*Bauhaus und Bauhäusler. Bekenntnisse und Erinnerungen*（1971）是一部简短而振奋人心的回顾性作品。还可以参见Lothar Schreyer, *Erinnerungen an Sturm und Bauhaus*（1966）。想看精炼的文章，可参阅Julius Posener, *From Schinkel to the Bauhaus*（1972）。

想了解包豪斯的第一任领导者，请参阅Reginald Issacs，*Gropius: An Illustrated Biography of the Creator of the Bauhaus*（1990, 原删节版）；一本更翔实的德文翻译：2卷本*Walter Gropius. Der Mensch und sein Werk*（1983—1984），此书提供了一种更全面的解读。格罗皮乌斯曾做过演讲，并出版过文集，可参阅*The New Architecture and the Bauhaus*（1935）；*Architecture and Design in the Age of Science*（1952），*The Scope of Total Architecture*（1954）；以及*Apollo in der Demokratie*（1967）。Joseph Hudnut曾于20世纪30年代任哈佛设计学院主任，他在自己的作品*Architecture and the Spirit of Man*（1949）中，对现代建筑做出了有力辩护。Anthony Alofsin的著作*The Struggle for Modernism: Architecture, Landscape, Architecture and City Panning at Harvard*（2002）关于格罗皮乌斯的内容占了主要篇幅；此书以一位行内人士的视角讲述了引人入胜的故事。另可参阅Peter Gay, *Art and Act. On*
554 *Causes in History: Manet, Gropius, Mondrian*（1976）中关于格罗皮乌斯的章节。

关于路德维希·密斯的一些颇具见地的文章，可参阅*Four Great Makers of Modern Architecture:*

Gropius, Le Corbusier, Mies van de Rohe, Wright（1963），此书是对1961年哥伦比亚大学建筑学院研讨会的记录。这册文集中最重要的文章包括Peter Blake的 “A Conversation with Mies”, Howard Dearstyne的 “Miesian Space Concept in Domestic Architecture”和James Marston Fitch的 “Mies van der Rohe and the Platonic Verities”，最后这篇文章就密斯的“柏拉图主义”做出公正充实的评价。Arthur Drexler的*Ludwig Mies van der Rohe*（1960）有趣简短，插图系统；它让人期待下一部更翔实的独立传记。

Maurice Besset所著*Who was Le Corbusier?*（1968; trans. Robert Kemball, 1968），是一部真挚、图文并茂的传记，探析了勒·柯布西耶这位让人难以捉摸的瑞士建筑师、画家、不知疲倦的城市规划师。他曾寻访数国主要建筑师的工作室，最后定居在巴黎。但Besset和“柯布西耶派的”多数传记作者并不认为有必要讨论（或有必要去考虑）他曾在战争时期热切支持维希。例如Stamo Papadaki所著*Le Corbusier: Architect, Painter, Writer*（1948），一本关于Besset（如上述提及）和其他人的传记。最持久的例外便是Robert Fishman的*Urban Utopias in the Twentieth Century: Ebenezer Howard, Frank Lloyd Wright, Le Corbusier*（1977），内含一章题为“维希”、调查细致的章节 —— 详请参见其蓝本“From the Radiant City to Vichy: Le Corbusier's Plans and Policies，1928 to 1942”, *An Open Hand: Essays on Le Corbusier*（1977）（ed. Russell Walden，pp.244—283）。那时建筑师的政治从工会转向独裁极权。“法国，”他说，“需要一个父亲。是谁并不重要，他可以是一个人，两个人，或任何数量（Fishman，265）。” Norma Evenson，*Le Corbusier, the Machine and the Grand Design*（1968）的作者，简括了柯布西耶许多未能实现和一个得以实现的城市规划（昌迪加尔市，旁遮普邦的新首府）。柯布西耶对机器的专注（“房子就是供人生活于其中的机器”）可能是他最为持久的遗产。

Hugh Morrison所著*Louis Sullivan, Prophet of Modern Architecture*（1935）是一部很有帮助性的传记，路易斯·沙利文这位先驱的教导是弗兰克·劳埃德·赖特唯一欣然接受的。关于赖特有数位严肃的传记撰写人，尤其是*Frank Lloyd Wright: An Interpretive Biography*（1973）的作者Robert C. Twombly，*Frank Lloyd Wright*（1992）的作者Meryl Secrest，*The Architecture of Frank Lloyd Wright*（1996）的作者Neil Levine，以及必不可少的，由著名建筑史学家和评论家Ada Louise Huxtable撰写的传记*Frank Lloyd Wright: A Penguin Life*（2004），此书与她的其他著作一样慧雅并存。赖特的自传*An Autobiography*（终版出版于1943年）一如他其他的写作，辞藻浮华，富有戏剧性；书中他对自 555
己人生事件的记述更像是在彰显其个人风格。Leonard K. Eaton所著*Two Chicago Architects and Their Clients: Frank Lloyd Wright and Howard Van Doren Shaw*（1969），这本妙趣横生的书是以赖特的客户为对象的研究。

至于设计，前文所讨论的大部分代表性建筑师其实也是设计师，其中关于他们的文字都集中于本章节。当然，包豪斯与其先锋精神也融于其设计中；他们对机械和高品质现代设计所抱有的信仰，与其奥地利同行形成鲜明对照。Jane Kallir所著的*Viennese Design and the Wiener Werkstätte*（1986），是一份专门分析包豪斯的同时期奥地利对手的文献资料。Peter Noever主编的*Josef Hoffmann Designs*（1987）一书集结了维也纳最富盛名、多才多艺的设计师，书中还配有481幅插画。Eduard F. Sekler的*Josef Hoffmann: The Architectural Work*（1982 trans. John Maas, 1985）可以说与前书内容相辅相成。关于霍夫曼“最亲密的盟友”的事迹，可参阅Werner Fenz所著的*Koloman Moser: Graphik, Kunstgewerbe, Malerei*（1984）。也可以参阅［Josef Hoffmann and Koloman Moser］, *Arbeitsprogramm der Wiener Werkstätte. Modernes Kunsthandwerk von* 1903—1932（1967）。关于维也纳现代主义最好的作品无疑是Kirk Varnedoe所著*Vienna 1900: Art, Architecture & Design*（1986）。

Robert Macleod所著*Charles Rennie Mackintosh*（1968）全面描写了一位对整个欧陆影响深远的苏格兰设计师。Edward Lucie Smith所著*Furniture: A Concise History*（1979），是一部具有启发性的短述。最后，Herwin Schaefer所著*Nineteenth Century Modern: The Functional Tradition in Victorian Design*（1970）是部鲜为人知的作品：它结论性地证明，在伦敦维多利亚和艾伯特博物馆中大量陈列的设计繁复媚俗的展品，在维多利亚时期并非独领风骚。

7 戏剧与电影

现代主义戏剧的两大斯堪的纳维亚创始人，易卜生和斯特林堡均有充足的英文版推介资料。评论家兼导演Robert Brustein见多识广，他创作的*The Theatre of Revolt: An Approach to Modern Drama*（1964）一书对易卜生、斯特林堡，及契诃夫、萧伯纳、布莱希特、皮兰德娄、奥尼尔、热内做出了全面深入的评价。Michael Mayer所著的*Ibsen: A Biography*（1971）与Michael Egan主编的*Ibsen: The Critical Heritage*（1972）相辅相成，这部书集结了许多精彩的评论和注评。George Bernard Shaw所著的*The Quintessence of Ibsenism*（1891），以同时代人的身份对易卜生这位争议性的剧作家做了有力辩护。Julius Elias和Paul Schlenther为五卷本德文版易卜生全集*Sämtliche Werke*（1907）撰写了180多页详尽无遗的"导言"，向易卜生这位享有国际声誉的剧作家致敬。Brian W. Downs所著的*Modern*
556 *Norwegian Literature 1860—1918*（1966）一书将易卜生置于他的文学作品场景中。

Olof Lagercrantz的*August Strindberg*（1979；trans. Anselm Hollo,1984）是最为出色的英文版斯特林堡传记。而由Olie Granath 编辑的*August Strindberg: Painter, Photographer*（2005）一书则是以在伦敦举办的一场展现斯特林堡在其他方面强烈兴趣的展览为依据，开列了一份目录，展现了这位剧作家的天赋和他漫长的孤独。

Ruth Freydank等人所著的*Theater als Geschäft: Berlin und seine Privattheater um die Jahrhundertwende*（1985）,对于1900年前后德国首都的戏剧界做了一番颇有启发性的调查。而由Eric Bentley编纂的*The Theory of the Modern Stage: An Introduction to Modern Theatre and Drama*（1968），则精细挑选和仔细编辑了一些现代主义理论家如布莱希特和皮兰德娄，包括几位19世纪先锋派剧作家的文献。Martin Esslin所著的*The Theatre of the Absurd*（1961）也谈及现代戏剧的基础问题。也请注意Bradbury 和 McFarlane所著的*Modernism* 中内容相关的章节。

Hans Richter所著的*Dada: Art and Anti-Art*（1965）是圈内一本不可或缺的报告。而对于在纽约的MoMA举办的精彩的达达主义展览，内容极为丰富的目录（2006）在我完成此书手稿前恰好面世，着重描写了这场算不得运动的达达主义的国际性方面。而对于达达主义的继承人（或多或少算是）：超现实主义，可以参见Sarane Alexandrian, *Surrealist Art*（1969； trans. Gordon Clough，1970），该书篇幅虽不大，内容却深远。William S. Rubin 则在*Dadaism, Surrealism and Their Heritage*（1968）一书中，开列了一份内容丰富而广泛的目录。André Breton所著的*Surrealism and Painting*（1965；trans. Simon Watson Taylor, 1965）则结合了相关的文献，包括1928年的起源，*Artistic Genesis and Perspective of Surrealism*（1941），*Fragments*（1961），*Environs*（n.d.）以及 *Further Affluences and Approaches*（1963—1965），最后一部分充满了对现代主义艺术家的溢美之词。Mark Polizzotti所著的 *Revolution of the Mind: The Life of André Breton*（1995）是一部颇有见解的完整传记。作为一篇

富有深意，为全世界所认可的超现实主义者研究文献，James Thrall Soby所著的*René Magritte*，展览目录（1965），内容精炼而丰富，应当和Louis Scutenaire所著的*René Magritte*（1948; 2nd, ed.1964）以及Suzi Gablick所著的*Magritte*（1971）一同阅读。也参见Soby, *Magritte*, 该书如他早期的作品一样，也是纽约MoMA 展览的目录。

尽管布勒东很少提及阿尔弗雷德·雅里，他也承认“这位伟大的诗人”是“我们所有人中的翘楚”。的确，对于法国先锋戏剧而言， 雅里以其（“*Merdre!*”）之作，堪为现代主义戏剧之父。Roger Shattuck那本精彩的*The Banquet Years*（1958）中的相关篇章也颇具权威性。阿尔托的影响力也依然强大，Naomi Green所著的*Antonin Artaud: Poet Without Words*（1970）,为研究阿尔托巧妙地提供了条件。阿尔托最著名的核心理论之作就是*The Theatre and Its Double*（1938；trans. Mary C. Richards, 1958），书中宣扬的理念是，舞台最适合表现和传播残酷和非人道。我们还可以用Jack Hirshman编辑的*Artaud Anthology*（1965）为其补充。在*Encounter*杂志（1967）第39卷第2 号第44—50页上，有一篇重要的文章，“Antonin Artaud”，作者Nicola Chiaromonte通过此文表明阿尔托所要求的“纯粹的”残酷戏剧其实是自我矛盾的。Martin Esslin所著的*Antonin Artaud*（1976）则继续进行他非常精通的文艺评论，开篇就是对*Theatre of the Absurd*的评论。阿尔托的一位朋友，喜剧演员兼剧场主管，同时也一贯反对传统戏剧风格的Jean-Louis Barrault 出版了*Réflexions sur le théâtre*（1949）。意大利最著名的现代主义剧作家，诺贝尔获奖者 Luigi Pirandello对于人类的身份认知是极其怀疑的，他有五部剧作（包括两部杰作，*Six Characters in Search of an Author*以及*Henry IV*），都收录于*Naked Masks*（1952）, ed. Eric Bentley。James Knowlson所著的 *Damned to Fame: The Life of Samuel Beckett*（1996），看来像是出自传记大家之手，充满激情，事无巨细，却又小心谨慎。 557

尽管我对德国表现主义戏剧的讨论匆匆而过，但自第二次世界大战以来，德国文化学者们已经对其做了汗牛充栋的研究（包括表现主义诗歌）。H. F. Garten所著的 *Modern German Drama* (1959), 有大幅篇章论述表现主义剧作。Claude David所著的*Von Richard Wagner zu Bertolt Brecht, Eine Geschichte der neueren deutschen Literatur*（1959；trans. Hermann Stiehl,1965）则是一位法国学者的一部经典研究之作。Walter H. Sokel, *The Writer in Extremis: Expressionism in Twentieth-Century German Literature*（1959）则是一部权威之作。 *Expressionismus. Aufzeichnungen und Erinnerungen der Zeitgenossen*, ed. Paul Raabe（1965），则列举了时人所记录的许多有趣逸事。Hans Steffen编纂的*Der deutsche Expressionismus. Formen und Gestalten*（1965）除了有剧作家，还包括画家和诗人。Volker Klotz所著的*Bürgerliches Lachtheater. Komödie, Posse, Schwank, Operette*（1980）对于德国戏剧界的幽默风格（这个课题颇为遗憾地遭到了忽视）进行了仔细的研究。Peter Uwe Hohendahl所著的*Das Bild der bürgerlichen Welt im expressionistischen Drama*（1967）则颇为独特地运用文学的社会学分析来研究先锋派表现主义剧作家对资产阶级的态度。Richard N. Coe, *Eugène Ionesco*（1961）虽简短却颇有深意。

对于卡尔·斯特恩海姆，参见Hellmuth Karasek所著的简短而精巧的论文 *Sternheim*（1965）；还有F. Eisenlohr的 *Carl Sternheim*（1926）；以及Carol Petersen所著的“Carl Sternheim”,该文章见于*Expressionismus: Gestalten einer literarischen Bewegung*, ed. Hermann Friedmann and Otto Mann（1956）。但最值得参见的是斯特恩海姆全集的编辑Wilhelm Emrich为其全集（1963）第一卷所著的前言。对于格奥尔格·凯泽，我们有E. A. Fivian所著的*Georg Kaiser und seine Stellung im Expressionismus*（1946）以及一部可信的英文专著*Georg Kaiser*（1957），作者为B. J. Kenworthy。

电影从肇始以来的标准历史可见于David A. Cook所著的*A History of Narrative Film*（1961; 4th ed. 2004）；非常翔实可信（我使用该书的时候总是信心十足），该书有经过精心挑选的参考文献。Liam O'Leary所著的*The Silent Cinema*（1965）简短地回顾了电影历史，并有许多附属的内容来强调电影的精神本质，而不是肤浅地一掠而过。*Endless Night: Cinema and Psychoanalysis, Parallel Histories*（1999）由Janet Bergstrom编纂，本书试图在两个领域里构建一些联系。Hugo Münsterberg所著的*The Photoplay: A Psychological Study*（1916）是第一部由欧洲杰出学者所著，对电影这门新艺术进行严肃精神分析调查的著作。而精神分析学者Rudolf Arnheim则收集了一些论文，主要是20世纪30年代的，并汇总在*Film as Art*（1966）一书中。Klaus Kreimeier所著的*The UFA Story: A History*
558 *of Germany's Greatest Film Company, 1918—1945*（1996）是一部对德国这个近似垄断的组织进行的研究性报道，包括其电影、演员、导演，还有其在纳粹电影制片事业中的"光辉"角色。也可参见*Film Theory and Criticism: Introductory Readings, etc.*, ed. Gerald Mast and Marshall Cohen（1974; 3rd ed. 1985）。

Robert M. Henderson所著的*D. W. Griffith: His Life and Work*（1972）,以及Richard Schickel所著的*D. W. Griffith: An American Life*（1984）是经验丰富的电影史学家的主要论著。Yon Barna的*Eisenstein*, trans. Lisa Hunter（1973），还有*The Battleship Potemkin: The Greatest Film Ever Made*，ed. Herbert Marshall（1978），两本书都让读者对爱森斯坦这位高雅博学的马克思主义者在创作时面临的压力感同身受。也参见Eisenstein, *Autobiography*，trans. Herbert Marshall（1983）。与此正好相反的是，Jay Leyda and Zina Voynow, *Eisenstein at Work*（1982）则对爱森斯坦作为电影制片人的职业生涯做了简短回顾，带有常见的亲苏联式的避讳风格，将爱森斯坦导演生涯中遭遇的困难大都视而不见。Béla Balázc所著的*Der Film: Werden und Wesen einer neuen Kunst*（1949；Alexander Sacher-Masoch于1961年从匈牙利文翻译为英文）则用了一章专门分析爱森斯坦最钟爱的蒙太奇技术。David Robinson所著的*Chaplin: His Life and Art*（1983）是一部尽职尽责的传记；Gerald D. McDonald，Michael Conway以及Mark Ricci所著的*The Films of Charlie Chaplin*（1965）对他的作品从最简单的短片到他舞台生涯的结束，有一个简短的汇总，并从现代评论家的角度做出了一些分析。也可参见Parker Tyler, *Chaplin: Last of the Clowns*（1972）。

随着关于奥森·韦尔斯的出版物越来越多，Frank Brady所著的*Citizen Welles: A Biography of Orson Welles*（1989）依然以翔实著称。也可参见Robert L. Carringer, *The Making of Citizen Kane*（1985），对于这部大部分电影观众认可为世界上最伟大杰作的电影，该书提供了其创作的细节。在有关韦尔斯的著作中，有名望的作者也是数不胜数：André Bazin所著的*Orson Welles*（1950; trans. Jonathan Rosenbaum, 1978），还有Peter Bogdanovich所著的*The Cinema of Orson Welles*（1961）则尝试将讨论从《公民凯恩》延伸到其他作品中，这些作品可能知者甚少，但的确是杰作。也可参见Pauline Kael，Herman Mankiewicz and Orson Welles, *The Citizen Kane Book*（1971），这本书是本有趣的记录。这些赞美之作中——不管作者多么想与众不同，结果都是对韦尔斯的赞美，其中最让人不安的作品是Clinton Heylin, *Despite the System; Orson Welles versus the Hollywood Studios*（2005）。作者的研究可谓事无巨细，而且他对庸人们摧毁了韦尔斯所希望创造的电影风格的怒火也是一目了然的——我得说，他的怒火大部分是合情合理的。

第三部分 尾声

8 独行客与野蛮人

查尔斯·艾夫斯的作品在遭受数十年的冷落之后，不但时而可以上演，而且还得到了研究。他的首部作品合集，主要是到他去世前一些未面世的作品，已经开始编纂；可见*Essays Before a Sonata, The Majority, and Other Writing*，ed. Howard Boatwright （1962）；后来一本更为详尽的文集，是由 559
John Kirkpatrick编辑的*Memos* （1972），该书包含他大部分未出版的笔记和回忆录——这是无价的宝贵财富。Frank R. Rossiter所著的*Charles Ives and His America* （1975）是一本考证扎实的传记，强调了艾夫斯彻底的孤独是解读他创作的关键。Stuart Feder在后来创作的传记*Charles Ives: "My Father's Song": A Psychoanalytic Biography* （1992）则是一位角色尤为适合的专家的作品。

至于克努特·汉姆生这位先锋派精神分析学小说家，强硬的纳粹支持者，诺贝尔文学奖获得者，在Robert Ferguson所著的*Enigma: The Life of Knut Hamsun* （1987）中得到了生动的描写，这是一本严肃的，如今已成为标准的英文传记。汉姆生早年所著的优秀小说，如 *Hunger*和*Pan*，如今可以容易地买到。由Harald Naess以及 James McFarlane编辑并翻译的 *Knut Hamsun: Selected Letters, Vol. 2: 1898—1952* （1998）也有重要的相关记录。 Leo Löwenthal有一篇出色的长文，"Knut Hamsun: Zur Vorgeschichte der autoritaren Ideologie"，收录于*Zeitschrift fur Sozialforschung,* vol. VI, no. 2 (1937)，这是一篇法兰克福学派的典型之作，同时依据了弗洛伊德和马克思的哲学思想。

极权国家所需要的参考书目相对较少；在书写相关章节时，我阅览了政治史的相关篇章，不过我这里想列举出某些最新的或者说别出心裁的研究课题。Robert O. Paxton所著的*The Anatomy of Fascism* （2004）的作者是维希法国研究的专家，为纳粹德国拯救了"法西斯主义"这个名词。对于德国，还是要参见我一直以来最钟爱的Karl Dietrich Bracher所著的*The German Dictatorship: The Origins, Structure, and Effects of National Socialism* （1969; trans. Jean Steinberg，短评由Peter Gay所写）， 这部经典的历史研究作品简短回顾了德意志罗马帝国史，借这个名字帮助驳斥了当时风行一时的观点，即德国的辩护士们指责纳粹的野蛮是现代性或是机器文明带来的，而不是德国自生的。Saul Friedländer所著的*Nazi Germany and the Jews,* Vol. I: *The Years of Persecution, 1933—1939* （1997）则出色地分析了纳粹屠杀犹太人的狂热，第二卷*"Dichter und Denker—Writers and Thinkers"* 一旦出版，只会在相关研究上更加激动人心。Ian Kershaw所著的*Hitler, 1889—1936: Hubris* （1998） 以及 *Hitler, 1936—1945: Nemesis* （2001），翔实而可信地写出了"元首"在他主导的这场肮脏大戏中的主角位置。Henry Ashby Turner, Jr.在一部重要的专题研究 *German Big Business and the Rise of Hitler* （1985）中表明，以往研究纳粹当权历史的史学家们认为大企业对纳粹上台有重要责任，但其实大企业的作用有限。George L. Mosse所著的*The Nationalization of the Masses: Political Symbolism and Mass Movements in Germany from the Napoleonic Wars Through the Third Reich* （1975）则和历史学家的一个重要论点奋力相争，这就是学者应当如何看待"人民大众"。*I Shall Bear Witness: The Diaries of Victor Klemperer*，以及其续篇，*To the Bitter End* （1995; trans. and abr. Martin Chalmers, 1998—1999）是少数几本用德语书写的伟大的日记，由一个侥幸生存下来的德国犹太人撰写。Peter Demetz所著的

Postwar German Literature: A Critical Introduction （1970）对于1945年之后德国作家界给出了一个准
560 确的数据：八位诗人，六位剧作家以及八位小说家。1986年，他又再次调查了这个主题，并写出了*After the Fires: Recent Writing in the Germanies, Austria and Switzerland*, 这是一篇用意深远的调查，以对君特·格拉斯的赞美收尾。

对于苏联历史以及艺术的地位，特别可以参见W. Bruce Lincoln所著的*Between Heaven and Hell: The Story of a Thousand Years of Artistic Life in Russia* （1998），只不过苏联对艺术更多意味着地狱而非天堂；还有James Billington所著的*The Icon and the Axe: An Interpretive History of Russian Culture* （1966）, 两本书都为*Natasha's Dance: A Cultural History of Russia* （2002）的作者Orlando Figes所力荐，可谓名至实归。Figes自己的近作也考证翔实；"Russia Through the Soviet Lense"一文展现了在所谓工人的天堂里，现代主义艺术家生活的悲惨的，甚至惊心动魄的细节。John E. Bowlt所著的*Laboratory of Dreams: The Russian Avant-Garde and Cultural Experiment* （1996）探讨了革命者中的乌托邦倾向。David Elliot所著的*New Worlds: Russian Art and Society, 1900—1937* （1986），则关注文化狂热的革命初期。在苏联人在各种方向寻找"新人"的努力，他们觉得精神分析学特别有吸引力，这是弗洛伊德无法报答的好意。Anne Applebaum所著的*Gulag: A History* （2003）有力地指控了苏联政权就是警察国家。也可参见Martin Miller所著的*Freud and the Bolsheviks: Psychoanalysis in Imperial Russia and the Soviet Union* （1998）。还有Laura Engelstein所著的文章，"Zwischen Alt und Neu: Russlands moderne Frauen"，总结了六个现代女艺术家所经历的困难但是激动人心的俄罗斯革命，本文收录于*Amazonen der Avantgarde*，ed. John E. Bowlt and Matthew Drutt （1995）。

墨索里尼的意大利则更为复杂。Adrian Lyttelton所编辑的*Liberal and Fascist Italy, 1900—1945*，是*Short Oxford History of Italy* （2002）中精彩的一卷；Emily Braun在合集本中所著的章节"The Visual Arts: Modernism and Fascism"，清晰地表明，意大利大体上（并非完全）让艺术家自行其是。Ruth Ben-Ghia所著的 *Fascist Modernities: Italy, 1922—1945* （2001）则可与前书相较而读。对于"法西斯"这个词本身的解读，可以参见一本有趣的文集：*Reappraisals of Fascism*，ed. Henry A. Turner, Jr. （1975），特别是编辑本人的作品"Fascism and Modernization"。艺术宣传中前法西斯风格的潮流已经得到了广泛的讨论，可以参见未来主义者的第一个宣言，作者为F. T. Marinetti，*Manifeste intiale du Futurisme* （*Le Figaro*, Feb. 20, 1909），该文收录于Jean- Pierre de Villiers, ed., *Le premier manifeste du futurisme* （1986）。Günther Berghaus, *Futurism and Politics* （1996）这本书则广泛地赞美了意大利和世界其他地方的科学和艺术进步。也可参见Joshua C. Taylor所著的*Futurism* （1961）, 还有*Futurism and the International Avant-Garde*，ed. Anne d'Harnoncourt，trans. John Shepley，里面收录了Germano Celant （1980）的一篇文章。Celant 所撰此文可以算作现代主义中的"贵族风气"，他写道："今日社会痛感大众化的弊端，包括集体墨守成规，可供个人或私人自由发挥的地方越来越少"，还就思想灌输，大众的被动性以及"文化统治"等方面写了更多。Emily Braun所著的*Mario Sironi and Italian*
561 *Modernism: Art and Politics Under Fascism* （2000）描写一个和法西斯政权相处融洽的画家。也可参见Simonetta Falasca-Zamponi, *Fascist Spectacle: The Aesthetics of Power in Mussolini's Italy* （1997）。Philip V. Cannistraro 和Brian R. Sullivan撰写了关于玛格丽塔·萨尔法季（Margherita Sarfatti）的书，此人是一位可敬的评论家，也是墨索里尼的长期情妇（犹太人），书名叫*Il Duce's Other Woman* （1997），探讨的是萨尔法季的能力，而并非琐事。也可参见 Richard Etlin, *Modernism in Italian Architecture 1890—1940* （1991），该书展现了现代主义丛林中的另一部分。至于未来主义建筑师安

东尼奥·圣埃里亚，可参见Esther da Costa Meyer, *The Work of Antonio Sant'Elia: Retreat into the Future*（1995）。*Metaphysical Art,* ed. Massimo Carrà, with Patrick Waldberg and Ewald Rathke（1968; trans. Caroline Tisdall, 1971）是一本出色的合集，内容包括了第一次世界大战之后意大利画家的杰作，最重要的是那位古怪而神秘的乔治·德·基里科（对于此人可见Soby, *Giorgio de Chirico*［1941］）。

9 死而复生?

Barbara Rose所著的*American Art Since 1900: A Critical History*（1967）是一部论证有力的研究作品，主要讨论波普艺术。Henry Geldzahler所著的*American Painting in the 20th Century*（1973）也是一样。Kirk Varnedoe 和Adam Gopnik所著的 *High and Low: Modern Art and Popular Culture*（1990）则是一部有争议性的书籍，涉及到本章的核心主题。关于抽象表现主义艺术，我特别感兴趣的是Michael Leja所著的*Reframing Abstract Expressionism: Subjectivity and Painting in the 1940s*（1993），该书想法独特，特别是对于波洛克的荣格主义有着独到的阐释。关于波普画家最有启发也最简明的阐述可见Lawrence Alloway所著的*American Pop Art*（1974），这是一部快捷而充满激情的研究著作，颇具权威性。也可参见*Pop Art: A Critical History*, ed. Steven Henry Madoff（1997）。

Victor Bockris所著的*Warhol: The Biography*（1989; 2nd enlarged ed. 2003），其中的细节和客观性足以实现其副标题声称要实现的目标。Wayne Koestenbaum所著的 *Andy Warhol; A Penguin Life*（2001）非常巧妙，是一个富有同情心的观察者从圈内人的角度所做的记述。Koestenbaum对于"Sources"所做的记录并非兼容并包，却值得一读。Stephen Koch所著的*The Life, World and Films of Andy Warhol*（1973; rev. ed. 1991）是一本文风严谨的学术著作，对沃霍尔最喜爱的另一事业即电影有重要的记录。Andy Warhol所著的*Andy Warhol: His Early Works, 1947—1959*（1971）展现了安迪·沃霍尔在成为波普艺术大师之前作为普通绘图师的作品。沃霍尔的有些作品已经被聪明的助手如帕特·哈克特缩写成了只言片语，倒是能从其中看出沃霍尔的为人。我推荐沃霍尔的一部作品*a (a novel)*（1965），尽管这部作品的风评甚高，其实是无法理解的；也可参见*The Philosophy of Andy Warhol: From A to B and Back Again*（1980），该书对沃霍尔的言论以及回忆进行了彻底的揭示和编纂（可能超出了作者本人的意愿），同样也可见*The Andy Warhol Diaries*（1989）。*Edie: An American Biography*（1982）一书，由Jean Stein和George Plimpton 编辑，讲述了Edie Sedgwick的生平故事，这是沃霍尔所谓"工厂"里最值得纪念和最可悲的"超级明星"之一。美学家Arthur Danto是*The Nation*杂志的评论家，他一直将当代艺术作为特例加以关注，并多次单单挑选沃霍尔1964年展示的布 562
里洛盒子，作为艺术的终点；其最近一次展示是在一部名为*Unnatural Wonders: Essays from the Gap Between Art and Life*（2005）的文集中。艺术评论家Donald Kuspit也提出了相似的说法，见于*The End of Art*（2004）。

对于其他我提到的波普艺术家，可参见Lawrence Alloway, *Roy Lichtenstein*（1963），该书是一位英国的热心信徒写给这位有趣的波普艺术大师的；还有Michael Lobel所著的*Image Duplicator: Roy Lichtenstein and the Emergence of Pop Art*（2002）也是对这位艺术家的温柔解读，也许太过温柔了。还有Mary Lee Corlett的*The Prints of Roy Lichtenstein: A Catalogue Raisonné, 1948—1993*（1994）对于帮助我们了解这位艺术家大有助益。 *Jasper Johns*本身是Jewish Museum （1964）的一份展览手册；也可参见Max Kozloff, *Jasper Johns*（1974）这部简短而有力的作品，成书于琼斯已经声名显赫之

后。同样也可参见Walter Hopps and Susan Davidson, *Robert Rauschenberg: Retrospective*（1997）。对于其他媒体报道，可以参见我在注释中选用的《纽约时报》艺术版的文章。

Raymond L. Williams所著的*Gabriel García Márquez*（1984）是一部简短而资料丰富的传记。也可见George McMurray所著的*Gabriel García Márquez*（1977）以及Mario Vargas Llosa对这位大师，所谓“弑神者”的研究著作：*Gabriel García Márquez Historia de un deicidio*（1971）。我个人最钟爱的传记作品是Gene H. Bell-Villada所著的*García Márquez: The Man and His Work*（1990），本书对小说家的文化和文学背景进行了颇有价值的探讨，其中对于《家长的没落》一文格外小心的研究让我觉得特别有用。至于本部小说，我们如今有了马尔克斯预期中三部曲自传的第一部，*Living to Tell the Tale*（2002; trans. Edith Grossman, 2003），当然会极有启发。*Magical Realism: Theory, History, Community*一书，编者为Lois Parkinson Zamora 和 Wendy B. Faris（1995），也对这位天才有恰当的记录。

终曲

法兰克·盖瑞近三十年来一直是人们关注的目标。我建议读者主要去阅读*Gehry Talks: Architecture and Process*（1999; 2nd rev. ed. 2002），其中包括Mildred Friedman 和Michael Sorkin的论文，更重要的是，还有建筑师盖瑞自己一篇坦率的、几乎是完整的评论。可以和*Frank O. Gehry: The Complete Works*, ed. Hadley Arnold一书相提并论，其中包括Francesco dal Co 以及 Kurt W. Forster的文章（1998），这本内容浩瀚、插图精美的读物会带领读者一起欣赏盖瑞从20世纪50年代中期的作品直到毕尔巴鄂的古根海姆美术馆。尽管这些读物非常可贵，但都比不上亲自去一趟毕尔巴鄂感受
563 强烈。

致谢

这本书不是我的错。当然，我要对此负全部责任，可是我想公平地说说其缘起。在2001年初秋，Norton出版社的编辑Bob Weil，打电话给我说了他的想法——那可是他的想法。我和他的出版社签署了一份合同，要撰写一本对自由主义进行精神分析历史研究的著作，合同至今有效。我已经写好了标题，副标题也有了，The Liberal Temper: Human Nature in Politics，正准备开始酝酿这本书。我已经准备好了就“Liberalism and Regression”做一番讨论，这是在美国精神分析学家半年一次的秘密会议上要做的演讲，我准备阐述我对精神分析和政治之间密切关系的初步思考。Bob Weil劝我先不要蹚这浑水，而是对现代主义进行一番研究。我还记得当时问他：“你是说绘画或文学吗？”他直截了当地回答：“所有一切。”我抗议说我又不是一切都懂，以后也一样，可这合情合理的声明却丝毫没有让他的建议略为宽缓。同时，我也对此有了兴趣，其结果，就是读者诸君正在看的这本书。

很显然，涵盖如此之广的范围，要大大依仗他人的帮助（在我五年阅读和写作《现代主义》一书过程中，我曾咨询诸多专家，和其共同阅读并讨论我书中各段内容，受益良多）。如果说我未能提到某些专家，我只能抱歉地说，思想深刻并给予我帮助的专家太多了。

首先要感谢Bob Weil，我亲近的读者，富有想象力的编辑，他极有价值的建议帮助我确定了研究重点。我相信他并没有后悔自己最初的决定。我也要感谢Bob的助手Tom Mayer，他不断地帮助我排忧解难。此外，我还要特别感谢Ann Adelman，我优雅的审稿编辑，她事无巨细，毫无疏漏，并从始至终都给出了重要而温和的建议。

在我和Ruth Gay婚后四十六年里，她几乎详细地阅读并优美地完善了我的每一部作品——但是这本《现代主义》却是例外。她的健康每况愈下，2006年5月9日离我而去，因此这部作品没能成为我俩通常的合作，甚至是联袂之作，而只是我一人孤独的
565 作品。

在我延时甚久的研究期间，我所得到的宝贵支持，极大地帮助我完成了这个和我的生活风马牛不相及的课题。我的老朋友们（其中与大部分人的相识可以回溯到哈里·杜鲁门当总统的时候），Bill Kahn和Shirley Kahn，Brustein一家的Al和Ruth，以及Gladys Topkis这些年来一直陪伴着我。友情对我意义重大。在本书行将结尾时，我的三个继女Sarah Glazer Khedouri，Sophie Glazer，还有Elizabeth Glazer，对她们的母亲、对我都是一种感动的存在。 我们的——我——挚爱的柏林老友，Gaby Katwan，精神分析师，健谈之人，也对《现代主义》有所贡献（我们还一直充满热情地探索了法兰克·盖瑞在毕尔巴鄂所建的古根海姆博物馆）。我和Bob Webb之间有过大段的交谈（我们彼此的坦诚并未因为曾合著一本关于欧洲当代史的书而受到影响），和Kuhns一家的Dick和Peggy也是如此，经历了半个多世纪以来极为惬意的交谈。我要感谢Berson一家的Jerry和Bella，以及我的耶鲁同学Henry A.Turner 和 John Merriman。我还要感谢顽固而又出色的设计师Janet Malcolm，感谢Zenaida So （她的爱称是“Zany”）在《现代主义》一书写作期间给我提供的精心的保健服务。在时常成群到来的医生中，我要特别感谢Elizabeth Jacobson大夫的兴趣和友好。

Rosemary Ramsey将我乱糟糟的书加以归类，并为我搜寻注解信息，有惠于我。我还要感谢我之前的学生，如今已是我多年的好友了，他们是Meike Weerer，Helmut Smith，Mark Micale 和Robert Dietle。此外Jeremy Eichler，Carolyn Kay和Robert Wohl都给了我热情的帮助。Merek Royce Press是治疗我那些任性的电脑的良医（或许是精神病医生吧？）。

我在欧洲的朋友也同样值得赞美，两位剑桥大学的历史教授Quentin Skinner 和Stefan Collini多年来是我最宝贵的朋友， Maarten Brands和 Frouke Wieringa也是一样，他们经常在阿姆斯特丹欢迎我，本书中有他们的贡献。Gaby Katwan 自然也在他们之列。

作为纽约公共图书馆学者与作家Lewis & Dorothy中心的发起人，从1999年开始，我有幸拥有一个人员充足的顾问团队，每年有十五个不同的顾问可供调遣，我压榨他们还不给钱。我要特别感谢Marian Kaplan 和Douglas Morris，这两位出色的历史

学家对我的学术和生活都产生了重要的影响。对其他人我也同样感激，其中要特别挑出（希望不会有失公允）Stacy Schiff，Carol Armstrong，Harvey Sachs, Colm Toíbín，Andy Delbanco和Christopher Fleck。Pamela Leo是我这个小王国出色的副手，在我四年的任期中伴随我始终，现在依然是我的好友和同事。在图书馆的员工中，我想特别 566
感谢Anne Skillion，她是一位假装成编辑的知识分子，我在和她探讨重要问题时，享受了独特的乐趣。

中心里有些人员不仅和我自由地讨论了这些课题，还对本书的某些章节有所贡献：Ada Louise Huxtable对建筑章节有所帮助，Herbert Leibowitz 则是在T. S.艾略特部分，Claudia Pierpont是舞蹈部分，Walter Frisch 是音乐部分，Rachel Hadas是在诗歌部分， Harvey Sachs 则是在关于托斯卡尼尼的相关内容上。他们是最为渊博、最有恒心的专家团队。我要重申，不管我在本书中夹杂了多么古怪的个人观点，他们是毫无责任的。

在读者中，有两位毅力和耐心非凡，一直坚持不懈，至今如此关注着我的手稿：艺术史学家Emily（“Mimi”）Braun和美国史学家Doron Ben-Atar。用华盛顿人的话来说，Doron不断地给我建议，或褒奖，或批评，要求我提高。Mimi则像是一位出色的导师，不但颇有技巧地（也颇为自由地）指点我进入现代和当代艺术，让我的行文更加简洁，也和我一同走访艺术展，给我教益。我谨以最诚挚的谢意向二位奉献此书。即便没有他们，我自然也能写完此书，但那将会是大为迟缓，更为烦恼的苦事。

彼得·盖伊

索　引

（条目后的页码为原书页码，见本书边码）